Julia Schade

Unzeit
Widerständige Zeitlichkeiten in Performance, Kunst, Theorie

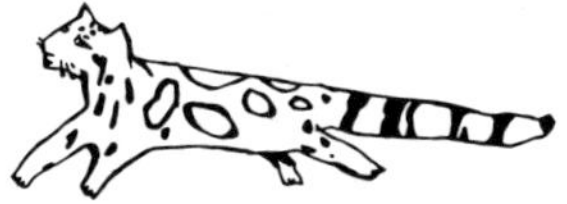

Julia Schade forscht an der Schnittstelle von Medien, Performance und Theorie zu post- und dekolonialen Darstellungspraktiken und widerständigen Zeitlichkeiten. Zurzeit ist sie Wissenschaftliche Mitarbeiterin am Institut für Medienwissenschaft an der Ruhr-Universität Bochum und war zuvor Post-Doc am DFG-Graduiertenkolleg „Das Dokumentarische. Exzess und Entzug" an der RUB, Promotionsstipendiatin der Studienstiftung, Gastdoktorandin an der Brown University und Wissenschaftliche Mitarbeiterin am Institut für Theater-, Film- und Medienwissenschaft der Goethe-Universität Frankfurt, wo sie promoviert wurde und 2021 den WISAG-Dissertationspreis erhielt.

Julia Schade

Unzeit

Widerständige Zeitlichkeiten in Performance, Kunst, Theorie

Neofelis

Inhalt

Dank

Dieser Band ist die Überarbeitung meiner im Dezember 2020 an der Johann Wolfgang Goethe-Universität Frankfurt am Main verteidigten Dissertationsschrift. Bis auf die Einleitung und einige Schönheitskorrekturen ist der Text unverändert. Wissenschaft schreibt sich aber nie allein. Gelesen, diskutiert, kommentiert und mitgeprägt haben diese Arbeit über die Jahre ihrer Entstehung hinweg meine unterstützenden Betreuer*innen, kritischen Kompliz*innen und unersetzlichen Freund*innen.
Nikolaus Müller-Schöll möchte ich ganz herzlich danken für die wertschätzende Betreuung, den ständigen Austausch, die solidarische Unterstützung und Förderung über all die letzten Jahre. Jörn Etzold kennt das Projekt seit dem ersten Exposé-Entwurf und hat es als Zweitgutachter engagiert mitbegleitet. Danken möchte ich Rembert Hüser für die kritischen Nachfragen und dafür, dass er mir den Floh ins Ohr gesetzt hat, für mein Forschungssemester an die Brown University zu gehen; Ulrike Haß und Astrid Deuber-Mankowsky für die langen Gespräche sowie Gerald Siegmund, Bojana Kunst und Maud Meyzaud für den Austausch und die produktiven Fragen und Kommentare. Dazu motiviert und ermutigt, mich als Frau in der Wissenschaft durchzuboxen, haben mich Martina Groß, Mayte Zimmermann, Esther Schapira, das Mentoring-Programm des FB 10 der Goethe-Universität sowie das „Karrierenetzwerk für Frauen“ des Cusanuswerks. Die Studienstiftung des deutschen Volkes hat mir sowohl das Fertigschreiben als auch meinen Forschungsaufenthalt an der Brown University ermöglicht. Die Drucklegung dieses Bandes wurde gefördert durch die Wilhelm Hahn und Erben-Stiftung in Bad Homburg, den Open Access-Publikationsfonds der Goethe-Universität sowie den WISAG-Dissertationspreis der Goethe-Universität 2021.

Die Arbeit wäre nicht möglich gewesen ohne den gesamten Denk- und Arbeitskontext des Frankfurter Instituts für TFM und mein Dank gilt insbesondere meinen Kolleginnen Sophie Osburg, Inga Bendukat und Leonie Otto, die mich in der stressigen Schlussphase so toll unterstützt haben. Ebenso danken möchte ich den Teilnehmer*innen des Forschungskolloquiums bei Nikolaus Müller-Schöll für den regen Austausch und für ihre unermüdlichen Kommentare und hilfreichen Anmerkungen zu meinen Kapitelentwürfen. Neben den bereits erwähnten und noch zu erwähnenden sind dies u. a. Eva Döhne, Matthias Dreyer, José de Ipanema, Alexandra Marinho, Lydia J. White und Andrea Geissler. Für die produktiven Gespräche, den Forschungskontext und die tollen Seminare während meiner Zeit in Brown, die meine Arbeit so nachdrücklich beeinflusst haben, danke ich Rebecca Schneider, Peter Szendy, Jasmine Johnson und Ariella Azoulay und natürlich Marcel Zaes für die Lagebesprechungs-Mittwochsbiere im Capt'n Seaweed und seine kritischen Fragen zu Synkopen und Rhythmustheorien. Wichtige Impulse haben mir außerdem die Teilnehmer*innen meines Seminars „Untimely Scenes. Syncopated Temporalities in Theatre and Performance" im WS 2019/20 mit ihren kritischen Rückfragen und Diskussionsbeiträgen gegeben. Besonders danken möchte ich außerdem den von mir besprochenen Künstler*innen William Kentridge, Rabih Mroué, Lina Majdalanie, Frédérique Aït-Touati und insbesondere Eva Meyer-Keller, Eleonora Herder und Tim Schuster für die gemeinsame Arbeit und den Austausch. Mein ganz besonderer Dank gilt Bernhard Siebert, der kurz vor Abgabe mit so großer Geduld all meine Kommafehler und falschen Anführungsstriche korrigiert und mir inhaltlich so wichtige Anmerkungen gegeben hat; Olivia Ebert danke ich für die hilfreichen Korrekturen, Stefanie Büttgenbach für ihren tollen Einsatz bei der Fahnenkorrektur, Fanti Baum für das konspirative Mit-Denken, Arty Chock für die gemeinsame Arbeit am Kollektiv-Sein, meinen Kolleg*innen Sarah Sander, Alisa Kronberger, Mathias Denecke und Tilman Richter an der RUB für ihre Hilfe bei der last minute Titelfindung, Ruth Schmidt für das gemeinsame Fabulieren, Laliv Melamed for brainstorming on Kentridge's breathing machines over coffee on Wednesdays; Amir Farjoun for long walks through the Village and a healthy dose of academia cynicism over the last years, Philipp Scholtysik für die gemeinsame Arbeit an Strategien begrenzter Beunruhigung und dem Generalstreik, María Fernández Aragón für all die postdramatischen Diskussionen über gutes und weniger gutes Theater, Horst Brühmann für all seine Übersetzungsarbeit, die die Poststrukturalisten für mich lesbarer gemacht hat, ruhe in Frieden. Juan W. Lomas Pacaya für die Gespräche über indigene Kosmologien im und auf dem Amazonas. Un grand merci à Yvan Tina et Karolina Svobodova pour notre amitié et nos discussions nocturnes sur le théâtre, la vie et Kyo entre

Caen, Bruxelles, Marseille, Dallas et Zhangzhou. Und Marten Weise: Für das Kommentieren, Dekonstruieren, Aufmuntern und das gemeinsame Mit- und Weiterdenken über Wichtiges und Unwichtiges während der ganzen Entstehung dieser Arbeit. Mein großer Dank gilt außerdem Matthias Naumann, der dieses Buch bis zum Schluss durch sein gründliches Lektorat, seine wichtigen Anmerkungen und seinen kritischen Blick engagiert begleitet hat.
Meiner Familie und meinen Freund*innen danke ich, dass sie mir meinen Rückzug in die Schreib-Quarantäne nicht übelgenommen, sondern mich weiterhin mit Care-Paketen, Anrufen, Feierabendbieren und Aufmunterungen unterstützt haben: Annette und Michael Wettern, Edmund Jacoby und Nicola Stuart, Petra Willim, Caralinda Lee, Astrid und Peter Gabriel, Eric Schlegel, Claudia Sebestyen, Felix Glaser, Moritz Gleditzsch, Lisa Gehring, Frédéric de Carlo und Elisabeth Leistikow. Und schließlich Leon Gabriel: Für alles, alles, alles.

Gewidmet ist diese Arbeit meinen Eltern Hans Schade und Regina Wettern. Für Eure Liebe und Euren Zuspruch, die mich tragen.

Julia Schade – Frankfurt / Bochum, Dezember 2020 / Februar 2024

Einleitung

> [W]ir fragen uns nach diesem Augenblick, der sich der Zeit nicht fügt, zumindest nicht dem, was wir so nennen.[1]
> Jacques Derrida: *Marx' Gespenster*

> Equation-wise the first thing to do is to consider Time as officially ended. We work on the other side of Time.[2]
> Sun Ra: *Space Is the Place*

> [T]he past that is not past reappears.[3]
> Christina Sharpe: *In the Wake*

> As I understand it, a history of the present strives to illuminate the intimacy of our experience with the lives of the dead, to write our now as it is interrupted by this past [...][4]
> Saidiya Hartman: Venus in Two Acts

Peru, Amazonas. Wir sitzen zu dritt in einem Kanu und paddeln nachts den kleinen Seitenfluss Tahuayo hinauf. Das Boot steuert Juan W. Lomas Pacaya, genannt Juanito, der der indigenen Gemeinschaft der Kokama angehört. Mit

1 Jacques Derrida: *Marx' Gespenster. Der Staat der Schuld, die Trauerarbeit und die neue Internationale*, aus d. Franz. v. Susanne Lüdemann. Frankfurt am Main: Suhrkamp 2016, S. 12.

2 *Space is the Place* (US 1974, R: Sun Ra / John Coney), 00:02:37 min.

3 Christina Sharpe: *In the Wake. On Blackness and Being*. Durham: Duke UP 2016, S. 5.

4 Saidiya Hartman: Venus in Two Acts. In: *small axe* 12,2 (2008), S. 1–14, hier S. 4.

leiser Stimme erzählt er uns aus der eigenen Kosmologie, mit der er noch groß geworden ist, die seine Kinder aber schon nicht mehr hören wollen. Da ist die Geschichte, wie die Mücken durch die Unachtsamkeit eines Kapuzineräffchens in die Welt gekommen sind, wie beim Kampf zwischen Sonne und Mond eine Eklipse entsteht, aber auch jene Erzählung, dass durch den nächtlichen Gesang des *Tunche*-Vogels die Stimme der toten Vorfahren spricht und wie die pinken Delfine sich in humanem Gewand unter die Menschen mischen. In all diesen Mythen ist Zeit nicht linear und sie ist nicht rein menschlich. Die Welt der Toten, der Vögel und der Wasserwesen sowie die Gegenwart der Menschen sind zyklisch aufeinander verwiesen, sie bedingen sich, kommunizieren miteinander. Das Jetzt der Gegenwart ist nie absolut, sondern verwoben mit pluralen Zeitlichkeiten, die sich gegenseitig heimsuchen. Als ich Juanito erzähle, dass ich meine Doktorarbeit über die Darstellung und Pluralität von Zeit geschrieben habe, nickt er und blickt aufs Wasser. Dann dreht er sich noch einmal um und fragt, ob ich über diese Erfahrung hier im Amazonasgebiet denn auch mit meinen Studierenden sprechen würde.

Was ich hier beschreibe, ist nicht die Einleitung zu einem Buch über indigene Weltsicht. *Unzeit. Widerständige Zeitlichkeiten in Performance, Kunst, Theorie* ist vielmehr eine theaterwissenschaftliche Durcharbeitung eines westlich geprägten Zeitdenkens und beschäftigt sich mit der Frage, wie angesichts dieses dominanten Paradigmas von Linearität, Abfolge und Fortschritt überhaupt andere Zeitlichkeiten möglich sind und wie sie künstlerisch darstellbar werden können. Doch diese Erinnerung vom Tahuayofluss steht trotzdem mit gutem Grund am Anfang dieses Buchs, das sich an Performance und westlichen Zeitkonzepten von Immanuel Kant über Walter Benjamin und Jacques Derrida bis Saidiya Hartman abarbeitet. Dort auf dem Kanu, nach Abschluss der Dissertation, auf der dieses Buch beruht, berühren sich plötzlich mein Interesse für widerständige Zeitlichkeiten und dieser lebensweltliche Moment. Denn die Fortschrittslogik einer hierarchischen Abfolge von Vergangenheit, Gegenwart und Zukunft ist der indigenen Kosmologie fremd. Selbstverständlich ist in diesem Denken, dass das Jetzt jederzeit unterbrochen und von den Ahnen eingeholt werden kann und dass Existenzweisen relational miteinander verwoben sind.

Mit der vorliegenden Arbeit hoffe ich, sowohl die koloniale Logik einer Hegemonie der linearen Zeit zu verdeutlichen als auch durch einen Fokus auf Momente des Aufbruchs, der Unzeit und des Nachlebens den Blick für andere Zeitordnungen, -darstellungen und -erfahrungen zu öffnen. Dabei ist meine eigene Situierung entscheidend. Als *weiße* deutsche Geisteswissenschaftlerin, die ich mit der männlich und westlich dominierten Kritischen Theorie und dem Denken der Dekonstruktion sozialisiert und geschult worden bin, ist es gar nicht so einfach, diese Denkgebäude zu verlassen. Dieses Buch ist insofern auch als Versuch zu verstehen, dieses Erbe westlichen Zeitdenkens durchzuarbeiten, um es so zu verlernen und dabei vielleicht auch zu verändern.

Das Ungedachte in den Blick nehmen

Das vorliegende Buch untersucht die historischen und gegenwärtigen Implikationen dessen, was in der westlichen Moderne als ‚Zeit' definiert wird, und fragt, wie gerade in künstlerischen Arbeiten eben diese Implikationen reflektiert und wie ihnen andere Weisen der Zeitvorstellung und -erfahrung entgegengesetzt werden. Es geht mir dabei im Zuge eines Ab- und Durcharbeitens des abendländischen Zeitdenkens um dessen *Ungedachtes*, nämlich um das, was in der Ausschließlichkeit dieses Zeitmodells (der *einen* messbaren, linear verlaufenden Zeit) und seiner Vorstellung nicht mitgedacht wird, was vergessen und übergangen wird. Wenn ich im Folgenden die Zuschreibung ‚westlich' und ‚abendländisch' benutze, dann tue ich dies mit Blick auf eine spezifische dominante Theorietradition des globalen Nordens, in der ich selbst sozialisiert bin und die einen wesentlichen Anteil daran hat, dass sich die Vorstellung von Zeit als zählbare, chronometrische, fortschreitende etabliert und seit dem 19. Jahrhundert schließlich auch infrastrukturell in den damaligen Kolonien weltweit institutionalisiert hat. In dem Wissen um die Gefahr der Verallgemeinerung möchte ich mit der Nutzung des Adjektivs ‚westlich' auch auf vergangene und gegenwärtige Machtasymmetrien verweisen. Denn über Zeit nachzudenken, heißt immer auch, sich herrschaftspolitische Fragen über die Verschränkung von Hegemonie, Aneignung und Enteignung zu stellen: Nach wessen Zeit orientieren wir uns und warum? Wer ist dieses ‚wir', das die Zeit vorgibt, und wer bleibt davon ausgeschlossen?

Im Folgenden zeige ich, wie in den künstlerischen Auseinandersetzungen andere, d. h. (de-)koloniale, postapokalyptische, unzeitliche, relationale und schließlich (queer-)feministische, mehr-als-menschliche Zeitlichkeiten entworfen und verhandelt werden. Diese sind nicht jenseits des Modells der einen linearen Zeit zu finden, sondern in ihr als widerständige Momente bereits angelegt. Nicht zuletzt verdeutlicht dieses Buch, dass jene aktuell so häufige Beschwörung *anderer Zeitlichkeiten* mit Vorsicht zu betrachten ist, solange sie nicht die *Bedingungen ihrer Darstellung und Verortung* mitaushandelt.

Zeit und ihre Darstellbarkeit

Wie Zeit selbst darstellen? Jacques Derrida beschreibt dieses Vorhaben als Unmöglichkeit: Die Darstellung von Zeit selbst scheitert, weil sie sich entzieht:

> Die Zeit jedenfalls gibt es nicht zu sehen. [...] Sie entzieht einem alles, was sich zu sehen geben könnte. Sie entzieht sich selbst der Sichtbarkeit. Der Zeit, dem wesentlichen Verschwinden der Zeit gegenüber ist man unweigerlich blind, und das, obwohl doch in gewisser Weise alles Erscheinen Zeit in Anspruch nimmt.[5]

Was Derrida in dieser Passage beschreibt, betrifft nicht nur eine der grundlegenden Aporien von Zeit, sondern wirft darüber hinaus die Frage ihrer Darstellbarkeit auf: Wie Zeit darstellen, wenn sie sich entzieht? Wie die *Zeit der Darstellung* denken, wenn sie als solche nicht in Parametern der Sichtbarkeit zu fassen ist? Und darüber hinaus: Wie kann gerade dieser aporetische Zug der Zeit überhaupt Eingang in die Darstellung finden und erfahrbar werden, ohne sich wiederum selbst einer Privilegierung des Sehens unterzuordnen und als bloßer Mangel an Sichtbarkeit zu erscheinen?

Auf den folgenden Seiten widme ich mich diesem komplexen Verhältnis von Zeit und ihrer Darstellbarkeit vor dem spezifischen Hintergrund ausgewählter künstlerischer Arbeiten aus dem Grenzbereich von zeitgenössischer Performance und installativer Kunst. Ich gehe dabei von der Beobachtung aus, dass seit einigen Jahren gerade die Frage alternativer, nicht-linearer, verzweigter, heterogener Zeitlichkeit*en* verstärkt Eingang in künstlerische Praktiken findet. Ziel dieser Arbeit ist es, dieses szenische Denken nachzuvollziehen und dabei zu zeigen, dass sowohl auf konzeptueller Ebene somit die Vorstellung einer linearen Zeit hinterfragt wird als auch dass Zeitlichkeit ästhetisch als etwas erfahrbar wird, das als Widerständigkeit in der Zeit selbst angelegt ist und immer auch die in der oben zitierten Passage aufgeworfene Problematik von Darstellbarkeit betrifft.

Im Gegensatz zu Ästhetiken der Langsamkeit und Zeitdehnung, wie sie beispielsweise seit Ende der 1960er Jahre prominent in Robert Wilsons Theaterarbeiten vorkommen,[6] oder zu solchen der Dauer, wie in den *durational performances* von Forced Entertainment,[7] stehen in diesem Buch zeitgenössische szenische Formen zur Diskussion, welche die Verlaufsform und lineare Teleologie von Zeit als solche ausstellen und durch szenische Strategien der Unterbrechung und Wiederholung, der Gleichzeitigkeit, Verschränkung und Überlagerung befragen oder unterminieren. Besonders tritt dabei das Moment der Zäsur in den Fokus, das sich als radikaler Einschnitt oder als Aussetzung von Darstellungs- und Vorstellungsweisen von Zeit äußert. Aber auch das Warten

5 Jacques Derrida: *Falschgeld. Zeit geben I*, aus d. Franz. v. Andreas Knop / Michael Wetzel. München: Fink 1993, S. 15.

6 Vgl. Hans-Thies Lehmann: Robert Wilson, Szenograph. In: *Merkur* 437 (1985), S. 554–563.

7 Vgl. Judith Helmer / Florian Malzacher (Hrsg.): *‚Not even a game anymore'. The Theatre of Forced Entertainment*. Berlin: Alexander 2004.

auf ein solches Ereignis angesichts eines apokalyptischen Zukunftsszenarios sowie das traumatische Nachleben einer gewaltgeschichtlichen Zäsur sind in vielen künstlerischen Arbeiten der letzten Jahre – wenn auch auf sehr unterschiedliche Weise – zu finden. Pars pro Toto für diese Tendenzen werde ich mich im Rahmen dieser Arbeit auf die detaillierte Analyse von vier Inszenierungen und die von ihnen angestoßenen weiterführenden Fragen konzentrieren: William Kentridges installative Arbeit *The Refusal of Time* (2012), Rabih Mroués *Riding on a Cloud* (2013), *Boundaries. Ein Archiv zukünftiger Fundstücke* (2018) von andpartnersincrime, Frédérique Aït-Touatis und Bruno Latours Lecture-Performance *Inside* (2017) und Eva Meyer-Kellers *Living Matters* (2019).[8] In den Theater- und Performancearbeiten wird erfahrbar, wie sehr Zeit als Ressource, (koloniale) Infrastruktur und gelebte Erfahrung historische und gegenwärtige Herrschafts- und Ungleichverhältnisse strukturiert und beeinflusst, aber eben auch, welche anderen Zeitlichkeitsentwürfe dagegengesetzt werden können.
Die hier vorliegende Arbeit nimmt also Inszenierungen in den Blick, die den Zusammenhang von Zeit als Problem der Darstellung verhandeln und damit immer wieder auch als ihre zentralen Bezugspunkte und Impulsgeber die vermeintlich universellen Größen von Zeit und Geschichte als solche hinterfragen.

Widerständigkeiten in der Zeit

Warum also eine weitere Arbeit über das Thema ‚Zeit'? Gerade in einer Gegenwart, in der immer wieder erneute Krisen beschworen und radikale Zäsuren ausgerufen werden, stellt sich die Frage, welche Zeit hier eigentlich in Gefahr ist und welche durchbrochen, ausgesetzt oder unwiderruflich suspendiert wird. Denn trotz der zunehmenden Sensibilisierung für eine Multiplizität von Zeiten, ist es letztlich immer noch die Vorstellung einer gemeinsamen, geteilten, *einen* Zeit, die als Maß und Richtschnur für das gilt, was als Abweichendes, Zu-spät-Kommendes oder Anderes definiert wird. Die *eine* Zeit, die angeblich für alle gilt und im entsprechenden Fall für alle unterbrochen wird, ist dabei immer noch eine abendländisch-europäische und steht im Zeichen einer Universalisierung, die Differenzen unter der Prämisse der Gleichheit eingemeinden muss. Wer sich auf die Unterbrechung ‚der' Zeit oder ‚der' Gegenwart beruft, muss

8 William Kentridge: *The Refusal of Time* (UA: *dOCUMENTA 13*, 2012); Rabih Mroué: *Riding on a Cloud* (UA: 05.03.2013, Schouwburg Rotterdam); andpartnersincrime: *Boundaries. Ein Archiv zukünftiger Fundstücke* (UA: 28.06.2018, Museum der Weltkulturen Frankfurt am Main); Bruno Latour: *Inside*. Lecture Performance (UA: 23.04.2017, Künstlerhaus Mousonturm, Théâtre Nanterre-Amandiers, R: Frédérique Aït-Touati); Eva Meyer-Keller: *Living Matters* (UA: 15.11.2019, PACT Zollverein Essen).

also unweigerlich in Betracht ziehen, welche anderen in sich differenten Zeitlichkeiten dieser einen bereits implizit sind. Und umgekehrt gilt: Wer die *eine* Zeit kritisieren will, muss sich fragen lassen: „Ist eine andere Vorstellung der Zeit überhaupt möglich?“[9]

Giorgio Agamben formuliert hier die mit Derrida zugespitzte Frage nach der Vorstellung und Darstellbarkeit von Zeit: Indem er den Fokus auf die „Vorstellung“ legt, lenkt Agamben den Blick auf die Problematik, wie sich eine adäquate Dar- und Vorstellung für diejenige Zeit finden lässt, die sich nicht den tradierten Begriffen und Repräsentationen von Linearität und Chronos zuordnen lässt. In jeder Zeitvorstellung, in jedem Versuch, Zeit zu repräsentieren, ist laut Agamben eine weitere Zeit impliziert, die sich der Darstellung und Repräsentation entzieht. Diese Zeit ist jedoch keine zusätzliche Zeit, die der chronologischen Zeit äußerlich wäre, sondern eine „Zeit in der Zeit“[10].

Dieses Buch geht von einer zentralen Prämisse aus: Ein *anderes* Denken von Zeitlichkeit und ein Denken *anderer* Zeitlichkeit kann sich nicht damit begnügen, eine bloße alternative Version von Zeit in ihren gewohnten Repräsentationen – als linear fortschreitende universelle Zeit – zu entwerfen.[11] Wäre doch ein solches vermeintliches Neuschreiben nichts weiter als ein Fortsetzen des dominanten Denk- und Darstellungsmusters. Der Ansatz dieser Arbeit ist es demnach ausdrücklich nicht, radikal andere Gegen-Zeitlichkeiten zu entwerfen, eine neue Zeit-Krise zu diagnostizieren oder einen neuen ‚*temporal turn*‘ zu verkünden.

Und dennoch geht dieses Buch von der Beobachtung aus, dass in den letzten Jahren eine ganze Reihe an Diskursen und ausgerufenen ‚*turns*‘ verstärkt zum Nachdenken über eine nicht-lineare Zeitlichkeit beigetragen haben, wie auch Rebecca Schneider kritisch bemerkt:

> It cannot be inconsequential that the number and frequency of academic turns – toward and away, around and through – appear to increase at a juncture that also troubles linear time in favor of folded, swerving, recursive, or queer times, and remobilizes largely indigenous ideas of nonstatic place.[12]

9 Giorgio Agamben: Die Struktur der messianischen Zeit. In: Nikolaus Müller-Schöll / Saskia Reither (Hrsg.): *Aisthesis. Zur Erfahrung von Zeit, Raum, Text und Kunst*. Schliengen: Argus 2005, S. 172–182, hier S. 175.

10 Ebd., S. 176.

11 Zur Problematik der Wiedereinschreibung kultureller Differenzen durch die Behauptung kultureller Eigenzeiten vgl. ausführlich: Stefan Helgesson: Radicalizing Temporal Difference. Anthropology, Postcolonial Theory, and Literary Time. In: *History and Theory* 53 (2014), S. 545–562.

12 Rebecca Schneider: *Performing Remains. Art and War in Times of Theatrical Reenactment*. London / New York: Routledge 2011, S. 8. Vgl. Elizabeth Freeman: *Time Binds. Queer*

Ausgehend von einer detaillierten Betrachtung szenischer und installativer Arbeiten und im Dialog mit dekonstruktiven, spekulativen, dekolonialen, posthumanen und feministischen Positionen gehe ich diesen Entwürfen widerspenstiger, widerständiger, störender und ‚troubling' Zeitlichkeit nach.
Es geht mir also darum, die spezifisch westliche Tradition des Denkens der *einen*, linearen und teleologischen Zeit auf ihr Ungedachtes zu befragen und die sich daraus ergebenden Herausforderungen an die Darstellung zu untersuchen. Daher soll es im Folgenden um Versuche gehen, über Zeitlichkeit so nachzudenken, dass dabei auch die (Un-)Möglichkeiten und Abweichungen zeitlicher Darstellung und Vorstellung berücksichtigt werden: Formen eines Zeitdenkens, das nicht mehr mit bekannten Zeitkategorien, -vorstellungen und -formen zu fassen ist, das aber dennoch auch kein Jenseits der Repräsentation behauptet. Damit ist es das zentrale Anliegen dieser Untersuchung, bei der Erörterung anderer Zeitlichkeiten eben keine Überwindung des abendländischen Vorstellungsdenkens zu propagieren und ein Denken anderer Zeitlichkeiten *jenseits* der Repräsentation oder gar ein ‚Ende der Zeit' (des Menschen) schlechthin zu verkünden. Denn eine solche Überwindungsgeste würde jene hegemoniale Abfolgelogik doch nur reproduzieren, die es eigentlich zu kritisieren gilt.
Vielmehr stehen im Zentrum dieser Arbeit *Zeitlichkeiten in der Zeit*, die sich als Widerständigkeit *innerhalb* der ordnenden, strukturierenden und Maß gebenden *einen* Zeit bemerkbar machen und gleichzeitig auf die Potenzialität möglicher anderer Zeitlichkeiten verweisen, die sich nicht unter die Prämissen des Einen, Linearen subsumieren lassen. Wenn in gegenwärtigen Diskursen, wie sie beispielsweise aus postkolonialer oder (queer-)feministischer Perspektive geführt werden, der Fokus auf nicht-normative, nicht-westliche, indigene oder Schwarze Zeitlichkeiten gelegt wird, dann geht es nicht darum, die Neuheit dieser Zeitlichkeiten als radikalen Gegenentwurf zur hegemonialen Zeit zu deklarieren, sondern vielmehr darum, aufzuzeigen, dass diese anderen Zeitlichkeiten auf gewisse Weise immer schon da und lange schon ungedachter Teil der dominanten einen Zeit gewesen sind. Ziel dieser Arbeit ist es demnach, diesen ungedachten Zeitlichkeiten in der Zeit nachzugehen, ohne sie wiederum in einem Paradigma der Sichtbarkeit aufgehen zu lassen. Wenn ich also von Widerständigkeit schreibe, dann ist damit nicht ein aktiver Widerstand gemeint, der von einem handlungsmächtigen Subjekt ausgehen und es so reaffirmieren würde. Vielmehr

Temporalities, Queer Histories. Durham: Duke UP 2010; Eve Tuck / Marcia McKenzie: *Place in Research. Theory, Methodology, and Methods*. London: Routledge 2014; Christine Löw / Katharina Volk / Imke Leicht / Nadja Meisterhans (Hrsg.): *Material Turn. Feministische Perspektiven auf Materialität und Materialismus*. Opladen: Budrich 2017.

geht es mir um das, was sich nicht unter einer homogenen Kategorie – sei es Zeit, Mensch, westlich – subsummieren lässt und gerade darin die „violence of abstraction“[13] dieses Vereinheitlichungsprozesses deutlich macht. Ich gehe also von einer „resistance of the object“[14] aus, einer Widerständigkeit in dem zu Denkenden, die ich als Szenen begreife, auf und mit denen die Möglichkeiten anderer Zeitlichkeiten eröffnet werden.
Anhand der fünf künstlerischen Arbeiten von Kentridge, Mroué, andpartnersincrime, Aït-Touati und Latour sowie Meyer-Keller wird herausgearbeitet, wie darin eine solche Widerständigkeit erfahrbar wird, die jeweils auf sehr unterschiedliche Weise Vorannahmen dessen, was Zeit ist und sein könnte, herausfordert, aber auch die Möglichkeit anderer Zeitlichkeiten zu denken versucht. Untersucht wird darüber hinaus, inwiefern die künstlerischen Arbeiten im Modus der Darstellung verhandeln, was es heißt, Zeit unter dem Zwang ihres eigenen *telos*, ihrer linearen Gerichtetheit und einem vermeintlichen Ende zu betrachten. Ausgehend von den Analysen der Arbeiten werden spezifische Positionen abendländischen Zeitdenkens einer Durcharbeitung unterzogen, um sie auf Brüche und Öffnungen im vermeintlich linearen Denken hin zu diskutieren.

Unzeit und Zäsur

Dieses Buch geht von Figurationen der „Unzeit“ aus und versteht darunter eine spezifische Zeitlichkeit der Unterbrechung, Aussetzung, des Ereignisses und der Zäsur, wie sie durch poststrukturalistische Denker*innen wie Jacques Derrida, Philippe Lacoue-Labarthe und Jean-Luc Nancy hinsichtlich eines Denkens nach der Shoah geprägt und gegenwärtig durch Denker*innen aus dem Kontext der Black Studies und des Black Feminism in Bezug auf die Zeitlichkeit des Nachlebens der Sklaverei und des Kolonialismus weiter gedacht und erweitert wird. Unzeit markiert darüber hinaus aber auch ganz umgangssprachlich erst einmal eine Zeitlichkeit, die irgendwie nicht zu passen scheint: „Etwas kommt zur Unzeit“ bedeutet, es kommt plötzlich, zu spät oder zu früh und stört aus genau diesem Grunde, weil es sich nicht in den gegenwärtigen Moment einfügen kann, nicht die Kriterien erfüllt oder Kontexte sprengt. Für mich ist dieses störende Moment vor allem hinsichtlich der Frage interessant, welche Herausforderungen sich aus ihm für die Darstellbarkeit in Theater, Performance, Kunst und Theorie

13 Patricia J. Saunders / Saidiya Hartman: Fugitive Dreams of Diaspora. Conversations with Saidiya Hartman. In: *Anthurium. A Caribbean Studies Journal* 6,1 (2008), S. 1–16, hier S. 5.

14 Hartman: Venus in Two Acts, S. 11. Vgl. Fred Moten: *In the Break. The Aesthetics of the Black Radical Tradition*. Minneapolis / London: U of Minnesota P 2003, S. 14.

ergeben: Wie lässt sich eine störende, nicht passende, widerspenstige Zeitlichkeit darstellen? Wie lässt sich ein inkommensurables Ereignis und sein Fort- und Nachleben in der Gegenwart repräsentieren, wenn es sich Kategorien wie ‚Sichtbarkeit', ‚Präsenz' und ‚Gegenwärtigkeit' entzieht?

Diese spezifische Zeitlichkeit der Unterbrechung und der Zäsur in Bezug auf die Darstellung wird in diesem Buch als – wie Philippe Lacoue-Labarthe im Anschluss an Friedrich Hölderlin formuliert – „eine unmögliche Kassierung der Krise, die noch offene Wunde im Gewebe der Philosophie [...], die nicht vernarbt und sich unter der Hand, die sie schließt, immer wieder öffnet"[15], verstanden. Die Zäsur, die Lacoue-Labarthe hier beschreibt und in deren theoretische Betrachtung die Shoah als inkommensurable Katastrophe des 20. Jahrhunderts unweigerlich miteinbezogen werden muss, verweist damit auf eine Zeitlichkeit, die der Philosophie notwendigerweise entgeht, weil jene sie nicht fassen kann, die sich jedoch erst recht als Momenthaftigkeit der Krise in ihr bemerkbar macht, gerade weil und wenn sie übergangen wird. Doch in dem Maße, wie sie die Krise der Philosophie und der Theorie betrifft, hat sie auch mit der für die Theaterwissenschaft und Performance Studies wichtigen Frage der Darstellung zu tun. Im Anschluss an Lacoue-Labarthe soll folglich Zäsur nicht nur als Zäsur des Denkens, sondern mit Blick auf künstlerische Arbeiten als der Moment einer anderen, widerständigen Zeiterfahrung verhandelt werden.

Für mich ist in diesem Ansatz die Denkfigur der Unzeit als eine solche Zeitlichkeit der Zäsur zentral. Unzeit ist zunächst zu verstehen als Ereignis, Zäsur, radikale Entsetzung und Unterbrechung der chronometrischen Zeit des Ablaufs und der Progression, der Zeit der Uhren also und der linearen Geschichtsvorstellung. Zum einen impliziert sie den Umstand, dass etwas ‚zur Unzeit' eintreten kann, also wie Werner Hamacher es in Anschluss an Derrida formuliert:

> daß etwas geschehen, vorfallen, sich ereignen kann, was den ‚natürlichen', ‚normalen' oder ‚normativen' Ablauf der Zeit, einer Geschichte oder ‚der Geschichte' unterbricht, oder zu diesem Ablauf der Zeit hinzutritt, ohne in ihm schon antizipiert gewesen zu sein.[16]

15 Lacoue-Labarthe bezieht sich hier auf die durch das Denken Immanuel Kants verursachte Krise der Philosophie, die durch letztere vollendet und dadurch ‚kassiert' wird. Demgegenüber stellt Hölderlin für ihn einen Denker der Zäsur dar. Philippe Lacoue-Labarthe: Die Zäsur des Spekulativen, aus d. Franz. v. Thomas Schestag. In: *Hölderlin-Jahrbuch* 22 (1980–1981), S. 203–231, hier S. 208.

16 Werner Hamacher: DES CONTRÉES DES TEMPS. In: Georg C. Tholen / Michael O. Scholl: *Zeit-Zeichen. Aufschübe und Interferenzen zwischen Endzeit und Echtzeit*. Weinheim: Acta Humaniora 1990, S. 17–36, hier S. 29.

In ihrer französischen Übersetzung als *contretemps* birgt sie durch ihr Präfix die Bedeutung der *Gegen*zeit in sich, also einer Zeitlichkeit, die eine Alternative zur normativen Zeit des Ablaufs bietet oder der linearen Zeit entgegenläuft, ihr entgegensteht oder sich in ihr widersetzt. Unzeit zu denken, heißt also immer auch, sich mit widerständigen Momenten zu beschäftigen und sich zu fragen, gegen welche Zeit es sich hier aufzulehnen gilt und was diese alternative Gegenzeit sein könnte. Wenn etwas in die Zeit einbricht, das vorher noch nicht von ihr antizipiert worden ist, dann muss Unzeit radikal anders als die herkömmliche normative Zeit sein. Unzeit ist also zum einen eine andere Zeit, zum anderen aber auch etwas anderes als Zeit in ihrer herkömmlichen Form. Wie können wir aber etwas so anderes als die Zeit, die wir kennen und in und nach der wir leben, überhaupt denken, ohne immer wieder in die gleichen Logiken des Ablaufs zu verfallen? Insofern gilt es nicht einfach, nur ‚Gegenzeitlichkeiten' gegen ‚die' Zeit zu entwerfen, denn diese laufen oft Gefahr, innerhalb derselben Parameter zu operieren wie jene Zeit, der sie sich entgegenstellen. Insofern geht es mir in diesem Buch vielmehr um die Unzeit als widerständige Zeitlichkeit, die normative Zeitmuster unterbricht, aber gerade in diesem Intervall der Unterbrechung einen Möglichkeitsraum eröffnet, etwas anderes als die bekannte Zeit erfahrbar zu machen. Eben dieses Potenzial des Intervalls der Unzeit begreife ich als etwas, das spezifisch im ästhetischen Raum aufscheint und in einem direkten Zusammenhang mit Theater, Performance, medialer Darstellung und der Frage der Sichtbarkeit steht. Mein Interesse richtet sich darauf, wie sich ein solcher Einschnitt in der Zeit bemerkbar macht, wie er erfahrbar wird und schließlich wie er sich auf die Darstellung selbst auswirkt, wie also die Aussetzung der Zeit die Möglichkeit der Darstellung selbst verändert.

Mein Ansatz der Unzeit und der Zäsur wendet sich dabei gegen einen wirkungsstarken Diskurs der Präsenz, Gegenwärtigkeit und *Liveness* in Theaterwissenschaft und Performance Studies und argumentiert, dass es angesichts dieser Verabsolutierung eines, mit Rebecca Schneider gesprochen, „maniacally charged present"[17] vielmehr darum gehen muss, heterogene, andere und multiple Zeitlichkeiten in den Blick zu nehmen:

> Is a 'maniacally charged present' not punctuated by, syncopated with, indeed charged by other moments, other times? That is, is the present really so temporally straightforward or pure – devoid of a basic delay or deferral if not multiplicity and flexibility? Does it not take place or become composed in double, triple, or multiple time?[18]

17 Schneider: *Performing Remains*, S. 92.

18 Ebd.

Es geht mir um jene multiplen, heterogenen und synkopierten Zeitlichkeiten der Verspätung, der Unterbrechung, der Verschleppung, des Nachlebens und der relationalen Verschränkung, die sich überlagern, an- und fortdauern und nicht in der totalitären Behauptung eines absoluten reinen ‚Jetzt' zu fassen sind.

Nachleben

In dieser Hinsicht sind für mich zwei Ansätze zentral, welche die dekonstruktive Figur der Unzeit und der Zäsur weiterdenken. Zum einen wird die Problematik eines Entzugs der Darstellbarkeit in Folge eines inkommensurablen Ereignisses prominent in den künstlerischen Arbeiten libanesischer Künstler*innen verhandelt, die mich in den letzten Jahren geprägt haben: Lina Majdalanie, Walid Raad, Lamia Joreige, Joana Hadjithomas und Khalil Joreige, Akram Zaatari sowie Rabih Mroué, mit dessen Arbeit ich mich in Kapitel 3 beschäftige, arbeiten jeweils, wenn auch auf sehr unterschiedliche Weise, an der Frage, wie das Nachleben der Libanesischen Bürgerkriege und von deren Grausamkeiten die Gegenwart unterwandert, sich in die Darstellung einschreibt und die konsistente Erzählung und Dokumentation einer linearen Geschichte aus der Perspektive dieser Gegenwart verunmöglicht. Die Zäsur wird hier als Zeitlichkeit des Entzugs deutlich, die sich als Widerständigkeit in der linearen *einen* Zeit einnistet, sie bewohnt oder als inkommensurabler ‚Rest' zurückbleibt.
Zum anderen sind es Diskurse über das Nachleben des Kolonialismus, wie sie Saidiya Hartman und Christina Sharpe in den letzten Jahren vorgelegt haben, die der Vorstellung der Zeit als Kontinuum oder eines gegenwärtigen präsentischen ‚Jetzt' eine Absage erteilen und dem Fortdauern katastrophaler und traumatischer Zeitlichkeiten in der Gegenwart nachgehen. So erweitern sie aus Schwarzer feministischer Perspektive den Diskurs über Unzeit, Zäsur und Darstellbarkeit um den gewaltgeschichtlichen Kontext des Kolonialismus und fragen nach dessen Implikationen für gegenwärtigen Anti-Schwarzen Rassismus. Damit wird Derridas dekonstruktive Figur einer „Hantologie"[19] in ein Denken der durch die koloniale Vergangenheit heimgesuchten Gegenwart weitergedacht. Dies impliziert eine negative Bestimmung des ‚Jetzt' als „coeval with the dead"[20], das eine philologische Trauerarbeit einfordert und nach den Leerstellen westlicher Theoriebildung, Geschichte und Archiven fragt. Insofern geht es mir in meinem Interesse für jene Zeitlichkeit, „die nicht mehr der Zeit angehört, wenn

19 Abgeleitet vom frz. *hanter* (heimsuchen). Vgl. Derrida: *Marx' Gespenster*, S. 25.

20 Saidiya Hartman: The Time of Slavery. In: *The South Atlantic Quarterly* 101 (2002), S. 757–777, hier S. 759.

man darunter die Verkettung modalisierter Gegenwarten versteht (vergangene Gegenwart, aktuelle Gegenwart: ‚jetzt', zukünftige Gegenwart)"[21], auch um diese gespenstischen unzeitigen Augenblicke, die sich der „Zeit nicht füg[en], zumindest nicht dem, was wir so nennen"[22], und eben in dieser Widerständigkeit über das Ungedachte der westlichen Moderne und seine „position of the unthought"[23] Aufschluss geben können.

Forschungsstand

Nach den kontrovers geführten Diskussionen um *Liveness*[24] und „Ko-Präsenz"[25], die in der Theaterwissenschaft und den Performance Studies seit den 1990er Jahren umfassend untersucht und einer grundlegenden Kritik[26] unterzogen worden sind, traten verstärkt Fragen von Abwesenheit in den Fokus[27] wie auch das Verhältnis von Theater, Erinnerung, Gedächtnis[28] und Zäsur[29]. Das Verhältnis von Zeitlichkeit und Geschichte wiederum gerät in der Auseinandersetzung mit dem (Wieder-)Aufführen von Geschichte und dem Reenactment in den Blick.[30] Rebecca Schneider beschreibt die Zeitlichkeit des theatralen Reenactments als

21 Derrida: *Marx' Gespenster*, S. 12.

22 Ebd.

23 Saidiya Hartman / Frank B. Wilderson III: The Position of the Unthought. An Interview with Saidiya Hartman Conducted by Frank B. Wilderson III. In: *Qui Parle* 13 (2003), S. 183–201.

24 Philip Auslander: *Liveness. Performance in a Mediatized Culture*. London: Routledge 1999; Peggy Phelan: *Unmarked. The Politics of Performance*. London / New York: Routledge 1993.

25 Erika Fischer-Lichte: *Ästhetik des Performativen*. Frankfurt am Main: Suhrkamp 2014.

26 Vgl. Schneider: *Performing Remains*.

27 Vgl. Gerald Siegmund: *Abwesenheit. Eine performative Ästhetik des Tanzes. William Forsythe, Jérôme Bel, Xavier Le Roy, Meg Stuart*. Bielefeld: Transcript 2006.

28 Zum Theater als Gedächtnis vgl. Gabriele Brandstetter: *Bild-Sprung. TanzTheaterBewegung im Wechsel der Medien*. Berlin: Theater der Zeit 2005; Marvin A. Carlson: *The Haunted Stage. The Theatre as Memory Machine*. Ann Arbor: U of Michigan P 2003; Friedemann Kreuder: *Formen des Erinnerns im Theater Klaus Michael Grübers*. Berlin: Alexander 2002; Peter W. Marx: *Theater und kulturelle Erinnerung. Kultursemiotische Untersuchungen zu George Tabori, Tadeusz Kantor und Rina Yerushalmi*. Tübingen / Basel: Francke 2003; Gerald Siegmund: *Theater als Gedächtnis. Semiotische und psychoanalytische Untersuchungen zur Funktion des Dramas*. Tübingen: Narr 1996.

29 Vgl. Matthias Dreyer: *Theater der Zäsur. Antike Tragödie im Theater seit den 1960er Jahren*. Paderborn: Fink 2014; Jörn Etzold / Moritz Hannemann (Hrsg.): *Rhythmos. Formen des Unbeständigen nach Hölderlin*. Paderborn: Fink 2016.

30 Freddie Rokem wie auch Günther Heeg diskutieren das Aufführen von Geschichte: Freddie Rokem: *Geschichte aufführen. Darstellungen der Vergangenheit im Gegenwartstheater*, aus d. Engl. v. Matthias Naumann. Berlin: Neofelis 2012; Günther Heeg / Micha Braun / Lars Krüger / Helmut Schäfer (Hrsg.): *Reenacting history. Theater & Geschichte*. Berlin: Theater der Zeit 2014.

„syncopated time“[31], in der die Annahme einer präsentischen Vergegenwärtigung der Vergangenheit wieder Einzug erhält und sich einem „maniacally charged present“[32] verschreibt. Günther Heeg schreibt in diesem Zusammenhang von einer Neuentdeckung des „Paradigma[s] der Geschichte“ und einem damit einhergehenden regelrechten „Geschichtsboom“ seit der Jahrtausendwende und diagnostiziert im Anschluss an Schneider ebenfalls den Wiedereinzug eines „Mythos der Präsenz“, der Reenactments zu „unfreiwillig-unreflektierte[n] Komplize[n]“ des Historismus mache.[33]

Ästhetische Zeiterfahrung

Der Zusammenhang von Zeittheorie und Ästhetik stellt wiederum einen weiteren Theorieschauplatz dar. Hier spielen die ästhetische Bearbeitung von Modernisierungsprozessen und Umbruchsphasen sowie deren Auswirkungen auf die Künste eine Rolle.[34] Dabei steht das Spannungsverhältnis zwischen der sozialen, ökonomischen und naturwissenschaftlichen Objektivierung von Zeit einerseits und der Zeit*erfahrung* andererseits im Fokus. Verhandelt wird die Paradoxie, wie Zeit zu beschreiben und positiv zu erfassen sei, wenn sie sich auf der einen Seite maschinell messbar und objektivierbar zeigt, auf der anderen Seite aber als abgründige Figur erweist, die sich fortwährend entzieht.[35] Mit diesen Paradoxien der Zeiterfahrung ist nicht nur der Begriff der Wahrnehmung, sondern auch derjenige der Fremdheit und Alterität untrennbar verbunden. Die Unabschließbarkeit des Vergangenen wird als ein Insistieren beschrieben, das sich bemerkbar macht als das „Zeitliche im Geschichtlichen“ und als das „Geschichtliche als Zeitigung“,[36] darüber hinaus aber auch als Insistieren der Darstellung –

31 Schneider: *Performing Remains*, S. 2.

32 Ebd., S. 92.

33 Günther Heeg: Reenacting history. Das Theater der Wiederholung. In: Ders. / Braun / Krüger / Schäfer (Hrsg.): *Reenacting history*, S. 10–39, hier S. 10–11.

34 Im Rahmen des Graduiertenkollegs „Zeiterfahrung und ästhetische Wahrnehmung“ an der Goethe-Universität Frankfurt am Main ist von 1998 bis 2007 dieser Zusammenhang von Zeittheorie und Ästhetik umfassend untersucht worden. Vgl hierzu v. a. Patrick Primavesi / Simone Mahrenholz (Hrsg.): *Geteilte Zeit. Zur Kritik des Rhythmus in den Künsten*. Schliengen: Argus 2005; Andreas Gelhard / Ulf Schmidt / Tanja Schultz (Hrsg.): *Stillstellen. Medien – Aufzeichnung – Zeit*. Schliengen: Argus 2004; Andreas Becker / Martin Doll / Serjoscha Wiemer / Anke Zechner (Hrsg.): *Mimikry. Gefährlicher Luxus zwischen Natur und Kultur*. Schliengen: Argus 2008; vgl. auch: Jörn Etzold: *Die melancholische Revolution des Guy-Ernest Debord*. Zürich: Diaphanes 2009.

35 Vgl. Müller-Schöll / Reither (Hrsg.): *Aisthesis*.

36 Nikolaus Müller-Schöll / Saskia Reither: Vorbemerkung. In: Ebd., S. 7–9, hier S. 7.

etwas, das Heiner Müller in *Bildbeschreibung* als „Sehschlitz in der Zeit"[37] für das Theater beschreibt.[38] „Im Theater gibt es weder Vergangenheit noch Gegenwart noch Zukunft. Es ist eine andere Zeit, eine andere Zeiteinheit"[39]. Diese andere Zeiteinheit des Theaters ist keineswegs unter dem Gesichtspunkt einer Reaktualisierung eines Vergangenen im Sinne einer präsentischen Gegenwart zu verstehen. Vielmehr geht es um eine Zeitlichkeit, die die Behauptung einer einheitlichen absoluten Gegenwart, in der etwas präsentisch erscheint, unterminiert und die sich eher durch Brüche und Lücken auf der Ebene des Dargestellten sowie derjenigen des Darstellens bemerkbar macht. Das Denken temporaler Zäsuren erfolgt vor dem Hintergrund der Einsicht, dass Zeit niemals absolut mit sich identisch und damit überzeitlich sein kann, sondern dass sie in sich different und damit immer einem Mangel, einem Aufschub oder einer Verschiebung ausgesetzt ist. Damit treten Fragen von Entzug, Aussetzung und dem Anderen der Zeit und seiner Zeitlichkeit in den Vordergrund.[40] In gegenwärtigen Diskussionen über Dramaturgie spielen wiederum Ansätze nicht-linearer Zeitlichkeit eine Rolle, die eine andere Art der Aufmerksamkeit und eine verteilte Zeiterfahrung ermöglicht, wie beispielsweise in der Landschaftsdramaturgie.[41]

Die Frage „ästhetischer Eigenzeiten"[42] verweist darüber hinaus auf das Problem von Zeit und ihrer Darstellung, aber auch auf die Geschichtlichkeit ihrer Wahrnehmung. Gemeinsamer Ausgangspunkt ist die moderne Einsicht, dass Zeit keine universale Größe oder unhintergehbare Ordnung sein kann, sondern

37 Heiner Müller: Bildbeschreibung. In: Ders.: *Material. Texte und Kommentare*, hrsg. v. Frank Hörnigk. Leipzig: Reclam 1990, S. 8–14, hier S. 14.

38 Vgl. Nikolaus Müller-Schöll: Sehschlitze in der Zeit. In: Ders. / Reither (Hrsg.): *Aisthesis*, S. 83–96. Vgl. ders.: Gestensammlung und Panoptikum. Zur Messianizität in Heiner Müllers Bildbeschreibung. In: Ulrike Haß (Hrsg.): *Ende der Vorstellung. Heiner Müller. Bildbeschreibung.* Berlin: Theater der Zeit 2005, S. 144–157.

39 Heiner Müller: Theater in der Krise. Arbeitsgespräch vom 16. Oktober 1995. In: Frank Hörnigk / Martin Linzer / Frank M. Raddatz / Wolfgang Storch (Hrsg.): *Ich Wer ist das Im Regen aus Vogelkot Im KALKFELL für Heiner Müller.* Arbeitsbuch. Berlin: Theater der Zeit 1996, S. 136–143, hier S. 136.

40 Hier liegt der Fokus spezifisch auf den Abgründen und dem Inkommensurablen im metaphysischen Denken von Zeit und ihrem Mangel von Augustinus bis zu Bergson, von Husserl, Heidegger, Lévinas bis Derrida: Vgl. Tholen / Scholl (Hrsg.): *Zeit-Zeichen*.

41 Vgl. Ana Vujanović: Zusammen mäandern. Neue Tendenzen in der Landschaftsdramaturgie. In: Sandra Umathum / Jan Deck (Hrsg.): *Postdramaturgien*. Berlin: Neofelis 2020, S. 27–45.

42 Das DFG-Schwerpunktprogramm „Ästhetische Eigenzeiten: Zeit und Darstellung in der polychronen Moderne" nimmt die Frage von Zeit und ihrer Darstellung, aber auch die Geschichtlichkeit ihrer Wahrnehmung in den Blick. DFG Schwerpunktprogramm in zwei Förderphasen: https://www.aesthetische-eigenzeiten.de/ (Zugriff am 03.06.2023).

dass „im Universum zu Einer Zeit unzählbar-viele-Zeiten“[43] bestehen, wie Johann Gottfried Herder 1799 in seiner *Metakritik* von Immanuel Kants Zeitbegriff schreibt. Aus theater- und tanzwissenschaftlicher Sicht tritt das Verhältnis von Zeit, Rhythmus und Körper in den Fokus der Betrachtung sowie die Dynamik von Synchronisierungen und ästhetischen Zeitformierungen in Tanzperformances: Ausgehend von somatischen Praktiken wird ein Verständnis von ästhetischen Eigenzeiten als „synchronisierte Polyrhythmizität“ entwickelt, die als temporär stabilisiertes Muster differenter Zeitlichkeiten und als eine Differenz in der Gleichzeitigkeit verstanden wird.[44] Viele dieser Studien teilen die Annahme eines historischen Wandels vom „Paradigma der Synchronisierung“[45] des 19. Jahrhunderts hin zu einer Heterogenität von Zeitlichkeiten im 20. Jahrhundert und betrachten unter dieser Prämisse das Verhältnis von Zeit und Darstellung. Ausgegangen wird infolgedessen von einer „Inkommensurabilität von Eigenzeiten“[46] und der Pluralität von Zeitlichkeiten, während das Phänomen der Verzeitlichung[47] darüber hinaus zum Paradigma einer Epoche erhoben wird.[48] Verhandeln einige Veröffentlichungen die Frage „ästhetischer Eigenzeiten“ aus literatur-, geschichts- und kulturwissenschaftlicher Perspektive[49] und beschränken sich dabei auf den Aspekt des historischen Wandels von Zeitkonzeptionen,

43 Johann Gottfried Herder: Metakritik zur Kritik der reinen Vernunft [1799]. In: Ders.: *Werke in zehn Bänden*, Bd. 8, hrsg. v. Dietrich Hans Irmscher. Frankfurt am Main: Suhrkamp 1998, S. 303–491, hier S. 360.

44 Vgl. dazu die Arbeiten, die im Kontext des Teilprojekts „Synchronisierung körperlicher Eigenzeiten und choreographische Ästhetik“ entstanden sind. Vgl. Gabriele Brandstetter / Kai van Eikels / Anne Schuh: Synchronisierung körperlicher Eigenzeiten und choreographische Ästhetik. Bilanz des DFG-Teilprojekts. In: *Ästhetische Eigenzeiten*, o. D. https://www.aesthetische-eigenzeiten.de/projekt/synchronisierung/beschreibung/ (Zugriff am 03.06.2023), S. 1.

45 Michael Gamper / Helmut Hühn: Einleitung. In: Dies. (Hrsg.): *Zeit der Darstellung. Ästhetische Eigenzeiten in Kunst, Literatur und Wissenschaft*. Hannover: Wehrhahn 2014, S. 7–26, hier S. 17.

46 Ebd., S. 11.

47 Vgl. Arno Seifert: Verzeitlichung. Zur Kritik einer neueren Frühneuzeitkategorie. In: *Zeitschrift für Historische Forschung* 10,4 (1983), S. 447–477, hier S. 447; Carsten Zelle: *Zeitkonzepte. Zur Pluralisierung des Zeitdiskurses im langen 18. Jahrhundert*. Göttingen: Wallstein 2006.

48 Reinhart Koselleck prägt den Begriff der „Sattelzeit“ um 1800, die von einem „Erfahrungswandel“ in der Auffassung von Zeit geprägt ist. Vgl. Reinhart Koselleck: *Vergangene Zukunft. Zur Semantik geschichtlicher Zeiten*. Frankfurt am Main: Suhrkamp 1992, S. 359.

49 Trude Ehlert: *Zeitkonzeptionen, Zeiterfahrung, Zeitmessung. Stationen ihres Wandels vom Mittelalter bis zur Moderne*. Paderborn: Schöningh 1997; Roland Berbig: *Zeitdiskurse. Reflexionen zum 19. und 20. Jahrhundert als Festschrift für Wulf Wülfing*. Heidelberg: Synchron Wiss. der Autoren 2004.

nehmen andere das spezifische Verhältnis von Zeiterfahrung und Ästhetik in den Blick.[50]

Neues Interesse für Zeitlichkeit nach dem *spatial turn*

In der Theaterwissenschaft und den Performance Studies folgt auf die zu Beginn dieses Abschnitts skizzierte Phase kritischer Auseinandersetzung mit den zeitlichen Implikationen von Präsenz, Abwesenheit, Entzug, Geschichte und Vergegenwärtigung zwischen den 1990er Jahren und der ersten Dekade des neuen Jahrtausends dann im Zuge des *spatial turn*[51] und *topographical turn*[52] vorrangig eine Auseinandersetzung mit räumlichen Fragen. Erst seit einigen Jahren kommt der Zeit ein erneutes Interesse zu, das einige sogar einen neuen *temporal turn*[53] ausrufen lässt. Dieses Mal scheint das Interesse für Zeitlichkeit in den Geistes- und Gesellschaftswissenschaften jedoch vorrangig angestoßen durch postkoloniale Diskussionen um Zeithegemonie und das Andauern geschichtlicher Traumata, das Nachdenken über Zeiterfahrung und Beschleunigung[54] in Digitalisierung und Spätkapitalismus, Debatten um das Anthropozän, gegenwärtige und drohende Klimakatastrophen, deren irreversible Konsequenzen und die „slow violence"[55] von neokolonialem Extraktivismus, aber auch durch eine Verschiebung hin zu relationalen, mehr-als-menschlichen Existenzweisen und Zukünften. Das Nachdenken über andere Zeitlichkeiten bedeutet dabei oft, Gegenmodelle zu hegemonialen, normativen und westlichen Paradigmen zu entwerfen und herauszuarbeiten, wie sehr Zeit als Ressource, Infrastruktur und Erfahrung historische und gegenwärtige Arbeits-, Subjektivitäts-, Geschlechts- und Diskriminierungsverhältnisse strukturiert und beeinflusst, aber eben auch, welche anderen Zeit- und Gesellschaftsentwürfe doch möglich sind.

50 Gottfried Boehm: Bild und Zeit. In: Hannelore Paflik-Huber / Michel Baudson (Hrsg.): *Das Phänomen Zeit in Kunst und Wissenschaft*. Weinheim: VCH 1987, S. 1–24.

51 Vgl. Edward W. Soja: *Postmodern Geographies. The Reassertion of Space in Critical Social Theory*. London: Verso 1989; ders.: *Thirdspace. Journeys to Los Angeles and Other Real and Imagined Places*. Cambridge: Blackwell 1996; Jörg Döring / Tristan Thielmann (Hrsg.): *Spatial Turn. Das Raumparadigma in den Kultur- und Sozialwissenschaften*. Bielefeld: Transcript 2008.

52 Vgl. Sigrid Weigel: Zum ‚topographical turn'. Kartographie, Topographie und Raumkonzepte in den Kulturwissenschaften. In: *KulturPoetik* 2,2 (2002), S. 151–165.

53 Vgl. Caroline Rothauge: Es ist (an der) Zeit. Zum „temporal turn" in der Geschichtswissenschaft. In: *Historische Zeitschrift* 305,3 (2017), S. 729–746.

54 Hartmut Rosa: *Beschleunigung und Entfremdung. Entwurf einer kritischen Theorie spätmoderner Zeitlichkeit*. Berlin: Suhrkamp 2013.

55 Rob Nixon: *Slow Violence and the Environmentalism of the Poor*. Cambridge: Harvard UP 2013.

Mit Blick auf gegenwärtige künstlerische Produktionsweisen beleuchtet Bojana Kunst die politischen Implikationen der spezifischen zeitlichen Dimension von projektbasierter prekärer Arbeit im Kunst- und Performancebereich. Als „projective time" impliziere diese immer schon ihre eigene Fertigstellung und denke somit zukünftige Projekte ausschließlich von ihrem eigenen Ende, von ihrer ‚deadline' oder ihrer administrativen Evaluierung her.[56] Kunst plädiert vor diesem Hintergrund einer „projective speculation of a planned but not-yet-lived future" für ein Umdenken von Institutionalisierungsprozessen und für eine andere Zeitlichkeit künstlerischer Arbeit, welche die geschlossene Projektzeit aufbricht und ein offeneres gemeinsames ‚Produzieren' ermöglicht.[57]

Dekoloniale Zeitlichkeit

Für dieses Buch richtungsweisend ist die Einsicht, dass sich auch nach dem vermeintlichen Ende des Kolonialismus die koloniale Bedingung als epistemische Gewalt in der Gegenwart eingeschrieben findet. Prägend sind in dieser Hinsicht Studien von Gayatri Chakravorty Spivak[58], Aníbal Quijano[59], Dipesh Chakrabarty[60], Walter Mignolo[61], Achille Mbembe[62], Sylvia Wynter[63] und Silvia

56 Bojana Kunst: The Project Horizon. On the Temporality of Making. In: *N.O.W. New Open Working Process for the Performing Arts*, o. D. https://nowperformingarts.eu/index.php/2016/11/25/the-project-horizon-on-the-temporality-of-making/ (Zugriff am 05.02.2024). Vgl. dies.: *Artist at Work, Proximity of Art and Capitalism*. Winchester / Washington: Zero 2015.

57 Bojana Kunst: The Institutionalisation, Precarity and the Rhythm of Work. Vortrag gehalten auf dem Symposium TheFantasticInstitution, kunstencentrum BUDA, Kortrijk, 16.02.2017. In: *Kunstenpunt*, 16.04.2020. https://www.kunsten.be/dossiers/perspectief-kunstenaar/perspective-institution/4450-the-institutionalisation-precarity-and-the-rhythm-of-work (Zugriff am 03.06.2023). Vgl. auch dies.: On Potentiality and the Future of Performance. In: *TkH* 19 (2010), S. 60–65.

58 Gayatri Chakravorty Spivak: *A Critique of Postcolonial Reason. Toward a History of the Vanishing Present*. Cambridge, MA: Harvard UP 1999.

59 Aníbal Quijano: Coloniality and Modernity / Rationality. In: *Cultural Studies* 21 (2007), S. 168–178.

60 Dipesh Chakrabarty: *Europa als Provinz. Perspektiven postkolonialer Geschichtsschreibung*. Frankfurt am Main / New York: Campus 2010.

61 Walter D. Mignolo: *Epistemischer Ungehorsam. Rhetorik der Moderne, Logik der Kolonialität und Grammatik der Dekolonialität*, aus d. Span. v. Jens Kastner / Tom Waibel. Wien: Turia + Kant 2019.

62 Achille Mbembe: *On the Postcolony*. Berkeley: U of California P 2001; ders.: *Kritik der schwarzen Vernunft*, aus d. Franz. v. Michael Bischoff. Berlin: Suhrkamp 2014.

63 Sylvia Wynter: Beyond the Word of Man. Glissant and the New Discourse of the Antilles. In: *World Literature Today* 63 (1989), S. 637–648; David Scott: The Re-Enchantment of Humanism. An Interview with Sylvia Wynter. In: *small axe* 8 (2000), S. 119–207.

Federici[64], die alle auf ihre jeweils spezifische Weise von der Grundthese ausgehen, dass Kolonialität und ‚die' Moderne, wenngleich doch nie als einheitliche Bewegung, füreinander konstitutiv sind. Dem aufklärerischen Projekt einer Universalisierung von Freiheit und Gleichheit ist somit die Konstruktion eines kolonialen Anderen immer schon eingeschrieben. Inwiefern die Behauptung einer nicht-europäischen Alterität immer auch mit einem *temporal othering* einhergeht, zeigt Johannes Fabian in seiner einschlägigen Studie *Time and the Other*: nämlich damit, diesen Anderen als der westlichen linear-fortschrittlichen Zeit konstitutiv ‚hinterher' zu denken.[65] Ausschlaggebend für mein Nachdenken über die kolonialen Implikationen von Zeit sind jene Diskurse, die an der Schnittstelle von Performance Studies, Postcolonial Studies und Black Studies das epistemische und ästhetische Nachleben der Sklaverei als Problem der Darstellung verhandeln.[66] Gegenwärtige Auseinandersetzungen mit indigenen Epistemologien arbeiten wiederum deren Relationalität heraus.[67]

Queer-feministische und Schwarze Zeitlichkeit

Im Bereich queer-feministischer Theorie sind in den letzten Jahren zahlreiche Arbeiten erschienen, die queere Zeitlichkeit als expliziten Gegenentwurf zu (hetero-)normativen Implikationen einer „chrononormativity"[68] formulieren. Perspektiven wie diejenige Elizabeth Freemans sensibilisieren die im Nachklang des *spatial turn* weitestgehend auf räumliche Fragen konzentrierte

64 Silvia Federici: *Caliban und die Hexe. Frauen, der Körper und die ursprüngliche Akkumulation*, aus d. Engl. v. Max Henninger. Wien: Mandelbaum 2015; dies.: *Re-Enchanting the World. Feminism and the Politics of the Commons*. Oakland, CA: PM 2019; dies.: *Enduring Western Civilization. The Construction of the Concept of Western Civilization and Its "Others"*. Westport, CT: Praeger 1995.

65 Johannes Fabian: *Time and the Other. How Anthropology Makes Its Object*. New York: Columbia UP 2014.

66 Dazu zählen u. a. Hortense J. Spillers: Mama's Baby, Papa's Maybe. An American Grammar Book. In: Frank B. Wilderson III (Hrsg.): *Afro-Pessimism. An Introduction*. Minneapolis: racked & dispatched 2017, S. 91–122; Moten: *In the Break*; Hartman: The Time of Slavery; Sharpe: *In the Wake*.

67 Vgl. Robin Wall Kimmerer: *Braiding Seagrass. Indigenous Wisdom, Scientific Knowledge and the Teachings of Plants*. Minneapolis: Milkweed 2015; sowie Linda Tuhiwai Smith: *Decolonizing Methodologies. Research and Indigenous Peoples*. London / New York / Oxford: Bloomsbury Academic 2022; Brendan Hokowhitu / Aileen Moreton-Robinson / Linda Tuhiwai Smith / Chris Andersen et al. (Hrsg.): *Routledge Handbook of Critical Indigenous Studies*. London / New York: Routledge 2021.

68 Freeman: *Time Binds*. Freeman denkt mit dem Begriff „chrononormativity" Michel Foucaults und Giorgio Agambens Studien über biopolitische Machtsysteme unter dem Aspekt normativer Vorstellung von Zeit weiter. Vgl. auch Victoria Browne: *Feminism, Time, and Nonlinear History*. New York: Palgrave Macmillan 2014.

queer-feministische Theorie damit für zeitliche Aspekte und verteidigen die Potenzialität queerer Zukünftigkeit gegen jene Ansätze, die vor allem die Negativität queerer Traumata und damit die Unmöglichkeit positiver Zukunftsentwürfe betonen.[69] José Esteban Muñoz distanziert sich von der „limited and problematic straight time"[70] und setzt dem durch Normativität und geschlossene Identitätsvorstellungen geprägten Gegenwartsbegriff eine „politics of queer utopia"[71] entgegen. Andere, wie Tavia Nyong'o, betonen im Anschluss daran die Zukünftigkeit von queerem „world-making"[72]. Feministische Positionen untersuchen die Implikationen normativer Zeitvorstellungen in Bezug auf die Politiken von Körper, Identität und Reproduktion,[73] während insbesondere in intersektionalen und postkolonialen Ansätzen Prozesse des *Othering*[74] in den Blick genommen werden. Im Bereich des Black Feminism wiederum werden „temporalities of radical alterity"[75] verhandelt und widerständige Schwarze Zeitlichkeiten entworfen, denen ich mich in Kapitel 1.4 im Kontext der spezifischen Zeitlichkeit des Nachlebens der Sklaverei zuwende.[76] Ansätze in den Disability Studies wiederum reflektieren die Ausschlüsse normierender Zeit in Bezug auf be_hinderte Körper und entwickeln „Crip Time" als spezifische Zeitlichkeit der Verletzlichkeit und von Care.[77]

69 Vgl. Lee Edelman: *No Future. Queer Theory and the Death Drive.* Durham: Duke UP 2004; Alexis Lothian: *Old Futures. Speculative Fiction and Queer Possibility.* New York: Oxford UP 2018.

70 José E. Muñoz: *Cruising Utopia. The Then and There of Queer Futurity.* New York: New York UP 2009, S. 83.

71 Ebd., S. 91.

72 Tavia Nyong'o: *Afro-Fabulations. The Queer Drama of Black Life.* New York: New York UP 2018, S. 42. Vgl. auch Jack Halberstam: *In a Queer Time and Place. Transgender Bodies, Subcultural Lives.* New York: New York UP 2005.

73 Vgl. Elizabeth Grosz: *Time Travels. Feminism, Nature, Power.* Durham: Duke UP 2005; dies.: *The Nick of Time. Politics, Evolution, and the Untimely.* Durham / London: Duke UP 2004; dies.: *Space, Time, and Perversion. Essays on the Politics of Bodies.* New York: Routledge 1995; dies. (Hrsg.): *Becomings. Explorations in Time, Memory, and Futures.* Ithaca: Cornell UP 1999; sowie Richard Grusin (Hrsg.): *Anthropocene Feminism.* Minneapolis / London: U of Minnesota P 2017.

74 Vgl. Trịnh Thị Minh Hà: Not You / Like You. Post-Colonial Women and the Interlocking Question of Identity and Difference. In: *Inscriptions* 3–4 (1988), S. 3–4.

75 Kara Keeling: LOOKING FOR M—. Queer Temporality, Black Political Possibility, and Poetry from the Future. In: *GLQ* 15,4 (2009), S. 565–582, hier S. 575.

76 Vgl. *South Atlantic Quarterly* 121,1 (2022): Black Temporalities in Times of Crises, hrsg. v. Badia Ahad / Habiba Ibrahim; Kara Keeling: *Queer Times, Black Futures.* New York: New York UP 2019; Habiba Ibrahim: *Black Age. Oceanic Lifespans and the Time of Black Life.* New York: New York UP 2021.

77 Vgl. María Puig de la Bellacasa: *Matters of Care. Speculative Ethics in More than Human Worlds.* Minneapolis / London: U of Minnesota P 2017; Alison Kafer: *Feminist, Queer, Crip.*

Ökologische Zeit und Anthropozän

In der Debatte um das Anthropozän erfährt die Frage nach der Verschränkung von geologischer Zeit und menschlicher Zeit neues Gewicht. Die These des Paradigmenwechsels hin zum Menschen als wesentliche geologische Wirkungsmacht sowie die Annahme einer geologischen Tiefenzeit (*deep time*) impliziert dabei eine radikale Erschütterung des Verhältnisses von Zeit, Natur und (menschlicher) Geschichte, wie Dipesh Chakrabarty aufzeigt.[78] Die Vorstellung des Anthropozäns als eines Paradigmenwechsels, in dem der Mensch erstmals zu einer seine Umwelt zerstörenden Lebensform wird und damit eine evolutionäre Sonderstellung erhält, impliziert jedoch die Re-Essenzialisierung einer scheinbar homogenen Menschheit, die sowohl geologische Handlungsmacht wie auch sich selbst bedrohende Lebensform ist – unter Negierung sozialpolitischer, gesellschaftlicher Faktoren und kolonialer, extraktivistischer Gewaltgeschichte.[79] Die Rede von der bedrohten und sich selbst zerstörenden Menschheit im Anthropozän läuft also Gefahr, all jene kritischen feministischen, dekolonialen, gesellschaftspolitischen und philosophischen Ansätze außer Acht zu lassen, die nicht im Namen *der* Menschheit argumentieren, sondern relationale Abhängigkeitsverhältnisse, Ausgrenzungen, koloniale Verschränkungen und mehr-als-menschliche Zeitlichkeiten herausarbeiten.[80] Dementsprechend wird der Begriff des Anthropozäns als eine seine eigene historische Bedingung ausblendende, universalistische geologische Kategorie kritisiert, weshalb etwa Françoise Vergès anstelle dessen vom „racial Capitalocene"[81] schreibt und damit dem historischen und gegenwärtigen Gewaltgefüge des Anthropozäns, seinen toxischen Hinterlassenschaften sowie kapitalistischer und kolonialer Ausbeutung Rechnung trägt.

Bloomington: Indiana UP 2016; Ellen Samuels: Six Ways of Looking at Crip Time. In: *Disability Studies Quarterly* 37,3 (2017). https://dsq-sds.org/index.php/dsq/article/view/5824/4684 (Zugriff am 05.02.2024); Leah Lakshmi Piepzna-Samarasinha: *Care Work. Dreaming Disability Justice*. Vancouver: Arsenal Pulp 2018.

78 Dipesh Chakrabarty: The Climate of History. Four Theses. In: *Critical Inquiry* 35,2 (2009), S. 197–222.

79 Vgl. Kathryn Yusoff: *A Billion Black Anthropocenes or None*. Minneapolis: Minnesota UP 2018.

80 Malcolm Ferdinand: *Decolonial Ecology. Thinking from the Caribbean World*. Cambridge: Polity 2021.

81 Françoise Vergès: Racial Capitalocene. In: *Verso Books*, 30.08.2017. https://www.versobooks.com/blogs/3376-racial-capitalocene (Zugriff am 17.06.2022).

Relationale und mehr-als-menschliche Zeitlichkeiten

Vor diesem Hintergrund treten vor allem relationale Zeitlichkeiten in den Blick, die ein Denken von Beziehungsgefügen implizieren, eines „thinking-with"[82], das sich als in gegenseitiger Verstrickung mit seinem zu-Denkenden versteht. Damit stehen zunehmend sympoietische, mehr-als-menschliche Zeitlichkeiten im Vordergrund. In ihrem Einsatz für Beziehungsweisen[83] und andere Wissensformen stellen relationale Ansätze westliche Denksysteme und deren Zeitdenken zur Disposition und leiten daraus ethisch-politische Konsequenzen ab, die vor allem eine Verantwortlichkeit gegenüber der eigenen Situiertheit bedeuten und mit der Frage einhergehen: Aus welcher Position heraus denke und schreibe ich und in welche gegenwärtigen, vergangenen und zukünftigen Machtstrukturen, Denktraditionen und Infrastrukturen bin ich eingebunden? Dies gilt auf je unterschiedliche Weise für Ansätze des New Materialism, Posthumanism, der Critical Ecology und der feministischen Science Studies, die mehr-als-menschliche *entanglements* und die Partialität von Wissen verhandeln.[84]

Methode: Durcharbeiten und Verlernen

Diese Arbeit schließt somit vor diesem Hintergrund an jene Beiträge an, die das vermeintlich Eigene der Zeit auf seine Widerständigkeiten und seinen Bezug zu einem Anderen befragen. Hier reagiert die vorliegende Studie auf eine Leerstelle: Obwohl gerade in Beiträgen über zeitliche Zäsuren die Durchbrechung einer Universalität formuliert wird, geschieht dies zumeist aus der selbst nicht markierten, aber implizit vorausgesetzten westlichen Perspektive eines spezifisch abendländischen Denkens, das die ihm konstitutive Kolonialität unbeachtet lässt. Meine Untersuchung setzt nun genau hier an und verbindet die Frage ästhetischer Zeitlichkeiten mit Ansätzen postkolonialer Kritik, welche

82 Donna Haraway: *Staying with the Trouble. Making Kin in the Chthulucene*. Durham: Duke UP 2016, S. 39.

83 Vgl. Bini Adamczak: *Beziehungsweise Revolution 1917, 1968 und kommende*. Frankfurt am Main: Suhrkamp 2017.

84 Vgl. Astrida Neimanis: Speculative Reproduction. Biotechnologies and Ecologies in Thick Time. In: *philoSOPHIA* 4,1 (2014), S. 108–128; Isabelle Stengers: Reclaiming Animism. In: *e-flux* 36 (Juli 2012). https://www.e-flux.com/journal/36/61245/reclaiming-animism/ (Zugriff am 05.02.2024); Stacy Alaimo: Feminist Science Studies. Aesthetics and Entanglement in the Deep Sea. In: *Oxford Handbook of Ecocriticism*, hrsg. v. Greg Garrard. Oxford: Oxford UP 2014, S. 188–204; Karen Barad: Troubling Time/s and Ecologies of Nothingness. Re-turning, Re-membering, and Facing the Incalculable. In: Matthias Fritsch (Hrsg.): *Eco-Deconstruction. Derrida and Environmental Philosophy*. New York: Fordham UP 2018, S. 206–248; Anna Lowenhaupt Tsing: *The Mushroom at the End of the World. On the Possibility of Life in Capitalist Ruins*. Oxford / Princeton: Princeton UP 2015.

die Frage westlicher Zeitvorstellungen und die ihnen eigene universale Setzung unter dem Aspekt ihrer kolonialen Bedingung reflektieren. Ich tue dies aber aus einer in eben dieser Tradition westlich-europäischer Theorie geschulten Perspektive, die sich an ihrer eigenen Kolonialität abarbeitet. Vor diesem Hintergrund lautet die implizite Leitfrage dieses Buchs: Wie lassen sich andere, queere, nicht-eurozentrische, mehr-als-menschliche, relationale Zeitlichkeiten entwerfen, wenn wir noch so tief in den Strukturen der *einen* Zeit verwurzelt sind? Ich verstehe diese widerständigen Zeitlichkeiten deswegen als *Zeitlichkeiten in der Zeit*, weil sie nicht behaupten, die eine Zeit hinter sich lassen zu können, sondern vielmehr in diesem ausschließlichen Paradigma existieren und sich dort bemerkbar machen, auch wenn sie verdrängt und unsichtbar gemacht werden.
Mit Spivak formuliert, geht es mir um ein „productive undoing“[85] – ein produktives Abtragen dieses kolonial-aufklärerischen Erbes als (selbst-)kritische Praxis der „Ent|Übung“[86] oder des „unlearning“[87] und „unthinking“[88] von Denkgewohnheiten, die insbesondere auch einer Gefahr der Wiedereinschreibung von eigentlich kritisierten Herrschaftsdynamiken Rechnung trägt. Auch wenn Universalität in diesem Buch problematisiert wird, geht es mir schließlich in dieser Kritik um – noch einmal mit Spivak formuliert – eine „persistent critique of what one cannot not want“[89]. Insofern ist das Erbe der Aufklärung immer zweischneidig – diese Ambivalenz gilt es zu berücksichtigen.
In diesem Sinne beginnt die vorliegende Untersuchung in Kapitel 1 mit der künstlerischen Arbeit William Kentridges und der Frage, welche kolonialen Implikationen das Denken der einen, synchronen, universellen Zeit mit sich trägt, um dann in einem zweiten Schritt in Kapitel 2 noch einmal zurückzutreten und genauer zu verfolgen, inwiefern sich bereits in jenem abendländischen Denken der einen Zeit Aufbrüche und Versuche finden lassen, Zeit anders zu denken, an die heute angeknüpft werden kann. Es geht also weniger darum, in einer großen verallgemeinernden Geste ‚das‘ westliche Denken von Zeit an sich zurückzuweisen, sondern vielmehr darum, Risse und Aufbrüche in eben diesem

85 Gayatri Chakravorty Spivak: *An Aesthetic Education in the Era of Globalization*. Cambridge / London: Harvard UP 2013, S. 1.

86 Ruth Sonderegger: *Vom Leben der Kritik. Kritische Praktiken – und die Notwendigkeit ihrer geopolitischen Situierung*. Wien: Zaglossus 2019, S. 128.

87 Gayatri Chakravorty Spivak / Sarah Harasym: *The Post-Colonial Critic. Interviews, Strategies, Dialogues*. New York / London: Routledge 1990, S. 14; vgl. auch Ariella Aïsha Azoulay: *Potential History. Unlearning Imperialism*. London / New York: Verso 2019.

88 Julietta Singh: *Unthinking Mastery. Dehumanism and Decolonial Entanglements*. Durham: Duke UP 2018.

89 Sara Danius / Stefan Jonsson / Gayatri Chakravorty Spivak: An Interview with Gayatri Chakravorty Spivak. In: *Boundary 2* 20,2 (1993), S. 24–50, hier S. 42.

Denken aufzuspüren. Spannend sind diese theoretischen Auf- und Ausbruchsversuche insbesondere dort, wo sie sich bis in die Gegenwart fortsetzen: Z. B. knüpfen gerade gegenwärtige Auseinandersetzungen mit anderen, (queer-)feministischen oder Schwarzen Zeitlichkeiten implizit immer wieder an dekonstruktive Denkfiguren oder auch an Walter Benjamins Denken von Zeitlichkeit an, sowohl im Sinne einer Unterbrechung einer homogenen modernen Zeit des Fortschritts als auch in einem Nachdenken über ein Fort- und Nachleben, wie ich es bereits erläutert habe.

Denken im Material

Den künstlerischen Gegenständen kommt in diesem Buch eine besondere Rolle zu. Mein Ansatz folgt einem *Denken im Material*, das die Arbeiten nicht als bloße Illustration einer Theorie anführt, sondern mit und durch sie und ihre Widerständigkeit hindurch denkt. Ich knüpfe damit an Kentridge an, der ein „Denken in Kohle und in Tinte, in Kupfer, in Luft"[90] als eine Arbeitsweise beschreibt, die sich aus der jeweiligen Stofflichkeit und Beschaffenheit des verwendeten Materials heraus entwickelt und somit auch das miteinbezieht, was randständig oder widerständig zu sein scheint:

> Es gibt ein Denken in Kohle und in Tinte, in Kupfer, in Luft. Es gibt Veränderungen vom Wort zur Tinte, vom Gedanken zum Kupfer. [...] Damit ist nur angedeutet, dass verschiedene Materialien Gedanken verändern. Die Weichheit der Kohle, der verbrannte Ast, ihr Abbröckeln, ihre Flecken. [...] Anders gesagt: Es liegt etwas in der Natur des Blattes und der Kohle, das nicht nur ein Werkzeug und auch nicht ein Medium darstellt, sondern das die Bedeutung der Arbeit mitbestimmt: die Leichtigkeit, mit der sie ausradiert werden kann oder eine Spur hinterlässt, oder wie dicht sie auf dem Papier aufgetragen ist.[91]

Eben jener Ansatz, der die spezifische Materialität der künstlerischen Arbeiten, ihre Reste, Spuren und das vermeintlich Nebensächliche, als etwas begreift, das „Gedanken verändern" kann, ist für mich auch in Bezug auf die im Folgenden verhandelten szenischen und installativen Arbeiten von Bedeutung.
Dieses Buch verhandelt Zeit dementsprechend nicht nur auf der konzeptuellen und theoretischen Ebene, sondern begreift sie mit und durch die künstlerischen

90 William Kentridge: Wenn der weniger gute Arzt ... In Verteidigung der weniger guten Idee, aus d. Engl. v. Sergej Seitz / Anna Wieder. In: Ders.: *In Verteidigung der weniger guten Idee*, S. 19–80, hier S. 38.

91 Ebd., S. 39.

Arbeiten als etwas, das szenisch, musikalisch, rhythmisch und visuell erfahrbar wird als beschleunigte, gedehnte, verwobene, synchronisierte, dauernde, unterbrochene, gestoppte, getimte, schleppende, gepumpte und geatmete Zeit. Eben diesen Widerständigkeiten innerhalb des abstrakten Konzepts der linearen Zeit widmet sich diese Untersuchung.

Aufbau der Untersuchung: Von der Zäsur zur Relationalität

Statt einer Darstellung *von* Zeit geht es diesem Buch wie erläutert um deren Grenzen der Darstellbarkeit sowie damit vor allem um die *Zeitlichkeit in und von Darstellung*, die insbesondere im szenischen Raum des Theaters und seiner Grenzformen angelegt ist. Dabei bewegt sich die Argumentation dieser Arbeit von Positionen einer Kritik der einen Zeit und ihrer Vor- und Darstellung (Kapitel 1) über Denkfiguren der Unterbrechung als Ereignis der *Unzeit* (Kapitel 2) und der Zäsur (Kapitel 3) hin zu einem relationalen Zeitdenken, das dezidiert eine Verschiebung und Öffnung innerhalb des anthropozentrischen Dar- und Vorstellungsdenkens einfordert (Kapitel 4).

Im Zentrum von Kapitel 1 steht die raumgreifende installative Arbeit *The Refusal of Time* des südafrikanischen Künstlers William Kentridge, aus der heraus zunächst die Problematik einer ästhetischen Widerständigkeit in der vermeintlich linearen, fortlaufenden Zeit entwickelt wird, die das, was ich als Prinzip der Zeitlichkeit beschreibe, erfahrbar macht. Die als überforderndes Sound-, Video- und Bilderkabinett gestaltete begehbare Installation, in deren Mitte eine gewaltige hölzerne ‚Atemmaschine' unermüdlich vor sich hinläuft, situiert sich in ihrer Formensprache an der Umbruchstelle zum 20. Jahrhundert und thematisiert somit jene tiefgreifende Erschütterung des Zeitdenkens, die sich im Zuge des Zusammenbruchs physikalischer, rationalistischer und philosophischer Gewissheiten um 1900 einstellte. Das Kapitel zeigt somit auf, inwiefern ‚Zeit' nicht einfach eine universelle Größe ist, die für alle gleichermaßen gilt, sondern wie sehr die immer noch herrschende Vorstellung einer linear fortlaufenden und überall synchronen Zeit in die Geschichte der westlichen imperialen Expansion und Kolonialisierung verstrickt ist, die wiederum mit dem ‚Othering' all derer einhergeht, die nach kulturell anderen Zeitvorstellungen leben. Als philosophische Idee westlicher Prägung ist die Vorstellung der für alle gleich geltenden einen Zeit aber auch intellektuelle und philosophische Rechtfertigung westlicher Vorherrschaft und der Rassifizierung des Anderen. Unter Rückgriff auf Derrida und Edmund Husserls Diagnose der Krise des abendländischen Denkens von Zeit führe ich aus, wie sich in der Installation das Ungedachte der universalen Zeit als jenes koloniale Gewaltregime Bahn bricht, dass die historische Voraussetzung der Universalisierung der einen Zeit ist. Wie sehr die globalisierte Gegenwart immer noch von solchen eurozentrischen kolonialen Zeitvorstellungen geprägt ist, untersuche ich anhand zeitgenössischer Diskurse über *Blackness*, die das Schwarze Subjekt als ein verspätetes, sich der westlichen Zeit immer *hinterher* befindendes beschreiben und ihm ein Sein ‚auf der Höhe der Zeit' absprechen. In Auseinandersetzung mit Achille Mbembe, Felwine Sarr, Rebecca Schneider, Paul Gilroy, Saidiya Hartman und Christina Sharpe wird im Verlauf des Kapitels der Verbindung des Universalismus (der Zeit) mit der Gewaltgeschichte des Kolonialismus nachgegangen und nach den Konsequenzen für die Darstellung von *Blackness* gefragt. Unter Einbezug der für Kentridge spezifischen Arbeitsweise eines *Denkens im Material* untersuche ich darüber hinaus das zentrale Motiv des Atems in der Installation als eine *Szene des Widerständigen*, die die Thematik kolonialer Machtverhältnisse und ihrer Dekolonisierung fortführt.

Kapitel 2 setzt mit einem stärker theorie- und philosophiegeschichtlichen Teil neu an, in dem es sich auf die abendländische *Vorstellungsstruktur* der Zeit und die Möglichkeit ihrer Durchbrechung und Öffnung ausgehend von einer spezifischen Denkfigur bezieht. Ausgangspunkt ist eine Notiz Gershom Scholems über ein Gespräch mit Walter Benjamin im Sommer 1916, in dem die beiden Denker die Frage aufwerfen, wie Zeit anders als in ihrer gewohnten Form gedacht werden könne, und dann eine eigentümliche Überlegung anstellen. Vielleicht sei die Zeit, anders als im Sinne der metaphysischen Tradition bei Immanuel Kant, nicht als gerade Linie zu denken, sondern vielmehr als Zykloide – eine komplexe geometrische Figur, die Linearität und Zyklisches vereint. Dieses Kapitel entwickelt seine Fragestellung aus dieser konkreten Denkfigur der Zykloide heraus, die als *Szene des Denkens* die Möglichkeit eröffnet, über eine andere Dar- und Vorstellungsweise von Zeit nachzudenken. Die theoretischen Überlegungen erfolgen somit vor dem Hintergrund und im Zeichen dieser Szene. Mit Benjamins Begriff der Plastizität erarbeite ich darüber hinaus eine potenzielle (Ver-)Formbarkeit von Zeit, die sich als Erfahrung von Zeitlichkeit in der raumzeitlichen Ordnung des Ästhetischen bemerkbar macht.

Gerade weil Benjamins und Scholems Überlegungen darüber, wie eine andere Zeit aussehen könnte, sich an der Tradition eines Zeitdenkens nach Kant abarbeiten, geht das Kapitel auf Kants transzendentale Zeitästhetik ein. Daran anschließend zeige ich auf, worin die Problematik einer *Entzeitlichung* von Zeit liegt, im Zuge derer Zeit als allgemein – und das heißt paradoxerweise *überzeitlich* – und ausschließlich im Singular betrachtet wird. Darüber hinaus wird dargelegt, was als blinder Fleck in Kants Zeitdenken bezeichnet werden kann: Kant denkt Zeit als Vorstellungsverhältnis, in dem ein Anderes der *einen* Zeit zwar erklärtermaßen ausgeschlossen wird, Zeit aber dennoch als eine *in sich differente*

bereits angelegt ist und somit ein nicht-identisches Zeitdenken ermöglicht. Der zweite Teil des Kapitels führt den Begriff der *Unzeit* ein und befragt ihn als entsetzende Zäsur auf seine Konsequenzen für die Darstellung. Im Anschluss an Derrida und Werner Hamacher wird ein Theater der *Unzeit* entworfen, welches das abendländische Sichtbarkeitspostulat mit einem Entzug von Präsenz konfrontiert und das Denken von Zeit auf seine eigenen Vorannahmen und Prämissen zurückwirft. In einem letzten Schritt wird untersucht, inwiefern schon das antike Zeitdenken unter dem Vorzeichen einer Privilegierung des Optischen steht, das die Zeit als „Zuschauerzeit"[92] begreift und mit der Unmöglichkeit einhergeht, ein *Zugleich* verschiedener Zeiten zu denken.
Kapitel 3 verhandelt mit der Arbeit *Riding on a Cloud* des libanesischen Künstlers Rabih Mroué die Auswirkungen einer entsetzenden Zäsur auf die Darstellbarkeit. Die minimalistische Performance handelt von Yasser, dem Bruder des Regisseurs, der in Folge einer Schussverletzung durch einen Scharfschützen während den Libanesischen Bürgerkriegen an einer Krankheit leidet, die es ihm unmöglich macht, Repräsentationen als solche zu verstehen: Auf Fotografien erkennt er das Dargestellte nicht wieder, kann nicht zwischen Fiktion und Realität unterscheiden, nimmt im Theater alles für wahr und kennt keine andere Zeit als seine eigene Gegenwart. Die Performance zeigt Yasser dabei, wie er das System der Repräsentation neu erlernen muss – wobei Fakt und Fiktion offenbleiben. Dargelegt wird, wie die Inszenierung die Annahme eines immanenten *Jetzt* im Kontext theatraler Repräsentation als wirkungsmächtige Fiktion von Präsenz erkennbar werden lässt. Dabei wird der theaterwissenschaftliche Diskurs zu Konzepten des *Reenactments*, der *Liveness* und der Präsenz kritisch beleuchtet. Im Zuge dessen wird der Begriff der Gegenwart auf seine Implikationen von Gegenwärtigkeit und Unmittelbarkeit untersucht und der spezifischen Zeitlichkeit des Traumas, der Nachträglichkeit gegenübergestellt. Yassers Krankheit wird somit als *Symptom* der Zäsur gedeutet, in dem sich das Trauma des Krieges als latentes *eigensinniges Insistieren* bemerkbar macht.
Kapitel 4 untersucht apokalyptische Entwürfe eines *Endes der Zeit* mit Blick auf zeitgenössische Anthropozän-Diskurse und wendet sich schließlich relationalen Zeitlichkeitsentwürfen zu, die mehr-als-menschliche Verschränkungen zu denken versuchen. Im Rückgriff auf kritische feministische und relationale Anthropozän-Diskurse erläutere ich, wie die generalisierende Rede vom *anthropos* als einer bedrohten und sich selbst zerstörenden Menschheit oftmals Gefahr läuft, den Kontext ihrer kolonialen, extraktivistischen Gewaltgeschichte

92 Hans Blumenberg: *Die Genesis der kopernikanischen Welt*. Frankfurt am Main: Suhrkamp 1981, S. 515.

außer Acht zu lassen. Demgegenüber rückt das Kapitel relationale Diskurse in den Vordergrund, die ein Denken der Verschränkung von menschlichen und mehr-als-menschlichen Prozessen entwerfen. Dementsprechend begreift sich dieses Kapitel als Öffnung hin zu einer relationalen Zeitlichkeit, die Fragen eines mehr-als-menschlichen, pluralen und verwobenen Denkens von Zeit aufwirft, womit auch die Frage der Perspektive und der Darstellbarkeit ins Zentrum des Interesses rückt: Wenn Zeit nicht mehr unter der Prämisse des Universellen und des *anthropos* gedacht wird, sondern vielmehr als relationale Verzweigung und Unauflösbarkeit zeitlicher – menschlicher und mehr-als-menschlicher – Prozesse, muss dann nicht auch die vermeintlich neutrale Perspektive, aus der sie vorgestellt, gedacht oder dargestellt werden kann, hinterfragt und situiert werden? Anhand zweier künstlerischer Arbeiten, nämlich Frédérique Aït-Touatis und Bruno Latours Lecture-Performance *Inside* (2017) sowie der installativen Performance *Boundaries. Ein Archiv zukünftiger Fundstücke* (2018) des Frankfurter Kollektivs andpartnersincrime, wird in Abschnitt 4.2 und 4.3 beleuchtet, inwiefern sich gerade in Positionen, die versuchen, eine Verschiebung von anthropozentrischen hin zu relationalen Denkmustern zu entwickeln, immer wieder doch eine tradierte anthropozentrische, universalisierende Schauanordnung des körperlosen, distanzierten Betrachters re-etablieren kann. Am Beispiel von Erich Hörls Kritik der „anthropozänen Illusion“[93] wird darüber hinaus dargelegt, welche Schwierigkeiten sich ergeben, wenn zwar eine relationale Perspektive eingefordert, dabei aber die eigene Situierung innerhalb einer epistemischen Blickordnung kritischer Distanz nicht mitverhandelt wird.

Wie sich Relationalität und die Frage posthumaner, mehr-als-menschlicher Zeitlichkeit szenisch verhandeln lässt, nehme ich in Abschnitt 4.4 anhand der Inszenierung *Living Matters* (2019) von Eva Meyer-Keller in den Blick. Die Performance verschränkt den Theaterapparat mit der Versuchsanordnung naturwissenschaftlicher Experimente und stellt somit die Schauanordnung, Visualisierungsverfahren und Objektivierungsansprüche beider Apparate aus, während sie diese gleichzeitig durch eine *diffraktive Dramaturgie der Verschränkung* unterminiert. Dieser abschließende Teil beschäftigt sich mit Theorien des New Materialism und erarbeitet im Anschluss an die Inszenierung, inwiefern Ansätze Donna Haraways und Karen Barads die Möglichkeit eröffnen, Zeitlichkeit als relationale Verschränkung von Zeit, Differenz und Materialität zu denken und damit das Denken der *einen* Zeit mit Entwürfen pluraler, mehr-als-menschlicher, diffraktiver Zeitlichkeiten zu konfrontieren.

93 Erich Hörl: Die Ökologisierung des Denkens. In: *Zeitschrift für Medienwissenschaft* 14 (2016), S. 33–45, hier S. 44.

1
Kritik der *einen* Zeit

The Refusal of Time – so lautet der sprechende Titel der Fünf-Kanal-Multimedia-Installation des südafrikanischen Künstlers William Kentridge aus dem Jahr 2012, die im Zentrum dieses Kapitels steht. Als ‚die Ablehnung', ‚die Zurückweisung' oder ‚die Verweigerung von Zeit' ließe sich dies übersetzen, doch auch im Deutschen bleibt der Titel enigmatisch: Wie lässt sich eine universelle Größe wie die Zeit denn ablehnen oder zurückweisen? Ist es eine spezifische Zeit, die hier zurückgewiesen wird? Wie verweigert man sich ihr und warum? Oder ist es gar die Zeit selbst, die sich verweigert? Offensichtlich, so suggeriert der Titel, gibt es in und an der Zeit etwas, das sich verweigert oder dem sich verweigert werden muss. Und da es spezifisch eine künstlerische Arbeit ist, die diese Ablehnung ankündigt, scheint eine solche Verweigerung der Zeit insbesondere im ästhetischen Raum der Installation möglich. Wie, so lautet die für dieses Kapitel leitende Frage, äußert sich ein solcher Widerstand gegen die Zeit ästhetisch und wie kann diese widerständige Bewegung zur Darstellung kommen, wie szenisch bearbeitet und erfahrbar werden? Und welche *anderen* Zeiten und Zeiterfahrungen eröffnen sich vielleicht gerade durch diesen Widerstand?

Mit, *durch* und *aus* Kentridges installativer Arbeit *heraus* entwickle ich im Folgenden ein szenisches Prinzip der *Widerständigkeit*, das zum einen gegen die Konstruktion der *einen* Zeit als messbare einheitliche, abstrakte Größe mit universalem und kolonialem Absolutheitsanspruch gerichtet ist. Zum anderen aber geht es mir um ein Moment der Widerständigkeit *von* Zeit, d. h. um eine, in jenem Konzept der einen Zeit paradoxerweise bereits angelegte Widerständigkeit, die sich *szenisch* als das bemerkbar macht, was ich *Zeitlichkeit* nennen möchte.

Im Rückgriff auf Denker*innen dekolonialer Theorie, des Afropessimismus und des Schwarzen Feminismus zeige ich im Folgenden auf, wie in *The Refusal of*

Time die Vorstellung der einen Zeit als koloniales Konstrukt einer westlichen Denktradition verhandelt und als Hegemonialisierungsbewegung nachvollzogen wird. Es ist dabei auch die besondere Theatralität der Zeit als ein solches Konstrukt, als Hybrid aus Maß und Abweichung und schließlich als szenisches Prinzip, welches auf der ‚Bühne' der Installation erfahrbar wird, was mich daran interessiert.

1. William Kentridge: *The Refusal of Time*

The Refusal of Time, für die *dOCUMENTA 13* im Jahr 2012 produziert und im Seitenflügel des Kasseler Bahnhofs gezeigt, vereint verschiedenste, zum Teil aus vorherigen Arbeiten stammende Medienformate, Filme, Zeichnungen, Drucke und Soundfragmente des vor allem für seine charakteristischen Kohlezeichnungen und Animationsfilme bekannten und in Johannesburg lebenden und arbeitenden Künstlers William Kentridge.[1] Die Installation ist in Zusammenarbeit mit dem Soundkünstler Philip Miller, der Choreografin Dada Masilo, der Videografin Catherine Meyburgh sowie Jonas Lundquist und Sabine Theunissen, zuständig für die raumgreifende Atemmaschine im Zentrum der Installation, entstanden. Kentridges bisherige Arbeiten sind durch das Nachleben der Apartheid und die gegenwärtigen sozial-politischen Probleme der südafrikanischen Gesellschaft geprägt. So zeigt etwa der Film *Mine* (SA 1991) das Elend afrikanischer Minenarbeiter, *Felix in Exile* (SA 1994) entwickelt eine traumartige Szene des Exils, in das sich Erinnerungen an das Apartheidsregime mischen und in den Zeichnungen *Colonial Landscapes* (1995–1996) treten die Auswirkungen des kolonialen Rohstoffabbaus in gespenstisch zerfurchten Landschaften hervor. Kentridges groß angelegte Theaterarbeiten, Installationen und Lecture Performances, die international produziert und gezeigt werden, entstehen stets in Zusammenarbeit mit einer ganzen Reihe von Künstler*innen.[2] So wurde die große Musiktheaterinszenierung *The Head and the Load* (2018), welche die kolonialen Zusammenhänge und die Rolle Afrikas und afrikanischer

1 Ich habe die Installation zum ersten Mal auf der *dOCUMENTA 13* in Kassel im Jahr 2012 gesehen. *The Refusal of Time* beruht auf Gesprächen des Künstlers mit dem Physiker Peter Galison, der als Dramaturg der Arbeit fungiert. Vgl. William Kentridge / Peter L. Galison: *Die Ablehnung der Zeit* (100 Notes-100 Thoughts, Documenta 13). Berlin: Hatje Cantz 2011. *The Refusal of Time* basiert auf der musikalischen Theater-Performance *Refuse the Hour* (2012).

2 Kentridge betreibt in Johannesburg ein großes Atelier und das gemeinsam mit Bronwyn Lace gegründete Center for the less good idea. Vgl. *The Centre for the Less Good Idea*, o. D. https://lessgoodidea.com/about#:~:text=Founded%20by%20William%20Kentridge%20and,the%20process%20of%20producing%20work (Zugriff am 05.02.2024).

Soldaten während des Ersten Weltkriegs verhandelt, gemeinsam mit Philip Miller, Thuthuka Sibisi, Gregroy Maqoma und dem Ensemble The Knights erarbeitet.[3]

Über diese thematische Fokussierung auf das Nachleben des Kolonialismus hinaus ist für Kentridges künstlerische Arbeitsweise ein spezifisches *Denken im Material* bestimmend, das die von ihm verwendeten Materialien nicht als bloße Instrumente behandelt, sondern die Spezifik ihrer jeweiligen Stofflichkeit in die Arbeit miteinbezieht und gewissermaßen aus ihr heraus denkt: Sei es die Dicke der Kohle, die Dichte des Papiers oder die Spuren einer verwischten Zeichnung. Kentridges Filme entstehen dabei nicht wie herkömmliche Animationsfilme aus dem Abfilmen mehrerer auf verschiedenen Blättern angefertigter Kohlezeichnungen, sondern durch eine palimpsestartige Vorgehensweise des Auslöschens und Wiederbemalens desselben Blatts, so dass die jeweilige Zeichnung immerfort Spuren der ausgewischten vorherigen Bilder in sich trägt.

Während Kentridges Filmarbeiten und Zeichnungen weltweit in Ausstellungen zu sehen sind und unverändert von Ausstellungsort zu Ausstellungsort wandern, ist die installative Arbeit *The Refusal of Time* durch eine besondere Ort- und Zeitspezifik und damit eine Veränderbarkeit bestimmt. Die jeweilige Version der Installation ist stets für den spezifischen Ausstellungort entwickelt und folglich immer verschieden. Die im Rahmen der von Sabine Theunissen, Vinzenz Brinkmann und Kristin Schrader kuratierten Ausstellung *O Sentimental Machine*[4] im Liebieghaus Frankfurt am Main 2018 entwickelte Variante, die ich hier im Folgenden diskutieren möchte, beinhaltet darüber hinaus die Besonderheit, dass sie in die bestehende Skulpturensammlung des Museums ‚eingelassen' wurde. Das Konzept der Ausstellung ist als ‚Dialog' zwischen der ständigen Sammlung des Museums und Kentridges Arbeiten angelegt, oder vielmehr als *Ausstellung in der Ausstellung*. William Kentridge nutzt darin die gegebenen, mit Exponaten aus der Dauerausstellung bestückten Räume und setzt in diese bereits kuratierte und eingerichtete Ausstellung seine eigenen Arbeiten – Zeichnungen, Installationen, Filme und Objekte, die sich oft kommentierend zum Kontext der sie umgebenden

3 *The Head and the Load* (UA: 09.08.2018, Ruhrtriennale, Kraftzentrale Duisburg, Konzept / Regie: William Kentridge, Komposition: Philip Miller, Musikalische Leitung / Ko-Komposition Thuthuka Sibisi, Choreografie: Gregory Maqoma, in Zusammenarbeit mit The Knights, Auftragswerk der Park Avenue Armory und 14-18 NOW). Ich habe die Inszenierung am 11.08.2018 gesehen.

4 Die Ausstellung *O Sentimental Machine* (2018) im Liebieghaus Frankfurt am Main, auf die ich mich im Folgenden beziehe, wurde von Vinzenz Brinkmann und Kristin Schrader kuratiert und von Sabine Theunissen inszeniert. Vorherige Solo-Ausstellungen des Künstlers u. a.: *The Refusal of Time* im SFMOMA 2016/17, *Thick Time* in der Whitechapel Gallery London 2016/17, *No it is!* im Martin-Gropius-Bau Berlin 2016.

Stücke verhalten. Gesondert gerahmt werden diese durch zusätzliche, diejenigen der gängigen Ausstellung ergänzende Texttafeln, die Kentridges Einsatz kommentieren. Die so in dieser Form singuläre Ausstellung von Kentridges Arbeiten umfasste 27 Räume und erstreckte sich über drei Etagen des Liebieghauses.

Der Weg zum großen Rom-Saal, in dem *The Refusal of Time* ausgestellt ist, führt mich durch den Seitenflügel der Gründerzeitvilla des Liebieghauses, in dem das Museum die römisch-antike Skulpturensammlung beherbergt. Entsprechend des Konzepts der *Ausstellung in der Ausstellung* ist auch der Ausstellungsraum, durch den ich auf meinem Weg zur Installation geleitet werde, von Kentridge auf sehr spezifische Weise mitgestaltet und soll in die Analyse miteinbezogen werden, weil er auf viele der in der Installation verhandelten Aspekte in gewisser Weise vorbereitet. Der Griechenland-Saal der ständigen Sammlung beherbergt antike griechische Skulpturen, die gezeichnet sind durch ikonoklastische Zerstörungen des christlichen Mittelalters und die dementsprechend Arme, Beine und Köpfe verloren haben.[5] Zu den Ausstellungsstücken zählen u. a. zwei weibliche Torsi aus der Musengruppe von Agnano um 100 v. Chr., Fragmente eines weiblichen Kopfs und der Torso einer Tritonenfigur.

William Kentridge setzt in diesem Raum nun genau an dieser Fragmenthaftigkeit an: Inmitten der antiken Exponate erwecken zwei lebensgroße Zeichnungen einer Statue der Athene auf der rechten Seite des Ganges meine Aufmerksamkeit. Mit schwarzer Tusche sind sie nicht auf eine neutrale weiße Leinwand gemalt, sondern auf unzählige, aneinander gefügte Buchseiten. Die erste Zeichnung, mit *Palmyra I* betitelt, zeigt die einarmige Athene-Statue auf ihrem Sockel, ihre rechte Faust in die Luft reckend. *Palmyra II* hingegen ist ihrer beiden Arme beraubt und trägt an Stelle ihres Kopfs einen großen metallenen Trichter, ihren Hals bildet der dazugehörige Metallstab. Beide Zeichnungen aus dem Jahr 2016 bilden die Statue der Athena in der antiken Stadt Palmyra im heutigen Syrien in zwei verschiedenen historischen Momenten ab, nämlich vor und nach der ikonoklastischen Zerstörung durch Truppen des Islamischen Staats im Jahr 2015. Damit zeigt Kentridge eine sehr klare und beunruhigende Parallele zwischen dem mittelalterlichen christlichen und dem islamistischen Ikonoklasmus auf.[6] Er bedient sich dabei einer bestimmten Art des Zeigens, die charakteristisch für sein gesamtes Werk ist: Dazu gehört die Akzentuierung von Leerstellen, der Verweis auf ein Fehlen durch die prothesenhafte Aufpfropfung metallener Geräte

5 Vgl. *O sentimental machine. Handbuch*, hrsg. v. Vinzenz Brinkmann / Kristin Schrader. Bielefeld / Berlin: Kerber 2018, S. 76.

6 Catherine Nixey zeigt eindrücklich, welche Zerstörung der Einzug des Christentums von Rom bis Syrien mit sich brachte. Vgl. Catherine Nixey: *The Darkening Age. The Christian Destruction of the Classical World*. London: Macmillan 2017.

auf Körper sowie umgekehrt die Animierung frühmechanischer Objekte wie Räder, Waagen, Telegraphenmasten und Spieluhren, die somit als Hybridkonstruktionen zu bewegten Körpern werden – der in der Athene-Statue verbaute Metalltrichter stellt dabei ebenfalls ein immer wiederkehrendes Motiv dar und wird oft in der Funktion einer Art Megaphon zur akustischen Verstärkung verwendet.[7] Diese Weise des Zeigens ist nicht das Zeigen auf etwas, sondern ein Verweis auf sein Verschwinden, ohne den Anspruch, die Natur dieses Nicht-mehr-da-Seienden in irgendeiner Form rekonstruieren zu wollen. Was bleibt, ist das Verweisen auf ein nicht mehr Verortbares, Verlorengegangenes. Nicht mehr um ein lesbares Zeichen handelt es sich hier, sondern um ein die eigene Unlesbarkeit und Undarstellbarkeit Mit-sich-Führendes. In Kentridges zahlreichen Arbeiten nimmt dieses Verweisen auf ein Abwesendes die unterschiedlichsten Ausformungen an. Mal ist es wie hier sehr konkret der fehlende abgeschlagene Arm der Athene, mal ist es das Nachleben der Apartheid, das sich in den Zeichnungen südafrikanischer Landschaften in *Colonial Landscapes* (1995–1996) oder in *Felix in Exile* (1994) einschreibt.[8]

Auch als sprachliches Motiv findet sich dieser Verweis auf das Lückenhafte und Abwesende in seinen in großen blauen Buchstaben auf die Seiten eines alten Buchs gedruckten, *Blue Rubrics* genannten Bild-Wort-Montagen, die sich im gleichen Raum befinden und an der Wand um die antiken Fresken und Grabsteine drapiert sind: Die hier zu sehenden enigmatischen Formulierungen wie „HISTORY ON ONE LEG", „THAT WHICH WE DO NOT REMEMBER" sowie „IN PRAISE OF BASTARDY", „FUGITIVE WORDS" und „RECIPROCAL POROUSNESS" gehören zu einem stetig anwachsenden

7 Kentridges Videoarbeit *O Sentimental Machine*, die ursprünglich anlässlich der Istanbul Biennale 2015 konzipiert wurde und nach der die Frankfurter Ausstellung benannt ist, ist in dieser Hinsicht charakteristisch. Sie bildet eine betretbare Guckkastenbühne, in der Filmfragmente zu sehen sind, die Kentridge als Leo Trotzki zeigen und in der immer wieder Körperteile und Gliedmaßen als durch Trichter-Prothesen ersetzt erscheinen. Kentridge unterstreicht an anderer Stelle, seine Inspiration, gerade Objekten wie dem metallenen Trichter einen so zentralen Platz einzuräumen, resultiere zum einen aus den Bildern Max Beckmanns, zum anderen aber aus Fotografien, die Konzerte der italienischen Futuristen für Fabrikarbeiter zeigen. Carolyn Christov-Bakargiev / William Kentridge: Carolyn Christov-Bakargiev in Conversation with William Kentridge. In: Rosalind E. Krauss (Hrsg.): *William Kentridge*. Cambridge, MA: MIT Press 2017, S. 1–24, hier S. 17.

8 Kentridge spricht in diesem Kontext von einer „geography of memory" (William Kentridge: FELIX IN EXILE: GEOGRAPHY OF MEMORY (1994). In: Carolyn Christov-Bakargiev (Hrsg.): *William Kentridge*. Bruxelles: Société des expositions du palais des beaux-arts 1998, S. 93–97). Vgl. auch Erik Porath: Geschichte, Erinnerung und produktive Assoziation. Zu William Kentridges künstlerischer Arbeitsweise. In: William Kentridge: *In Verteidigung der weniger guten Idee. Sigmund Freud Vorlesung 2017*, hrsg. v. Sigmund Freud Museum Wien. Wien: Turia + Kant 2018, S. 11–18.

Archiv von figürlichen Motiven, Sprachspielen, Losungen und Schlagworten, auf die Kentridge in seinen filmischen, installativen, zeichnerischen Arbeiten und Performances immer wieder zurückgreift. Diese den *Blue Rubrics* entstammenden und immer wiederkehrenden Denkfiguren nehmen für Kentridge gerade in ihrer Randständigkeit eine zentrale Rolle ein. Sie sind gewissermaßen ungerichtete, weil immer wieder verwendbare Fußnoten zu einem Gedanken, „footnotes to a thought, the edges of a thought", und fungieren als marginale, sich selbst als solche zurücknehmende Regieanweisungen.[9] Wie im Folgenden noch zu sehen sein wird, treten auch in *The Refusal of Time* solche enigmatischen Losungen auf, die vordergründig als bloße Sprachspiele wie randständige Fußnoten erscheinen, tatsächlich aber gerade als unlösbare, „an der Kippe zum Unsinn"[10] stehende Denkfiguren auch auf das verweisen, was als Unschärfe klare Bedeutungszusammenhänge unterläuft und genau deswegen von Interesse ist.

Im Kontext der Ausstellung treten diese Losungen, ob es nun die ‚Geschichte auf einem Bein', ‚das, was wir nicht erinnern' oder die ‚flüchtenden Wörter' sind, in einen Verweisungszusammenhang mit dem Torso der Athene, auf dem statt eines Kopfs ein metallener Trichter sitzt, und den antiken fragmentierten Exponaten. Sie alle stehen „in praise of bastardy", im Zeichen einer zeitenübergreifenden ‚Lobpreisung' derjenigen Hybriditätsformen, die im normalen Sprachgebrauch als Abweichung von der Norm eine Abwertung und Ausgrenzung erfahren; derjenigen Formen, Wörter und Geschichten, die randständig, fragmentiert, eingeschränkt, vergessen und flüchtig sind. Die Losung der ‚reziproken Porosität' macht Kentridges Herangehensweise umso deutlicher. Sein Interesse gilt dem, was nicht als in sich geschlossene Einheit und einseitig von außen betrachtbar und definierbar ist, sondern wechselseitig durchlässig, instabil und porös ist.[11]

9 Kentridge baut seine Bilder aus einem stetig anwachsenden Archiv figürlicher Motive, aber auch sprachlicher Elemente. Diesen Apparat eigenständiger Schlagworte und Losungen streut er in seine umfangreichen zeichnerischen und filmischen Arbeiten ein. In den sog. *Blue Rubrics*, zu denen es eine rote und eine blaue Serie gibt, versammelt er sie. So erläutert Kentridge: „Rubric was the printed or illuminated red text in a liturgical manuscript, in which the black ink would have been the text of the liturgy and the red would have been instructions on how to pray. So they are footnotes to a thought, the edges of the thought. In my case they are unsolved riddles, phrases which hover at the edge of making sense ... WHO NEEDS WORDS (the whispering in the leaves). These are fragments of sentences which sit in a drawer of phrases used in other work over the years, which get taken out and sorted through on occasions." (The Centre for the Less Good Idea, since 2016. In: *Kentridge Studio*, o. D. https://www.kentridge.studio/projects/the-centre-for-the-less-good-idea/ (Zugriff am 06.02.2024).)

10 Kentridge: Wenn der weniger gute Arzt, S. 61.

11 Zur Verwendung von Schatten in Kentridges Arbeiten vgl. Angela Breidbach: *Übertragene Körper. Diskurse des Schattens im Werk von Hans-Peter Feldmann, W. G. Sebald und William Kentridge*. Paderborn: Fink 2012.

Wie im Folgenden zu zeigen sein wird, ist es vor allem die universelle Größe der Zeit, die diesem Verfahren der ‚reziproken Porosität' unterzogen wird und somit nicht mehr als einheitliche, unhinterfragte Erzählung hingenommen, sondern auf ihr eigene Instabilität und Widersprüchlichkeit befragt wird. Kentridges Interesse gilt dabei eben jenen Krücken, Prothesen und Hilfsmitteln, auf die die einbeinige Geschichte jener einen Zeit, jene auf den *Blue Rubrics* auftauchende „history on one leg", angewiesen ist, um sich als universelles Prinzip behaupten zu können.

Ich verlasse nun den Griechenland-Saal und begebe mich in den großen Rom-Saal des Liebieghauses, der die Installation *The Refusal of Time* beherbergt.

Unüberschaubarkeit als Prinzip: Im Innern des atmenden Schauraums

Aus den bisherigen Erläuterungen wird deutlich, dass die Spezifik der Frankfurter Variante der Installation darin liegt, dass sie gerade nicht in einem sich als neutral behauptenden White Cube[12] zu sehen ist, sondern, dem Trichterkopf der Athene gleich, eine ‚Aufpfropfung' in die bereits bestehende Anordnung der römischen Skulpturen in diesem Saal bildet.[13] (Abb. 1)

Sobald ich den dunklen Raum der Installation im Seitenflügel betrete, bin ich von pulsierenden, flackernden, sich ständig verformenden und gegenseitig überlagernden Bildlandschaften aus Zeichnungen, Animationen und Filmsequenzen umgeben, die in fünf jeweils unterschiedlichen Projektionen rundherum an die Wände geworfen sind, begleitet von einer wummernden, durchdringenden akustischen Collage aus Sprach-, Gesangs-, Sound- und Musikfragmenten, die aus im Raum verteilten, zu Megafonen umfunktionierten Trichtern auf Stativen dröhnt. Zwischen den Trichtern und den scheinbar wahllos platzierten Stühlen, auf die sich die Besucher*innen offensichtlich setzen dürfen, befinden sich die ständigen Ausstellungsstücke der Liebieg-Sammlung: Die flackernden Projektionen legen sich auf Exponate wie die Athena des Myron, den Diskuswerfer des Naukydes oder einen Hermeskopf, die in der Dunkelheit nur noch schemenhaft zu erkennen sind. Auch die vermeintlichen Leinwände, auf denen die Projektionen zu sehen sind, sind keineswegs klare weiße Flächen. Auch hier werden sie

12 Vgl. Hito Steyerl: White Cube und Black Box. Kunst und Kino. In: Dies.: *Die Farbe der Wahrheit. Dokumentarismen im Kunstfeld*. Wien: Turia + Kant 2010, S. 101–112; sowie dies.: White Cube und Black Box. Die Farbmetaphysik des Kunstbegriffs. In: Maureen M. Eggers / Grada Kilomba (Hrsg.): *Mythen, Masken und Subjekte. Kritische Weißseinsforschung in Deutschland*. Münster: Unrast 2005, S. 135–143.

13 Im Rahmen der Berliner Ausstellung *No it is!* im Martin-Gropius-Bau 2016 ist *The Refusal of Time* in einem kargen, weißen Raum zu sehen.

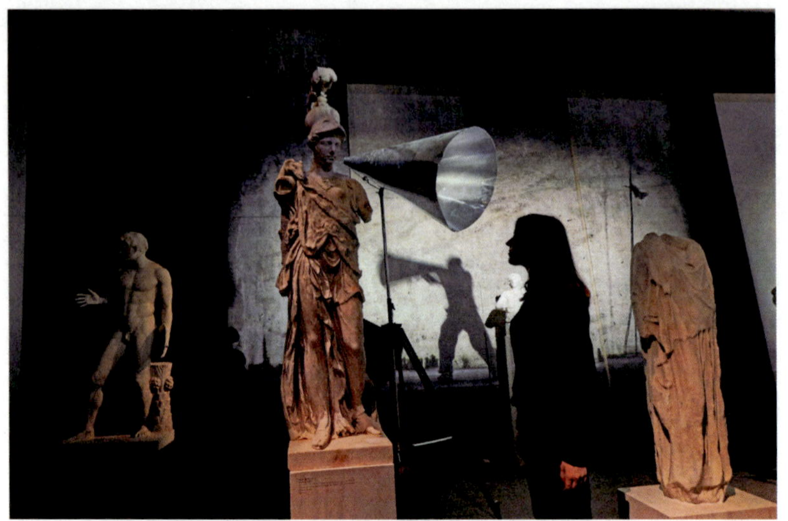

Abb.1: *The Refusal of Time* in der Version im Liebieghaus Frankfurt am Main und mit Statuen aus der antiken Sammlung.

auf bereits hängende Exponate geworfen, wie auf das Fresko dreier junger Männer, dem *Epitaph für Johann Philipp Bethmann-Hollweg* (um 1813/1832)[14], welche die Projektion leicht verzerren und uneben machen. Der ganze Raum wirkt wie ein Atelier, das der Künstler unaufgeräumt hinterlassen hat und in dem die Projektionen behelfsmäßig und etwas dilettantisch eingerichtet worden sind. Während ich immer noch bemüht bin, mich in diesem chaotischen Sound- und Bilderkabinett zurechtzufinden, setzt die offensichtlich beständig im Loop laufende Installation von Neuem an und es erscheinen fünf riesige Metronome parallel auf allen, mich von allen Seiten einschließenden, fünf Projektionswänden. Was synchron mit einem langsamen Ticken beginnt, formt sich schließlich zu einer ohrenbetäubenden Kakophonie aus wild durcheinanderschlagenden Metronomen, schrillen Fanfaren und Gesang, während in der Mitte des Raums eine riesige hölzerne pneumatische Maschine unbehelligt in ihrem eigenen Takt vor sich hinarbeitet. Als eine Art Zwitter aus Harfe, Akkordeon, Galgen und Blasebalg stößt sie dabei ein regelmäßiges, beruhigendes, dumpfes Atmen aus. Dieses Gebilde ist eine mindestens 3 x 3 Meter große Holzkonstruktion, die aus sich scheinbar unabhängig voneinander bewegenden Einzelelementen besteht. Drei galgenartige Aufbauten gleiten auf und ab, gelenkt durch eine Art Kurbeltechnik am Boden. Den Hauptteil bildet ein auf der einen Seite mit einem

14 Vgl. Kentridge: *O sentimental machine*, S. 90.

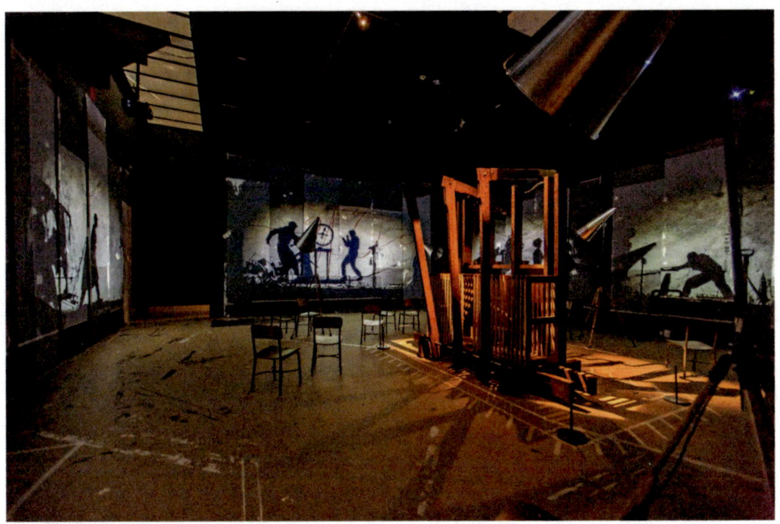

Abb. 2: Die Atemmaschine im Zentrum der Installation *The Refusal of Time*. Hier in der Version im Metropolitan Museum of Art, New York, 2013.

Holzgitter verschlossener Rumpf. Auf der anderen Seite befinden sich drei mit den Galgenaufbauten verbundene und sich mit ihnen auf und ab bewegende Holzkästchen. Das ganze Gebilde fußt auf Holzschienen, auf denen es sich wie ein Blasebalg immerfort horizontal auseinander und wieder zusammenschiebt, wobei es ein lautes Atemgeräusch von sich gibt. Diese pneumatische Atemmaschine ist Herzstück und taktgebendes Zentrum der gesamten Installation. In der Mitte des dunklen Raums platziert, wird sie dabei ebenfalls zur Projektionsfläche der zahlreichen Videoprojektionen, die sich auf ihrer Oberfläche brechen und überlagern. Egal wie chaotisch und asynchron sich die einzelnen Elemente der Installation auch zueinander verhalten, das leise, dumpfe, ununterbrochene Atmen der Maschine bildet eine rhythmische Grundstruktur, die stets intakt bleibt. (Abb. 2)

Kentridge selbst spricht von ihr als einem Hybrid, das „teilweise eine Pumpe, teilweise eine atmende Lunge“[15] sei und das er „Elephant“[16] nennt. Diese Bezeichnung geht zurück auf Charles Dickens' Roman *Harte Zeiten*, in dem dieser die

15 Rudolf Schmitz: Gegen den Lauf der Zeit. Documenta 13: Der südafrikanische Künstler William Kentridge. In: *Deutschlandfunk Kultur*, 30.07.2012. https://www.deutschlandfunkkultur.de/gegen-den-lauf-der-zeit.1153.de.html?dram:article_id=216402 (Zugriff am 03.06.2023).

16 The Refusal of Time, 2012. In: *Kentridge Studio*, o. D. https://www.kentridge.studio/projects/the-refusal-of-time/ (Zugriff am 06.02.2024).

Maschinen der Industrialisierung des 19. Jahrhunderts beschreibt, als bewegten sie sich „wie der Kopf eines Elefanten im Zustande trübsinniger Narrheit“[17]. Und tatsächlich hebt und senkt sich ein Teil der Maschine unermüdlich und ähnelt dabei sowohl den stumpfen Bewegungen des Auf und Ab eines Ölförderturms, wie er auch an das regelmäßige Wippen eines Webstuhls, eines Telegrafenmasts oder auch an die ratternd kreisende Achse einer alten Dampflok erinnern mag. Darüber hinaus fährt die Holzkonstruktion während der Auf- und Ab-Bewegung auf ihren Holzschienen auseinander, als müsse sie ihren Innenraum wie ein Blasebalg immerfort mit Luft füllen, um diese alsbald wieder auszustoßen. Es ist die Rätselhaftigkeit dieser Maschine, die eine faszinierende Wirkung ausübt. Enigmatisch bleibt nicht nur ihr Sinn und Zweck, sondern auch ihre Funktionsweise. Wie genau die einzelnen Elemente zusammenhängen, wer oder was sie antreibt und woher ihre Energie kommt, bleibt auch bei langer, aufgrund ihrer Position in der Mitte des Raums durchaus von allen Seiten möglicher Begutachtung unerklärlich. Der sich hebende und senkende ‚Kopf‘; der sich immer wieder ausbreitende und zusammenziehende aus einer Art Holzgitter bestehende Hauptteil; rätselhafte Kurbeln und Schienen – all diese Elemente fügen sich zu einem Mechanismus zusammen, der undurchschaubar bleibt. So enigmatisch die Maschine erscheint, so beruhigend ist das von ihr ausgehende Atmen. Es scheint bisweilen, als sei, wenn überhaupt, genau die Produktion dieses Atemgeräuschs ihr einziger Zweck. Aufgrund ihrer Massivität und ihrer unerklärlichen, aber so regelmäßig erfolgenden Atembewegung wirkt sie in der Tat wie ein lebendiger Körper, der einer eigenen – vielleicht nicht-menschlichen – Logik unterworfen ist.

In dem um den *Elephant* herum drapierten Ensemble heterogener Objekte können sich die Besucher*innen frei bewegen, eine irgendwie geartete Übersicht über das Geschehen bleibt einem jedoch, egal aus welcher Perspektive, verwehrt. Kentridge inszeniert in *The Refusal of Time* eine Schauanordnung, die nicht zentralperspektivisch konstruiert, sondern in einer begehbaren Installation um ein Zentrum – die Atemmaschine – angeordnet ist, als betrete man einen unbekannten Maschinenraum, dessen Aufbauten, Verzweigungen und pulsierende Geschäftigkeit gerade deswegen beeindruckend wirken, weil sich ihre genaue Funktion innerhalb des ganzen Ensembles nicht erschließt.

17 Charles Dickens: *Harte Zeiten. Für diese Zeiten*, aus d. Engl. v. Paul Heichen. Frankfurt am Main: Insel 1986, S. 37. In der englischen Originalversion heißt es „where the piston of the steam-engine worked monotonously up and down, like the movement of the head of an elephant in a state of melancholy madness.“ (Ders.: *Hard Times*. Newburyport: Dover 2012, S. 16.) Dieser Charakter des Melancholischen geht in der deutschen Übersetzung verloren.

In dem, was Kentridge selbst als eine „chaotische Serie von einander überschneidenden Filmen, Tänzen und Zeichnungen"[18] beschreibt, nimmt jedes dieser Elemente seinen gleichberechtigten Platz zwischen den anderen ein, wobei die Unüberschaubarkeit zum Prinzip wird. In der Asynchronität der Sound-, Video- und Bildfragmente zeichnet sich bereits ein Widerstand gegen jede Form der Vereinheitlichung ab. Als Besucherin bin ich der rasanten visuell-auditiven *Tour de force* nahezu orientierungslos ausgeliefert. Da es unmöglich erscheint, allen Projektionen oder Audiospuren gleichzeitig zu folgen, drehe und wende ich mich in diesem Bilderkabinett hin und her. Immer wieder stellt sich angesichts dieser chaotischen, asynchronen, maßlosen Soundkulisse die Frage danach, welches Element hier eigentlich taktgebend ist, denn alle Elemente scheinen irgendetwas hinterher zu eilen, um was es sich dabei jedoch handelt, bleibt unklar. Die auf allen Seiten des Raums parallellaufenden Videos setzen sich aus vorherigen Arbeiten Kentridges zusammen: (Kohle-)Zeichnungen, Animationsfilme, Videosequenzen und Fotografien fügen sich zu immer unterschiedlichen und flüchtigen Konstellationen, lösen sich wieder auf und kehren in anderen Zusammenhängen wieder zurück.[19] Die Projektionen bilden so ein kaum zu überblickendes Ensemble von Fragmenten, die allesamt in ihrer Bildersprache der Zeit um 1900 zu entstammen scheinen. Sowohl die Stummfilmästhetik wie auch die Zeichnungen und Objekte, alles verweist auf die Faszination früher Mechanik und der industriellen Revolution.

Denken im Material – *Thick Time*

Neben den Animationsfilmen bilden kleine Szenen den Korpus der Projektionen. Hineingesetzt in ein Interieur aus flächigen Pappaufstellern, bemalten Wänden und aufgeklebten Papierzeichnungen, wird ihre dilettantische Gemachtheit nicht versteckt, sondern vielmehr ausgestellt. Wie die anderen Projektionen sind sie nie einzeln zu sehen, sondern laufen in der unübersichtlichen Parallelität der vier anderen Bildschirme. Erfinderlaboratorien aus dem 19. Jahrhundert sind zu sehen, in denen in weiße Laborkittel gekleidete Menschen an riesigen Apparaten und Geräten arbeiten, die alle der Vermessung dienen – unzählige vorwärts und rückwärts laufende Uhren mit alten Ziffernblättern, eine Waage, ein riesiges astronomisches Fernrohr, ein Modell der Gestirne und Planeten, ein Durcheinander von querlaufenden Kabeln im Hintergrund. An pneumatischen

18 William Kentridge: *Sechs Zeichenstunden*. Köln: König 2016, S. 184.

19 Kentridge selbst beschreibt diese Eigenheit der Arbeit wie folgt: „That's one of the themes of *The Refusal of Time* – the way we are caught between wanting to store knowledge and the terror of it being un-erasable, the need to erase and the need to hold on to it." (Ders. / Rosalind C. Morris: *That Which Is Not Drawn. Conversations*. Calcutta: Seagull 2014, S. 57.)

Geräten verschiedenster Ausformung wird slapstickartig gemessen, gekurbelt, geschraubt und gepumpt, während – kaum wahrnehmbar unter dem Tönen der Musik – die leise Stimme Kentridges aus einem der im Raum verteilten metallenen Megafontrichter zu hören ist und von Albert Einsteins Relativitätstheorie, der „eigentümlichen Konsequenz"[20] der Bewegung des Lichts und dem Mythos des Perseus erzählt, in welchem letzterer daran scheitert, der ihn einholenden Zeit zu entfliehen.
Schwarze Ascheflocken wirbeln plötzlich über die weiße Bildfläche und formen sich zu dem Bild einer Kaffeekanne, lösen sich wie durch einen Windstoß wieder auf, nur um erneut eine Form zu bilden – ein Nashorn, einen Telegrafenmast, eine Spirale – und sich abermals zu zerstreuen. Diese Motive stammen aus der Sammlung wiederkehrender Zeichnungen, Figuren, Geräte, Alltagsgegenstände und Maschinen, auf die Kentridge in seinen Performances, Installationen oder Filmen immer wieder zurückgreift.[21]
Charakteristisch für Kentridges Arbeitsweise ist der Umgang mit der Materialität der von ihm verwendeten Materialien, den ich als *Denken im Material* beschreiben möchte. Das Dargestellte wird dabei niemals als bloße Bebilderung einer Idee oder eines Konzepts verstanden, die das Material lediglich als Instrument in einer rein illustrativen Funktion verhandeln würde. Es ist vielmehr der Prozess einer Formfindung, der von der jeweiligen Singularität des Materials ausgeht und den Kentridge als „Gespräch" mit dieser sinnlichen Materialität begreift. So formuliert er bezüglich seiner Zeichnungen:

> Das Gespräch mit der Zeichnung betrifft aber auch das sinnliche Material. Es geht darum, wie die Zeichnung auf das Papier trifft, welche Textur das Papier hat und wieviel Kohlestaub nötig sein wird; ob die Kohle abfallen oder aufgefangen wird; die Faserung des Papiers, seine Größe und Klebkraft. Wieviel Kohlestaub ist in dem Papier nach dem Wegradieren noch enthalten? Welche Art von Radiergummi? Die Härte der

20 Albert Einstein: Zur Elektrodynamik bewegter Körper. In: *Annalen der Physik* 322 (1905), S. 891–921. Wiederabgedruckt in: John Stachel (Hrsg.): *The Collected Papers of Albert Einstein. The Swiss Years: Writings*, Bd. 2: 1900–1909. Princeton: Princeton UP 1989, S. 275–331, hier S. 289; vgl. auch Kentridge / Galison: *Die Ablehnung der Zeit*, S. 43.

21 Dies trifft beispielsweise auf die emblematisch gewordene Kaffeekanne, auf das Nashorn oder auf die Megafon-Trichter zu, die in unzähligen Arbeiten Kentridges vorkommen. Das Nashorn taucht u. a. in *Black Box / Chambre Noire* (2005) wieder auf, der Metalltrichter und die Kaffeekanne erscheinen in einer Vorarbeit zu *The Refusal of Time* mit dem Titel *Breathe* (2008), *O Sentimental Machine* (2015) und in zahlreichen Geräteinstallationen wie den *Untitled (Bicycle Wheel III)* 2012. Unter dem Titel *Universal Archive* fasst Kentridge diese immer wiederkehrenden Zeichnungen und Motive in einer eigenständigen Sammlung zusammen. *Universal Archive* (2012) war in der Frankfurter Ausstellung in Raum 203 zu sehen.

zusammengepressten Kohle; die wunderbar sanfte und seidige Schwärze der Kohle aus den Luftwurzeln der Sumpfzypresse.[22]

Diese Aufmerksamkeit dem jeweils verwendeten Material gegenüber ist nicht als künstlerische Spitzfindigkeit oder gar Eitelkeit misszuverstehen, sondern macht genau die Spezifik von Kentridges Arbeitsweise aus. Ein *Denken im Material* ist ein Denken, das der jeweiligen Stofflichkeit, in der es erfolgt, Rechnung trägt und somit auch deren Widerständigkeiten miteinbezieht: „Es gibt ein Denken in Kohle und in Tinte, in Kupfer, in Luft. Es gibt Veränderungen vom Wort zur Tinte, vom Gedanken zum Kupfer."[23]
Im Zuge dieses Interesses für kleinste Veränderungen und Details, legt er sein Augenmerk insbesondere auf randständige Formen. Er nennt es ein Denken „am Rande des Wesentlichen"[24], das auch dem gilt, welches als Nebeneffekt auftritt; das, was als Spur der wegradierten Zeichnung zurückbleibt; der Kohlenstaub, der herabrieselt und Flecken auf dem Papier hinterlässt – all diese vermeintlichen Nebensächlichkeiten rücken aus dem Abseits in Kentridges Fokus:

Damit ist nur angedeutet, dass verschiedene Materialien Gedanken verändern. Die Weichheit der Kohle, der verbrannte Ast, ihr Abbröckeln, ihre Flecken. [...] Anders gesagt: Es liegt etwas in der Natur des Blattes und der Kohle, das nicht nur ein Werkzeug und auch nicht ein Medium darstellt, sondern das die Bedeutung der Arbeit mitbestimmt: die Leichtigkeit, mit der sie ausradiert werden kann oder eine Spur hinterlässt, oder wie dicht sie auf dem Papier aufgetragen ist. Das ist ein assoziatives Denken; es ist nicht die Hauptsache, aber obwohl es am Rande des Wesentlichen ist, [...] wird es zu einem Teil der Substanz der Tätigkeit selbst.[25]

Diese Fokusverschiebung auf das Randständige nennt Kentridge auch „peripheres Sehen", womit er sehr konkret Bezug nimmt auf eine Praktik des ziel- und richtungslosen Umherwanderns in den Räumlichkeiten seines Ateliers, die es ihm erlaube, nicht einzelne Dinge, Materialien, Zeichnungen und Figuren in den Blick zu nehmen und als solche für sich zu erfassen, sondern eher collagenartig auch das vermeintlich Nebensächliche miteinzubeziehen:

22 Kentridge: Wenn der weniger gute Arzt ..., S. 37.
23 Ebd., S. 38.
24 Ebd., S. 39.
25 Ebd.

> Der Arbeitsprozess besteht oft zum Teil darin, dass ich im Atelier herumgehe. Während man so herumgeht, hat man ein gewisses peripheres Sehen. Man schaut im Vorübergehen auf die verschiedenen Elemente im Atelier.[26]

Diese Praktik des peripheren Sehens lässt sich auch auf *The Refusal of Time* übertragen. Zum einen gleicht der Ausstellungsraum einem etwas unaufgeräumten Atelier, in dem allerlei Gegenstände wie Stühle, Leitern und Metalltrichter auf Stativen herumstehen und in dem ich, wie Kentridge es schildert, ‚umherwandern' kann. Zum anderen erlaubt mir das unübersichtliche Chaos der mich durch ihre Gleichzeitigkeit überfordernden Sound- und Videokulisse kein ruhiges, distanziertes und auf eine Sache fokussiertes Betrachten, sondern lässt mir gar keine andere Möglichkeit als die eines *peripheren Sehens*, mit dem ich immer mehrere Elemente gleichzeitig wahrnehme: Animierte Zeichnungen, Soundelemente, Schrift und Videosequenzen stehen so niemals für sich allein, sondern werden in der installativen Collage verräumlicht, fragmentiert, übereinandergeschichtet, gedehnt, verkürzt und miteinander in Beziehung gesetzt. Aus diesem Interesse für das Periphere entstehen in *The Refusal of Time* Kentridges szenische Collagen, die nicht für sich beanspruchen, eine große Erzählung der Genese der abendländischen Zeitvorstellung vorzulegen, sondern vielmehr jenes periphere Sehen in eine szenische Strategie der Überlagerung mehrerer kleiner, fragmentierter Geschichten zu überführen.
Charakteristisch für Kentridges *Denken im Material* ist auch die Arbeitsweise, die er „Breathe, Dissolve, Return"[27] nennt und die eine spezifische Dynamik der Formung und Auflösung von Zeichnungen impliziert. Dabei erstellt er collagierte Bilder aus unzähligen Ascheflocken, die dann durch kräftige Windstöße und durch Pusten aufgewirbelt und damit zerstört werden. Filmmitschnitte dieser Auflösungsbewegung, unzählige Male wiederholt, werden zu kleinen Filmen aneinandergereiht oder in einer Rückwärtsbewegung zurückgespult, so dass der Eindruck entsteht, das Bild forme sich aus den heranwehenden Aschepartikeln, nicht umgekehrt. In *The Refusal of Time* findet sich außerdem die entsprechende Inversionsfigur, denn Kentridge verwendet häufig das Negativ dieser Auflösungsbewegungen, so dass es fortan weiße Flocken auf schwarzem Grund sind. Die Trägheit der Ascheflocken sowie die Art und Weise, mit der das Pusten diese

26 Kentridge: Wenn der weniger gute Arzt ..., S. 25.

27 Kentridge widmet ihr sogar eine eigene Arbeit in Form eines Triptychons aus den drei Filmen *Breathe, Dissolve, Return* (2008), die ebenfalls in der Frankfurter Ausstellung, in Raum 2044, zu sehen waren. Zu dieser spezifischen Arbeit vgl. auch Harmon Siegel: Feasts of Prestidigitation. In: Margaret K. Koerner (Hrsg.): *William Kentridge. Smoke, Ashes, Fable.* New Haven: Yale UP 2017, S. 142–170.

zum Umherwirbeln bringt, sind damit nicht der Figur untergeordnet, sondern sind in ihrer Materialität ebenso wichtig wie das Dargestellte.

In der Logik eines *Denkens im Material* steht auch die Begriffsschöpfung der *Thick Time*[28], die Kentridges Herangehensweise an die Frage der Zeit charakterisiert. Zeit wird in der Installation nicht nur auf der konzeptuellen und geschichtlichen Ebene verhandelt, sondern ebenso selbst buchstäblich als Material, das szenisch, musikalisch, rhythmisch und visuell erfahrbar wird als beschleunigte, gedehnte, verwobene, synchronisierte, dauernde, gestoppte, getimte, schleppende, gepumpte und geatmete Zeit. Das abstrakte Konzept der Zeit materialisiert sich auf diese Weise und macht sich als *Thick Time* szenisch bemerkbar – als widerständige Zeit, die als etwas anderes als bloße Uhrzeit, nämlich als Prinzip von Zeitlichkeit erfahrbar wird.

In diesem Sinne muss auch das Atmen des *Elephants* im Zentrum der Installation in seiner Materialität verstanden werden, die maßgeblich zu dieser Erfahrbarkeit von Zeit beiträgt. Die Atemmaschine produziert nicht nur ein rhythmisiertes Atemgeräusch, sondern macht diese Atmung als verräumlichte spürbar: Wie ein Blasebalg saugt sie in beruhigender Regelmäßigkeit Luft ein, um sie dann mit einem leichten Zischen wieder auszustoßen, dessen Vibration für mich als Besucherin körperlich spürbar wird. Der *Elephant* wirkt dabei bisweilen, seinem Namen entsprechend, wie ein großes, massiges, schlafendes Tier, dessen Atmung trotz alledem organisch fragil wirkt und jederzeit aussetzen oder den Rhythmus ändern könnte. Damit wird der *Elephant* einerseits zur Zeit *gebenden* Instanz, die mir im Chaos der überbordenden Installation durch ihren Rhythmus Halt gibt, zum anderen aber verkörpert er in seiner an eine Dampfmaschine erinnernden Optik diejenige gleichbleibende, kapitalistisch-technologisierte Zeit, für die der organische Atem in seiner Fragilität und Unregelmäßigkeit eher einen Störfaktor bildet, den es zu korrigieren gilt.

Wenn dann plötzlich in einer der Projektionen die Aufforderung „Hold your breath against Time“ erscheint, wird der Atem selbst zum Widerstand: Einerseits im Sinne einer Unterbrechung – ganz so, als ob das Aussetzen der Atembewegung, das Atem-Anhalten, das unerbittliche Weiterlaufen der linearen, chronometrischen, messbaren Zeit aufhalten könnte.[29] Andererseits impliziert der Satz auch, dass das organisch-körperliche Atmen selbst als widerständiges Element

28 *Thick Time* ist der Name der Ausstellung, in deren Rahmen *The Refusal of Time* in London und Louisiana zu sehen war. Der gleichnamige Katalog dazu: Iwona Blazwick / Sabine Breitwieser (Hrsg.): *William Kentridge. Thick Time.* München: Hirmer 2016.

29 Vgl. Julia Schade: „Hold your breath against time“. Zum Denken einer Widerständigkeit der Zeit bei William Kentridge. In: Leon Gabriel / Nikolaus Müller-Schöll (Hrsg.): *Das Denken der Bühne. Szenen zwischen Theater und Philosophie.* Bielefeld: Transcript 2018, S. 201–214.

fungieren kann, also als gegenläufige Bewegung, die dem Lauf der Zeit gegenübergestellt wird. Daraus ergibt sich eine doppelte, widersprüchliche Funktion des Atems innerhalb der Installation: als widerständige Figur sowie als technische Antriebskraft und geheimer Akteur des *Synchronisierungsparadigmas*, das sich im späten 19. Jahrhundert entfaltet und dessen (infra-)strukturelle wie ideologische Vorannahmen *The Refusal of Time* in den Blick nimmt. Nicht von ungefähr ähnelt das Design der Atemmaschine denjenigen Maschinen zur Vereinheitlichung der Zeit um 1880, die maßgeblich auf dem Prinzip der Pneumatik beruhten.

2. Das Jahrhundert der Synchronisierung

Kentridge situiert seine Arbeit geschichtlich im „Jahrhundert der Synchronisierung"[30], das von der Faszination der Vereinheitlichung und dem Willen zur Normierung geprägt ist. Was sich hier manifestiert, ist ein kapitalistischer Zeitbegriff, der sich fortan durch absolute Exaktheit legitimiert und sämtliche gesellschaftlichen Bereiche durchdringt: Internationale Schifffahrts- und Eisenbahn-Fahrpläne werden aufeinander abgestimmt, die Festlegung des Goldstandards schafft die Grundvoraussetzung für ein umfassendes Weltwährungssystem, transnationale Rechtsverträge erlauben eine uneingeschränkte Freihandelszone und schließlich beendet die Internationale Meridian-Konferenz in Washington 1884 das Durcheinander lokaler und regionaler Zeitunterschiede, indem sie den Globus in verschiedene Zeitzonen einteilt und mit *Greenwich Mean Time*[31] ein universelles, weltweites „Zeitregime"[32] etabliert. All dies bildet das Verweissystem, auf das die verschiedensten Elemente der Installation immerfort referieren. Vor allem sind es aber die pneumatischen Maschinen und ihre Verwendung zur ‚Konstruktion' der perfekt abgestimmten einen Zeit, von denen *The Refusal of Time* wie besessen scheint.

Kentridges aus den im Raum verteilten Metalltrichtern dringende Stimme erzählt von der technischen Perfektionierungsbewegung der Zeitmessung in den europäischen Großstädten, die maßgeblich auf einem pneumatischen Pumpensystem beruht habe, das in gewaltigen unterirdischen Verzweigungen unter Paris, London und Wien verlief und durch pneumatische Impulse in Form von Luftstößen die Uhren in Einklang gebracht habe. In Kentridges Beschreibung werden diese Luftstöße zu einer Atmung: „Eine ganze Stadt, die im Einklang

30 Gamper / Hühn: Einleitung, S. 17.

31 *Greenwich Mean Time*, o. D. https://greenwichmeantime.com (Zugriff am 03.06.2023).

32 Gamper / Hühn: Einleitung, S. 9.

atmete, von der Zentraluhr reguliert, die für die Idee von perfekter Zeit und perfekter Ordnung stand."[33] Die sichergestellte Einheit der Zeit verdankt sich, so verdeutlicht die Installation, letztendlich also nichts anderem als dem organisierten System von Luftstößen unter der Oberfläche der Großstädte; nur dank der Pneumatik gelingt die Zentralisierung der fortan weltweit vereinheitlichten Zeit und des sich etablierenden „Regime[s] der Synchronisierung"[34]. *The Refusal of Time* setzt – zumindest vordergründig – eine solche Synchronisierungsapparatur der ‚perfekten Zeit und perfekten Ordnung' in Szene, deren Garant die Atemmaschine in seiner Mitte ist.

Der *Elephant* sowie die gesamte Apparatur ähneln dabei jenen historischen Kontrollräumen, in denen die pneumatischen Maschinen, die die Luftstöße in das Röhrensystem einspeisten, technischer und wissenschaftlicher Begutachtung unterzogen und die Normierung der pneumatischen Impulse überwacht wurden. Peter Galison, mit dem Kentridge für *The Refusal of Time* eng zusammenarbeitete, legt in seiner Studie *Einsteins Uhren und Poincarés Karten*[35] historische Darstellungen dieser Ausstellungs- und Kontrollräume vor. Besondere Ähnlichkeit weist Kentridges Atemmaschine mit dem „Universalvergleicher"[36] von 1880 auf, einem Gerät zur Normierung von Längeneinheiten, das dazu diente, die Kopien des Standardmeters M exakt zu eichen.[37]

Wie die pneumatische Maschine im Kontrollraum, so ist der *Elephant* als Motor und Ausstellungsstück gleichermaßen in der Mitte des Installationsraums platziert. Es ist, als betrete man die Installation wie den geheimen Maschinenraum einer sich als autonom behauptenden und im Dienste der Fortschrittslogik eines ablaufenden ‚Weiter-So' stehenden Zeit, die innerhalb der Installationsanordnung Körper, Bewegungen und Bilder durchdringt und beherrscht.

Als Besucherin bin ich sowohl in der Rolle der Inspizientin, die den Kontrollraum betritt, um sich der Regelmäßigkeit der abgegebenen Luftstöße zu versichern, zugleich aber auch Besucherin in einer Art Wunderkammer oder Raritätenkabinett. Auch hier eröffnet sich eine Parallele zu Galisons Beschreibungen der historischen Ausstellungs- und ‚Schauräume', in denen die Exaktheit der pneumatisch vereinheitlichten Zeit in Form von Uhren dem Publikum zur Schau gestellt und zum Kauf angeboten wird.

33 Kentridge / Galison: *Die Ablehnung der Zeit*, S. 41–42.

34 Ebd., S. 18.

35 Peter Galison: *Einsteins Uhren, Poincarés Karten. Die Arbeit an der Ordnung der Zeit.* Frankfurt am Main: Fischer 2003.

36 Ebd., S. 86.

37 Ebd.

> In ganz Europa kämpften Dörfer, Städte, Regionen und Länder darum, ihre Uhren zu standardisieren und zu vereinheitlichen. Im Paris und Wien der späten 1870er Jahre betrieben industrielle Dampfwerke die städtischen Uhren über ein System unterirdischer Röhren mit Druckluft. In Pneumatikgeschäften konnten Kunden die von ihnen bevorzugte Version viktorianischer Exaktheit käuflich erwerben.[38]

In diesen Schauräumen verhilft das ausgehende 19. Jahrhundert der vereinheitlichten *einen* Zeit zur Sichtbarkeit. Oder vielmehr: Was hier ausgestellt wird, ist die Exaktheit selbst. Bewundert wird vom Publikum die nahezu perfekte Abstimmung der Uhren, die synchronisierten Zeigerbewegungen und deren bis aufs Minimalste reduzierte Verzögerung. Die Faszination für Exaktheit geht im Umkehrschluss auch mit einer Obsession für Abweichungen einher, die Galison als „Zeitempfindlichkeit" beschreibt:

> Anfangs erschien die durch den Druckaufbau im unterirdischen System von Paris ausgelöste fünfzehnsekündige Verzögerung als eine Lappalie. Doch bis 1881 hatte die [Zeit-]Empfindlichkeit derart zugenommen, dass selbst die winzige Differenz, um welche die Uhren an verschiedenen Stellen des Röhrennetzwerks voneinander und von der Sternwarte abwichen, als störend auffiel. Erstens hatte sich das Zeitbewusstsein verschärft. Bis zum 19. Jahrhundert hatten die Uhren in der Regel nicht einmal Minutenzeiger gehabt, doch jetzt konnte eine Abweichung von fünfzehn Sekunden die Ingenieure zu Manipulationen an öffentlichen Uhren veranlassen.[39]

Die infrastrukturelle Synchronisierung der Großstadtuhren führte demzufolge zu einem veränderten ‚verschärften Zeitbewusstsein', das sich einer absoluten Exaktheit verschrieb und dem noch so winzige Differenzen als Bedrohung erschienen. Was Kentridge nun in Szene setzt, ist Kontroll- und Schauraum in einem, in dem vordergründig eine Apparatur der Synchronisierung zur Schau gestellt, zugleich aber, und dies ist der für die anschließenden Überlegungen entscheidende Punkt, die Abweichung selbst zum szenischen Prinzip einer Widerständigkeit wird. Als Besucherin betrachte ich nicht in sicherem Abstand die perfekt aufeinander abgestimmten Uhren und erfreue mich an der Homogenität der einen Zeit, sondern bin konfrontiert mit der chaotischen Überlagerung und Gleichzeitigkeit der Musik, der Videos und Soundsequenzen, die jeweils ihre eigene Zeit zu haben scheinen, *nach* und *in* der sie operieren. Die Installation macht so etwas erfahrbar, das ich *Zeitlichkeit* nennen möchte.

38 Galison: *Einsteins Uhren*, S. 92.
39 Ebd., S. 92–93.

Diese bezeichnet nicht mehr die chronometrisch messbare Zeit oder den die Dauer angebenden Verlauf in den Uhren, sondern eher ein Prinzip, das der Zeit in ihrer ordnenden normativen Ausformung zugrunde liegt und sie allererst möglich macht. Zeitlichkeit ist also der Begriff für etwas *anderes* als Zeit *in* der Zeit, das deswegen anders ist, weil es noch nicht oder nicht mehr der Ordnung der Zeit entspricht. Damit steht Zeitlichkeit auch immer für eine potenziell andere Zeit, die anders sein muss und kann als das herkömmliche lineare Modell. Gleichzeitig ist Zeitlichkeit aber als Prinzip in dieser einen, linearen Zeit enthalten. Ein das Konstrukt der absoluten Zeit begleitendes und es zugleich unterminierendes Prinzip, das darauf verweist, dass es neben diesem Modell auch eine andere, dieses Prinzip unterlaufende *Zeitlichkeit* – oder gar *Zeitlichkeiten* – geben muss, die etwas eröffnen, das als Abweichung, Differenz, Heterogenität oder Pluralisierung von jenem universalen Zeitverständnis auftritt.
In *The Refusal of Time* taucht das Prinzip der Zeitlichkeit weder als Essenzialisierung in Form einer festgelegten Wesens-Zuschreibung einer *anderen* Zeit auf noch als simplifiziertes Modell eines gerichteten Widerstands *gegen* einen universalen Zeitentwurf. Vielmehr macht es sich als eine nicht gerichtete, eher prozessual unterhöhlende Widerständigkeit in der Installation bemerkbar und wird *szenisch* erfahrbar.
In diesem Sinne möchte ich den Atem als Prinzip ernst nehmen und im weiteren Verlauf als Widerständigkeit begreifen. Denn zum einen steht er für das strukturgebende und synchronisierende Prinzip der Installation, zum anderen aber genau für das, was in der vermeintlichen Gleichschaltung einen ständigen Risikofaktor ausmacht. Der Atem wird zu einer die Synchronisierung der Zeit, der er vermeintlich dient, untergrabenden Figur. Denn obwohl der durch das pneumatische System generierte Atem darauf angelegt ist, Abweichungen zu tilgen und damit die Synchronisierung zu garantieren, kann er doch selbst nicht als reine Referenz gelten: Atmung dehnt sich aus und verräumlicht sich, produziert notwendigerweise Unregelmäßigkeiten. Genau darin untergräbt sie just die Absolutheit, die sie eigentlich garantieren soll.
Es sind diese widerständigen Unterminierungsfiguren, die in *The Refusal of Time* auf der Ebene der Musik, der Videos und der installativen Elemente für eine Verunsicherung sorgen, eben weil sie vermeintliche zeitliche Gewissheiten, rhythmische Stabilität und Vorhersehbarkeit unterlaufen und auf etwas anderes als die eine absolute Zeit verweisen. Sie tragen maßgeblich zur Unüberschaubarkeit der szenischen Vorgänge bei, indem sie niemals linear als klare Gegenbewegung auftreten, sondern immer in unberechenbarer Gleichzeitigkeit und Überlagerung. Damit fungieren sie als Ausdruck und Vorboten jener Erschütterungen, denen der Glaube an die absolute Zeit zu Beginn des 20. Jahrhunderts ausgesetzt ist

und die in *The Refusal of Time* das Narrativ der einen absoluten Zeit szenisch wie auf narrativer Ebene unterlaufen.

Jahrhundertwende: Erschütterung der zeitlichen Gewissheiten

The Refusal of Time situiert sich genau *in* und *während* jener tiefgreifenden Umbruchphase zu Beginn des 20. Jahrhunderts, in der die weltweite infrastrukturelle Vereinheitlichung der Zeit in vollem Gange ist und sich im Zuge dessen in der westlichen Welt und anschließend in den Kolonien gewaltige Neuordnungen der wirtschaftlichen, sozialen und gesellschaftlichen Verhältnisse einstellen. Faktoren wie die territorialen Umwälzungen durch die sich bildenden Nationalstaaten, das enorme Städtewachstum, die Beschleunigung, die im Ersten Weltkrieg kulminierende Militarisierung, aber auch die technischen Neuerungen wie das frühe Kino oder die Ästhetik der Avantgarden bilden den Verweisungshorizont, an dem sich die Installation orientiert.[40]

Zudem beginnt der ideologische Überbau des „Regime[s] der Synchronisierung“[41] des 19. Jahrhunderts zu implodieren und bisher unhinterfragte zeitliche Gewissheiten erweisen sich als angreifbar. 1905 legt Albert Einstein seine Spezielle Relativitätstheorie[42] vor, die die Vorstellung von Zeit und Raum als stabile, gleichbleibende und voneinander getrennte Entitäten widerlegt und damit das rationalistische Zeitdenken in der Tradition Isaac Newtons[43] und Immanuel

40 Zur Erschütterungserfahrung der Jahrhundertwende und inwiefern sich diese in den szenischen Künsten ausdrückt, vgl. Ulrike Haß: Fremde Welt. In: Nikolaus Müller-Schöll / Leonie Otto (Hrsg.): *Unterm Blick des Fremden. Theaterarbeit nach Laurent Chétouane*. Bielefeld: Transcript 2015, S. 53–72; Jörn Etzold: Milieus, Rhythmen, Licht. Zwischen Appia und Uexküll. In: Ders. / Hannemann (Hrsg.): *Rhythmos*, S. 253–280.

41 Gamper / Hühn: Einleitung, S. 18.

42 1905 legte Einstein seinen Artikel „Zur Elektrodynamik bewegter Körper“ vor, der dann im Zuge der Veröffentlichung der Allgemeinen Relativitätstheorie in ‚Spezielle Relativitätstheorie‘ umbenannt wurde. Albert Einstein: Zur Elektrodynamik bewegter Körper. In: *Annalen der Physik* 322 (1905), S. 891–921.

43 Das Maß für die Dauer der Zeit nennt Newton die „relative“ Zeit, das, was sie misst, die „absolute“. „Die absolute, wahre und mathematische Zeit verfließt an sich und vermöge ihrer Natur gleichförmig und ohne Beziehung auf irgendeinen äußeren Gegenstand.“ (Isaac Newton: *Mathematische Prinzipien der Naturlehre*, aus d. Engl. v. J. Ph. Wolfers. Darmstadt: WBG 1963, S. 25.) Paradoxerweise unterläuft Newton sein eigenes Modell von der Absolutheit der Zeit durch die apokalyptische Voraussage eines Zeitenendes um das Jahr 2060. Hier treffen sich Physik und Theologie. Die Absolutheit ist damit eine zeitlich bedingte und verliert angesichts des drohenden Endes eben jene Absolutheit. Der Entwurf eines deterministischen Universums mit den festen Größen von Zeit und Raum prognostiziert den Kollaps eben dieser vermeintlich festen Größen. Der alles vorherbestimmende Determinismus determiniert sein eigenes Ende. Zu einer detaillierten Diskussion dieses Widerspruchs in Newtons Denken vgl. Karen Barad: Quantum Entanglements and Hauntological Relations of Inheritance. Dis/continuities, Space-Time Enfoldings, and Justice-to-Come. In: *Derrida Today* 3 (2010), S. 240–268.

Kants „transzendentaler Ästhetik“[44] in die Krise stürzt.[45] Diese Krise ist Paul Virilio zufolge eine Krise des „zeitlichen und räumlichen Absolutismus“, die zur „Aufsplitterung in eine Unendlichkeit ‚lokaler Zeiten‘“ führt.[46] Sie umfasst nicht nur die Widerlegung bisheriger Zeittheorien, sondern ist als Zusammenbruch bisheriger physikalischer, rationalistischer und philosophischer Gewissheiten darüber hinaus als epistemologische Krise zu verstehen, wie Jörn Etzold folgert: „In den epistemischen Erschütterungen um 1900 entsteht ein neues Denken von Raum und Zeit. Die Idee, sie seien an jedem Ort und zu jeder Zeit gleich messbar und zudem voneinander getrennt, beginnt zu bröckeln.“[47] Ulrike Haß beschreibt die mit den Umwälzungen der Jahrhundertwende einhergehende Verunsicherungserfahrung als „Weltformwechsel“ und das Bewusstsein, „bewegt zu werden“.[48] Der Bezug auf Einstein als Personifikation des radikalen Umbruchs im Zeitverständnis des frühen 20. Jahrhundert ist in Kentridges Installation sehr deutlich, nicht zuletzt durch die leise Audiospur, die aus mehreren der im Raum verteilten Metalltrichter Ausschnitte aus Einsteins ‚Zwillingsparadoxon‘[49] erklingen lässt, in dem die Vorstellung einer überall gleich verlaufenden Zeit als nicht mehr haltbar aufgezeigt wird. Diese theoretische Relativierung des Glaubens an die eine Zeit begleitet das überwältigende Chaos der Sound- und Bildfragmente und überlagert sich paradoxerweise mit Schilderungen der Etablierung des pneumatischen Systems zur Synchronisierung der Zeit. In der Installation findet sich

44 Ich gehe auf Kants transzendentales Zeitdenken in Kap. 2.1 genauer ein. An dieser Stelle sei nur auf seine grundlegende Bestimmung von Raum und Zeit verwiesen, die er in der *Kritik der reinen Vernunft* vorlegt: „Raum und Zeit sind quanta continuata, weil kein Teil derselben gegeben werden kann, ohne ihn zwischen Grenzen [...] einzuschließen. Der Raum besteht aus Räumen, die Zeit aus Zeiten.“ (Immanuel Kant: *Kritik der reinen Vernunft. Werkausgabe in zwölf Bänden*, hrsg. v. Wilhelm Weischedel, Bd. 3. Frankfurt am Main: Suhrkamp 1974, S. 211.)

45 Zum Verhältnis von Einstein und dem frühen Kino vgl. Karl Clausberg: A Microscope for Time. What Benjamin and Klages, Einstein and the Movies Owe to Distant Stars. In: Tyrus Miller (Hrsg.): *Given World and Time. Temporalities in Context*. Budapest: Central European UP 2008, S. 297–359; ders. / Felix Eberty: *Zwischen den Sternen. Lichtbildarchive. Was Einstein und Uexküll, Benjamin und das Kino der Astronomie des 19. Jahrhunderts verdanken*. Berlin: Akademie 2006.

46 Paul Virilio: Der Augenblick der beschleunigten Zeit. In: Dietmar Kamper (Hrsg.): *Die sterbende Zeit. 20 Diagnosen*. Darmstadt: Luchterhand 1987, S. 249–259, hier S. 249.

47 Etzold: Milieus, Rhythmen, Licht, S. 278. Inwiefern sich die Relativitätstheorie Einsteins und die darauffolgende epistemologische Krise als Einbruch des rationalistischen Weltbilds in Philosophie und Kunst auswirkt, arbeitet Etzold am Beispiel Hölderlins heraus. Ders.: Theater und epistemologische Krise (Hölderlin). In: Moritz Hannemann / Ulrike Haß / Judith Schäfer / Milena Cairo (Hrsg.): *Episteme des Theaters. Aktuelle Kontexte von Wissenschaft, Kunst und Öffentlichkeit*. Bielefeld: Transcript 2016, S. 219–231.

48 Haß: Fremde Welt, S. 53.

49 Kentridge / Galison: *Die Ablehnung der Zeit*, S. 44.

somit die Vorstellung einer überall einheitlichen, von allen Abweichungen bereinigten Zeit, wie sie im Verweis auf die *Greenwich Mean Time* auftaucht, immer bereits unterwandert und durchkreuzt von sie relativierenden Faktoren, Theorien und Bewegungen.

Die verschiedenen Elemente bilden so eine heterogene Konstellation, in der alles im Aufbruch und Umbruch, in ständiger Beschleunigung und Umformung zu sein scheint. Kentridges animierte Zeichnungen rasen über die Leinwände, verformen sich blitzschnell, Kohlestriche fügen sich zu Figuren wie Nashörnern, Kaffeekannen und Telegrafenmasten, bergen dabei aber immer noch die verwischten Spuren des vorherigen Bildes in sich, als Kohlespur auf dem Papier oder als Reste eines ausradierten Strichs. Nie steht eines dieser Bilder allein, immer wird es durchkreuzt, gestört und übertönt von anderen Elementen, Zeichnungen, Sounds oder Filmen auf den anderen Projektionsflächen. Keine Form hat Bestand, keine Zeichnung bleibt lange genug, um sich an sie zu erinnern, und die zu Anfang als Kakophonie beschriebene Gleichzeitigkeit aller Elemente – akustisch, rhythmisch, visuell – produziert eine konstante Verunsicherung, Desorientierung und Überforderung, die mein subjektives Zeitgefühl als Besucherin durcheinanderbringt. Mir fehlt jeglicher Anhaltspunkt, wie lange ich mich bereits in der Installation aufhalte und wie lange dieses mich rundum umgebende Chaos noch anhalten wird. Einzig die Atemmaschine vermag, dem szenisch entgegenzuwirken und eine Form der Orientierung zu bieten, als stehe sie doch wenigstens für eine zeitliche Konstante, für eine Halt gebende Gewissheit. Just durch diese In-Szene-Setzung von Überforderung, Fragmenthaftigkeit und Beschleunigung verleiht die Installation jener Erschütterungserfahrung Ausdruck, welche die Jahrhundertwende prägte und die nicht zuletzt Ausdruck einer Zeitkrise, einer *Krise der Zeit* ist.

Obwohl sich *The Refusal of Time* geschichtlich und in der ästhetischen Formensprache – bei der sie sich, wie ich gleich aufzeigen werde, an den künstlerischen Avantgarden orientiert – hauptsächlich auf den Zeitraum zwischen ca. 1880 und 1915 beschränkt, steht die Arbeit in einem breiteren historischen und theoretischen Zusammenhang dessen, was sich als *Modernitätserfahrung* formulieren ließe, deren Beginn unterschiedlich verortet wird und die ich im Folgenden knapp umreißen werde.[50] Mit Reinhart Koselleck ließe sich der

50 Die Komplexität des Modernebegriffs und einer ‚modernen' Erfahrung kann hier nur angedeutet werden. Verwiesen sei auf Hans Blumenbergs ausführliche Studie zur Genese des Selbstverständnisses der Moderne: Hans Blumenberg: *Die Legitimität der Neuzeit.* Frankfurt am Main: Suhrkamp 1996. Sowie zur im Begriff der Moderne impliziten spezifischen Zeitlichkeit: Peter Osborne: *The Politics of Time. Modernity and Avant-Garde.* London / New York: Verso 1995, insb. S. 1–30. Es sei hier ausdrücklich betont, dass die Rede von ‚der Moderne' im Singular

„Erfahrungswandel“ in der sogenannten „Sattelzeit“ um 1800 als ihr Vorbote verstehen, wobei auch die von Kants Erkenntnistheorie produzierte epistemologische Krise miteinzubeziehen wäre, nach der die phänomenale Welt jenseits der Wahrnehmung des Subjekts keinen Bestand mehr hat und die ‚Dinge an sich‘, wozu auch Raum und Zeit zählen, nicht mehr unabhängig vom Subjekt als jeder Erfahrung vorgängige Formen gefasst werden können. Zu Beginn des 20. Jahrhunderts tragen all jene bereits genannten modernen Faktoren, wie die industrielle Revolution, die sich damit rasant verändernde Ökonomie und Technologie, das Städtewachstum, die Inflation und schließlich der Erste Weltkrieg, zu einer geteilten ‚modernen‘ Erfahrung bei, die Ernst Cassirer als „radikale Auflösung der ‚Dinge‘ in bloße Beziehungen“[51] beschreibt und die darüber hinaus zahlreiche literarische und theoretische Ausformulierungen erfährt. Das entscheidende Merkmal all jener so unterschiedlichen Ansätze lässt sich als Erfahrung von *Entfremdung* fassen: Ob bereits vor der Jahrhundertwende in Friedrich Nietzsches Diagnose eines Endes der Metaphysik[52], in Charles Baudelaires Beschreibung der Modernität als „das Vergängliche, das Flüchtige, das Zufällige“[53], in Karl Marx' Analyse entfremdeter Arbeit in kapitalistischen Lohnarbeitsverhältnissen[54] oder schließlich in Walter Benjamins Formulierung einer modernen „Erfahrungsarmut“[55], die er direkt in den Zusammenhang mit dem Ersten Weltkrieg und Einsteins Relativitätstheorie stellt, in Georg Lukács' These von einer

eine problematische Vereinheitlichung impliziert und Gefahr läuft, all jene anderen, nichtwestlichen Perspektiven und Modernitätserfahrungen auszublenden. Zur Frage postkolonialer Perspektiven auf den westlichen Modernebegriff vgl. insb. das Kap. „Conclusion. ‘Race’, Time and the Revision of Modernity“ in: Homi K. Bhabha: *The Location of Culture*. Hoboken: Taylor & Francis 2012, S. 338–368; sowie Paul Gilroy: *The Black Atlantic. Modernity and Double Consciousness*. Cambridge, MA: Harvard UP 1993.

51 Ernst Cassirer: *Zur Einsteinschen Relativitätstheorie. Erkenntnistheoretische Betrachtungen*. Berlin: Cassirer 1921, S. 40. Vgl. Etzold: Milieus, Rhythmen, Licht, S. 254.

52 Friedrich Nietzsche: Ecce Homo. In: *Kritische Studienausgabe*, Bd. 6, hrsg. v. Giorgio Colli / Mazzino Montinari. München: dtv 1980, S. 258.

53 Charles Baudelaire: Die Modernität. In: Ders.: *Sämtliche Werke / Briefe*, hrsg. v. Friedhelm Kemp, Bd. 5. München / Wien: Hanser 1989, S. 225–228, hier S. 226.

54 Karl Marx: Ökonomisch-philosophische Manuskripte [1844]. In: Ders. / Friedrich Engels: *Marx-Engels-Werke* (MEW), Bd. 40 [MEW Ergänzungsband, 1. Teil]. Berlin: Dietz 1990, S. 465–588; ders.: *Das Kapital I*. MEW, Bd. 23.

55 Benjamin bezieht sich in der Formulierung einer „Erfahrungsarmut“ und „gänzliche[n] Illusionslosigkeit“ sowohl auf den Ersten Weltkrieg, in dem seine Generation „eine der ungeheuersten Erfahrungen der Weltgeschichte“ gemacht habe, aber auch Einstein nennt er explizit. Dieser sei aus der „Armut an Erfahrung“ heraus zum „Konstrukteur“ geworden. Er habe begonnen, „aus Wenigem heraus zu konstruieren und dabei weder rechts noch links zu blicken. [...] Einstein war ein solcher Konstrukteur, den plötzlich von der ganzen weiten Welt der Physik gar nichts mehr interessierte, als eine einzige kleine Unstimmigkeit zwischen den Gleichungen Newtons und den Erfahrungen der Astronomie.“ (Walter Benjamin: Erfahrung und Armut. In: Ders.:

„transzendentale[n] Obdachlosigkeit“[56] oder in Theodor W. Adornos und Max Horkheimers Bestimmung des „Verblendungszusammenhangs“[57]. Auch Martin Heidegger ist zu nennen, der die Relativitätstheorie als eine der „Grundlagenkrisen“[58] in den Wissenschaften beschreibt und unter deren Eindruck er einen anderen fundamentalontologischen Zeitbegriff und „Zeit-Raum“ entwirft.[59] Henri Bergson hingegen stellt sowohl der mathematisch zählbaren Zeit als auch der ontologischen Bestimmung einer Zeit ‚an sich‘ mit seinem Konzept der *durée* (Dauer) eine Vorstellung der bewusst erlebten Zeit und damit der Zeiterfahrung entgegen. Max Weber wiederum denkt die sich einstellende Bürokratisierung der Zeit aus soziologischer Perspektive als Herrschaftssystem der Verwaltung.[60] All diese Ansätze bilden den Horizont eines Umdenkens von Zeit, das diese nicht mehr als eine immer schon a priori gegebene vorgängige Größe an sich versteht, sondern vielmehr deren Vermitteltheit, deren Erfahrung und Wahrnehmung als *Zeitlichkeit* verhandelt.

Kentridge situiert seine Installation inmitten dieser Zeit-Krise, setzt sich aber vor allem mit der Vorgeschichte, der „prehistory“[61] von Einsteins Relativitätstheorie auseinander, die er gerade in den Künsten der Jahrhundertwende verortet.

Gesammelte Schriften (GS), Bd. II.1, hrsg. v. Rolf Tiedemann / Hermann Schweppenhäuser. Frankfurt am Main: Suhrkamp 2002, S. 213–219, hier S. 215.)

56 Georg Lukács: *Die Theorie des Romans. Ein geschichtsphilosophischer Versuch über die Formen der großen Epik*. Darmstadt / Neuwied: Luchterhand 1986, S. 32.

57 Theodor W. Adorno / Max Horkheimer: Dialektik der Aufklärung. In: Theodor W. Adorno: *Gesammelte Schriften*, Bd. 3, hrsg. v. Rolf Tiedemann u. Mitw. v. Gretel Adorno / Susan Buck-Morss / Klaus Schultz. Frankfurt am Main: Suhrkamp 1973.

58 In § 3 von *Sein und Zeit* heißt es: „Die Relativitätstheorie der Physik erwächst der Tendenz, den eigenen Zusammenhang der Natur selbst, so wie er ‚an sich‘ besteht, herauszustellen. Als Theorie der Zugangsbedingungen zur Natur selbst sucht sie durch Bestimmung aller Relativitäten die Unveränderlichkeit der Bewegungsgesetze zu wahren und bringt sich damit vor die Frage nach der Struktur des ihr vorgegebenen Sachgebietes, vor das Problem der Materie“ (Martin Heidegger: *Sein und Zeit. Text der Einzelausgabe von 1927. Gesamtausgabe* (GS), Bd. 2, hrsg. v. Friedrich-Wilhelm Herrmann. Frankfurt am Main: Klostermann 2018, § 3, S. 15).

59 Vgl. das Kap. „Der Zeit-Raum als Ab-Grund“ in: Martin Heidegger: Beiträge zur Philosophie. Vom Ereignis. In: Ders.: GS, Bd. 65, S. 379–388. Für Heidegger ist der relativistische Zeitbegriff der Physik lediglich die folgerichtige Konsequenz aus der langen Tradition eines Denkens der „vulgären Zeit“, die lediglich durch Berechenbarkeit und Objektivierbarkeit bestimmt ist, wie er in „Der Begriff der Zeit“ schreibt. (Ders.: Der Begriff der Zeit (1924). In: GS, Bd. 64, S. 1–85, hier S.78–79.)

60 Max Weber: Bürokratismus. In: Ders.: *Wirtschaft und Gesellschaft. Die Wirtschaft und die gesellschaftlichen Ordnungen und Mächte*. Nachlass, hrsg. v. Knut Borchardt / Edith Hanke / Wolfgang Schluchter. Tübingen: Mohr 2014, hier Abt. I, Bd. 22–4, S. 185–187.

61 Kentridge formuliert eine seiner Leitfragen zu *The Refusal of Time* in einem Interview: „What was the thinking about time and its relative nature before 1905? […] Something that seems new always has a prehistory“. (Christian Lund: William Kentridge on ‘The Refusal of Time’. Interview in the Installation of ‘The Refusal of Time’ at the Louisiana Museum of

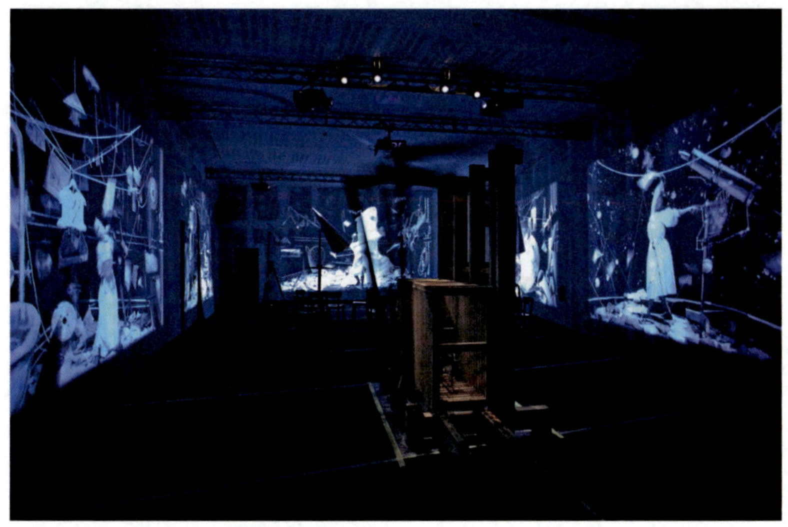

Abb. 3: An Loïe Fuller erinnernder Tanz inmitten des verwüsteten Labors. William Kentridge: *The Refusal of Time*, 2012.

Kentridges Bilderarsenal zitiert somit unaufhörlich jene Ästhetik um 1900: Seine Animationen und Filmsequenzen sind der Formensprache des frühen Kinos entnommen, ebenso wie dem Tanz des ersten Jahrzehnts des 20. Jahrhunderts. In der Ästhetik der Avantgarden findet Kentridge also eine Formensprache, die bereits vor Einsteins revolutionärer mit allen Voranahmen brechenden Theorie seismografisch auf die sich ankündigenden Veränderungen im Denken von Zeit reagiert.

Dies lässt sich exemplarisch an einer spezifischen Videosequenz hervorheben, die auf einer der Projektionswände läuft und in der sich eine Frau in einem weiten weißen Gewand um die eigene Achse dreht. Hierbei handelt es sich um ein klares Zitat des emblematisch gewordenen Seidentuch-Tanzes *Le Papillon* von Loïe Fuller, der später u. a. durch Isadora Duncan aufgegriffen wurde.[62] (Abb. 3)

In *The Refusal of Time* erscheint die Fuller zitierende Tanzepisode bezeichnenderweise genau nach einer Szene, die den historischen Sprengstoffanschlag des französischen Anarchisten Martial Bourdin auf den Nullmeridian im königlichen Observatorium in Greenwich – *das* Symbol europäischer Zeithegemonie

Modern Art, in February 2017. In: *Vimeo*, 12.04.2017. https://vimeo.com/212907506 (Zugriff am 18.10.2018).)

62 Gabriele Brandstetter: Tanz in medialer Perspektive: Loïe Fuller. In: Dies.: *Bild-Sprung*, S. 16–43.

und Synchronisierung schlechthin – im Jahr 1894 in Szene setzt. Fullers neue Formensprache im Tanz wird also direkt in Verbindung gebracht mit dem metaphorischen ‚Sprengen' der absoluten, vereinheitlichten Zeit. Auch diese Szene entspricht in ihrer Ästhetik den Stummfilmen um 1900. Das zuvor noch von allerlei weißbekittelten Wissenschaftlern bevölkerte Laboratorium mit seinen astrologischen Apparaturen und Pappmaschee-Uhren löst sich nach den eingeblendeten Worten „Dynamite and Blood. Spot the Time, Mr. Hollis!" in wild durcheinanderfliegende Papierfetzen auf. Die nächste Episode zeigt die Labore verwüstet und menschenleer, nur die Frau im weißen Gewand beginnt inmitten der fliegenden Papierfetzen und Uhrenattrappen zu tanzen. Der Verweis auf Loïe Fuller erscheint so auch im direkten Zusammenhang mit dem Widerstand gegen eine Normierung und Hegemonialisierung von Zeit und Raum. Fullers richtungsweisende Tanzform, die nicht länger illustrativ, sondern selbst raumschaffend ist, wird bei Kentridge zu einem Tanz in der Szenerie der zerstörten europäischen Zeithegemonie und gibt bereits einen Vorgeschmack auf die Brüchigkeit der Absolutheit von Zeit und Raum. Fuller ist in dieser Hinsicht ein wichtiger Bezugspunkt, steht sie doch für eine revolutionäre Rhythmisierung von Raum und Licht im Bereich von Tanz und Theater, noch bevor Adolphe Appia und Émile Jacques-Dalcroze in Hellerau schließlich mit der Konzeption rhythmischer Räume[63] den Aufbruch der repräsentativen und illusorischen Perspektive und die Dynamisierung von Verhältnissen und Räumen erproben.
Kentridges Umgang mit der Ästhetik des frühen Kinos ist ebenso bedeutend in dieser Hinsicht. Techniken wie Stop-Motion, Daumenkino, Montage, Praktiken der Zeitdehnung, des Stillstellens, Akzelerierens, Zurückspulens und das In-Einzelbilder-Fragmentieren gehören zu Kentridges charakteristischen Arbeitstechniken und kommen in *The Refusal of Time* immer wieder in unterschiedlichster Weise vor. Insbesondere die Verwendung des Montageverfahrens verweist auf die besondere Zeitdimension des kinematografischen Bildes, das nicht mehr länger als Repräsentation von Zeit als einer Aneinanderreihung von zählbaren Momenten verstanden wird, sondern selbst in der Praktik der Montage eine eigene Zeitdimension eröffnet, die mehr auf „Sprünge[n], Konflikte[n], Auflösungen und Resonanzen"[64] beruht und Zeit auf andere Art erfahrbar werden lässt.
Kentridge zeigt damit auf, dass sich in jener Formensprache der künstlerischen Avantgarden und des frühen Kinos in ihren unterschiedlichen Ausformungen

63 Etzold: Milieus, Rhythmen, Licht, S. 259–260.

64 Gilles Deleuze: *Das Zeit-Bild*, aus d. Franz. v. Klaus Englert. Frankfurt am Main: Suhrkamp 1997, S. 53.

und Experimenten bereits eine Auseinandersetzung mit der Relativität von Zeit und Raum abzeichnet, oder vielmehr, dass sie diese bereits vor dem eigentlichen Umbruch in sich tragen, ihn gewissermaßen vorausdeuten, ohne dass dieses ‚vor' aber zeitlich genau festlegbar wäre. Dies heißt mitnichten, dass *The Refusal of Time* die Durchschlagskraft und weitreichenden epistemologischen Konsequenzen von Einsteins, zu einem ganz bestimmten Zeitpunkt vorgelegter Veröffentlichung relativieren würde. Die Arbeit legt den Fokus statt auf den spezifischen Moment der Zäsur und des Umbruchs des Zeitdenkens vielmehr auf die sich in den Avantgarde-Künsten langsam abzeichnenden Vorbedingungen dieses Umbruchs, ohne letzteren als solchen in Frage zu stellen. Damit arbeitet die Installation gegen eine Überwindungsmetaphorik, welche die Ablösung des einen Zeit-Paradigmas durch das andere mittels einer klaren Zäsur propagieren würde. Vielmehr wird deutlich, wo generell die Problematik einer solchen Behauptung liegt: Im gleichen Moment, in dem das Paradigma der Linearität und Absolutheit, das zugleich einer teleologischen Geschichtsschreibung und der Idee von der Universalität dieser Geschichte verpflichtet ist, für beendet erklärt und durch ein anderes, neues Paradigma der Relationalität ersetzt wird, schreibt sich dieses vermeintlich neue in die ebengleiche Logik von Linearität und Ablauf erneut ein, von der es sich befreit glaubt.
Statt die zwei konkurrierenden und sich gegenseitig ausschließenden Zeitkonzepte der Absolutheit auf der einen und der Relationalität auf der anderen Seite schlicht einander gegenüberzustellen, werden sie in der Installation miteinander verwoben, überlagert, verschränkt. Die mit relationaler Raumzeit experimentierenden Avantgarden setzt Kentridge so in Dialog mit der parallel stattfindenden infrastrukturellen Vereinheitlichung von Zeit, die in Form von aufeinander abgestimmten Zeitzonen bald den gesamten Globus erfasst und der Vorstellung der einen universellen, für alle geltenden Zeit umso stärker verpflichtet ist. Es ist diese Gleichzeitigkeit sich widersprechender Zeitvorstellungen, die die Jahrhundertwende für *The Refusal of Time* zu einem so wichtigen Bezugspunkt macht und die sich auf szenischer Ebene in einer Heterochronie, einer Verschiebung und Überlagerung der Elemente ausdrückt, deren jeweils spezifische Zeitlichkeit sich gerade in ihrer Widerständigkeit bemerkbar macht. Auf der musikalischen Ebene ist überdies die Dynamik der Abweichung besonders markant.

Gibt es ein Maß? *Thick Time* als Materialisierung der Abweichung

Die bisherige Analyse hat verdeutlicht, dass die Installation von einer Spannung zwischen Synchronisierungsbewegung auf der einen und den ihr zuwiderlaufenden, abweichenden Zeitlichkeiten auf der anderen Seite geprägt ist. Die auf vielen Ebenen thematisierte Vereinheitlichungs- und Expansionsbewegung der

Zeit als eine Körper und Kontinente ergreifende und durchdringende Verräumlichungsdynamik wird so immer wieder durchkreuzt und abgelenkt. Eine solche Dynamik der Abweichung zeigt sich besonders deutlich in dem musikalischen Motiv des *tempo rubato*, das die Komposition von Philip Miller in *The Refusal of Time* maßgeblich bestimmt.

Übersetzt als ‚gestohlene Zeit' bezeichnet es eine in der Partitur nicht vorgesehene Irregularität des Rhythmus oder Tempos, die durch das ‚Stehlen' einer Zeiteinheit und ihrer Anwendung an anderer Stelle der Komposition entsteht.[65] Hierbei handelt es sich um eine Einholungsbewegung, um den Versuch, ein von der Ordnung des Ganzen abweichendes Element wieder in die Regelmäßigkeit zurückzuführen, um den zeitlichen Abstand sukzessive zu verringern, den Abstand zu beseitigen, die Lücke zu schließen, schließlich wieder im Takt zu sein.

Auf der musikalischen Ebene der Installation wird diese Abweichungs- und Einholungsbewegung zur wesentlichen Charakteristik, wobei das Prinzip der *gestohlenen* Zeit immer wieder das Problem des Verhältnisses von Maß und Abweichung und die damit einhergehende Frage nach formgebender und formnehmender Struktur aufwirft. Das *tempo rubato* lässt dabei den Rhythmus als Formgeber ins Wanken geraten, indem es ihm eine Abweichung einschreibt. Das Maß als taktgebende Struktur hat in *The Refusal of Time* einen prominenten Auftritt in der Verkörperung durch die überdimensional großen Metronome, die auf allen fünf Projektionsleinwänden auftauchen, laut synchron zu ticken beginnen und, so alle gemeinsam im Takt schlagend, zunächst den Eindruck eines fixen Zeitkorsetts und rhythmischer Orientierung erwecken. Ihr einheitliches Tempo driftet dann aber sukzessive auseinander. Die Ausschläge beschleunigen oder verlangsamen sich bis alle fünf Metronome jeweils einem unterschiedlichen Takt folgen und den ganzen Installationsraum mit dieser überbordenden Klangkulisse erfüllen, in der die verschiedenen Elemente, das Ticken der Metronome, die fragmentarisch eingespielte Musik, die Fanfaren und Stimmeinlagen, sich überlagern, immer wieder ihren Takt verlieren, ihn wieder einholen, nur um erneut ins Arrhythmische zu verfallen.

Das Metronom als wegweisende Erfindung des 19. Jahrhunderts und Zeichen einer von der Synchronie besessenen Epoche verliert dabei seine Funktion als zuverlässiger Taktgeber in dem Moment, in dem es selbst von einer Abweichung erfasst wird. Damit arbeitet die Installation als Sound-, Takt- und Bildermaschinerie systematisch gegen jene Synchronisierung im Namen des universalen

65 Vgl. Tempo rubato. In: Karl Wilson Gehrkens: *Music Notation and Terminology*. New York / Chicago: Barnes 1921, S. 54.

Zeitregimes, von der zuvor noch auf der narrativen Ebene die Rede war. Vielleicht ließe sich auch von einer sukzessiven Untergrabung dieser Synchronizität sprechen, denn zunächst wird diese durchaus durch die Metronome aufgebaut. Auch das leise und regelmäßige Atmen des *Elephants* scheint auf den ersten Blick eine rhythmische Grundstruktur zu etablieren, eine nicht zeitliche, sondern zunächst einmal nur taktgebende und räumliche Orientierung in der Mitte des Raums, die ein kontinuierliches ‚Weiter-So' suggeriert und auf eine Gleichförmigkeit hoffen lässt. Doch dann setzt die Abweichung sukzessive ein, das vermeintlich sichere Taktgerüst bricht zusammen, verformt sich, artet aus, verräumlicht sich, erfasst alle Projektionen, Zeichnungen und Filmsequenzen und lässt mich als Besucherin fast schwindelig werden. Dabei ist jedoch nicht klar, welchen Ursprung diese Abweichung hat, wann sie genau einsetzt und ob sie überhaupt einen *Anfang* hat. Da es sich bei *The Refusal of Time* um eine im ständigen Loop laufende Installation handelt, kann auch der von mir zuvor als ‚Beginn' beschriebene Moment eigentlich keiner sein – beim Betreten der Arbeit wird sie immer schon begonnen haben und mit ihr die Abweichung des Takts, dessen ursprüngliche Form nicht mehr nachzuvollziehen ist. Auch hier findet sich das Moment eines gespaltenen Ursprungs, das Problem einer bereits in ihrem Anfang abweichenden Bewegung.

Auch Kentridges enigmatische Losung aus der *Blue Rubrics*-Reihe „In praise of bad clocks", die auf einer der Leinwände erscheint, markiert einen ähnlichen Moment. Kentridges Arbeit ist bevölkert von solchen in ihrer zugeschriebenen Funktion obsolet gewordenen mechanischen Geräten, die, gerade weil sie ihre Funktion nicht mehr erfüllen, auf das deuten, was sie eigentlich vermeiden sollen: Die abweichenden Zeitlichkeiten, den nicht taktbaren Rest, der in der messbaren Zeit keinen Platz hat. Auf der musikalischen Ebene inszeniert *The Refusal of Time* mithilfe des *tempo rubato* somit eine Abweichungsbewegung, die zugleich Obsession und *Ungedachtes* der Vorstellung der zählbaren, messbaren Zeit im 19. Jahrhundert ist.

Dabei verweist *The Refusal of Time* auf eine Besonderheit im Verhältnis zwischen Metrum, Takt und Rhythmus. Während der Takt das Grundschema vorgibt und als gleichmäßige Teilung eines Zeitraums in gleich große Intervalle definiert ist, bildet das Metrum (griech. *métron*) das Maß, als dessen Repräsentanten die Metronome auftreten. Es bildet im Unterschied zum Takt die Struktur der Betonung der einzelnen Teile und ist so „bereits ein Mittler zwischen dem Takt und dem Rhythmus", wie Jörn Etzold darlegt.[66] Dabei ist es in diesem Verhältnis der

66 Jörn Etzold: Formen des Unbeständigen. Zur Einführung. In: Ders. / Hannemann (Hrsg.): *Rhythmos*, S. 13–35, hier S. 13–14.

Rhythmus, der selbst als Abweichung vom Takt bestimmt wird. Rhythmus ist „eine Abweichung vom Takt, die sich jedoch [...] nicht von ihm löst, sondern ihn umspielt, variiert [...] und doch immer wieder zum Takt zurückkehrt“[67]. Takt wäre dann die zählbare Regel, Rhythmus die freie Variation dieser Regel.[68] Kentridge spielt diese Eigenschaft des Rhythmus als Abweichung vom Takt unerbittlich aus. Bisweilen scheint es, als mache sich die Variation des Takts selbstständig, statt, wie der Bestimmung nach, irgendwann doch zum Takt zurückzukehren. Diese Rückkehrbewegung erweist sich auch hier bereits als eine auf Abwegen. Der Rhythmus als Abweichung und gleichzeitige Rückkehr zum Takt scheint konstant mit der Versuchung zu spielen, seiner Bestimmung nicht nachzukommen, die Rückkehr zum Takt nicht zu vollziehen, sondern sich im letzten Moment doch wieder zu entziehen und sich im freien Variationsspiel der Regel zu verlieren. Dieses Kokettieren mit dem Maßlosen und der Versuchung eines endgültigen Ausbruchs aus dem Regelwerk von Takt und Metrum ist eine wesentliche Charakteristik von Kentridges und Philip Millers Sound-Komposition.

Kentridge lässt so in der Installation zwei verschiedene Rhythmus-Modelle aufeinandertreffen. Zum einen findet sich das bekannte, bis heute gültige platonische Modell des Rhythmus, verstanden als „körperlicher *rhythmos*, der sich mit dem *métron* verbindet und dem Gesetz der Zahlen unterworfen ist“[69]. Diese ‚Form‘, die „durch ein ‚Maß‘ bestimmt und einer Ordnung unterworfen“[70] ist, wird durch die überdimensionierten Metronome und Uhren in den Projektionen vertreten, dominiert auch auf der Soundebene durch den harten eingespielten Taktschlag und taucht in den Videosequenzen als Grundvoraussetzung zur Synchronisierung der Zeitzonen auf. Es ist die einer strengen Ordnung unterworfene Form, die sich im Verlauf der Installation akustisch und visuell verformt, ihr Maß – *métron* – verliert und zum anderen zu etwas wird, das vielmehr der

67 Etzold: Formen des Unbeständigen, S. 14.

68 Wie Jean-Luc Nancy in „Die Lust an der Zeichnung“ schreibt, ist der Rhythmus in diesem Sinne bestimmt durch die Rückkehr zu sich selbst: „Dies wird Rhythmus genannt, das heißt ganz zu Anfang, im Griechischen, die Konfiguration – also schlicht und einfach die Tatsache, dass etwas nicht ins Unendliche verläuft, sondern zu sich selbst zurückkehrt und die Teilung des Raums, den Schnitt, der ihn öffnet, in eine Krümmung biegt, die ihn faltet, ohne ihn deshalb zu schließen.“ (Jean-Luc Nancy: *Die Lust an der Zeichnung*, aus d. Franz. v. Paul Maercker. Wien: Passagen 2011, S. 97.)

69 Émile Benveniste: Der Begriff des „Rhythmus“ und sein sprachlicher Ausdruck. In: Ders.: *Probleme der allgemeinen Sprachwissenschaft*, aus d. Franz. v. Wilhelm Bolle. Frankfurt am Main: Syndikat 1977, S. 363–374, hier S. 373.

70 Ebd.

vorsokratischen Bestimmung von *rhythmos* entspricht, und damit zu etwas, dem eine Veränderbarkeit und potenzielle Abweichbarkeit eigen ist, wie Émile Benveniste betont.[71] Auch Kentridges Zeichnungen folgen diesem Prinzip der Abweichung und potenziellen Veränderbarkeit und Verformbarkeit. Die Form, welche die schwarzen Kohlestriche auf der Leinwand annehmen, die Kritzeleien, die Kentridge auf alten Buchseiten anfertigt, die Wörter, die plötzlich Losungen wie „Hold your breath against Time", „In praise of bad clocks" oder „Anti-Entropy" bilden, sind niemals fixiert, niemals endgültig, sondern befinden sich ständig in ihrer Genese und Auflösung, erweisen sich als immer veränderlich, immer nur vorläufig. Wo der Ursprung der Zeichnung liegt – ganz gleich, ob Kaffeekanne, Telegrafenmast oder Universum –, wo sie anfängt und wo sie sich bereits im Auflösungsstadium auf dem Weg zu einer neuen Figur, einem neuen Motiv, einer anderen Bewegung befindet, ist nicht nachvollziehbar, Ursprung und Auflösung gehen ineinander über.

The Refusal of Time erhebt damit die Abweichung zum zentralen Prinzip, welche die einem zählbaren Maß unterworfene chronometrische Zeit der Uhren und Metronome ins Stocken bringt, korrumpiert, verformt, buchstäblich aus dem Konzept bringt. Wenn es auf den eingeblendeten *Blue Rubrics* also heißt „In praise of bad clocks" oder „In praise of bastardy", dann ist diese Lobpreisung der falschen, anderen, von der Norm abweichenden Zeit durchaus als Prinzip der gesamten Installation zu verstehen. Zeit bleibt damit nicht als zählbare Ordnungsstruktur ein bloßes Abstraktum, sondern materialisiert sich gerade in und durch die Abweichung vom Maß. Zeit wird als, um den Begriff von Kentridge erneut zu nutzen, „Thick Time"[72] erfahrbar, als sich kondensierende, dickflüssige, verformbare Materialität, die das spürbar macht, was in der chronometrischen Zeit nicht sein darf und deswegen ausgeschlossen werden muss. *Thick Time* ist nicht weniger als das Widerspenstig-Werden der Zeit selbst, das sich bereits im Titel der Installation ankündigt. Denn *The Refusal of Time* impliziert nicht nur den Widerstand gegen die Zeit, sondern kann auch so gelesen werden, dass die Zeit selbst als Akteur des Widerstands erscheint: Als die Zeit, die sich weigert, widerspenstig wird und somit selbst Widerstand leistet.

71 Benveniste schreibt über *rhythmos*: „Die Form, die im Augenblick, in dem sie angenommen wird durch das, was beweglich, flüssig ist, die Form von dem, was keine organische Konsistenz besitzt." Eine „improvisierte, veränderliche Form". (Benveniste: Der Begriff des „Rhythmus" und sein sprachlicher Ausdruck, S. 370.) Vgl. auch Jörn Etzold: Timing. In: Lorenz Aggermann / Eva Holling / Philipp Schulte / Bernhard Siebert et al. (Hrsg.): *Landschaft mit Entfernten Verwandten. Festschrift für Heiner Goebbels*. Berlin: Neofelis 2018, S. 211–215.

72 Vgl. Blazwick / Breitwieser (Hrsg.): *William Kentridge. Thick Time.*

In diesem Sinne stellt sich auch die Ausbreitungsbewegung des Synchronisierungsparadigmas der *einen* Zeit zum Ende des Jahrhunderts nicht nur als eine technisch-infrastrukturelle dar, sondern als eine körperliche Einschreibungsbewegung, die bei Kentridge vor allem eine koloniale ist, wie ich nun zeigen werde.

3. Die koloniale Implikation der *einen* Zeit: Universalismus als Expansion

Im Folgenden möchte ich mich der kolonialen Implikation des Paradigmas der einen Zeit und seiner Durchsetzung widmen und von der These ausgehen, dass die Etablierung eines universellen Zeitregimes zur Bedingung und Voraussetzung einer kolonialen Weltordnung wird. Die Synchronisierung wird in *The Refusal of Time* dabei als Expansion in Szene gesetzt – als Ausbreitungsbewegung, die zum einen infrastruktureller und geografischer Art ist, zum anderen aber auch Ausdruck einer ganz spezifischen abendländischen Idee von Universalität.

Zunächst ist, wie ich oben aufgezeigt habe, durch die pneumatische Atemmaschine bereits ein körperlich und akustisch wahrnehmbares Ausbreitungsmoment gegeben, nämlich als raumzeitliche Rhythmisierung, der ich mich als in die Installation eintretende Besucherin körperlich nicht entziehen kann. Darüber hinaus zeigt sich in den Projektionen die von Europa ausgehende weltweite Expansion des Zeitregimes als eine umfassende und bisweilen gewalttätig durchdringende Bewegung. Besonders deutlich wird dies in folgender Sequenz, die ebenfalls eine kleine in sich abgeschlossene, aber parallel zu anderen Projektionen laufende Szene bildet. Ein Schwarzer Mann in einem riesigen aufgeblasenen Weltkugelkostüm steht auf einem sich drehenden Podest inmitten des chaotischen Erfinderlaboratoriums aus Pappdekor. Um ihn herum hängen zahlreiche Landkarten, Berechnungen und Zeichnungen von Rastern und Erdkugeln. Zunächst wird er von einem *weißen*, in einen Laborkittel gekleideten Herrn mit einem riesigen Zirkel vermessen, um dann mit einem längs über den gesamten Körper verlaufenden Raster beklebt zu werden, einem „eingedellten Vogelkäfig aus Zeitzonen“, wie Kentridge es an anderer Stelle nennt.[73] Hier trifft die technologisch perfektionierte Vermessung von Zeitzonen als Kartografie auf rassistische Praktiken der Anthropologie des 19. und 20. Jahrhunderts, wie derjenigen der Kraniometrie und Phrenologie.

73 Kentridge: *Sechs Zeichenstunden*, S. 192.

Oberflächige Vermessungssysteme und Kartografie werden in diesen Szenen zu einer raumgreifenden Ausbreitungsbewegung, die klar vor dem Hintergrund des Kolonialismus zu verstehen ist. Kartografie taucht als koloniales Ordnungssystem immer wieder auf und verdeutlicht den Zusammenhang von Synchronisierung und geografischer Expansion. Kentridge verwendet dabei historische Karten aus dem 19. Jahrhundert, welche die niederländischen und deutschen Kolonien in Südostafrika abbilden. Sie werden zu Material, das mal als Hintergrundbild erscheint, mal zerschnitten als bloßes Fragment in seinen Collagen auftaucht.

Auch Kentridges animierte Zeichnungen folgen dieser Expansionslogik. Weiße Pinselstriche auf schwarzem Grund formen sich zu schnell fließenden kabelartigen Linien, die alle fünf Projektionen durchziehen, sich plötzlich zu Kreisen, Spiralen und Telegrafenmasten formen, nur um sofort wieder zu verschwinden, in anderer Form wieder zu erscheinen und sich abermals großflächig aufzufächern und auszudehnen. Die invasive, penetrierende Logik des neuen Zeitregimes wird nicht nur in den Videosequenzen nachvollziehbar, sondern darüber hinaus narrativ durch die Erzählstimme deutlich. Die leise Stimme Kentridges berichtet davon, wie die Zeit in Form von Unterseekabeln von Europa aus in die Kolonien drängt: „Kabel schlängelten sich unterseeisch an der westafrikanischen Küste entlang und gingen in Kolonialhauptstädten wie Dakar an Land. Sie überquerten das Meer und stiegen die Anden hinauf."[74] Die Zeit scheint in diesen Schilderungen ein infrastrukturelles Eigenleben entwickelt zu haben. Das sich vom Westen ausbreitende zeitliche Ordnungssystem wird hier zu einer Art unberechenbarem Tentakelwesen personifiziert, das Stück für Stück von Raum und Körpern Besitz ergreift, sie bedeckt, unterhöhlt, durchdringt und letztlich zu Ober- und Einschreibeflächen werden lässt. Die synchronisierte Zeit erfährt in dieser Beschreibung sowohl Personifikation als auch Materialisierung. In Form der Unterseekabel wird sie zu etwas haptisch Fass- und Verortbarem, dessen Ankunft in den Kolonien als historisches Ereignis dargestellt wird:

> Als ein Kabel an der Küste von Recife in Brasilien ankam, begab sich Kaiser Pedro II. selbst an den Strand, um Zeuge der Ankunft der europäischen Zeit zu werden, einer Zeit, die mit dem Nullpunkt des Globus, dem Königlichen Observatorium in Greenwich, synchronisiert war.[75]

74 Kentridge / Galison: *Die Ablehnung der Zeit*, S. 41.
75 Ebd.

Die ankommende Zeit wird in dieser Episode dezidiert als *europäische* Zeit charakterisiert. Welche Rolle spielt also der Bezug auf Europa als ‚Ursprung' der abendländischen Denktradition des Universalismus hier?

An dieser Stelle möchte ich meine Analyse für einen Moment unterbrechen und den Blick noch einmal auf den breiteren Kontext lenken, in den die Installation in der spezifischen Frankfurter Variante eingebettet ist und der den Zusammenhang zwischen der Universalisierung der Zeit als imperial-kolonialer Ausbreitungsbewegung und dem Entwurf einer von Europa ausgehenden Universalgeschichte auf andere Weise deutlich macht.
Nicht zufällig ist Kentridges Arbeit gerade im römisch-antiken Seitenflügel des Museums platziert. Die Erklärung auf der begleitenden Wandtafel, die im schummrigen Licht der Installation nur schwer zu lesen ist, lautet:

> Das Römische Reich entwickelte um 100 n. Chr. seine größte Ausdehnung. Verwaltung und Infrastruktur wurden mit hoher Effizienz und aus einem neuen, technischen Geist heraus umgesetzt. Auch der Begriff der Zeit wandelte sich gemäß dem administrativen Anspruch: Die künstliche Normstunde, also die Unterteilung des Tages in zwölf gleichförmige Einheiten, wurde gegen die natürliche Sonnenstunde gesetzt, die zwischen Sommer und Winter in der Dauer stark variierte.

Auf einer ersten Ebene wird das in *The Refusal of Time* aufgezeigte neuzeitliche Synchronisierungsparadigma in einen direkten historischen Bezug zum Römischen Reich gesetzt, womit spezifisch auf den Zusammenhang von imperialistischer Ausdehnung und der sich daraus ergebenden Notwendigkeit eines vereinheitlichenden Zeitsystems verwiesen wird. Darüber hinaus lenkt dies die Aufmerksamkeit auf den Stellenwert, den gerade diese römisch-antike Sammlung für das bürgerliche und europäische Selbstverständnis des Museums einnimmt.[76]

76 An dieser Stelle sei auf den Kontext der Restitutions-Debatte um koloniale Kulturgüter aus westeuropäischen Museen verwiesen, wie sie vor allem in Frankreich durch Felwine Sarr und Bénédicte Savoy angestoßen worden ist mit ihrem Aufruf „Rapport sur la restitution du patrimoine culturel africain. Vers une nouvelle éthique relationnelle" (Felwine Sarr / Bénédicte Savoy: Rapport sur la restitution du patrimoine culturel africain. Vers une nouvelle éthique relationnelle. In: *Rapports*, 30.11.2018. https://www.culture.gouv.fr/Espace-documentation/Rapports/La-restitution-du-patrimoine-culturel-africain-vers-une-nouvelle-ethique-relationnelle (Zugriff am 07.01.2024).). Vgl. dies.: *Zurückgeben. Über die Restitution afrikanischer Kulturgüter*. Berlin: Matthes & Seitz 2019; Bénédicte Savoy: *Die Provenienz der Kultur. Von der Trauer des Verlusts zum universalen Menschheitserbe*. Berlin: Matthes & Seitz 2018; dies: *Afrikas Kampf um seine Kunst: Geschichte einer postkolonialen Niederlage*. München: Beck 2021.

In der Tradition bürgerlicher Institutionen des 19. Jahrhunderts verkörpert die Sammlung des Liebieghauses den Wunsch, ein allgemeines und umfassendes Bild der „Entwicklung der Bildhauerkunst während der historischen Zeiten durch Sammlung hervorragender oder charakteristischer Werke“[77] zu schaffen, wie es in ihrer Selbstdarstellung lautet. Kentridges in die bestehende Ausstellung eingefügte Arbeiten und Kommentare verweisen immer wieder auf die im Dispositiv der bürgerlichen Sammlung ausgeblendete Realität des deutschen Kolonialismus im damaligen Deutsch-Südwestafrika. So ist beispielsweise Kentridges zuvor bereits erwähnte Arbeit *Black Box / Chambre Noire* (2005), die ebenfalls in der Ausstellung zu sehen ist, eine Bearbeitung des Völkermords an den Herero und Nama durch die deutsche Kolonialmacht, der, wie die in der Ausstellung angebrachten Tafeln beschreiben, just gleichzeitig mit der Etablierung der Skulpturensammlung des Liebieghauses in den Jahren 1905 bis 1908 stattfand. Durch diese Kommentarstruktur verweisen Kentridge und die Kurator*innen der Ausstellung deutlich auf die widersprüchliche Gleichzeitigkeit des bürgerlichen Ideals eines universellen Humanismus einerseits und des kolonialen Herrschaftssystems außerhalb Europas andererseits. Die räumlich wie ideologische Expansion des universellen Zeitregimes, die in *The Refusal of Time* gezeigt wird, fällt so zusammen mit dem Selbstbild eines selbstbewussten Adels und höheren Bürgertums, das im Namen eines ganzheitlichen Bildungsideals die weltumfassende Darstellung einer Entwicklung der Bildhauer*innenkunst anstrebt und damit im Museum die Erzählung einer von der griechischen Antike bis ins 19. Jahrhundert führenden Universalgeschichte entwirft, die ihren Ursprungsort in Europa hat.

Kentridge unterstreicht in Interviews, dass es in seiner Arbeit immer wieder darum gehe, sich an kulturellen Konstruktionen des „europäischen Menschen“ und dessen Repräsentationsformen abzuarbeiten, ohne die die koloniale Gegenwart Südafrikas künstlerisch nicht erfassbar und darzustellen sei. Er betont dies in Bezug auf seine Zeichnungen von durch die koloniale und dann globale Rohstoffausbeutung und Industrialisierung verwüsteten Landschaften: „I had to

77 Das Museum wurde Anfang des 20. Jahrhunderts durch die Stadt Frankfurt von dem böhmischen Textilfabrikanten Heinrich Baron von Liebieg (1839–1904) erworben, unter der Bedingung, „auf ewige Zeiten ein öffentliches Kunstmuseum“ einzurichten. Unter der Leitung des Gründungsdirektors Georg Swarzenski wurde 1907 die Skulpturensammlung angelegt. Während der NS-Zeit wurden mehrere Objekte aus jüdischen Sammlungen erworben, deren Besitzer zum Verkauf gezwungen waren, um die „Judenvermögensabgabe“ und die „Reichsfluchtsteuer“ für ihre geplante Emigration aufbringen zu können. Bis heute befinden sich noch einige dieser Objekte im Besitz des Museums. Iris Schmeisser: Von der Geschichte zur Erinnerung. In: *Liebieghaus Frankfurt*, o. D. http://www.liebieghaus.de/de/einblicke/von-der-geschichte-zur-erinnerung (Zugriff am 03.06.2023).

become aware of the cultural, social constructions of European man before I could draw the South African landscape."[78] Eine dieser kulturellen Konstruktionen ist im Kontext von *The Refusal of Time* der europäische Universalismus als philosophisches Konzept einer universellen Menschheit im Zeichen einer Universalgeschichte. In Kentridges Arbeit steht Europa zunächst für einen geografisch festgelegten Ort, einen Kontinent, von dem aus sich das Regime der Synchronisierung, technischer Fortschritt und Industrialisierung in Form von Ordnungen, Vermessungen, Karten, Kabeln, Telegrafenmasten, Eisenbahnschienen, aber auch Zeitphilosophien und wissenschaftlichen Zeittheorien (wie der Relativitätstheorie Einsteins) über die nicht-europäische Welt ausbreiten. Darüber hinaus taucht Europa jedoch implizit als Repräsentant einer abendländischen Philosophie und ihres Ursprungsnarrativs auf. Europa wird damit auch zum Stellvertreter einer dem Humanismus verschriebenen Welt- und Fortschrittsgeschichte, die von der universalistischen Prämisse ausgeht, dass die eine Zeit für alle gilt – ein Universalismus, der nur unter Ausblendung anderer Zeit- und Geschichtsentwürfe möglich wird und der dem afrikanischen Kontinent Zeit und Geschichte gar gänzlich abspricht. Es ist jenes *Ungedachte* der philosophischen Idee eines universalen Menschentums und seiner Ursprungsteleologie, das im Folgenden verhandelt wird.

Europa und die Idee des Universalen

Edmund Husserl beschreibt 1935 in *Die Krisis des europäischen Menschentums und die Philosophie*[79] Europa als die Geburtsstätte der Idee einer universellen Menschheit, die er „das geistige Europa" nennt:

> Das geistige Europa hat eine Geburtsstätte. Ich meine damit nicht geographisch in einem Land, obschon auch das zutrifft, sondern eine geistige Geburtsstätte in einer Nation, bzw. in einzelnen Menschen und menschlichen Gruppen dieser Nation. Es ist die altgriechische Nation im 7. und 6. Jahrhundert v. Chr. In ihr erwächst eine neuartige Einstellung einzelner zur Umwelt. Und in ihrer Konsequenz vollzieht sich der Durchbruch einer völlig neuen Art geistiger Gebilde, rasch anwachsend zu einer

78 Christov-Bakargiev / Kentridge: Carolyn Christov-Bakargiev in Conversation with William Kentridge, S. 13. In seinen *Colonial Landscapes* (1995–1996) verarbeitet er exotisierende Repräsentationen afrikanischer Landschaften in der europäischen Malerei des 19. Jahrhunderts.

79 Dieser Text, bekannt als Wiener Vorlesung, wurde ursprünglich unter dem Titel „Die Philosophie in der Krisis der europäischen Menschheit" im Wiener Kulturbund am 7. und 10. Mai 1935 vorgetragen. Vgl. Edmund Husserl: Die Krisis des europäischen Menschentums und die Philosophie. In: Ders.: *Die Krisis der europäischen Wissenschaften und die transzendentale Phänomenologie. Eine Einleitung in die phänomenologische Philosophie*, hrsg. v. Walter Biemel. Den Haag: Nijhoff 1976, S. 314–348.

> systematisch geschlossenen Kulturgestalt; die Griechen nannten sie Philosophie. Richtig übersetzt, in dem ursprünglichen Sinn, besagt das nichts anderes als universale Wissenschaft [...][80]

Das, was hier „das geistige Europa" genannt wird, entspricht zunächst keiner geografischen oder territorialen „landkartenmäßig[en]" Begrenzung, sondern bezeichnet das „geistige Leben, Wirken, Schaffen" eines europäischen Menschentums und die ihm „immanente philosophische Idee".[81] Letztere ist die Idee der Philosophie als universale Wissenschaft, als *theoria*, die als solche auch alle anderen „griechisch-europäischen" Wissenschaften unter sich vereint und deren Novum es ist, eine „Synthesis der theoretischen Universalität und der universal interessierten Praxis" und damit zur „universalen Kritik" in „absoluter Selbstverantwortung" befähigt zu sein.[82]

Was Husserl zufolge in Griechenland geboren wird, ist *Europa* als Konzept dieser universalen Menschheit, der eine Teleologie immanent ist, „die sich vom Gesichtspunkt der universalen Menschheit überhaupt kenntlich macht als der Durchbruch und Entwicklungsanfang einer neuen Menschheitsepoche"[83]. Kurz gesagt: als Universalgeschichte, die einer transzendentalen Teleologie der Vernunft unterliegt. Die Geburt Europas wird dabei nicht als Prozess verstanden, sondern als Zäsur, als „Durchbruch" einer „völlig neuen Art geistiger Gebilde" der Philosophie, die demnach konstitutiv eine europäische sein muss. Das Universale als Idee ist demnach untrennbar mit Europa verbunden – das Universale ist Europa und Europa ist die Figur des Universalen.

„Warum muß man an den Abschnitt erinnern und ihn heute zitieren?"[84], fragt Jacques Derrida bezogen auf eben diese hier zitierte Husserl'sche Passage und lenkt damit den Blick auf die grundlegende Problematik einer solchen universal gedachten Menschheit und ihrer teleologischen Begründung als einer ursprünglich europäischen. Zwar ist für Husserl nämlich die geistige Gestalt Europas Ausdruck des allgemeinen europäischen Menschentums und nicht territorial zu definieren als „hier territorial zusammenlebende Menschen"[85]. Sie umfasst aber trotzdem keineswegs *alle* Menschen. Husserl ist sogar explizit in der Nennung solcher, die er diesbezüglich ausschließt: „Zwar gehören offenbar die englischen

80 Ebd., S. 321.

81 Ebd.

82 Ebd., S. 329.

83 Ebd., S. 318–319.

84 Jacques Derrida: *Vom Geist. Heidegger und die Frage*, aus d. Franz. v. Alexander García Düttmann. Frankfurt am Main: Suhrkamp 1988, S. 138–139.

85 Husserl: Die Krisis des europäischen Menschentums und die Philosophie, S. 318.

Dominions, die Vereinigten Staaten usw. zu Europa, nicht aber die Eskimos oder Indianer der Jahrmarktsmenagerien oder die Zigeuner, die dauernd in Europa herumvagabundieren."[86]

Was Derridas Lektüre dieser Passage hervorhebt, ist eine jeder Behauptung von Universalität innewohnende Problematik, die das betrifft, was in ihr, trotz ihres Anspruchs auf Allgemeingültigkeit, ausgeschlossen bleibt. Husserls kleiner Einschub erscheint überdies enigmatisch: Warum sollten „offenbar" die englischen Dominions und gleich die Gesamtheit der Vereinigten Staaten „zu Europa" gehören, aber nicht das Jahrmarktsgefolge aus Inuit, Indigenen und fahrenden Sinti*zze und Rom*nja – „Eskimos", „Indianern" und vagabundierenden „Zigeunern"? Es sind bezeichnenderweise gerade jene Gruppierungen oder Ethnien, die keinen festen Wohn- und Grundbesitz im europäischen Sinne aufweisen, die durch ihr ständiges Nomadentum eine klare nationale Zugehörigkeit unterlaufen, oder jene, die sich als Schausteller verdingen, die sich als des „geistigen Lebens, Wirkens, Schaffens" Europas nicht würdig erweisen. Die Universalität hat damit offensichtlich keinen Platz für Nomadentum, Schaustellerei und das Leben in Iglus. Derrida, der diesen Passus als „unheimlich und erschreckend"[87] bezeichnet, erkennt in ihm nicht nur eine „philosophische Inkonsequenz"[88], sondern betont auch:

> Es ist lehrreich, am Beispiel eines Diskurses, den man im allgemeinen nicht des Schlimmsten verdächtigt, zu zeigen, daß sich die Bezugnahme, die Berufung auf den Geist, auf die Freiheit des Geistes, auf den Geist als europäischen Geist stets mit den Formen der Politik verbinden kann, die man ihr entgegensetzen möchte.[89]

Die Berufung auf die Universalität der Freiheit, die hier spezifisch auf den europäischen Geist bezogen und ausgerichtet wird, produziert ungewollt etwas, was diese universellen Werte notwendigerweise unterläuft. Das Problem ist hier also nicht der Anspruch einer Universalität von Freiheit *per se*, sondern der Umstand, dass damit ein Ausschluss einher geht.

86 Husserl: Die Krisis des europäischen Menschentums und die Philosophie, S. 318–319.

87 Derrida: *Vom Geist*, S. 138.

88 Diese Inkonsequenz könne man erst bemessen, wenn man berücksichtige, dass man, um die englischen Dominions, die Macht und die Kultur, die sie repräsentieren, zu retten, beispielsweise die guten von den schlechten Indianern trennen müsse. Dies sei nicht sehr „logisch", weder nach „spiritualistischer" noch aus „rassistischer" Logik. (Ebd.)

89 Ebd., S. 138–139.

Im Namen von Freiheit und Menschheit, deren Status Allgemeinheit haben, werden dem Besonderen eben jene Werte abgesprochen.[90] Das Projekt eines universalen europäischen Geistes setzt seine Allgemeingültigkeit für alle und damit der *einen* Menschheit *an sich* voraus – unabhängig von deren Staatsangehörigkeit, Religion, Ethnie, Sprache, Geschlecht, Tradition etc. Um ihre Universalität zu legitimieren, muss sie das Besondere im Allgemeinen umfassen und es so eingemeinden. So besteht die Aufgabe des europäischen Geistes darin, die universale Kritik ohne Kompromiss und in ihrer ganzen Totalität auszuüben: „without compromise and without rest", wie Rodolphe Gasché in Bezug auf Husserl betont.[91] Worauf Derrida mit seiner kleinen Bemerkung aufmerksam macht, ist eine einschließende Ausschlussbewegung: Die transzendentale Idee von Europa als Universal ist zwar als Offenheit – als „offen endlose[r] Horizont"[92] – der einen Welt definiert, impliziert aber dennoch eine Schließungs- und Rückführungsbewegung zum Eigenen, die einen Ausschluss generiert.[93] Übrig bleiben bei dieser umfassenden Eingemeindung des Besonderen eben jene Schausteller*innen, Gaukler*innen, Vagabund*innen, Inuit oder Indigenen. Die Antwort auf Derridas Frage, warum man an diesen spezifischen Abschnitt von Husserls Text erinnern und ihn heute noch zitieren sollte, wäre also diese: In der Passage kommt zum Ausdruck, was das *Ungedachte* und den übersehenen *Rest* jener *archäo-teleologischen* Idee des Universalismus ausmacht. Sie verdeutlicht, dass mit dem Konzept der universellen Freiheit immer auch der Ausschluss des Anderen einhergehen kann. Und dennoch bleibt an dieser Stelle wichtig zu betonen, dass die Universalität von Freiheit selbstverständlich einen Wert darstellt, den wir nicht *nicht* wollen können, wie es Spivak wiederum eindrücklich formuliert: Sie unterstreicht deswegen die Notwendigkeit einer „persistent critique of what one cannot not want"[94], um die es mir hier ebenfalls geht.

Es ist die Spannung des Universalen zwischen Ausbreitungs- und Rückführungsdynamik auf der einen und der Aspekt des einschließenden Ausschlusses oder *Rests* auf der anderen Seite, die ich nun im Anschluss an Derrida, Gasché und Denis Guénoun weiterverfolgen werde.

90 Werner Hamacher: Heteroautonomien. In: *Zeitschrift für interkulturelle Germanistik* 2,1 (2011), S. 117–138.

91 Rodolphe Gasché: *Europe, or the Infinite Task. A Study of a Philosophical Concept.* Stanford, CA: Stanford UP 2009, S. 39.

92 Husserl: Die Krisis des europäischen Menschentums und die Philosophie, S. 324.

93 Siehe auch Rodolphe Gaschés eingehende Analyse des „Horizont"-Begriffs bei Husserl in: Gasché: *Europe, or the Infinite Task*, S. 21–64.

94 Danius / Jonsson / Spivak: An Interview with Gayatri Chakravorty Spivak, S. 42.

Das konstitutiv Ungedachte der Idee Europas

In seiner Studie *About Europe. Philosophical Hypotheses*[95] untersucht Denis Guénoun ausgehend von Husserl den Zusammenhang zwischen dem Universalen und Europa und schlussfolgert, dass das Moment der Expansion als konstitutiv für die Figur des Universalen zu denken sei.[96] Im Anschluss an Husserl formuliert Guénoun die folgende Hypothese: „‚Europe' is one of the names of the return to self of the universal, which is to say, of the universal as a figure."[97] In einem ersten Schritt deutet Guénoun Europa als die Bewegung einer Rückkehr des Universalen zu sich selbst, in einem zweiten definiert er eben dieses als Figur.[98] Europa als Figur ist also äquivalent zur Bewegung der Rückkehr. Wenig später heißt es dann:

> In a first approach, the universal would be "first" (before the figure) the movement of an expansion, a widening and an enlargement, and this is the movement that a return would (possibly or necessarily?) follow.[99]

Bevor das Universale zu einer Figur wird, d. h. als Rückkehr zu sich selbst und damit als Bewegung der Schließung definiert wird, ist es also zuallererst Bewegung der Ausbreitung, Ausweitung und Vergrößerung. Was hier anklingt und an die vorherigen Überlegungen zu Husserl anknüpft, ist eine grundlegende Spannung zwischen der Idee von Universalität als Ausbreitungsbewegung und vermeintlicher Öffnung (bei Husserl ist es die Öffnung auf den Horizont der

95 Vgl. Denis Guénoun: *About Europe. Philosophical Hypotheses*. Stanford, CA: Stanford UP 2013, S. 23.

96 Guénouns Studie reiht sich ein in das, was Rodolphe Gasché in *Europe, or the Infinite Task* neun Jahre später in Anschluss an Serge Valdinoci „Euroanalysis" nennt und insbesondere bei Husserl nachvollzieht. Vgl. Serge Valdinoci: *La traversée de l'immanence. L'europanalyse ou la méthode de la phénoménologie*. Paris: Kimé 1996.

97 Guénoun: *About Europe*, S. 7 (Herv. J. S.).

98 Im Gegensatz zu Guénouns Setzung, hier in Bezug auf Europa von einer Figur und nicht von einem Konzept oder einer Idee zu sprechen, unternimmt Rodolphe Gasché in *Europe, or the Infinite Task* eine detaillierte Analyse zu Europa als philosophischem Konzept bei Husserl, Heidegger, Jan Patočka und Derrida. Während Denis Guénoun in Bezug auf Europa nicht von einem Konzept oder einer Idee, sondern lieber von einer Figur spricht, verbleibt Gasché trotz eingehender Untersuchung erwähnter Gegenvorschläge unter Rückgriff auf Husserl bei der Bezeichnung „Konzept". Lesenswert ist in dieser Hinsicht Gaschés Darstellung von Derridas Husserl-Kritik: Derrida zeigt den Widerspruch in Husserls Denken auf, der darin liegt, dass dieser in seiner Krisenschrift Europa zwar als transzendentale Idee, als *eidos*, denkt, diese als solche streng genommen aber keinen empirisch lokalisierbaren „Anfang" haben könne. Vgl. Gasché: *Europe, or the Infinite Task*, S. 21–64.

99 Guénoun: *About Europe*, S. 8.

einen Welt) auf der einen Seite und dem Drang zur Konservierung, Schließung und Rückkehr zum Eigenen auf der anderen.[100]

Wie Esa Kirkkopelto mit Blick auf Guénouns Analyse feststellt, liegt das „Dilemma“ der Figur Europas in ihrem „Selbstenthaltungsdrang“, nämlich trotz der ihr konstitutiven Ausbreitungsbewegung sowohl zeitlich als auch räumlich zu sich selbst zurückkehren und sich selbst „enthalten“ zu wollen: „Europe desires to contain itself“[101] – zeitlich durch die Erschaffung seines Ursprungsmythos und räumlich durch seine Selbstkonstitution als geopolitischer und mythischer Ort, als Kontinent:

> The tendency to reconcile this dilemma in question is according to Guénoun proper to the idea of Europe. In Europe, the expansive movement of the universal bends and turns towards itself and tries to give a figure and place to its happening. Europe desires to contain itself both temporally by creating a myth of its origin and historical destination, and spatially, as a "continent" with its mythic and sacred frontiers.[102]

Um welche Art der Ausbreitung geht es hier? Ist Expansion als rein ideelle zu verstehen oder kann es sich dabei auch um eine geografisch-territoriale Expansion handeln?[103] Und inwiefern kann die Figur des Universalen beides sein – Rückkehr und Expansion?

Es ist zunächst der Entwurf einer Universalgeschichte selbst, der darauf angewiesen ist, dem Allgemeinen beide Bewegungsmomente zuzuschreiben. Dies zeigt sich exemplarisch in Immanuel Kants *Idee zu einer allgemeinen Geschichte in weltbürgerlicher Absicht*, in der er den philosophischen Versuch unternimmt, „die allgemeine Weltgeschichte“ zu entwerfen, die „auf die vollkommene bürgerliche

100 Mit Blick auf historische Expansionsbewegungen wie die des Römischen Reichs – seien sie kultureller, ökonomischer oder militärischer Natur – zeigt Guénoun auf, dass eine notwendige Konsequenz universeller Ausbreitung in der Konstitution einer Gemeinschaft erzeugenden Einheit und damit in der Rückkehr zum Eigenen liegt. Vgl. Esa Kirkkopelto: Expansions. Notes on Hölderlin's Geo-Poetics. Manuskript eines Vortrags, gehalten im Rahmen der Friedrich Hölderlin Gastvorträge in Allgemeiner und Vergleichender Theaterwissenschaft, Frankfurt am Main, 27.10.2015, S. 5.

101 Ebd.

102 Kirkkopelto zufolge ist damit die universelle Expansion eine Bewegung, die sowohl Welten zu erschaffen wie zu zerstören vermag; „[T]he universal expansion comes forth as an irresistible movement capable of both creating and destroying worlds“ (ebd.). Das destruktive Moment ist ihr damit immer schon eingeschrieben.

103 Das Universale als Bewegung der Expansion und Rückkehr zu sich selbst beinhaltet einen weltstiftenden Moment, „a world-producing moment“, den Guénoun „*mondialité*“ nennt. (Guénoun: *About Europe*, S. 9.) Vgl. Leon Gabriel: *Bühnen der Altermundialität. Vom Bild der Welt zur räumlichen Theaterpraxis*. Berlin: Neofelis 2021, insb. Kap. 4 zum Begriff der Mundialatinisierung, S. 202–222.

Vereinigung in der Menschengattung" abzielt.[104] Auch wenn er dieses Vorhaben zunächst einen „befremdlichen und dem Anscheine nach ungereimten Anschlag" nennt, erstellt er einen „Leitfaden", der dazu dienen soll, „ein sonst planloses Aggregat menschlicher Handlungen wenigstens im Großen als ein System darzustellen".[105] Und natürlich beginnt auch hier diese Weltgeschichte in Griechenland, von wo aus sie sich in einem „regelmäßigen Gang der Verbesserung" in „unserm Welttheile" entfaltet:

> Denn wenn man von der griechischen Geschichte – als derjenigen, wodurch uns jede andere ältere oder gleichzeitige aufbehalten worden, wenigstens beglaubigt werden muß – anhebt; wenn man derselben Einfluß auf die Bildung und Mißbildung des Staatskörpers des römischen Volks, das den griechischen Staat verschlang, und des letzteren Einfluß auf die Barbaren, die jenen wiederum zerstörten, bis auf unsere Zeit verfolgt; dabei aber die Staatengeschichte anderer Völker, so wie deren Kenntniß durch eben diese aufgeklärten Nationen allmählig zu uns gelangt ist, episodisch hinzuthut: so wird man einen regelmäßigen Gang der Verbesserung der Staatsverfassung in unserem Welttheile (der wahrscheinlicher Weise allen anderen dereinst Gesetze geben wird) entdecken.[106]

Entscheidend ist an dieser Passage der Moment der expansiven Bewegung, der Umstand nämlich, dass die allgemeine Weltgeschichte „allmählich zu uns gelangt". Diese Formulierung macht deutlich: Das Universale breitet sich aus von Griechenland bis in „unsere[n] Welttheil[]" und wird, wie Kant prognostiziert, von dort aus – von diesem Welttheil, der als „unserer" definiert ist, also wahrscheinlich Europa meint – auch noch weiter expandieren zu „allen anderen". Daraus folgt, dass die universale Geschichte ihre Allgemeingültigkeit erst durch dieses ausbreitende Voranschreiten erhält. Nur durch die Bewegung der Expansion kann sie sich selbst als universal setzen und sich in weltbürgerlicher Absicht erhalten. Die Expansionsbewegung ist dabei so umfassend, dass sie keineswegs auf die Erde begrenzt ist: Ihre Totalität bezieht sogar die „Einwohner anderer Planeten" mit ein, wie Kant spekulierend in einer Fußnote bemerkt.[107]

104 Immanuel Kant: *Idee zu einer allgemeinen Geschichte in weltbürgerlicher Absicht*. Leipzig: Meiner 1913, S. 18.

105 Ebd. Aus dieser Bemerkung wird deutlich, dass der Entwurf einer Weltgeschichte immer nur um den Preis einer Missachtung des „sonst planlose[n]", also des nicht begrifflich fassbaren Partikularen, gelingen kann.

106 Ebd., S. 18–19.

107 Dort heißt es: „Die Rolle des Menschen ist also sehr künstlich. Wie es mit den Einwohnern anderer Planeten und ihrer Natur beschaffen sei, wissen wir nicht; wenn wir aber diesen Auftrag

Von Kants Vision einer außerirdischen Spezies abgesehen, zeigt sich an Husserl und Kant par excellence, was Derrida als „zirkuläre archäo-teleologische Geschichte"[108] im abendländischen Denken beschreibt. Aus dieser ihren eigenen Ursprung wie auch ihr eigenes *telos* bereits enthaltenden, kreisförmig angelegten Geschichte, deren in Griechenland verorteter Anfang durch ihren idealen Selbstzweck bestimmt ist, leitet sich jene exemplarische universale „Selbstverantwortung" ab, von der Husserl spricht und die schließlich die Singularität Europas ausmacht. Aber, gibt Derrida in „D'où vient l'Europe?" zu bedenken: „Sollten wir nicht brechen [...] mit diesem semantisch-archäo-teleologischen Kreis?"[109] Die Notwendigkeit, mit dieser „abgründigen Meditation des Ursprungs" („méditation abyssale sur l'origine"[110]) zu brechen, ergibt sich für ihn auch aus dem Zusammenhang von (Geschichts-)Universalismus und einer kolonialen Idee, die er folgendermaßen formuliert:

> Ich möchte in diesem Zusammenhang den vielleicht unhaltbaren Aphorismus riskieren, dass Europa zunächst die koloniale Idee ist, die Idee [...] der Kultur als Kolonisation, wobei der Kolonist derjenige ist, der als Besatzer wohnt; und wenn die Idee der Kolonisation als solche eine europäische Idee ist, vielleicht sogar Europa selbst, dann wird diese vollständige und grenzenlose Kolonisation von Europa ausgegangen sein. Europa ist vielleicht schon immer eine Kolonie, ein kolonialer Komplex, ein vielfältiger und heterogener kolonisatorischer Prozess [...][111]

Derrida nimmt hier eine Verschiebung der europäischen Ursprungserzählung vor: Die koloniale Idee ist nicht nur ein in Europa gründendes, sondern mit ihm ursprünglich entstehendes Prinzip. Als ein solches steht es der Idee eines mit sich selbst identischen und zu sich zurückkehrenden Universellen, wie wir es bei Husserl beschrieben finden, diametral entgegen. Nicht als einheitliche, geschlossene Rückkehr zum Eigentlichen, sondern als heterogener kolonialisierender, d. h.

der Natur gut ausrichten, so können wir uns wohl schmeicheln, da wir unter unseren Nachbaren im Weltgebäude einen nicht geringen Rang behaupten dürften. Vielleicht mag bei diesen ein jedes Individuum seine Bestimmung in seinem Leben völlig erreichen. Bei uns ist es anders; nur die Gattung kann dieses hoffen." (Ebd., S. 12.) Zu der Frage, inwiefern Kant sich durchaus an vielen Stellen auf vermeintlich extraterrestrisches Leben bezieht und sich seine weltbürgerliche Vision eben auch auf diese Spezies erweitern lassen müsse, vgl. Peter Szendy: *Kant in the Land of Extraterrestrials. Cosmopolitical Philosofictions*. New York: Oxford UP 2013, S. 72.

108 Jacques Derrida: (D')oú vient l'Europe? In: Denis Guénoun / Jean-Luc Nancy (Hrsg.): *Penser l'Europe à ses frontières*. La-Tour-d'Aigues: L'Aube 1993, S. 19–36, hier S. 34 (Übers. J. S.).

109 Ebd. (Übers. J. S.): „Ne faut-il pas rompre [...] avec ce cercle sémantico-archéo-téléologique?"

110 Ebd.

111 Ebd., S. 22 (Übers. J. S.).

einnehmender und aneignender Prozess wird die Bewegung der Idee Europas gelesen. Wenn die Idee der Kolonialisierung an sich eine europäische und im Umkehrschluss Europa anfänglich die koloniale Idee ist, dann kann Europa nie etwas anderes gewesen sein als dieses koloniale heterogene Ensemble und d.h. mit aller Rigorosität der Derrida'schen Argumentation: Europa kann nicht als Idee eine Rückkehr zum Eigentlichen sein, denn dieses Eigentliche ist immer schon ein (kolonial) angeeignetes, erobertes. Diesen Umstand bezeichnet Derrida als „Absurdität Europas“[112]. Natürlich ergibt sich die Notwendigkeit, die Universalität der „europäischen Idee“ einer kritischen Neubefragung auszusetzen, für Derrida maßgeblich aus der geschichtlichen Zäsur der Shoah. Anschließend an Philippe Lacoue-Labarthe und dessen Frage „Was ist der europäische Geist nach dem, was sich heute für uns, in Europa (Selbstmord) und außerhalb Europas (Mord), unter dem Namen Auschwitz konzentriert?“[113], formuliert Derrida: „In gewisser Weise, so könnte man zeigen, kommt Europa heute, hier, jetzt, aus Auschwitz, genauso wie aus Griechenland, dem Christentum, den Imperien und den Revolutionen von 89 oder 17“[114].

Die zuvor als für das Universale konstitutiv beschriebene Bewegung der Expansion erlebt bei Derrida eine markante Umdeutung. Expansion wird sowohl von ihm als auch von Guénoun nicht mehr nur als ideelle Ausbreitungsbewegung, sondern als eine konkrete geografische, kontinentale verstanden und damit auch als eine Raum und Alterität vereinnahmende koloniale Landnahme: „[W]e may understand it“, schreibt Guénoun im Anschluss an Derrida, „as a continental extension and expansion and further perhaps as the clearing of land, mission civilisatrice [civilizing mission], and colonization.“[115]

Um diesen Moment der kolonialen Aneignung zu unterstreichen, greift Derrida, wie es nach ihm auch Guénoun und Gasché in ihrer Analyse tun, auf denjenigen Mythos zurück, auf dem der Name Europa beruht. Diesem zufolge ist es die Prinzessin Europē, die am Strand von Tyros, das im heutigen Libanon liegt und somit Teil des asiatischen Kontinents ist, von dem in einen Stier verwandelten Zeus entführt und an den noch namenlosen Ort – das später nach ihr

112 Bei Derrida heißt es explizit „Aber wenn Europa also eine koloniale Idee ist [...], dann muss man sagen, dass Europa eine Kolonie Europas gewesen sein und sein wird, und wir müssen die Absurdität dieses Ausdrucks verstehen [...] Wie können wir diese Absurdität Europas nachvollziehen ?“ (Derrida: (D')oú vient l'Europe?, S. 22–23 (Übers. J. S.).)

113 Ebd., S. 29–30 (Übers. J. S.). Derrida gibt hier eine Frage wieder, die Lacoue-Labarthe anscheinend während der vorangegangenen Diskussionen der Tagung aufgeworfen hat.

114 Ebd., S. 30 (Übers. J. S.).

115 Guénoun: *About Europe*, S. 10.

benannte Europa – verschleppt wird.[116] Daraus lässt sich zunächst folgern, dass die vermeintliche Geburtsstätte des Universalismus gar nicht Europa, sondern vielmehr Asien ist, wie Guénoun betont: „the universal was not – at all – born in this Europe“[117]. Wichtiger als diese simple geografische Verortung ist für Derrida jedoch der Schluss, dass der Name Europa für nichts anderes als eine gewaltsame Verschleppung steht: „Europa ist zunächst der Name eines entführten, verführten und verschleppten Wesens“[118]. Als Mythos einer Entführung von Asien aus in ein noch Unbekanntes steht Europa sowohl für eine Trennungsbewegung des Hinfort-gezogen-Werdens als auch für ein Ausgeliefert-Sein an einen Anderen, Namenlosen und Nicht-Eigentlichen.[119] Guénoun zufolge benennt es damit weder ein Land noch einen konkreten Ort oder Raum, sondern vielmehr die Relationalität eines Zwischenraums zweier Orte.[120] Diese Relektüre des Europē-Mythos als Mythos der Verschleppung dient Guénoun und Gasché nun wiederum dazu, der archäo-teleologischen Idee Europas eine konstitutive Spaltung einzuschreiben.[121] Im Versuch einer teleologischen Rückkehr zu sich selbst verfehlt das Universale seinen Ursprung – denn dieser ist in sich immer schon im Sinne der Europē ein an einen ideellen Ort verschleppter.[122]

116 Ebd., S. 239–240.

117 Ebd., S. 14.

118 Derrida: (D')oú vient l'Europe?, S. 23 (Übers. J. S.).

119 Jean-Luc Nancy schlägt vor, die etymologische Herkunft von Europa sei auf das griechische Eurupuoa zurückzuführen, den „companion adjective“ des Zeus: Zeus euruopè, den weitblickenden. (Jean-Luc Nancy: Dies Irae. In: Jacques Derrida / Vincent Descombes / Garbis Kortian / Philippe Lacoue-Labarthe (Hrsg.): *La faculté de juger*. Paris: Minuit 1985, S. 9–45, hier S. 41.) Gasché zeigt jedoch auf, inwiefern Nancy mit dieser Deutung Europa einen ganz klar maskulinen, virilen Charakter zuschreibt im Sinne einer Verschiebung vom Mythos der Verschleppung der weiblichen Europa hin zu jenem einer Manifestation männlicher Stärke. (Gasché: *Europe, or the Infinite Task*, S. 11.)

120 Guénoun betont in seiner Analyse diesen Relationalitätscharakter Europas: „Europe is not the name of a space viewed in itself, in its autonomy or its self-referentiality, but that it points toward two land areas, two spaces, facing each other, to the exact point of their separation, their limit, and the passage at this point.“ (Guénoun: *About Europe*, S. 15.)

121 Guénouns ganze Abhandlung kann als Auseinandersetzung und Gegenentwurf zu sowohl Fukuyamas These eines Endes der Geschichte als auch zu der phänomenologischen Annahme eines Ursprungs Europas in Griechenland verstanden werden, wie sie u. a. bei Heidegger und Husserl zu finden ist. Der teleologischen Idee eines Anfangs und Endes der Geschichte (Europas) setzt er das Modell Europas als eines Moments oder eines Kreuzungspunktes entgegen. (Ebd., S. 24.)

122 Bei Guénoun heißt es dazu: „[T]he return […] misses its aim: it does not come back to the movement as movement, or to the expansion as a widening or process. The return comes back to the origin of the movement; it refers the movement to its origin. Now, in the movement, the origin goes missing“ (ebd., S. 9).

Rodolphe Gasché zieht folgenden Schluss: „As a *name*, Europe then designates ‚nothing' but an originary separation from the native, a fundamental openness to the world, and an originary transcendence toward what is not."[123] Der zweite Teil von Gaschés Folgerung, Europa verweise auf nichts anderes als eine fundamentale Offenheit zur Welt, birgt allerdings eine gewisse Problematik, stellt sie doch den von Derrida verdeutlichten gewaltsamen Aspekt des Kolonialen hinter die Behauptung einer aporetischen Offenheit zurück. Wie passt Derridas Konklusion eines konstitutiv kolonialen Charakters Europas zu dieser Proklamierung einer so positiv besetzten Figur der Offenheit? Unterschätzt Gasché mit dieser These nicht genau die implizit koloniale Gewaltstruktur der hier verhandelten Expansionsbewegung des Universalen?[124] Der Aspekt des verfehlten Ursprungs führt zu der zuvor anhand von Husserl ins Spiel gebrachten Frage eines Ausschlusses zurück. Wenn 1.) das Universale als archäo-teleologische Bewegung aus Expansion und Rückkehr ein konstitutiv koloniales Konzept ist, gerade weil es aufgrund seines Selbstenthaltungsdrangs jegliche Abweichung vereinnahmt, und 2.) dennoch genau diese Rückführung jeglicher Andersartigkeit zurück auf das Eigene misslingt, dann drängt sich umso deutlicher die Frage auf, ob sich nicht genau aus diesem konstitutiven Scheitern notwendigerweise ein Rest generieren muss, und, daran anschließend, inwiefern das Universale als koloniales Projekt und raumzeitliche *Eroberungs*bewegung gerade durch das Verfehlen seines Grundes einen Ausschluss produziert.[125]

The Refusal of Time verhandelt die Frage eines kolonialen Ungedachten vor dem Hintergrund des in der Denktradition des abendländischen Universalismus und

123 Gasché: *Europe, or the Infinite Task*, S. 14.

124 Susan Buck-Morss zeigt eindrucksvoll auf, inwiefern die Behauptung, die Sklaverei finde lediglich *außerhalb* von Europa statt, wesentliche Voraussetzung für ihre Erhaltung und Legitimierung war. Obwohl sie den wesentlichen Motor der europäischen kapitalistischen Modernisierung darstellte, wird sie in der französischen und britischen Öffentlichkeit als Störung von außen wahrgenommen, die die Begeisterung für die universelle Freiheit als abstraktes Prinzip maßgeblich beeinträchtigte. Buck-Morss folgert: „Ein klarer Fall von Verleugnung: Je größer das Volumen der von afrikanischen Sklaven geleisteten Arbeit wurde und je poröser (und damit fiktiver) die Grenze zwischen den Kolonien, in denen Sklavenarbeit weit verbreitet war, und Europa wurde, wo man Sklaverei ablehnte, desto strengere Gesetze wurden verabschiedet, um das System aufrecht zu erhalten" (Susan Buck-Morss: Universalgeschichte. In: Dies.: *Hegel und Haiti. Für eine neue Universalgeschichte*, aus d. Engl. v. Laurent Faasch-Ibrahim. Frankfurt am Main: Suhrkamp 2018, S. 109–207, hier S. 122–123).

125 Peter Osborne spricht in diesem Kontext und in Anschluss an Hegel und Derrida von einer kolonialen Verräumlichung, die einen Rest, einen Überschuss bildet: „Colonial spatialization is a 'reserve' here in each of the contradictory senses of the term 'reserve': the sense of (1) a reservation, a spatial delimination that puts something aside; but also (2) something that is held in reserve, as an as-yet-unrealized potential" (Peter Osborne: *The Postconceptual Condition. Critical Essays*. La Vergne: Verso 2018, S. 32).

Humanismus stehenden Projekts der einen Zeit, die, damit die eine Zeit für alle gelten kann, Heterogenität und Abweichung tilgen und somit andere Zeiten und widerständige Zeitlichkeiten negieren muss. Kentridges Arbeit macht überdies deutlich, dass eine der konstitutiven Vorannahmen der universalen Zeit und der Universalgeschichte als Trägerin von Fortschritt und Entwicklung diejenige von Afrika und Südamerika als *zeitlose* Erdteile ist. Denn die in der Installation referierten Erzählungen Kentridges, die das Ankommen der europäischen Zeit in den Kolonien schildern, bedeuten vor allem eines: Wenn die Zeit auf dem amerikanischen und auf dem afrikanischen Kontinent *ankommen* kann, dann impliziert dies die Annahme, dass sie, die Zeit, dort *noch nicht* ist, dass die Kolonien also zeitlos sind, keine Zeit haben, zumindest keine *eine*, vergleichbare Zeit.

Afrika als zeitloser Kontinent

The Refusal of Time verweist auf einen kolonialen Zusammenhang: Die Legitimation der einen Zeit als einer weltweit universell gültigen muss, um sich selbst zu behaupten, eine ‚Zeitlosigkeit' derjenigen kolonialen Gebiete voraussetzen, die sie sich in einer Bewegung des einschließenden Ausschlusses unterordnet und einverleibt. Kentridge verwendet in seinen Animationsvideosequenzen immer wieder historisches Kartenmaterial der ehemaligen deutschen Kolonien, das zum Hintergrund wird, auf dem seine Zeichnungen erscheinen, oder vor dem sich, wie in folgender Episode, der Schwarze Körper einer Tänzerin bewegt, die ein Kleid aus bedruckten Buchseiten trägt.

Die Szene zeigt die aufgeklappten Seiten eines alten Atlas, auf denen verschiedene Teile Afrikas mit den damaligen kolonialen Grenzziehungen abgebildet sind und die stetig von einer am unteren Bildrand erscheinenden Hand um- und weitergeblättert werden. Vor diesem Hintergrund schreitet eine Schwarze Frau in einem Kleid – es handelt sich erkennbar um die Tänzerin aus der Laborepisode – langsam und aufrecht auf einer Reihe Stühle voran. Mit großen Schritten bewegt sie sich von rechts nach links von einem Stuhl zum nächsten, während im Hintergrund die Seiten des Atlas immer weiter von links nach rechts geblättert werden. So schreitet sie entgegen der Blätterbewegung auf den Buchfalz zu. Die Stühle werden von einem *weißen* Mann in weißem Oberhemd – zu erkennen als der Künstler Kentridge selbst – immer wieder hektisch vor sie geräumt, wobei er immer wieder den letzten der drei Stühle vor sie stellt. Just in dem Moment, in dem der Fuß den einen Stuhl verlässt und der nächste Schritt ins Leere zu gehen droht, platziert er den Stuhl gerade noch rechtzeitig vor sie. Immer wieder vollführt Kentridge die gleiche Bewegung, immer weiter schreitet die Frau, doch beide kommen nicht von der Stelle. Obwohl die Wirkung eines Voranschreitens erzeugt wird, handelt es sich um immer wieder dieselbe Szene im Loop. Einzig der Hintergrund verändert sich kontinuierlich von Buchseite zu Buchseite, Kolonie zu Kolonie. So erschreitet sich die Tänzerin buchstäblich den Kontinent, ohne sich selbst von der Stelle zu bewegen.

Deutlich wird dabei aber vor allem: Der Schwarze Körper der Tänzerin ist der im Namen des Fortschritts voranschreitenden und sich über die kolonial angeeigneten Gebiete ausbreitenden Zeit immer nachgeordnet, ihr immer nachträglich. Er bemüht sich, mit ihr synchron zu sein, eilt ihr hinterher, holt sie aber dennoch nie ein. Mit diesem Motiv bezieht sich Kentridge auf zentrale Positionen postkolonialer Kritik, die die Zuschreibung eines konstitutiven *Zu-spät-Seins* des Schwarzen Körpers im Kontext einer kolonialen Rassifizierung des Anderen verorten.

Besonders herausgearbeitet worden ist dies in den letzten Jahren durch Achille Mbembe, der in seiner Relektüre Hegels aufzeigt, wie dessen Theorie einer Universalgeschichte maßgeblich mit der Charakterisierung des afrikanischen Kontinents und seiner Bewohner*innen als kultur-, zeit- und geschichtslos einhergeht. Die Behauptung einer Zeitlosigkeit, einem Fehlen von Zeit wird damit zum konstitutiven Mangel desjenigen erhoben, den Hegel mit dem N-Wort bezeichnet.

In den *Vorlesungen über die Philosophie der Geschichte* heißt es bei Hegel diesbezüglich, Afrika „ist kein geschichtlicher Weltteil, er hat keine Bewegung und Entwicklung aufzuweisen."[126] Als ein solches „Geschichtslose[s] und Unaufgeschlossene[s], das noch ganz im natürlichen Geiste befangen ist" sei es lediglich „an der Schwelle zur Weltgeschichte"[127] zu verorten und folglich „dem wirklichen Theater der Weltgeschichte"[128] gegenüber marginal. Aus diesem Grunde betont er, „späterhin seiner keine Erwähnung mehr zu tun"[129]. Seine folgenden Charakterisierungen des afrikanischen Prinzips und der mit dem N-Wort Bezeichneten sind durch die Vorstellung eines konstitutiven *Zu-spät-Seins* in Form eines jeden Fortschritt aufhaltenden ‚Noch nicht' geprägt:

> Bei den N[...] ist nämlich das Charakteristische gerade, daß ihr Bewußtsein noch nicht zur Anschauung irgendeiner festen Objektivität gekommen ist, wie zum Beispiel Gott, Gesetz, bei welcher der Mensch mit seinem Willen wäre und darin die Anschauung seines Wesens hätte. Zu dieser Unterscheidung seiner als des Einzelnen und seiner wesentlichen Allgemeinheit ist der Afrikaner in seiner unterschiedslosen, gedrungenen

126 Georg W. F. Hegel: *Vorlesungen über die Philosophie der Geschichte. Werke*, Bd. 12, hrsg. v. Karl M. Michel / Eva Moldenhauer. Frankfurt am Main: Suhrkamp 1986, S. 129.

127 Ebd.

128 Ebd.

129 Ebd.

> Einheit noch nicht gekommen, wodurch das Wissen von einem absoluten Wesen, das ein anderes, höheres gegen das Selbst wäre, ganz fehlt.[130]

Auch hier evoziert die Beschreibung einen grundlegenden Mangel.[131] Da Hegel zufolge dem „eigentümlich[en] afrikanische[n] Charakter"[132] das Wissen zur Unterscheidung zwischen Allgemeinem und Besonderen fehlt, ist er zu einer Kategorie der Allgemeinheit nicht fähig und hat aus diesem Grund auch das Bewusstsein seiner Freiheit noch nicht – eine Wendung, die Hegel bezeichnenderweise zur Legitimierung der Sklaverei dient. Zwar würden die von ihm mit dem N-Wort Belegten

> in die Sklaverei geführt und nach Amerika hin verkauft. Trotzdem ist ihr Los im eigenen Lande fast noch schlimmer, wo ebenso absolute Sklaverei vorhanden ist; denn es ist die Grundlage der Sklaverei überhaupt, daß der Mensch das Bewußtsein seiner Freiheit noch nicht hat und somit zu einer Sache, zu einem Wertlosen herabsinkt.[133]

Die Legitimierung der Sklaverei erfolgt im Umkehrschluss: Sie sei nur ein weiterer Schritt, nur eine Fortsetzung der durch die „Afrikaner" selbstverschuldeten Sklaverei und Herabstufung ihres eigenen Lebens in ein „Wertloses".[134] Aus der Weise, wie hier dem Kontinent als Ganzem die Fähigkeit zu Bewusstsein und Freiheit abgesprochen wird, ergibt sich auch seine Zeit- und Geschichtslosigkeit: Ohne Entwicklung und Bewegung keine Zeit und Geschichte, zumindest keine lineare, fortschreitende, teleologische. Wenn Afrika, in all seiner Heterogenität von Hegel in drei Teile geteilt,[135] keine Bewegung und Entwicklung vorzuweisen hat, dann kann es nichts anderes sein als statisch, im Moment der Gegenwart gefangen, ohne Bezug zu Vergangenheit und Zukunft. Die dem Kontinent zugeordnete Zeit unterliegt einer Statik des ‚Besonderen' und einem Verhaftet-Sein im Einzelnen, im Unterschied zur universellen Allgemeinheit der

130 Ebd., S. 122.

131 Gayatri C. Spivak verweist auf die besondere Schärfe von Hegels Zuschreibungen gegenüber Afrika im Gegensatz zu denjenigen über Indien, die doch im Vergleich fast wohlwollend ausfielen. Vgl. Spivak: *A Critique of Postcolonial Reason*, S. 42–43.

132 Hegel: *Vorlesungen über die Philosophie der Geschichte*, S. 121.

133 Ebd., S. 125.

134 Zudem führt Hegel an, die Praktik des Verkaufens von Menschenleben sei bereits von den Bewohnern des Kontinents selbst betrieben worden: „[D]ie Eltern verkaufen ihre Kinder und umgekehrt ebenso diese jene, je nachdem man einander habhaft werden kann" (ebd.). Auch hier ist der logische, die Sklaverei legitimierende Schluss, dass die europäischen Sklavenhändler lediglich diese Praktik fortführen.

135 Ebd., S. 120.

Zeit, derjenigen der teleologischen Geschichtsschreibung und des Fortschritts des Menschengeschlechts, die eine agile, sich in Bewegung befindliche ist und niemals stillsteht. Keine Zeit zu haben, zeitlos zu sein, heißt also für Afrika nach Hegel, immer in einem Verhältnis des Mangels zu stehen.

In der postkolonialen Theorie ist dieser Aspekt in vielerlei Weise untersucht worden. In seiner Studie *On the Postcolony*[136] zeichnet Mbembe nach, wie sich diese Figur in zeitgenössischen Diskursen über Afrika und *Blackness*, also Schwarz-Sein[137], immer noch hartnäckig fortsetzt. In diesem Zusammenhang spricht er von der Problematik des „presentism" – des Präsentismus – als einer Zuschreibung, die maßgeblich durch einen Diskurs der Lücke und des Mangels bestimmt ist:

> Presentism should be defined as a discourse on the gap and the lack. [...] This method has ended up constructing an image of Africa as a figure of lack. It is a form of misrecognition which tells us what Africa is not and hardly says anything about what it actually is. It operates essentially by segmentation of time, excision of the past and deferral of the future.[138]

Das Problem, das Mbembe hier benennt, wenn er zeitgenössische Diskurse über Afrika als Präsentismus beschreibt, ist das einer systematischen Ausgrenzung von Vergangenheit und Zukunft aus dem Diskurs. Ausschließlich die Gegenwart in Form gegenwärtiger Ereignisse wird in die Betrachtung miteinbezogen. Der entscheidende Aspekt an Mbembes Analyse ist dieser: Präsentismus als der Diskurs der Lücke und des Mangels geht einher mit der Behauptung einer spezifischen Zeitlichkeit des Aufschubs. Diese folgt insofern weiterhin der Argumentation primitivistischer Diskurse, als dass sie dem gesamten Kontinent Afrika Geschichtlichkeit abspricht und eine Verhaftung in der Gegenwart evoziert, die ein historisches Bewusstsein oder ein zukunftsorientiertes Denken notwendigerweise ausschließt, und jene Gegenwart als stets mangelhaft festschreibt.[139] In

136 Mbembe: *On the Postcolony*.

137 Zur theoretischen Implikation der deutschen Übersetzung von *Blackness* in Schwarz-Sein vgl. Alexander G. Weheliye: Black Life / Schwarz-Sein: Inhabitations of the Flesh. In: Joseph Drexler-Dreis / Kristien Justaert (Hrsg.): *Beyond the Doctrine of Man. Decolonial Visions of the Human*. New York: Fordham UP 2019, S. 237–262.

138 Achille Mbembe: On the Postcolony. A Brief Response to Critics. In: *African Identities* 4 (2006), S. 143–178, hier S. 147.

139 An anderer Stelle unterstreicht Mbembe, dass in Zeiten globalisierter Finanzmärkte und erstarkender Investitionen in die Region, insbesondere durch China, der Kontinent einer neuen Bewegung der Beschleunigung (*acceleration*) unterliege. Vgl. Achille Mbembe: Africa in the New Century. In: *The Massachusetts Review* 57,1 (2016), S. 91–104.

diesem Sinne *hat* das Konstrukt „Afrika" keine eigene Zeit, sondern nur Aufschub – es ist immer zu spät, immer der eigentlichen, nämlich westlichen Zeit und deren wirtschaftlichen, geschichtlichen, politischen Entwicklungen hinterher, immer hinter der Zeit, sich aber mit ihr messend. Felwine Sarr hebt an diesen Diskurs anschließend hervor, angesichts der gegenwärtigen euphorischen Zukunftsprognosen, die Afrika in den kommenden Jahrzehnten ein gewaltiges Wirtschaftswachstum prognostizieren, sei es vor allem die Rhetorik eines noch kommenden Wohlstands, die den gegenwärtigen Mangel besonders einschreibe:

> Wenn der afrikanische Kontinent die Zukunft ist und sein wird, dann impliziert diese Rhetorik [des kommenden Wirtschaftswachstums, J. S.] auch, dass es ihn heute nicht gibt oder dass er in der Gegenwart als Leerstelle existiert. Die Begriffe intensivierender Kraft, mit denen man seine Zukunft beschreibt, verweisen auf einen gegenwärtigen Mangel. Tatsächlich verstetigt die Verlagerung seiner Präsenz in die Zukunft lediglich das benachteiligende Urteil über ihn.[140]

Die Gegenwart erscheint als Leerstelle und reine Projektionsfläche für eine noch ausstehende Geschichtlichkeit, die also nur im und als Aufschub existiert.[141] Das Problem, das sich aus diesem die gegenwärtigen Diskurse über Afrika immer noch beherrschenden Denkmodell ergibt, liegt in der systematischen Ausblendung alternativer Zeitlichkeiten. Gleichzeitigkeit oder Überlappung, Verzweigung oder Schichtung heterogener Zeitlichkeiten haben darin keinen Platz.

4. *Black Time*

Während in sozio-ökonomischen Diskursen gemäß des von Mbembe beschriebenen Präsentismus die Verhaftung des Kontinents in einer Gegenwärtigkeit evoziert wird, steht die Schwarze Subjektposition in der Moderne immer im Zeichen

140 Felwine Sarr: *Afrotopia*. Berlin: Matthes & Seitz 2019, S. 11.

141 Kentridge betont den Eindruck eines Zu-spät-Seins auch in Bezug auf sein eigenes Verhältnis als Künstler gegenüber europäischer Kunst und bestätigt damit Mbembes und Sarrs These: „Much of what was contemporary in Europe and America during the 1960s and 1970s seemed distant and incomprehensible to me. Images became familiar from exhibitions and publications but the impulses behind the work did not make the transcontinental jump to South Africa. The art that seemed most immediate and local dated from the early twentieth century, when there still seemed to be hope for political struggle rather than a world exhausted by war and failure. I remember thinking that one had to look backwards—even if quaintness was the price one paid." (Christov-Bakargiev / Kentridge: Carolyn Christov-Bakargiev in Conversation with William Kentridge, S. 3.)

kolonialer Gewaltgeschichte und ist von einem „temporal lag“[142] bestimmt, wie es Rebecca Schneider formuliert. Dieser bezeichnet zunächst den Umstand, dass die Zuschreibung des Schwarz-Seins in Relation zur Annahme einer bereits voran- und vorausgeschrittenen Moderne erfolgt, der es selbst als mangelhaft gegenübersteht. *Blackness* wird in dieser Hinsicht als immer schon verspätet begriffen und ist folglich auch gegenwärtig nicht unabhängig von seinem *temporal lag* zu verstehen, der mit dem Abspruch des Menschlichen einhergeht: „*Blackness* is always belated in time and therefore never fully now and human.“[143] David Marriott schreibt in diesem Zusammenhang: „It is as if the black is permanently belated.“[144] Die spezifische Zeitlichkeit von *Blackness* gründet also in einer kolonialen Gewaltgeschichte der Zeithegemonie, die mit Praxen der Rassifizierung und des *Otherings* einhergeht. Damit ist sie wesentlicher Teil des Ungedachten der Moderne. Eine Auseinandersetzung mit explizit Schwarzer Zeitlichkeit wie diese muss sich vor diesem Hintergrund auch über die Gefahr einer Reproduktion solcher Zuschreibungen im Klaren sein.[145] Wie Achille Mbembe in *Kritik der schwarzen Vernunft*[146] aufzeigt, sind die von Hegel mit dem N-Wort[147] Bezeichneten als Objekt des europäischen Diskurses dennoch der Aufklärung

142 Rebecca Schneider: Diskussionsbeitrag während der Seminarsitzung zu Soyica Diggs Colberts *Black Movements*, Brown University, 20.04.2018. Vgl. Soyica D. Colbert: *Black Movements. Performance and Cultural Politics.* New Brunswick / Camden / Newark / London: Rutgers UP 2017. Elizabeth Freeman macht aus diesem „temporal lag“ nun wiederum in ihrer Arbeit zu queeren Zeitlichkeitsansätzen den „temporal drag“. Vgl. Freeman: *Time Binds.*

143 Yusoff: *A Billion Black Anthropocenes or None*, S. 76.

144 David Marriott: *On Black Men*. New York: Columbia UP 2000, S. 81. Vgl. auch Kara Keelings Ausführungen über diese spezifische „temporal structure of the colonial mode of representation of otherness“ in Bezug auf Marriotts Fanonlektüre. Vgl. Kara Keeling: *The Witch's Flight. The Cinematic, the Black Femme, and the Image of Common Sense.* Durham: Duke UP 2007, S. 27–44, Zitat S. 167, Fn. 23.

145 Kara Keeling betont, wie gerade die Problematisierung der Schwarzen Subjektposition aus einer *weißen* Situierung heraus Gefahr läuft, eben die problematisierten Zuschreibungen wieder zu reproduzieren: „those studies fail to interrogate the mechanisms that authorize their own embrace of racial categories to describe that which they presume is represented [...]. On one hand, they admit, almost perfunctorily, that the way they frame their subject matter is problematic, while, on the other hand, they reproduce the logic through which that subject matter becomes a problem.“ (Keeling: *The Witch's Flight*, S. 27.) Tiffany Lethabo King wiederum betont die Problematik einer fetischisierenden Aneignung von *Blackness* durch *weiße* Theorie. In Anlehnung an Hortense Spillers nennt King diese Einverleibung Schwarzer Theorie „pornotroping black embodiment“ und weist damit auf die libidinöse Besetzung des wissenschaftlichen Blicks. (Tiffany Lethabo King: Off Littorality (Shoal 1.0). Black Study off the Shores of 'the Black Body'. In: *Propter Nos* 3 (2019), S. 40–50, hier S. 44.) Vgl. Spillers: Mama's Baby, Papa's Maybe.

146 Mbembe: *Kritik der schwarzen Vernunft*, S. 56.

147 Mbembe unterstreicht, dass die Verwendung des diskriminierenden Substantivs des N-Worts weniger „polemisch“ sei, als es erscheinen möge. Im Anschluss an Frantz Fanon,

in ihren unterschiedlichen Ausformungen als notwendiger Bestandteil ko-konstitutiv.[148] Der Entwurf einer universellen Menschheit und die Sklaverei sind demzufolge untrennbar miteinander verwoben. Wie aus den bisherigen Ausführungen ersichtlich wird, ist die spezifische Zeitlichkeit von *Blackness* eine zweideutige. Zum einen diejenige eines konstitutiven Zu-Spät-Seins des *temporal lag*, die gleichzeitig eine Bewegung des Hinterher-Seins impliziert, zum anderen ein aus der Zeit- und Geschichtslosigkeit resultierender Stillstand. Da den Schwarzen Sklav*innen jede Art von Fortschrittsfähigkeit abgesprochen wird, sind sie bestimmt durch eine „historical stillness“[149], wie Hortense Spillers betont. Der „Sklave“ markiert damit den Stillstand schlechthin: Die „essence of stillness“, die gleichbedeutend ist mit „an undynamic human state, fixed in time and space.“[150] Damit ist der Sklave, oft problematischerweise ungeschlechtlich gedacht,[151] als durch und durch ahistorisch bestimmt, wie auch Frank Wilderson unterstreicht: „For the slave, historical ‚time‘ is not possible.“[152] Darüber hinaus liegt seine „offenkundige Dualität“ Mbembe zufolge darin, der einzige Mensch[153] zu sein, „dessen Haut zum Ding und dessen Geist zur Ware – zur lebendigen Krypta des Kapitals – gemacht wurde“.[154] In einer „spektakulären Verkehrung“ werde er überdies zum Symbol eines bewussten, exotisierten Lebenstriebs und damit multipler Zeiten: Er ist Träger „einer überbordenden, fließenden und formbaren

betrachtet er es als ein Objekt des Diskurses der Moderne und als solches nicht unabhängig von ihr zu verstehen. (Ebd., S. 95.)

148 David Graeber und David Wengrow zeigen auf, inwiefern die europäischen Diskurse der Aufklärung maßgeblich u. a. durch indigene Denker*innen und ihre Lebensweisen in den eroberten Amerikas beeinflusst waren. Vgl. David Graeber / David Wengrow: *Anfänge. Eine neue Geschichte der Menschheit*, aus d. Engl. v. Henning Dedekind / Helmut Dierlamm / Andreas Thomsen. Stuttgart: Klett-Cotta 2024.

149 Spillers: Mama's Baby, Papa's Maybe, S. 117.

150 Ebd.

151 Saidiya Hartman unterstreicht das Problem, dass die Kategorie „Sklave“ im Kontext der Black Radical Tradition meistens als ungeschlechtlich gedacht wird und betont dagegen die geschlechtsspezifische Gewalt hinsichtlich der Rolle, die Sklavinnen in der reproduktiven Arbeit spielten: „Most often when the productive labor of the slave comes into view, it is as a category absent gender and sexual differentiation.“ (Saidiya Hartman: The Belly of the World. A Note on Black Women's Labors. In: *Souls* 18,1 (2016), S. 166–173, hier S. 166.)

152 Frank B. Wilderson: Afro-Pessimism and the End of Redemption. In: *Humanities Futures*, 20.10.2015. https://humanitiesfutures.org/papers/afro-pessimism-end-redemption/ (Zugriff am 03.06.2023). Vgl. auch ders.: *Red, White & Black. Cinema and the Structure of U.S. Antagonisms*. Durham: Duke UP 2010, S. 339.

153 Mbembe betont, dass, wenn man der Tradition westlicher Metaphysik folge, der von Hegel mit dem N-Wort Bezeichnete nur insofern als „Mensch“ gelte, als er „entweder für uns nicht wirklich ein Mensch ist oder aber kein Mensch wie wir“. (Mbembe: *Kritik der schwarzen Vernunft*, S. 68–69.)

154 Ebd., S. 22.

Kraft, [...] und fähig, in mehreren Zeiten und mehreren Geschichten gleichzeitig zu leben."[155]

Diese rassifizierte Zuschreibung, die Schwarze Menschen als einer anderen Zeit als der *einen* fortschreitenden angehörig charakterisiert, ist in den letzten Jahren im Bereich der US-amerikanischen Black Studies vor dem Hintergrund eines Nachlebens der Sklaverei verhandelt worden. Dabei wird in einer umgekehrten Bewegung eine explizit Schwarze Zeitlichkeit, *Black Time*, als Gegenentwurf zur Behauptung einer Zeit- und Geschichtslosigkeit entworfen.

Auf popkultureller Ebene erlebt die Frage Schwarzer Zeitlichkeits- und Zukunftsentwürfe bereits mit dem Afrofuturismus in den 1970er Jahren eine prominente musikalische, filmische und literarische Bearbeitung.[156] Während darin Schwarze Fluchtnarrative mit technophilen futuristischen Utopien einer anderen, Schwarzen Zukunft, oft jenseits der Erde, verbunden werden, sind es die Denkrichtungen der *Black Radical Tradition*[157] und des Afro-Pessimismus[158], die eine philosophisch-epistemologische Auseinandersetzung mit *Blackness* vornehmen. Im Anschluss an Frantz Fanon begreifen Theoretiker*innen wie Achille Mbembe, Saidiya Hartman, Fred Moten und Frank B. Wilderson III *Blackness* als „a problem for thought"[159] – als eine grundsätzliche Befragung der Prämissen westlicher Denktradition und ihrer Repräsentationspolitik. Insbesondere sind es vor diesem Hintergrund Fragen der Darstellung, mit denen diese Ansätze befasst sind und die sie spezifisch für eine theaterwissenschaftliche Untersuchung relevant werden lassen.

Blackness wird in dieser Hinsicht zur Herausforderung für jede Darstellung. Wilderson geht sogar so weit, *Blackness* als Aporie von Darstellung selbst zu bestimmen.[160] Dabei steht *Blackness* für die von epistemischer Gewalt allererst hervorgebrachte paradigmatische Konstruktion und Sichtbarkeit von Schwarz-Sein als negiertem Anderen. Daraus folgt, dass es *Blackness* als eine positive,

155 Mbembe: *Kritik der schwarzen Vernunft*, S. 22.

156 Mbembe betont, dass hinsichtlich literarischer Texte schwarzer Autoren wie Sami Tchak, Ahmadou Kourouma, Amos Tutuola und Sony Labou Tansi von dem Entwurf einer „schwarzen Zeit" zu sprechen sei. (Ebd., S. 226–227.)

157 In der Black Radical Tradition, wie sie u. a. Fred Moten vertritt, wird *Blackness* ausdrücklich nicht als ontologische Kategorie, sondern einer marxistischen Lesart folgend explizit als historische aufgefasst. Vgl. Moten: *In the Break*; ders.: *The Universal Machine*. Durham / London: Duke UP 2018.

158 Eine gute Einleitung über Afro-Pessimismus als Denkansatz bietet der bereits zitierte Sammelband: Wilderson / Hartman / Martinot (Hrsg.): *Afro-Pessimism*.

159 Nahum Chandler: Of Exorbitance. The Problem of the Negro as a Problem for Thought. In: *Criticism* 50 (2008), S. 345–410.

160 Wilderson: *Red, White & Black*, S. 339.

vorgängige Position jenseits einer kolonialen Gewaltgeschichte und deren inhärenter *Anti-Blackness* schlicht nicht geben kann.[161] Sie ist sowohl Produkt als auch Vorannahme der Sklaverei und damit auch nach deren offiziellem historischem Ende niemals außerhalb des sie generierenden Macht- und Repräsentationssystems denkbar.

Das Nachleben der Sklaverei

Als historisches Ereignis markiert die Sklaverei somit eine irreversible Zäsur. Jeder Versuch, eine vermeintlich ‚neutrale' Darstellung von *Blackness* jenseits der historischen Bedingtheit der *Middle Passage*, die als Bühne und Hauptschauplatz des transatlantischen Sklavenhandels verstanden werden kann, zu behaupten, komme, so unterstreicht Saidiya Hartman, einem Ursprungsphantasma gleich: „A reverse middle passage? [...] The return is a fantasy of origins."[162] Genau dieser Aspekt macht nun auch die Darstellungsproblematik von *Blackness* aus:

> [T]he violence of anti-Blackness produces black existence; there is no prior positive Blackness that could be potentially appropriated. Black existence is simultaneously produced and negated by racial domination, both as presupposition and consequence. Affirmation of Blackness proves to be impossible without simultaneously affirming the violence that structures black subjectivity itself.[163]

161 Die Diskurse um *Blackness* sind im Bereich der Postcolonial Studies, Black Studies und Africana Studies überaus vielschichtig und kontrovers. US-amerikanische und karibische Diskurse stellen vorrangig die *Middle Passage* und damit die gemeinsame Erfahrung der Sklaverei in den Mittelpunkt, um davon ausgehend *Blackness* sowohl als historische Konstruktion als auch als Frage von kollektiver Identität zu definieren. Während pan-afrikanische Ansätze diese gemeinsame Identität hauptsächlich zwischen Afrika und der Diaspora verorten, wenden sich afrozentrische Diskurse gegen diesen sehr weit gefassten Identitätsbegriff. Vielen dieser theoretischen Positionen ist eine Abwehr gegenüber poststrukturalistischen Ansätzen eigen, denen sie implizit vorwerfen, zugunsten einer Dekonstruktion von Identität die Realität einer existierenden *racial difference* zu ignorieren und die Wichtigkeit, diese theoretisch fassen zu können, zu übersehen. Michelle M. Wright spricht angesichts dieser kontrovers geführten Diskussion von einer „middle passage epistemology" und gibt einen guten Überblick über den gegenwärtigen Diskurs-Horizont. Vgl. Michelle M. Wright: *Physics of Blackness. Beyond the Middle Passage Epistemology*. Minneapolis: U of Minnesota P 2015. Vgl. auch Fred Motens detaillierte Kritik von Wrights Begrifflichkeit in ders.: Notes on Passage. In: Ders.: *Stolen Life*. Durham: Duke UP 2018, S. 191–212.

162 Die Szene der Versklavung bildet für Hartman psychoanalytisch mit Blick auf Freud die ‚Urszene'. Vgl. Hartman: The Time of Slavery, S. 766.

163 R. L.: Wanderings of the Slave. Black Life and Social Death. In: *metamute*, 05.06.2013. https://www.metamute.org/editorial/articles/wanderings-slave-black-life-and-social-death (Zugriff am 06.01.2024). Zitiert in: Wilderson / Hartman / Martinot (Hrsg.): *Afro-Pessimism*, S. 10.

In dem Moment, in dem *Blackness* benannt und zur Darstellung gebracht und damit in seiner Differenz markiert wird, reaffirmiert dies – ungewollt – jene epistemische Gewalt, aus der sie hervorgegangen ist. Dies trifft auch zu, wenn es sich dabei um eine vordergründig emanzipatorische Aneignung handelt, wie etwa in Form von Befreiungskämpfen und aktivistischen Bewegungen, in der die Differenz zum Zwecke politischer Repräsentation hervorgehoben wird. *Blackness* ist Hartman zufolge damit nicht zu trennen von der Problematik von Repräsentation und Sichtbarkeit: Die Bestätigung Schwarzer Subjektposition durch ihre Benennung geht immer auch mit der Negierung dieser Position einher.[164] Dieses Darstellungsparadox bezeichnet Hartman als „the afterlife of slavery“[165] und verweist damit auf ein gespenstisches Nachleben[166] der Sklaverei, die in jeder Darstellung von *Blackness* aufscheint und eine besondere Zeitlichkeit mit sich bringt. Neben Hartman betonen auch Autor*innen wie Fred D'Aguiar[167], Ian Baucom[168], Edouard Glissant[169], Derek Walcott[170] und M. NourbeSe Philip[171] die besondere Zeitlichkeit dieses Nachlebens. Sie legen nahe, dass angesichts der Geschichte der Sklaverei die Zeit nicht einfach vergeht, sondern sich akkumuliert, festsetzt, schichtet und von den Toten heimgesucht wird. Hartman bringt

164 Zum Nachleben rassifizierter Sichtbarkeit in heutiger Überwachungstechnologie vgl. Simone Browne: *Dark Matters. On the Surveillance of Blackness*. Durham: Duke UP 2015. Zum Verhältnis von *Race* und Technologie vgl. Ruha Benjamin: *Race after Technology. Abolitionist Tools for the New Jim Code*. Cambridge: Polity 2020; Wendy Hui Kyong Chun: Introduction. Race and/as Technology; or, How to Do Things to Race. In: *Camera Obscura. Feminism, Culture, and Media Studies* 24,1 (2009), S. 1–35.

165 Saidiya Hartman: *Lose Your Mother. A Journey along the Atlantic Slave Route*. New York: Farrar, Straus, Giroux 2007.

166 Hartman verwendet der Begriff „afterlife“, ohne ihn weiter theoriegeschichtlich zu verorten. Zu denken wäre hier an Walter Benjamins Denkfigur des *Nachlebens* sowie an die von Georges Didi-Huberman vorgenommene Theoretisierung des Begriffs bei Aby Warburg als „Nachleben der Bilder“, sowie darüber hinaus die Verwendung des Terminus in der Kulturtheorie, wo er zu einem zentralen Begriff im Kontext des kulturellen Gedächtnisses geworden ist. Vgl. Georges Didi-Huberman: *Das Nachleben der Bilder. Kunstgeschichte und Phantomzeit nach Aby Warburg*, aus d. Franz. v. Michael Bischoff. Berlin: Suhrkamp 2010. In Samuel Webers Untersuchung des Begriffs in Hinblick auf Benjamins Übersetzer-Aufsatz und die Frage des *Fort-* und *Überlebens* heißt es, Überleben sei „not simply as that which comes 'after' life has gone, but a life that is 'after' itself – that is constantly in pursuit of what it will never be“. (Samuel Weber: *Benjamin's -abilities*. Cambridge, MA / London: Harvard UP 2010, S. 66.)

167 Fred D'Aguiar: *Feeding the Ghosts*. London: Granta 2004.

168 Ian Baucom: *Specters of the Atlantic. Finance Capital, Slavery, and the Philosophy of History*. Durham: Duke UP 2005.

169 Édouard Glissant: *Poetics of Relation*. Ann Arbor: U of Michigan P 1997.

170 Derek Walcott: The Sea Is History. In: Ders.: *Collected Poems, 1948–1984*. New York: Farrar, Straus, Giroux 1987, S. 137–139.

171 M. NourbeSe Philip: *Zong!* Hartford: UP of New England 2008.

diese „time of slavery" so auf den Punkt: „the ‚time of slavery' negates the common-sense intuition of time as continuity or progression, then and now coexist; we are coeval with the dead."[172] Die spezifische Zeit der Sklaverei hebt also die Vorstellung von Zeit als einer linearen Fortschrittsfigur aus den Angeln und denkt das ‚Jetzt' mit und durch die Unterbrechung. Die Gegenwart kann so niemals in Gegenwärtigkeit aufgehen und mit sich identisch sein, sondern wird stets von der Vergangenheit und ihren vergessenen Toten eingeholt. Daraus resultiert für Hartman auch eine Dringlichkeit ihres wissenschaftlichen Schreibens, sich dieser, wie sie es formuliert, intimen negativen Zeitlichkeit der Erfahrung und Begegnung mit den Toten zu verpflichten, nämlich „to illuminate the intimacy of our experience with the lives of the dead, to write our now as it is interrupted by this past [...]"[173].

Es ist Christina Sharpe, die in ihrem viel diskutierten, 2016 erschienenen *In the Wake. On Blackness and Being* diese Denkfigur aufgreift und deren Bedeutung für die Bedingung von Darstellbarkeit präzisiert. In ihren Überlegungen spricht Sharpe von dem Ereignis der Versklavung als inkommensurablem Desaster, das eine grundsätzliche Herausforderung *für* das Denken und *des* Denkens – „of and for thought"[174] – darstelle.[175] Die Auseinandersetzung mit der immer nur unzureichenden und selbst von dem Desaster unterwanderten Darstellbarkeit vor allem im Bereich der Literatur, Performance und Visual Culture bezeichnet sie als „wake work"[176]. *Being in the Wake*, wie es bei Sharpe definiert ist, impliziert ein Sich-dem-Aussetzen, das noch nicht oder nicht mehr die Form einer verortbaren Zeitstruktur einnimmt, das weder klar der Vergangenheit noch der Zukunft oder der Gegenwart zuzuschreiben ist und das, vor allem, unerbittlich und unerwartet immer wieder auftaucht und eine Auseinandersetzung mit ihm

172 Hartman: The Time of Slavery, S. 759.

173 Hartman: Venus in Two Acts, S. 4.

174 Sharpe: *In the Wake*, S. 5.

175 Sharpe beschreibt, wie sie in einem Seminar über Trauma und Erinnerung mit den Studierenden sowohl die Shoah als auch die Sklaverei bespricht. Diskussionswürdig ist Sharpes Bezug auf Maurice Blanchots *Die Schrift des Desasters*, wenn sie schreibt: „For Blanchot the disaster was the Holocaust. For me it is the ongoing unfolding of centuries of the trade of Africans – an event that [ruptures] history" (ebd., S. 136). Diese Position muss vor dem Hintergrund einer jahrzehntelang ausgebliebenen öffentlichen Aufarbeitung der Sklaverei in den USA betrachtet werden. Zugleich zeigt sich daran die Schwierigkeit von Vergleichen zwischen Genoziden und speziell der Diskussion um die Singularität des Holocaust. Diese Debatte ist in den letzten Jahren auch in Deutschland immer schärfer entbrannt, geht es doch um die Unterscheidung zwischen Vergleich und Gleichsetzung. Im Kern des Streits steht die Frage, inwiefern die Shoah präzedenzlos ist und, wenn sie es ist, das Hervorheben dieser Präzedenzlosigkeit die Erinnerung von Opfergruppen anderer Genozide verhindert.

176 Ebd., S. 109.

einfordert: „the past that is not past reappears“[177]. Diese Form des (Wieder-) Erscheinens ist jedoch dezidiert nicht als unmittelbares, präsentisches Erscheinen zu verstehen. Sharpe leitet ihre Begrifflichkeit aus der Bedeutung des Wortes *wake* ab, das auf verschiedene Weise die sich in Luft oder Wasser abzeichnende Nachwirkung oder die Spur der Bewegung eines Körpers bezeichnet:

> Wake: the track left on the water's surface by a ship; the disturbance caused by a body swimming or moved, in water; it is the air currents behind a body in flight; a region of disturbed flow.[178]

Wake kann zunächst dreierlei meinen: die auf dem Wasser hinterlassene Spur eines fahrenden Schiffs, die Störung der Wasseroberfläche durch einen schwimmenden Körper und die Turbulenzen in der Luft, die ein flüchtender oder fliegender Körper hinterlässt. Hinter diesen Motiven verbergen sich zentrale Metonymien der *Middle Passage*: Das Schiff steht stellvertretend für den transatlantischen Sklavenhandel in Sklavenschiffen,[179] das Wasser wie auch der flüchtende, fliegende Körper ruft das *Flying Africans narrative* in Erinnerung – all jene Fluchtgeschichten von Sklav*innen, die der Gefangenschaft zum Teil durch einen Sturz über Bord und in den Ertrinkungstod entgingen und die als wichtiges Motiv in künstlerischen, literarischen und popkulturellen Bearbeitungen immer wieder auftauchen.[180] Der Atlantik wird darin zum Medium, das das Andenken an diese namenlosen Toten in sich birgt.[181]

Eine vierte, wichtige Bedeutung des Wortes ist die Totenwache. *Wake work* oder auch *Being in the Wake* bezeichnet damit sowohl das Durcharbeiten epistemischer Gewaltstrukturen als auch ein Verhaftetsein in diesen, „a mode of inhabiting and rupturing this episteme“[182], sowie die Arbeit des Erinnerns und der Prozess des Trauerns und Gedenkens. Sharpe ist in ihrer Analyse dem verpflichtet,

177 Sharpe: *In the Wake*, S. 9.

178 Ebd., S. 3.

179 Eine sehr umfangreiche Datenbank aus historischen Dokumenten, Karten und Darstellungen des Sklavenhandels findet sich hier: *Slave Voyages*, o. D. https://slavevoyages.org/ (Zugriff am 07.01.2024).

180 Soyica Diggs Colbert legt eine detaillierte Untersuchung des *Flying African narrative* in Kunst, Literatur und Popkultur vor: Soyica D. Colbert: Flying Africans in Spaceships. In: Dies.: *Black Movements*, S. 23–57.

181 NourbeSe Philip bezeichnet den Ozean deswegen als „liquid grave“ (Philip: *Zong!*, S. 201). Elizabeth M. DeLoughrey wiederum formuliert es so: „water is an element 'which remembers the dead'.“ (Elizabeth M. DeLoughrey: Heavy Waters. Waste and Atlantic Modernity. In: *PMLA* 125,3 (2010), S 703–712, hier S. 704.)

182 Sharpe: *In the Wake*, S. 18.

was Hartman die „position of the unthought“[183] nennt – eine Aufmerksamkeit dem *Ungedachten* gegenüber, demjenigen also, das sich Kategorien von Unmittelbarkeit und Präsenz entzieht und das Sharpe vor allem in den von ihr untersuchten künstlerischen Positionen durchscheinen sieht. Dieses Aufscheinen ist allerdings selbst nicht mehr als die sich kurzzeitig bildende Kielspur eines Schiffs, die dabei mehr die Form einer Spur[184] annimmt als eine klar zu bestimmende Gestalt.

Wake work impliziert vor diesem Hintergrund eben nicht den Entwurf einer positiven Darstellungsstrategie, wie jenes Nachleben der Sklaverei sichtbar gemacht werden könnte, sondern es geht vielmehr um ein Durcharbeiten, ein „working through“[185] jener flüchtigen Spuren, die dieses Trauma in der Gegenwart hinterlässt, durch die sie bedingt ist. Diese Vorstellung einer Arbeit des Trauerns und Durcharbeitens lässt an jenes „Arbeiten Durcharbeiten“ denken, das Werner Hamacher im Anschluss an Sigmund Freud als Prozess der Auf-, Nach- und Durcharbeitung einer komplexen Zeitlichkeit beschreibt, als ein „Freilegen, durch das erst aufgetan wird, was war und was noch die Gegenwart im Gewesenen einschließt“.[186] Hartman wiederum betont die Schwierigkeit dieses Prozesses einer trauernden Durcharbeitung vergangener und gegenwärtiger Traumata angesichts der fortdauernden Zeitlichkeit des Nachlebens: „How might we understand mourning, when the event has yet to end? When the injuries not only perdure, but are inflicted anew? Can one mourn what has yet ceased happening?“[187] Vor diesem Insistieren eines traumatischen Nachlebens kolonialer Gewaltstrukturen in gegenwärtiger rassistischer Gewalt stellt Hartman in

183 Hartman / Wilderson: The Position of the Unthought.

184 Zu verweisen ist hier auf den Spur-Begriff von Emmanuel Lévinas: Emmanuel Lévinas: *Die Spur des Anderen. Untersuchungen zur Phänomenologie und Sozialphilosophie*, aus d. Franz. v. Wolfgang Nikolaus Krewani. Freiburg: Alber 2012; ders.: *Die Zeit und der Andere*, aus d. Franz. v. Ludwig Wenzler. Hamburg: Meiner 2003; außerdem zur Frage einer Darstellbarkeit eines ‚Theaters der Spur‘ vgl. Mayte Zimmermann: *Von der Darstellbarkeit des Anderen. Szenen eines Theaters der Spur*. Bielefeld: Transcript 2017.

185 Hartman: The Time of Slavery, S. 772.

186 Hamacher präzisiert im Anschluss an Adornos Begriff der „Aufarbeitung“, „was ‚aufgearbeitet‘ werden muß, das ist noch gar nicht Gegenstand der Arbeit gewesen, es muß nachholend bearbeitet werden wie ein Trauma, das einen Körper, einen psychischen und politischen, zu schnell getroffen hat, als daß er rechtzeitig seine Reserven, seine Abwehr- und Integrationsmechanismen hätte mobilisieren können. Zum anderen mag man aber in dem ‚auf‘ von ‚Aufarbeiten‘ entsprechend als Öffnen, Lockern, Destabilisieren eines verschlossenen, kontrakten, monolithischen Komplexes verstehen, als ein Freilegen, durch das erst aufgetan wird, was war und was noch die Gegenwart im Gewesenen einschließt und arretiert.“ (Werner Hamacher: Arbeiten Durcharbeiten. In: Dirk Baecker (Hrsg.): *Archäologie der Arbeit*. Berlin: Kadmos 2002, S. 155–200, hier S. 196.)

187 Hartman: The Time of Slavery, S. 758.

Frage, „whether ‚working through' is even an appropriate model for our relationship with history."[188] Wie lässt sich also etwas durcharbeiten, was nicht vorbei ist, sondern die Gegenwart einholt? Sie präzisiert weiter:

> The point here is not to deny the abolition of slavery or to assert the identity or continuity of racism over the course of centuries, but rather to consider the constitutive nature of loss in the making of the African diaspora and the role of grief in transatlantic identification [...][189]

Sowohl Hartman als auch Sharpe geht es darum, wie diese konstitutive Zeitlichkeit von Trauer und Verlust dabei immer wieder einfordert, sich mit epistemischen und vergeschlechtlichten Gewaltstrukturen auseinanderzusetzen. Die Schwierigkeit liegt für Hartman darin, sich in der Trauerarbeit dem Trauma und Schmerz wieder aussetzen zu müssen: „By suffering the past are we better able to grasp hold of an elusive freedom and make it substantial? Is pain the guarantee of compensation?"[190] Und dennoch treten Sharpe und Hartman beide für eine Trauerarbeit ein, die sich auch an der Frage abarbeitet, was jene koloniale Zeitlichkeit des Nachlebens für die Darstellung bedeutet. Was beide Ansätze speziell für theater- und medienwissenschaftliche Fragestellungen so interessant macht, ist ihre spezifische Art, szenisch zu schreiben und damit eine andere Art der Darstellbarkeit zu entwerfen. Ihr Buch verhandelt nicht einfach nur Theorie, sondern ist als „critical fabulation"[191] zu bezeichnen – ein Begriff, der auf Hartman zurückgeht und mit dem diese eine spezifische Art zu schreiben kennzeichnet, die herrschende Geschichtsnarrative der Sklaverei mit den Mitteln eines Denkens des Möglichen, nicht des Faktischen unterminiert.[192]

188 Hartman: The Time of Slavery, S. 773.

189 Ebd., S. 758.

190 Ebd., S. 772.

191 Hartman definiert *critical fabulation* als Versuch, das Prinzip des historiografischen Schreibens zu unterminieren und dem eine Stimme zu geben, was im Status seiner Potenzialität verbleibt: „I have attempted to jeopardize the status of the event, to displace the received or authorized account, and to imagine what might have happened or might have been said or might have been done. By throwing into crisis 'what happened when' and by exploiting the 'transparency of sources' as fictions of history, I wanted to make visible the production of disposable lives (in the Atlantic slave trade and, as well, in the discipline of history), to describe 'the resistance of the object.'" (Hartman: Venus in Two Acts, S. 11.) Vgl. auch in Anschluss an Hartmans Konzept der *critical fabulation*: Nyong'o: *Afro-Fabulations*.

192 Hartman entwickelt die Kritische Fabulation im Anschluss an Foucault, obgleich dieser in ihrem Text nur implizit vorkommt. Ihr Einsatz lässt sich als eine Neuaushandlung von Foucaults Verständnis von Kritik als Praxis der *Ent-unterwerfung* verstehen, in der Kritik als „die Kunst, nicht dermaßen regiert zu werden" (Michel Foucault: *Was ist Kritik?* [1978], aus

Dabei geht es dezidiert nicht einfach um das Fabulieren Schwarzer Gegenerzählungen, sondern um die negative Denkfigur der „unmöglichen Möglichkeit“[193], über dasjenige zu schreiben, was hätte sein können: „what might have been or could have been; it is a history written with and against the archive.“[194] Es geht also um diejenigen prekären Leben, die sich der Beschreibung schlicht entziehen, weil sie in hegemonialen Archiven und kolonialer Geschichtsschreibung nicht oder nur am Rande als objektifizierte Namenlose auftauchen. Als unmöglich charakterisiert Hartman ihr Vorhaben deshalb, weil jeder Versuch, diese Lücken des Archivs durch Erzählungen und Darstellungen zu füllen, notwendigerweise diejenige Gewaltordnung reproduziert, gegen die sie anschreibt. In dieser dekonstruktiven Denkfigur der Unmöglichkeit des Vorhabens liegt genau das, was Hartman die „productive tension“[195] ihres Ansatzes nennt. Die Aufgabe bestehe darin, das darzustellen, was wir nicht darstellen können, „trying to represent what we cannot“[196], aber unter der Bedingung, das eigene notwendige Scheitern in Kauf zu nehmen: „to accept the ongoing, unfinished and provisional character of this effort, particularly when the arrangements of power occlude the very object that we desire to rescue.“[197] Aus theater- und medienwissenschaftlicher Perspektive ist umso wichtiger, dass diese feministische dekonstruktive Schreibpraxis des Scheiterns, Zweifelns und Verwerfens zugleich ein ästhetisches Verfahren ist, ein „aesthetic mode“[198], das sich Geschichten vergessener Leben annimmt, indem es die Grenzen ihrer Darstellbarkeit schreibend auslotet.[199]

d. Franz. v. Walter Seitter. Berlin: Merve 1992, S. 12), und damit als widerständige Praxis verstanden wird, die zugleich die Frage ihrer eigenen Methode neu stellt. Besonders deutlich wird dies vor allem bei Hartman und der Weiterentwicklung ihrer Thesen ausgehend von *Scenes of Subjection*, über „Venus in Two Acts“ bis hin zu *Wayward Lives*. Vgl. Saidiya Hartman: *Scenes of Subjection. Terror, Slavery, and Self-Making in Nineteenth-Century America*. New York: Oxford UP 1997; dies.: *Wayward Lives, Beautiful Experiments. Intimate Histories of Riotous Black Girls, Troublesome Women, and Queer Radicals*. New York: Norton 2020; dies.: Venus in Two Acts.

193 Jacques Derrida: *Eine gewisse unmögliche Möglichkeit, vom Ereignis zu sprechen*, aus d. Franz. v. Susanne Lüdemann. Berlin: Merve 2003.

194 Hartman: Venus in Two Acts, S. 12.

195 Ebd.

196 Ebd., S. 13.

197 Ebd., S. 14.

198 Ebd., S. 9.

199 Obwohl Hartman ihre Kritische Fabulation selbst als „Methode“ beschreibt, lässt sie sich nicht als verallgemeinerbare wissenschaftliche Methode fassen, die ‚man‘ erlernen und aus neutral distanzierter Position heraus auf einen beliebigen Gegenstand anwenden kann. Das kritische Potenzial dieser fabulierenden Darstellungsweise liegt nämlich gerade auch darin, nicht unabhängig von der je spezifischen Situierung ihrer Autorin betrachtet werden zu können. Vgl. ebd., S. 11. Zur Einordnung von Hartmans Bezug auf den Begriff der Fabulation vgl. Ruth

In Bezug auf Sharpe handelt es sich um ein Schreiben, das durch eine szenische Verhandlung von theoretischen Fragestellungen – wie diejenige nach dem kolonial Ungedachten der Konzepte von Zeit und Geschichte – eine Bühne des Denkens eröffnet, die sich dem, was Hartman das Unmögliche, „the impossible"[200], nennt, widmet. Dabei wird auf dieser Szene des Schreibens und durch sie das scheinbar Nebensächliche, Unscheinbare, Undurchsichtige, Flüchtige, sich Entziehende, Nachträgliche und Traumatische verhandelt und auf seine spezifische Zeitlichkeit und Widerständigkeit befragt, aber ohne es präsentisch zur Darstellung bringen zu wollen. Immer wieder bezieht Sharpe Fotografien und künstlerische Arbeiten mit ein, Verse aus NourbeSe Philips Langgedicht *Zong!* und weitere Zitate durchziehen das Textbild und werden dramaturgisch in die Szene des Schreibens miteingewoben. Denkfiguren wie *Wake* fungieren so nicht nur als Metaphern oder Sinnbilder im Dienste einer sonst ‚rein wissenschaftlichen' Abhandlung, sondern werden als Szenen begriffen, auf und mit denen ein anderes Denken ermöglicht wird, das die Darstellung herausfordert und mit der Widerständigkeit des zu Denkenden arbeitet. Hartman spricht in dieser Hinsicht in Anlehnung an Fred Moten von einer „resistance of the object".[201] In diesem Sinne möchte ich in Bezug auf Sharpes Schreibpraktik von der Eröffnung einer Szene des Widerständigen sprechen, die ebenso wie Kentridges Arbeit durch ein *Denken im Material* dem eine Bühne stiftet, was nicht in der Ordnung des Erscheinens steht. Wie Kentridge das koloniale Ungedachte des universellen Zeitverständnisses szenisch auf und in der ‚Bühne' der Installation erfahrbar werden lässt, so eröffnet Sharpe der spezifischen Zeitlichkeit des Nachlebens der Sklaverei und seinen gewaltvollen, traumatischen Implikationen eine Szene in ihrem Schreiben.

Was beide Arbeiten darüber hinaus eint, ist der Bezug auf den Atem als szenische Denkfigur, die dem diskursiv Ungedachten jenseits von Präsenzkategorien eine Bühne ermöglicht. Sowohl bei Sharpe als auch bei Kentridge wird die Atmung zum szenischen Moment einer Widerständigkeit, das angesichts des gegenwärtigen anti-kolonialen Widerstands im Zuge der *Black Lives Matter*-Bewegung und deren Slogan „I can't breathe" an neuer politischer Aktualität gewinnt.

Schmidt / Julia Schade: Kritisches Fabulieren. In: Elsa Büsing / Nikolaus Müller-Schöll / Philipp Schulte et al. (Hrsg.): *Jubiläumsband der Gesellschaft für Theaterwissenschaft*, im Erscheinen.

200 Hartman: Venus in Two Acts, S. 14.

201 Ebd., S. 11. Vgl. Moten: *In the Break*, S. 14.

Atem als Widerstandsfigur

Wie beschrieben, steht im Zentrum von Kentridges Installation die raumgreifende Atemmaschine, deren pulsierender Atem als eine merkwürdige Verschränkung von Körper und Maschine fungiert. Was aber hat es mit diesem Atem auf sich?

Atem, lebensweltlich verstanden, ist zum einen der dem Körper eigene Rhythmus, der, ähnlich dem Puls, ein in regelmäßigen Abständen wahrnehmbares Lebenszeichen bildet und biologisch die Verdrängung von Luft aus dem Inneren des Körpers und das Aufnehmen von Sauerstoff von außen impliziert. In diesem Sinne steht er für einen lebensnotwendigen kreatürlichen Akt, der eine notwendige Öffnung demgegenüber markiert, was ein Außen des Körpers darstellt. Zum anderen ist der Atem ein Inbegriff der Fragilität, der Verletzlichkeit des Körpers. Er ist „violent and lifesaving"[202] zugleich. Damit führt Sharpe deutlich die Frage von Körperlichkeit in die Diskussion um *wake work* ein. Der Atem entwickelt sich in Sharpes Untersuchung von einer rassenbiologistisch definierten Körperfunktion zu einer Metapher des Widerständigen, wie sie sich ähnlich auch in Kentridges Inszenierung des Atems findet. Zunächst zeigt Sharpe mit Verweis auf Studien Lundy Brauns auf, wie die angeblich niedere Lungenkapazität Schwarzer Menschen in der Mitte des 19. Jahrhunderts zum biologistischen Differenzierungsmerkmal wird, um Sklav*innen als zur Sklavenarbeit bestimmt zu behaupten: „Forced labour was seen as a way to ‚vitalize the blood' of flawed black physiology. By this logic, slavery is what kept black bodies alive."[203] Auch hier taucht der *temporal lag* wieder auf als die Behauptung einer niederen und von der Norm abweichenden Atem- und damit Rhythmuskapazität von *Blackness*.[204] Atmung steht in diesem Kontext zum einen für die körperliche Zwangsarbeit: Die vermeintliche biologisch begründete Abweichung des Atemvorgangs ist die Bedingung seiner Gefangenschaft. Damit ist er zugleich das, was den Körper in der Gefangenschaft unerbittlich am Leben hält und eben diese zugleich legitimiert. Zum anderen verweist der Atem auch auf das Todesurteil der Versklavung, auf die in der Enge der Sklavenschiffe erstickenden Gefangenen. Vor diesem theoretischen Horizont erklärt sich, warum im Verlauf von Sharpes

202 Sharpe: *In the Wake*, S. 113.

203 Lundy Braun / Hamza Shaban: How Racism Creeps into Medicine. In: *The Atlantic*, 29.08.2014. https://www.theatlantic.com/health/archive/2014/08/how-racism-creeps-into-medicine/378618/ (Zugriff am 03.06.2023). Vgl. auch Lundy Braun: *Breathing Race into the Machine. The Surprising Career of the Spirometer from Plantation to Genetics.* Minneapolis: U of Minnesota P 2014.

204 Vgl. Julia Schade: Society for Sick Societies. The Breathing Machine. In: *Social Text*, 18.12.2020. https://socialtextjournal.org/periscope_article/society-for-sick-societies-the-breathing-machine/ (Zugriff am 03.06.2023).

Analyse der Atem schließlich als widerständige Zeitlichkeit gegen strukturellen Rassismus und als Denkfigur für *wake work* gedacht wird:

> What ruttier, internalized, is necessary now to do what I am calling wake work as aspiration, that keeping breath in the Black body? I've been thinking aspiration in the complementary senses of the word: the withdrawal of fluid from the body and the taking in of foreign matter (usually fluid) into the lungs with the respiratory current, and as audible breath that accompanies or comprises a speech sound.[205]

Pneumatic Commons: Atmen gegen den Kolonialismus

Wake work als Erinnerungs- und Trauerarbeit, Durcharbeitung vergangener und die Gegenwart einholender kolonialer Traumata ist bei Sharpe also nicht nur intellektuell zu leisten, sondern hat *als* „aspiration" eine körperlich-materielle, ja existenzielle Implikation, die sich der „violence of abstraction"[206] einer rein distanziert theoretischen Auseinandersetzung widersetzt.

Vor diesem Hintergrund ist es nicht verwunderlich, dass der Atem *ex negativo* zum Ausdruck von Widerstand wird. Es ist Frantz Fanon, der in seinen Texten über antikoloniale Befreiungskämpfe das Nicht-Atmen-Können zur Metapher für Unterdrückung und damit zum Ausgangspunkt revolutionärer Auflehnung erhebt. So erklärt er in *Schwarze Haut weiße Masken* bezüglich der Auseinandersetzungen im damaligen Indochina: „Nicht weil Indochina eine eigene Kultur entdeckte, hat es sich aufgelehnt. Sondern weil es ihm in mehrerer Hinsicht ‚ganz einfach' unmöglich wurde, zu atmen"[207]. An anderer Stelle unterstreicht er, „daß ich mich von dem, der mich würgt, befreien muß, weil ich sonst nicht mehr atmen kann"[208]. In Bezug auf die Algerische Revolution wiederum schreibt Fanon dem Atmen der Unterdrückten ein revolutionäres und kämpferisches Potenzial gegen die französische Kolonialherrschaft zu: „Unter diesen Umständen ist das Atmen eines Individuums ein beobachtetes, ein besetztes Atmen. Es ist ein kämpferisches Atmen."[209] In einem literarischen Kontext taucht der Atem später bei Toni Morrison in ihrem Roman *Beloved* auf, diesmal steht er aber

205 Sharpe: *In the Wake*, S. 109.

206 Saunders / Hartman: Fugitive Dreams of Diaspora, S. 5.

207 Fanon: *Schwarze Haut weiße Masken*, S. 161. Vgl. ders.: *Peau noire masques blancs*. Paris: Seuil 1952, S. 183.

208 Fanon: *Schwarze Haut weiße Masken*, S. 23. Vgl. ders.: *Peau noire masques blancs*, S. 22.

209 Frantz Fanon: *Aspekte der Algerischen Revolution*, aus d. Franz. v. Peter-Anton von Arnim. Frankfurt am Main: Suhrkamp 1969, S. 45. Vgl. ders.: *Sociologie d'une révolution (L'an V de la révolution algérienne)* [1959]. Paris: Maspero 1972, S. 49.

für die Spuren der Vergessenen, Namenlosen einer gewaltvollen Geschichte der Sklaverei, „the breath of the disremembered and unaccounted for"[210], denen sie in den letzten Sätzen des Buchs gedenkt.
Neben Sharpe haben sich vor dem Hintergrund dieses theoretischen und literarischen Erbes in den letzten Jahren eine ganze Reihe von Diskursen aus den US-amerikanischen Performance Studies und den Black Studies mit dem Atmen auseinandergesetzt, nicht zuletzt angesichts des Erstickungstods des Afroamerikaners Eric Garner durch Polizeigewalt, dessen letzte Sätze „I can't breathe" zum paradigmatischen Slogan der *Black Lives Matter*-Bewegung wurden.[211] Das Atmen ist nun nicht mehr nur Metapher des Kampfs gegen Unterdrückung, sondern ihm wird stärker das widerständige Potenzial einer gemeinsamen Praxis zugeschrieben, in der das Atmen als Ausdruck von *Blackness*, als Öffnung, Teilhabe, Potenzialität von Alterität und schließlich als Trauerarbeit gedacht wird, die dem Nachleben von Sklaverei und Rassismus Rechnung trägt. Als einflussreich für den Diskurs hat sich in den letzten Jahren Ashon T. Crawleys Studie *Black Pentecoastal Breath. The Aesthetics of Possibility* erwiesen. Darin wird mit Blick auf die Schwarze subkulturelle Praxis der Pfingstgemeinden in den USA, der Black Pentecoastal Church, der Atem in einer fast euphorischen Befreiungsrhetorik zu einer Figur der Potenzialität und des Widerstands erhoben. Das gemeinsame Atmen bestimmt Crawley als „shared, common performance"[212], als kollektive Praxis der Öffnung hin zum Anderen, in der die Luft zur gemeinsamen Ressource wird: „Air is an object held in common, an object that we come to know through a collective participation within it as it enters and exits flesh."[213] Das Atmen als zeiträumlicher Vorgang der Öffnung birgt in sich die Möglichkeit einer Andersheit, einer „otherwise possibility"[214]. Auch Rebecca Schneider spricht hinsichtlich von Crawleys Studie geradezu emphatisch davon, dass *Black Performance* als gemeinsames Atmen die Möglichkeit eines Ausgangs aus rassistischen Unterdrückungsstrukturen biete.[215] Sarah

210 Toni Morrison: *Beloved* [1987]. New York: Vintage 2004, S. 275.

211 Dieser geht zurück auf den Ausruf des jungen Afro-Amerikaners Eric Garner, der am 17. Juli 2017 in Staten Island verstarb, nachdem er während seiner Festnahme von Polizisten der New York State Police in einem Würgegriff gehalten den Satz „I can't breathe" elf Mal wiederholt hatte.

212 Ashon T. Crawley: *Blackpentecostal Breath. The Aesthetics of Possibility*. New York: Fordham UP 2017, S. 36.

213 Ebd.

214 Ebd., S. 2.

215 „Performances can attune us to the 'aesthetics of possibility' in fugitivity, to sound a turn of phrase through Ashon T. Crawley, allowing an exit from and against racial capitalism's enclosures in the quotidian practices and undercommon spaces of minoritarian and black

J. Cervenak wiederum betont im Anschluss an Crawley und Sharpe, Atmen sei immer auch eine Form des Mit-Seins. Sie spricht von „pneumatic commons“ und versteht „respiration“ als „choral practice“, die bisweilen eine „non-teleological destination“ annehme.[216] In diesem Sinne schreibt sie dem Atem eine linearen Fortschrittsnarrativen widerständig gegenüberstehende Potenzialität zu.[217] Allerdings wird gerade dieser unvermeidbare Moment des Atmens als „pneumatic commons“, als ein Teilhaben an der gemeinsamen Ressource, der Luft, in der Moderne zu einer Gefährdung der *weißen* Vorherrschaft erhoben. Gerade weil auch die versklavte Lunge die gleiche Luft atmen müsse wie die ihrer Sklavenhalter, stelle Blackness als „brute materiality, fleshliness“[218] eine Bedrohung für die ungetrübte Reinheit des *weißen* Subjekts dar.[219] Mit Verweis auf Sharpe schreibt Cervenak, „Blackness is said to endanger air’s purity“[220], und auch Susan Buck-Morss verweist auf das in der Debatte um die Unvereinbarkeit der Sklaverei mit der britischen Verfassung geäußerte Argument von William Davys, der trotz seiner Ablehnung der Sklaverei behauptete, die Luft Englands sei zu „rein“, um von Sklav*innen geatmet zu werden.[221] Es ließen sich noch eine ganze Reihe an Veröffentlichungen nennen, die vor diesem Hintergrund den Atem zur dekolonialen Widerstandsbewegung und sogar zur Ermöglichungspraxis[222] kritischen Denkens sowie einer intersektionalen feministischen Praxis erheben.[223]

performance“ (Beth Capper / Rebecca Schneider: Performance and Reproduction. Introduction. In: *TDR. The Drama Review* 62 (2018), S. 8–13, hier S. 10).

216 Sarah J. Cervenak: Black Night Is Falling: The “Airy Poetics” of Some Performance. In: *TDR. The Drama Review* 62 (2018), S. 166–169, hier S. 166.

217 Ebd.

218 Ebd., S. 167.

219 Thomas Jefferson selbst behauptet in seinen Schriften, es bestehe eine „racial distinction“ zwischen schwarzer und weißer Lunge, der die versklavten Menschen seiner Meinung nach „hitze- und kälteverträglicher“ mache – und damit besser für die Zwangsarbeit geeignet. (Thomas Jefferson: Notes on the State of Virginia. In: Emmanuel Eze (Hrsg.): *Race and the Enlightenment. A Reader*. Malden, MA / London: Blackwell 1997, S. 95–104, hier S. 98.) Vgl. Braun: *Breathing Race into the Machine*, S. 27–29.

220 Ebd.

221 Buck-Morss: Universalgeschichte, S. 125.

222 Achille Mbembe entwirft in seinem zu Beginn der Pandemie erschienenen Artikel „The Universal Right to Breathe“ ein neues universelles Recht des Atmens, das sich auf alles und jeden gleichermaßen bezieht – Pflanzen, Tiere, Umwelt und Menschen. Vgl. Achille Mbembe: The Universal Right to Breathe. In: *Critical Inquiry* 47,S2 (Winter 2021). https://www.journals.uchicago.edu/doi/full/10.1086/711437 (Zugriff am 07.02.2024).

223 Athena Athanasiou schreibt von einem „critical horizon of breathability“ (Athena Athanasiou: Impossible Breathing. On Courage and Criticality in the Ghostly Historical Present. In: *Redescriptions* 23,2 (2020), S. 92–106. https://journal-redescriptions.org/articles/10.33134/

Es ist wiederum der Aspekt des Atmens als unkontrollierbare Teilhabe an einem Gemeinsamen, als Mit-Sein, den Jean-Luc Nancy in *Die Anbetung. Dekonstruktion des Christentums II* mit Bezug auf den Begriff *pneuma* ausführt. Dort heißt es:

> Pneuma ist das, was nicht spricht und doch nicht verschwiegen ist. Nicht die Worte, sondern der Atem, der sie trägt. Und die Spur dieses Atems in uns, im anderen.[224]

Nancy bezieht sich hier deutlich auf die christliche Definition von *pneuma*. Während in der Antike *pneuma* zunächst als „Hauch", „Wind" und „Atem" bestimmt wird,[225] erlebt es vor allem durch die Stoiker eine Umdeutung in Lebensprinzip und Seelenkraft[226] und wird im Judentum und Christentum als Geist und schließlich als Heiliger Geist verstanden.[227]

rds.337/ (Zugriff am 03.06.2023)). Diese „breathability" wird dabei sogar zur Voraussetzung kritischen Denkens, angelehnt an Sara Ahmed, die 2010 schreibt: „With breathe comes possibility". (Sara Ahmed: *The Promise of Happiness*. Durham: Duke UP 2010, S. 210.)

224 Jean-Luc Nancy: *Die Anbetung. Dekonstruktion des Christentums 2*, aus d. Franz. v. Esther von der Osten. Zürich: Diaphanes 2012, S. 33–34.

225 Hjalmar Frisk: pneũma (πνεῦμα). In: Ders. (Hrsg.): *Griechisches etymologisches Wörterbuch*. Heidelberg: Winter 1961, S. 566–567.

226 Pneuma. In: Friedrich Kirchner / Johannes Hoffmeister / Arnim Regenbogen (Hrsg.): *Wörterbuch der philosophischen Begriffe*. Hamburg: Meiner 2013, S. 504. Für Aristoteles verbindet *pneuma* den organischen Vorgang der Atmung mit dem Naturphänomen des Windes und dem Element der Luft und ordnet diese darüber hinaus der Seele zu: *pneuma* bedeutet für ihn maßgeblich „heiße Luft" und ist in Mensch und Tier gleichermaßen als bestimmender Begriff des Lebens vorhanden. Damit ist es essenzielles Prinzip lebendiger Wesen, maßgeblich für deren Perzeption und Physiologie und damit auch Grundprinzip für Bewegung. Vgl. Jochen Althoff: The Role of *pneuma* in *De generatione animalium*. In: Sabine Föllinger (Hrsg.): *Aristotle's Generation of Animals. A Comprehensive Approach*. Berlin / Boston: de Gruyter 2022, S. 343–366; Gad Freudenthal: *Aristotle's Theory of Material Substance. Heat and Pneuma, Form and Soul*. Oxford: Clarendon 1999; G. Verbeke: Doctrine du pneuma et entéléchisme chez Aristotle. In: G. E. R. Lloyd / Gwilym Owen (Hrsg.): *Aristotle on Mind and the Senses. Proceedings of the Seventh Symposium Aristotelicum*. Cambridge: Cambridge UP 2007, S. 191–214.

227 Zwar immer noch mit seinen antiken Bedeutungen „Luft" und „Wind" verbunden, gilt es nun aber als „Lebensatem" Gottes, mit dem dieser toter Materie Leben einhaucht und damit den Menschen schöpft. Pneuma ist darüber hinaus die Übersetzung des hebräischen *ruaḥ* (רוּחַ) aus dem Tanach, wo es „Atem", „Wind" und „Geist" bedeutet. In der Spätzeit wird *ruaḥ* zu einem umfassend theologischen Begriff und wird als „heiliger Geist" übersetzt. Vgl. Holy Spirit. In: Isidore Singer (Hrsg.): *The Jewish Encyclopedia. A Descriptive Record of the History, Religion, Literature, and Customs of the Jewish People from the Earliest Time to the Present Day*, Bd. 6. New York: Funk & Wagnalls 1906, S. 447–450. Diese Verbindung zwischen der ursprünglich dynamischen Bedeutung von *ruaḥ* und dem statischen Charakter von „heilig" stellt jedoch eigentlich einen Widerspruch in sich dar, wie Albertz und Westermann erläutern: Vgl. R. Albertz / C. Westermann: rûaḥ. In: Ernst Jenni (Hrsg.): *Theologisches Handwörterbuch zum Alten Testament*. München / Zürich: Kaiser 1976, S. 3726–3753.

Der Atem erscheint in Nancys Zitat als konstitutives Element des Sprechens: als das, was selbst nicht der Ordnung des Sprechens angehört, dennoch aber als Inspiration und Exspiration vernehmbar ist.[228] Der Atem bildet den übersehenen inkommensurablen Anfang und den Rest des Sprechens, er ist die vergessene Infrastruktur jeder Äußerung. Darüber hinaus ist er der kontinuierliche Verweis auf eine Öffnung. Als eine Bewegung zwischen Innen und Außen, Rhythmus, Aspiration und Exspiration steht die Atmung für eine „Ausdehnung des Innen, seine Ausweitung" und impliziert in dieser Ausdehnungsbewegung eine „Öffnung, Expansion, Aufschließung".[229] Der letzte Satz der oben zitierten Passage verdeutlicht den bereits mit Sharpe und Cervenak aufgezeigten Aspekt des Atmens als „pneumatic commons"[230] und Mit-Sein. In Nancys Formulierung „die Spur dieses Atems in uns, im anderen" ist der Vorgang des Atmens als Öffnung auch im Sinne einer Teilhabe des und am Anderen zu verstehen. Atmen wird zur Spur eines nicht verhinderbaren Mit-Seins, das sich einer Einheit mit sich und einer teleologischen Rückkehr zum Eigenen widersetzt.

Die Atmung ist damit immer auch Anrede und „Berührung"[231] des anderen und damit Aufhebung einer Innen/Außen-Dualität, gerade weil sie an das rührt und gleichzeitig das unterläuft, was Nancy Intimität nennt: „die Einheit an sich, die Intimität ohne Außen".[232] Das vermeintlich Intime der Atmung, das leicht als „Superlativ" des „Inneren" missverstanden werden könne, sei „immer zuerst Intimität mit einem anderen" und nicht Intimität allein für sich.[233] Wenn Atmung, im strikt biologischen Sinne das Verdrängen und Aufnehmen des Atemmaterials Luft ist, dann ist dieses in der Konsequenz immer ein mit anderen geteiltes, recyceltes und kann somit niemals rein innerlich sein. Wenn Nancy also von Berührung spricht, so ist dies nicht – wie neumaterialistische Theorien nahelegen würden – die Berührung durch Luft als animierte Materie, sondern eine Berührung durch und in Atmung, die „mich dann von einem Anderswo her berührt, das ich gleichermaßen als ‚in' mir oder ‚außer' mir betrachten kann"[234]. Eine solche Berührung ist nicht mehr teleologisch gerichtet, sondern nimmt, wie sich mit Cervenak sagen ließe, eine „non-teleological destination"[235] an. Damit ist sie eher Abweichung als Richtung. Genauer: Die Atmung ist eine in der Expansion und

228 Vgl. auch Jean-Luc Nancy: Un souffle. In: *Rue Descartes* 15,13–16 (1997), S. 13–16.
229 Nancy: *Die Anbetung*, S. 137.
230 Cervenak: Black Night Is Falling, S. 166.
231 Nancy: *Die Anbetung*, S. 120.
232 Ebd., S. 119.
233 Ebd.
234 Nancy: *Die Anbetung*, S. 119.
235 Cervenak: Black Night Is Falling, S. 166.

Kontraktion stets abweichende und an einem Außen teilhabende. Wenn hier von Intimität die Rede sein kann, dann ist es Intimität im Sinne einer Teilhabe an der Fragilität der Atmung des Anderen und eine Aufmerksamkeit für das potenzielle Moment einer Abweichung, eines Aussetzens, die immer mitschwingende Potenzialität des Todes.

Hold your breath against time

In *The Refusal of Time* kommt dem Atem als einer doppelten Figur des Widerstands und der Fragilität eine zentrale Rolle zu. „Hold your breath against time" lautet das Diktum, das Kentridges Erzählerstimme wie ein Mantra wiederholt und das als Projektion in roten Lettern erscheint. Der paradigmatische Ausruf bildet weniger eine Anklage als eine Aufforderung, das Atmen willentlich zu unterlassen. Nicht um einen Widerstand gegen ein Nicht-Atmen-Können wie in dem genannten Zitat Frantz Fanons geht es hier, sondern vielmehr um den Umstand, atmen zu müssen angesichts einer stramm voranschreitenden kapitalistisch-kolonialistischen Weltordnung und des unerbittlichen *Weiter-So* ihres fortschreitenden Zeitmodells. Die negative Zuschreibung des konstitutiven *temporal lag* von *Blackness* wird hier in eine widerständige Geste gekehrt: Das Zu-spät-Sein wird zu einem bewussten Aussetzen, einem – wenn auch kurzen – Intervall, einer Geste der Unterbrechung.

Zwar mag, wie eben beschrieben, das Anhalten des Atems ein erwartbar aussichtsloses Unternehmen sein, das im Sinne der lebenserhaltenden Körperfunktion scheitern *muss*, so ist es aber dennoch nicht zu trennen von der Angst, dass das Aussetzen ein endgültiges sein könnte. Mit der Unterbrechung des Atmens – auch wenn dieses zunächst ‚kurzweilig' nur ein Intervall zwischen zwei Atemzügen bedeutet – und dessen Anhalten schwingt folglich stets die potenzielle Finalität des Todes mit. Das Anhalten des Atems nimmt in Kauf, dass dies der letzte Atemzug gewesen sein könnte. Der Atem selbst ist damit zugleich von einer Fragilität gezeichnet: Er steht für die immer gegebene Möglichkeit des endgültigen Stillstands. Der Versuch eines Aufhaltens, eines kurzen Aussetzens des Atems geschieht in dem Wissen um die Aussichtslosigkeit des Unternehmens, das Scheitern ist ihm also bereits eingeschrieben. Das Anhalten, das „hold your breath" als Anweisung weiß um die eigene Chancenlosigkeit – weiß, dass das Anhalten nur für kurze Zeit, nur für ein kurzes Intervall gelingt, bis der Drang nach Sauerstoff und damit dem Wiedereinfügen in das kontinuierliche Weiter-So des Atmens zu groß wird. Genau um dieses Intervall scheint es bei Kentridge jedoch zu gehen: um den Versuch eines Aufhaltens und Anhaltens von Zeit, um den Versuch einer Pause als Moment des – wenn auch aussichtslosen – Widerstands. „Hold your breath against time" scheint also zugleich Aufruf zum gerichteten Widerstand und aussichtlose Parole zu sein.

Im szenischen Raum der Performance kommt dem Atem in Folge eine besondere Rolle zu. Nicht nur als Bilder bewegender Luftstoß und mechanische Atmung des *Elephants* tritt er auf, sondern auch als szenisches Prinzip der Verräumlichung, das eine Form von Körperlichkeit in der Installation erfahrbar macht. Vordergründig ließe sich Kentridges *The Refusal of Time* aufgrund des Installationsformats als *un*-körperliche Arbeit beschreiben; als Multimedia-Installation, in der es um abstrakte Zeitparadigma geht und in deren Zentrum eine atmende Maschine steht, die, einem klassischen dualistischen Denkbild folgend, vermeintlich ‚lebendigen' Körpern etwaiger Performer*innen binär entgegengestellt werden könnte. Doch greift diese Deutung in jeglicher Hinsicht zu kurz. Es ist der Atem, der als szenisches Prinzip sowohl solche Dichotomien unterhöhlt als auch die Darstellbarkeit von Zeit selbst befragt.
Denn der Atem ‚an sich' entzieht sich der Darstellung. Wenn er auftaucht, dann nur als Spur seiner selbst, als Windhauch, der als technischer Kniff von Kentridges Animationsfilmen fungiert und die Aschefetzen über den Bildschirm taumeln lässt, als Mittel, um die zu hörenden Blasinstrumente zum Tönen zu bringen, als Träger der Worte, der aber selbst nicht ‚erscheint' und dennoch ‚da' ist. Er ist spürbar als Atem der Maschine und als Atem des gesamten Bild und Sound produzierenden Multimedia-Apparats, dessen Zentrum die Atemmaschine ist. Er wird körperlich für mich als Besucherin erfahrbar, sobald ich den Raum betrete, gerade weil er sich verräumlicht, weil ich mich dem dumpfen Pumpen, der Aspiration und Exspiration der Maschine nicht entziehen kann, weil sie mich körperlich affiziert, egal wo ich mich in diesem chaotisch-unübersichtlichen Bild- und Soundkabinett positioniere. Zunächst als dominanter Atemrhythmus der Maschine, dann als Abweichung, tönendes Auseinanderbrechen und schließlich Einholungsbewegung des Rhythmus auf musikalischer Ebene im *tempo rubato*: All dies ist kein in einer zentralperspektivisch angeordneten Bühnensituation und in räumlicher Distanz vor mir sich entfaltendes Geschehen, sondern ich bin vielmehr Teil desselben in dieser begehbaren installativen Anordnung.
Doch das Spezifische dieses mich von allen Seiten einschließenden pulsierenden Maschinenraums ist, dass seine Funktionsweise gerade die Dichotomie zwischen Körper und Maschine untergräbt: Der *Elephant* selbst ist ein Hybrid aus pneumatischer Mechanik und atmendem Organ. Er ist Motor und Lunge zugleich, doch dabei seinem Zweck entzogen. Der plötzliche Aufruf „Hold your breath against time" schreibt dem Atem zunächst einen gerichteten Zweck zu – sein

Aussetzen richtet sich gegen die Zeit. Doch die Befolgung der Aufforderung würde zugleich zur Aussetzung der gesamten Installation führen – ist doch der Atem sein zentrales szenisches Prinzip. „Hold your breath against time" ist folglich eine Aufforderung, die die Möglichkeit ihrer eigenen Aussetzung riskiert; ein Ausruf, der sich selbst ausstreicht. Genau darin liegt das Widerständige der Installation: Ein ihr inhärentes Prinzip, das sich beständig selbst unterminiert. Die Zeitlichkeit, die es entwirft, ist eine solche Zeitlichkeit des Widerständigen, die der ordnenden und synchronen Zeit jedoch bereits eingeschrieben ist.

Der Atem als szenisches Prinzip der Verräumlichung macht eine Zeitlichkeit erfahrbar, die sich jenen Darstellungsweisen entzieht, die auf Präsenz und Sichtbarkeit setzen. Eben darin klingt in ihm und in der Art und Weise, wie er in den pulsierenden Sound- und Bilderlandschaften resoniert, auch das an, was Sharpe als Aporie von *Blackness* und als *Being in the Wake* beschreibt. Eine Zeitlichkeit, die nicht von einem linearen *Vor* und *Nach*, nicht von Synchronisierung und der Tilgung von Abweichung geprägt ist, sondern die eine Verantwortlichkeit für eben diese Abweichungen und deren Widerständigkeit übernimmt, auch wenn das heißt, sich selbst beständig auszustreichen. Nicht zuletzt könnte der Ausruf „Hold your breath against time" daher auch als Mahnung zu verstehen sein, nicht vorschnell in einer Überwindungsmetaphorik ein *Nach* – etwa ein *post*koloniales *Nach* dem Kolonialismus – zu behaupten, sondern dieser Behauptung mit Skepsis zu begegnen und die Verschränkung mit einer Widerständigkeit zu suchen – etwa dort, wo der Atem aussetzt. Zumindest für einen Moment.

Es sei an dieser Stelle betont, dass *The Refusal of Time* hierbei in keiner Weise auf der Ebene einer reduktionistischen Behauptung eines Universalismus der Zeit und der damit einhergehenden eindimensionalen Anklage gegen koloniale Ungerechtigkeiten verbleibt. Damit ist das Projekt des Universalismus als Produkt europäischer Philosophie und Geistesgeschichte für Kentridge nicht einfach ein Konzept, das sich im Namen einer Kritik des Eurozentrismus gänzlich verwerfen ließe. Viel eher ist *The Refusal of Time* im Sinne Gayatri Spivaks und ihrem Projekt einer Dekolonialisierung als ein Versuch des „productive undoing"[236] anzusehen – eines produktiven Abtragens dieses kolonial-aufklärerischen Erbes. In diesem Sinne ist der Titel der Arbeit und die doppeldeutige Ablehnung – „refusal" – der Zeit nicht gleichzusetzen mit einer bloßen Ablehnung, sondern auch hier geht es um ein produktiv-kritisches Abtragen von Innen heraus, eine Untersuchung der Widerständigkeit und der, um auf eine Losung aus Kentridges *Blue Rubrics*-Reihe zurückzukommen, „Reciprocal Porousness" des Konzepts von Zeit *als* Universalismus. Der Begriff der Porosität impliziert dabei nicht nur

236 Spivak: *An Aesthetic Education*, S. 1.

die potenzielle Instabilität der Annahme einer universellen Kategorie der Zeit, sondern auch deren Verstrickung in koloniale Zusammenhänge.[237]
In diesem Sinne ist *The Refusal of Time* nicht zuletzt auch als klare Verweigerung zu verstehen, Zeit als ein neutrales Konzept zu begreifen, das sich als ahistorisches *A priori* unhinterfragt vorwegnehmen ließe.

237 Im Anschluss an Paul Gilroys richtungsweisende Studie *The Black Atlantic* spricht Buck-Morss von „Porosität" als einem Konzept, „das unkontrollierbare Verbindungen sichtbar macht" zwischen Europa als vermeintlich ausschließlichem Ursprungsort von Fortschritt und Moderne und dem Kolonialsystem: „Weil wir uns so daran gewöhnt haben, uns die Moderne gleichbedeutend mit Europa vorzustellen, haben wir nie wirklich verstanden, welch entscheidende Rolle das Kolonialsystem, das Europa in jener Zeit in vielerlei Hinsicht voraus war, für die Entstehung des modernen Kapitalismus spielte". (Buck-Morss: Universalgeschichte, S. 135, 153.) Vgl. Gilroy: *The Black Atlantic*.

2
Wie ist die Zeit zu denken?

Von der Vorstellung und ihrer Aussetzung

„Ist eine andere Vorstellung der Zeit überhaupt möglich?“[1] Anschließend an die Kritik der *einen* Zeit und ihrer kolonialen Implikationen in Kapitel 1 bildet diese Frage nun den Kern dieses Kapitels, in dem (andere) Denk- und Vorstellbarkeiten von Zeit vor dem Hintergrund abendländisch-metaphysischer Zeitkonzeptionen verhandelt werden. Im Sinne eines „productive undoing“[2] soll es darum gehen, das kolonial-aufklärerische Erbe der einen hegemonialen Zeit durchzuarbeiten, um darin poröse Stellen und Momente des potenziellen Aufbruchs aufzuspüren. Zu diesem Zweck führt kein Weg daran vorbei, einen Schritt zurückzutreten und sich mit eben jenem metaphysischen Zeitdenken zu beschäftigen, von dem es sich zugunsten anderer Zeitlichkeiten zu lösen gilt.

1. Zeit als Vorstellung

Ich beginne also noch einmal neu mit der Frage, ob und wie sich eine andere Zeit innerhalb einer spezifisch teleologischen Philosophie- und Theorietradition überhaupt denken lässt. Dies entwickle ich ausgehend von einem Gespräch zwischen Walter Benjamin und Gershom Scholem, in dem diese den Versuch unternehmen, in Abgrenzung zu Immanuel Kants transzendentalem Zeitdenken Zeit als *etwas anderes als* die in der metaphysischen Tradition stehende gerade Linie zu denken. Dieser Versuch einer anderen Zeit-Vorstellung findet sich jedoch, wie ich aufzeigen werde, zurückgeworfen auf eben jene Vorstellungsstruktur, von der er sich zu lösen hofft.

1 Agamben: Die Struktur der messianischen Zeit, S. 175.

2 Spivak: *An Aesthetic Education*, S. 1.

Im Anschluss an Werner Hamachers Kant-Lektüre spreche ich in diesem Zusammenhang von Zeit als einem *Vorstellungsverhältnis* und arbeite die grundsätzliche Problematik heraus, dass gerade ein Denken, das aus der Vorstellungsstruktur auszubrechen versucht, vor der Gefahr einer Essenzialisierung steht – denn wird eine Zeit jenseits der Vorstellung behauptet, riskiert dies, die Zeit selbst als eine überzeitliche zu setzen. Dieses Problem bezeichne ich im Anschluss an Theodor W. Adorno als *Entzeitlichung* der Zeit und arbeite heraus, inwiefern die Frage nach einem *Anderen* der Zeit einen blinden Fleck in Kants Zeitdenken bildet.
Anhand von Benjamins Ausführungen zu Friedrich Hölderlin entwickle ich darüber hinaus den Begriff der *Plastizität* der Zeit, der wesentlich für meine Unterscheidung von Zeit und Zeitlichkeit ist: Mit Plastizität bezeichne ich die potenzielle (Ver-)Formbarkeit von Zeit, d.h. die der Zeit inhärente Möglichkeitsbedingung, zuallererst zu einer Form, einer vorausgesetzten Struktur werden zu können. Damit betrifft Plastizität vor allem das, was ich im Folgenden Zeitlichkeit nenne: nicht die Form selbst, sondern die der Zeit zugrunde liegende Ermöglichung von Form, Formgebung, Formerhalt, die damit auch immer auf die potenzielle Veränderbarkeit dieser verweist. Als Frage nach der potenziellen (Ver-)Formbarkeit von Zeit berührt die Plastizität nicht nur das Problem der Vorstellung, sondern ebenso die Frage einer ästhetischen Zeiterfahrung.
Im zweiten Teil widme ich mich der Frage einer Sprengung, Unterbrechung und Entsetzung der metaphysischen Zeitstruktur mittels des Begriffs der *Unzeit* bei Hamacher und Derrida. In diesem Sinne knüpft die Unzeit an eben das an, was ich in Kapitel 1 als das widerständige Moment der Abweichung in Kentridges Installation *The Refusal of Time* aufgezeigt habe. Die Unzeit scheint damit eine Zeitlichkeit zu sein, die spezifisch im ästhetischen Raum aufscheint und, wie ich im weiteren Verlauf mit Derrida herausarbeite, in einem direkten Zusammenhang mit dem Theater und der Frage der Sichtbarkeit steht.
Der dritte Abschnitt verhandelt diesen Zusammenhang von Zeit, Theater und der metaphysischen Privilegierung der Sichtbarkeit u.a. im Anschluss an Hans Blumenbergs These, dass sich an der Schwelle zur Neuzeit ein „Bruch mit dem Sichtbarkeitspostulat“[3] verorten lasse, der erhebliche Konsequenzen für das Zeitverständnis habe: Während in der Antike bei Platon und Aristoteles die kosmische Zeit „Zuschauerzeit“[4] ist, sich als phänomenale Struktur im Kosmos zeigt und dem Bereich des Sichtbaren angehört, stellt sich als Konsequenz der kopernikanischen Wende in der Neuzeit ein Rückzug der Sichtbarkeit ein und der Versuch, die *Zeit als Zeit* zum Verschwinden zu bringen.

3 Blumenberg: *Die Genesis der kopernikanischen Welt*, S. 722.
4 Ebd., S. 515.

In einem letzten vierten Teil widme ich mich dann mit Jean-Luc Nancy der Zeit der *représentation* und der darin impliziten Problematik von Präsenz und Sichtbarkeit in Bezug auf Theater.

Benjamin und Scholem: Zeit als Zykloide

Im Sommer 1916 treffen Gershom Scholem und Walter Benjamin zusammen und verbringen „einen ganzen Nachmittag" über „einer sehr schwierigen Bemerkung", wie Scholem in seinen Tagebuchaufzeichnungen festhält. Diese Bemerkung betrifft die Frage der Nummerierbarkeit von Jahren und lautet: „die Reihe der Jahre ist wohl zählbar, aber nicht numerierbar"[5]. Wichtiger als dieser Satz selbst ist, dass sich im Verlauf des Gesprächs daraus für Scholem und Benjamin ein ganzer *Gedankenkomplex* eröffnet, der um ein grundsätzliches, für die Arbeiten von Scholem und Benjamin gleichermaßen wichtiges Problem kreist: Die Kritik am metaphysischen Zeitbegriff. Scholem notiert dementsprechend:

> Dies ist ein Gedankenkomplex, über den ich noch einmal sehr viel nachdenken will. Die Zeit ist wohl ein Ablauf; aber ist die Zeit gerichtet? Denn es ist doch eine durchaus metaphysische Behauptung, daß die Zeit gleichsam eine Grade sei.

Und ergänzt dann die folgende Überlegung:

> [V]ielleicht ist sie eine Zykloide oder sonst etwas, die doch an vielen Punkten keine Richtung hat.[6]

Wenn Scholem diesem „Gedankenkomplex" mehr Zeit widmen will, so deshalb, weil dieser an die grundsätzliche Frage nach Zeit und ihrer Darstellung rührt. Bereits an der Formulierung, Zeit sei „wohl ein Ablauf", wird die Bezugnahme auf eine gewisse gültige, vorausgesetzte Vorstellung der Zeit als Verlauf und Bewegung deutlich, die, das suggeriert das „wohl" in Scholems Bemerkung, – wenn auch unter Vorbehalt – zu akzeptieren sei. Dann jedoch folgt die Einschränkung „aber ist die Zeit gerichtet?", die der vermeintlichen Gewissheit des ersten Satzes, dass Zeit als eine unumkehrbar ablaufende „wohl"

5 Gershom Scholem: Tagebucheintrag, 24.08.1916. In: Ders.: *Tagebücher. Nebst Aufsätzen und Entwürfen bis 1923*, hrsg. v. Herbert Kopp-Oberstebrink / Karlfried Gründer / Friedrich Niewöhner. Frankfurt am Main: Jüdischer Verlag 2000, S. 388–395, hier S. 390. Vgl. außerdem ders.: *Walter Benjamin. Die Geschichte einer Freundschaft*. Berlin: Suhrkamp 2016. Benjamin notiert diese Bemerkung ebenfalls: Walter Benjamin: Aphorismen. In: Ders.: GS, Bd. II.2, S. 601–602, hier S. 601.

6 Scholem: Tagebucheintrag, 24.08.1916, S. 390.

selbstverständlich auch eine gerichtete sei, plötzlich den Boden entzieht. Damit setzt Scholem der Vorstellung des Ablaufs diejenige der Richtung gegenüber und stellt zur Diskussion, ob es eine „Richtung ohne Ablauf"[7] überhaupt geben könne. So beiläufig diese Bemerkung auch wirken mag, sie betrifft nichts Geringeres als die Grundannahmen des metaphysischen Zeitdenkens. Bereits die Verwendung des Begriffs *Ablauf* ist in dieser Hinsicht ungewöhnlich. Während die anderen im Verlauf des Gesprächs verwendeten Begriffe wie Tangentenrichtung, Kurvenrichtung, Zahlenreihe und Gerade eher dem mathematischen Spektrum entspringen – was wohl darauf zurückzuführen ist, dass Scholem sich bis dato intensiv mit mathematischen Studien beschäftigt hatte[8] –, gehört der Terminus Ablauf eindeutig nicht dazu, wie auch Peter Fenves in seiner detailreichen Studie *The Messianic Reduction. Walter Benjamin and the Shape of Time* anmerkt.[9]
Die Frage nach der Gerichtetheit der Zeit führt schließlich zu jener danach, wie Zeit denn überhaupt vorzustellen sei. Dabei beziehen sich Benjamin und Scholem offensichtlich auf ein ganz spezifisches Beispiel Kants, wenn sie von der „durchaus metaphysischen Behauptung"[10] der Zeit als einer Geraden sprechen. Kant schreibt in einer Passage, in der es um die Synthesis der Einbildungskraft geht und auf die ich später detaillierter zurückkommen werde: „Wir können uns keine Linie denken, ohne sie in Gedanken zu ziehen, keinen Zirkel denken, ohne ihn zu beschreiben", und schließlich, so fügt er hinzu, auch die Zeit nicht ohne das „Ziehen einer geraden Linie (die die äußerlich figürliche Vorstellung der Zeit sein soll)".[11] Als *äußerlich figürliche Vorstellung* bildet die gerade Linie eine Darstellungsart der Zeit, ohne die „wir die Einheit ihrer Abmessung gar

7 Scholem: Tagebucheintrag, 24.08.1916, S. 390.

8 Scholem beschäftigt sich zum Zeitpunkt des Gesprächs mit mathematischen Studien und der Möglichkeit der Ermittlung einer ‚Weltformel', die Welt und Zeit in sich vereint. Peter Fenves legt nahe, Scholem sei wahrscheinlich beeinflusst durch Felix Hausdorffs zweites philosophisches Werk, in dem der Begriff Ablauf eine prominente Rolle einnimmt. Der unter dem Pseudonym Mongré veröffentlichende Hausdorff unterscheidet zwischen „Zeitinhalt und Zeitablauf", wobei letzterer den Zukunft, Gegenwart und Vergangenheit durchlaufenden Prozess beschreibt. Darüber hinaus zeigt er auf, dass Zeit als „erfüllte Zeitstrecke" nicht als gerade Linie dargestellt werden könne, und schlägt stattdessen das Bild einer „Zeitebene" vor, die sich als Ellipse beschreiben lasse. (Felix Hausdorff (P. M.): Das Chaos in kosmischer Auslese. In: Ders.: *Philosophisches Werk*, hrsg. v. Werner Stegmaier / Egbert Brieskorn. Berlin: Springer 2004, S. 587–815, hier S. 741.) Vgl. Stéphane Mosès: *Der Engel der Geschichte. Franz Rosenzweig, Walter Benjamin, Gershom Scholem*. Frankfurt am Main: Jüdischer Verlag 1994.

9 Vgl. Peter Fenves: *The Messianic Reduction. Walter Benjamin and the Shape of Time*. Stanford, CA: Stanford UP 2011, S. 107.

10 Scholem: Tagebucheintrag, 24.08.1916, S. 390.

11 Kant: *Kritik der reinen Vernunft*, S. 150, B 154.

nicht erkennen könnten."[12] Wir können uns also die Zeit „nicht anders vorstellig machen [...] als unter dem Bilde einer Linie."[13] Im Verlauf ihres Gesprächs weisen Scholem und Benjamin schließlich eben diese Vorstellung, dass die Zeit im Sinne einer unumkehrbaren Bewegung als Gerade zu denken sei, als eine „durchaus metaphysische Behauptung"[14] zurück und setzen dagegen diejenige des Ablaufs, nur um daraufhin die folgende, bereits zitierte enigmatische Überlegung anzustellen: „[V]ielleicht ist sie [die Zeit] eine Zykloide oder sonst etwas, die doch an vielen Punkten *keine* Richtung hat."[15] Mit der geometrischen Figur der Zykloide führen sie plötzlich ein Gegenmodell zur „metaphysischen Behauptung" der Zeit als gerader Linie ins Feld, das auf geschickte Weise Ablauf und Richtung in einen neuen Zusammenhang bringt. Bezeichnend ist, dass Scholem sich weiterhin eines geometrischen Vokabulars bedient, sich jedoch von dem Begriff der Richtung vollends verabschieden will. Inwiefern bietet die Annahme, die Zeit sei keine Linie, sondern eine Zykloide, nun einen Ausweg aus der metaphysischen Behauptung? Dafür ist es notwendig, diese merkwürdige geometrische Figur genauer zu betrachten.

Das Lexikon der Physik definiert die Zykloide als Rollkurve, die entsteht, „wenn ein Kreis ohne zu gleiten an einer zweiten Kurve entlang rollt"[16], und das Lexikon der Mathematik beschreibt sie darüber hinaus als eine Radkurve, „die ein mit einem Rad fest verbundener Punkt P beschreibt, das ohne zu gleiten z. B. auf einer Schiene oder Straße rollt."[17] Es ist dabei der Fixpunkt P auf dem rollenden Kreis, der die Zykloide zeichnet.

Die Zykloide ist demzufolge eine dem Kreis *ähnliche* Figur – eine zyklische Kurve, weder Kreis noch gerade Linie: die Aufzeichnung einer Bewegung, die zwar kontinuierlich ist, aber an vielen Punkten keine Richtung hat, nämlich eben dort, wo sie die Straße oder Schiene berührt. Dabei folgt sie ihrem eigenen Gesetz, demjenigen der Kurve. Dieses wiederum ist ganz explizit eben nicht jenes von Sukzession und Abfolge. Warum beziehen sich Scholem und Benjamin hier auf eine weitere, wenn auch andere geometrische Figur, um zu bestimmen, was Zeit *ist*? Klar wird: Letztere Frage scheint nicht beantwortbar zu sein, ohne sich auf eine *Vorstellung* von Zeit *als Figur* zu berufen. Es geht mir hier

12 Ebd., S. 151, B 155.

13 Ebd.

14 Scholem: Tagebucheintrag, 24.08.1916, S. 390.

15 Ebd.

16 Zykloide. In: *Lexikon der Physik*, 1998. https://www.spektrum.de/lexikon/physik/zykloide/15978 (Zugriff am 07.02.2024).

17 Zykloide. In: *Lexikon der Mathematik*, 2017. https://www.spektrum.de/lexikon/mathematik/zykloide/11974 (Zugriff am 07.02.2024).

folglich weniger um eine geometrisch-mathematische Spitzfindigkeit, als darum, dass von Scholem und Benjamin der – vielleicht noch zaghafte – Versuch unternommen wird, Zeit anders als in den herkömmlichen metaphysischen Vorstellungsweisen zu denken und sich von diesen zu lösen. Dass dieser Versuch selbst sich wiederum nicht von den Hilfsmitteln geometrischer Formen lösen kann, ist bezeichnend.

Das Beispiel der Zykloide scheint von Scholem auf den ersten Blick beiläufig gewählt, stellt sich bei näherer Betrachtung aber als komplizierte Figur heraus. Zum einen hat sie als ein sich auf einer Geraden bewegender Kreis eine bestimmte Richtung, sie folgt somit einem klar linearen Muster. Zum anderen besitzt sie aber trotzdem die Eigenheit des Zyklischen und hat so weder Anfang noch Ende. Genau dadurch verschränkt sie jedoch in sich die beiden einflussreichsten metaphysischen Denkfiguren von Zeit überhaupt: Die des Kreises und die der Linie. Ersterer steht im Mittelalter und Barock als zyklisches Denken der ewigen Wiederkehr für eine Gegenvorstellung zum modernen Zeitdenken und wird von Jacques Derrida als eine der „mächtigsten und unvermeidlichsten Metaphern, jedenfalls in der Geschichte der Metaphysik", beschrieben, mit der selbstverständlich die Annahme verbunden sei, dass „die Zeit stets ein Prozeß oder eine Bewegung in der Form des Kreises" ist.[18] Die Figur des Kreises besitzt so ein „absolute[s] Privileg" in der „metaphysischen Auslegung der Zeit"[19], was Heidegger wiederum den „vulgären Zeitbegriff"[20] nennt.[21] Zum anderen aber enthält die Zykloide auch Elemente der direktionalen geraden Linie, die

18 Derrida: *Falschgeld*, S. 18.

19 Ebd.

20 Erläuterungen zur Frage des „vulgären Zeitbegriffs" finden sich insb. in § 81–83 von Heidegger: *Sein und Zeit*, S. 420–437.

21 Eine detaillierte Auseinandersetzung mit Heideggers Vorstellung des „vulgären Zeitbegriffs" legt Derrida anhand einer Fußnote in *Sein und Zeit* vor, in der Heidegger den Hegel'schen Zeitbegriff als die „radikalste" begriffliche Ausformung des vulgären Zeitverständnisses darstellt. (Jacques Derrida: Ousia und gramme. Notiz über eine Fußnote in Sein und Zeit. In: Ders.: *Randgänge der Philosophie*, aus d. Franz. v. Gerhard Ahrens / Henriette Beese / Mathilde Fischer / Karin Karabaczek-Schreiner et al. Wien: Passagen 1988, S. 53–84, hier S. 55.) Derrida verortet wiederum in Heideggers Denken eine „Entgrenzung" [dé-limitation] des Kreises, nämlich in dem, was Heidegger in *Unterwegs zur Sprache* als „Geflecht" bezeichnet. Das Geflecht steht laut Heidegger zunächst für ein Verflochtensein in Sprache und ins Sprechen, für ein Eingebunden-Sein in „ein Geflecht von Beziehungen, darein wir selber schon einbezogen sind". Das Geflecht ist darüber hinaus aber auch das, was zusammendrängt, verengt und die „gerade Durchsicht im Verflochtenen" verwehrt, und eben in diesem „zurücklaufenden Verhältnis zu sich selbst" tut sich seine Parallele zum Zirkelhaften des Kreises auf. Der Kreis – hier als Zirkel bezeichnet – bildet demnach den Sonderfall des Geflechts. In der Anmerkung bei der ersten Nennung des Begriffs „Geflecht" heißt es: „[D]er Name ‚Geflecht' ist schlecht aber: ‚Zirkel' erst recht". (Martin Heidegger: Der Weg zur Sprache (1959). In: Ders.: GS, Bd. 12, S. 230–231.)

schließlich für Kant, wie noch zu zeigen sein wird, die „äußerlich figürliche Vorstellung der Zeit“[22] bildet und im Zeitdenken der Neuzeit *die* Repräsentation von Zeit schlechthin darstellt.
Die Zykloide, die Scholem und Benjamin ins Spiel bringen, verpflichtet sich keiner dieser beiden Darstellungsweisen vollständig, sondern ist ein Hybridmodell, in dem sich beide bedingen. Einerseits folgt sie einer zyklischen Zeitstruktur, andererseits aber ist sie doch, zumindest an bestimmten Punkten, gerichtet und folgt einer geraden Linie. Die Zykloide dient als Gedankenexperiment insofern, als dass sie noch auf einer in der Theorie als Modell existierenden geometrischen Figur basiert und dennoch die Möglichkeit bietet, sich von der dominanten metaphysischen Vorstellung der Richtung und Gerichtetheit ansatzweise zu lösen und andere Weisen einer Darstellungs- und Vorstellungsweise gedanklich zu erproben. Der sich aus dem Gespräch entwickelnde *Gedankenkomplex* ist also dieser: Wie könnte die Gestalt und Form der Zeit anders, d. h. abseits von den bisher bekannten Schemata und herrschenden Vorstellungen, gedacht werden?
Über alle geometrischen Feinheiten hinaus ist nämlich das eigentlich Entscheidende an Scholems Notiz der unscheinbare Zusatz „[V]ielleicht ist sie [die Zeit] eine Zykloide oder *sonst etwas*.“[23] Die Zykloide stellt demnach nur eine von vielen möglichen anderen Alternativen dar, zeigt aber bereits, worum es Scholem und Benjamin in diesem Gespräch geht: Um die Suche nach einer anderen Zeitvorstellung, die aber noch nicht benennbar scheint, sondern lediglich als *oder sonst etwas* betitelt wird. Welches *sonst etwas*, welches *andere* ist es, das hier angedacht wird?
Auf den ersten Blick scheint es, als wäre lediglich eine andere, alternative Form als diejenige der Zykloide gemeint: Als könne sie auch anders als in der (geometrischen) Form der Zykloide denkbar sein. Bei genauerer Betrachtung aber tut sich eine weitere, radikalere Möglichkeit auf, nämlich die einer *gänzlich anderen Vorstellung* von Zeit, die folgende Überlegung nach sich zieht: Wenn ich davon ausgehe, dass Zeit nicht nur eine Form *hat*, sondern auch Form *ist*, dann kann diejenige Zeit, die den Anspruch erhebt, *etwas anderes* zu sein, auch nicht mehr mit den bereits bekannten Formen und Kategorien operieren. Und weiter: Eine Zeit, die etwas anderes als Zeit ist, kann eigentlich auch keine Zeit mehr sein. Obwohl Scholems und Benjamins Versuch des Um-Denkens von Zeit immer noch auf eine geometrische Form als Referenzpunkt angewiesen ist, schwingt in ihrem Gespräch die Frage nach der Möglichkeit eines Denkens von Zeit abseits

22 Kant: *Kritik der reinen Vernunft*, S. 150, B 154.
23 Scholem: Tagebucheintrag, 24.08.1916, S. 390 (Herv. J. S.).

ihrer herkömmlichen Formen und Vorstellungen mit. Gefragt wird also nach einer Zeit, die keine *eine* Zeit mehr ist, sondern „vielleicht“[24] als etwas anderes als diese Zeit zu denken ist.

Was sich in Scholems Tagebuchaufzeichnung zeigt, ist nicht einfach der Rekonstruktionsversuch eines Gesprächs. Vielmehr eröffnet sich in dem, was Scholem als *Gedankenkomplex* beschreibt, *eine Szene des Denkens von Zeit*.[25] Ich spreche an dieser Stelle bewusst von Szene, weil hier ein Nachdenken über die Vor- und Darstellungsstruktur von Zeit begonnen wird, das zwischen den mathematischen Vokabeln und geometrischen Begriffen, die alle nicht so recht passen wollen, hin und her changiert und sich vorsichtig tastend an einem Szenario des *Vielleicht* erprobt: Vielleicht ist die Zeit etwas Anderes, noch Ungedachtes, „sonst etwas“[26]. Dieses ‚sonst etwas‘ indiziert sehr deutlich, dass die Zykloide nur eine von vielen Möglichkeiten, nur eine von vielen Darstellungs- und Vorstellungsweisen ist: nur eine von vielen Weisen, sich Zeit vorzustellen und sie mithilfe dieser Vorstellungen und bereits bekannten Formen, wie der Linie, dem Kreis oder eben der Zykloide, darzustellen. Damit ist dieser *Gedankenkomplex* mehr ein in die Zukunft sich öffnendes Versprechen oder Vorhaben – „ein Gedankenkomplex, über den ich noch einmal sehr viel nachdenken will“[27] – als ein sich in der Richtigkeit der Überlegungen sicher glaubendes thetisches Setzen, mehr eine Szene des Denkens als der Versuch der wahrheitsgetreuen Rekonstruktion und Reproduktion eines bereits abgeschlossenen Denkprozesses. Die Zeit selbst wird zum Objekt der Betrachtung und eröffnet gleichzeitig einen Verhandlungs- und Möglichkeitsraum, der nicht nur bisherige, bekannte Modelle, wie die Zeit zu denken sei, auftreten lässt, sondern vielmehr dem noch Ungedachten, Unbestimmten einen Platz einräumt: dem „sonst etwas“, das in der Ordnung des Eventuellen auf diejenige Vorstellungsstruktur von Zeit verweist, die „vielleicht“ jenseits des Bekannten, „vielleicht“ ganz anders sein könnte.

Ich möchte den Gedankenkomplex der Zykloide als eine solche Szene des Denkens des *Vielleicht* begreifen, die gerade in ihrer fragilen und vorläufigen Haltung des zögernden Fragens einen Horizont für weiteres Nachdenken über Zeit, ihre Form und ihre Darstellung eröffnet, dem ich mich im Folgenden widmen will. Dafür gilt es nun, genauer in Augenschein zu nehmen, was es mit der Ablehnung der Geraden als „metaphysische[r] Behauptung“[28] auf sich hat. Denn im

24 Scholem: Tagebucheintrag, 24.08.1916, S. 390 (Herv. J. S.).

25 Zur Frage eines szenischen Denkens und dem Verhältnis von Theater und Denken vgl. weiterführend: Gabriel / Müller-Schöll (Hrsg.): *Das Denken der Bühne*.

26 Scholem: Tagebucheintrag, 24.08.1916, S. 390.

27 Ebd.

28 Ebd.

Gegensatz zu dem vorsichtigen Ton der von Scholem protokollierten Überlegungen, den ich zuvor als Szene des *Vielleicht* beschrieben habe, sticht diese Formulierung durch ihre Resolutheit hervor. Es scheint, als sei die Annahme, dass die Vorstellung von Zeit als einer Geraden eine metaphysische Behauptung ist, die einzige sicher zu tätigende Aussage. Hier rühren Scholem und Benjamin an nichts anderes als eine der Grundfesten der von Immanuel Kant in der *Kritik der reinen Vernunft* formulierten Erläuterungen zur Vorstellungstruktur der Zeit, nämlich an jene bereits zitierte „äußerlich figürliche Vorstellung"[29] der Zeit, die von Werner Hamacher als *Verhältnisvorstellung* gedacht wird, wie ich im Folgenden darlegen werde. Gerade weil Benjamins und Scholems Gespräch über die Zykloide vor dem Hintergrund ihrer Auseinandersetzung mit Kant stattfindet, ist es hier wichtig, genauer auf Kants Zeitdenken einzugehen.

Kant: Die ‚äußerlich figürliche Vorstellung' der Zeit

Für Kant ist Zeit ebenso wie Raum kein empirischer, einer Erfahrung entspringender Begriff, sondern, wie er „mit apodiktischer Gewißheit"[30] festlegt, eine a priori gegebene Vorstellung, die allen Anschauungen zu Grunde liegt und somit eine „reine Form sinnliche[r] Anschauung"[31] bildet. Sie ist damit keineswegs etwas *an sich*, „was für sich selbst bestünde, oder den Dingen als objektive Bestimmung anhinge, mithin übrig bleibe, wenn man von allen subjektiven Bedingungen der Anschauung derselben abstrahiert." [32] Denn, so heißt es weiter, „im ersten Fall würde sie etwas sein, was ohne wirklichen Gegenstand dennoch wirklich wäre."[33] Zeit kann also nie absolut sein, sie hat keine „absolute Realität"[34], die unabhängig von einem Verhältnis zur Anschauung bestünde, denn ohne dieses Verhältnis ist sie nicht zu denken. Sie ist „subjektive Bedingung"[35] der menschlichen Anschauung. Nur als Element der Erfahrung besitzt die Zeit folglich eine gewisse empirische Realität. Geht es um ihr Ansichsein und um Zeit als Denkmöglichkeit, spricht Kant von ihrer transzendentalen Idealität, „nach welcher sie, wenn man die subjektiven Bedingungen der sinnlichen Anschauung abstrahiert, gar nichts ist und den Gegenständen an sich selbst (ohne ihr Verhältnis auf unsere Anschauung) weder subsistierend noch

29 Ebd.
30 Kant: *Kritik der reinen Vernunft*, S. 79, B 48.
31 Ebd.
32 Ebd., S. 80, B 49.
33 Ebd.
34 Ebd., S. 82, B 52.
35 Ebd.

inhärierend beigezählt werden kann."[36] Die Zeit stellt folglich, obwohl sie dem Subjekt vorgängig ist, nichts objektiv Gegebenes und Vorhandenes dar, sondern kann nur in und durch Anschauung, d. h. durch und im Zugang des Subjekts zur Welt, überhaupt sein. Umgekehrt heißt dies: Ohne Zeit keine Anschauung und kein Zugang zur Welt. Die Zeit – ebenso wie der Raum – bildet damit für Kant eine „Form"[37], durch die die Welt für das Subjekt allererst zugänglich wird. Während der Raum „die *Form* aller Erscheinungen *äußerer* Sinne"[38] ist, ist die Zeit „nichts anders, als die *Form* des *innern* Sinnes, d. i. des Anschauens unserer selbst und unsers innern Zustandes."[39] Raum ist also die Form der Relation zu äußeren Phänomenen, Zeit die Form des Selbstbezugs.[40] Wenn hier von Form die Rede ist, dann ist diese nicht als eine objektiv geartete Form oder Realität zu verstehen, die unabhängig für sich bestehen könnte. Stattdessen begreift Kant Zeit als das „Verhältnis der Vorstellungen in unserm inneren Zustande"[41].
Der Begriff der Vorstellung bei Kant ist ein spezifischer und von dem der Darstellung (*exhibitio*)[42] zu unterscheiden.[43] Vorstellung leitet Kant aus dem

36 Kant: *Kritik der reinen Vernunft*, S. 82, B 52.

37 Rodolphe Gasché widmet dem Begriff der Form bei Kant eine genaue Analyse, in der er insbesondere den Bezug zwischen Darstellung und „reiner Form" untersucht. Rodolphe Gasché: *The Idea of Form. Rethinking Kant's Aesthetics*. Stanford, CA: Stanford UP 2003.

38 Kant: *Kritik der reinen Vernunft*, S. 75, B 43 (Herv. J. S.).

39 Ebd., B 49–B 50 (Herv. J. S.).

40 Jörn Etzold diskutiert Kants Zeit- und Raumdenken in Bezug auf Adolphe Appia und Hölderlin in: Etzold: Milieus, Rhythmen, Licht, S. 266.

41 Kant: *Kritik der reinen Vernunft*, S. 81, B 50.

42 Gasché spricht von einer Transformation von Kants Darstellungsbegriff in dem, was dieser *hypotyposis* nennt: Darstellung wird hier verbunden mit einer rhetorischen Figur verwendet, um durch besonders anschauliche Beschreibung zu bewirken, den beschriebenen Gegenstand vor Augen zu haben. (Gasché: *The Idea of Form*, S. 202–220.) Für eine weitere Verhandlung des Verhältnisses von Darstellung, *hypotyposis* und des Vor-Augen-Stellens vgl. Rüdiger Campe: Vor Augen stellen. Über den Rahmen rhetorischer Bildgebung. In: Gerhard Neumann (Hrsg.): *Poststrukturalismus. Herausforderung an die Literaturwissenschaft*. Stuttgart: Metzler 1997, S. 208–225.

43 Kants Verwendung von „Darstellung" ist darüber hinaus im Kontext des 18. Jahrhunderts zu betrachten, in dessen Verlauf der Begriff zu einem *terminus technicus* in den Künsten avanciert und das bis dato bestimmende frühaufklärerische Nachahmungsparadigma ablöst, das vorrangig auf der Aristotelesrezeption Johann Christoph Gottscheds und dessen Übersetzung von *mimesis* mit *imitatio* / Nachahmung beruhte. Eine ausführliche Verhandlung der begriffsgeschichtlichen Bedeutung von Darstellung vor Kant findet sich in Inka Mülder-Bach: *Im Zeichen Pygmalions. Das Modell der Statue und die Entdeckung der „Darstellung" im 18. Jahrhundert*. München: Fink 1998. Einen Überblick über die nach-kantische Aneignung des Begriffs in der Romantik bietet Martha B. Helfer: *The Retreat of Representation. The Concept of Darstellung in German Critical Discourse*. Albany: State U of New York P 1996. Außerdem ist auf die ausführliche und umfassende Darlegung des Begriffs und seiner Begriffsgeschichte zu verweisen in Dieter Schlenstedt: Darstellung. In: Ders. / Karlheinz Barck / Martin Fontius / Friedrich

lateinischen *repraesentatio* ab und bezeichnet zuallererst eine bestimmte Relation, einen Bezug oder ein Verhältnis zu einem Gegenstand:

> Alle Vorstellungen haben, als Vorstellungen, ihren Gegenstand, und können selbst wiederum Gegenstände anderer Vorstellungen sein. [...] was sich darin [in den Erscheinungen] unmittelbar auf den Gegenstand bezieht, heißt Anschauung.[44]

Die Relation oder das Verhältnis, das die Vorstellung eröffnet, ist also der Bezug auf etwas anderes als sie selbst: „Vorstellung bedeutet eine Bestimmung in uns, die wir auf etwas anderes beziehen (dessen Stelle sie gleichsam in uns vertritt)"[45]. Damit erhält der Begriff der Vorstellung zugleich die Implikation der Vertretung: Die Vorstellung ist das, was sich nicht nur auf etwas Anderes bezieht, sondern für dieses steht, es vertritt.[46] Als Vertretung bedeutet Vorstellung also auch immer für und durch ein anderes, mit dem es im Verhältnis steht.

In diesem Sinne begreift Kant Zeit als das „Verhältnis der Vorstellungen in unserm inneren Zustande"[47], der Begriff des Verhältnisses ist somit zentral und bestimmt Kants Zeitverständnis ganz maßgeblich. Zeit besteht immer nur *als* Verhältnis und ist damit, wie Werner Hamacher in „Ex Tempore. Zeit als Vorstellung bei Kant" hervorhebt, eine „Verhältnisvorstellung"[48]. Eine solche *Verhältnisvorstellung* ist Kants Zeitbegriff deswegen, weil Kant Zeit ausschließlich aus sich selbst heraus, aus ihrem eigenen Verhältnis zu sich selbst denkt und nicht aus einer Extemporalität, von einem unbestimmten Außen aus – wie beispielsweise bereits bestehende, überlieferte Zeitvorstellungen.

Nicht um irgendein bereits bestehendes Verhältnis geht es also, sondern um „genau und ausschließlich dasjenige, das erst im Akt des *Vorstellens* eröffnet

Wolfzettel (Hrsg.): *Ästhetische Grundbegriffe. Historisches Wörterbuch in sieben Bänden*, Bd. 1. Stuttgart: Metzler 2016, S. 831–875. Eine genauere Untersuchung des Begriffs bei Kant findet sich außerdem bei Jean Beaufret, der vier Arten von Darstellung in Kants Denken unterscheidet: Das Beispiel, das Symbol, das Schema und die Konstruktion. Vgl. Jean Beaufret: Kant et la notion de Darstellung. In: Ders.: *Dialogue avec Heidegger*. Paris: Minuit 1973, S. 77–109, hier S. 81.

44 Kant: *Kritik der reinen Vernunft*, S. 169, A 109.

45 Immanuel Kant an Jacob Sigismund Beck, 04.12.1792. In: Immanuel Kant: *Briefwechsel 1789–1794*. Berlin: de Gruyter 1968, S. 395.

46 Siehe den Abschnitt zu Kants Begriff der Vorstellung in Jérôme Dokic: Représentation. In: Barbara Cassin (Hrsg.): *Dictionary of Untranslatables. A Philosophical Lexicon*. Princeton: Princeton UP 2014, S. 891–894.

47 Kant: *Kritik der reinen Vernunft*, S. 81, B 50.

48 Werner Hamacher: Ex Tempore. Zeit als Vorstellung bei Kant. In: Joachim Gerstmeier / Nikolaus Müller-Schöll (Hrsg.): *Politik der Vorstellung. Theater und Theorie*. Berlin: Theater der Zeit 2011, S. 68–94, hier S. 68.

wird"[49]. Diesen Umstand begreift Hamacher als die ,kopernikanische' Revolution der Zeit in Kants Denken: Obwohl Kant, wie bereits zitiert, Zeit als a priori gegebene Vorstellung und damit reine Form sinnlicher Anschauung definiert, ist diese Anschauung nicht bereits als etwas Gegebenes vorhanden.[50] Anschauung ist keine indifferente Betrachtung, die einen schon vorhandenen Gegenstand objektiv betrachten würde; sie ist aber auch keine Rezeption, die wie ein – sich selbst als neutral behauptendes – leeres Behältnis Daten der Sinnes-, der Vorstellungs- oder der Bildwelt auffangen würde. Anschauung, so macht Hamacher deutlich, ist vielmehr eine Tätigkeit, die im Akt des Vorstellens ein Verhältnis eröffnet. Er spricht in dieser Hinsicht von einer „relational-aktiven Anschauung" und von der Anschauung als tätigem Verhältnis, einer „Verhältnieröffnung ohne vorgegebenen Gegenstand".[51] Diese tätige, eine Relation ermöglichende Anschauung ist eine vorstellende, die jede Gegenstandserfahrung und jedes Erscheinen überhaupt bedingt.

Dieser Aspekt der Tätigkeit lässt sich umso deutlicher noch einmal in Kants zweiter Fassung der *Kritik der reinen Vernunft* aufzeigen. Hier heißt es, dass die Zeit nicht nur ein Verhältnis von Vorstellungen sei, sondern dass diese Vorstellungen nur durch „eigene Tätigkeit, nämlich dieses Setzen ihrer Vorstellung"[52] durch das Gemüt zustande kommen. Vorstellungen sind also nur dadurch Vorstellungen, dass sie durch die Tätigkeit des menschlichen Gemüts als solche gesetzt werden. Hamacher betont, dass es sich hierbei um einen Akt des Vor-setzens handele, „dass sie vor das Gemüt – und zwar im Gemüt vor es – gestellt"[53] würden. Das heißt aber auch, dass das Vorstellen selbst Zeit setzt – diese Erzeugung der Zeit, ihre Hervorbringung durch die Tätigkeit der Vorstellung als Setzung, nennt Hamacher „Zeitigung"[54]. Das Vorstellen hat und ist somit eine Zeitigungsstruktur. Zeitigung aber, betont er, erfolge ohne die Beteiligung der Denktätigkeit. Zeit ist folglich kein Erzeugnis des Denkens, sondern vielmehr dessen Voraussetzung.[55] Damit wird die Zeit als Verhältnisvorstellung zu einer Vorbedingung von Erkenntnis überhaupt: Da es eine Erkenntnis *von Dingen an sich* bei Kant nicht geben kann, sondern diese – unter Bedingungen der Sinnlichkeit – überhaupt nur in Relationen möglich ist, ist es das Vorstellen

49 Hamacher: Ex Tempore, S. 68.

50 Zur Frage der Kopernikanischen Wendung in Kants Denken vgl. auch Blumenberg: *Die Genesis der kopernikanischen Welt*, S. 691–714.

51 Hamacher: Ex Tempore, S. 68–69.

52 Kant: *Kritik der reinen Vernunft*, S. 92–93., B 67–68.

53 Hamacher: Ex Tempore, S. 70.

54 Ebd., S. 72.

55 Ebd.

selbst, das als Grundstruktur endlicher Subjektivität die Voraussetzung jeder Erkenntnis ist. Nun heißt dies aber auch, wie sich zusammenfassen ließe, dass Zeit außerhalb dieser Vorstellungen gar nicht erst *denkbar* ist – das Denken der Zeit wird, folgt man Kant mit Hamacher, immer schon durch ihre a priori gegebenen Vorstellungen vorgeprägt. Wir können uns kein Bild der Zeit machen, ohne den von ihr gegebenen Gesetzen der Vorstellung zu folgen. Denn Zeit entspringt nicht nur dem Vorstellen, sondern ist selbst durch dieses Vorstellen strukturiert.

Dies lässt sich noch einmal genauer an der bereits zitierten Passage über die „äußerlich figürliche Vorstellung" der Zeit aufzeigen. Diese lautet in voller Länge:

> Wir können uns keine Linie denken, ohne sie in Gedanken zu ziehen, keinen Zirkel denken, ohne ihn zu beschreiben, die drei Abmessungen des Raums gar nicht vorstellen, ohne aus demselben Punkte drei Linien senkrecht zueinander zu setzen, und selbst die Zeit nicht ohne, indem wir im Ziehen einer geraden Linie (die die äußerlich figürliche Vorstellung der Zeit sein soll) bloß auf die Handlung der Synthesis des Mannigfaltigen, dadurch wir den inneren Sinn sukzessiv bestimmen, und dadurch auf die Sukzession dieser Bestimmung in demselben, Acht haben.[56]

Klar wird, dass die gerade Linie nicht nur eine *äußerlich figürliche Vorstellung* der Zeit, sondern auch ihre zentrale Darstellungsart bildet, sodass wir uns Zeit „nicht anders vorstellig machen [...], als unter dem Bilde einer Linie."[57] Vorstellung und Figuration von Zeit sind folglich untrennbar, Zeit zu denken, heißt zwangsläufig, die Bewegung ihres Verlaufs nachzuvollziehen und sie damit als Sukzession erst hervorzubringen. Die „metaphysische Behauptung"[58], von der Scholem schreibt, lautet demnach: Das Denken der Zeit ist nur unter dem Diktat der Vorstellung der geraden Linie möglich. Das gedankliche Nachvollziehen dieser geometrischen Form wird damit zur Bedingung der gedachten Zeit ebenso wie ihrer Darstellung. Darüber hinaus findet sich in dieser längeren Passage ein weiterer Aspekt, der besondere Aufmerksamkeit auf das *Wie* dieser Darstellungsweise legt: Kant spricht nicht nur davon, dass wir, wenn wir die Zeit denken wollen, ihren Zug ausführen müssen, d. h. das Ziehen der geraden Linie, die er als äußerlich figürliche Vorstellung der Zeit bestimmt, sondern er fügt auch hinzu, dass wir „Acht haben" sollten auf eben dieses Ausführen des Zugs in

56 Kant: *Kritik der reinen Vernunft*, S. 150, B 154.

57 Ebd., S. 151, B 155.

58 Scholem: Tagebucheintrag, 24.08.1916, S. 390.

der Sukzession. Dieses *Acht-Haben* ist eine Aufmerksamkeit dem *Wie* des Zuges gegenüber, wie genau also der Zug vollzogen wird, der die figürliche Vorstellung der Zeit bestimmt. Es handelt sich hier um nichts anderes als eine *Aufmerksamkeit auf den Prozess der Darstellung* selbst, welche die Vorstellung bestimmen wird; um ein *Acht-Haben*, das ein genaues Beobachten der Darstellungsweise ist. Das *Acht-Haben* auf ihre Darstellung ist damit gleichermaßen Aufgabe und Teil des Denkens von Zeit.

Und dies führt zurück zu Scholem und Benjamin, denen es bei der Frage nach der Zeit als Zykloide und der Überlegung, wie diese sich bewegt, ob sie eine Richtung hat oder nicht, auch um eine solche Aufmerksamkeit dem Ausführen gegenüber geht. Was sich aus der Kant-Passage ableiten und mit Scholem und Benjamin weiterführen lässt, ist die Forderung nach einer Aufmerksamkeit für die Vorstellung von Zeit, für den Akt ihres Vorstellens und Darstellens selbst: Ein *Acht-Haben* auf die Art und Weise, *wie* Zeit als Verhältnisvorstellung in dieser Vorstellungsstruktur eine Form gegeben wird. Und eben weil es um das *Acht-Haben* auf das *Wie* geht, also darauf, wie die Zeit eine figürliche Form erhält, ließe sich davon sprechen, dass Kant hier eine *Szene* entwirft, die es Benjamin und Scholem schließlich ermöglicht, nicht nur über Zeit als Vorstellung, sondern auch über eine andere Vorstellung der Zeit nachzudenken. Deutlich wird somit, dass Kant nicht einfach als Verfechter einer metaphysischen Vorstellungsstruktur abzutun ist, sondern dass gerade in seinem Denken der Vorstellung dennoch die Möglichkeit eines Um- und Andersdenkens eben dieser Vorstellung von Zeit angelegt ist. Eben dieser Aspekt ist es, der Kant als Ausgangspunkt ihrer Überlegungen für Benjamin und Scholem so fruchtbar macht.

Indem Scholem und Benjamin diese Kant'sche Prämisse von der Zeit als einer geraden Linie ablehnen, stellen sie auch die Richtigkeit der Annahme, dass die Zeit „nicht anders vorstellig [zu] machen"[59] sei, in Frage und wenden sich der Möglichkeit einer von Kant ausgeschlossenen *anderen* Vorstellungsart zu: Ihre Aufmerksamkeit richtet sich just auf die Problematik, wie Zeit denn *anders* als durch eine richtungsbestimmte Linie ‚vorstellig' zu machen sei. Wie kann Zeit anders gedacht werden, wenn doch unsere Vorstellung noch so sehr von einem Schema der Sukzession und teleologischer Gerichtetheit bestimmt wird? Noch zugespitzter geht es um die Frage, ob und wie Zeit überhaupt anders als in diesen Vorstellungsparametern gedacht werden kann.[60]

59 Kant: *Kritik der reinen Vernunft*, S. 151, B 155.

60 Wie Peter Fenves nachweist, nimmt dieses Gespräch einen beachtlichen Einfluss auf Scholems weiterführende Arbeit, nicht zuletzt unmittelbar auf seine Entscheidung, seine mathematischen Studien zugunsten der jüdischen Philologie aufzugeben. Vgl. Fenves: *The Messianic*

Es bleibt jedoch an dieser Stelle wichtig zu betonen, dass es mir ausdrücklich nicht um die Behauptung einer Zeit jenseits der Vorstellung geht, die ein vermeintliches ‚echtes' So-Sein der Zeit voraussetzen würde. Vielmehr zeigt der zwischen Scholem und Benjamin entstehende *Gedankenkomplex*, dass Zeit und Vorstellung nicht zu trennen sind und dass selbst eine vermeintlich andere Zeit noch der Logik dieser Vorstellungsstruktur verschrieben ist. Es geht also weniger um ein Jenseits der oder einen Ausbruch aus der Vorstellung als vielmehr um die Möglichkeit einer *Verschiebung* innerhalb des Vorstellungsdenkens der Zeit. Was in Scholems Tagebuchnotiz aufscheint, ist das Verhältnis zwischen einerseits der Zeit und ihrem Anderen und andererseits der Zeit als in sich differente.

Historische Zeit – Das Problem der Geschichte

„All dies hängt natürlich sehr mit dem Problem der Geschichte zusammen"[61], notiert Scholem im weiteren Verlauf seines Tagebucheintrags. Mit „All dies" ist der gesamte in den vorausgegangenen Unterkapiteln ausführlich diskutierte Gedankenkomplex rund um die am Anfang dieses Kapitels zitierte „schwierige Bemerkung" Benjamins gemeint, die Reihe der Jahre sei wohl zählbar, aber nicht numerierbar.[62] Scholem gibt in seiner Rekonstruktion der Diskussion wieder, was sich in Benjamins Aufzeichnungen nahezu wortgleich so notiert findet:

> Das Problem der historischen Zeit ist bereits durch die *eigentümliche Form* der historischen Zeit gegeben. Die Jahre sind zählbar, aber im Unterschied von dem meisten Zählbaren nicht numerierbar.[63]

Was in Benjamins Notiz im Vordergrund steht, ist das Problem der historischen Zeit, dessen Begrifflichkeit er offensichtlich von Georg Simmels gleichnamiger Publikation übernimmt.[64] Es geht also um einen ganz spezifischen Zeitbegriff, der, wie Scholem es kurz zusammenfasst, mit dem Problem der Geschichte verknüpft ist. Wieso erscheint Benjamin die Form der historischen Zeit als eigentümlich?

In einem Brief, den Benjamin am 11. November 1916 an Scholem verfasst, also im auf das Gespräch folgenden Winter, taucht die Formulierung des „Problem[s]

Reduction, S. 238–239; David Biale: *Gershom Scholem. Kabbalah and Counter-History*. Cambridge, MA: Harvard UP 1982, 154–155.

61 Scholem: Tagebucheintrag, 24.08.1916, S. 391.

62 Ebd., S. 390.

63 Benjamin: Aphorismen, S. 601 (Herv. J. S.).

64 Georg Simmel: *Das Problem der historischen Zeit*. Berlin: Reuther & Reichard 1916.

der historischen Zeit“[65] erneut auf, dieses Mal jedoch im Zuge eines vernichtenden Kommentars zu Heideggers Freiburger Antrittsvorlesung vom 27. Juli 1915 sowie dessen Aufsatz „Der Zeitbegriff in der Geschichtswissenschaft“:

> Über das ‚Problem der historischen Zeit‘ ist [...] ein Aufsatz (ursprünglich als Rede zur Erlangung der venia legendi in Freiburg gehalten) erschienen, der in exakter Weise dokumentiert, wie man die Sache nicht machen soll. Eine furchtbare Arbeit, in die Sie aber vielleicht einmal hineinsehen, wenn auch nur um meine Vermutung zu bestätigen, daß nämlich nicht nur das, was der Verfasser über die historische Zeit sagt (und was ich beurteilen kann) Unsinn ist, sondern auch seine Ausführungen über die mechanische Zeit schief sind, wie ich vermute.[66]

In dem, was Benjamin hier als „furchtbare Arbeit“ und schlicht als „Unsinn“ abtut, finden sich jedoch Formulierungen Heideggers, die denen Benjamins erstaunlich ähnlich sind.[67] Auch Heidegger spricht nämlich sowohl von dem „Eigentümliche[n] des historischen Zeitbegriffes“[68] als auch von dem Problem von Jahreszahlen und deren Nummerierung.[69] Auf ein ganz ähnliches Problem

65 Benjamin: Aphorismen, S. 601.

66 Walter Benjamin an Gerhard Scholem, 11.11.1916. In: Ders.: *Gesammelte Briefe*, hrsg. v. Christoph Gödde / Henri Lonitz / Theodor W. Adorno, Bd. I: Briefe 1910–1918. Berlin: Suhrkamp 2016, S. 128–130, hier S. 129.

67 Auf das Verhältnis zwischen Benjamin und Heidegger kann hier nicht weiter eingegangen werden. Allerdings sei erwähnt, dass Heideggers Schriften, insbesondere *Sein und Zeit*, bei Benjamin einen enormen Eindruck (eben auch im negativen Sinne) hinterließen, was sich nicht zuletzt daran aufzeigen lässt, dass er in einem Brief an Scholem vom 25.04.1930 festhält, dass er zusammen mit Bertolt Brecht plane, in einer „engen kritischen Lesegemeinschaft“ Heidegger „zu zertrümmern“. (Walter Benjamin: *Gesammelte Briefe*, Bd. I: Briefe 1910–1918, S. 514.) Hamacher bemerkt in einer Fußnote, dass eben dieser Umstand „für den tiefen Eindruck, den Heideggers Buch auf Benjamin gemacht hat, vielleicht auch für die Bedrohung, die er darin gesehen haben mag“, spreche. Daraufhin fügt er hinzu, „eine ausführliche Darstellung von Benjamins zwischen Faszination und Abscheu oszillierendem Verhältnis zu Heidegger, das bei seiner Beschäftigung mit dessen Habilitationsschrift über die Kategorien- und Bedeutungslehre des Duns Scotus zu beginnen hätte, könnte tiefer in die Probleme beider Werke hineinführen, als die Bewunderer des einen und die Verächter des andern wahrhaben wollen“. (Werner Hamacher: JETZT. Benjamin zur historischen Zeit. In: Helga Geyer-Ryan / P. L. Koopman / Klaas Yntema (Hrsg.): *Benjamin Studien. Benjamin Studies*. Amsterdam / New York: Rodopi 2002, S. 147–183, hier S. 181.)

68 Martin Heidegger: Der Zeitbegriff in der Geschichtswissenschaft (1916). In: Ders.: GS, Bd. 1, S. 415–434, hier S. 425–426.

69 Die entsprechende Passage lautet: „Die Jahreszahlen sind bequeme Zählmarken, an sich betrachtet ohne Sinn, da für Zahl gleichwertig eine andere Zahl stehen könnte, nur den Anfang der Zählung verschiebt. Aber gerade der Beginn der Zeitrechnungen zeigt, daß sie immer an einem historisch deutsamen Ereignis einsetzen (Gründung der Stadt Rom, Christi Geburt, Hedschra). Die Hilfsdisziplin der Geschichtswissenschaft, die historische Chronologie, ist also

hatte Kant verwiesen, als er von der Problematik schrieb, „eine Reihe von Begebenheiten von selbst anzufangen, so, daß in ihr selbst nichts anfängt, sondern sie, als unbedingte Bedingung jeder willkürlichen Handlung, über sich keine der Zeit nach vorhergehende Bedingung verstattet [...]“[70]. Aus diesem Kommentar wird ersichtlich: Zählbar sind die Jahre deswegen, weil das Zählen sich auf bereits vorher festgelegte Einheiten und Bedingungen beruft, nämlich unter anderem, wie lang ein Jahr ist, und der Prämisse, dass Jahre aufeinander folgen und sie als solche gezählt werden können. Die Jahreszahlen sind dabei beliebig gesetzte und damit austauschbar, solange ab dieser gesetzten Zahl chronologisch gezählt wird. Aber eben dieses Setzen der Zahlen ist das Nummerieren und mit ihm die Bestimmung, wann eine Zahlenreihe beginnt. Das Nummerieren also setzt die Bedingung für das Zählen, es setzt den Anfang, ab wann zu zählen sei und ab wann etwas zählbar wird. Wenn Kant das Vermögen benennt, eine Reihe von Begebenheiten „von selbst anzufangen“[71], dann geht es um einen ähnlichen Punkt. Wenn eine zählbare Zeitreihe von selbst anfängt, und zwar so, dass nicht in ihr selbst, – also in ihr als bereits begonnener Reihe – etwas unter einer vorher gegebenen Bedingung als Anfang bestimmt wird, dann muss die Bedingung, unter der dieser Anfang steht, selbst ein unbedingter sein. Die Bedingung, unter der das Anfangen möglich wird, muss selbst eine „unbedingte Bedingung“[72] sein, d. h. der Anfang muss selbst Zeit setzen und soll nicht in die bereits gegebene Bedingung der Zeit eingefügt werden, denn dann wäre er kein richtiger Anfang mehr, weil bereits durch eine vor ihm angefangene Zeit bestimmt.[73]

Die Frage der historischen Zeit verweist demnach zunächst auf die Problematik eines Anfangs der Zeit. Die Problematik, die in Benjamins Überlegungen zur eigentümlichen Form der historischen Zeit mitschwingt, ist – mit Kant und gegen Heidegger – nicht nur eine der Bedingung eines Anfangs der Zeit und damit auch einer chronologischen Bestimmung an sich, sondern grundsätzlich eine Frage nach der Zeitgebundenheit der Zeit selbst. Ist die Zeit als eine *Zeit in der Zeit* zu denken, d. h. immer den Bedingungen dieser einen Zeit bereits unterworfen, die wiederum selbst unzeitlich und ahistorisch ist, d. h. frei von den Bedingungen, die sie selbst setzt? Oder umgekehrt: Hat die Zeit eine Geschichte? Ist die Zeit, entgegen der kantischen transzendentalen *Zeitlosigkeit*, in sich different, selbst zeitlich und somit als geschichtlich zu betrachten? So

nur unter dem Gesichtspunkt *des Beginns* der Zeitrechnung für die Theorie des historischen Zeitbegriffes bedeutsam“ (ebd., S. 432).

70 Kant: *Kritik der reinen Vernunft*, S. 502–503, A 553–554.

71 Ebd.

72 Ebd.

73 Hamacher: Ex Tempore, S. 92.

berührt Benjamins Kommentar von der eigentümlichen Form der historischen Zeit letztendlich das, was sich in Kants Zeitdenken als *blinder Fleck* oder mit Adorno gesprochen als *Entzeitlichung* der Zeit fassen lässt.

Der blinde Fleck Kants – Die Entzeitlichung der Zeit

Um diesen *blinden Fleck* genauer beschreiben zu können, komme ich noch einmal auf die bereits erläuterte kantische Verhältnisvorstellung zurück: Eine Erkenntnis von *Dingen an sich* kann es für Kant nicht geben, deswegen ist auch die Zeit „nicht etwas, was für sich selbst bestünde, oder den Dingen als objektive Bestimmung anhinge, mithin übrig bleibe, wenn man von allen subjektiven Bedingungen der Anschauung derselben abstrahiert"[74]. Zeit ist vielmehr die subjektive, im vorstellenden Anschauen fundierte Bedingung jeder Gegenstandserfahrung und damit die Form jedes Erscheinens überhaupt. In diesem Sinne ist Kants Theorie der Zeitstruktur auch eine Theorie der Ermöglichung von Erscheinungen überhaupt: Die Zeit ist *Bedingung der Möglichkeit* von Phänomenen, von Erscheinungen und Bildern und die Grundstruktur dieser Ermöglichung ist das Vorstellen.

Wenn die Form der Zeit nach Kant als Verhältnisvorstellung charakterisiert ist, die von der Anschauung in einem relational-aktiven Akt des Vorstellens ermöglicht wird, dann können Anschauung und Vorstellung nicht voneinander getrennt werden: Die Anschauung kann jenen Akt des Vorstellens nicht einfach unterlassen, sondern „er wird vollzogen, weil Anschauung ihrer bloßen Form nach sich allein als Vor-stellen betätigt"[75]. Damit ist also auch die Zeit als Vorstellung immer die Eröffnung einer Relation, die aber, und das macht Hamacher sehr deutlich, nicht primär ein Verhältnis zu einem anderen darstellt, sondern zuallererst zu sich selbst. Dies erklärt sich so: Der Horizont, in dem Kant Zeit denkt, ist derjenige eines Sinns der Sinnlichkeit, eines Bewusstseins, das primär und wesentlich eine *Relation im Selbst* ist, die in dieser Selbstbezogenheit die Unterscheidung zwischen Ich und Anderem noch gar nicht kennen *kann,* weil sie ein Selbst *vor* jeder Alteration ist.[76]

In diesem Sinne kann es zunächst Alteration nur als Bewegung einer *internen* Alteration *innerhalb* des Selbst-Verhältnisses der Verhältnisvorstellung geben. Diese Bewegung einer internen Alteration, die in ihrer Selbstbezogenheit noch keine Alteration sein kann, schafft dadurch allererst den Möglichkeitsraum, innerhalb dessen Anderes erscheinen kann: „Jedes Andere ist für Kant Anderes

74 Kant: *Kritik der reinen Vernunft*, S. 80, B 49.

75 Hamacher: Ex Tempore, S. 69.

76 Ebd., S. 71.

allein im Horizont der Zeit als Vorstellung und somit allein im Horizont des endlichen ‚Sinns'“[77].

Dieser Aspekt von Kants Zeitverständnis hat weitreichende Folgen für die sich aus Scholems Aufzeichnungen ergebende Frage nach einem anderen Zeitverständnis, denn, so lässt sich aus Hamachers Analyse Kants schließen: Die Frage nach einem Anderen, das nicht im Horizont der Zeit als Vorstellung bleibt, wird von Kant schlicht *nicht gestellt*. Ein Anderes der Zeit, ein Zeitverständnis also, das sich *anders als* in dieser Verhältnisvorstellung denken ließe, kommt in Kants Überlegungen zur Vorstellungsstruktur der Zeit in der *Transzendentalen Ästhetik* nicht vor. Transzendenz zu Anderem kann für Kant nur innerhalb des Horizonts der Immanenz des Vorstellens erfolgen, womit die Zeit selbst zur reinen Form dieser Beschränkung der Transzendenz wird.[78] Die Frage nach einem Anderen der Zeit bildet, und dies ist der entscheidende Punkt, einen blinden Fleck in Kants Zeit-Denken. Zeit überfordert das Vorstellungsvermögen, dem sie selbst entspringt.

Benjamins und Scholems *Gedankenkomplex* dreht sich folglich um diesen blinden Fleck der Zeit selbst. Die Zurückweisung der kantischen Annahme von Zeit als einer a priori gegebenen und selbst *zeitlosen* Instanz betrifft damit die tiefergehende Problematik der Bedingung(en) von Zeit und ihrer Vorstellung: Wenn die Zeit sich als transzendentale Idealität und damit als setzendes Zeitloses a priori versteht, muss sie, um sich selbst als solche zu legitimieren, die zeitlichen Bedingungen ihres eigenen Setzungsakts ausschließen, muss sie also selbst *zeitlos* und *unbedingt* sein. Jean-Luc Nancy fasst diesen blinden Fleck in Kants Zeitdenken in folgendem Satz zusammen: „Alles geschieht in der Zeit, mit Ausnahme der Zeit selbst.“[79] Und an anderer Stelle heißt es:

> Die Zeit ist die Einheit selbst, die sich selbst vorwegnimmt und auf sich selbst folgt, indem sie sich endlos vor sich hin projiziert und in jedem – so unerfaßbaren – Augenblick die Gegenwart erfaßt, wo sie die Gesamtheit des Raums einstellt, wo sich die Oberflächenkurve in einem einzigen Anblick, in einer Perspektive darstellt, deren blinder Fleck und dunkler Fluchtpunkt zugleich die Zeit ist.[80]

77 Ebd.

78 Ebd., S. 72.

79 Jean-Luc Nancy: Raum gegen Zeit. In: Ders.: *Das Gewicht eines Denkens*, aus d. Franz. v. Cordula Unewisse. Düsseldorf/Bonn: Parerga 1995, S. 103–106, hier S. 106.

80 Jean-Luc Nancy: Bild und Gewalt. In: Ders.: *Am Grund der Bilder*, aus d. Franz. v. Emmanuel Alloa. Zürich: Diaphanes 2006, S. 31–50, hier S. 45.

Der blinde Fleck der Zeit ist die Bedingung ihrer selbst. Als Bewegung der Synthese, als Vereinheitlichungsbewegung, muss sie die in sich differenten Momente einebnen, sie in der Synthese vereinheitlichen. Aus diesem Grund kann es auch für Kant nur eine Zeit, nicht mehrere geben. In seiner „metaphysische[] Erörterung des Begriffs der Zeit“[81] betitelten Passage in der *Kritik der reinen Vernunft* definiert Kant Zeit als eine, die auf *eine* Dimension beschränkt bleibt. Damit schließt er ein Zugleich verschiedener Zeiten kategorisch aus: „Sie hat nur Eine [*sic*] Dimension: verschiedene Zeiten sind nicht zugleich, sondern nacheinander (so wie verschiedene Räume nicht nach einander, sondern zugleich sind)“[82]. Eine Gleichzeitigkeit in sich differenter Zeiten kann es also nicht geben, sie können ausschließlich in Abfolge und im Schema der Sukzession gedacht werden. Letztere ist für Kant nichts anderes als die „sukzessive Addition von Einem zu Einem (Gleichartigen)“[83]. Andersartiges hat in dieser Theorie des Einen, Gleichartigen keinen Platz. Von Zeiten im Plural spricht Kant also nur dann, wenn diese als Gleichartige nacheinander, sukzessiv aufeinander folgen. Bereits in den folgenden „Allgemeinen Anmerkungen zur transzendentalen Ästhetik“ jedoch findet sich dann die Bemerkung, die Zeit enthalte „schon Verhältnisse des Nacheinander-, des Zugleichseins, und dessen, was mit dem Nacheinandersein zugleich ist (des Beharrlichen)“.[84] Hier ist nicht von mehreren *Zeiten* die Rede, sondern davon, dass *die* Zeit selbst – neben der bereits erwähnten Möglichkeit des Nacheinander – Verhältnisse des Zugleichseins enthält. In der einen Dimension der Zeit scheint folglich die Möglichkeit eines Zugleichseins ihrer selbst angelegt zu sein. Ausschlaggebend ist hier jedoch das Detail, dass Kant das Verb „enthalten“ verwendet: Die Zeit enthält Verhältnisse des Zugleichseins. Wenn die Zeit wie eine Art Behältnis die Möglichkeit ihres Zugleichseins enthalten kann, dann kann dieses Zugleichsein nur innerhalb der Bedingungen des sie enthaltenden Behältnisses erfolgen. Es handelt sich demnach nicht um eine Gleichzeitigkeit der Zeit selbst, denn diese ermöglicht je erst das Zugleichsein *in ihr*, sondern um etwas, das innerhalb der Gesetzmäßigkeiten der *einen* Zeit verläuft. Hier gilt: „Der Raum besteht also nur aus Räumen, die Zeit aus Zeiten.“[85] Zeit bleibt für Kant also im Singular. Auch wenn sie in sich mehrere Zeiten enthalten kann, bleibt die eine Zeit als Form bestehen. Die Zeiten im Plural, von denen Kant hier spricht, sind nicht in sich different, sondern folgen den Bedingungen der einen

81 Kant: *Kritik der reinen Vernunft*, S. 78–79, B 46–B 48.

82 Ebd., S. 79, B 48.

83 Ebd., S. 190–191, A 142.

84 Ebd., S. 92, B 67.

85 Ebd., S. 211, B 212.

in und mit sich identischen Zeit, die sie in ihrer Vereinheitlichungsbewegung zu einem „Gleichartigen" synthetisiert und damit Differenzen aufhebt. Als Form des „inneren Sinnes" kommt die Zeit immer wieder zu sich zurück, „die Zeit verläuft sich nicht, sondern in ihr verläuft sich das Dasein des Wandelbaren"[86]. Indem sie immer wieder zu sich zurückkommt, bleibt sie gleichartig, „unwandelbar und bleibend"[87], wie Kant schreibt.

Aus diesem Grund kann die Zeit später bei Hegel, trotz dessen Kritik an dem kantischen Zeitdenken, „dasselbe Prinzip" sein „als das Ich = Ich des reinen Selbstbewußtseins".[88] Wie das mit sich selbst identische Selbst des Selbstbewusstseins unterliegt die Zeit der Logik der Wiederholung und Zurückholung ihrer Selbst, „der Logik der Aufhebung als der Wiederaneignung des entäußerten Selbst"[89]. Diese dialektische Bewegung des Ichs bestimmt das Wesen der Zeit, *in der sie ist*, so sehr, dass die Zeit selbst zu dem Sein des Subjekts wird:

> Näher nun gehört das wirkliche Ich selber der Zeit an, mit der es [...] zusammenfällt, insofern es nichts ist als diese leere Bewegung, sich als ein Anderes zu setzen und diese Veränderung aufzuheben, d. h. sich selbst, das Ich und nur das Ich als solches darin zu erhalten. Ich ist in der Zeit, und die Zeit ist das Sein des Subjekts selber.[90]

Trotz des Charakters der Unwandelbarkeit der verabsolutierten Subjektivität ist diesem Zeitbegriff eine Dynamik eigen. Doch diese Bewegung der Zeit ist eine leere Bewegung, weil sie nichts anderes als sich selbst enthält. Zwar setzt sie sich „als ein Anderes", hebt diese Bewegung jedoch in einer dialektischen Wendung wieder auf. Allerdings impliziert dies nicht, dass die Zeit für Hegel, wie ich es zuvor bei Kant aufgezeigt habe, einem Behälter gleicht. Ganz im Gegenteil und in einer deutlichen Absetzungsbewegung zu Kant proklamiert Hegel:

> D i e Zeit ist nicht gleichsam ein Behälter, w o r i n alles wie in einen Strom gestellt ist, der fließt und von dem es fortgerissen und hinuntergerissen w i r d . D i e Zeit ist nur diese Abstraktion des Verzehrens.[91]

86 Ebd., S. 191, A 144.

87 Ebd.

88 Georg W. F. Hegel: *Enzyklopädie der philosophischen Wissenschaften im Grundrisse 1830. Zweiter Teil. Die Naturphilosophie. Mit den mündlichen Zusätzen. Werke*, Bd. 9, S. 49, § 258.

89 Hamacher: DES CONTRÉES DES TEMPS, S. 33.

90 Georg W. F. Hegel: *Vorlesungen über die Ästhetik III. Werke*, Bd. 15, hier S. 156.

91 Hegel: *Enzyklopädie der philosophischen Wissenschaften im Grundrisse 1830*, S. 50.

Genau in dieser Abstraktion der Zeit bei Hegel und in der kantischen transzendentalen Bestimmung der Zeit als *unwandelbar und bleibend* und als mit sich identisch verortet Adorno das Problem einer „Entzeitlichung der Zeit“[92]. Oder, andersherum formuliert: Kants Zeit hat nichts Zeitliches, weil sie, selbst unwandelbar und gleichbleibend, die Bedingung der Zeit selbst ist. Das heißt aber auch, dass Zeit selbst nicht in ihrer historischen Verfasstheit und ihrer Eigenschaft als Zeit betrachtbar wird, sie ist selbst nicht verzeitlicht.

Wie Adorno in der *Negativen Dialektik* ausführt, lässt sich bei Kant und schließlich auch in Hegels Dialektik und Geschichtsphilosophie ein „Umschlag in Zeitlosigkeit“[93] beobachten, indem Zeit selbst als zeitlos gesetzt und somit ontologisiert wird. Just in Hegels Versuch, Zeit „als ein nichts außerhalb seiner selbst Duldendes zu verewigen“[94], schreibt Adorno, werde diese „ontologisiert, aus einer subjektiven Form zu einer Struktur von Sein schlechthin, selber einem Ewigen.“[95] Verantwortlich dafür macht Adorno die „simple Dichotomie von Zeitlichem und Ewigen“[96], die dem Primat des Allgemeinen in der Geschichtsphilosophie gleichkomme. Ähnlich wie die „vorgeblich überzeitlichen Momente der Geschichte“ zu Positiva erklärt würden, behaupte sich die Zeit selbst als ewig und setze sich wie der Allgemeinbegriff als Abstraktum selbst *über* die Zeit.[97] Trotz seiner Kritik an Kant werde Hegel zu dessen „Exekutor“[98], wie es Adorno in einer interessanten Wendung auf den Punkt bringt. Im Gegensatz zu Kant, dessen Zeitdenken für Benjamin und Scholem gerade darin interessant scheint, dass es zwar eine verabsolutierte Struktur des unwandelbaren So-Seins behauptet, darin aber dennoch einen gewissen Möglichkeitsspielraum des Denkens einer anderen Vorstellung zulässt, denkt Hegel als dessen „Exekutor“ Kant ‚zu Ende‘, wie es Adorno verdeutlicht. Beiden sei jedoch, wie Adorno dann schließt, dies gemein: „Sie verherrlichen Zeit als unzeitlich, Geschichte als ewig aus Angst, daß sie beginne“[99].

Adorno verortet diese „Entzeitlichung der Zeit“ bereits bei Kant und dessen Bestimmung der Zeit als reiner Anschauungsform. Indem Kant die Zeit zur

92 Theodor W. Adorno: Negative Dialektik. In: Ders.: *Gesammelte Schriften*, Bd. 6, hrsg. v. Rolf Tiedemann u. Mitw. v. Gretel Adorno / Susan Buck-Morss / Klaus Schultz. Frankfurt am Main: Suhrkamp 1973, S. 7–410, hier S. 325–328.

93 Ebd., S. 325.

94 Ebd.

95 Ebd.

96 Ebd., S. 324.

97 Ebd.

98 Ebd., S. 325.

99 Ebd.

Bedingung alles Zeitlichen erhebe und sie apriorisiere, zum *Apriori* erkläre, enthebe er auch die Zeit selbst der Zeit. Hier verweist Adorno auf jenen zuvor von mir als *blinden Fleck* der Zeit bezeichneten Widerspruch ins Kants Denken: Die „reine Form der Anschauung“[100], als die die Zeit formal bestimmt ist, entspricht selbst „keiner, wie immer gearteten Anschauung“[101]. Damit Zeit überhaupt vorgestellt werden kann, muss immer ein Zeitliches mitvorgestellt werden, „an dem sie sich ablesen läßt, ein Etwas, an dem ihr Verlauf oder ihr sogenanntes Fließen erfahrbar wird“[102]. Dies impliziert nichts anderes, als dass die absolute Zeit als solche, d. h. die Abstraktion aller Zeitvorstellungen, die durch „Objektivation“ zur reinen Gesetzmäßigkeit erhobene Zeit, auf etwas anderes als sie selbst, nämlich ein *Zeitliches* angewiesen ist, um überhaupt vorgestellt und erfahrbar werden zu können. Um die Zeit als absolute und damit überzeitliche zu denken, braucht es dennoch eine Instanz, mit Hilfe derer Zeit überhaupt vorgestellt werden kann. Hier liegt die von Adorno aufgezeigte „Reziprozität“, wie er es nennt, die die Dialektik noch in den formalsten Bereich von Kants Zeitbestimmung trägt: „[K]eins der darin wesentlichen und einander entgegengesetzten Momente ist ohne das andere“[103]. Die absolute Zeit muss, um das zu sein, was sie laut Kant sein soll, nämlich absolute, reine Gesetzmäßigkeit, „des letzten faktischen Substrats entäußert“ sein, „das in ihr ist und verläuft“.[104] Umgekehrt ist sie auf eben dieses, offenbar bereits in ihr angelegte Zeitliche angewiesen, um überhaupt das zu sein, „was Kant zufolge Zeit unabdingbar sein muß: dynamisch. Keine Dynamik ohne das, woran sie statthat.“[105]

Adorno verweist so auf eine grundsätzliche Problematik, vor der kein Zeitdiskurs wirklich gefeit ist, nämlich diejenige der mit der Behauptung einer transzendentalen Zeit einhergehenden *Negierung des Zeitlichen der Zeit selbst*. Kurz: Kants Zeit hat selbst keine Geschichte und kann keine geschichtliche Zeit sein. Die transzendentale Zeitform, von der Kant ausgeht, gleicht gewissermaßen einer fixen Armatur des Erkenntnisapparats, die seine Resultate präfiguriert.[106] Indem er von einer apriorischen Anschauungsform ausgeht, setzt er eine Kontinuität von Zeit, die keine geschichtliche sein kann, weil sie als bloße Form noch vor jeder Geschichte feststehen muß. Und dies heißt für das Verhältnis von Zeit und ihrer Geschichte, wie Hamacher an anderer Stelle betont, dass Geschichte

100 Ebd.
101 Ebd., S. 326.
102 Ebd.
103 Ebd.
104 Ebd.
105 Ebd.
106 Hamacher: JETZT, S. 156.

sich zwar in der a priori gesetzten Zeit bewegt, aber selbst keine von ihrer leeren Form unterscheidbare spezifisch geschichtliche Zeit ausbildet.[107] Das, was Adorno also die *Entzeitlichung* der Zeit bei Kant nennt, heißt nichts anderes als die Negierung der geschichtlichen Verfasstheit von Zeit und damit ihrer, wie ich es fassen möchte, *Zeitlichkeit*.[108]

Es ist genau diese Frage nach der *Zeitlichkeit der Zeit und ihrer Vorstellungsformen*, die in Benjamins und Scholems Gespräch über die Möglichkeit eines Ausbrechens aus herkömmlichen Zeitvorstellungen formuliert wird. Die Frage der Zeitlichkeit umfasst dabei eine Befragung der Prämissen eines übergeordneten kategorialen Prinzips von Zeit auf ihre zeitliche Verfasstheit und der sie begleitenden Tendenz zur Ontologisierung und Entzeitlichung. Das von Adorno formulierte Problem einer *Entzeitlichung* der Zeit bei Kant und Hegel betrifft damit auch die Geschichtlichkeit der Zeit selbst und damit nicht zuletzt das, was Benjamin als das „Problem der historischen Zeit" bezeichnet.

Bis hierhin müsste deutlich geworden sein, dass das Beispiel der Zykloide und die Bemerkung über die *metaphysische Behauptung* der Zeit als gerade Linie einen ganzen Horizont von Fragen, Kontexten und Hintergründen zur metaphysischen Bestimmung von Zeit, der Zeitlichkeit der Zeit selbst und ihrer Vorstellungstruktur eröffnet und nicht zuletzt das Verschieben eben letzterer zur Debatte stellt. Ich möchte an dieser Stelle noch einen weiteren Aspekt einführen, der auch für die weitere szenische Verhandlung von Zeit und Zeitlichkeit im Verlauf dieser Arbeit wichtig werden wird, weil er die ästhetische Erfahrung von Zeitlichkeit und die Frage ihrer Formgebung betrifft: Die Rede ist von der *Plastizität* von Zeit, die in Benjamins Denken schon vor jenem Gespräch mit Scholem auftaucht, nämlich in dem Essay „Zwei Gedichte von Friedrich Hölderlin"[109], den Scholem in seinem Tagebucheintrag ebenfalls erwähnt, direkt folgend auf die Bemerkung zur Zykloide.

107 Hamacher: JETZT, S. 156.

108 Adorno äußert im Anschluss an diesen Abschnitt Kritik an der Bergson'schen Doppelung des Zeitbegriffs, in der er eine „ihrer selbst unbewusste Dialektik" ausmacht. In dem Begriff der *temps durée* habe Bergson versucht, etwas zu rekonstruieren, das der Abstraktion der Philosophie und der kausal-mechanischen Naturwissenschaften zum Opfer gefallen sei, nämlich die lebendige Zeiterfahrung. In dieser aber sieht Adorno eine Verabsolutierung des dynamischen Moments der Zeit: Gerade in der Abgrenzung gegen eine Verdinglichung des Bewusstseins habe Bergson das dynamische Moment seinerseits zu einer Form des Bewusstseins und privilegierten Erkenntnisweise verdinglicht. In dieser brüchigen Zeitenlehre verortet Adorno den frühen Niederschlag der „objektiv gesellschaftlichen Krisis des Zeitbewußtseins". (Adorno: Negative Dialektik, S. 327–328.)

109 Walter Benjamin: Zwei Gedichte von Friedrich Hölderlin. Dichtermut – Blödigkeit. In: Ders.: GS, Bd. II.1, S. 105–126.

Die Plastizität der Zeit

Bereits im Jahr vor besagtem Gespräch zwischen Benjamin und Scholem 1916, in dem sie die metaphysische Behauptung Kants zur Vorstellung der Zeit als Linie zurückweisen, hatte sich Benjamin 1914/15 in seiner von ihm als „ästhetischer Kommentar" bezeichneten Schrift „Zwei Gedichte von Friedrich Hölderlin" mit der Frage einer „Gestalt der Zeit"[110] auseinandergesetzt, weswegen Peter Fenves die These vertritt,[111] es sei in jedem Falle Benjamin gewesen, der diese Thematik und insbesondere die Begriffe „Ablauf" und „Richtung" in die Konversation 1916 eingebracht habe.[112]

In „Zwei Gedichte von Friedrich Hölderlin" geht es Benjamin keineswegs um die Suche nach einer passenden geometrischen Vorstellungsform von Zeit, sondern um das sprachliche Erfassen einer zeitlichen *Plastizität* im Gedichteten, die mit einer bestimmten ästhetischen *Zeiterfahrung* verbunden zu sein scheint. In den Versen der zwei Gedichte Hölderlins *Dichtermut* und *Blödigkeit* von 1801 findet Benjamin etwas, das er als „zeitliche Plastik"[113] und „Plastik der Zeit"[114] im Gedichteten beschreibt und das mich im Folgenden interessiert. Hier deutet sich bereits sein Denken der Zeit der Zäsur an, das an Hölderlins Begriff der „Cäsur"[115] in den „Anmerkungen" zu dessen Übersetzungen der sophokleischen Tragödien der Antigonä und des Ödipus anschließt, und das wiederum später in Benjamins geschichtsphilosophischen Thesen als revolutionäre Unterbrechung und „Aufsprengung" des Zeitkontinuums und der „homogene[n] und leere[n] Zeit"[116] wieder auftaucht.

110 Ebd., S. 199.

111 Fenves: *The Messianic Reduction*, S. 107–108.

112 Scholem notiert dazu: „Die Arbeit über die beiden Hölderlinschen Gedichte, die das einzige ist, was er bisher für wesentlich hält, wird er mir in Berlin schenken. Was beweist, daß er mich für würdig hält. Sie ist sehr schwer." (Scholem: Tagebucheintrag, 24.08.1916, S. 391.)

113 Benjamin: Zwei Gedichte von Friedrich Hölderlin, S. 119.

114 Ebd., S. 120.

115 Friedrich Hölderlin: Anmerkungen zum Oedipus. In: Ders.: *Sämtliche Werke. Historisch-kritische Ausgabe*, hrsg. v. Dietrich E. Sattler. Frankfurt am Main: Stroemfeld 1975–2008, Bd. 16, S. 247–258, hier S. 250. Vgl. Ders.: Anmerkungen zur Antigonä. In: Ebd., S. 409–421. Samuel Weber widmet sich dem Begriff der „Zäsur" als „gegenrhytmischer Unterbrechung" bei Hölderlin und schreibt mit Blick auf Benjamins Hölderlin-Lektüre von einer „mythische[n] Verbundenheit". (Samuel Weber: Zäsur als Unterbindung. Einige vorläufige Bemerkungen zu Hölderlins „Anmerkungen". In: Etzold / Hannemann (Hrsg.): *Rhythmos*, S. 39–62, hier S. 55.) Weber setzt sich hier kritisch mit Lacoue-Labarthes Deutung der „Zäsur" als „Leere" auseinander. Vgl. Philippe Lacoue-Labarthe: *Métaphrasis suivi de Le Théatre de Hölderlin*. Paris: PUF 1998.

116 Walter Benjamin: Über den Begriff der Geschichte. In: Ders.: GS, Bd. I.2, S. 691–705, hier S. 701.

Ich möchte mich im Folgenden jedoch explizit nicht auf diese viel kommentierten Passagen des späten Benjamin beziehen, sondern mich stattdessen diesen frühen Ausführungen zur Plastizität von Zeit widmen, weil hier eine bestimmte Erfahrung der Materialität von Zeit im ästhetisch-poetischen Raum beschrieben wird, die mir auch über Benjamin hinaus für das Nachdenken über andere Zeitlichkeitserfahrungen in ästhetischen künstlerischen Auseinandersetzungen wichtig erscheint, spezifisch mit Blick auf gegenwärtige relationale Auseinandersetzungen mit Zeitlichkeit als Gefüge und *entanglement*, die ich in Kapitel 4 untersuchen werde. Es geht mir an dieser Stelle darüber hinaus ausdrücklich nicht um eine detaillierte Abhandlung des Benjamin'schen Texts und der Hölderlin'schen Verse[117], sondern vielmehr darum, dass sich in Benjamins Formulierungen die Beschreibung einer bestimmten Formbarkeit von Zeit findet, die in der „raumzeitlichen Ordnung"[118] des Gedichteten als *Zeitlichkeit* erfahrbar wird.

Das „Gedichtete" ist für Benjamin zunächst die „innere Form" des Gedichts, das „Gefüge von Beziehungen" der einzelnen Einheiten und zugleich dessen Voraussetzung, sein *Apriori*.[119] Die Verwendung des Begriffs der Plastik in Bezug auf die Zeit des Gedichteten bringt die Frage der Gestaltgebung von Zeit mit sich. Der Begriff der Plastik trägt dabei zwei Bedeutungen: Etymologisch hervorgegangen aus dem griechischen *plassein*, das „formen, schaffen" bedeutet, verweist es zunächst auf die Kunst des Formschaffens, vor allem das Schaffen von Skulpturen. Das Adverb „plastisch" hingegen impliziert zum einen die Eigenschaft, Form zu verändern, zum anderen diejenige, Form zu geben.[120]

117 Für eine weiterführende Beschäftigung mit Benjamins Hölderlinlektüre und seinem „Critical Romanticism" vgl. insb. die Beiträge von Beatrice Hanssen und Philippe Lacoue-Labarthe in dem Band: Andrew Benjamin / Beatrice Hanssen: *Walter Benjamin and Romanticism*. New York: Continuum 2002; sowie David E. Wellbery: Benjamin's Theory of the Lyric. In: *Studies in Twentieth Century Literature* 11 (1986), S. 25–47.

118 Benjamin: Zwei Gedichte von Friedrich Hölderlin, S. 124.

119 Als „Grenzbegriff", beschreibt er das Gedichtete im Gegensatz zum Gedicht als „synthetische Einheit der geistigen und anschaulichen Ordnung" und damit auch als Einheit des „Form-Stoff-Schema[s]" (ebd., S. 105–106). Benjamin bezieht sich explizit auf Goethe, wenn er zu Beginn der Abhandlung schreibt, an Hölderlins Gedichten solle die „innere Form" aufgezeigt werden, die Goethe als Gehalt bezeichne. Rainer Nägele spricht in dieser Hinsicht von einem „gewissen Pathos der Immanenz" in Benjamins frühen Schriften. Für eine detaillierte und kritische Auseinandersetzung mit dem Begriff des „Gedichteten" und Benjamins „Zwei Gedichte von Friedrich Hölderlin" vgl. Rainer Nägele: Benjamin's Ground. In: *Studies in Twentieth Century Literature* 11 (1986), S. 5–24, hier S. 12.

120 Catherine Malabou: Plasticity. In: Cassin: *Dictionary of Untranslatables*, S. 786–788, hier S. 786.

Wenn die Zeit plastisch und die Plastik zeitlich werden kann, dann sagt dies weniger etwas über eine etwaige mathematisch-geometrische Form und deren Vorstellung aus, als dass das Plastische eine bestimmte Eigenschaft der Formgebung der Zeit beschreibt.[121] Im Sinne des Adverbs „plastisch" trägt sie aber auch die Möglichkeit der Veränderung dieser Form in sich. Ich möchte hier den Begriff der Plastizität[122] verwenden, weil er auf besondere Weise die Bedeutungen der „Plastik" und des „Plastischen", also die der Formgebung und die der Formveränderung in sich eint.[123] Mit Plastizität bezeichne ich im Folgenden eine potenzielle (Ver-)Formbarkeit der Zeit und möchte damit die Aufmerksamkeit auf die in diesem Begriff mitschwingende, besondere Implikation richten: Zum einen die zunächst simple Konsequenz, dass, wenn Zeit plastisch sein kann, sie sowohl Form ‚gibt' als auch selbst form- und veränderbar ist, was wiederum die Möglichkeit einer wie auch immer gearteten ursprünglichen transzendentalen Form von Zeit ausschließt. Zum anderen verweist die Plastizität der Zeit auf eine immer mögliche, potenzielle Veränderbarkeit der Form und lässt damit sowohl die *metaphysische Behauptung* der Zeit als gerader Linie als auch das „absolute

121 In *Ursprung des deutschen Trauerspiels* verwendet Benjamin den Begriff des Plastischen in Bezug auf das Symbol. Er schreibt vom *plastischen Symbol* als der klassischen Ausprägung der Ästhetik des Symbols, dem er die Allegorie entgegensetzt: „Kein härterer Gegensatz zum Kunstsymbol, dem plastischen Symbol, dem Bilde der organischen Totalität ist denkbar als dies amorphe Bruchstück, als welches das allegorische Schriftbild sich zeigt." (Walter Benjamin: Ursprung des deutschen Trauerspiels. In: GS, Bd. I.1, S. 203–430, hier S. 351.)

122 Als Neologismus kommt der Begriff der Plastizität zu Beginn des 19. Jahrhunderts auf und es ist vor allem Hegel, der den zwei widersprüchlichen Bedeutungen des Gebens von Form einerseits und des Geformt-Werdens in Bezug auf die Plastizität des Subjekts andererseits Rechnung trägt. An anderer Stelle wird Plastizität auch als „Bildsamkeit" charakterisiert. Catherine Malabou zeigt auf, inwiefern Plastizität für Hegel in den *Vorlesungen über die Philosophie der Geschichte* darüber hinaus zum Inbegriff von Beweglichkeit und Freiheit wird. Exemplarisch zeigt sich dies in einer Passage über den „plastische[n] antiken Charakter" der Athener, zu denen Hegel Thukydides, Sokrates, Platon und Aristophanes zählt. Dieser sei von „Betriebsamkeit, Regsamkeit" und erlaube die „Ausbildung der Individualität innerhalb des Kreises eines sittlichen Geistes". Demgegenüber setzt er die „Starrheit" Spartas, die Freiheit und Mobilität zugunsten des Staates unterdrücke. (Hegel: Vorlesungen über die Philosophie der Geschichte, S. 318–319.) Vgl. Catherine Malabou: *The Future of Hegel. Plasticity, Temporality and Dialectic.* Abingdon: Routledge 2009, S. 200.

123 Bei Nietzsche findet sich eine Radikalisierung des Hegel'schen Plastizitätsbegriffs. In der zweiten seiner *Unzeitgemäßen Betrachtungen* setzt er dem „historischen Sinne, bei dem das Lebendige zu Schaden kommt" die „plastische Kraft" entgegen. Diese bezeichnet die Fähigkeit des Menschen, sich aus sich selbst heraus zu formen, „Wunden auszuheilen, Verlorenes zu ersetzen, zerbrochene Formen aus sich nachzuformen". (Friedrich Nietzsche: Unzeitgemäße Betrachtungen. Zweites Stück: Vom Nutzen und Nachtheil der Historie für das Leben. In: Ders.: *Die Geburt der Tragödie. Unzeitgemäße Betrachtungen I–IV. Nachgelassene Schriften 1870–1873. Kritische Studienausgabe*, hrsg. v. Giorgio Colli / Mazzino Montinari. München: dtv 1988, S. 243–334, hier S. 250–251.)

Privileg"[124] der von Heidegger als „vulgär"[125] bezeichneten Figur des Kreises zu lediglich einer von unzählbaren möglichen Formen und Gestalten werden. Nicht zuletzt ist es die Erfahrung von Zeitlichkeit in der „raumzeitlichen Ordnung"[126] des Ästhetischen, die hier zentral wird.

Benjamin geht es in „Zwei Gedichte von Friedrich Hölderlin" zunächst um eine gewisse „geistige Zeitordnung" als inneres Prinzip, das er in *Blödigkeit* als „eine Bewegung in plastisch-intensiver Richtung" beschreibt, die ausschließlich den Göttern vorbehalten ist.[127] Der plastische Charakter der Zeit ist für Menschen nicht zugänglich. Im Verlauf wird jedoch deutlich, dass auch die Götter einer Zeitlichkeit unterstehen, die auf den Kosmos des Gedichteten zurückführt. Die zeitliche Plastik als inneres, rein geistiges Prinzip verwandelt sich in eine „raumzeitliche Durchdringung"[128] des Gedichteten, das innere plastische Prinzip schlägt nach außen um: „Die zeitliche Form ist von innen nach außen gebrochen"[129]. Das, was als Gestalt rein göttlicher Zeit beschrieben wird, wird in Benjamins Analyse der Hölderlin'schen Gedichte schließlich zu einer Zeitlichkeit, deren „Moment innerer Plastik der Zeit"[130] im Gedichteten zeiträumlich in seiner Formbarkeit erfahrbar wird. Die Zeit hat also keine feste Form, sondern es ist ihre Plastizität, die ihr Formbarkeit zukommen lässt und die sich im und zum Raum des Gedichteten verhält und positioniert. In dem, was Benjamin hier als die plastische Zeit des Gedichteten zu beschreiben sucht, zeichnet sich bereits ab, dass Zeit etwas anderes sein muss als die Figur einer geraden Linie und die damit verbundene archäo-teleologische Gerichtetheit. Zeit wird hier als ästhetisch *erfahrbare* gedacht und dies in einer Weise, die sich weniger für ihre Form als für ihre *Zeitlichkeit* interessiert.

Insbesondere eine spezifische Wendung ist es, auf die Peter Fenves hinweist und die für ihn eine Verbindung zu Benjamins und Scholems späterem Gespräch herstellt[131]: Benjamin entnimmt dem Hölderlin'schen Gedicht *Blödigkeit* die Formulierung einer „Wende der Zeit"[132] und folgert, sie erfasse

124 Derrida: *Falschgeld*, S. 18.

125 Heidegger: *Sein und Zeit*, § 81–83, S. 428.

126 Benjamin: Zwei Gedichte von Friedrich Hölderlin, S. 124.

127 Ebd., S. 117–118.

128 Ebd., S. 112.

129 Ebd., S. 121.

130 Ebd., S. 119–120.

131 Fenves: *The Messianic Reduction*, S. 29–30.

132 In *Blödigkeit* lauten die Zeilen: „Der den denkenden Tag Armen und Reichen gönnt, / Der, zur Wende der Zeit, uns, die Entschlafenden, / Aufgerichtet an goldnen / Gängelbanden, wie Kinder, hält." (Friedrich Hölderlin: Blödigkeit. In: Ders.: *Sämtliche Werke*.

„noch den Augenblick der Beharrung, gerade das Moment innerer Plastik der Zeit“[133].

Die „Wende der Zeit“, die als Wende eine Veränderung ihrer Richtung, Form oder Bedeutung mit sich trägt, wird hier mit dem Aspekt der Plastik der Zeit zusammengebracht. Die Bemerkung ist insofern jedoch eigenartig, als dass Benjamin „Wende der Zeit“ nicht als Moment der Zäsur oder im Sinne eines revolutionären Umbruchs analysiert, sondern als Erfahrung von Dauer[134]: „Ganz im Gegensatz zur ‚flüchtigen Zeit‘, zu den ‚Vergänglichen‘“ aus der früheren Version des Gedichts, sei in *Blödigkeit* „das Beharrende, die Dauer in der Gestalt der Zeit und der Menschen entwickelt worden.“[135] Benjamin assoziiert hier folglich die Gestalt der Zeit mit etwas, das dem Konzept der *durée* Henri Bergsons[136] zu ähneln scheint: In der Gestalt der Zeit taucht etwas auf, das sich gegen die mathematische, chronometrische Zählung und Messung sträubt, weil es in seiner Dauer plastisch wird.

Die Formulierung einer „Wende der Zeit“ bleibt widersprüchlich: In der sich wendenden, ihre Richtung und sich (ver)ändernden Zeit wird eine Zeitlichkeit der Dauer spürbar, obwohl diese – und das macht die Merkwürdigkeit dieser Zeile aus – lediglich einen „Augenblick der Beharrung“ darstellt, also doch nur einen Moment markiert und damit nur von kurzer Dauer sein kann. Das Beharren markiert paradoxerweise eine Stagnation innerhalb einer Wende, also eine Unveränderlichkeit just im Moment der Veränderung. Damit scheint Benjamin implizit auf eine Zeile in Hölderlins „Anmerkungen zur Antigonä“ zu deuten, in der sich die Beschreibung des Beharrenden in der Zeit als „Art, wie in der Mitte sich die Zeit wendet“ findet. Die Wende, als die Zeit jeweils „ist“, sei nicht veränderlich.[137] Kant wiederum spricht von dem „Beharrlichen“ als dem, „was mit dem Nacheinandersein zugleich ist.“[138] In einer nacheinander ablaufenden Sukzession ist das Beharrliche dasjenige, was trotz des Fortgangs, mit ihm zugleich,

Historisch-kritische Ausgabe, hrsg. v. D. E. Sattler, Bd. 5,2. Frankfurt am Main: Stroemfeld 1984, S. 699–700, Verse 15–20.)

133 Benjamin: Zwei Gedichte von Friedrich Hölderlin, S. 119.

134 Dies ist angesichts der Wichtigkeit, die die „gegenrhythmische Unterbrechung“ aus Hölderlins Anmerkungen zu seinen Sophokles Übersetzungen in Benjamins Denken der Zäsur einnimmt, verwunderlich. Auch hätte es durchaus nahe liegen können, die „Wende der Zeit“ als Zäsur zu deuten, führt man sich vor Augen, dass der Umbruch der Französischen Revolution zum Zeitpunkt des Verfassens von *Dichtermuth* und *Blödigkeit* im Jahr 1801 noch nicht lange zurück lag.

135 Ebd.

136 Ebd., S. 120; Fenves: *The Messianic Reduction*, S. 15.

137 Hölderlin: Anmerkungen zur Antigonä, S. 411.

138 Kant: *Kritik der reinen Vernunft*, S. 92, B 67.

innehalten kann. Ablauf und Beharren scheinen sich für Kant also nicht zu widersprechen.

Dem ähnlich denkt auch Benjamin die Unterbrechung des Ablaufs, die Wende und das Moment der Dauer zusammen. Im Gedichteten Hölderlins eröffnet sich für Benjamin die Möglichkeit, eine in sich Wendepunkte aufweisende, gewendete Zeit als Zeitlichkeit der Dauer zu erfahren. Erst in dem Moment, in dem die Zeit sich wendet, erst in ihrer Wende, wird sie plastisch und somit als „Moment innerer Plastik der Zeit"[139] erfahrbar. Die Zeitlichkeit der Dauer ist dabei keineswegs einfach eine in die Länge gezogene, gedehnte Zeit in der Zeit, sondern betrifft die Zeit als Form selbst. Wenn der „Moment innerer Plastik der Zeit" sich gerade in der „Wende der Zeit" auftut, dann hat die Plastizität der Zeit auch etwas mit der Veränderung ihrer Form zu tun. Die Veränderung der Form der Zeit wird erfahrbar als Moment der Plastizität und genau dies macht ihre Zeitlichkeit aus.

In Peter Fenves Analyse steht der von Benjamin an der Hölderlin'schen Dichtung entwickelte plastische Charakter der Zeit für eine Zeitlichkeit, die sich als sich wendende von ihrer teleologischen Gerichtetheit löst. Im Anschluss daran möchte ich argumentieren, dass sich auch in Scholems und Benjamins Diskussion über die Zeit als Zykloide eine solche Möglichkeit auftut, die Zeit in ihrer Plastizität, d. h. in ihrer potenziellen Verformbarkeit anders als im Modell einer archäo-teleologischen Linearität zu denken.

Interessanterweise hängt diese „Wende der Zeit" auch mit den Begriffen „Ablauf" und „Richtung" zusammen, die mich wieder zurück zu Scholems und Benjamins Konversation im Jahr 1916 führen, ein Jahr nachdem Benjamin seinen Essay zu Hölderlin beendet. In letzterem ist es die „Wende der Zeit", die Ablauf und Richtung durcheinander bringt: Wenn die Zeit sich wendet, dann verändert sich ihr Ablauf. Es ist also nicht verwunderlich, dass der Terminus in Benjamins Analyse von Hölderlins *Dichtermut* und *Blödigkeit* mehrmals auftaucht.[140] „Der Ablauf", so heißt es bezogen auf *Dichtermut*, werde „unterbrochen, danach aber kehrt er nicht wieder mit ganzer Intensität zu dem Dichter zurück."[141] Nicht nur die Zeit unterliegt einer Wende, sondern auch ihr Ablauf, die Annahme ihrer linearen Sukzession findet sich im Gedichteten unterbrochen und in solchem Maße abgelenkt, dass er nicht unverändert zurückkehren kann. Ablauf ist darüber hinaus

139 Benjamin: Zwei Gedichte von Friedrich Hölderlin, S. 119–120.

140 Für Benjamin wird der Ablauf zum Synonym für die „Einheit des Gedichteten" und dient als Vergleichskriterium, um „die Vergleichbarkeit dieser in allem einzelnen wie im Ablauf so völlig unterschiednen Entwürfe" – der zwei verschiedenen Fassungen *Dichtermut* und *Blödigkeit* – festzustellen. (Ebd., S. 120.)

141 Ebd., S. 122.

keineswegs ein mathematischer Begriff für den bloßen Verlauf einer zählbaren Zeiteinheit, sondern beschreibt die poetische Bewegung des Gedichteten, die unterbrochen und von der Rückkehr zu sich selbst abgelenkt werden kann. Zu betonen ist die besondere Implikation des Begriffs, denn im Unterschied zur *Abfolge* impliziert der Ablauf neben dem Aspekt der Bewegung und Aufeinanderfolge auch denjenigen einer ablaufenden, d. h. zu Ende gehenden und somit begrenzt verfügbaren Zeit.[142] Die Zeit als *Ablauf* kann also nicht unendlich und auch nicht uneingeschränkt vorhanden sein. Die *Richtung* dagegen scheint Benjamin nicht so sehr als zeitliche Sukzession und teleologische Gerichtetheit zu denken, sondern sie wird zu einem Mittel, die Bewegung der inneren Plastik der Zeit als „plastisch-intensive Richtung"[143] zu charakterisieren.

Bereits vor der Konversation, die Scholem und Benjamin 1916 führen und mit der ich dieses Kapitel begonnen habe, sind das Denken einer von ihrem gerichteten Verlauf abgebrachten, gewendeten und in ihrem Ablauf gestörten Form der Zeit und die damit zusammenhängende Zeitlichkeit demnach ein wichtiger Aspekt in Benjamins Arbeit. *Ablauf* und *Richtung* stehen für Benjamin im Kontext einer als *Wende* gedachten und das homogene Zeitkontinuum unterlaufenden Zeit. Es ist aus diesem Grunde naheliegend, dass beide Begriffe in jenem, im Verlauf des Gesprächs aufgebrachten „Gedankenkomplex"[144], in dem es um Zeit sowie um ihre Form und Vorstellung geht, wieder prominent auftauchen.

Das Potenzial des Aufbruchs

Die Plastizität der Zeit ist in der Potenzialität ihrer Veränderbarkeit und *Gewendetheit* jedoch nicht zu unterschätzen, denn diese birgt durchaus einen explosiven, gewaltsamen Charakter der radikalen Veränderung. Aus den vorangegangenen Überlegungen wird ersichtlich, dass sich in Benjamins Überlegungen, angefangen mit den Aufzeichnungen zu Hölderlin und schließlich auch in seinem Gespräch mit Scholem über die Zeit als Zykloide und deren Ablauf und Richtung bereits etwas andeutet, das später vor allem in seinen Aufzeichnungen im *Passagen-Werk* und nicht zuletzt in seinen *Geschichtsphilosophischen Thesen* deutlich zu Tage tritt: Das Potenzial des Aufbruchs und der Sprengung des Zeit- und Geschichtskontinuums. Während in jenem Gespräch über die Zeit als Zykloide die Möglichkeit einer anderen Form, Darstellung und Vorstellung von Zeit und Zeitlichkeit innerhalb der vorsichtigen und noch zurückhaltenden Szene

142 Viel später, in seinem Essay über Kafka, schreibt Benjamin über Kafkas Wendung des „gewöhnlichen, glücklich ablaufenden" Lebens in Sancho Pansa. (Walter Benjamin: Franz Kafka. Zur zehnten Wiederkehr seines Todestages. In: Ders.: GS, Bd. II.2, S. 409–437, hier S. 433.)

143 Benjamin: Zwei Gedichte von Friedrich Hölderlin, S. 118.

144 Scholem: Tagebucheintrag, 24.08.1916, S. 390.

des *Vielleicht* erprobt wird, möchte ich nun diesem noch zögernden Umdenken ein Beispiel des späteren Benjamin entgegensetzen, in dem die Zeit selbst zum Angriffsziel wird und der Moment ihrer Unterbrechung sowie der Aussetzung ihrer Formierung und Formgebung eklatant hervor tritt.
In Benjamins XV. *Geschichtsphilosophischer These* werden die Vorstellung von Zeit wie auch ihre Implikation als historisches Kontinuum und politische Repräsentation zum direkten Angriffsziel im Zuge der Revolution:

> Das Bewußtsein, das Kontinuum in der Geschichte aufzusprengen, ist den revolutionären Klassen im Augenblick ihrer Aktion eigentümlich. Die große Revolution führte einen neuen Kalender ein [...]. Die Kalender zählen die Zeit also nicht wie Uhren. Sie sind Monumente eines Geschichtsbewußtseins, von dem es in Europa seit hundert Jahren nicht mehr die leisesten Spuren zu geben scheint. Noch in der Juli-Revolution hatte sich ein Zwischenfall zugetragen, in dem dieses Bewußtsein zu seinem Recht gelangte. Als der Abend des ersten Kampftages gekommen war, ergab es sich, daß an mehreren Stellen von Paris unabhängig voneinander und gleichzeitig nach den Turmuhren geschossen wurde.[145]

Deutlich wird: Ein Um und Andersdenken von Zeit und von der Problematik ihrer *Entzeitlichung* muss genau hier ansetzen, im Auf- und Durchbrechen der Entzeitlichung durch das, was selbst zeitigt, indem es durchbricht – das Ereignis der Unzeit, das jede chronometrische, kalendarische und schließlich metaphysische Zeit aus- und entsetzt und damit noch einmal auf andere Weise die Frage nach der Darstellung von Zeit und den mächtigen Wirkungsweisen ihrer Repräsentation stellt. Oder, wie es Hamacher formuliert:

> Keine Geschichte ohne Gegen-Geschichte. Keine Zeit ohne Unzeit. Keine ohne den Einstand der Zeit und, immer wieder, das Aussetzen jeder Politik der Formierung des anderen und der anderen nach dem *reinen Bild* der Vorstellung, des Anwesens und seiner Chrono- und Topologie.[146]

145 Benjamin: Über den Begriff der Geschichte, S. 701–702.
146 Hamacher: DES CONTRÉES DES TEMPS, S. 36.

2. Unzeit

Diejenige Zeit, welche die Entzeitlichung der Zeit zu durchbrechen vermag, ist die Unzeit, *Contretemps*, wie sie Werner Hamacher in seinem Text „DES CONTRÉES DES TEMPS"[147] entwirft. Als Kompositum aus *contre* und *temps* impliziert *contretemps* wörtlich Gegenzeit und bezeichnet im Französischen üblicherweise ein „(störendes) Ereignis", „Hindernis", einen „Zwischenfall", während der Ausdruck „à contretemps" „zur Unzeit", „ungelegen" oder auch in der Musik „Kontratempo", „Taktfehler" bedeutet.[148] Unzeit ist für Hamacher in erster Linie Ereignis, Unterbrechung, Zäsur und steht zuallererst für den Umstand, dass etwas ‚zur Unzeit' eintreten kann, also

> daß etwas geschehen, vorfallen, sich ereignen kann, was den ‚natürlichen', ‚normalen' oder ‚normativen' Ablauf der Zeit, einer Geschichte oder ‚der Geschichte' unterbricht, oder zu diesem Ablauf der Zeit hinzutritt, ohne in ihm schon antizipiert gewesen zu sein.[149]

Unzeit setzt im Einbrechen von etwas anderem als der Zeit selbst ein. Als Unterbrechung oder Hinzutreten ist die *Unzeit* etwas, das der Zeit, die sie unterbricht oder der sie beitritt, nicht entspricht: Nicht dem Gesetz ihres Ablaufs, nicht ihrer Form. Die Unzeit muss folglich einer anderen Zeit angehören, den Gesetzen einer anderen Zeit *oder etwas anderem* als Zeit folgen und dennoch zu der *einen* Zeit, die sie unterbricht, eine Beziehung haben. Als Unzeit definiert Hamacher also etwas, das sich in beiden seiner Bedeutungen – als diejenige einer anderen Zeit und diejenige von etwas anderem als Zeit – mit dem herkömmlichen Begriff von Zeit nicht vereinbaren lässt und in der Geschichte der Zeitphilosophie von Platon bis Heidegger als ‚unsinnig' ausgeschlossen worden ist. Letzteres aus folgendem Grund: Die Unzeit relativiert schlicht durch ihre Existenz die Legitimität der metaphysisch bestimmten *einen* Zeit. Wenn Unzeit etwas anderes als die eine Zeit ist, dann kann es nicht nur eine Zeit, dann muss es neben der *einen* Zeit noch mindestens eine weitere Zeit geben, die sich nicht nach den Gesetzen dieser einen verhält, „die der Form jener einen nicht entspricht, ihr weder folgt noch ihr vorausgeht, noch auch einfach gleichzeitig mit ihr ist"[150].

147 Der Titel ist bereits doppeldeutig: Einerseits lässt sich „des contrées des temps" übersetzen als ‚die Gegend der Zeiten betreffend', andererseits aber auch als das feminine Partizip Perfekt des Verbes ‚contrer', also im Sinne von ‚über die Gegenläufigkeiten / das Widersprechende der Zeiten'. Bemerkenswert ist, dass Zeit hier im Plural genannt wird. Ebd.

148 Contretemps. In: *Französisch-Deutsch, Deutsch-Französisch*, hrsg. v. Erich Weis / Heinrich Mattutat. Stuttgart: Klett 1992, S. 124.

149 Hamacher: DES CONTRÉES DES TEMPS, S. 29.

150 Ebd., S. 30.

Eine andere Zeit als die Zeit der Repräsentation

Genau an dieser Stelle wendet sich Hamacher gegen die bereits zitierte Prämisse Kants, die Zeit habe nur eine Dimension. Wenn es bei Kant heißt, „verschiedene Zeiten sind nicht zugleich, sondern nacheinander"[151] äußert sich darin das strikte Regime der Abfolge und das Diktat der Sukzession, der die eine Zeit unterworfen ist und die es unmöglich macht, neben, mit oder in ihr noch eine weitere Zeit anderer Form überhaupt zu denken. Wie oben bereits angeführt, spricht Kant zwar von einem „Zugleichsein"[152] von Zeit, dieses spielt sich jedoch nur innerhalb der Form der einen Zeit ab und ist folglich keineswegs eine andere, von dieser Form unterschiedene Zeit, sondern eine „[g]leichartige"[153]. Hamacher formuliert dagegen mit der Unzeit das, was in Kants metaphysischer Bestimmung der Zeit als der einen ausdrücklich ausgeschlossen wird. Mehr noch: Unzeit ist das, was als „Stück einer anderen Zeit oder von etwas anderem als der Zeit in die verlaufende Eine [*sic*] interveniert"[154] und dennoch jeder Zeit als widerständiges Prinzip immer schon eigen ist, selbst aber niemals die Form der Zeit annehmen kann.

Hamacher beharrt darauf, dass Unzeit nicht zur Ordnung der Gleichzeitigkeit gehöre. Sie sei zwar simultan, „zugleich"[155] mit der Zeit, in ihr bereits enthalten, aber gerade weil sie keiner Form angehöre und weder messbar noch zu formalisieren sei, könne sie einer Gleichzeitigkeit, die selbst doch immer noch unter der Ordnung der Zeitlichkeit stünde, nicht unterworfen werden. Vor diesem Hintergrund unterstreicht er umso nachdrücklicher: Unzeit ist keineswegs als simple Verneinung oder alternative Gegenfigur der Zeit zu verstehen. Obwohl sie ihre Entsprechung im Französischen „contretemps"[156] hat, ist sie nicht *Gegenzeit*, denn als eine solche Gegenfigur wäre sie schlicht eine andere Version von Zeit und stünde als Verneinung weiterhin in Relation zu den gegebenen Formen und Repräsentationen von Zeit und ihrer Form und wäre damit bloßes mimetisches Äquivalent zu jenen Formen der Repräsentation, denen sie sich widersetzt. Damit setzt *Unzeit* genau in jenem Moment ein, an dem Scholem und Benjamin in ihrem Gespräch das *etwas Andere* der Zeit berühren, aber nicht weiterführen: die Möglichkeit einer anderen Zeit, die sich herkömmlichen Repräsentationen

151 Kant: *Kritik der reinen Vernunft*, S. 79, B 48.

152 Ebd., S. 92, B 67.

153 Ebd., S. 190, A 142.

154 Hamacher: DES CONTRÉES DES TEMPS, S. 30.

155 Ebd.

156 Ebd., S. 31.

entzieht und damit ein Um-denken eben dieser Form der Repräsentation selbst erfordert.
Mit der Unzeit entwirft Hamacher mit Kant gegen Kant ein Szenario von etwas anderem als Zeit im Sinne einer Pluralisierung von sich und die eine Zeit durchkreuzenden, sich verschränkenden, wie er es nennt, „inassimilible[n] Zeiten"[157], die, gerade weil sie mit bestehenden Zeitbestimmungen nicht kompatibel sind und sich dem Maß und der Form der Zeit, aber darüber hinaus auch jeder Messung und Formalisierung entziehen, keine Zeiten mehr sein können. Obwohl Hamacher diese Begrifflichkeit nicht verwendet, eröffnet er an dieser Stelle ein Szenario in sich differenter Zeitlichkeiten mit der Betonung auf ihrer Pluralisierung.

Obwohl Unzeit Vorstellung und Repräsentation als solche herausfordert und überfordert, führt Hamacher dennoch Beispiele an, mit Hilfe derer er die spezifische Charakteristik der Unzeit zu fassen versucht – ein sich eigentlich selbst unterminierendes Unternehmen, zeichnet sich doch, wie aus dem Vorangehenden klar geworden sein muss, die Unzeit gerade durch ihren Widerstand gegen jede Konkretisierung aus und unterläuft damit jede derartige, eine solche Konkretisierung signalisierende Form. Dennoch gehören die Stellen, an denen Hamacher versucht, Beispiele für die Unzeit zu finden, obwohl seine Argumentation damit dem zuvor deklarierten Formentzug der Unzeit zuwiderläuft, zu den interessantesten des Textes – nicht zuletzt deswegen, weil er zwei Beispiele anführt, die beide aus dem Bereich des Ästhetischen stammen. Wenn Unzeit überhaupt auftritt, d. h. bemerkbar wird, sich als Durchbrechung der Form manifestiert, so tut sie dies im Bereich der Künste. In der Malerei, in der Musik und schließlich, wie ich nicht mehr mit Hamacher, sondern mit Derrida aufzeigen werde, im Theater.
Ein Beispiel, das Hamacher anführt, um aufzuzeigen, wo und als was sich die Unzeit bemerkbar macht, entstammt der Musik. Wie die Bedeutung im Französischen als „Kontratempo", „Taktfehler"[158] bereits nahelegt, gibt es eine Verbindung zwischen Unzeit und Musik. Hier bezeichnet sie, wie bereits anfangs erwähnt, dasjenige, was *aus dem Takt* ist. Weil die Unzeit sich an keine gegebene Form von Zeit und deswegen an kein Tempo, kein Maß, keinen Takt hält, ähnelt sie dem, so Hamacher, das just in der Verschiebung, in der Abweichung vom Rhythmus aufscheint, als eine Verbindung aus Kontratempo und Rhythmus,

157 Ebd., S. 30.
158 Contretemps. In: *Französisch-Deutsch, Deutsch-Französisch.*

als Synkope – „eben dort, wo etwas *aus* den Fugen ist“[159]. Nimmt man die von Hamacher genannten Begriffe genauer in Augenschein, stellt sich besonders das Beispiel der Synkope als aufschlussreich heraus. Synkope bezeichnet eine „rhythmische Verschiebung“, den „Ausfall eines unbetonten Vokals“ und entstammt dem altgriechischen *synkoptein* „zusammenschlagen“ aus *koptein* „schlagen, stoßen, hauen“.[160] In der Musik ist sie als rhythmische Verschiebung gegenüber der regulären Taktordnung definiert, in der Medizin als „plötzliche Ohnmacht“[161]. In beiden Fällen beschreibt sie eine plötzliche, mit einem Schlag sich vollziehende Unterbrechung eines bis dato geregelten Musters und damit den Ausfall des Regelwerks in einem bestimmten Moment. Auch die Implikation der plötzlichen Ohnmacht ist in dieser Hinsicht aufschlussreich, bezeichnet sie doch den plötzlichen Ausfall *des* Erkenntnisapparats und eine Zäsur *im* Erkenntnisapparat mit der Folge einer Erinnerungslücke. Wenn die Unzeit in diesem Sinne einer Synkope ähnelt (obwohl auch hier eigentlich nicht von einem Ähnlichkeits- oder Äquivalenzverhältnis die Rede sein kann) bzw. dem, was die Synkope auslöst, dann impliziert sie eine Verschiebung im ästhetischen Raum des Rhythmus, welche die Hörer*innen die Beherrschung des bisher gesicherten und sichernden Sinnesapparats verlieren und sie in eine andere Zeit, die der Ohnmacht, fallen lässt.

In diesem Sinne beschreibt die Unzeit eben das, was ich in Kapitel 1 als das widerständige Moment der Abweichung in Kentridges Installation *The Refusal of Time* aufgezeigt habe[162]: Auf der Ebene des Rhythmus macht es sich als *tempo rubato*, aber auch als Atem bemerkbar, der durch die pneumatische Maschine im Mittelpunkt der Installation hervorgebracht wird. Die Unzeit scheint damit eine Zeitlichkeit zu sein, die spezifisch im ästhetischen Raum aufscheint.

Als wesentlichen Punkt möchte ich an dieser Stelle festhalten: Mit der Unzeit entwirft Hamacher eine Zeitlichkeit, die gegen Kant die Zeit als Form der Vorstellung aufs Spiel setzt, die Unzeit ist „Abschied von der Form der Vorstellung und des Projektes überhaupt, als Aussetzen ihres Gesetzes.“[163] Damit ist

159 Hamacher: DES CONTRÉES DES TEMPS, S. 32 (Herv. i. Orig.). Und natürlich verweist Hamacher damit auf die Worte Hamlets. Vgl. William Shakespeare: Hamlet, Prinz von Dänemark. In: Ders: *Shakespeares dramatische Werke*, Bd. 6, aus d. Engl. v. August Wilhelm Schlegel / Ludwig Tieck. Berlin / Boston: de Gruyter 2018, 1. Akt, 5. Szene.

160 Synkope. In: *Etymologisches Wörterbuch der deutschen Sprache*, hrsg. v. Friedrich Kluge. Berlin / New York: de Gruyter 1989, S. 717.

161 Syncopē. In: *Ausführliches lateinisch-deutsches Handwörterbuch*, hrsg. v. Karl Ernst Georges, Bd. 2. Hannover: Hahnsche Buchhandlung 1918, Sp. 2993–2994.

162 Vgl. Kap. 1.2

163 Hamacher: DES CONTRÉES DES TEMPS, S. 32.

die Unzeit auch das, was eine „andere Zeit als die Zeit der Repräsentation"[164] markiert. Sie provoziert und eröffnet damit die Möglichkeit einer Zeit, die nicht mehr mittels Repräsentation zu denken ist. Mit Kant gegen Kant liest Hamacher die Unzeit als bereits in der kantischen Zeit als Vorstellung angelegt: Als transzendentale Form der Vorstellung gehöre die Zeit – und damit ist die kantische „Eine"[165] gemeint – bereits dem Unvorstellbaren an, demjenigen also, das sich jeder Vorstellungsform entziehe. Damit ist die Unzeit als das, was die Form der Vorstellung durchbricht und sich ihr entwindet, bereits in der *einen* Zeit angelegt. Keine Zeit ohne ihre Unzeit also, was für den Kontext dieses Buchs von zentraler Bedeutung ist, geht es mir doch gerade um diese widerständigen Momente, die innerhalb der uns bekannten linearen Zeit bereits angelegt sind, aber sich eben nur manchmal bemerkbar machen.

Hamachers Text ist von der Schwierigkeit gezeichnet, die in Benjamins und Scholems Gespräch ebenso deutlich wird: Wie eine andere Repräsentation von Zeit denken, wie sie entwerfen, wenn als Instrument nur die bisher bekannten, gängigen Begriffe, Vorstellungen und Repräsentationen dienen können, die alle noch der Vorstellungsstruktur unterliegen? Klar wird: Ein *anderer* Zeitbegriff lässt sich nicht als Gegensatz, als positiv formulierte Gegenzeit, behaupten, gehört ‚Zeit' doch immer noch zur metaphysischen Begrifflichkeit. Hier gilt, was Derrida in Bezug auf Heideggers *Sein und Zeit* formuliert: Bei dem Versuch, einen anderen Zeitbegriff hervorzubringen, werde man schnell gewahr, „daß man ihn nur mit Hilfe anderer metaphysischer oder onto-theologischer Prädikate konstruiert."[166] Jeder Versuch, die Unzeit als Etwas zu definieren, muss aus diesem Grunde scheitern, weswegen sich Hamachers Text jeder positiven Bestimmung von Unzeit verwehrt und jede vermeintlich thetische Aussage dialektisch aufhebt. Die einzige Aussage, die sich wohl zusammenfassend treffen ließe, wäre diese: Wenn Unzeit etwas ist, dann die Negierung dieses ‚ist', folglich der Widerstand gegen die Ontologisierung und Essenzialisierung von Zeit. Deutlicher wird dies in folgender Passage:

> Was zur Unzeit geschieht, betrifft nie nur jemanden oder etwas, nie nur ein Subjekt oder eine Situation, es betrifft die Form selbst, in der sich zuallererst so etwas wie Etwas, ein Subjekt oder eine Situation ausbilden kann. Es betrifft also die Subjektivität des Subjekts, die Objektivität der Objektwelt, und, wenn man so sagen kann,

164 Ebd., S. 33.
165 Kant: *Kritik der reinen Vernunft*, S. 79, B 48.
166 Derrida: Ousia und gramme, S. 80.

die Formalität der Form, wenn sie zur Unzeit – also von etwas anderem – betroffen werden.[167]

Angesichts dieser Textstelle scheint es zunächst so, als sei die Unzeit fast metaphysisch ursprünglich angelegt, ontologisch überzeitlich, als immer schon dagewesene Instanz, die Subjekt- und Objekthaftigkeit der Welt zuallererst einsetzend. Nun könnte also die Annahme einer Unzeit als eines der Zeit bereits inhärenten und ihr gewissermaßen als *Zeit der Zeit* übergeordneten Prinzips selbst den Vorwurf des Essenzialismus und der Ontologisierung nach sich ziehen – paradoxerweise eben trotz ihres Ereignis-Charakters. Diese Problematik zeigt sich exemplarisch in Derridas Gebrauch von „Unzeit" in dessen Text „Der Aphorismus – zur Unzeit"[168] (L'aphorisme à contretemps), auf den sich Hamacher wiederum in seinem Aufsatz „N'essance"[169] bezieht, um eben benannten Vorwurf des Essenzialismus aus dem Weg zu räumen.

Derrida: Unzeit als Möglichkeitsbedingung

Derridas kurzer Text „Der Aphorismus – Zur Unzeit"[170] widmet sich der *Contretemps*, die in der deutschen Version des Textes nicht nur als *Unzeit*, sondern auch als „Gegenzeit" übersetzt wird, womit sie die Konnotation des simplen Gegensatzes erhält, was aus hier von mir bereits mit Hamacher erläuterten Gründen eine Simplifizierung des Begriffs mit sich bringt, die ich nicht übernehmen und deswegen bei der Übersetzung als „Unzeit" bleiben möchte. Die *Contretemps*, *Unzeit* also, verhandelt Derrida im Kontext von William Shakespeares *Romeo und Julia*, und zwar in ihrer Bedeutung als das Akzidentielle, Zufällige des *accident*. Auch hier gestaltet sich die Übersetzung als schwierig, birgt das französische *accident* doch gleich mehrere Bedeutungen wie „Unfall", „Zwischenfall", „Akzidens" oder „Zufall" und findet aus diesem Grund nur ein unzureichendes Äquivalent im Deutschen und Englischen. In Shakespeares Stück jedenfalls handelt es sich bei dem, was Romeo und Julia[171] ereilt, für Derrida nicht einfach

167 Hamacher: DES CONTRÉES DES TEMPS, S. 32.

168 Jacques Derrida: Der Aphorismus – zur Unzeit. In: Ders.: *Psyche. Erfindungen des Anderen II*, aus d. Franz. v. Markus Sedlaczek. Wien: Passagen 2013, S. 121–140.

169 Der Aufsatz ist noch nicht in der deutschen Originalversion erschienen, wohl aber in der englischen und französischen Übersetzung. Werner Hamacher: N'essance. In: *Oxford Literary Review* 36 (2014), S. 212–215; ders.: N'essance, übers. v. Peter Szendy. In: *Rue Descartes* 3 (2014), S. 68–71.

170 Derrida: Der Aphorismus – zur Unzeit.

171 Zur Frage der „Liebe als Ereignis" vgl. Jean-Luc Nancy: Ereignis der Liebe. In: Nikolaus Müller-Schöll (Hrsg.): *Ereignis. Eine fundamentale Kategorie der Zeiterfahrung. Anspruch und Aporien*. Bielefeld: Transcript 2003, S. 21–36.

um einen unglücklichen Zwischenfall oder ein verpasstes Rendezvous, sondern vielmehr um das, was er einen „anachronistische[n] Zufall / Unfall" (*accident anachronique*) nennt. Und dieser unterscheidet sich von der einfachen Behauptung eines Zufalls, einer „zufälligen Unzeit"[172], folgendermaßen:

> Er bringt eine philosophische Logik durcheinander, nämlich jene, die möchte, daß die Zufälle / Unfälle / Akzidenzien bleiben, was sie sind, zufällig / akzidentiell. Gleichzeitig wirft diese Logik eine strukturelle Anachronie, die absolute Unterbrechung der Geschichte als Entfaltung *einer* Zeitlichkeit, einer einzigen organisierten Zeitlichkeit, in den Bereich des Undenkbaren zurück.[173]

Der *accident anachronique* bringt die philosophische Logik insofern durcheinander, als dass er auf etwas verweist, das für diese Logik undenkbar ist, nämlich eine strukturelle Anachronie, die jede Logik und deren Ordnung bereits in sich von ihrer Zeitlichkeit abbringt und die Zeitlichkeit logischer Kausalitäten durcheinanderbringt. Der *accident anachronique* ist damit nicht ein einmaliger Zwischenfall in einer sonst kausalen Geschichte, sondern eine strukturelle „absolute Unterbrechung der Geschichte", die gleichzeitig „die wesentliche Unmöglichkeit einer absoluten Synchronisation"[174] darstellt. Schwierig sind Derridas aphoristische Überlegungen hier insofern, als dass sie die Aporie einer ereignishaften Zäsur, also einer unvorhergesehenen, singulären und einschneidenden Unterbrechung auf ihre Vorbedingung befragen und damit – auf den ersten Blick – deren Ereignishaftigkeit aufzuheben scheinen, wie in diesem enigmatischen Satz: Das Unvorhergesehene „kann nur insofern sein, was es ist, nämlich zufällig / akzidentiell, wie es im Wesentlichen bereits eingetroffen ist, bevor es eingetroffen ist."[175] Die Formulierung „im Wesentlichen" mag bereits irritieren, scheint doch das Zufällige, das Derrida die „akzidentielle Unzeit" nennt, sich doch eigentlich gegen jede Essenzialisierung eines Wesens zu sträuben. Noch verwirrender wird es, wenn Derrida den Aspekt des Essenziellen weiter forciert und von einer „essentielle[n] Unzeit"[176] (*contretemps essentiel*) schreibt: „Die akzidentielle Unzeit / Gegenzeit *remarkiert* [remarque] die essentielle Unzeit / Gegenzeit"[177]. Die „akzidentielle Unzeit", also diejenige, die vordergründig einmalig,

172 Derrida: Der Aphorismus – zur Unzeit, S. 124.
173 Ebd., S. 125–126.
174 Ebd., S. 124.
175 Ebd., S. 125.
176 Ebd., S. 126.
177 Ebd.

unvorhergesehen und zufällig ist, bemerkt, dass sie eigentlich nicht mehr akzidentiell, weil *im Wesentlichen* bereits eingetroffen ist – kurz: Sie bemerkt, dass die scheinbare Zufälligkeit auf Prämissen aufbaut, auf Bedingungen und Möglichkeiten, die erst einmal gegeben sein müssen, damit überhaupt ein Zufall statthaben kann:

> Die Daten, die Kalender, die Kataster, die Toponymien, all die Codes, die wir wie Netze über die Zeit und den Raum werfen, um die Differenzen zu verringern oder zu beherrschen, anzuhalten oder zu bestimmen [...].[178]

Es sind diese Erfindungen von Zeiteinheiten, -markierungen und -rastern, die eingesetzt werden, um „Unzeitigkeiten zu verhindern, unsere Rhythmen aufeinander abzustimmen" und einem „objektiven Takt" zu beugen, und die jedoch gerade durch diese Setzungen die Möglichkeit von „Unzeit-Fallen" schaffen, also die Möglichkeit, dass sich die Unzeit ereignen kann.[179] Und diese Eröffnung der Möglichkeit des Zufälligen nennt Derrida die wesentliche Möglichkeit, die „possibilité essentielle"[180]. Insofern ist es für ihn diese „essentielle Unzeit" (*contretemps essentiel*), welche die *possibilité essentielle* des Zufälligen allererst eröffnet. Die Formulierung einer „contretemps essentiel" als „possibilité essentielle" ist jedoch, darauf verweist Derrida nachdrücklich, nicht als „essentiell" im traditionellen philosophischen Sinne zu verstehen:

> Weswegen sie [die Unzeit] aber nicht gleich die Bedeutung eines Wesens (essence) oder einer formalen Struktur besitzt. Sie ist keine abstrakte Bedingung der Möglichkeit, keine universelle Beziehung zum anderen im Allgemeinen [...]. Eher die Singularität eines unmittelbaren Bevorstehens (imminence) [...].[181]

Hamacher verdeutlicht diesen Punkt in seiner Lektüre von Derridas Aphorismus in „N'essance" und liest Derridas „essentielle Unzeit" als „pre-possibility of all temporal possibilities", als vorgängige Möglichkeit oder Ermöglichung der Möglichkeit aller zeitlichen Möglichkeiten überhaupt, die der Zeit somit zugleich äußerlich und bereits immer schon mitgegeben und „in the strict sense of the word, inessential" ist.[182] Insofern schließt Hamacher an seine von ihm in „DES

178 Derrida: Der Aphorismus – zur Unzeit, S. 124.
179 Ebd.
180 Ebd., S. 125.
181 Ebd., S. 126.
182 Hamacher: N'essance. In: *Oxford Literary Review* 36 (2014), S. 212.

CONTRÉES DES TEMPS" formulierten Überlegungen zur Unzeit an. Unzeit ‚ist' nicht, sondern sie ‚betrifft', sie ist keine Essenz und nicht ontologisch verfasst, sondern eben als Möglichkeitsbedingung zu verstehen, als eben jene „pre-possibility of all temporal possibilities"[183].

Sie ist damit dasjenige, was der Form von Essenz und dem Konzept des *accident* als solchem vorausgeht – dieses Vorausgehen aber nicht im Sinne eines linearen zeitlichen Voraus, nicht als Bedingung der Möglichkeit, sondern als Möglichkeitsbedingung, als Ermöglichung der Möglichkeit, die der Zeit, der sie vorausgeht *äußerlich* und zugleich *in* ihr bereits angelegt ist: „the pre-possibility of all temporal possibilities [...] lies *within* these as what is absolutely external to them."[184] Unzeit bricht nicht als ein radikal Anderes von einem unbestimmten Außen herein, sondern ist sowohl das, was als *etwas anderes* als Formalität, Subjektivität und Objektivität diese betrifft, also offensichtlich diesen gerade deswegen äußerlich ist, weil sie deren „pre-possibility" darstellt, als aber auch in diesen bereits innerlich angelegt, ihnen bereits eingeschrieben.

Als immanente Singularität bildet die Unzeit eine Prä-Essenz (*pre-essence*), die niemals zur Korrelation innerhalb einer einzigen Zeitserie, einem Schema der Abfolge, werden kann, sondern als das Geben der Möglichkeit einer Kollision mehrerer Zeiten zu denken ist und damit als „inception of multiple, continuously inconsistent, never chronometrically ordered, yet lasting contretemps and nevertimes" verbleibt.[185] Dieser Aspekt erscheint mir hier überaus wichtig, wenngleich er in Hamachers Derrida-Lektüre fast nebensächlich wirkt. Weil die Unzeit „pre-possibility of all temporal possibilities"[186] ist, ist sie nicht der einen Zeit verschrieben, sondern eröffnet die Möglichkeit multipler Zeitlichkeiten.

Folgen wir Hamachers und Derridas Lektüre des Begriffs der Unzeit, so ist sie sowohl als Möglichkeitsbedingung das unvergleichbare und jedes Schema der Abfolge sprengende singuläre Ereignis[187] wie auch, und diesen Punkt möchte ich hier unterstreichen, die Ermöglichung einer *Pluralisierung von Zeitlichkeit* – Unzeit ist die Zeit, die die Möglichkeit *gibt* für das im Moment der Unzeit stattfindende Aufeinandertreffen anderer, nicht chronometrischer Zeiten. Damit ist die Unzeit immer auch die Möglichkeitsbedingung der Eröffnung anderer Zeiten als sie selbst. Wichtig bleibt aber noch einmal zu betonen, dass dies nicht im Sinne einer Essenzialisierung der Unzeit zu verstehen ist, sondern als die

183 Ebd.

184 Ebd., S. 214.

185 Ebd.

186 Ebd., S. 212.

187 Vgl. Derrida: *Eine gewisse unmögliche Möglichkeit, vom Ereignis zu sprechen.*

Eröffnung einer in sich differenten Zeit, d. h. als Bezug zu sich als einem anderen. Denn selbst die Unzeit, so wird deutlich, kann nicht als Unzeit jenseits von Vorstellung, jenseits von Repräsentation gedacht werden, sondern ist immer noch auf diese verwiesen.

Unzeit, so lässt sich zusammenfassen, ist dasjenige, was Zeit und ihre Form zugleich aussetzt und allererst ermöglicht. Sie ist also zugleich setzende und entsetzende Instanz, also dasjenige, was der Setzung vorausgeht und sie begründet, aber keineswegs ontologisch überzeitlich wird.

Die Unzeit eröffnet das Theater

Entscheidend für den Kontext dieser Arbeit ist die Unzeit insofern, als dass Derrida eine klare Verbindung zum Theater herstellt – ein Aspekt, dem Hamacher in seinem kurzen Kommentar des Textes keine Beachtung schenkt, der aber eigentlich eine direkte Brücke zu seinen in „DES CONTRÉES DES TEMPS" angestellten Überlegungen zur Frage des Zusammenhangs von Unzeit und Repräsentation bildet. Derrida schreibt der Unzeit dagegen nicht nur einen Bezug zum Theater zu, sondern erklärt sie zu einer das Theater allererst eröffnenden Instanz in einem den Aphorismus 12 schließenden Satz: „Die Unzeit / Gegenzeit sagt etwas über die Topologie oder das Sichtbare, sie eröffnet die Bühne / das Theater (théâtre)"[188].

Um welches Theater aber handelt es sich hier und ist es mehr als eine bloße Metapher? Geht es um *das* Theater *als solches* oder doch um ein bestimmtes? Es ist nicht zufällig, dass sich Derrida hier ausgerechnet auf eines von Shakespeares Stücken – *Romeo und Julia* – bezieht, sei er doch, wie sein Biograf Benoît Peeters dokumentiert, „vom Theater eher gelangweilt" gewesen, „von Shakespeare abgesehen".[189] Trotzdem ist es erstaunlich, dass Derrida seine Überlegungen zur Zeit und Unzeit ausgerechnet anhand von *Romeo und Julia* anstellt und nicht anhand der sich dafür weitaus offensichtlicher anbietenden und vielzitierten Worte „The time is out of joint" („Die Zeit ist aus den Fugen")[190] aus *Hamlet*, die als Motto seinem Buch *Marx' Gespenster*[191] vorangestellt sind und

188 Derrida: Der Aphorismus – zur Unzeit, S. 126.

189 Weiter heißt es, natürlich habe er trotzdem die Inszenierungen und Stücke derer aufmerksam verfolgt, die ihm nahestanden, dazu gehörten die Theaterarbeiten von Hélène Cixous, Daniel Mesguich, Jean-Luc-Nancy und Philippe Lacoue-Labarthe. (Benoît Peeters*: Jacques Derrida. Eine Biographie*, aus d. Franz. v. Horst Brühmann. Berlin: Suhrkamp 2013, S. 619.) Vgl. Nikolaus Müller-Schöll: Über Theater überhaupt und das Theater des Menschen. Benjamin, Brecht, Derrida, Le Roy. In: Ders. / Gabriel (Hrsg.): *Das Denken der Bühne*, S. 59–80, hier S. 66.

190 Shakespeare: Hamlet, 1. Akt, 5. Szene.

191 Derrida: *Marx' Gespenster.*

auf die auch Hamacher implizit verweist, wenn er davon spricht, die Unzeit sei das, was „aus den Fugen“[192] sei. In *Hamlet* ist es vor allem der „gespenstische[] Augenblick“, für den sich Derrida interessiert und den er auch „unzeitig“[193] nennt. Er beschreibt ihn als einen „Augenblick, der sich der Zeit nicht fügt“ und der „nicht mehr der Zeit angehört, wenn man darunter die Verkettung modalisierter Gegenwarten versteht (vergangene Gegenwart, aktuelle Gegenwart: ‚jetzt‘, zukünftige Gegenwart).“[194] In *Romeo und Julia* hingegen ist es nicht das Gespenstische, sondern, wie ich bereits aufgezeigt habe, der Aspekt des Zufalls, den Derrida ins Zentrum rückt: Der *accident*, der Unfall, Zufall, Zwischenfall, Akzidens der sich verfehlenden Liebenden. Dieser hat im Gegensatz zum widerständigen, dauernden „gespenstische[n] Augenblick“ den Charakter einer ereignishaften Unterbrechung.

Während Derridas Ausführungen zu *Hamlet* in *Marx' Gespenster* ausschließlich dem Dramentext gewidmet sind und sich nicht an der szenischen Frage einer konkreten Inszenierung orientieren, ist „Der Aphorismus – zur Unzeit“ in seiner ersten Version anlässlich einer Inszenierung von *Romeo und Julia* von Daniel Mesguich am Théâtre Gérard-Philipe in Saint-Denis entstanden.[195] Daraus erklärt sich, dass sich darin sehr konkrete Bezüge auf Fragen der „Verräumlichung“ und der „scène“ finden – in der deutschen Version als „Sichtbarkeit“ und „Bühne“ übersetzt.[196] Auch diese stehen aber im Kontext von Derridas grundsätzlichem Interesse an einer theatralischen Dimension von Philosophie,[197] in der für ihn „das Wichtigste nicht der Inhalt“ sei, „sondern vielmehr die Inszenierung, die Verräumlichung“.[198]

Derrida selbst beschreibt seine Beschäftigung mit der theatralischen Verfasstheit von Philosophie als ein Eintreten für eine Verwischung der Opposition von Philosophie und Theater:

192 Hamacher: DES CONTRÉES DES TEMPS, S. 32.

193 Derrida: *Marx' Gespenster*, S. 12.

194 Ebd.

195 Jacques Derrida: L'aphorisme à contretemps. In: *Roméo et Juliette Papiers*. Paris: Papiers 1986, o. P.

196 Derrida: Der Aphorismus – zur Unzeit, S. 131–132.

197 Wie es Nikolaus Müller-Schöll in Bezug auf Derridas Verhältnis zum Theater herausarbeitet: Müller-Schöll: Über Theater überhaupt und das Theater des Menschen, S. 66.

198 Evelyne Grossman: Artaud, oui … Entretien avec Jacques Derrida. In: *Revue de littérature Europe*, 01–02/2002, S. 23–38, hier S. 38, zit. n. Müller-Schöll: Über Theater überhaupt und das Theater des Menschen, S. 66.

> Ich für meinen Teil würde eher für eine theatralische Dimension in der Philosophie plädieren, um die Gegensätzlichkeit zwischen Theater und Philosophie, und sei sie chiastisch, ein bißchen zu verwischen.[199]

Sowohl in der Philosophie als auch im Theater gebe es gewisse Momente verrückter Dringlichkeit, wie Derrida Søren Kierkegaard zitierend schreibt, sogenannte „coups de théâtre", die die Philosophie an den Rand brächten – und die gleichermaßen dem Theater in der Philosophie und der Philosophie im Theater angehörten: als Nichttheatralisches im Theater, Nichttheoretisierbares in der Theorie und als das Unsichtbare „im Herzen des Sichtbaren".[200]
Dementsprechend sind es auch insbesondere die „spatial arts", also die raumbildenden Künste im Gegensatz zu den „visual arts", denen er die Fähigkeit zuschreibt, sich dem „philosophischen Logozentrismus" zu widersetzen, den philosophischen Diskurs zu überschreiten und die Philosophie infrage zu stellen.[201] Nicht dem Künstler oder der Künstlerin selbst sei diese Fähigkeit zuzuschreiben, sondern „what he or she creates becomes the bearer of something that cannot be mastered by philosophy"[202]. Auch an dieser Stelle spricht Derrida davon, dass sich in den raumbildenden Künsten, zu denen das Theater maßgeblich gehört, etwas *eröffne* – etwas, das mit philosophischen Begriffen nicht zu fassen sei, aber dennoch auf seine eigene Art *denke*. Das Denken der raumbildenden Künste unterscheidet er dabei strikt von der Philosophie:

> I am making a distinction between thought and philosophy. I am referring to something in excess of the philosophical, something not only of the order of an earthquake [...], as well as to self-interpretation [auto-interprétation], interpretation of one's own memory.[203]

199 Jacques Derrida: Der Akt des Opferns, aus d. Franz. v. Ulrike Oudée Dünkelsbühler. In: *Schauspielfrankfurt Zeitung*, 01/2002, S. 3–4, hier S. 4. Dieser Text ist auch erschienen in leicht modifizierter Variante: Ders.: Das Opfer. In: Ders.: *Denken, nicht zu sehen. Schriften zu den Künsten des Sichtbaren 1979–2004*, hrsg. v. Ginette Michaud / Joana Masó. Berlin: Brinkmann & Bose 2017, S. 288–298.

200 Derrida: Der Akt des Opferns, S. 4.

201 Jacques Derrida / Peter Brunette / David Wills: The Spatial Arts. An Interview with Jacques Derrida. In: Peter Brunette / David Wills (Hrsg.): *Deconstruction and the Visual Arts. Art, Media, Architecture.* Cambridge: Cambridge UP 1994, S. 9–32, hier S. 24.

202 Ebd.

203 Ebd., S. 25.

Das Denken der Künste, oder „Das Denken des Theaters“[204] im Anschluss an Nikolaus Müller-Schöll, das Derrida hier beschreibt, kann also abrupt ausbrechen und hereinbrechen wie ein Erdbeben, dessen destruktive Konsequenz ein Überschreiten des Philosophischen impliziert.[205]

Wenn das Theater als eine raumbildende Kunst Derrida zufolge das Potenzial aufweist, sich dem abendländischen Logozentrismus zu widersetzen und die Philosophie selbst an den äußersten Rand ihres Denkens zu bringen, muss dies in der Konsequenz dann nicht auch für das philosophische Zeitdenken gelten? Das Theater würde damit zum Ort, zur Instanz, zum Moment, zur Zeit, in der das metaphysische Zeitdenken auf seine Grenzen verwiesen werden kann. Nicht überraschend ist es also, dass es für Derrida gerade die Unzeit als Möglichkeitsbedingung und Zäsur ist, welche die Möglichkeit des Theaters eröffnet. Wie aber steht es um das Verhältnis von Zeit zur Frage des Erscheinens?

Diese Frage ist Gegenstand des folgenden Unterkapitels, in dem vor allem der Zusammenhang von Zeit, Theater und der metaphysischen Privilegierung der Sichtbarkeit im Vordergrund steht. Wie Kants Annahme von Zeit als einer a priori gegebenen und selbst *zeitlosen* Instanz, die, um sich selbst als solche zu legitimieren, die zeitlichen Bedingungen ihres eigenen Setzungsakts ausschließen muss – jener blinde Fleck in Kants Zeitdenken, den ich oben beschrieben habe –, so bleibt die Bedingung allen Erscheinens in der abendländischen Tradition auf eine Position angewiesen, die selbst von dieser Sichtbarkeit unberührt bleiben muss, also selbst unsichtbar bleibt. Es ist die Zeit, die zwar die Voraussetzung für das Erscheinen in der Sichtbarkeit bildet, selbst aber unsichtbar bleibt.

204 Müller-Schöll: Über Theater überhaupt und das Theater des Menschen, S. 68. Den Term „Theater überhaupt“ entwickelt Müller-Schöll in Anschluss an Benjamins Sprachaufsatz „Über Sprache überhaupt und über die Sprache des Menschen“ und Brechts *Messingkauf*-Fragment. Vgl. ebd., S. 66.

205 Hier sei angemerkt, dass Derrida das, was er *Denken* nennt, gleichsam als eine polemische Geste beschreibt, die er zum einen gegen Heideggers Unterscheidung von Denken und Philosophie setzt sowie gegen dessen Hierarchisierung der Künste, die er in seinem Diskurs über Kunst, Malerei und Dichtung vollzieht, zum anderen aber auch gegen diejenige überhebliche Haltung im Bereich der Philosophie, die Denken ausschließlich dem Bereich der Philosophie zuschreibe und künstlerischen Arbeiten, wenn überhaupt, allenfalls eine naive Herangehensweise in kritischen oder theoretischen Diskursen zugestehe. Von einem *Denken* der Künste zu sprechen sei also „to indicate in a polemical fashion that thinking is going on in the experience of the work, that is to say, that thought is incorporated in it.“ (Derrida / Brunette / Wills: The Spatial Arts, S. 25). Vgl. Martin Heidegger: *Was heißt Denken? (1951–1952). Text der durchgesehenen Einzelausgabe mit Randbemerkungen des Autors aus seinem Handexemplar.* GS, Bd. 8; Jacques Derrida: Die Künste des Raumes. Gespräch mit Peter Brunette und David Wills. Laguna Beach, 1990. In: Ders.: *Denken, nicht zu sehen*, S. 7–40, hier S. 30.

3. Zeit und das Paradigma der (Un-)Sichtbarkeit

Derrida äußert sich im Verlauf des Aphorismus noch an einer weiteren Stelle zum Theater und dieses Mal formuliert er deutlich präziser, auf welche Art von Theater er sich bezieht – nämlich eines, das einen spezifischen Bezug zum Sichtbaren aufweist[206]: „Theater, so sagt man, das ist Sichtbarkeit, Bühne (scène)."[207] Mit diesem Satz beruft sich Derrida zunächst auf eine scheinbar geläufige Definition – wie das „so sagt man" andeutet – von Theater als *scène*, hier als Sichtbarkeit oder Bühne übersetzt. Dieser setzt er dann aber ein anderes Theater gegenüber, das sich von dem Allgemeinplatz des „so sagt man" unterscheidet, eben dadurch, dass es sich der Sichtbarkeit entzieht: „Dieses Theater hier gehört zur Nacht/ zum Dunkel (nuit), weil es in Szene setzt, was nicht zu sehen ist", etwas, „was nicht mehr gegenwärtig ist, das Unsichtbare: was von nun an nicht mehr das Licht des Tags erblicken wird."[208]

Dieses Theater ist dasjenige, das durch die Unzeit eröffnet wird und seinen Ausgang in der Unzeit hat. Derrida tut in dieser kleinen unauffälligen Passage nichts Geringeres, als die metaphysische Tradition der Privilegierung von Sichtbarkeit, Präsenz und Gegenwärtigem in ein „so sagt man" zu kondensieren, um dieser sein Theater der Unzeit gegenüberzustellen, das sich offensichtlich jenem Sichtbarkeitspostulat gerade zu entziehen scheint. In welchem Verhältnis stehen Unzeit und Sichtbarkeit? Und weiter gefragt: Wenn die Unzeit als Möglichkeitsbedingung und entsetzendes Element konstitutiv für dieses andere Theater ist, was heißt das für die Ordnung der Repräsentation? Muss nicht, wenn sich, wie Hamacher betont, in der Unzeit eine „andere Zeit als die Zeit der Repräsentation"[209] andeutet, auch dieses Theater einer anderen Zeitordnung als derjenigen der Repräsentation folgen?

Ich will mich noch einmal genauer der von Derrida diskreditierten Annahme zuwenden, Theater bedeute Sichtbarkeit, und versuchen, die mitschwingenden, aber impliziten Verweise auf eine dem zugrunde liegende Metaphysik der Präsenz aufzuschlüsseln. Derrida ordnet das Theater nicht nur, wie bereits zuvor ausgeführt, den raumbildenden Künsten zu, sondern auch denen, die er die „Künste des Sichtbaren"[210] nennt. Als solche teilen sie mit der Philosophie „eine gewisse

206 Hier geht es Derrida darüber hinaus spezifisch um die Rolle des Namens in *Romeo und Julia*, die Nennung des Namens und des falschen Namens, der unweigerlich in den Tod führt. Zur Frage des Namens vgl. weiterführend Jacques Derrida: *Über den Namen. Drei Essays*, aus d. Franz. v. Hans-Dieter Gondek / Markus Sedlaczek. Wien: Passagen 2000.

207 Derrida: Der Aphorismus – zur Unzeit, S. 131–132.

208 Ebd.

209 Hamacher: DES CONTRÉES DES TEMPS, S. 33.

210 Derrida: Das Opfer, S. 288.

Autorität der Präsenz und Sichtbarkeit"[211], eine Privilegierung des Blicks[212] und des Optischen, wie Derrida in einer *tour de force* durch die Philosophiegeschichte der Metaphysik und seine eigenen Schriften in „Denken, nicht zu sehen"[213] ausführt. Während er den Phonozentrismus als universelle Struktur beschreibt, die sich nicht auf die griechisch-christliche abendländische Tradition begrenzen lässt, und eine generelle Hegemonie der *phoné*, der Stimme, des Lautlichen über das Sichtbare behauptet, steht für ihn der Logozentrismus als „griechisch-europäische Spezifizierung"[214] unter der Dominanz des Logos und der Privilegierung des Theoretischen. *Logos* im Sinne von Diskurs, Maß, Berechnung einerseits und *theorein* als „schauen"[215] andererseits fügen sich, wie er im Rückgriff auf Heidegger aufzeigt, zu dem „unbestreitbaren Privileg der lebendigen Gegenwart, des Sprechens, der Nähe, des Lebens"[216] zusammen, das von der „metaphernlosen Metaphorik"[217] des Sehens strukturiert wird.[218]

Derridas zentraler Punkt in Bezug auf die Hegemonie der Sichtbarkeit und Gegenwärtigkeit ist zunächst dieser: Das, was sichtbar macht, ist selbst nicht sichtbar.[219] Dies zeigt er u. a. bei Platon auf. Dessen Vorstellung des Seins als *eidos* impliziert den Umriss einer sichtbaren Gestalt, dabei handelt es sich aber nicht um eine sinnliche, sondern um eine intelligible Sichtbarkeit: Das *eidos* als *ontos on*, als wahrhaft Seiendes, demgegenüber die *mimesis* als defizitär herabgesetzt wird, ist eine selbst nicht sichtbare Sichtbarkeit. Zwar ist es auf eine Lichtquelle,

211 Ebd.

212 Zur Frage der Privilegierung des Blicks und dem Paradigma der Perspektive in der Theatergeschichte: Ulrike Haß: *Das Drama des Sehens*. München: Fink 2005.

213 Jacques Derrida: Denken, nicht zu sehen. In: Ders.: *Denken, nicht zu sehen*, S. 41–61.

214 Ebd., S. 51–52.

215 Ebd., S. 56.

216 Ebd., S. 52.

217 Ebd., S. 55.

218 Damit einher geht ein Erfahrungsbegriff, der sich in seiner seinsgeschichtlichen Ausformung stets der Gegenwart und dem Gegenwärtigen verschreibt: Folglich ist die „Bedeutung des Wortes ‚Erfahrung' vollständig von einer Metaphysik des Gegenwärtigen oder der Gegenwärtigkeit [...] von einem Logozentrismus, ja von einem Phonozentrismus beherrscht." Demgegenüber setzt er einen anderen Erfahrungsbegriff, nämlich die „Erfahrung des Ereignisses", die zugleich eine geschichtliche Erfahrung darstellt. (Ebd., S. 53.)

219 Später relativiert Derrida den ganzheitlichen Geltungsanspruch seiner These einer absoluten Hegemonie des Sehens für die Gesamtheit der Philosophiegeschichte und erweitert ihn um das, was er Haptozentrismus nennt – die These, dass das Privileg des Sichtbaren beständig von einem Privileg des Berührens begründet und umfasst gewesen sei. Jene „heliozentrischen Werte", also die „vom Licht durchdrungenen Werte" stünden somit eigentlich im Dienste des Haptozentrismus, „das heißt eine[r] Figuralität, die das Berühren, den Kontakt privilegiert". Derrida verortet sogar bei Bergson einen tiefgreifenden, uneingestandenen Haptozentrismus, nämlich dann, wenn er die Intuition als „Blick" beschreibt. (Ebd., S. 57–58.)

in diesem Fall die Sonne, angewiesen, diese aber verbleibt selbst unsichtbar. Derrida spricht hier von der „wesentliche[n] Möglichkeit des Sichtbaren", die selbst nicht sichtbar ist, und nennt dies ein „absolut unverrückbares Axiom".[220] Auch bei Aristoteles findet sich ein solches Axiom, wenn er in *De Anima* vom Sichtbaren als Farbe spricht, die selbst nicht sichtbar ist.[221]

Es ist aber vor allem die Zeit, die vor diesem Hintergrund einer metaphysischen Privilegierung des Sichtbaren eine Voraussetzung für das Sichtbarwerden bildet und dabei gleichzeitig selbst zum Element des Unsichtbaren wird, wie Derrida an anderer Stelle ausführt:

> Die Zeit jedenfalls gibt es nicht zu sehen. Sie ist, das wenigste, was man sagen kann, Element der Unsichtbarkeit selber. Sie entzieht einem alles, was sich zu sehen geben könnte. Sie entzieht sich selbst der Sichtbarkeit. Der Zeit, dem wesentlichen *Verschwinden* der Zeit gegenüber ist man unweigerlich blind, und daß obwohl doch in gewisser Weise alles *Erscheinen* Zeit in Anspruch nimmt.[222]

Die Zeit ist damit zugleich wesentliche Bedingung des Erscheinens, aber selbst nicht mit den Gesetzen dieser Sichtbarkeit fassbar. Sie ist Bedingung alles Sichtbarwerdens, aber gleichzeitig für den Entzug der Sichtbarkeit eben dieses Erscheinens verantwortlich.[223] Die Kontinuität jener Hegemonie des Sichtbaren im abendländischen Logozentrismus, wie sie Derrida seit der Antike bis zu

220 Derrida: Denken, nicht zu sehen, S. 55.

221 In *De Anima* heißt es dazu: „Das Sichtbare ist nämlich Farbe. Diese findet sich bei dem an sich Sichtbaren. Das Ansich kommt ihm nicht dem Begriffe nach zu, sondern weil es in sich selbst die Ursache des Sichtbarseins hat. Jede Farbe ist bewegendes Prinzip des wirklich wichtigen Mediums und dies ist ihre Natur. Daher ist sie nicht sichtbar ohne Licht, sondern alle Farbe an jedem Ort wird im Licht gesehen." (Aristoteles: *Über die Seele*. Griech./Dt. nach der Übers. v. W. Theiler. Hamburg: Meiner 1995, S. 97, 418b.)

222 Derrida schreibt diese Zeilen in Bezug auf die Gabe und ihr Verhältnis zur Zeit. Beiden, Zeit und Gabe, schreibt er einen „einzigartigen Bezug auf das Sichtbare" zu. (Derrida: *Falschgeld*, S. 15.)

223 Das Unsichtbare ist für Derrida dabei nicht einfach das Gegenteil des Sehens, sondern etwas, das weit über die bloße Opposition des Sichtbaren und dessen, was nicht zu sehen ist, hinaus geht. Damit stellt er der Privilegierung des Sichtbaren und der Präsenz im Logozentrismus eine Erfahrung des Blindseins entgegen, die vielmehr auf der Erfahrung des Raums und der Verräumlichung beruht, und dies in einer Weise, die nicht über die Mechanismen der visuellen Erschließung und Aneignung erfolgt. Derrida schreibt dementsprechend „the invisible, for me, is not simply the opposite of vision" und bezieht sich dabei auf seinen Text: Jacques Derrida: *Aufzeichnungen eines Blinden. Das Selbstporträt und andere Ruinen. Erschienen anlässlich der im Musée du Louvre, Hall Napoléon, vom 26. Oktober 1990 bis 21. Januar 1991 gezeigten Ausstellung*, aus d. Franz. v. Michael Wetzel. München: Fink 1997; ders. / Brunette / Wills: The Spatial Arts, S. 24; ders.: *Denken, nicht zu sehen*.

Heidegger beschreibt und nachzeichnet, mag jedoch bisweilen ein wenig zu geradlinig erscheinen, finden doch beispielsweise die kopernikanische Wende und ihre weitreichenden Konsequenzen für die neuzeitlichen Sichtbarkeitsverhältnisse und ihren Bezug zum Zeitverständnis – zumindest in diesem Text Derridas – keine Beachtung.

Die Zuschauer*innenzeit und der Bruch mit dem Sichtbarkeitspostulat

Hans Blumenberg beschreibt die folgenreiche Veränderung im Zeit- und Sichtbarkeitsverständnis an der Schwelle zur Neuzeit als „Bruch mit dem Sichtbarkeitspostulat"[224] der Antike und des Mittelalters. Dieses ist ihm zufolge als „traditionelle[s] Sichtbarkeitspostulat"[225] von der Annahme der zentralen Position des Menschen im Kosmos und der Überzeugung bestimmt, dass der menschliche Erkenntnisapparat ausreiche, um sich die ihn umgebende Welt vollständig zu erschließen. Dementsprechend ist das Sichtbarkeitspostulat zugleich ein allgemeines Wirkungspostulat, das nach der Devise funktioniert: „Was wirklich ist, muß sich zeigen"[226]. Blumenberg verortet dieses spezifisch im Bereich der Astronomie:

> Das Sichtbarkeitspostulat der traditionellen Astronomie, mag es sich auch als ökonomisches Prinzip rationalisieren lassen, korrespondiert den Voraussetzungen einer Anthropologie, in der Mensch und Kosmos in einer so definierten Zuordnung gesehen werden, daß keine wesentliche Inkongruenz von organischer Ausstattung und realem Bestand angenommen werden darf. Das Sichtbarkeitspostulat ist eine Konsequenz aus dem symmetrischen Bau des geozentrischen Universums und der zentralen Position des Menschen in diesem.[227]

Während das traditionelle Sichtbarkeitspostulat einen uneingeschränkten Zugang zur Welt verspricht – was Blumenberg einen „paganen Zug"[228] nennt – und an die klare zentrale Position des Menschen geknüpft ist, stellt sich mit der kopernikanischen Wende jedoch nicht nur die bisherige Bestimmung der menschlichen Position als exzentrisch heraus, sondern dies hat auch eine

224 Blumenberg: *Die Genesis der kopernikanischen Welt*, S. 722.

225 Ebd., S. 770.

226 Ebd.

227 Ebd., S. 731.

228 Genauer heißt es hier: „Das Sichtbarkeitspostulat hat einen paganen Zug. Es negiert jeden Gedanken, dem Menschen nur eine beschränkte Ansicht der Welt zu eröffnen und deren Erhabenheit im Unzugänglichen eines göttlichen Vorbehaltsraumes zu denken." (Ebd.)

Beschränkung des Horizonts der Sichtbarkeit zur Folge, die Blumenberg als *Umkehrung des Sichtbarkeitspostulats* beschreibt.[229]

> Die Brechung des Sichtbarkeitspostulats —im weitesten Sinne verstanden – ist pointiert durch eine Art von Umkehrung: Die sichtbare Welt ist nicht nur ein winziger Ausschnitt der physischen Realität, sondern sie ist auch qualitativ der bloße Vordergrund dieser Realität, ihre belanglose Oberfläche, an der sich nur symptomatisch das Resultat von Prozessen und Kräften darstellt. Sichtbarkeit ist selbst eine exzentrische Konfiguration, die zufällige Konvergenz heterogener physischer Ereignisreihen.[230]

Es ist die Unsichtbarkeit, die im Zuge dessen an Bedeutung gewinnt, wie er wenig später unterstreicht:

> Diese Endstufe der Umkehrung des Sichtbarkeitspostulats bedeutet, daß das Unsichtbare eben die Stelle eingenommen hat, für die in der metaphysischen Tradition das Sichtbare die Sanktion des Zugangs zur Wirklichkeit zu besitzen schien[.][231]

Denkt man Blumenbergs Argumentation und diejenige Derridas zusammen, hieße dies, dass sich jener Entzug der Sichtbarkeit, von dem Derrida in Bezug auf die Zeit spricht, genau hier, an der Schwelle zur Neuzeit, als Konsequenz der kopernikanischen Revolution einstellt. Das Unsichtbare wird damit zum wesentlichen Bestandteil dessen, was Derrida das Privileg des Sichtbaren in der metaphysischen Tradition nennt – und zwar in anderer Weise als noch bei Aristoteles. Sichtbarkeit verspricht von nun an nicht mehr einen Zugang zur Wirklichkeit, denn nach Kopernikus ist der größte Teil der Welt für den Menschen unsichtbar, womit eben dieses Unsichtbare „zur endgültigen Drohung“[232] wird. Auch das Zeitverständnis bleibt von dieser Verschiebung des Sichtbarkeitspostulats als Konsequenz der kopernikanischen Wende nicht unangetastet – ein Aspekt, der, wie Blumenberg moniert, bisher wenig untersucht worden sei, weil vorrangig die Frage des Raums Priorität erfahren habe:

> Meine These ist nun, daß auch die für die Neuzeit charakteristische Verschärfung der Problematik der Zeit ohne die Veränderung nicht begriffen werden kann, die Kopernikus am Weltmodell vorgenommen hatte. Die Problematik der Zeit ist freilich weniger

229 Blumenberg: *Die Genesis der kopernikanischen Welt*, S. 732.
230 Ebd., S. 746.
231 Ebd., S. 747 (Herv. J. S.).
232 Ebd., S. 734.

spektakulär, weniger affektiv wirksam als die des Raumes; das mag erklären, daß die kopernikanische Konsequenz für den Zeitbegriff bisher nicht dargestellt worden ist.[233]

Der Entzug von Sichtbarkeit geht also mit jener für die Neuzeit charakteristischen Verschärfung der Problematik – oder auch der Krise – der Zeit einher, von der auch das Theater nicht unberührt bleibt. Genauer betrifft sie eine maßgebliche Verwobenheit von Zeitbegriff und Theater, von antikem Zeitbegriff *als* Theater: Denn Blumenberg zufolge gründet der antike Zeitbegriff in einem geozentrischen Modell der Welt, das eine (wenn auch konventionelle) Theatersituation voraussetzt. Genauer: Die Theorie der Zeit nach Aristoteles entspricht in ihrer Denkanlage einer frontalen Zuschauer*innensituation, in der letztere distanzierte, ruhende und von der Zeit selbst nicht angetastete Beobachter*innen sind. Blumenberg spricht hier vom „Korrelat des Typus des Zuschauers":

> Der geozentrische Satz und die Theorie der Zeit stehen bei Aristoteles in einem Zusammenhang, der durch den antiken Wirklichkeitsbegriff vermittelt wird. Ein Aspekt dieses Wirklichkeitsbegriffs ist, daß er *zum Korrelat den Typus des Zuschauers hat. Der Zuschauer erfaßt sich selbst als ruhend, als den bloßen Darstellungspunkt der Ereignisse.* Für ihn agiert die Welt. […] Ebenso beruht der Zeitbegriff, den Aristoteles philosophisch formuliert und der Tradition vorgegeben hat, nicht auf der Selbsterfahrung des handelnden Menschen und seiner Bedürfnisse der Zeitmessung, sondern er artikuliert die *Zeiterfahrung des Zuschauers, dem sich die Welt als das öffentlichste Ereignis darstellt.*[234]

Blumenberg stellt hier die Frage nach dem Zeitbegriff der Antike in den direkten Kontext eines Verhältnisses des Zuschauens. Der antike Zeitbegriff ist damit nicht nur eine reine, unsichtbare Idealität, sondern Zeit ist etwas, das sich darbietet, das sich zeigt und insofern in einer Relation zum Sichtbaren steht. Der Priorität des Sichtbaren und dem antiken Wirklichkeitsbegriff entsprechend ist Zeit also etwas, das sich einem beobachtenden, ruhenden und davon unbeeinträchtigt bleibenden Auge als Kosmos eröffnet, und somit „Zuschauerzeit"[235].

Ungenau ist Blumenberg jedoch dort, wo er vom „Typus des Zuschauers" spricht, als habe dieser durch die Epochen hindurch in unveränderter Weise als ein Typus bestanden. Entscheidend ist, dass auch das Zuschauen und die

233 Ebd., S. 505.
234 Ebd., S. 512 (Herv. J. S.).
235 Ebd., S. 515.

damit verbundene Position der Zuschauer*in sowie die Art des Sehens in der Antike deutlich vom neuzeitlichen Sehen zu unterscheiden sind. Wie Ulrike Haß aufzeigt, ist es in der Antike vorrangig ein „körperliches Sehen" als ein körperlich-plastischer Vorgang, der die Sehende und das Wahrgenommene in einem zwischen ihnen niemals abbrechenden Raumkontinuum im Kosmos denkt und aufgrund dessen Sehen im neuzeitlichen Sinne einer Konfrontation zwischen Subjekt und Objekt undenkbar macht.[236] Erst in der Neuzeit im Zuge der Erfindung der Zentralperspektive wird das „Modell der Konfrontation" zur Grundlage einer modernen Architektur des Sehens und materialisiert sich in den Bühnenformen des 16. und 17. Jahrhunderts, die Zuschauer*innen und Darstellungen in eine systematische Beziehung bringen.[237]
Trotz Blumenbergs Ungenauigkeit bezüglich des von ihm verwendeten Theaterbegriffs ist die von ihm vorgenommene Verankerung des Zeitbegriffs in einer Anordnung des Zuschauens und einer Ordnung des Sehens zentral:

> Der Zeitbegriff, der aus der griechischen Philosophie hervorgeht und bis über Kopernikus hinaus die Tradition bestimmt, wird durch die Selbstgebungsimplikation des ‚Phänomens' beherrscht. Anders gesagt: Er gibt einen Aspekt des im Phänomenbegriff erfaßten Weltverhältnisses wieder. Zeit ist selbst eine phänomenale Struktur, ein phänomenaler Hintergrund, vor dem Prozesse und Ereignisse in eine eindeutige Stellenordnung gefaßt sind.[238]

Das in der aristotelischen Tradition stehende, geozentrische Denken, das schließlich durch die Nachwirkungen der kopernikanischen Wende und die Geometrisierung des Raums aufgebrochen wird, ist das einer geschlossenen Ordnung des Kosmos, in der die Dinge ihren Platz in einer „räumliche[n] Hierarchie der Vollkommenheit und der Werte"[239] haben. Diese ist einer Struktur der Ähnlichkeit verschrieben, in der auch nicht zu vereinbarende Dinge „in eine Phänomenganzheit eingebettet sind und dadurch einander entsprechen und aufeinander einwirken können", wie Ulrike Haß aufzeigt.[240] Der Beobachter*in, die selbst Teil dieser kosmischen Ordnung ist, zeigen sich die Dinge als Phänomene, nicht

236 Haß: *Das Drama des Sehens*, S. 9.

237 Ebd.

238 Blumenberg: *Die Genesis der kopernikanischen Welt*, S. 514.

239 Alexandre Koyré: *Von der geschlossenen Welt zum unendlichen Universum*. Frankfurt am Main: Suhrkamp 2008, S. 8, zit. n. Haß: *Das Drama des Sehens*, S. 292.

240 Haß: *Das Drama des Sehens*, S. 292. Zur Diskussion der Ähnlichkeitsordnung und ihrem Zusammenhang mit dem, was Foucault das Zeitalter der Ähnlichkeiten nennt, vgl. auch Gabriel: *Bühnen der Altermundialität*, S. 113–120.

so sehr im Sinne eines ‚Erscheinens', sondern in dem des griechischen *pháinesthai*, in der Bedeutung von *sichtbar werden, sich zeigen*: Die Dinge zeigen sich *von sich aus* der ruhenden Zuschauer*in und nicht erst durch ein experimentierendes und präparierendes Eingreifen des neuzeitlichen Subjekts. Das antike Sehen ist damit kein eingreifendes, kein Sich-selbst-ins-Bild-Setzendes, wie später Heidegger für das neuzeitliche Denken formulieren wird,[241] sondern eines, das sieht, in dem es gewähren lässt. Daraus folgt: Die antike Zeit ist eine Zuschauer(*innen)zeit, denn sie ist nicht ohne das sie maßgeblich bestimmende Verhältnis zwischen sich zeigendem Phänomen und bewegungsloser Betrachter*in zu denken. In diesem Sinne sieht Blumenberg in Newtons Entwurf einer absoluten Zeit gewissermaßen einen Rückfall in die antike Struktur:

> Die kopernikanische Reform bewegte sich in einem Spielraum, der durch die Destruktion des antiken Wirklichkeitsbegriffs mit seiner Korrelation von sich zeigendem Phänomen und ruhendem Zuschauer eröffnet worden war. In gewisser Hinsicht ist Newtons Begriff der absoluten Zeit hinter die derart gegebenen Möglichkeiten zurückgefallen, *denn die absolute Zeit ist zugleich eine reine Zuschauerzeit.*[242]

Fassen wir zusammen: Erst nach dem epistemischen Bruch des Sichtbarkeitspostulats ist es für Blumenberg verstärkt der Aspekt der Unzugänglichkeit, des Entzugs und der Unsichtbarkeit, den Derrida seinerseits in der zuvor zitierten Passage beschreibt, der in Bezug auf die Zeit in den Vordergrund tritt. Zeit in ihrer antiken Ausformung allerdings wird in Blumenbergs Deutung durchaus sichtbar, sie zeigt sich als phänomenale Struktur im Kosmos und wird auf diese Weise – durch ihr Sichtbar-Werden – erfassbar. Eben darin liegt ihr Korrelat zur Theatersituation, und es ist diese Verstrickung des antiken Zeitbegriffs in das Denken einer Theatersituation, die ich im Folgenden herausstellen möchte.

Das Lineare im Zyklischen: Die zählbare Zeit

Darüber hinaus gilt es aufzuzeigen, dass der antike Zeitbegriff innerhalb des nach Blumenberg verstandenen Sichtbarkeitspostulats keineswegs ein rein zyklischer ist, der dann erst durch die frühchristliche Deutung eine Linearisierung erlebt. Vielmehr ist eine Verschränkung von zyklischer und linearer Struktur schon bei Aristoteles zu beobachten.

Wichtig bleibt mit Blumenberg jedoch vorerst zu betonen, dass von einem antiken Zeit*begriff* erst mit und durch Aristoteles gesprochen werden kann, denn noch

241 Martin Heidegger: Die Zeit des Weltbildes. In: Ders.: GS, Bd. 5, S. 75–113.

242 Blumenberg: *Die Genesis der kopernikanischen Welt*, S. 515 (Herv. J. S.).

bei Platon hat die Zeit keineswegs den Status einer Idee oder eines Begriffs. Raum und Zeit stehen in der platonischen Kosmologie des *Timaios* im Verhältnis einer zeitlichen Begründungsfolge[243]: Der Raum ist kein Behälterraum physischer Prozesse, sondern eine unbestimmte alles in sich aufnehmende Größe, die vorweltlich und unabhängig von der Existenz des Kosmos ist. Die Zeit indessen entsteht erst im und durch den Kosmos, was wiederum der aristotelischen Annahme gegenüber steht, dass ein Anfang der Zeit selbst nicht zu denken sei.[244] Zeit wird bei Platon jedenfalls durch die Hand des Demiurgen bei dessen Versuch geschaffen, den Kosmos zu ordnen und das Weltgebäude einzurichten: „[S]o übernahm er also alles, was sichtbar war und keine Ruhe hielt, sondern planlos und ungeordnet sich bewegte, und führte es aus der Unordnung zur Ordnung"[245]. Jene Ordnung ist also zunächst eine des ausschließlich Sichtbaren, und es ist die Zeit, die dieser Ordnung selbst Sichtbarkeit verleiht: „[D]ies, welches wir ja als ‚Zeit' benennen", wird definiert als „ein zahlenmäßig laufendes ewig dauerndes Bild" der „im Einen verharrenden ewigen Lebenszeit".[246] Die platonische Zeit ist folglich eine Erscheinungsweise der Regelmäßigkeit der Natur, die selbst ablesbar wird. Als Teile dieser Zeit werden „Tage und Nächte und Monate und Jahre"[247] genannt und es sind diese kleinsten natürlichen Zeiteinheiten, die die Zeit als solche zählbar und ablesbar machen. Auch Sonne und Mond und die Planeten sind für Platon „zur Sicherung von Zahlen der Zeit entstanden"[248]. Die Zeit steht in einem Verhältnis der Nachahmung zur Ewigkeit, ist aber selbst zählbar: Die Zeit ist die, „die die ewige Dauer nachahmt und zählbar sich im Kreis bewegt"[249].

Jene kleinsten Einheiten, wie Tag und Nacht, Monate und Jahre, bilden die kosmische Uhr, das deutliche Maß (*metron enargés*) der Manifestation der Zeit, auf das der Demiurg so bedacht ist.[250] Allerdings, so betont Blumenberg, ergebe sich aus Platons Ausführungen nicht, ob denn der Mensch das einzige mögliche Zuschauerobjekt dieses Weltprozesses sei oder ob nicht auch andere, nicht-menschliche Akteure die kosmische Uhr ablesen und Zuschauer*innen des

243 In der platonischen Bestimmung des Raums klingt Blumenberg zufolge bereits diejenige des absoluten Raums bei Newton an, der notwendig vorausgesetzt werde und doch selbst nicht rationale Größe sein kann. Blumenberg: *Die Genesis der kopernikanischen Welt*, S. 523.

244 Ebd., S. 510.

245 Plato: *Timaios*, hrsg. u. aus d. Altgriech. v. Manfred Kuhn. Hamburg: Meiner 2017, S. 19, 30a.

246 Ebd., S. 27, 37d–e.

247 Ebd.

248 Ebd., S. 28, 38c.

249 Ebd., S. 28, 38b.

250 Blumenberg: *Die Genesis der kopernikanischen Welt*, S. 524.

Ganzen sein könnten – denn die kleinste Zeiteinheit werde im *Timaios* eingeführt, noch bevor von den Menschen als möglichen Adressat*innen die Rede sei.[251] Die Bestimmung der Zeit als Abbild der Ewigkeit beruht also auf der Voraussetzung, dass es ein *ewiges* Sein gibt, damit eben dieses zum Vorbild für die Zeit werden kann.[252] Als wahrhaft seiende Idee muss dieses ewige Sein selbst unveränderlich und unbewegt sein. Daraus ergibt sich jedoch eine widersprüchliche Definition von Zeit als einerseits Abbild einer Idee, das aber andererseits in Phänomenen des empirisch Sichtbaren fundiert ist – wie der Wechsel von Tag und Nacht. Blumenberg fragt dementsprechend: „Wie sollte die Zeit in der empirischen Welt und fundiert auf die Phänomene des sichtbaren Himmels diejenige absolute Norm erfüllen können, die nur in der Idealität dargestellt werden kann?"[253] Daraufhin folgert er, es gebe bei Platon schlicht keine Idee der Zeit und damit auch nicht ihren Begriff, aus dem – wie nachher bei Aristoteles – Normen für ihre reale Fundierung entnommen werden könnten: Die Zeit sei vielmehr Abbild einer Idee, die man mit dem Wort ‚Ewigkeit' zu übersetzen versuchte, als eine solche könne sie aber weder eine Norm enthalten, noch einer Norm genügen.[254] Die platonische Zeit ist damit weniger Maß als vielmehr, wie Blumenberg mit Verweis auf Nicolaus Cusanus schreibt, „Ungenauigkeit"[255]: Die platonische Kosmologie lasse sich als die Darstellung eines „Kompromisses zwischen der Unerträglichkeit des Chaos und der Unerreichbarkeit der Idee" charakterisieren.[256]

Die zentralen Konflikte in der kosmologischen Zeitbestimmung liegen also zwischen derjenigen Zeit, die sich an den empirisch sichtbaren Phänomenen ablesen und zählen lässt, und der zeittranszendierenden ewigen, kosmischen Zeit, der Idee der Ewigkeit also. Darin enthalten ist der vermeintliche Widerspruch zwischen der Zählbarkeit der Zeit selbst und ihrer zyklischen kosmischen Form, der sich auch bei Aristoteles aufzeigen lässt.

251 Blumenberg verweist darüber hinaus auf die Unklarheiten der Überlieferung des platonischen Textes. Ob der Mensch Teil des teleologischen Bezugs sei, hänge davon ab, ob man im Text an dem *kai ta* der Handschriften festhalte, mit dem die Rolle der Sonne lediglich sei, das Maß der Bewegung für die anderen Gestirne zu geben, nicht aber für den Menschen, oder ob man der Version Archer-Hinds folge und *kath'ha* lese, was klar den Menschen in diesen Bezug miteinschließe. Je nachdem stellt sich laut Blumenberg die Frage, aus welcher Perspektive der Kosmos betrachtet wird. Ebd.

252 Eine ausführliche vergleichende Studie der platonischen Zeittheorie mit derjenigen von Aristoteles, Plotin und Augustinus findet sich in Walter Mesch: *Reflektierte Gegenwart. Eine Studie über Zeit und Ewigkeit bei Platon, Aristoteles, Plotin und Augustinus*. Frankfurt am Main: Klostermann 2016.

253 Blumenberg: *Die Genesis der kopernikanischen Welt*, S. 522.

254 Ebd.

255 Ebd.

256 Ebd., S. 524.

Zeit ist bei ihm als Zahl der Bewegung charakterisiert. Damit steht sie, wie bei Platon, für etwas Zählbares an der Bewegung – nicht nur die einzelnen Abschnitte werden zählbar, sondern auch das ‚davor' und ‚danach' des Bewegungsverlaufs, also das Verhältnis eines Vorher zu einem Nachher. Die Bewegung, von der Aristoteles ausgeht, ist aber auch eine kosmische und damit eine absolut gleichförmige, zyklische Bewegung. Wenn nun die Zeit eine in Abschnitte eines Vorher und Nachher teilbare Verlaufsform ist, impliziert dies nicht eine Form von Linearität? Genau diese aber stünde dann in einem Spannungsverhältnis mit der Annahme des ewig Zyklischen, also mit der Form des Kreises. Auch der Kreis aber lässt sich messen, in Abschnitte einteilen und ebenso die zyklische kosmische Zeit (deren Teile ja eben die Messung von Zeit allererst ermöglichen). Jeder Umlauf in diesem Kreis habe, schreibt Blumenberg, „eine Stelle in einem Ordnungsschema einander folgender Einheiten, die nicht vertauscht werden können. Und eben dieses Schema der einander folgenden Einheiten ist als das Zählbare *linear*."[257] Der folgende längere Abschnitt verdeutlicht eben dies noch einmal:

> Die Differenz zwischen dem antiken und dem christlichen Zeitbegriff ist mit einer schon zum Gemeingut gediehenen Formel als die zwischen zyklischer und linearer Verlaufsschematik beschrieben worden. [...] Dazu muß genauer gefragt werden, wie das Schema des Kreises den antiken Zeitbegriff charakterisiert. Der Kreis ist dadurch ausgezeichnet, daß in ihm überall eine Grenze angesetzt werden kann, von der aus und auf die hin eine Periode als Einheit gezählt wird und die über das Vorher und Nachher, das Früher und Später entscheidet. Aber jeder Umlauf in diesem Kreis, also jede kosmische Einheit der Zeit, deren Vielfaches oder deren Bruchteile die Messung von Zeit ermöglichen, hat ihrerseits eine Stelle in einem Ordnungsschema einander folgender Einheiten, die nicht vertauscht werden können. Und eben dieses Schema der einander folgenden Einheiten ist als das Zählbare linear. Erst in dem ordinalen Schema, das die Zeit als Zahl der Bewegung zu fassen gestattet, steht hinter jeder Einheit das andere Schema des Kreises, der kosmisch-anschaulichen elementaren Bewegungseinheit.[258]

Blumenberg kommt mit dieser Herleitung folglich zu dem wichtigen Schluss, dass Aristoteles' Zeitbegriff durchaus eine Linearität von Zeit als einem zählbaren Verlauf in sich trägt, was der geläufigen Annahme widerspricht, erst mit der frühchristlichen Auslegung habe die zyklische Vorstellung der Stoiker eine Linearisierung erlebt, welche die zyklische Form auf die Einheit eines einzigen

257 Blumenberg: *Die Genesis der kopernikanischen Welt*, S. 527–528.
258 Ebd.

teleologischen Geschichtsprozesses reduziert. Es lässt sich also bereits in der aristotelischen Zeitbestimmung eine Verschränkung von zyklischer und linearer Struktur finden: Eine lineare Metaphorik des geradlinig bewegten Punkts auf der einen Seite trifft die Vorstellung einer kreisartigen Gleichförmigkeit auf der anderen. Eben dies ist überdies der Grund, warum es, wie Blumenberg ausführt, dem antiken Zeitverständnis unmöglich war, Zeit in einem inneren Zeitbewusstsein zu begründen: An der inneren Erfahrung hätte nicht ausgemacht werden können, wie ihre Einheiten als solche messbarer Zeit konstituiert werden, und vor allem nicht, wie sie das Erfordernis der Gleichförmigkeit zu gewährleisten vermag.[259]

Ein weiterer wichtiger Aspekt, dem Blumenberg nur am Rande Aufmerksamkeit schenkt, ist die Ausschließlichkeit der einen Zeit, die mit dem Ausschluss der Möglichkeit eines *Zugleichs* mehrerer als dieser einen Zeit einhergeht und die die Tradition der Zeittheorie der Antike seit Aristoteles bestimmt. Während der aristotelische Raumbegriff keineswegs ausschließt, dass es auch eine andere als die eine Welt geben mag, ist es die Bestimmung der Zeit, die diese Ausschließlichkeit der einen einzigen Welt regelrecht fordert. Denn, so erläutert Aristoteles, „wenn es mehrere Himmelskugeln gäbe, dann wäre ja wohl entsprechend die Zeit die Bewegung einer jeden von ihnen; so gäbe es denn viele Zeiten neben einander her."[260] Eine Pluralität von Welten kann es also schlicht deswegen nicht geben, so schließt Blumenberg, weil diese eine ebensolche Pluralität von Zeiten erfordern würde. Und ein solches Nebeneinander-Sein von jeweils verschiedenen Zeiten wiederum würde eine übergeordnete Zeit voraussetzen, an der die verschiedenen Zeiten gemessen werden könnten.[261] Hamacher spricht in dieser Hinsicht von der „Ausschließung des *Zugleich*"[262] seit der Antike.

Es ist nicht verwunderlich, dass sich diese Ausschließung des *Zugleich* innerhalb eines Sichtbarkeitspostulats vollzieht, dessen Zeitverständnis – trotz seines Kreischarakters – einer gewissen Linearität und Logik der Abfolge eines Davor und Danach verschrieben ist. Zyklische Zeit, die sich an empirisch sichtbaren Phänomenen wie Tag und Nacht ablesen und zählen lässt und diejenige der

259 Ebd., S. 528.

260 Aristoteles: *Physik*. Vorlesung über Natur. Erster Halbband: Bücher I–IV. Griech./Dt., aus d. Altgriech., mit einer Einleitung und Anmerkungen versehen v. Hans Günter Zekl. Hamburg: Meiner 1987, S. 207, 218b.

261 Blumenberg: *Die Genesis der kopernikanischen Welt*, S. 529.

262 Werner Hamacher: pleroma. zu Genesis und Struktur einer dialektischen Hermeneutik bei Hegel. In: Georg W. F. Hegel.: *Der Geist des Christentums. Schriften 1796–1800. Mit bislang unveröffentlichten Texten*, hrsg. v. Werner Hamacher. Frankfurt am Main: Ullstein 1978, S. 7–336, hier S. 239–240.

Kausalität und der zählbaren Abläufe sind untrennbar miteinander verschränkt und basieren zudem sowohl auf der Vorstellung der Einzigkeit und Einheit von Zeit als auch auf der Unmöglichkeit eines *Zugleich* verschiedener Zeiten.

Antike Zeit und das Spiel mit Sichtbarkeiten

Im vorangegangenen Teil dieses Kapitels wurde klar, dass sich aus dem, was Blumenberg als „Bruch mit dem Sichtbarkeitspostulat“[263] an der Schwelle zur Neuzeit bezeichnet, erhebliche Konsequenzen für das Zeitverständnis ergeben. Während die kosmische Zeit in der Antike bei Platon und Aristoteles „Zuschauerzeit“[264] ist, sich als phänomenale Struktur im Kosmos zeigt und dem Bereich des Sichtbaren angehört, stellt sich als Konsequenz der kopernikanischen Wende in der Neuzeit nun ein Rückzug der Sichtbarkeit ein und der Versuch, die *Zeit als Zeit* zum Verschwinden zu bringen. Nun möchte ich an dieser Stelle auf den Zusammenhang von Zeit und ihrer Sichtbarkeit zurückkommen und danach fragen, wie sich dieser in Bezug auf die aristotelische Zeitdramaturgie der antiken Tragödie verhält.

Ulrike Haß arbeitet in ihrer Studie *Das Drama des Sehens* die außerordentliche Bedeutung der Wahl des Ortes der antiken Theateranlagen heraus und zeigt auf, wie deren Eingebundenheit in die sie umgebende Landschaft eine besondere Möglichkeit des „Spiel[s] mit Sichtbarkeiten“[265] erlaubt. Am Beispiel des Theaters von Epidauros erläutert sie, wie die Zuschauerränge und die Orchestra der in Kreisform angelegten Bühnenanlage genau dort unterbrochen werden, wo sie den Blick auf die Weite der Landschaft und das Meer freigeben. Die Öffnung hin zum Meer gehöre ebenso zum Selbstverständnis der Polis, wie die oft als Idee einer geschlossenen Gemeinschaft idealisierte Kreisform.[266] Haß bezieht sich hier auf Siegfried Melchinger[267], der hinsichtlich der Bedeutung des Meeres für den athenischen Theaterraum gar von einem „Meerbewußtsein“ der Athener spricht.[268] Darüber hinaus stellt Haß am Beispiel des Dionysostheaters am

263 Blumenberg: *Die Genesis der kopernikanischen Welt*, S. 722.

264 Ebd., S. 515.

265 Haß: *Das Drama des Sehens*, S. 128.

266 Ebd.

267 Siegfried Melchingers Studie und seine Arbeiten als Theaterkritiker in den 1950er und 60er Jahren sind nicht zuletzt auch vor dem Hintergrund seiner unumwundenen Unterstützung der Nationalsozialisten und seiner antisemitischen Überzeugung zu sehen. Insbesondere seine Lesart der „Kopha“ als „Volk“ bei Sophokles und Aischylos ist in dieser Hinsicht kritisch und mit äußerster Vorsicht zu betrachten. Vgl. Siegfried Melchinger: *Das Theater der Tragödie. Aischylos, Sophokles, Euripides auf der Bühne ihrer Zeit*. München: Beck 1974, S. 170.

268 Bei Melchinger heißt es in einem Zitat, auf das sich auch Lehmann bezieht: „Wie das Theater ein Teil des Ruhmes von Athen gewesen ist, so war das ‚Meerbewußtsein‘ ein Teil des

Südhang der Akropolis heraus, welche Wichtigkeit eben dieser spezifischen Positionierung der Bühnenlage an einer Geländekante für jenes *Spiel mit Sichtbarkeiten* zukam: Der unmittelbar hinter der Bühne abfallende Hain des Gottes Dionysos wird zu einem „Abgang in die Unsichtbarkeit"[269] verwendet, wie ihn in der letzten Tragödie des 5. Jahrhunderts der erblindete Ödipus vollzieht, wenn er zum Schluss den Hang hinunter steigt und in der „Unsichtbarkeit des Nicht-Sehenden"[270] verschwindet. Bettine Menke und Juliane Vogel betonen in dieser Hinsicht die „Zwischenlage des Theaters" und dass der Ort des Auftritts baulich sowie theatral als „Zwischen- oder Schwellenort" angelegt sei.[271]
Auch Hans-Thies Lehmann bezieht sich in seiner Studie *Theater und Mythos* auf die Rolle der Sichtbarkeit hinsichtlich der gewaltigen Dimensionen – nicht nur bezogen auf die Theateranlage selbst, sondern eben auch auf die Öffnung derselbigen hin zu dem „ins Unermeßliche geweitete[n] Raum"[272] der sie umgebenden Landschaft und damit eben auch hin zum Kosmos. Er unterstreicht dabei den Kontrast zwischen eben dieser, sich bis zum Horizont erstreckenden „quasitheatralen Raumkulisse" und dem „exponierten, isolierten und vor dem Hintergrund des Naturpanoramas verschwindend kleinen, verlorenen Menschenkörper", aus dem er das Verständnis des Subjekts und der mythischen Erzählung in diesem Theater ableitet, nämlich das Heraustreten des Einzelnen, die Konstitution des Subjekts[273] – eine Deutung, die durchaus in Frage zu stellen ist, wie ich später aufzeigen werde. Darüber hinaus macht Lehmann jedoch vor allem auf den Zusammenhang zwischen der Zeit der Aufführung und ihrer Eingebundenheit in die kosmische Zeit aufmerksam: So sei der Zeitpunkt der städtischen

Selbstbewußtseins der Athener. […] Ein Mann des Handels, weitgereist, wenn auch ein Eupatride, hatte die Demokratie geschaffen: Solon. Seit die Schiffe Reichtum in die Polis brachten, war jeder Athener irgendwann einmal, die meisten viele Male, zur See gefahren. Als die Polis Macht über ihr Land hinaus gewann, gewann sie es als Seemacht. Der Satz, daß das Theater die Polis ist, läßt sich durch das ‚Meerbewußtsein' erhärten." (Ebd., S. 128.) Vgl. Hans-Thies Lehmann: *Theater und Mythos. Die Konstitution des Subjekts im Diskurs der antiken Tragödie*. Stuttgart: Metzler 1991, S. 31.

269 Haß: *Das Drama des Sehens*, S. 128.

270 Ebd.

271 In ihrem einleitenden Vorwort zu dem Sammelband *Flucht und Szene* sprechen Menke und Vogel von der Zwischenanlage des Theaters im Hinblick auf dessen Status als transitorische Zone, in der über die ankommenden Schutzflehenden und ihr Leben innerhalb einer befristeten Zeitspanne entschieden wird. Bettine Menke / Juliane Vogel: Das Theater als transitorischer Schauraum. Einleitende Bemerkungen zum Verhältnis von Flucht und Szene. In: Dies. (Hrsg.): *Flucht und Szene. Perspektiven und Formen eines Theaters der Fliehenden*. Berlin: Theater der Zeit 2017, S. 7–23, hier S. 11.

272 Lehmann: *Theater und Mythos*, S. 31.

273 Ebd., S. 31–32.

Dionysien im Monat Elaphebolion, also im März / April, just mit der Wiederaufnahme der Schifffahrt nach der Winterzeit zusammengefallen, was Lehmann als klares Indiz dafür gilt, dass das Meer und die landschaftlichen Gegebenheiten, aber auch die spezifische Tages- und Jahreszeit wesentliche Elemente der „Opsis" (ὄψις) – von ihm als das „Gesamte der sichtbaren Aufführung"[274] beschrieben – darstellen.[275] Tageslicht und die Sonne als natürlicher ‚Scheinwerfer' sind dabei wesentlich für die Gestaltung des Zeitverlaufs auf der Bühne: Das attische Licht lasse die Menschen im Theater in der „vollen Plastik wandelnder Skulpturen" erscheinen und in den Tragödien ließen sich konkrete Bezugnahmen auf bestimmte Tageszeiten feststellen: Im grauen Morgen in *Antigone*, der aufgehenden Sonne in *Agamemnon* oder der Tagesfrische im *König Ödipus*.[276] Klar wird aus Haß' und Lehmanns Ausführungen, dass die kosmische Zeit wesentlicher Bestandteil nicht nur der antiken Bühnenanlage, sondern auch der Aufführung selbst ist: Zeit, wie sie sich durch Lichteinfall, Tages- und Jahreszeiten *zeigt*, ist keine dem Geschehen äußerliche absolute Form, sondern wesentlicher Teil dessen. *Zeit als Zeit* – und zwar als kosmische Zeit – tritt in Erscheinung, wird Teil des Sichtbaren. Dies steht jedoch wiederum ganz im Gegensatz zu dem, was Lehmann in seiner Studie *Postdramatisches Theater* in Bezug auf „die aristotelische Tradition des dramatischen Theaters" schildert.[277] Zu fragen bleibt: Wie und wann tritt Zeit *als solche* im Kontext des Theaters in Erscheinung und wann wird sie zum Verschwinden gebracht?

274 Lehmann: *Theater und Mythos*, S. 30.

275 Lässt sich also hier davon sprechen, dass die Phänomene, in denen sich Zeit so „zeigt", zu einem wesentlichen Bestandteil der *opsis* werden, wie es bei Lehmann anklingt? Allein die Bedeutung des Begriffs ist jedoch hoch umstritten und birgt Konfliktpotenzial. Lehmann liegt mit dieser Bestimmung, es handele sich bei *opsis* um die Gesamtheit der sichtbaren Aufführung, nicht weit von Melchinger entfernt, der, die häufig benutzte Übersetzung als „Bühnenbild" kritisierend, betont, es handele sich um „das Sichtbare in Aktion, in Bewegung". (Melchinger: *Das Theater der Tragödie*, S. 220.) Jean-Luc Nancy hingegen schlägt in einem Briefwechsel mit Philippe Lacoue-Labarthe die gängige Übersetzung als „mise en scène" vor, wohingegen letzterer einwendet, *opsis* bedeute nicht viel mehr als „spectacle" und zwar im Sinne dessen, was sich dem Blick darbiete: „c'est-à-dire simplement le fait de voir ou, pour une chose, de s'offrir à la vue". Und er fügt dann hinzu: „C'est la 'représentation', au sens le plus banal du terme, ce à quoi l'on assiste au théâtre". Diese Formulierung einer *représentation* im banalen, einfachsten Sinne überrascht, widerspricht sie doch eigentlich Lacoue-Labarthes, in zahlreichen Studien zur *mimesis* und *représentation* dargelegten Denken, in deren Rahmen er immer wieder betont, dass es *représentation* in einem unschuldigen, einfachen Sinne gerade eben nicht geben könne. (Philippe Lacoue-Labarthe / Jean-Luc Nancy: Scène. In: Dies.: *Scène. Suivi de Dialogue sur le dialogue*. Paris: Bourgois 2013, S. 9–25, hier S. 10.) Dieser Briefwechsel ist zuerst erschienen in *La Nouvelle Revue de Psychanalyse* 46 (1992), S. 73–98.

276 Lehmann: *Theater und Mythos*, S. 32.

277 Hans-Thies Lehmann: *Postdramatisches Theater*. Frankfurt am Main: Verlag der Autoren 2015, S. 353–358.

Die Einheit der Zeit als Verschwinden der Zeit?

In seinem kurzen „Exkurs über die Einheit der Zeit" in *Postdramatisches Theater* nimmt Lehmann das Verhältnis zwischen der Zeit der Darstellung und dargestellter Zeit in Hinblick auf Aristoteles' Ausführungen in der *Poetik*[278] in den Blick und kommt letztlich zu dem Schluss, dass sich bereits dort das Bestreben eines Verschwinden-Lassens der Zeit der Darstellung im Sinne einer *Einheit der Zeit* finden ließe, was er schließlich in der französischen Rezeption am Beispiel von Pierre Corneille bestätigt findet. Somit stellt Lehmann Aristoteles bereits in den Dienst des neuzeitlich klassischen Ideals der Einheit und ebnet damit gerade diejenigen Widersprüche und Widerständigkeiten ein, die sich in einigen der Passagen der *Poetik*, aber auch bei Corneille bei näherer Betrachtung auftun. Dementsprechend möchte ich im Folgenden anhand einiger dieser Passagen aufzeigen, inwiefern die These, die aristotelische Zeitdramaturgie sei einzig dem Ziel verschrieben, „*das Erscheinen von Zeit als Zeit zu unterbinden*"[279], zu kurz greift. An dieser Stelle sei darauf hingewiesen, dass ich dies keineswegs mit dem Anspruch tun kann, mich in der so überaus reichhaltigen und komplexen Aristoteles-Rezeption zu verorten. Vielmehr geht es mir um eine Untersuchung spezifisch derjenigen Stellen, auf die sich Lehmann in seiner Studie bezieht und die er im Sinne seiner These einer in der aristotelischen Zeitdramaturgie angelegten „einheitlichen Theaterzeit"[280] als „Basisregeln"[281] noch für zeitgenössische Theaterästhetiken beschreibt.

Beginnen möchte ich mit der folgenden, insbesondere für die Lehre der drei Einheiten (Zeit, Ort, Handlung) seit der Renaissance[282] emblematisch gewordenen und vielzitierten Stelle aus Kapitel 5 der *Poetik*. Diese lautet:

> [D]ie Tragödie versucht, sich nach Möglichkeit innerhalb eines einzigen Sonnenumlaufs zu halten oder nur wenig darüber hinauszugehen; das Epos verfügt über unbeschränkte Zeit und ist also auch in diesem Punkte anders[.][283]

278 Aristoteles: *Poetik*. Griech./Dt., aus d. Altgriech. v. Manfred Fuhrmann. Stuttgart: Reclam 1997.

279 Lehmann: *Postdramatisches Theater*, S. 358–359 (Herv. i. Orig.).

280 Ebd., S. 355.

281 Ebd., S. 358.

282 Vor allem seit dem richtungsweisenden Kommentar von Lodovico Castelvetro, bei dem nicht die Einheit der Handlung, sondern die Einheit von Ort und Zeit zum obersten Postulat gemacht wird. Vgl. Lodovico Castelvetro: *Poetica d'Aristotele. Vulgarizzata e sposta* [1570; 1576]. Rom / Bari: Laterza 1978/79, Bd. 1, S. 148, 220, 234, 240.

283 Aristoteles: *Poetik*, 1449b, S. 17.

Bei Lehmann findet sie keine Erwähnung, sondern deutet sich implizit in der Formulierung an, dass bei Aristoteles der *Einheit der Zeit* zentrale Bedeutung dabei zukomme, die Einheit der Handlung „als einer kohärenten Totalität zu sichern“[284]. Betrachtet man oben zitierte Passage aber genauer, wird schnell deutlich, dass diese Zeilen weniger ein normatives Regelwerk darstellen – zu dem sie dann insbesondere in ihrer späteren neuzeitlichen Auslegung und insbesondere der klassizistischen Tradition erhoben wurden –, als viel eher vorsichtig gehaltene Formulierungen. Aristoteles grenzt hier zunächst die Tragödie vom Epos ab, das aufgrund seiner narrativen Darstellungsform in seiner Zeit – also Erzählzeit und erzählter Zeit gleichermaßen – nicht beschränkt ist. Mit der Tragödie verhält es sich zwar anders, aber auch hier klingen die aristotelischen Vorgaben weniger als strikte Formalisierung einer Regel, denn als Empfehlung: Die Tragödie „versucht“, sich „nach Möglichkeit“ innerhalb eines Tages zu halten, und selbst die Möglichkeit einer Überschreitung dieser Vorgabe ist offengelassen, denn sie scheint zumindest ein „wenig“ darüber hinaus gehen zu dürfen. Nicht um die absolute Wahrung der formalen Einheit eines die Zeitspanne eines einzigen Tages nicht überschreitenden Verlaufs geht es hier also, sondern Abweichungen von dieser Regel sind durchaus möglich, solange die zeitliche Dauer nicht ins Ungleichgewicht mit einer bestimmten „Größe“ der Handlung fällt, die unter dem Gebot der Einheit und Allgemeinheit steht.[285]
Jene zu wahrende Größe impliziert nicht einfach eine bestimmte Ausdehnung (zeitlich wie auf der Ebene der Handlung), sondern eine solche, die die Form einer „in sich geschlossenen und ganzen Handlung“[286] beinhaltet. Dieses Ganze beschreibt Aristoteles im siebten Kapitel klar als etwas, das Anfang, Mitte und Ende hat und im Gegensatz zur vorsichtig gehaltenen Bestimmung der Zeitspanne legt er hier eine klare Definition vor, was darunter zu verstehen sei:

> Ein Anfang ist, was selbst nicht mit Notwendigkeit auf etwas anderes folgt, nach dem jedoch natürlicherweise etwas anderes eintritt oder entsteht. Ein Ende ist umgekehrt, was selbst natürlicherweise auf etwas anderes folgt, und zwar notwendigerweise oder in

284 Lehmann: *Postdramatisches Theater*, S. 354.

285 Ganz im Sinne der klassischen Priorisierung der Handlung über die Zeit heißt es bei Lessing in der *Hamburgischen Dramaturgie* (46. Stück): „Die Einheit der Handlung war das erste dramatische Gesetz der Alten; die Einheit der Zeit und die Einheit des Ortes waren gleichsam nur Folgen aus jener“. Lessing erklärt damit die Einheit der Zeit nicht etwa zu einer Forderung für sich, sondern schließt, sie ergebe sich lediglich aus dem Ziel, die Einheit der Handlung zu garantieren. (Gotthold Ephraim Lessing: *Hamburgische Dramaturgie*, In: *Werke*, hrsg. v. Kurt Wölfel, Bd. 2: Schriften 1. Frankfurt am Main: Insel 1982, S. 121–533, hier S. 307.)

286 Aristoteles: *Poetik*, 1450b, S. 25.

> der Regel, während nach ihm nichts anderes mehr eintritt. Eine Mitte ist, was sowohl selbst auf etwas anderes folgt als auch etwas anderes nach sich zieht.[287]

Eine dem Kriterium der Ganzheit entsprechende Handlung muss demzufolge immer eine zeitliche Abfolge von einzelnen, kausal aufeinander aufbauenden Teilhandlungen sein, sie muss also dem Schema des Nacheinander gerecht werden. Hier beruft sich Aristoteles auf die Logik der irreversiblen Abfolge, in der sich das Modell eines linearen Kontinuums abzeichnet, das Lehmann als „Phantasiebild des Kontinuums"[288] bezeichnet. Über die Anforderung der linearen Abfolge hinaus definiert Aristoteles auch eine Begrenzung der zeitlichen Länge. Die ästhetische Vorgabe von Einheit und Ganzheit trifft hier auf schlicht praktisch-formale Überlegungen. Dazu zieht er das Beispiel der attischen Tragödienwettstreite heran:

> Die Begrenzung der Ausdehnung ist nicht Sache der Kunst, soweit sie auf die Aufführungen und den äußeren Eindruck Rücksicht nimmt. Wenn nämlich hundert Tragödien miteinander in Wettkampf treten müßten, dann würde deren Ausdehnung gewiß nach der Uhr bemessen.[289]

Diese ‚Begrenzung der Ausdehnung' scheint hier die rein formale Frage einer zeitlichen Begrenzung der Länge im Sinne ihrer messbaren Dauer zu implizieren und nicht das, was Aristoteles später am Ende des siebten Kapitels als „richtige Begrenzung"[290] der Größe bezeichnet, die er als erforderlich ansieht, um „mit Hilfe der nach der Wahrscheinlichkeit oder der Notwendigkeit aufeinander folgenden Ereignisse einen Umschlag vom Unglück ins Glück oder vom Glück ins Unglück herbeizuführen"[291]. Aus der Passage geht nicht vollends hervor, ob eine zeitliche Beschränkung als rein praktisch-formales und damit nicht ästhetisches Kriterium für Aristoteles zu verurteilen ist oder ob sie schlicht einen ebenso wichtigen Aspekt der Zeitgestaltung und -eingrenzung darstellt. Es scheint jedoch, dass das, was „nach der Uhr bemessen" werden muss, deswegen „nicht Sache der Kunst" ist, weil die Uhr und der Sonnenumlauf für Aristoteles offensichtlich kein Maß im Sinne einer ‚Einheit der Zeit' vorgeben. Die Zeit

287 Ebd.
288 Lehmann: *Postdramatisches Theater*, S. 359.
289 Aristoteles: *Poetik*, 1451a, S. 27.
290 Ebd.
291 Ebd.

als – mithilfe der Uhr – zählbares Kontinuum steht hier also der ästhetischen Zeiteinheit gegenüber, deren Maß in der Relation zur Größe des *Ganzen* liegt. Auch dieses Ganze ist jedoch durch eine lineare Struktur der Abfolge bestimmt. Handlungen dürfen Aristoteles zufolge nicht „an beliebiger Stelle einsetzen noch an beliebiger Stelle enden“[292] oder gar „so zusammengefügt sein, daß sich das Ganze verändert und durcheinander gerät, wenn irgendein Teil umgestellt oder weggenommen wird.“[293] Denn, so fügt er hinzu, „was ohne sichtbare Folgen vorhanden sein oder fehlen kann, ist gar nicht ein Teil des Ganzen.“[294] Aristoteles' Misstrauen gilt dabei dem, was *unsichtbar* bleibt, was also nicht als klar identifizierbares Teil seine Berechtigung im Ganzen hat. Das Paradigma der Einheit scheint nur durch das bedroht, was sich als Unsichtbares, d. h. Konsequenzloses, entzieht. So verhält es sich auch mit der Zeit: Ihre Berechtigung erhält sie dann, wenn sie sichtbare Folgen für das Ganze hat – sie muss also selbst als Zeit klar in Erscheinung treten.

Was Aristoteles hier beschreibt, ist das Kontinuitätsprinzip, das er bereits mit der Bestimmung der Struktur von Anfang, Mitte und Ende festgelegt hatte. Kontinuität wird hier also als das entworfen, was seine Beziehung zu den Teilen seines Ganzen sichtbar machen muss. Dabei geht es Aristoteles weniger um das, was sichtbar ist, als um das, was, gerade weil es keine wahrnehmbaren Konsequenzen für das Ganze hat, überflüssig wird. Dennoch erscheint die Forderung der aristotelischen Zeitdramaturgie nach innerer Kontinuität und zeitlicher Begrenzung weniger strikt als ihre Deutung durch Lehmann, der sie als „kohärente Totalität“, „Abgeschlossenheit“ und „fugenlose Kontinuität“ beschreibt.[295] Wie in der vorangegangenen Passage deutlich wurde, weist auch die Definition von der Einheit der Zeit nicht die Rigorosität und Widerspruchslosigkeit auf, die ihr im *Postdramatischen Theater* zugesprochen wird. Auch wenn Lehmann durchaus betont, dass die Poetik des Aristoteles lediglich ein pragmatischer und deskriptiver Text sei und erst in der Neuzeit und vor allem in der klassischen Rezeption zu einem normativen kanonisches Regelwerk umgedeutet wurde, dient ihm auch das dann folgende Beispiel des Pierre Corneille letztendlich dazu, seine These einer bereits bei Aristoteles verankerten „einheitlichen Theaterzeit“[296] zu stützen, die Corneille schließlich zum Gewährsmann einer „machtvollen“[297]

292 Aristoteles: *Poetik*, 1450b, S. 25.

293 Ebd., 1451a, S. 29.

294 Ebd.

295 Lehmann: *Postdramatisches Theater*, S. 355.

296 Ebd.

297 Ebd., S. 358.

aristotelischen Tradition totalitärer Zeitstruktur werden lässt. Auch bei Corneille lässt sich jedoch diese Kohärenz nicht in dem Maße nachweisen – auch seine Formulierungen weisen Widersprüchlichkeiten in Bezug auf dem Umgang mit Zeit auf, wie ich nun im Folgenden kurz skizzieren möchte.

In seinem *Discours des trois unités* von 1660 leitet Corneille aus den aristotelischen Ausführungen die Lehre der drei Einheiten (Ort, Zeit und Handlung) ab, aus der sich für Lehmann die strikte Norm einer „Identität von dargestellter Zeit und theatraler Darstellungszeit“[298] ergibt.

Zur Regel der drei Einheiten gehört auch diejenige einer Einheit des Tages („La règle de l'unité du jour“), wobei Corneille hier erstaunlicherweise – und entgegen seiner Deutung als Vertreter einer strikten Norm – Abweichungen durchaus zulässt und sie nicht im Sinne einer strengen Begrenzung von 24 Stunden verstanden haben will. Gerne gestehe er auch, wenn es der Stoff denn erfordere, „ohne Skrupel“[299] bis zu 30 Stunden zu, solange die darstellende Zeit in der Imagination der Zuschauenden – dem Nachahmungsparadigma[300] und der *vraisemblance* entsprechend – der dargestellten Zeit des Originals möglichst nahe komme: „[s]urtout je voudrois laisser cette durée à l'imagination des auditeurs, et ne déterminer jamais le temps qu'elle emporte, si le sujet n'en avoit besoin“[301]. Die Vereinheitlichung der Zeit folgt damit ausschließlich dem Ziel, einer Entregelung („dérèglement“)[302] vorzubeugen und zu verhindern, dass sich die Zuschauenden der tatsächlichen Dauer der Darstellung bewusst werden, z. B., wie er ausführt, durch die Tageszeit, den Aufgang und Untergang der Sonne, denn dies sei nichts weiter als eine lästige Störung:

298 Ebd., S. 356.

299 Corneille schreibt: „Was mich angeht, so finde ich, dass es Themen gibt, die so schwer in so wenig Zeit unterzubringen sind, dass ich ihnen nicht nur die vollen vierundzwanzig Stunden zugestehen würde, sondern sogar die von diesem Philosophen erteilte Lizenz nutzen würde, sie ein wenig zu überschreiten, und sie ohne Skrupel bis auf dreißig ausdehnen würde.“ (Pierre Corneille: Discours des trois unités. D'action, de jour, et de lieu. In: Ders.: *Œuvres complètes*, Bd. 1: 1606–1684. Paris: Hachette 1862, S. 98–122, hier S. 111–112 (Übers. J. S.).)

300 Den Implikationen des Nachahmungsparadigmas folgend, erklärt er den dramatischen Text zu einem Portrait menschlicher Handlungen und da das Portrait den Gesetzen der Nachahmung folgen müsse, müsse auch ersterer möglichst dem Original entsprechen. Ebd., S. 113.

301 „[V]or allem möchte ich diese Dauer der Einbildungskraft der Zuhörer überlassen und niemals die Zeit bestimmen, die sie mit sich bringt, wenn es das Thema nicht erfordert.“ (Ebd. (Übers. J. S.).)

302 Ebd.

> [Q]u'est-il besoin de marquer à l'ouverture du théâtre que le soleil se lève, qu'il est midi au troisième acte, et qu'il se couche à la fin du dernier? C'est une affectation qui ne fait qu'importuner; il suffit d'établir la possibilité de la chose dans le temps où on la renferme, et qu'on le puisse trouver aisément, si on y veut prendre garde, sans y appliquer l'esprit malgré soi.[303]

Konkret zeigt sich im folgenden Satz, was er unter einer solchen Störung versteht:

> Dans les actions même qui n'ont point plus de durée que la représentation, cela seroit de mauvaise grâce si l'on marquoit d'acte en acte qu'il s'est passé une demie heure de l'un à l'autre.[304]

Störend und als „mauvaise grâce", als falsche oder schlechte Anmut, beschreibt Corneille es, wenn die Zuschauenden bemerkten, wie viel tatsächliche, messbare Zeit die einzelnen Akte in Anspruch nähmen – denn genau in dem Moment drohe die Lücke zwischen der Zeit der „représentation", hier im Sinne von Darstellung, und der Zeitwahrnehmung der Zuschauenden deutlich hervorzutreten und die angestrebte Identität zwischen dargestellter und darstellender Zeit aufzubrechen.[305] Diese Passage zeigt, wie weit sich Corneilles Deutung von den zuvor analysierten Äußerungen des Aristoteles entfernt und in Bezug auf die Zeit eine deutliche Verengung der aristotelischen Problemstellung vornimmt. Arbogast Schmitt spricht mit Blick auf die neuzeitliche Interpretation der in Kapitel 9 der *Poetik* angeführten Zeitproblematik in seinem Kommentar spezifisch von einer für die neuzeitliche *Poetik*-Rezeption insgesamt signifikanten „konsequenzenreiche[n] Verkennung des von Aristoteles Gemeinten"[306].

303 „Muss zu Beginn des Theaters gezeigt werden, dass die Sonne aufgeht, dass Mittag ist im dritten Akt und dass sie untergeht am Ende des letzten [Akts]? Dies ist eine Festlegung, die nur lästig ist, es genügt, die [Möglichkeit der Sache] zu der Zeit aufzuzeigen, in der man sie festhält, und dass man sie leicht finden kann, sofern man auf sie achten will, ohne widerwillig den Verstand anzustrengen." (Corneille: Discours des trois unités, S. 113–114 (Übers. J. S.).)

304 „Bei den Handlungen, die kaum länger dauern als ihre Darstellung, wäre es schlecht, wenn man von Akt zu Akt feststellen würde, dass zwischen einem Akt und dem nächsten eine halbe Stunde liegt." (Ebd., S. 114 (Übers. J. S.).)

305 Bei Lehmann heißt es bezüglich dieser Passage Corneilles, die nötige verstreichende Zeit solle zwischen die Akte gelegt werden. Dabei betont Corneille vielmehr das Gegenteil, s. o. Vgl. Lehmann: *Postdramatisches Theater*, S. 357.

306 Arbogast Schmitt: Kommentar zu Kapitel 9. In: Aristoteles: *Poetik*, aus d. Altgriech u. erläutert v. Arbogast Schmitt, S. 372–426, hier S. 407.

Denn für Aristoteles gibt es das oberste Gebot der Zeiteinheit schlicht nicht im gleichen Maße, wie es ihm später zugeschrieben wird. Seine Argumentation ist, wie aufgezeigt, von Abweichungen und Widersprüchen durchzogen; Zeit als formale und ästhetische Einheit wird also sowohl bekräftigt wie auch bisweilen suspendiert. Die Zeit als Zeit der Darstellung soll nicht etwa verschwinden, sondern gehört in den Bereich, der der Kausalitätsregel unterstellt ist und insofern durchaus erkennbar sein muss. Hier sei noch einmal betont: Es kann mir an dieser Stelle unmöglich um eine ausführliche Darstellung der klassischen Rezeption der aristotelischen *Poetik* gehen. Vielmehr wollte ich anhand von Pierre Corneille aufzeigen, inwiefern das Bestreben, „das Erscheinen von Zeit als Zeit zu unterbinden"[307], das in Lehmanns Interpretation zu einer Gesamtformel der „aristotelischen Tradition der Zeitdramaturgie" *en gros* wird, tatsächlich erst eine neuzeitliche Erfindung ist: Jene „radikale Zeitökonomie, deren Ziel darin lag, die Zeit der Darstellung vergessen zu machen"[308], bildet sich, wie Nikolaus Müller-Schöll herausarbeitet, erst im Zuge des neuzeitlichen vorstellenden Denkens und in den Umbrüchen der Renaissance heraus. Erst ab dann lässt sich von einer umfassenden Instrumentalisierung und Reduktion des Theaters auf eine „weitgehend perfektionierte Illusionierung"[309] der Zuschauer*innen sprechen, die die strikte Formalisierung der Zeit zum Mittel der Befreiung *von ihr* werden lässt. Die rigide Zeitökonomie gründet ab dann allerdings in dem Widerspruch, demjenigen, das eigentlich zum Verschwinden gebracht werden soll, allererst zu einer begrifflichen und ästhetischen Form zu verhelfen. Sie ist folglich ebenso sehr Obsession eines Habhaftwerdens der Zeit, wie sie der Versuch ist, das Unkontrollierbare und Widerständige in ihr zu unterdrücken. Genauer: Ihr oberstes Ziel ist es, zu verhindern, dass sie *als Zeit* erscheint, nämlich im Sinne eines widerständigen Moments, das die Geschlossenheit der dramatischen Handlung gerade durch das Aufzeigen von Kontingenz zu sprengen drohen würde. Denn gerade darin tut sich die Möglichkeit einer anderen als dieser einen, einheitlichen und im Formgerüst der drei Einheiten zu kontrollierenden Zeit auf, die als eine andere Zeit der Darstellung auch die Möglichkeit eines – das Diktum der Einheit gänzlich zunichtemachenden – *Zugleich* mehrerer Zeiten eröffnen würde.

307 Lehmann: *Postdramatisches Theater*, S. 358–359.

308 Müller-Schöll entwickelt im Laufe seines Vortrags die These, dass eben dieses sich aus dem neuzeitlichen und in Anschluss an Heidegger als vorstellend bezeichneten Denken formierende Theater ein „Theater des Menschen" sei. Nikolaus Müller-Schöll: *Zeiterfahrung im Theater überhaupt und im Theater des Menschen*. Vortragsmanuskript, 22.08.2015, S. 15; eine Weiterbearbeitung des Vortrags findet sich in ders.: Über Theater überhaupt und das Theater des Menschen.

309 Müller-Schöll: Zeiterfahrung im Theater überhaupt und im Theater des Menschen, S. 15.

4. Die Zeit des Theaters als Entzug der Präsenz

Wo Zeit im Sinne einer Kontinuität nach innen und einer Abgeschlossenheit nach außen möglichst unsichtbar werden soll, wird genau dasjenige kategorisch ausgeschlossen, das Haß und Lehmann als so wesentlich für das Verhältnis von Zeit, Sichtbarkeit und Ort des antiken Theaters beschreiben: Die kosmische Eingebundenheit der Theateranlage in die sie umgebende Landschaft, die eben auch der entsprechenden Tageszeit, dem realen Verlauf der Sonne während der Aufführung und sogar der jeweiligen Jahreszeit eine zentrale Bedeutung zukommen lässt. Dazu tritt noch ein anderer Aspekt, der die antike Zeiterfahrung in den Kontext ihrer Sichtbarkeit und damit auch in Bezug zur Frage der Präsenz stellt.

Lehmann vermerkt einen Umbruch im Zeitverständnis der Antike und verortet diesen im 7. Jahrhundert: Einhergehend mit der Entstehung der griechischen Lyrik komme es zu einer historischen Entwicklung, die eine „neue Zeiterfahrung des Individuums“ in Gang setze.[310] Diese regelrechte „Krise der Zeit“ bringt Lehmann zufolge eine neue „Zeit des Subjekts“ mit sich, die ein neues Menschenbild ermögliche.[311] Dieses neue Verständnis des antiken Subjekts geht aber paradoxerweise mit der Exponiertheit des verschwindend kleinen Menschenkörpers vor der enormen Kulisse des ihn umgebenden Naturpanoramas einher.[312] Es ist eben dieses Heraustreten des Einzelnen und die damit eingeläutete neue Position des Subjekts, die darüber hinaus einen Bruch mit der bisherigen Zeit-Ordnung impliziert. Die *Zeit des Subjekts* ist nicht mehr vereinbar mit der Vorstellung der zyklischen Zeit des Mythos, in dessen wiederkehrende kosmische Zeit der Götter der Einzelne noch bei Homer eingebunden war – Lehmann spricht darauf bezogen vom „mythischen Kontinuum der Zeit“[313]. Das zuvor noch „Revidierbare der menschlichen Zeit“[314] wird nun zu einer irreversiblen, auf den Tod zulaufenden Zeit und tritt damit zunehmend in ein lineares Muster ein. Dabei ist auffällig, welche Emphase Lehmann auf den „Körper“ und den Begriff der „Präsenz“ legt, wenn er formuliert, dass das „Theater des Subjekts“ eine „neue ganz am Körper

310 Lehmann: *Theater und Mythos*, S. 59–60.

311 Ebd.

312 Ebd., S. 31–32.

313 Ebd., S. 61. Blumenberg betont in *Arbeit am Mythos*, die Gefahr einer Verzerrung der Zeitperspektive des Mythos, die nämlich genau dann eintrete, wenn man dessen „temporale Stabilität“ fälschlich als Zeitlosigkeit deute: Gerade die Verwechslung von „temporaler Resistenz“ und ‚Zeitlosigkeit‘ gehöre zu den „fast metaphysischen Leichtfertigkeiten“. (Hans Blumenberg: *Arbeit am Mythos*. Berlin: Suhrkamp 2014, S. 178–179.)

314 Lehmann: *Theater und Mythos*, S. 59.

orientierte"[315] Zeit einführe, die das exponierte und fragile „menschliche Körperwesen" einer gefährlichen Präsenz des Göttlichen gegenüberstelle:

> Vorgestellt als von Göttern durchwaltet, verstärkt und bestätigt dieser umfassende Welt-Theater-Raum die Präsenz des Göttlichen und zugleich eine gefährlich unbeherrschbare Übermacht, der gegenüber das auf der Bühne ausgestellte zerbrechliche Körperwesen sich in einer Position der Vereinzelung und Schwäche erfassen kann.[316]

Er verbleibt mit dieser Bestimmung einer neuen „Zeit des Subjekts" jedoch innerhalb eines dichotomen Denkmodells zwischen der verletzlichen Materialität des menschlichen Körpers auf der einen Seite und der übermächtigen Präsenz des Göttlichen auf der anderen. Die Zeit des Subjekts als die Zeit des Körpers erhält damit in Lehmanns Argumentation deutliche Züge einer Essenzialisierung, während der Ausgang aus der Eingebundenheit in die zyklische Zeit des Kosmos selbst keinerlei Auswirkungen auf die Dominanz der göttlichen Präsenz zu haben scheint. Ihr möchte ich nun eine andere Art der Zeitlichkeit des Theaters gegenüberstellen, die Jean-Luc Nancy in seinem Text „Theatereignis"[317] herausarbeitet und durch die der Zusammenhang von Tragödie und Präsenz noch einmal aus anderer Perspektive beleuchtet wird.

Theater als der (lange) Ausgang aus dem Kult

Jean-Luc Nancy führt die Tragödie auf den Ausgang aus dem Kult und damit just auf den *Entzug* eben jener *göttlichen Präsenz* zurück, die Lehmann noch so dominant am Werke sieht.

Nicht unwesentlich ist, dass Nancy eben dies aus einem Zitat Bertolt Brechts entwickelt, das er ungenau zitiert und an den Anfang seines Texts stellt. In dieser Passage aus dem *Kleinen Organon* beschreibt Brecht die Anfangsbewegung des Theaters als Auszug aus dem Mysterienkult:

315 Ebd.

316 Ebd., S. 33.

317 Dieser Text Nancys wurde in der deutschen Übersetzung ebenfalls in der Zeitschrift des Schauspiel Frankfurt veröffentlicht und zwar ein Jahr vor der deutschen Fassung von Derridas „Der Akt des Opferns". Jean-Luc Nancy: Theatereignis, aus d. Franz. v. Ulrike Oudée Dünkelsbühler. In: *Schauspielfrankfurt Zeitung*, 03/2001, S. 1–2. Ich zitiere im Folgenden aber aus dieser Version: Jean-Luc Nancy: Theatereignis, aus d. Franz. v. Ulrike Oudée Dünkelsbühler. In: Müller-Schöll (Hrsg.): *Ereignis*, S. 323–330. Vgl. außerdem Nancys weitere Bearbeitung in Jean-Luc Nancy: Theater als Kunst des Bezugs, 1, aus d. Franz. v. Ulrike Oudée Dünkelsbühler. In: Marita Tatari (Hrsg.): *Orte des Unermesslichen. Theater nach der Geschichtsteleologie*. Zürich: Diaphanes 2014, S. 91–100.

> Wenn man sagt, das Theater sei aus dem Kultischen gekommen, so sagt man nur, daß es durch den Auszug Theater wurde; aus den Mysterien nahm es wohl nicht den kultischen Auftrag mit, sondern das Vergnügen daran, pur und simpel.[318]

Nancy macht aus dem Brecht'schen „Auszug" nun einen „Ausgang". Er schreibt:

> Wenn mein Zitat ungenau ist, so ist sein Sinn doch mindestens gewiß. Und diesen Sinn möchte ich versuchen, auf meine Weise zu präzisieren: Denn in seiner Gewißheit läßt er [d.h. Brecht, J.S.] offen und gibt noch näher zu bestimmen auf, was der ‚Ausgang' aus dem Kult sein kann und folglich, wodurch er die Tragödie – oder das Theater – in ihrer Besonderheit ins Leben ruft.[319]

Nancy zielt also in der Brecht'schen Formulierung auf die Besonderheit der *Auszugsbewegung*, die für ihn keineswegs als *Überwindung* zu verstehen ist, sondern im Sinne eines Ausgangs als Bewegung eines Rückzugs und Entzugs, die immer noch in einem Verhältnis, nämlich einem Bezug zu dieser, sich zurückziehenden und entziehenden Präsenz steht. Bei Nancy heißt es dementsprechend in einer längeren Passage:

> Indem sie vom Kult ausgeht, geht die Tragödie von der Religion aus, sie verläßt sie. Von der Religion ausgehen heißt von einem sozialen Kultursystem ausgehen, in dem es Kommunikation mit den Göttern gibt. Dieses System setzt die Präsenz der Götter voraus und die Mögl ichkeit, Verbindungen mit ihnen herzustellen.[...] Die Götter, mit denen die Teilnehmer des Kults in Beziehung treten, sind nicht nur präsent: Sie sind die *Präsenzen*, die gegenwärtigen Anwesenheiten par excellence, die aktiven Mächte,

318 Brecht stellt den Ausgang aus dem Kult darüber hinaus in den Kontext der aristotelischen Katharsis als Waschung. Die Passage geht folgendermaßen weiter: „Und jene Katharsis des Aristoteles, die Reinigung durch Furcht und Mitleid, oder von Furcht und Mitleid, ist eine Waschung, die nicht nur in vergnüglicher Weise, sondern recht eigentlich zum Zwecke des Vergnügens veranstaltet wurde." (Bertolt Brecht: Kleines Organon für das Theater. In: Ders.: *Werke. Große kommentierte Berliner und Frankfurter Ausgabe*, Bd. 23, hrsg. v. Werner Hecht / Günter Glaeser. Frankfurt am Main: Suhrkamp 1998, S. 65–97, hier S. 67.) Eine von Werner Hamacher vorgenommene Lektüre dieser Passage legt nahe, dass Brecht hier selbst einen Auszug als *Waschung* vollzieht, indem er den obersten Begriff der klassischen Dramentheorie profaniert und die Geste der Mystifikation in eine Geste der Befreiung von ihr umspringen lässt. „Das, was Brecht Gestus nennt und was er an der *Waschung* exemplifiziert, ist ebenso sehr die Geste der Waschung wie die Abwaschung dieser Geste, ihr Exodus aus sich selbst." (Werner Hamacher: Das eine Kriterium für das, was geschieht. Aristoteles: Poetik. Brecht: ‚Kleines Organon'. In: Olivia Ebert / Eva Holling / Nikolaus Müller-Schöll / Philipp Schulte et al. (Hrsg.): *Theater als Kritik. Theorie, Geschichte und Praktiken der Ent-Unterwerfung*. Bielefeld: Transcript 2018, S. 19–35, hier S. 26.)

319 Nancy: Theatereignis, S. 323.

> die Schutz gewähren oder bedrohlich sind, die Unsterblichen, denen die Sterblichen ihr bedrohtes Los anvertrauen, in der Sorge darum, daß ihre Kräfte ihnen wohlgesonnen sein mögen. [...] Indem sie vom Kult ausgeht, geht die Tragödie von der Präsenz aus, sie verläßt sie.[320]

Die Tragödie ist für Nancy im Gegensatz zu Lehmann also folglich genau der Punkt, an dem die Ordnung des Kults verlassen wird, die maßgeblich im Opfer als Anrufung und In-Beziehung-Treten mit den göttlichen Präsenzen begründet ist.[321] Die sich im Zuge ihres Entzugs einstellende Abwesenheit der Götter will Nancy überdies nicht als Negativität verstanden wissen. Sie ist keine „negative Eigenschaft, sie ist kein schlichtes Abschaffen der Anwesenheit", sondern ein „Ab-Sein, das heißt ein Ausgehend-von-Sein, ein Sein im Abgang: Mit anderen Worten: ein Sein, das noch zu sein hat"[322]. An die Stelle der Anrufung der Präsenz und der Kommunikation mit den Göttern durch das Opfer tritt nun deren Abwesenheit als ein „Ausgehend-von-Sein" im Sinne eines Abschieds von der Präsenz. Der Ausgang aus dem Kult und der Präsenz ist dementsprechend *von Dauer*, denn er ist mehr prozesshaftes fortwährendes Abschiednehmen als ein klarer, endgültiger Schnitt. Dieser Abschied als andauernder Ausgang impliziert darüber hinaus eine Verschiebung der Anrufungsstruktur jener Präsenz: Die Anrufung der göttlichen Präsenzen, die noch Voraussetzung für den Opferkult waren, wird ersetzt durch die Schrift, die auf ihre Weise nun die durch den Entzug der Götter entstandene Leerstelle adressiert. Die Schrift wendet sich so an die Abwesenheit der Götter und „das Wort, seinerseits gewissermaßen entlastet von der Rolle, die Götter im Sinne des Opfers anrufen zu müssen, wird nun unter den Sterblichen gewechselt, die von da an alleine unter sich sind."[323] Damit greift Nancy implizit Derridas Unterscheidung zwischen abendländischem Phonologozentrismus als Privilegierung der Präsenz des gesprochenen Worts und der Schrift auf, die bei Nancy die Zeitlichkeit eines Aufschubs und einer Nachträglichkeit erhält, hat sich doch die Präsenz, an die sie sich wendet, immer bereits entzogen.[324]

320 Ebd., S. 323–324.

321 Florence Dupont dagegen hebt in ihrer Studie hervor, inwiefern die spätere lateinische Komödie sehr wohl noch in den Riten des *ludus* verankert ist. Dem gegenüber ist es für sie Aristoteles, der die Ablösung vom dionysischen Ritual vollzieht und das Theater dem Mythos verschreibt, indem er es unter die Funktion von Mimesis und Katharsis stellt. Vgl. Florence Dupont: *Aristoteles oder der Vampir des westlichen Theaters*, aus d. Franz. v. Kerstin Beyerlein. Berlin: Alexander 2018.

322 Nancy: Theatereignis, S. 324.

323 Ebd., S. 324–325.

324 Darüber hinaus sieht Nancy auch im Christentum, insbesondere im Protestantismus, einen Rückzug von Präsenz am Werk. Anders als die Transsubstantialisierungslehre im

Es ist diese Zeitlichkeit der Verschiebung – von Wort zu Schrift, von Kult zu Tragödie und von Präsenz zu ihrer Abwesenheit –, in der Nancy die Eröffnung des Theaters verortet. Aber auch er selbst nimmt dabei fast unmerklich eine Verschiebung des Diskurses um die Anfänge des Theaters vor: Nancy inszeniert gewissermaßen in und durch seinen Text selbst den Ausgang aus der Behauptung, das Theater habe seinen Ursprung im Kult, und damit auch den Ausgang aus der These, dessen Anfang liege in der Dominanz reiner Präsenz. Dies geschieht überdies auch durch die Vermeidung der Begriffe des Anfangs oder des Ursprungs, an deren statt er den Ausgang setzt und damit einer Ursprungsmetaphorik gerade durch das Setzen einer Prozesshaftigkeit entgeht: *Ausgang* nimmt hier die Bedeutung einer nicht begrenzbaren offenen Dauer an, eines Ganges, der sich irgendwann ‚ausgeht' und aufhört, dessen Beginn- oder Endpunkt jedoch nicht klar festzumachen sind.
Nancys These, das Theater sei der Ausgang aus dem Kult, nimmt überdies eine „chiasmatische Verkehrung"[325] der Beziehung zwischen Theater, Opfer und Philosophie vor, wie es Derrida in „Das Opfer" in Bezug auf das Theater David Mesguichs formuliert. Zuvor sei in der Philosophiegeschichte das Theater dem Opfer zugeordnet worden, die Philosophie aber als Ende und Ziel (*la fin*) des tragischen Opfers bestimmt gewesen. Wenn Nancy nun aber deutlich zwischen Opfer und Theater unterscheidet – indem er Letzteres als Ausgang aus Ersterem definiert –, so geht das Opfer, das man vorher dem Theater zuwies, so „auf die Seite der Philosophie über, und die Rollen werden somit verkehrt"[326]. Trotzdem betont Nancy an anderer Stelle, die These eines Ausgangs des Theaters aus dem Kult negiere keineswegs, dass alle Kulte dennoch etwas „Theaterhaftes" enthielten.[327] In seinem Text „Theaterkörper"[328] wirft er sogar ein: „Hätte ich den Mut, ich würde sagen, dass das Theater schon in den intergalaktischen Räumen oder in der infinitesimalen Verräumlichung der Partikel begonnen hat", denn schon hier ließe sich etwas Kultisches festmachen – wie genau eine kultische

römischen Katholizismus steht für ihn der Protestantismus in einer besonderen Spannung des Entzugs des Göttlichen, wie er an der Frage des Abendmahls und der Formel *Hoc est enim corpus meum* zeigt, in Jean-Luc Nancy: *Corpus*, aus d. Franz. v. Nils Hodyas / Timo Obergöker. Berlin: Diaphanes 2003, S. 9–13. Außerdem sei verwiesen auf ders.: *Dekonstruktion des Christentums*, aus d. Franz. v. Esther von der Osten. Zürich. Berlin: Diaphanes 2008; ders.: *Die Erschaffung der Welt oder die Globalisierung*, aus d. Franz. v. Anette Hoffmann. Zürich. Berlin: Diaphanes 2003.

325 Derrida: Das Opfer, S. 291–292.

326 Ebd.

327 Jean-Luc Nancy: Theaterkörper. In: Nikolaus Müller-Schöll / André Schallenberg / Mayte Zimmermann (Hrsg.): *Performing Politics. Politisch Kunst machen nach dem 20. Jahrhundert*. Berlin: Theater der Zeit 2012, S. 158–171, hier S. 170.

328 Ebd.

intergalaktische Verräumlichung aussehen könnte, überlässt er jedoch der Fantasie seiner Leser*innen.[329] Der Mut zu dieser These fehlt ihm unter Umständen deswegen, weil sie seiner wenig später im gleichen Text geäußerten Aussage grundsätzlich wiedersprechen würde, der zufolge das, was am Theater kultisch bleibt „der sprechende Körper“ ist, „das verkörperte Wort, [...] die Signalisierung der Körper und folglich auch die Gestik und die ganze Physis“[330]. Nancys Theaterbegriff stellt sich damit letztlich als strikt „menschliches“, „allzu menschliche[s] Ereignis“[331] dar.

Dies wirft unweigerlich die Frage danach auf, wie sich das „Theaterhafte“ im Unterschied zum Theater „in seiner Gesamtheit“[332] – wie es mit einer überraschend totalisierenden Formulierung heißt – konstituiert und welches Theatermodell Nancy dabei vorschwebt. Wenn er bemerkt, dass vielleicht der erste Unterschied zwischen Kult und Theater darin bestünde, „daß Ersterer nicht geschrieben ist“[333], dann impliziert dies, dass der Anfang des Theaters als Ausgang aus dem Kult mit der Verschriftlichung zusammenfällt – eine streitbare These, fundiert er Theater damit doch unweigerlich als textgebunden. Die These eines Beginns des Theaters in der extraterrestrischen, intergalaktischen Verräumlichung hingegen scheint auch deswegen gewagt, weil sie eine Ablösung nicht nur von seiner anthropozentrischen Fixierung, sondern überdies vom Dogma der Schriftgebundenheit erfordern würde. Für Nancy bleibt das Theater „in seiner Gesamtheit“[334] jedoch ein klar im Kontext der Schrift stehendes Ereignis.

Theaterereignis

Es nun als Ereignis beschreibend, fundiert Nancy das Theater just in einem Moment, das durch seinen entsetzenden Charakter gerade jede Form von Fundierung oder Ursprungslogik sprengt. Seine Zeitlichkeit ist damit eine der Zäsur und der Unterbrechung:

> Die Unterbrechung des Verlaufs eröffnet die Möglichkeit eines neuen Verlaufs. Das Theater in seiner Gesamtheit geht aus dem Ereignis des Rück- oder Entzugs der Götter hervor. Es kommt von dem Ereignis her, mit dem – in dem und durch das – *sich die Präsenz absentiert* hat. Von dorther kommt es *als ein neuer Verlauf* (es gibt eine

329 Ebd., S. 164.
330 Ebd., S. 170.
331 Nancy: Theaterereignis, S. 328.
332 Ebd.
333 Ebd., S. 324.
334 Ebd., S. 328.

außergewöhnlich große Geschichte des Theaters, seiner Anknüpfungen und Verschiebungen, seiner eigenen Unterbrechungen und Wiederaufnahmen) und zugleich als *das erneute Aufs-Spiel-Setzen des Ereignisses*: Jedes Mal gibt das Theater es zu sehen.[335]

Trotz der vorherigen Betonung darauf, dass es sich bei dem benannten Rückzug der göttlichen Präsenz um einen allmählichen Prozess des Abschiednehmens handle und eben nicht um ein plötzliches Abschaffen, charakterisiert Nancy die Absentierung der Präsenz als Ereignis. Das „Theatereignis" ist gewissermaßen die entsetzende Begründung des Theaters in der Unterbrechung. Wie der Neologismus es bereits andeutet, sind Theater und Ereignis nicht voneinander zu trennen, sie sind gewissermaßen gleichursprünglich in der Unterbrechung. Somit ‚beginnt' auch das Theater nicht, denn diese Formulierung würde einen linearen Verlauf, einen Ursprung und ein Ende voraussetzen, sondern es geht eben gerade aus der Unterbrechung eines solchen Verlaufs hervor. Das Theatereignis ist somit das Zurückgeworfen-Sein auf die entsetzende Kraft der Zäsur. Damit wird für Nancy das Theater der Bereich, in dem sich die Komplexität des Heidegger'schen Ereignisbegriffs paradigmatisch bündelt. Das Ereignis ist somit nicht nur eine Kategorie der Unterbrechung, sondern eine alle Begriffe, Traditionen und Kategorien sprengende Eröffnung, ein Moment also, in dem alle institutionalisierten, konventionalisierten, beherrschten, im eigenen Vermögen stehenden Äußerungsformen auf eine unabsehbare Weise überschritten werden.[336] Als ein solches sich dem begrifflichen Erfassen entziehendes Moment entspricht das, was Nancy „Theatereignis" nennt, auch dem, was ich im vorherigen Kapitel 2.2 als Unzeit aufgezeigt habe – insofern es eine entsetzende Qualität besitzt und dabei Form und Darstellung gleichermaßen aufs Spiel setzt.
Dies impliziert jedoch nicht, dass damit dauerhaft die Möglichkeit von Setzungen, Traditionen oder geschichtlichen Verläufen unterbunden würde, wie es der Satz, „[d]ie Unterbrechung des Verlaufs eröffnet die Möglichkeit eines neuen Verlaufs"[337] aufzeigt. Das Theater geht aus dem Ereignis der Unterbrechung eines kausalen Verlaufs hervor, wird dann wiederum, in dieser erstaunlichen Wendung Nancys, „als ein neuer Verlauf" deklariert – es „kommt" als ein solcher neuer Verlauf –, der wiederum mit einer „Aufs-Spiel-Setzung des Ereignisses" einhergeht. Um was für eine Art des neuen Verlaufs handelt es sich hier? Offensichtlich bezieht sich Nancy mit dem Begriff des Verlaufs auf den Geschichtsverlauf im

335 Nancy: Theatereignis, S. 328 (Herv. J. S.).
336 Nikolaus Müller-Schöll: Vorwort. In: Ders. (Hrsg.): *Ereignis*, S. 9–17, hier S. 9. Vgl. auch Gerhard Richter: *Ästhetik des Ereignisses. Sprache – Geschichte – Medium*. München: Fink 2005.
337 Nancy: Theatereignis, S. 328 (Herv. J. S.).

Sinne einer Geschichtsschreibung, denn im darauffolgenden Satz verweist er auf die große Geschichte des Theaters und seine Unterbrechungen. Folglich würde sich mit dem Einbruch des Ereignisses, dem sich das Theater zu verdanken hat, aufs Neue eine kausale lineare Geschichtsschreibung und damit auch eine lineare Zeitauffassung einstellen, oder noch genauer: Das Ereignis würde genau die lineare Geschichte und Zeit einläuten, die es eigentlich unterbricht. In diesem Sinne heißt es auch, das Theater komme als *Aufs-Spiel-Setzen* des Ereignisses, denn im Moment, in dem das Ereignis als ein solches benannt und datiert und damit einem Verlauf zugeordnet wird, verliert es seinen Ereignis-Charakter. Nicht zuletzt läuft Nancys These des Theatereignisses damit Lehmanns Proklamation einer mit Beginn der Tragödie anbrechenden, „ganz am Körper orientierte[n] *Zeit des Subjekts*"[338], die den menschlichen Körper der bedrohlichen Überzeitlichkeit der Götter ausgesetzt sieht, diametral entgegen. Die Zeit der Tragödie als Ausgang aus dem Kult ist für Nancy nämlich keine Zeitlichkeit der Anrufung von Präsenz mehr, sondern eine, die durch das Ereignis des Entzugs gekennzeichnet ist. Wo Lehmann die „Krise der Zeit"[339] verortet, sieht Nancy das Ereignis. Beiden gemein ist jedoch, dass sie, wenn auch auf unterschiedliche Weise, von einer Art *Aneignung* der göttlichen Zeit sprechen. Für Lehmann ist es das Individuum, respektive der Schauspieler, der durch seine Stimme und seinen Körper die kosmische zyklische Zeit-Ordnung in Frage stellt und die Zeit des Mythos anhält,[340] Nancy schreibt dagegen von einem *Ereignis der Aneignung*: In einer „Welt ohne Götter",

> ist das Eigene anzueignen: Der Mensch muß sich die Menschheit aneignen, die nicht gegeben ist, niemals. Er ist nicht mehr ‚das Sterbliche', ebenso wenig wie er ‚das Unsterbliche' vor sich hat. Er ist das Ereignis einer Aneignung.[341]

Das Theater eröffnet sich dort, wo der Rückzug der Götter eine Leerstelle hinterlassen hat. Das, was bei Lehmann als ein Ausgeliefert-Sein des Sterblichen und eine Essenzialisierung des verletzlichen Körpers gedacht wird, erscheint bei Nancy als *Ereignis* der Aneignung der Abwesenheit der göttlichen Präsenz und zugleich das Aufs-Spiel-Setzen ebendieses Ereignisses. Und mit diesem schwindet die Opposition zwischen verletzlichem, sterblichem Körper auf der einen und dem Unsterblichen, der übermenschlichen Gegenwart der Götter auf der

338 Lehmann: *Theater und Mythos*, S. 59.
339 Ebd., S. 60.
340 Ebd.
341 Nancy: Theatereignis, S. 330.

anderen Seite. Wo für Lehmann die Zeit des Subjekts und dessen Sichtbarwerden in der Tragödie im Vordergrund steht, setzt Nancy den Entzug dieser Sichtbarkeit dagegen.[342] Und dabei ist es für ihn das Theater, das in seinen unterschiedlichen Ausformungen eben das Verschwinden von Präsenz „zu sehen gibt“:

> Jedes Theater, jeder Theatertext und jede Inszenierung gibt dies zu sehen: Wie die Präsenz sich absentiert und wie wir uns diesem Ereignis präsentieren und aussetzen, in ihm und durch es.[343]

Das Theater gibt also genau das zu sehen, was sich entzieht – es präsentiert den Entzug der Präsenz. Darüber hinaus zeigt sich in dieser Passage die Textzentriertheit von Nancys Theaterbegriff. Obwohl er auch von Inszenierung spricht, scheint das Theater maßgeblich als Theatertext begriffen zu werden. Auch an anderer Stelle wird deutlich, dass seinen Überlegungen vorrangig ein Modell des Sprechtheaters zu Grunde liegt, das vor allem der Stimme die Fähigkeit zuschreibt, die ihr „unterstellte *reale Präsenz*“[344] zu präsentieren oder zu entziehen.

Überdies trifft sich Nancys Beschreibung des Theaters als dasjenige, das den Entzug der Präsenz zu sehen gibt, mit derjenigen Charakterisierung des Theaters, die Derrida in seinem Text „Der Aphorismus – zur Unzeit“ einem Theater der Sichtbarkeit entgegenstellt, wie ich im vorangegangenen Kapitel 2.2 bereits dargelegt habe. Dort fasst er das Theater als dasjenige, das in Szene setzt, was nicht zu sehen und „was nicht mehr gegenwärtig ist, das Unsichtbare“[345]. Auch wenn Nancy von „Ereignis“ spricht und Derrida es als „Unzeit“ fasst, ist beiden Ansätzen gemein, dass sie das Theater aus einer Zeitlichkeit der radikalen Unterbrechung, aus einem Moment der entsetzenden Zäsur heraus und als Gegenentwurf zu einem Theater der Sichtbarkeit und der Präsenz denken. Damit werfen beide die grundlegende Frage nach dem Prinzip der „représentation“[346] – im Sinne von

342 Zur Darstellung des Konflikt- und Überschreitungsmodells der Tragödie vgl. auch Hans-Thies Lehmann: *Tragödie und dramatisches Theater*. Berlin: Alexander 2013, S. 84–85.

343 Nancy: Theaterereignis, S. 328 (Herv. J. S.).

344 Philippe Lacoue-Labarthe / Jean-Luc Nancy: Dialog über den Dialog, aus d. Franz. v. Ulrich Müller-Schöll. In: Gerstmeier / Müller-Schöll (Hrsg.): *Politik der Vorstellung*, S. 20–42, hier S. 23.

345 Derrida: Der Aphorismus – zur Unzeit, S. 131–132.

346 Henri Bergson führt in einer Notiz zu dem Eintrag „présentation“ in Lalandes *Vocabulaire technique et critique de la philosophie* die Kritik an, die Bildung des Begriffs „représentation“ im Französischen ginge nur auf den Versuch zurück, das deutsche „Vorstellung“ zu übersetzen und sei deswegen ungeeignet. Stattdessen solle es durch „présentation“ ersetzt werden. Vgl.

Vorstellung und Darstellung sowie ihrer historisch früheren Bedeutung von Vergegenwärtigung – und seinem Verhältnis zu Präsenz und Entzug auf.[347]

Die Zeit der *représentation*

Denn wenn Derrida formuliert, dass Theater, „so sagt man“[348], Sichtbarkeit (*scène*) bedeute, dann meint er damit ein sehr spezifisches Theater, das in der Tradition des abendländischen Denkens der Repräsentation bzw. der Vorstellung steht und dem er das *Theater der Unzeit* als dasjenige der Unsichtbarkeit gegenüberstellt. Sowohl Nancy als auch Derrida geht es damit um die spezifische ereignishafte und entsetzende Zeit eines Theaters, das die Prämissen der Sichtbarkeit unterläuft und eben genau darin anschließt an Hamachers Rede von der Unzeit als dem Moment, das eine „andere Zeit als die Zeit der Repräsentation“[349] verhandelt. Wenn sich für Derrida durch die Unzeit ein Theater eröffnet, dann kann dieses Zeit weder auf gewohnte Weise repräsentieren noch sich selbst der Zeit der Repräsentation fügen oder über sie verfügen – es muss unweigerlich ein Theater einer anderen Zeit als der der Repräsentation sein. Für beide, Nancy und Derrida, steht folglich die Repräsentation und die damit einhergehende Zeitlichkeit als solche in Frage.

Repräsentation versteht Nancy dabei ganz explizit nicht als Vergegenwärtigung, sondern im Sinne des deutschen Vor- und Darstellens als das Stellen einer Anwesenheit oder Gegenwart, die sich bereits entzogen hat: „Präsentieren und re-präsentieren – vor- und darstellen –, das heißt alles in allem den Entzug von Präsenz über-präsentieren“, nämlich dort, wo es kein Anwesendes und keine Gegenwart (mehr) gibt.[350] Repräsentation im Sinne der französischen *représentation* sei

> keine dichte und tautologische Präsenz, vor der man sich niederwirft, sondern die Präsentation einer offen bleibenden Absenz im – sinnlichen – Gegebenen des ‚Kunst‘ genannten Werkes. Diese Präsentation wird im Französischen ‚Repräsentation‘ [*représentation*] genannt. Die Repräsentation ist [...] die Präsentation dessen, was sich nicht

présentation. In: André Lalande (Hrsg.): *Vocabulaire technique et critique de la philosophie. Texte revu par les membres et correspondants de la Société française de philosophie et publié avec leurs corrections et observations. Avant-propos de René Poirier.* Paris: PUF 1999, S. 820–821.

347 Jacques Derrida gibt, das große semantische Feld um das französische „représentation“ auffächernd, eine umfassende Analyse des Begriffs und seiner Übersetzungsproblematik mit Blick auf Heidegger in: Jacques Derrida: Sending. On Representation. In: *Social Research* 49 (1982): Current French Philosophy, S. 294–326.

348 Derrida: Der Aphorismus – zur Unzeit, S. 131–132.

349 Hamacher: DES CONTRÉES DES TEMPS, S. 33.

350 Nancy: Theatereignis, S. 328.

unter eine gegebene oder abgeschlossene (bzw. abgeschlossen gegebene) Präsenz subsumieren läßt.[351]

Präsenz kann es also nur als präsentierte geben, als die, die sich präsentiert oder die präsentiert wird. Der Repräsentation ist somit eine „Notwendigkeit der Präsentierung"[352] inhärent – eine vorgängige Theaterhaftigkeit, die Philippe Lacoue-Labarthe „Archi-Theater"[353] nennt.
Somit ist das, was Nancy an anderer Stelle des Aufsatzes das „Dispositiv des Schauspiels" nennt, nicht ein „repräsentatives" Dispositiv im „gewöhnlichen Wortsinn" von ‚imitierend' und ‚künstlich' – womit er implizit auf die Tradition der Übersetzung von *représentation* als Nachahmung verweist –, sondern ein Dispositiv des „In-Gegenwart-Setzens – des Präsentmachens, der Vergegenwärtigung – dessen, was sich an der Stelle befindet, wo die Götter gegangen sind, wo sie weg sind: Mit anderen Worten, es ist das Zwischen des Zwischen- oder Unter-uns."[354] Die Aporie dieser Beschreibung liegt in der Vergegenwärtigung, die keine mehr sein kann, weil die Präsenz, die es zu vergegenwärtigen gilt, sich bereits entzogen hat. Was bleibt, ist das Zwischen. Kurzum: Nancy legt damit einen wesentlichen Schwerpunkt auf den Aspekt der Teilhabe, des Zwischen, des *partage*. Und auch Derrida betont diesen Aspekt der Teilung. Keine Unzeit, so heißt es, „ohne das Versprechen eines gemeinsamen Jetzt, ohne den Eid, das Gelöbnis der Synchronie, der begehrten Teile einer lebendigen Gegenwart."[355] Beide formulieren mit dieser Hervorhebung des *partage* ein Theater im Ausgang aus der Ontologie der Präsenz und hin zu einem geteilten Sein. Und beide schreiben dem Theater darüber hinaus eine gewisse *Präsenz zersetzende Kraft* zu.
Letztlich ist der Entzug der Präsenz und das sich damit stellende Problem der Repräsentation für Nancy keineswegs nur eine Frage des Theaters im Ausgang aus dem Kult, sondern eine „Frage der Aktualität", die schließlich die Frage der Gegenwart neu stellt, als „die Frage einer Welt, die sich ohne jede wirkliche Präsenz und als für sich selbst abwesend darstellt."[356] Es ist die Frage nach der

351 Jean-Luc Nancy: Das Darstellungsverbot. In: Ders.: *Am Grund der Bilder*, aus d. Franz. v. Emmanuel Alloa. Zürich: Diaphanes 2006, S. 51–90, hier S. 61.

352 Kurz darauf heißt es: „Daher auch stellt sich uns mit dem Theater die Frage, ob das Theater sich für uns als ein privilegierter Modus der Präsentierung der Präsenz – wenn nicht gar als deren Modus *par excellence* – darstellt" (Lacoue-Labarthe / Nancy: Dialog über den Dialog, S. 21).

353 Vgl. ebd., S. 21.

354 Nancy: Theaterereignis, S. 326.

355 Derrida: Der Aphorismus – zur Unzeit, S. 26–27.

356 Lacoue-Labarthe / Nancy: Dialog über den Dialog, S. 20.

Darstellbarkeit dieses Entzugs und dessen Konsequenzen für Sichtbarkeit, Präsenz und die Frage der Gegenwart, die ich im Folgenden Kapitel anhand der Arbeiten des Künstlers Rabih Mroué untersuchen werde.

3
Nach der Zäsur

> In der Gegenwart gibt es keine Wendung mehr. Wendung der Dinge ist immer die zum besseren.[1]
> Theodor W. Adorno / Max Horkheimer: *Dialektik der Aufklärung*

Im vorangegangenen Kapitel ist im Anschluss an Hamacher der Begriff der *Unzeit* als Moment des Ereignisses dargelegt worden, das Zeit und ihre Form zugleich aussetzt und allererst ermöglicht, sich also als etwas ereignet, was den ‚natürlichen', ‚normalen' oder ‚normativen' Ablauf und die Form der Zeit, einer Geschichte oder ‚der Geschichte' unterbricht und damit die Vorstellung und Darstellung auf besondere Weise herausfordert. Während mit Derrida ein Theater der *Unzeit* entworfen wurde, das von einem Entzug von Präsenz und Sichtbarkeit bestimmt ist, und mit Nancy das Zurückgeworfen-Sein des Theaters auf die entsetzende Kraft des Ereignisses aufgezeigt wurde, steht nun eine künstlerische Arbeit im Fokus. Diese Arbeit verhandelt die Auswirkungen der Unterbrechung der die Zeit entsetzenden Zäsur auf die Darstellbarkeit. Anhand der Inszenierung *Riding on a Cloud*[2] des libanesischen Künstlers Rabih Mroué werde ich untersuchen, inwiefern darin die Annahme eines immanenten Jetzt im Kontext theatraler Repräsentation als wirkungsmächtige Fiktion von Präsenz aufgezeigt und einer Zeitlichkeit des Ereignisses und überdies der Latenz, Nachträglichkeit und des Traumas gegenübergestellt wird.

1 Adorno / Horkheimer: *Dialektik der Aufklärung*, S. 250.

2 Rabih Mroué: *Riding on a Cloud* (UA: 05.03.2013, Schouwburg Rotterdam). Ich habe die Inszenierung erstmals gesehen im Rahmen von Theater der Welt, Mannheim, am 24. Mai 2014. Außerdem beziehe ich mich auf die Videoaufzeichnung der Performance im Rahmen von Home Works 6, Beirut, 25.05.2013, die mir vom Künstler zur Verfügung gestellt wurde.

Zunächst wird an dieser Stelle jedoch noch einmal an das zum Ende des vorangegangenen Kapitels angeführte Zitat Nancys und Lacoue-Labarthes angeknüpft, um zu verdeutlichen, wie die im Begriff der *représentation* implizierte Problematik einer sich verabsentierenden Präsenz die Frage nach der Gegenwart und damit dem (neu) aufwirft, was als *Zeit* der Gegenwart und als ,Gegenwärtiges' gedacht werden kann. Es geht dabei, wie mit Lacoue-Labarthe bereits in der Einleitung formuliert wurde, um das Denken der Zäsur als Frage der Zäsur der Darstellung.

1. Die Gegenwart neu denken

Nancy und Lacoue-Labarthe schreiben der Frage nach Präsenz und dem Gegenwärtigen insbesondere *heutzutage* große Relevanz zu, und zwar vorrangig deswegen, weil wir gerade jetzt „in einer gegenwärtigen Zeit" stünden, „die sich ihrer Präsenz schlecht versichert und unsicher ist, ob sie mit ihrer eigenen Zeit auf gleicher Höhe sein kann (was eine *Zeit*, jedenfalls der Vorstellung nach, sein müßte)".[3] Genau daraus, so führen sie weiter aus, leite sich ihr Interesse am Theater ab, nämlich konkret die Frage, ob dieses „als ein privilegierter Modus der Präsentierung der Präsenz – wenn nicht gar als deren Modus *par excellence*" zu begreifen sei.[4]

Es ist zum einen ebendieser Modus der Präsentierung von vermeintlicher Präsenz im Theater, den, wie ich zeigen werde, Rabih Mroué in seinem künstlerischen Schaffen immer wieder verhandelt und kritisch befragt. Zum anderen aber scheint in Nancys und Lacoue-Labarthes Bemerkung eine bestimmte Notwendigkeit zur Gegenwartsdiagnostik und Neuverhandlung von Gegenwart auf, die als Ausgangspunkt für dieses Kapitel zentral ist. Es ist die Zeit der Gegenwart selbst, die hier als schwieriger Untersuchungsgegenstand in den Fokus gerückt wird: Weil sie mit ihrer eigenen Zeit nie „auf gleicher Höhe" ist, kann die Gegenwart mit sich selbst nicht identisch sein, sondern ist durch eine gewisse Nachträglichkeit bestimmt und erweist sich als kaum fassbar. Nancy formuliert diese Problematik der Gegenwart sehr viel später im Hinblick auf die Katastrophe von Fukushima in *Äquivalenz der Katastrophen* noch einmal zugespitzter als die Dringlichkeit, „in der Gegenwart zu denken und die Gegenwart zu denken"[5] – und zwar angesichts eines entsetzenden

3 Lacoue-Labarthe / Nancy: Dialog über den Dialog, S. 21.

4 Ebd.

5 Jean-Luc Nancy: *Äquivalenz der Katastrophen. (Nach Fukushima)*, aus d. Franz. v. Thomas Laugstien. Zürich: Diaphanes 2013, S. 52–53.

Ereignisses, das einen radikalen „Zusammenbruch von Zukunftsvorstellungen“[6] provoziere.

Die Notwendigkeit, die Gegenwart anders als in ihrer Zweckhaftigkeit in Bezug auf die Zukunft zu denken, stellt sich hier also angesichts einer jedes Fortschrittsdenken in Frage stellenden Katastrophe wie Fukushima, wirft aber darüber hinaus die Frage der Äquivalenz zwischen Katastrophen und inkommensurablen Zäsuren und ihrer jeweiligen Singularität auf. Denn bereits der Untertitel von Nancys Schrift „Nach Fukushima“ verweist auf Adornos Diktum einer Unmöglichkeit von Lyrik nach Auschwitz[7] und setzt somit in durchaus provokanter Weise die atomare Umweltkatastrophe Fukushima in Relation mit der Singularität der Zäsur der Shoah.[8] Die Frage nach einer Äquivalenz, so wird trotz dieses problematisch bleibenden Vergleichs deutlich, ist jedoch keine nach einer Gleichwertigkeit von Zäsuren, die eine Relativierung implizieren würde, sondern bezieht sich auf das Problem der ‚allgemeinen Äquivalenz‘[9], die eine rationalistische Zweck-Mittel-Relation bezeichnet. In Anlehnung an Benjamins Formulierung des Fortschritts als Katastrophe[10] schreibt Nancy: „Diese Äquivalenz ist das Katastrophale“[11], weil sie das Ausmaß der Vernichtung durch die Indienstnahme technischer Rationalisierung durch Zwecke allererst ermöglicht habe.[12] Nancy tritt demnach ausdrücklich nicht für eine Gleichwertigkeit von Katastrophen ein, sondern er betont vielmehr, dass die Äquivalenz selbst das eigentliche Problem darstellt: Als Produkt technisch-kapitalistischer Rationalität

6 Ebd.

7 Theodor W. Adorno: Kulturkritik und Gesellschaft. In: Ders.: *Gesammelte Schriften*, Bd. 10.1, hrsg. v. Rolf Tiedemann u. Mitw. v. Gretel Adorno / Susan Buck-Morss / Klaus Schultz. Frankfurt am Main: Suhrkamp 1973, S. 11–30, hier S. 30.

8 Zur Frage der (Un)Möglichkeit der Darstellung ‚nach Auschwitz‘ vgl. Nikolaus Müller-Schöll: Darstellen ‚nach Auschwitz‘. In: *Thewis, Onlinezeitschrift der Gesellschaft für Theaterwissenschaft* 10 (2008). http://www.theater-wissenschaft.de/category/thewis/ausgabe-2010-darstellen-nach-auschwitz/ (Zugriff am 03.06.2023).

9 Der Begriff geht zurück auf Marx, der von „allgemeiner Äquivalentform“ schreibt, zu der u. a. das Geld gehört: „Die allgemeine Äquivalentform ist eine Form des Werts überhaupt.“ (Marx: *Das Kapital I*, S. 83.)

10 In Benjamins These IX zum Engel der Geschichte findet sich bereits die Beschreibung des Fortschritts als Katastrophe, die er in einer Stelle im Passagenwerk noch einmal präzisiert: „Der Begriff des Fortschritts ist in der Idee der Katastrophe zu fundieren. Daß es ‚so weiter‘ geht, *ist* die Katastrophe.“ (Walter Benjamin: *Das Passagen-Werk*. GS, Bd. V, [N 9 a, I], S. 592.) Vgl. ders.: Über den Begriff der Geschichte, S. 697–698.

11 Nancy: *Äquivalenz der Katastrophen*, S. 12.

12 Nancy führt aus, dass Auschwitz und Hiroshima als erste Atomkatastrophe „bei all ihren gewaltigen Unterschieden“ beide gemein hätten, Folgen einer Indienstnahme technischer Rationalität durch Zwecke zu seien, die in einer Logik der Zerstörung und der „Unmenschlichkeit“ stünden. (Ebd., S. 19.)

führt die Struktur der Äquivalenz im Namen einer allgemeinen Vergleichbarkeit zur Negierung der jeweiligen Singularität und wird damit selbst zum „Katastrophalen". Und dennoch: Indem Nancy dieses Problem aufzeigt, rührt er auch an die Frage einer Vergleichbarkeit des Unvergleichlichen. So wie die Äquivalenz das Katastrophale ist, so besteht auch die Struktur der Katastrophe umgekehrt wiederum in der Aushebelung der Vergleichbarkeit. Was mich im Folgenden interessiert, ist eben dieser Einschnitt, der mit einer Katastrophe einhergeht und die Frage einer Vergleichbarkeit des Unvergleichlichen, einer Äquivalenz des Inäquivalenten aufwirft.

Es ist insbesondere die Gegenwart und die Notwendigkeit ihrer Neubefragung, die bei Nancy vor diesem Hintergrund in den Fokus rückt, weil auch das ihr implizite Zeitverständnis dem Prinzip der allgemeinen Äquivalenz untergeordnet ist. Angesichts einer Zeit der „unabschließbaren Äquivalenz von Zwecken und Mitteln", die Katastrophen der Shoah, Hiroshima und schließlich Fukushima allererst möglich gemacht habe, gebe es somit keine andere Option, als

> aus der Zweckhaftigkeit selbst aus[zu]steigen. Aus der Perspektive, dem Entwurf und der Projektion von Zukunft überhaupt. Dass unsere Ziele zu Zukunftszielen geworden sind, dürfte das Hauptergebnis dessen gewesen sein, was wir ‚den Westen' oder ‚die Moderne' nennen. [...] Stattdessen käme es darauf an, in der Gegenwart zu denken und die Gegenwart zu denken.[13]

Was trotz ihrer jeweiligen Singularität den genannten Katastrophen gemein ist – und bezeichnenderweise verwendet Nancy weder in Bezug auf Fukushima noch auf die Shoah den Begriff der Zäsur, sondern schreibt in beiden Fällen von Katastrophe – ist, dass sich angesichts dessen die Frage nach einem Ausweg aus der Mittel-Zweck-Relation und einer Infragestellung des Gegenwartsbegriffs in aller Dringlichkeit stelle: Weil, und hier konzentriert er sich hauptsächlich auf Fukushima, die Katastrophe „keine Gegenwart zulässt"[14]. Ein entsetzendes Ereignis eliminiert folglich nicht nur Zukunftsvorstellungen, sondern auch die Möglichkeit einer Gegenwart, wie sie in bis dato bekannten Vorstellungen gedacht worden ist. Die entsetzende Zäsur lässt also alle bisherigen Vorstellungsmuster einer fortschreitenden Geschichte und einer Gegenwart im Sinne eines Sukzessionsmoments und als Projektionsfläche für eine kommende, ausstehende Zukunft zusammenbrechen, sind es doch schließlich genau diese, die allererst in die Katastrophe führten.

13 Nancy: *Äquivalenz der Katastrophen*, S. 52–53.
14 Ebd., S. 54.

Wenn Nancy also schreibt, Fukushima zwinge zur „Arbeit an anderen Zukünften"[15] und fordere dazu auf, die Gegenwart neu zu denken, dann meint er damit die Dringlichkeit eines grundsätzlichen Überdenkens der Zeitstruktur von Vergangenheit, Gegenwart und Zukunft und der Idee einer auf die Zukunft weisenden Gegenwart. Gegenwart will Nancy weder verstanden wissen als Flüchtiges, Unmittelbares, das als „bloße inerte Setzung"[16] und Hier und Jetzt weder Vergangenheit noch Zukunft kenne, noch als die Vorstellung von untereinander gleichwertigen, chronometrisch zählbaren Gegenwarten, die aufeinander folgen. Diese nämlich würden im Namen einer allgemeinen Äquivalenz das Singuläre jeder Gegenwart im Allgemeinen der Entsprechung aufheben. Stattdessen plädiert er für eine „Ungleichwertigkeit alles Besonderen."[17] Es ist also die allgemeine Äquivalenz und die ihr zugrunde liegende Zeitvorstellung, die überhaupt erst dazu verleitet, jeweils singuläre Katastrophen und ihre Gegenwarten in eine problematische Relation der Äquivalenz zu setzen. Eben diese besondere Zeitlichkeit der Katastrophe stellt den Ausgangspunkt der folgenden Untersuchung dar, welche die Auswirkung einer Zäsur auf die Darstellung in den Blick nimmt.

Sich auf ebendiese Ausführungen Nancys beziehend, rückt Ulrike Haß in ihrem Text „Gegenwartsdiagnostik und die Zeit des Theaters"[18] die Gegenwart als Befragungs- und Untersuchungsgegenstand der Theaterwissenschaft in den Mittelpunkt. Gerade angesichts jener prominenten Diskurse, die Gegenwart im Sinne von Flüchtigkeit, Unwiederholbarkeit und Unmittelbarkeit in den Dienst nähmen,[19] sei es umso wichtiger, in der Disziplin der Theaterwissenschaft eine Neubefragung und ein Neudenken von Gegenwart vorzunehmen.[20] Die von Haß geschilderten Überlegungen sollen hier als Ansatz dienen, um die Frage nach einem Neudenken der spezifischen Zeitlichkeit der Gegenwart für das Theater zu stellen. Dabei geht es um die Repräsentation *von* Gegenwart und um eine *andere Gegenwart* der Repräsentation *nach* der Zäsur. Denn in Rabih Mroués

15 Ebd.

16 Ebd., S. 55.

17 Ebd.

18 Ulrike Haß: Gegenwartsdiagnostik und die Zeit des Theaters. In: Gerda Baumbach / Veronika Darian / Günther Heeg / Patrick Primavesi et al. (Hrsg.): *Momentaufnahme Theaterwissenschaft. Leipziger Vorlesungen*. Berlin: Theater der Zeit 2014, S. 91–101. Hierbei handelt es sich um einen Text, der anlässlich der drohenden Schließung des Leipziger Theaterwissenschaftsinstituts entstanden ist.

19 Obwohl nicht beim Namen genannt, bezieht sich Haß hier ganz offensichtlich auf den im deutschsprachigen Bereich maßgeblich durch Erika Fischer-Lichte geprägten aufführungstheoretischen Diskurs um die „leibliche Ko-Präsenz". Vgl. Fischer-Lichte: *Ästhetik des Performativen*.

20 Haß: Gegenwartsdiagnostik und die Zeit des Theaters, S. 95.

Arbeit *Riding on a Cloud* wird nicht nur die Behauptung eines Gegenwärtigen, Unmittelbaren im Theater auf den Prüfstand gestellt, sondern es geht auch spezifisch um den Zusammenbruch eines Repräsentationssystems angesichts einer entsetzenden Zäsur, die eine Neuaushandlung bekannter Vorstellungen von Vergangenheit, Zukunft und Gegenwart und deren medialer und theatraler / szenischer Darstellung einfordert.

2. Rabih Mroué: *Riding on a Cloud*

In Rabih Mroués Schaffen bilden die libanesischen und syrischen Bürgerkriege als eine solche Zäsur immer wieder einen festen Bezugspunkt. Zusammen mit anderen, in den letzten Jahren unter dem Label „post-civil war artists"[21] international gefeierten und geförderten Künstler*innen[22] wie Lina Majdalanie, Walid Raad, Joana Hadjithomas und Khalil Joreige[23] gehört Mroué zu einer libanesischen Nachkriegsgeneration, die sich mit der Auswirkung der Zäsur des Krieges

21 Der mit den eben genannten Künstler*innen eng im Austausch stehende Walid Sadek übt scharfe Kritik am internationalen ‚Hype' um die „post-civil war artists", der die in prekären Verhältnissen arbeitenden Künstler*innen letztlich dazu gebracht habe, zum Zwecke der Selbstvermarktung eben jenes Label anzunehmen und die Bürgerkriege immer wieder zum Thema zu machen: „Already in 2001 [...] it was possible to remark that the aftermath of civil war can raise a few chosen individuals onto the stage of globalization just as it can drive most people down into a precarious existence. Acquiring the label post-civil war artist seemed then like a reliable means by which to graduate from tenuous position of a survivor to the privileged position of a vetted onlooker who stands astride the wreckage and addresses the world. No longer part of the wreckage or governed by the extended and damaged time of civil war, such artists gladly appropriate the responsibility of speaking for others and accordingly enter the coveted circuit of international exhibitions. [...] Lebanese artists were in danger of performing the civil war as spectacle, and of producing works that mimic strife." (Walid Sadek: *The Ruin to Come. Essays from a Protracted War.* Genf: Motto 2016, S. 89–90.)

22 Hannah Feldman und Akram Zaatari sehen eine Entsprechung dieses plötzlichen Interesses des europäisch-amerikanischen Kunstmarkts an libanesischer Kunst in einer Art Ansturm auf eine „box of bonbons". Sie bemerken in diesem Zusammenhang kritisch, dass es wohl erst der Zerstörung der kulturellen Infrastruktur eines Landes bedürfe, um seinem kulturellen Leben zu einer internationalen Sichtbarkeit zu verhelfen. Hannah Feldman / Akram Zaatari: Missing War. Fragments from a Conversation Already Passed. In: *Art Journal* 66 (2007), S. 48–67, hier S. 66–67.

23 Die erste Monografie über die Generation der „post-civil war" Künstler*innen ist kürzlich durch Chad Elias vorgelegt worden: Chad Elias: *Posthumous Images. Contemporary Art and Memory Politics in Post-civil War Lebanon*. Durham / London: Duke UP 2018. In seiner Rezension des Buchs folgt Kareem Estefan Walid Sadeks Kritik und moniert, dass Elias sich hier ausschließlich auf die bereits viel verhandelten und mittlerweile zum internationalen Establishment gehörenden Künstler*innen beziehe, jüngere und marginalere Positionen jedoch ausblende. Kareem Estefan: Chad Elias 'Posthumous Images: Contemporary Art and Memory Politics in Post-Civil War Lebanon'. In: *Third Text*, 13.05.2019. http://www.thirdtext.org/estefan-elias (Zugriff am 03.06.2023).

auf Repräsentation und Darstellung beschäftigt.[24] An der Schnittstelle zwischen Performance, Installation und Lecture-Format verhandeln Mroués Arbeiten wie *On Three Posters* (2004), *Make me Stop Smoking* (2006), *Who Is Afraid of Representation?* (2006–2011), *The Inhabitants of Images* (2009), *Footnotes of an Unwritten Text About War, Body and Theatre* (2014–2016), *Double Shooting* (2012), *The Fall of Hair. Part I: The Pixelated Revolution* (2011–2012), *Footnotes of an Unwritten Text about War, Body and Theatre* (2014–2016) und *So little Time* (2016), die oft gemeinsam mit der Künstlerin Lina Majdalanie entstanden sind, das traumatische Nachleben von Krieg und Gewalt und widmen sich damit jenem Vergessenen, Verdrängten und Lückenhaften, das sich der Dokumentation entzieht. Immer wieder steht in ihren Arbeiten dabei der Wahrheitsanspruch von Dokumentation zur Diskussion, die vermeintliche Authentizität von Fotografien und medialer Berichterstattung sowie die Konstruiertheit von Geschichtsschreibung.[25] Dabei wird oft der Prozess der Beglaubigung von Dokumenten und Bildmaterial selbst ausgestellt, fiktionalisiert und auf seine Bedingungen hin hinterfragt. Eine große Rolle spielt dementsprechend die Theatralität von Archiven und der Umgang mit vermeintlichen Beweisen und ‚authentischen' Bilddokumenten vor dem Hintergrund einer kriegerischen Gewaltgeschichte, in der Erinnerung und Zeugenschaft politisch-propagandistisch vereinnahmt sind. Es geht also um das Fortwirken von Gewalt auf die Darstellung und darum, wie sich diese Gewalt auf die Darstellbarkeit von Geschichte, von Fakten und Evidenzen auswirkt.

24 Es ist bereits viel über jenen engen künstlerischen Arbeitskontext und Austausch geschrieben worden, den die bereits genannten Künstler*innen lange in Beirut teilten und es wäre aus diesem Grunde müßig, diesen noch einmal detailliert darzulegen. Deswegen sei hier nur auf Joana Hadjithomas und Khalil Joreige verwiesen, die den Arbeitskontext so beschreiben: „[B]etween 2000 and 2004, in Beirut we got together with a group of artists every Tuesday (such as Walid Sadek, Bilal Khbeiz, Tony Chakar, Marouan Rechmaoui, Lina Saneh [später dann nur noch unter dem Nachnamen Majdalanie bekannt, J. S.], Walid Raad, Fadi El Abdallah, and others. Rabih [Mroué] was also closely involved. It was a place for exchanging, for sharing, for discussions, for study." (Joana Hadjthomas / Khalil Joreige: I am Salah el Dine. In: Maria Hlavajova / Jill Winder (Hrsg.): *Rabih Mroué. A BAK Critical Reader in Artist's Practice.* Utrecht / Rotterdam: BAK Basis voor Actuele Kunst, post editions 2012, S. 80–93, hier S. 85.)

25 Exemplarisch seien hier genannt Akram Zaatari: *Letter to a Refusing Pilot*, Biennale Venedig 2013; Walid Raad: *Scratching on Things I Could Disavow. A History of Art in the Arab World*, 2011. Auch die Arab Image Foundation bildet in diesem Kontext einen wichtigen Bezugspunkt. Das 1997 von Akram Zaatari, Fouad Elkoury und Samer Mohdad gegründete Projekt macht es sich angesichts der weitflächigen Zerstörung nationaler Archive und der Ermangelung staatlicher Aufarbeitung des Krieges zur Aufgabe, fotografisches Material aus dem Nahen Osten und Nordafrika zu sammeln, zu archivieren und für Kunstprojekte zur Verfügung zu stellen. Zu den Mitgliedern zählen mittlerweile auch Walid Raad, Yto Barrada, Zeina Arida Bassil, Lara Baladi, Nigol Bezjian, Lucien Samaha, Karl Bassil und Negar Azimi, die in ihren künstlerischen Arbeiten immer wieder auf Dokumente aus dem Archiv zurückgreifen.

Charakteristisch für viele dieser Arbeiten ist die theatrale Form der ,non-academic lecture', wie sie Mroué selbst bezeichnet, in der er die Rolle eines nüchtern-investigativen Ermittlers einnimmt und im Stil eines antiken Botenberichts Bericht erstattet. Meist an einem neutralen Tisch sitzend, führt er durch ein Sammelsurium an Archivmaterial, das in verschiedenen Konstellationen geordnet und kommentiert wird. Dabei handelt es sich um eine investigative Ästhetik der spezifischen In-Szene-Setzung von zunächst analogen, später digitalen Archivmaterialien und Dokumenten, die eine Befragung der Bedingungen des Auftritts dieser Daten, Dokumente und Archivmaterialien vornehmen. Bearbeitet wird hier mehr die Inszeniertheit der investigativen Analyse als deren Output, weniger die Rekonstruktion eines spezifischen Ereignisses als die Irreführung des Beglaubigungsprozesses. Denn es sind gerade die Objekte und Dokumente, die sich in den Arbeiten als unzuverlässig herausstellen und oft ein gespenstisches Eigenleben entwickeln, sich also der Festlegung auf eine spezifische Bedeutung entziehen.[26]

Natürlich ist – und dies ist mir hier wichtig zu betonen – Mroués Arbeit keineswegs ausschließlich vor dem Hintergrund der Libanesischen Bürgerkriege zu betrachten. Auch ist generell die nationale Zuschreibung als „libanesischer Künstler" insofern kurzsichtig, als Mroué, wie auch Lina Majdalanie und Walid Raad, schon lange in Berlin und New York leben. Und dennoch bilden die Bürgerkriege und ihr traumatisches ,Nachleben' in *Riding on a Cloud* einen wichtigen, auch historischen Verweisungszusammenhang, den es in die Analyse mit einzubeziehen gilt.

„A problem with representation"

Wie über die Konstitution und Konstruktion von Gegenwart nachdenken, wenn das Vermögen fehlt, zwischen einem Davor und einem Danach der Gegenwart zu differenzieren und sich eine andere Zeitlichkeit als diejenige der Gegenwart vorzustellen? Genau vor diesem Problem steht Yasser in Rabih Mroués *Riding on a Cloud.* Der ältere, grauhaarige Mann im roten T-Shirt und mit leicht schleppendem Schritt betritt die dunkle Bühne und setzt sich an einen kleinen beleuchteten Tisch am linken Ende, auf dem sich DVDs,

26 Angesichts der gegenwärtigen Popularität einer counter-forensischen Ästhetik in den Arbeiten der Forschungsagentur *Forensic Architecture* ist es wichtig zu betonen, dass es Künstler*innen wie Mroué, Lina Majdalanie und Walid Raad sind, die einer solchen investigativen Ästhetik im Lecture-Format den Weg bereiteten und dafür entscheidend prägend sind. Gewissermaßen ließen sie sich als Vorläufer*innen des sogenannten *forensic turn* beschreiben. Vgl. Zuzanna Dziuban (Hrsg.): *Mapping the 'Forensic Turn'. Engagements with Materialities of Mass Death in Holocaust Studies and Beyond*. Wien: New Academic 2017; James Frieze: *Theatrical Performance and the Forensic Turn*. London: Routledge 2019.

Kassetten und ein Kassettenrekorder stapeln, die er nacheinander abspielen und kommentieren wird. Im Verlauf der minimalistischen Performance erfahren wir, dass Yasser im Zuge der Libanesischen Bürgerkriege als Kind von einem Scharfschützen angeschossen wurde und aufgrund dessen an einer merkwürdigen Krankheit leidet, die es ihm nicht mehr erlaubt, Repräsentationen als solche zu erkennen.

Hinter ihm thront eine große Leinwand, auf der die von ihm ausgewählten Videos zu sehen sein werden, sowie die Untertitel für das von ihm auf Arabisch Gesprochene, und unter der der Performer seltsam klein, fast verloren wirkt. Ohne Notiz von den Zuschauenden zu nehmen, beginnt er nun konzentriert, die DVDs, Kassetten und CDs nach einer nicht zu durchschauenden Weise zu ordnen und zu stapeln. Er tut dies sehr langsam und ein wenig ungelenk mit der linken Hand, während die rechte in seinem Schoß verweilt.

Schließlich legt er eine Kassette in das Abspielgerät, rutscht einige Male auf seinem Stuhl hin und her, drückt dann die Playtaste und hält sich das Gerät vor den Mund, als sei er es, dessen Stimme nun aus dem Gerät ertönt. „The memories in my head are blurry", erscheint als Übersetzung der arabischen Worte auf der Leinwand, „there are no scenes from the past".[27] Diese Dopplung der Stimme ist ein die ganze Performance bestimmendes Motiv. Immer wieder wechseln sich die auf der Bühne gesprochene Stimme des Performers, dessen Name, so erfahren wir alsbald, Yasser ist, und diejenige vom Band ab, bisweilen beginnt er zu sprechen, nur um dann die verzerrte Kassettenstimme seine Worte weiterführen oder wiederholen zu lassen. Doch bei dieser Verdopplung der Stimme bleibt es nicht, denn es tritt noch eine weitere hinzu, deren Sprechen jedoch nicht zu hören ist, gewissermaßen stumm bleibt und deren Worten wir lediglich durch die auf der Leinwand erscheinenden Texte folgen können. Was sich hier entfaltet, ist zum einen eine Pluralisierung der Stimme Yassers, die sich gewissermaßen verselbstständigt, nicht mehr klar zuordbar und dabei weder an den Körper des Performers noch an das mediale Abspielgerät gebunden ist: Denn welches ‚Ich' spricht da eigentlich? Ist der Performer Yasser auf der Bühne mit dem auf dem Tonbandgerät und Video erscheinenden und sprechenden Yasser identisch? Das Ergebnis dieser Verselbstständigung ist jedoch darüber hinaus eine regelrechte Spaltung der Figur Yasser in mehrere sprechende ‚Ichs': Yassers Stimme scheint nicht identisch mit dem Körper zu sein, der uns hier vor die Augen tritt, und es stellt sich dementsprechend eine Verunsicherung darüber ein, wer dieser Mann

27 Rabih Mroué: *Riding on a Cloud*. Aufzeichnung der Performance im Rahmen von Home Works 6, Beirut, 25.05.2013.

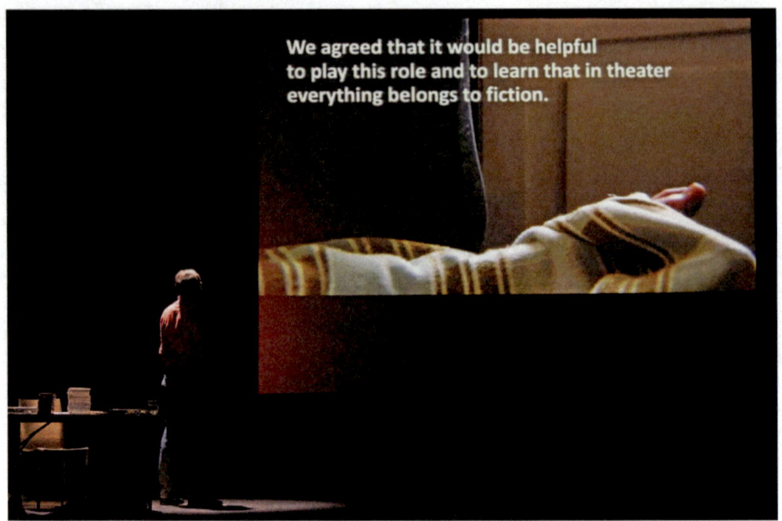

Abb. 4: Yasser vor der Projektion. Rabih Mroué: *Riding on a Cloud*, Aufführung im Museum of Modern Art, New York, 21.04.2015.

im Repräsentationsraum des Theaters zu sein vorgibt und auf wen sich das ‚Ich' bezieht, das er verwendet. (Abb. 4 & 5)
Eben jene Verunsicherung der Repräsentationsstruktur wird mit Blick auf die Theatersituation, in der Yassers Figur und das von ihm verwendete ‚Ich' sich befinden, gleich zu Beginn explizit angesprochen – bezeichnenderweise allerdings nicht durch den am Tisch sitzenden Yasser, sondern durch den auf der Leinwand erscheinenden Text und das in ihm sprechende ‚Ich':

> We agreed that I am playing a character that has the same name as me. My name is Yasser. I am a fictitious character. Yasser on stage resembles Yasser in real life. In reality there should only be one Yasser: 'me'. The same Yasser, here and there.
> We agreed that it would be helpful to play this role and to learn that in theater everything belongs to fiction. We agreed that I have to learn that there is not only one Yasser, but probably two or three, and maybe more than 100 Yassers.
> But how can Yasser on stage be different from the Yasser outside the theater? Who is he? Who is 'I'? How come this is not me, although I am playing myself now?
> We agreed that I have to learn what it means: to play, to act. We agreed that I have to learn how to differentiate between what is fiction and what is not, between what is real and what is not.

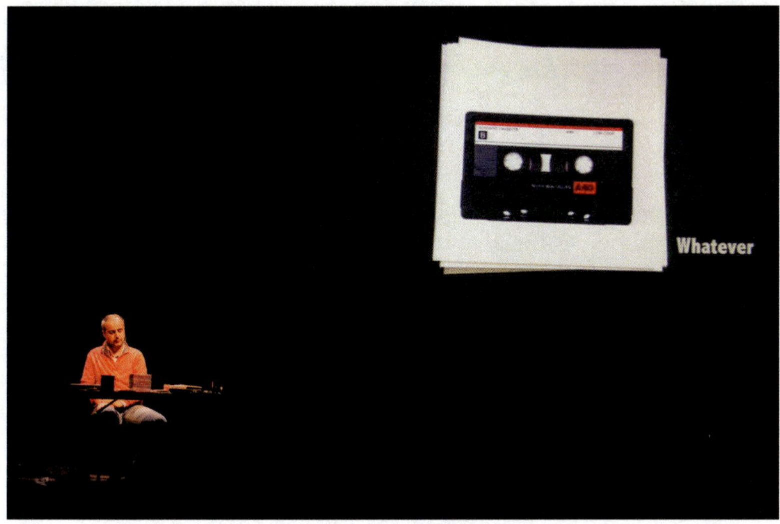

Abb. 5: Yasser an seinem Tisch. Auf der Projektion ist die falsche Zuordnung der Worte zu den gezeigten Gegenständen zu sehen. Rabih Mroué: *Riding on a Cloud*, Aufführung im Museum of Modern Art, New York, 21.04.2015.

> These are my words, yet this is not my voice. This is my real story, yet these are not my thoughts. These thoughts are mine yet this is not my real story.[28]

Was sich zunächst als Persiflage auf die grundsätzliche Problematik einer jeden Theater- und Performance-Situation liest, stellt sich auf den zweiten Blick als Teil eines komplexen Narrativs heraus, in dem Yasser selbst eben die Grundbedingung jeder Mimesis, das Als-ob, neu erlernen muss. Stück für Stück erfahren wir, dass er aufgrund einer merkwürdigen Krankheit, die zunächst nicht erklärt wird, nicht in der Lage ist, Repräsentation als solche zu erkennen und sich in ihr zurechtzufinden. Der Arzt bescheinigt ihm, dass er ein „problem with representation"[29] habe. Dies bezieht sich zunächst, wie aus dem eben Zitierten hervorgeht, auf die theatrale Repräsentation und das Verhältnis von Darstellung

28 Mroué: *Riding on a Cloud*, ab 00:02:35 min. Vgl. auch Rabih Mroué: ‚Kein Bild ist hundertprozentig real'. Rabih Mroué im Gespräch mit Johannes Odenthal. In: Johannes Ebert (Hrsg.): *Zeitgenössische Künstler. Arabische Welt*. Göttingen: Steidl 2013, S. 159–171; ders.: ‚How come this is not me, even though I am playing myself?'. Interview von Hassan Maroon mit Rabih Mroué. In: Boris Nikitin / Carena Schlewitt / Tobias Brenk (Hrsg.): *Dokument, Fälschung, Wirklichkeit. Materialband zum zeitgenössischen dokumentarischen Theater*. Berlin: Theater der Zeit 2014, S. 76–83; ders.: *Interviews*, hrsg. v. John Holten / Nadim Samman. Berlin: Hatje Cantz 2022.

29 Mroué: *Riding on a Cloud*, 00:42:05 min.

und Dargestelltem: Yasser versteht das Prinzip von Verkörperung und von Rolle nicht, kann nicht nachvollziehen, dass es möglich ist, das eigene Ich zu fiktionalisieren – es ist ihm schlicht unmöglich, Realität von Fiktion zu unterscheiden, denn er nimmt alles für wahr und die Prinzipien der Mimesis und der Wiederholung sind ihm fremd. Bereits jetzt zeichnet sich ab, dass Yassers merkwürdige Krankheit die Nachwirkung einer entsetzenden Zäsur ist, die auf einer weiteren Ebene der Inszenierung als Problem, ja als ‚Krankheit' der Darstellung verhandelt und zu einem Spiel von vermeintlicher ‚Authentizität' und Fiktion wird.

> I cannot recognize them [the objects] if they are presented to me by way of a medium, whether a photograph or anything else. By the way, this is why I stopped going to the theater. Because everything I saw on stage I would believe immediately. If someone played dead, I would believe they actually died and I would be extremely sad and even start shaking, and lose control. The theater was powerful, because it was real. [...] The theater was magic, in all senses of the word. And I believed everything, even the silliest things. The hardest moment for me was when the actors returned on stage for their final bow; then, I would become totally lost.[30]

Es ist bezeichnenderweise nun aber genau Theater und der Modus der Performance, mit dessen Hilfe er schließlich Repräsentation neu erlernen soll. Die mehrmals wiederholte Formulierung „We agreed that it would be helpful" deutet bereits an, dass er einen Pakt mit jemandem geschlossen zu haben scheint. Erst später stellt sich dieser Jemand als sein Bruder und Regisseur Rabih Mroué heraus. Yassers Unvermögen bezieht sich dabei nicht nur auf theatralische Darstellung, sondern auch auf fotografische Abbildungen. Auch hier erkennt er das Verweissystem von Signifikat und Signifikant nicht, kann das Dargestellte in der Darstellung nicht als Abbildung wiedererkennen, die fotografische Indexikalität bleibt ihm unverständlich. Genauer gesprochen, ist es die *Mittelbarkeit* der Darstellung selbst, die er nicht versteht. Nicht nur bleibt ihm alles, was mit Hilfe eines Mediums wie beispielsweise einer Fotografie *vermittelt* wird, unverständlich. Es ist darüber hinaus die Repräsentationsstruktur als solche, die er nicht als vermittelte zu erkennen vermag – und dies betrifft sowohl die theatrale Darstellung als auch die Struktur von Sprache überhaupt. Wie ich später zeigen werde, bleibt er eben darin scheinbar dem naiven Glauben an eine Authentizität verhaftet, die mit der Vorstellung reiner Präsenz und radikaler Unmittelbarkeit der Theatersituation einhergeht.

30 Mroué: *Riding on a Cloud*, 00:42:26–00:43:17 min.

Im Grunde verfällt er in diesem Unvermögen, Repräsentationen als Verweisungszusammenhang zu erkennen, unfreiwillig in eine Art naiven und verdrehten Ikonoklasmus: Aus dem zweiten Gebot Mose „Du sollst Dir kein Gottesbild machen“[31] wird hier das Unverständnis, wie überhaupt das „sich ein Bild machen von“ im Sinne einer Darstellung von etwas möglich ist, ja, wie eine Abbildung von etwas oder jemandem überhaupt etwas mit diesem Abgebildeten zu tun haben könnte. Sich selbst erkennt er auf Fotografien aus dem Grund nicht wieder, weil es für ihn schlicht nicht vorstellbar ist, dass er gleichzeitig im Hier und Jetzt und auf diesem Stück Papier existieren kann. Die Ähnlichkeit zwischen einem Messer auf einer Fotografie und einem tatsächlichen Messer registriert er zwar, kann aber den Gegenstand ohne seine vorhandene Materialität und die Fähigkeit „to cut a tomato“[32] unmöglich als einen solchen erkennen. Es ist dieses Unvermögen, sich etwas anderes als das unmittelbar haptisch Gegebene vorzustellen, das Yasser in der Gegenwart festhält und das sich als eine Unvereinbarkeit mehrerer Sprechpositionen widerspiegelt. Stück für Stück wird klar, dass die Figur, die den Namen Yasser trägt, sich aus mehreren, den Namen Yasser in Anspruch nehmenden ‚Ichs‘ zusammensetzt: Aus demjenigen des Performers im roten T-Shirt, seiner körperlosen Stimme auf dem Tonbandgerät und dem durch die Videos und Texteinspielungen vertretenen ‚Ich‘, das auch als Yasser spricht, zu dem der Performer auf der Bühne sich jedoch oft nahezu teilnahmslos verhält. Wenn ich im Folgenden also von ‚Yasser‘ schreibe, beziehe ich mich nicht auf die Behauptung einer konsistenten und mit sich identischen, sondern auf eben diese in sich in mehrere ‚Ichs‘ gespaltene Figur, deren ‚Ichs‘ sich jeweils als ausschließlich begreifen.

Yassers ‚Krankheit‘ beeinträchtigt nicht nur sein Vermögen, Fotografien als solche zu erkennen und sich ein anderes als das eigene ‚Ich‘ im Hier und Jetzt vorzustellen, sondern es ist die Sprache selbst als Repräsentationssystem, die ihm plötzlich fremd ist und deren Funktionsmechanismen er gezwungen ist, neu zu erlernen. Wie ein Kleinkind muss er die Zeichensynthese, die Relation von Signifikat und Signifikant Stück für Stück nachvollziehen lernen, muss die Arbitrarität der Sprache verstehen: „I was getting ready to start university when I suddenly found myself having to repeat kindergarten.“ Yasser spricht zwar schließlich wieder, doch in einer eigenen Sprache, in der Wörter andere Dinge bedeuten, Verbindungen zwischen Bezeichnendem und Bezeichnetem andere

31 In 2. Mose, 20,4 heißt es: „Du sollst dir kein Gottesbild machen und keine Darstellung von irgend etwas am Himmel droben, auf der Erde unten oder im Wasser unter der Erde“ (*Die Bibel. Einheitsübersetzung der Heiligen Schrift. Altes und Neues Testament*. Augsburg: Pattloch 1980, S. 55).

32 Mroué: *Riding on a Cloud*, 00:43:49 min.

sind als für die meisten Menschen. Seine Sprache ist eine gebrochene, „this is my language, broken like my broken skull"[33], in der jedes Wort eine Tortur darstellt: „I suffer in order to find the right word. If I think I found it, it often comes out wrong. Most of the time I am misunderstood. Words slip from my lips."[34] Besonders deutlich wird Yassers Schwierigkeit, Darstellungen ihre Signifikanten zuzuordnen in der folgenden, als „Very shoooooooort Stories" betitelten Episode. Auf der Leinwand erscheint eine Hand, die verschiedene Karten auf einen Stapel legt, eine nach der anderen. Auf ihnen ist jeweils ein Objekt zu sehen, während links daneben die Frage „What's that?" zu lesen ist. Rechts der Abbildung erscheinen jeweils die (meist falschen) Antworten, oft mit einiger Verzögerung, als sehe man Yasser beim Nachdenken zu. Die verdrehten Ergebnisse des Zuordnungsspiels verursachen Gelächter im Publikum: Ein Schlüssel wird zu „Meer", ein Kamm zu „Vater", ein Löffel zu „Familie". Die zwangsläufige Komik entsteht mitunter durch die Offenlegung der Arbitrarität der Sprache, deren Struktur ich als Zuschauerin gewissermaßen mit Yasser zusammen neu verstehen lerne.

Diese Episode ist nur eine von vielen, die im Verlauf des Abends eingespielt werden und die sich Stück für Stück zu einer Erzählung rund um jene Krankheit zusammensetzen, an der nicht nur der Protagonist Yasser, sondern auch die Darstellung selbst leidet, wie noch zu zeigen sein wird. Die verschiedenen erzählten Episoden und Videosequenzen bilden in gewisser Weise eine eigene Kommentarebene jenes ‚Ich', das ein anderes zu sein scheint als das des Performers und das damit die Spaltung der Figur noch einmal deutlich werden lässt. Yasser wirkt bisweilen fast unbeeindruckt von all dem, was auf der Leinwand erscheint, legt weiterhin immer wieder neue Kassetten und DVDs ein, ordnet diese vor sich auf dem Tisch, kratzt sich am Kinn. Nur manchmal blickt er auf und folgt den Videos und Texteinspielungen. Gezeigt werden Schulzeugnisse des noch jungen Yasser, Familienfotos, Videos von seiner Hochzeit und weitere Dokumente, Fragmente und Bruchstücke, die alle darauf hinweisen, dass es ein Leben vor jener Krankheit gegeben haben muss, ohne dass bisher klar ist, woher diese eigentlich rührt. Nun wird auch die Funktion der Videos deutlich. Der Arzt habe Yasser geraten, Fotos und Videos zu machen, um sein „problem with representation" anzugehen und um Repräsentation ‚neu' zu erlernen. „The doctor is the one who advised me to buy a camera. He said that taking photos might help me understand what representation is."[35] Videos seien deswegen geeignet, heißt es dann,

33 Mroué: *Riding on a Cloud*, 00:48:01 min.

34 Ebd., 00:46:32 min.

35 Ebd., 00:43:22 min.

weil die abgefilmten Dinge in Bewegung und nicht ‚still', bewegungslos seien. Mit letzterem habe Yasser nämlich die meisten Schwierigkeiten.
Bewegung wird also zum zentralen Kriterium, nicht zuletzt, wenn er zu Anfang zunächst René Descartes' Diktum „Cogito ergo sum"[36] zitiert, um es dann in „Ich leide, also bin ich"[37] abzuwandeln und daraus schließlich seine eigene Variante „I move, therefore I am" formt. Die Bewegungsfähigkeit wird hier zum entscheidenden Kriterium der Erkenntnis erhoben und tritt an die Stelle des kartesianischen Denkens. Erst im Verlauf der Performance wird immer deutlicher, dass der Performer Yasser auf der Bühne offensichtlich motorisch auf der rechten Seite seines Körpers eingeschränkt ist. Er zieht das rechte Bein nach und verwendet nur seinen linken Arm, während der rechte kraftlos in seinem Schoß liegt. Die zuvor gezeigte und nicht kontextualisierte Videoaufnahme einer Hand, die von einer anderen mühsam in eine Form aus Holz gelegt wird, Finger für Finger, als könne sie sich selbst nicht kontrollieren, erweist sich mit diesem Wissen als physiotherapeutische Übung. Und schließlich erfahren wir über die gezeigten Arztprotokolle, dass Yasser durch eine Verwundung die motorische Fähigkeit seiner rechten Körperhälfte gänzlich verloren zu haben scheint. Augenscheinlich wird dies in der allerletzten Szene, in der plötzlich Rabih Mroué selbst die Bühne betritt und am rechten Bühnenrand eine bis eben noch im Dunkeln versteckte Gitarre zur Hand nimmt. Yasser verlässt seinen kleinen Tisch, kreuzt die Bühne und setzt sich neben ihn. Gemeinsam beginnen sie zu spielen und zu singen, Yasser hält mit seiner linken Hand die Saiten, während Rabih Mroué, neben ihm kniend, die Akkorde zupft. Es ist ein trauriges Lied, dessen arabischer Text nicht übersetzt wird und das ganz im Gegensatz zu der minimalistischen kühl-dokumentarischen Atmosphäre der vorherigen Performance eine fragile Intimität zwischen den beiden Männern erzeugt. Das gemeinsame, zögerliche und ein wenig holprige Gitarrenspiel der zwei verschiedenen Hände hebt Yassers körperliche Einschränkung noch einmal umso deutlicher hervor.
Erst in der zweiten Hälfte der Performance wird schließlich benannt, worum es sich bei Yassers Krankheit eigentlich handelt und woher sie rührt. Erst jetzt wird deutlich, dass sie unmittelbar mit den Libanesischen Bürgerkriegen zu tun

36 René Descartes: *Meditationen. Mit sämtlichen Einwänden und Erwiderungen*, aus d. Franz. v. Christian Wohlers. Hamburg: Meiner 2009.

37 Hier scheint es sich offensichtlich um ein Zitat in Anlehnung an Milan Kundera zu handeln, der Descartes' Diktum folgendermaßen aufgreift und existentialistisch umformt: „Ich denke, also bin ich ist ein Satz eines Intellektuellen, der Zahnschmerzen unterschätzt. Ich fühle, also bin ich ist eine Wahrheit von größerer Gültigkeit und betrifft jedes lebende Wesen. [...] Die Grundlage des Ich ist nicht das Denken, sondern das Leiden, das elementarste aller Gefühle." (Milan Kundera: *Die Unsterblichkeit*, aus d. Tschech. v. Susanna Roth. München: Hanser 1990, S. 249.)

hat und mit einem spezifischen Ereignis, um das diese gesamte Arbeit kreist und das einen radikalen Einschnitt in die Ordnung der Gegenwart und ihre Repräsentation bedeutet.

Das Symptom der Zäsur: Aphasie

Es gebe geschichtliche Momente wie die Geburt Jesu, den Ersten Weltkrieg, die Shoah, die Nakba, den Fall der Mauer, 9/11 oder die Libanesischen Bürgerkriege, die Geschichte in ein *Davor* und ein *Danach* einteilten – so erzählt Yasser, oder vielmehr das geschriebene ‚Ich', dessen Worte auf der Leinwand erscheinen. Diese Aneinanderreihung geschichtlicher Ereignisse wird stets eingeleitet durch die Worte „As there is a before and after". Eben ein solches Ereignis ist auch der Tag des 17. Februar 1987 während der Libanesischen Bürgerkriege[38], als dem jungen Yasser von einem Scharfschützen in den Kopf geschossen wird und in dessen Folge nichts mehr ist wie zuvor. Yasser beschließt also, eben jenen 17. Februar 1987 als einen solchen Einschnitt zu begreifen, der von nun an zum Orientierungspunkt wird, anhand dessen die erzählte Geschichte in ein Davor und Danach eingeteilt werden muss:

> As there is in every minor and major story, or many decide to mark, so that there is a before and after, I decided to mark a point in my story. The injury. And this is how I started to say 'before and after the injury'.[39]

Durch den provokanten Vergleich und die Aneinanderreihung von Shoah und Nakba deutet sich bereits an, dass die Inszenierung Fragen nach der Singularität und Vergleichbarkeit geschichtlicher Zäsuren und Traumata verhandelt. Ich werde auf diesen Punkt im weiteren Verlauf dieses Kapitels zurückkommen. Zunächst sei jedoch festgehalten, dass sich mit der Erwähnung des Schussattentats Yassers persönliches Schicksal plötzlich im weiteren geschichtlichen Kontext der Libanesischen Bürgerkriege und deren Nachleben verortet.

38 Hier auf Englisch im Plural „Lebanese Civil Wars" genannt. Die deutsche Übersetzung ‚Bürgerkrieg' im Singular lässt fälschlicherweise vermuten, es handle sich um einen einzigen Krieg mit klaren Fronten und klarem Start- und Endpunkt. Der englische Begriff dagegen betont die Vielzahl und Unübersichtlichkeit der Kriege und ihrer Fronten. Walid Raad spricht aus diesem Grund in seinen Arbeiten wiederum von den „Lebanese Wars" in Bezug auf den Zeitraum von 1975–1990, um die Vielzahl der ungelösten und zum Teil immer noch schwelenden Konflikte zu bezeichnen. Im Anschluss an Raad spreche ich in diesem Kapitel von „Libanesischen Bürgerkriegen" im Plural. Vgl. Walid Raad: *Scratching on Things I Could Disavow: A History of Art in the Arab World* (2011).

39 Mroué: *Riding on a Cloud*, 00:27:21 min.

Dass der Ursprung seiner merkwürdigen Krankheit also eben diese Verwundung ist, erfahren wir so erst im letzten Drittel der Performance. Beglaubigt wird sie nun durch allerlei Dokumente und Fotografien: Die Krankenakte, Röntgenaufnahmen der Durchschusswunde, Bilder von Yasser im sowjetischen Krankenhaus und schließlich auch die Geschichte seiner ersten sexuellen Begegnung mit einer dortigen Krankenschwester. All diese Beschreibungen des Tathergangs und die daraus folgenden Ereignisse werden begleitet von den Worten „It has been said that", die verdeutlichen, dass auch Yasser sich lediglich auf Erzählungen anderer berufen kann und die Geschichte seiner Verletzung nur mithilfe dieser rekonstruiert:

> It has been said that I was 17 years old when a bullet hit me in the head. I lost consciousness. It has been said that the bullet hit front part of my skull, and exited from the rear part of my skull. [...] It has been sad that I had no reaction. It has been said that the right side of my body was paralyzed. It has been said that I am *aphasic*. It has been said that I've never heard this word, before we decided to do this performance.[40]

Die aus der Verletzung resultierende Krankheit, die bisher nur als „a problem with representation" beschrieben war, bekommt nun endlich einen Namen: Aphasie bezeichnet eine Sprachstörung nach einer Hirnverletzung. Ihre Symptome sind ein fehlerhaftes, ‚paraphasisches' Sprechen, bei dem es zu einer Verwechslung von Signifikanten kommt, adäquate Wörter also durch andere Wörter ersetzt werden, so dass es zu einem konsequenten Ersetzungs- und Korrekturvorgang, einem Sprechen „unter der Bedingung konstanter Abweichung"[41] kommt, bei dem sich die Sprecher*in immer weiter von der eigentlich intendierten Aussage entfernt. „Aphasie" wird so die sprachliche Bezeichnung für Yassers Krankheit, die von ihm jedoch als Fremdzuschreibung erfahren wird, als etwas, das plötzlich einen Namen für eine eigentlich nicht beschreibbare, weil sich der Sprache gewissermaßen entziehende, sie aussetzende Störung bietet. Es bleibt dabei jedoch wichtig zu betonen, dass die Aphasie sich in der Inszenierung nicht als

40 Ebd., 00:31:20 min. (Herv. J. S.).

41 Hans-Dieter Gondek: *Angst, Einbildungskraft, Sprache. Ein verbindender Aufriß zwischen Freud – Kant – Lacan*. München: Boer 1990, S. 67. Sigmund Freud unterscheidet in einer seiner sehr frühen Studien zwischen verschiedenen Aphasie-Typen, unter denen aber nur diejenigen Arten für die vorliegende Analyse interessant sind, deren Symptom nicht im gänzlichen Verlust der Sprachfähigkeit besteht, sondern im paraphasischen Sprechen. Vgl. Sigmund Freud: *Zur Auffassung der Aphasien. Eine kritische Studie*. Leipzig / Wien: Deuticke 1891. Vgl. auch Judith Kaspers detaillierte Analyse von Aphasie in Bezug auf Marcel Proust in Judith Kasper: *Sprachen des Vergessens. Proust, Perec und Barthes zwischen Verlust und Eingedenken*. München: Fink 2003, S. 63–72.

tatsächliche Sprachstörung bemerkbar macht, sondern eine Verschiebung erlebt. Ihr Symptom und das Krankheitsbild werden zwar detailliert beschrieben und doch verschiebt sich die Alteration des Sprechens auf die Ebene des Visuellen und äußert sich nicht in sprachlichen Ausfällen, sondern in Yassers Unfähigkeit, bildliche Darstellungen zu erkennen – wie in der bereits beschriebenen Episode, in der die Zuschauenden Zeug*innen der Falschzuordnung von Wörtern zu Gegenständen werden. Die Sprache und der eingeblendete Text aus der Perspektive des ‚Ichs' Yassers scheint demnach von der Krankheit nicht beeinträchtigt, als sei sie bereits überwunden. Und doch wird das paraphasische Sprechen zum Grundprinzip der Inszenierung. Aphasie wird in *Riding on a Cloud* somit zur Beschreibung des Unbeschreibbaren, zum Namen für das Symptom der Zäsur, die der Kopfschuss und, damit unweigerlich verbunden, die Libanesischen Bürgerkriege für Yasser implizieren. Oder besser: Die Aphasie steht für die Zäsur, die die Möglichkeit des Repräsentierens aushebelt, aussetzt und dauerhaft beeinträchtigt, die folglich so einschneidend ist, dass von nun an die Geschichte nur noch von diesem Punkt ausgehend betrachtet in ein *Davor* und ein *Danach* eingeteilt werden kann.
Doch die Verwundung Yassers, deren Konsequenzen seine körperliche Behinderung und der Einbruch seines Repräsentationssystems sind, in ein Äquivalenzverhältnis mit jenen geschichtlichen Zäsuren wie der Shoah zu stellen, bleibt provokant. Die Frage der Vergleichbarkeit wird auch von Yasser angesprochen:

> I would like to know that every moment is important. Important just like any moment is to the same value and degree. All are important and thus not one single moment. But this is difficult.[42]

Weil er aber, so fährt er fort, immer noch in diesem Moment gefangen sei – dem Moment des Schusses und der Verwundung –, könne er nicht anders, als diesen als den wichtigsten, weil einschneidendsten zu betrachten und dementsprechend von einem *Davor* und *Danach* zu sprechen. Zum Vergleich führt er nun die Performance selbst an, der er eben diesen Status eines, alle bisherigen Ordnungen von Zeit und Geschichte aufsprengenden Moments grundsätzlich nicht einräumt: „And what's certain is that this performance will never be a reference. And I will never be able to say 'before and after' the performance. Anyway this is not a performance."[43]

42 Mroué: *Riding on a Cloud*, 00:28:07 min.
43 Ebd., 00:28:19–00:28:27 min.

Genau genommen bestreitet er just damit den Ereignisstatus der Performance, deren Protagonist er selbst ist, ja, er spricht dem Bühnengeschehen sogar ab, überhaupt eine Performance zu sein. Hier zeigt sich erneut die Widersprüchlichkeit der Figur. Wenn die Performance also in seinen Augen gar keine Performance ist, so deshalb, weil für Yasser eine Performance nur dann eine wirkliche Performance sein kann, wenn sie als Ereignis einen radikalen Schnitt in die Ordnung der Gegenwart impliziert. Die Figur scheint damit auf den ersten Blick zum Fürsprecher all jener (theaterwissenschaftlichen) Diskurse zu werden, die der Aufführung einen solchen Charakter des Ereignisses zuschreiben. Auf den zweiten Blick hingegen wird immer klarer, dass Yasser viel eher zum Komplizen einer Vorstellung von Unwiederholbarkeit und Flüchtigkeit avanciert, in der das Hier und Jetzt der Gegenwart als einzig mögliche, ausschließliche Zeit gilt. Wenn er also von sich sagt, er sei „prisoner of this moment"[44], und damit meint er den Moment der Verwundung, dann heißt dies nichts anderes, als dass Yassers gesamte Zeitvorstellung in diesem einen Moment ge- und verfangen ist und damit auch keine andere Zeitlichkeit als diese ausschließliche Gegenwart des einen präsentischen Moments gelten lassen kann.

Die Fiktion des Gegenwärtigen

In diesem Sinne gilt für ihn jene Kritik, die Ulrike Haß an Diskursen der Gegenwartszeit des Theaters übt: Die Annahme eines ausschließlichen präsentischen *Jetzt* verberge, so Haß, seine Zeitlichkeit und Konstruiertheit und damit auch seine Disposition, also die Anordnung in einem Dispositiv, und die damit verbundenen sagbaren und nicht-sagbaren Faktoren, die über die bloße Aufführung hinaus gingen.[45] Weiter schreibt sie:

44 Ebd., 00:28:08 min.

45 Eine ausführliche Darstellung der Diskurse um das Denken von Theater als einem Dispositiv, die dabei die Problematik eines rein aufführungstheoretischen Ansatzes, wie er maßgeblich durch Erika Fischer-Lichte bestimmt worden ist, klar benennt, findet sich in Lorenz Aggermann / Georg Döcker / Gerald Siegmund (Hrsg.): *Theater als Dispositiv. Dysfunktion, Fiktion und Wissen in der Ordnung der Aufführung*. Berlin: Lang 2017. Insbesondere sind darin die Beiträge von Lorenz Aggermann, Nikolaus Müller-Schöll und Ulrike Haß zu nennen. Die beiden letztgenannten widmen sich vor allem demjenigen Unregierbaren und Unsagbaren, das einem Dispositiv notwendigerweise entgehen muss und in ihm de-konstituierend mitwirkt. Ihr Augenmerk liegt hier auf einer Öffnung des Aufführungs- und Theaterbegriffs. Vgl. Lorenz Aggermann: Die Ordnung der darstellenden Kunst und ihre Materialisierungen. Eine methodische Skizze zum Forschungsprojekt *Theater als Dispositiv*. In: Ebd., S. 7–32; Nikolaus Müller-Schöll: Das Dispositiv und das Unregierbare. Vom Anfang und Fluchtpunkt jeder Politik. In: Ebd., S. 67–87; Ulrike Haß: Was einem Dispositiv notwendig entgeht, zum Beispiel Kleist. In: Ebd., S. 89–104.

> Wird die Gegenwart auf die des Unmittelbaren verkürzt, ist sie keine mehr. [...] Sie wäre ohne Kontakt zur Vergangenheit und Zukunft. [...] Flüchtigkeit, Unwiederholbarkeit oder Unwiederbringlichkeit sind keine geeigneten Termini zur Kennzeichnung von Gegenwart. Ihre Modelle einer totalitär geschlossenen, unzugänglichen, sich zirkulär affizierenden Zeitlichkeit oder eines spektakulär isolierten Zeitpunktes, der für niemanden einzunehmen ist und an dem nicht geteilt werden kann, zeigen dies deutlich.[46]

Letzteres trifft auf Yasser zu. Indem er keine andere Zeit als die vermeintlich unmittelbare Gegenwart wahrnehmen kann, wird er – gezwungenermaßen – naiver Stellvertreter eines Begriffs von Unmittelbarkeit und Präsenz, wie ihn Haß in dieser Passage kritisiert und wie er sich im Diskurs der Theaterwissenschaft maßgeblich durch Erika Fischer-Lichtes Rede von Ko-Präsenz und in den amerikanischen Performance Studies durch den Begriff der „Liveness" manifestiert. Letzterer ist wiederum maßgeblich geprägt durch Peggy Phelans Konzeption des Ephemeren und eines „maniacally charged present"[47] sowie Philip Auslanders Denken des Unmittelbaren als „immediacy"[48].

Die Performance lässt sich jedoch in keiner Weise mit Yasser auf diesen Glauben an Unmittelbarkeit ein, sondern stellt diesen als solchen aus. Die Selbstbeschreibung des in den Videos und Texteinspielungen sprechenden ‚Ichs' setzt sich zu einer Erzählung zusammen, die selbst klar als fiktionalisierte Konstruktion gerahmt wird und doch an vielen Stellen Elemente der realen Biografien der Brüder miteinbezieht. Wenn gegen Ende ein Dialog zwischen Yasser und seinem Bruder Rabih Mroué eingeblendet wird (auch hier wieder nur in den schlichten Texteinspielungen auf der Leinwand), in dem Yasser darum bittet, mit ihm zu arbeiten, wird die Ebene der Fiktionalisierung noch einmal verdeutlicht: Auf die Frage Rabihs, ob Yassers Erzählung es wert sei, erzählt zu werden, gibt Rabih den entscheidenden Satz von sich, der zur Voraussetzung der gesamten Performance

46 Haß: Gegenwartsdiagnostik und die Zeit des Theaters, S. 96–97.

47 Phelan: *Unmarked*, S. 148.

48 Auslander: *Liveness*, S. 14. Rebecca Schneider fasst den Diskurs um Liveness und das Ephemere an anderer Stelle kurz und bündig folgendermaßen zusammen: „The logic of liveness as ephemeral that dominated performance studies in the twentieth and early twenty-first centuries assumed that live arts, such as theater, dance, and performance-based arts, have nothing to give to the archive except by-products, such as photographs, playbills, videos, or ticket stubs, which are not (so the old argument went) the performance itself. Bodily performance itself disappeared and only the material detritus of its outmode remained. The body was not a mode of remaining but a mechanism not only of obsolescence but of disappearance. And yet, as cited earlier, 'the scandal of the obsolete is precisely that it does not vanish.'" (Rebecca Schneider: Slough Media. In: Ioana B. Jucan / Jussi Parikka (Hrsg.): *Remain*. Minneapolis: U of Minnesota P 2018, S. 49–103, hier S. 67–68.) Vgl. Adrian Heathfield / Amelia Jones: *Perform, Repeat, Record. Live Art in History*. Bristol: Intellect 2014.

wird: „We can invent it.“ Yasser anwortet: „Ok. Why not“. Spätestens in diesem Moment wird jeglicher Glaube an eine vermeintlich authentische Darstellung von Yassers Geschichte zunichte gemacht und überhaupt der Anspruch auf ‚Authentizität‘ klar zurückgewiesen. Es ist dieses, sich auf mehreren Ebenen vollziehende Zeigen auf die Konstruiertheit der Figur Yasser und seiner Geschichte, die auch seine naive Präsenzgläubigkeit als eine solche ausstellt, sie als ideologisches Konstrukt offenlegt.

Wenn Yasser überdies nicht zu verstehen vermag, dass sein ‚Ich‘ und das ‚Ich‘ des Yasser auf dem Foto identisch sind und dass er gleichzeitig hier und dort sein kann, dann heißt dies schlicht, dass die eigene Zeitlichkeit für ihn nicht *vorstellbar* ist. Ihm fehlt das, was ich im vorherigen Kapitel 2.2 mit Werner Hamacher in Anschluss an Kant als das „Vermögen der Vorstellungen“[49] genannt habe: das Vermögen, Zeit – und damit auch die Gegenwart und die Vergangenheit – als *Vorstellung* zu begreifen, also Vorstellungen zu bilden, zu reproduzieren und in Begriffe zu fassen. Seine Krankheit ist damit zugleich eine Krankheit der Repräsentation von Zeit, ihr Symptom der Entzug des Vorstellungsvermögens.

Ich möchte an dieser Stelle Ulrike Haß in ihrer These folgen und argumentieren, dass anhand der ‚Präsenzgläubigkeit‘ der Figur Yassers umso mehr deutlich wird, inwiefern die Konzeption einer auf Unmittelbarkeit festgelegten Gegenwartszeit auf einem totalitären Ausschluss anderer Zeiten beruht und dabei sowohl mit einer Annullierung der Vergangenheit als auch von Zukunftsvorstellungen einhergeht. Die Performance wirft damit genau die Frage nach jenen *anderen*, aus der Exklusivität der Gegenwartszeit ausgeschlossenen Zeitlichkeiten auf. Rebecca Schneider formuliert in ihrer Kritik an Phelans Konzeption eines „maniacally charged present“[50] und an Auslanders Begriff der „liveness“[51] folgende Frage, die in *Riding on a Cloud* umso relevanter aufscheint:

> Is a ‘maniacally charged present’ not punctuated by, syncopated with, indeed charged by other moments, other times? That is, is the present really so temporally straightforward or pure – devoid of a basic delay or deferral if not multiplicity and flexibility? Does it not take place or become composed in double, triple, or multiple time?[52]

Wie verhält es sich nun in *Riding on a Cloud* mit diesen „other times“, die Schneider hier anspricht, denjenigen anderen Zeiten und Zeitlichkeiten, die trotz der

49 Hamacher: Ex Tempore, S. 74.
50 Phelan: *Unmarked*, S. 148.
51 Auslander: *Liveness*.
52 Schneider: *Performing Remains*, S. 92.

Ausschließlichkeitsbehauptung der Präsenz der Gegenwart womöglich in ihr aufscheinen? Zunächst lässt sich festhalten, dass Yasser, indem er die Gegenwart als seine einzige Zeit versteht, dem aufsitzt, was Peter Osborne die „fiction of the contemporary"[53], die „Fiktion des Gegenwärtigen" (oder auch als die „Fiktion des Zeitgenössischen" zu übersetzen) nennt – nämlich der Projektion einer zeitlichen Einheitlichkeit in die Gegenwart, wo eigentlich eine heterogene Vielheit vorliegt:

> The concept of the contemporary projects a *single historical time* of the present, as a living present [...]. [It] thus projects into presence a temporal unity that is actually, in principle, futural or anticipatory. The concept of contemporary is thus inherently speculative [...] all constructions of the contemporary are fictional, in the sense of fiction as a narrative mode.[54]

Diese Fiktion des Gegenwärtigen, die zugleich diejenige einer Zeitgenossenschaft oder diejenige des Zeitgenössisch-Seins ist, gibt Osborne zufolge vor, die Totalität der in der Gegenwart zusammenlaufenden Zeiten im Ganzen erfassen und überblicken zu können. Nicht nur beschreibt Osborne das Konzept des Gegenwärtigen hier als Fiktion, sondern rückt es darüber hinaus in die Nähe des Spekulativen, was ihm wiederum eine zukünftige Zeitlichkeit zuordnet. Die spezifische Eigenschaft der Behauptung des Gegenwärtigen liegt jedoch sowohl in der Negation seines eigenen spekulativen Fundaments als auch in seinem Als-ob-Charakter. Es erweist sich so schlicht als *grundlos*, als Kontingenzfigur, die, anstatt eine in sich homogene präsentische zeitliche Einheit zu sein, eine Unendlichkeit an möglichen Zeitlichkeiten in sich trägt. Yasser jedoch verfällt der Projektion einer präsentischen Gegenwart und glaubt, diese sei universell, allgemeingültig, allem vorgängig und unmittelbar. Auch deswegen lässt er sich vom Theater ‚täuschen', versteht das Als-ob der theatralischen Illusion und Fiktion nicht. Unfähig, Darstellung als Darstellung zu erkennen, glaubt er an eine authentische Verschmelzung von Darsteller und Dargestelltem in dem, was Phelan als „maniacally charged present"[55] der Theatersituation behauptet. Vielleicht ließe sich sogar von einer radikalen Zuspitzung dieser Präsenzbehauptung sprechen, denn Yasser kann sich etwas Abwesendes eben gar nicht vorstellen – für ihn ist die angenommene Präsenz der Gegenwart, in der er sich unmittelbar

53 Peter Osborne: *Anywhere or Not at All. Philosophy of Contemporary Art*. London / New York: Verso 2013, S. 15.

54 Ebd., S. 22–23.

55 Phelan: *Unmarked*, S. 148.

verortet, so ausschließlich, dass sie zunächst schlicht keinen Konterpart, kein Nicht-Präsentes zu haben scheint, was vergegenwärtigt werden könnte. Abwesenheit erweist sich in der Totalität seiner Gegenwartszeit undenkbar.

Gegenwart, das ist für Yasser die logische Fortsetzung des *Nachher* seiner Verletzung und wird somit einerseits im Schema der Sukzession gedacht, andererseits hat Yasser keinerlei Zugriff auf das *Davor* des gegenwärtigen Moments, hat keine Erinnerungen; die Vergangenheit existiert also für ihn schlicht nicht. Die Zeitlichkeit, in der er sich befindet und die er wahrnimmt, ist die einer unmittelbaren, unreproduzierbaren, dem Moment verschriebenen und damit ahistorischen Gegenwart, die dabei aber – und hierin liegt der entscheidende Punkt der Inszenierung – wiederum selbst das Ergebnis der Zäsur des Krieges, der Verletzung und des damit zusammenhängenden Zusammenbruchs der Repräsentation von Zeit und ihrer Struktur ist. Genau hier liegt die Verbindung zwischen Zäsur und Gegenwartsbegriff. So gesehen, gehen die Vorstellung eines *Vorher/Nachher* der Zäsur also sehr wohl mit der Vorstellung einer Gegenwart des absoluten präsentischen Jetzt zusammen. Die Ausblendung anderer Zeitlichkeiten zugunsten einer zur Totalität geschlossenen Gegenwart des Hier und Jetzt, ist selbst Ergebnis eines alles aus- und entsetzenden Moments. Die scheinbare Unmittelbarkeit, in der Yasser verfangen ist, und die Unmöglichkeit, sich zu Vergangenheit und Zukunft in Relation zu setzen, sich diese überhaupt nur vorzustellen, resultieren aus dem Ereignis der Verwundung, welches das Jetzt zur Totalität erhebt.

Die entscheidende Wendung der Performance besteht jedoch demgegenüber darin, dass die dem Glauben an jene totale Präsenz verfallene Figur Yasser keineswegs inszeniert wird, als sei er ein ‚leibhaft' ‚präsentischer' Körper auf der Bühne. Die Inszenierung verzichtet auf Effekte der Unmittelbarkeit. Viel eher scheint Yassers Körperlichkeit eher leise, nebensächlich, fast abwesend, kaum wahrnehmbar. Sie gerät bisweilen fast in Vergessenheit angesichts der Übermacht der laufenden Videos und der riesigen Leinwand, auf die sie projiziert werden. Kaum ausgeleuchtet sitzt Yasser während der gesamten Performance an seinem kleinen Tisch und steht nur ein paar Mal auf, um einen poetischen Text vorzulesen oder zu deklamieren, bisweilen verschwindet er ganz hinter der Bühne, aber auch dies ist kein großer Abgang, sondern geschieht leise, kaum merklich. Auch von Unmittelbarkeit kann nicht die Rede sein, denn sowohl durch die Vervielfachung seiner Stimme durch das Tonbandgerät als auch durch die Multiplikation seiner Sprecherposition – des sich verselbstständigenden ‚Ichs' in den Videos und nicht zuletzt die Videos selbst – wird immer wieder auf die Mittelbarkeit der Darstellung verwiesen, die Konstruktionsmechanismen von Repräsentation als solche thematisiert. Yasser wird damit zum Zuschauer seiner selbst und nimmt gewissermaßen eine zwischengeschaltete Beobachterposition ein. Der auf der

Bühne sitzende Yasser beobachtet denjenigen in den Videos, doch keiner der beiden erfüllt den Anspruch, der ‚reale', authentische und mit sich im „maniacally charged present"[56] gegenwärtige Yasser zu sein. Mroué betont diesen Umstand in einem Interview folgendermaßen:

> It might appear as though he is not playing a role, but in fact, he was. He was actually playing two roles; himself (let us refer to it as the 'real' Yasser), and another one that I invented for him (let us call it the 'fictional' Yasser). Even if the differences between the two characters are minimal, both of them are not really the real life Yasser.[57]

Ich möchte an dieser Stelle noch weiter gehen und betonen, dass die bereits beschriebene Aufspaltung der Sprecherpositionen in Video, eingeblendetem Text, Yassers Stimme und derjenigen vom Band über die von Mroué beschriebenen zwei Yassers hinaus noch zu einer weitreichenderen Vervielfältigung der Figur führt, die aus diesem Grund an keiner Stelle präsentisch, mit sich identisch sein kann, über ihre Stimme und Geschichte nicht zu verfügen vermag und im klaren Gegensatz zu jener totalen Gegenwartsfixierung steht. Die Figur des Performers auf der Bühne ist immer schon eine gespaltene, von ihrer Stimme, ihrem Körper gewissermaßen enteignet – so konstatiert es auch Yasser zu Beginn:

> These are my words, yet this is not my voice. This is my real story, yet these are not my thoughts. These thoughts are mine yet this is not my real story.[58]

Das ‚Kurieren' des nach dem Schuss totgeglaubten Yasser ist zudem keine Geschichte eines in die leibliche Präsenz des Körpers Zurückgekehrten, sondern seine Existenz trägt eher geisterhafte Züge. Eine Episode schildert, wie Yassers Leben einem jungen Arzt zu verdanken sei, der ihn zufällig zwischen den Toten in der Leichenhalle, „in a room full of dead people", in der er abgelegt worden war, atmen hört und daraufhin die rettende Operation in die Wege leitet. Yasser ist folglich ein von den Toten und dem Nichts Zurückgekehrter, „as if I was returned from a void". An anderer Stelle heißt es: „I died. No, I did not die. I lost part of my memory"[59]. Ein paar Minuten später spricht Yasser für ein „wir", das offensichtlich eine Art geisterhafte Existenz führt: „As if in death, we do not

56 Phelan: *Unmarked*, S. 148.

57 Mroué: ‚How come this is not me, even though I am playing myself?', S. 78.

58 Mroué: *Riding on a Cloud*, ab 00:02:35 min. Vgl. auch Mroué: ‚Kein Bild ist hundertprozentig real'; ders.: ‚How come this is not me, even though I am playing myself?'.

59 Mroué: *Riding on a Cloud*, 00:50:48 min.

write. We do not speak [...] And if we speak, we do so in a language that very few amongst the living can understand."[60] Während diese Worte zu sehen sind, erscheinen auf der Projektion ebenfalls Aufnahmen von offensichtlich angesichts von Angriffen oder Explosionen fliehenden Menschen, in Schwarzweiß und hinter einem verschwommenen, sich wie Wasser auf den Fotos bewegenden Filter. Diese Collage stellt Yassers persönliche Geschichte nun in den breiteren Zusammenhang der Libanesischen Bürgerkriege und verweist damit auch auf all jene in den Kriegen Verschwundenen und Getöteten, die hier geisterhaft flimmernd auf der Leinwand auftauchen – als schließe das „wir", dem Yasser sich zurechnet und das zwischen Tod und Leben in einem Status des Als-ob, des „as if in death" oszilliert, all jene Menschen mit ein. Dieses Motiv des Zwischenraums, der eine geisterhafte Zeitlichkeit[61] zwischen Leben und Tod, zwischen Anwesenheit und Abwesenheit eröffnet, ist ein Motiv, das sich durch viele von Mroués Arbeiten zieht.[62] Ob *Looking for a Missing Employee* (2003), *On Three Posters* (2004), *Double Shooting* (2012), dem Videoessay *Footnotes* (2016)[63] oder nicht zuletzt in der Inszenierung *So Little Time* (2016) – all diesen Arbeiten ist gemein, dass sie eine Heimsuchung der Sprache, der Körper, der Bilder, der Erzählungen, der Darstellung durch etwas beschreiben, das sich der Kategorisierung von lebendig und tot, Anwesenheit und Abwesenheit, Sichtbarkeit und Unsichtbarkeit entzieht, stattdessen in einem Dazwischen hin und her flimmert und darin auf eine Zeitlichkeit verweist, die weder der Vergangenheit noch der Gegenwart angehört. Später in diesem Kapitel werde ich das die Zeitlichkeit der Latenz nennen und im Zusammenhang mit dem Begriff der Nachträglichkeit in Bezug auf die Problematik des Traumas diskutieren.

Innerhalb jenes Zwischenraums des Als-ob, des „as if in death", in dem Yasser sich bewegt, wird seine scheinbare Präsenzfixierung also konfrontiert mit demjenigen, was sich seiner exklusiven Ordnung der Gegenwart nicht mehr zu fügen

60 Ebd., 00:51:15 min.

61 Die Frage des Gespenstischen ist im Bereich der Theaterwissenschaft ausführlich diskutiert worden, so beispielsweise in Lorenz Aggermann / Ralph Fischer / Eva Holling / Philipp Schulte / Gerald Siegmund (Hrsg.): *„Lernen, mit den Gespenstern zu leben". Das Gespenstische als Figur, Metapher und Wahrnehmungsdispositiv in Theorie und Ästhetik*. Berlin: Neofelis 2015.

62 Rabih Mroué verwendet selbst den Begriff „Zwischenraum" in Bezug auf den Zwischenstatus des Märtyrers in *Three Posters*, aber auch auf die Episode aus *Footnotes*, die von dem legendären Beiruter Nachtclub BO 18 handelt, in dem Mroué zufolge Lebende und Tote sich begegnen. Mroué: ‚Kein Bild ist hundertprozentig real.', S. 165–166.

63 Matthias Dreyer widmet sich der Frage des Auftritts der Toten in *Footnotes* und fragt nach den Bezügen zur Form der Tragödie. Matthias Dreyer: Auftritt der Toten im Dokument. Zum Verschwinden (in) der Tragödie bei Rabih Mroué. Vortrag gehalten im Workshop „Tragedy NOW. Die Tragödie als politisches Modell", Universität Hamburg, 15.10.2016.

scheint. Ein geisterhaftes Aufflackern eines sonst Abwesenden, Vergangenen, das sich wie Yassers Erinnerungen jeder Präsenz entzieht. Einerseits wird hier also durch die Figur Yassers eine Dominanz der Gegenwart in Szene gesetzt, die, ganz nach Alexander Kluges sprechendem Filmtitel, einen „Angriff auf die übrige Zeit darstellt"[64], weil sie in ihrer Behauptung eines ausschließlichen ‚Jetzt' alle anderen möglichen Zeitlichkeiten verdrängt. Darin entspricht sie dem, was, wie bereits zuvor aufgezeigt, Hamacher und Derrida als eine der Aporien des metaphysischen Zeitbegriffs seit der Antike darstellen, nämlich die Verdrängung des *ama* zugunsten des *nun*, die mit einer „Ausschließung des *Zugleich*"[65] einhergeht.[66] Andererseits bricht in diese Dominanz des ‚Jetzt' immer wieder etwas ein, was ich im Anschluss an das vorherige Kapitel als Unzeit bezeichnen möchte: Etwas Unzeitiges, das „nicht mehr der Zeit angehört, wenn man darunter die Verkettung modalisierter Gegenwarten versteht (vergangene Gegenwart, aktuelle Gegenwart: ‚jetzt', zukünftige Gegenwart)"[67], um hier mit den bereits zitierten Worten Derridas anzuschließen. Es sind diese „gespenstische[n] Augenblick[e]", welche die Figur Yasser in ihrer Gegenwartsfixierung heimsuchen und die darin „unzeitig" sind, dass sie von einer anderen als der seinigen Zeit herkommen, diese überlagern und dadurch die „Verkettung modalisierter Gegenwarten" als Sukzessionsgefüge durcheinander bringen.[68]

Eben in dieser Konfrontation zwischen einerseits Yassers Gefangenheit im Hier und Jetzt der Gegenwart und andererseits demjenigen, was sich dieser entzieht, über sie hinausgeht, sie von einer anderen als der ihr eigen geglaubten Zeit heimsucht oder in sie einbricht wie das krankhafte paraphasische Sprechen, äußert sich letztlich eine Enteignung von der Zeit – eine Erfahrung, die Walid Sadek[69] als eine für die Libanesischen Bürgerkriege spezifische beschreibt. An dieser Stelle gilt es nun also, Mroués Arbeit an der Frage von Zeitlichkeit in den Kontext der Libanesischen Bürgerkriege zu stellen.

Die Fixierung im Jetzt und verordnetes Vergessen: Libanesische Bürgerkriege

In seiner Aufsatzsammlung *The Ruin to Come. Essays from a Protracted War* bezeichnet Sadek die Erfahrung des Krieges, und hier bezieht er sich nicht nur

64 *Der Angriff der Gegenwart auf die übrige Zeit* (BRD 1985, R: Alexander Kluge).

65 Hamacher: pleroma, S. 239–240.

66 Derrida: Ousia und gramme.

67 Derrida: *Marx' Gespenster*, S. 12.

68 Ebd.

69 Sadek: *The Ruin to Come.*

auf die Bürgerkriege, sondern auch auf die im Jahr 2006 neu aufflammenden kriegerischen Auseinandersetzungen zwischen Israel und der Hisbollah, als die einer „damaged time“[70], einer verletzten, beschädigten und sich zunehmend entziehenden Zeit. Die Lebenden und Überlebenden des Krieges „realized that they were subsisting in a time that they could no longer claim as theirs.“[71] Dieses Gefühl einer Enteignung von der Zeit als Symptom des Krieges konstatiert auch Bilal Khbeiz:

> The inhabitants of the city entered a time not their own. [...] Now they live, these inhabitants, dragging what remains of their disparate futures behind what has already come to pass ... For when the unforeseeable occurs, time can no longer be claimed as one's own.[72]

Eine Verschärfung dieser Kontingenzerfahrung, stellt sich laut Sadek und Khbeiz insbesondere mit der Ermordung von Präsident Rafiq al-Hariri 2005 ein. Die Folge ist der systematische Versuch politischer Gruppierungen wie der schiitischen Hisbollah, eine neue Nationalzeit, eine „time of the nation in the present tense“[73] auszurufen und damit auf die enteignete, entgleitende Zeit mit der Deklarierung einer ausschließlichen und ausgedehnten Gegenwart zu reagieren:[74]

> Lebanon, and all those in it, will be in the now until further notice. It seemed as though we were forcibly made to mobilize within the domain of one particular time, of a prolonged *now*, defined by the extreme proximity and imminence of disaster[.][75]

Die Erklärung eines in sich abgeschlossenen *Jetzt* im Sinne der Fundierung einer einheits- und identitätsstiftenden nationalen Gegenwart ist demnach Sadek zufolge ein nationalistischer, totalitärer Schachzug, dazu bestimmt, Zeit zu hegemonialisieren und jegliche kritische Auseinandersetzung mit der Vergangenheit und den Gräueln des Krieges zu unterdrücken. In diesem Sinne steht diese Politik eines „prolonged *now*“ in klarer Kontinuität mit derjenigen des

70 Ebd., S. 107.

71 Ebd., S. 95.

72 Bilal Khbeiz / Fadi Abdallah / Walid Sadek: Public Time. In: Suzanne Cotter (Hrsg.): *Public Time. A Symposium*. Oxford / Manchester: Modern Art Oxford 2006, S. 1–10, hier S. 8.

73 Sadek: *The Ruin to Come*, S. 93.

74 Vgl. Shazad Bashir: On Islamic Time. Rethinking Chronology in the Historiography of Muslim Societies. In: *History and Theory* 53 (2014), S. 519–544.

75 Ebd.

staatlich sanktionierten Vergessens unmittelbar nach Beendigung der Bürgerkriege, das durch das „Amnesty Law" im Jahr 1991 zementiert wurde und allen Mitgliedern der im Krieg mordenden Milizen vollständige Straffreiheit zusprach, sogar für Verbrechen gegen die Menschlichkeit.[76]
Elias Khoury spricht diesbezüglich von einem „vollständigen Vergessen", einem „complete forgetting", das einen Komplettkollaps des politischen Gemeinwesens und im Gegenzug die Bereicherung einer neuen „postwar political class" zur Folge gehabt habe:

> The new postwar political class – warlords and war criminals in alliance with oilenriched capital and military and security apparatuses – was able to impose an amnesia, a complete forgetting, in order to whitewash their innocence. Their victims were silenced.[77]

Vor diesem Hintergrund erscheint auch Yassers persönliche Geschichte und seine Krankheit in einem anderen Licht. Die bei ihm diagnostizierte Aphasie, die Yassers Gedächtnis und seine sprachliche Fähigkeit auf so massive Weise beeinträchtigt, ihm den Zugang zur Vergangenheit verwehrt und ihn in einer absoluten Gegenwart fixiert, wirkt fast wie eine Entsprechung eben jener staatlich sanktionierten kollektiven Amnesie, deren Ergebnis die Verhinderung jeder Form der Aufarbeitung des 15-jährigen Krieges und ein Schweigen über die ungeklärten Schicksale von geschätzt 18.000 Vermissten war. Yassers Krankheit trägt in sich Spuren dieser Politik der Tabula rasa, des verordneten vollständigen Vergessens, ohne dass in der Inszenierung explizit darauf Bezug genommen würde. Die systematische Verhinderung einer Aufarbeitung der Libanesischen Bürgerkriege und der Gräueltaten sowie eine (unfreiwillige) Fixierung im *Jetzt* der Gegenwart bilden somit den Verweisungszusammenhang, in den sich Yassers Aphasie einschreibt. Seine persönliche Geschichte steht so trotz ihrer Singularität in diesem spezifischen Kontext einer kollektiven Vergangenheitsverweigerung, die das Vergessen zur staatlichen Doktrin erhebt und sich von der unmittelbaren Vergangenheit des Krieges abwendet, um einerseits ein absolutes Hier und Jetzt zu propagieren, andererseits diese Gegenwartsfixierung durch einen historistischen Rückgriff auf die Zeit vor dem Krieg zu stützen. Beispiel für Letzteres ist die durch Premierminister Rafiq al-Hariri beauftragte und durch

76 Elias: *Posthumous Images*, S. 7.

77 Elias Khoury: The Novel, the Novelist, and the Lebanese Civil War. Fourth Farhat J. Ziadeh Distinguished Lecture in Arab and Islamic Studies, Department of Near Eastern Languages and Civilization, University of Washington, Seattle, 2006, S. 4, zit. n. Elias: *Posthumous Images*, S. 8.

die Lebanese Company for the Development and Reconstruction of Beirut, mit seinem französischen Akronym kurz „Solidere" genannt, vorgenommene originalgetreue Rekonstruktion der durch den Krieg völlig zerstörten und im französischen Kolonialstil gebauten Altstadt Beiruts. In vielen künstlerischen Arbeiten der sogenannten „post-war generation" steht der Name *Solidere* dementsprechend stellvertretend für jene Politik des oktroyierten Vergessens der Nachkriegszeit – so auch jüngst in Mroués Arbeit *So Little Time*. Durch die historistische, die koloniale Vergangenheit idealisierende Rekonstruktion wird nicht nur jede Spur des Krieges getilgt, sondern auch das Phantasma kreiert, eine spezifische Vergangenheit vergegenwärtigen zu können.[78] Die historische Rekonstruktion der Altstadt stellt eine Art Zeitschleife dar: Um die jüngste Vergangenheit des Krieges gänzlich aus der Erinnerung der Stadt zu löschen, wird auf diejenige Vergangenheit davor, nämlich die der französischen Mandatszeit, zurückgegriffen und sie gewissermaßen in die Gegenwart ‚zurückgeholt', als könne sie wieder präsent gemacht, aktualisiert und vergegenwärtigt werden.

Demgegenüber bleibt Yasser eine solche Rückkehr zu einem vermeintlichen Zustand vor dem Ereignis der Verwundung verwehrt. Auch der Versuch, seinem Leben eine neue Zeitstruktur zu geben, indem er es durch die gesetzten Zeitmarken des *Vor* und *Nach* dem Unfall neu einteilt und damit eine Art ‚Neuanfang' setzt, verhindert nicht, dass sich das Ereignis, an das er sich selbst nicht erinnern kann, traumatisch einschreibt, ihn heimsucht und sich in paraphasischem Sprechen äußert, worauf ich später noch zurückkommen werde. In der Inszenierung drückt sich dies vor allem durch die zyklische Erzählstruktur aus, die niemals chronologisch verläuft, sondern das Ereignis, von dem erst spät klar wird, worum es sich handelt, immer wieder umkreist, es zu greifen versucht, sich aber angesichts des Gedächtnisverlusts auf andere als die eigene Erinnerung stützen muss. Damit ist Yassers Rekonstruktion der Vergangenheit immer ‚fremdbestimmt', denn es sind nicht seine Erinnerungen, nicht seine Erzählungen, nicht seine Berichte, derer er sich bedient, um die Geschichte seiner Verletzung zu erzählen, sondern immer diejenigen Dritter. Auch die Videos und anderen Dokumente, die Yasser einspielt und die seine Erzählung stetig begleiten, folgen dieser zyklischen Struktur, die jenen blinden Fleck umkreist, den das Ereignis der Verletzung bildet und durch den seine Uneinholbarkeit bestimmt ist.

78 Die Ausgabe 66,2 des *Art Journal* befasst sich intensiv mit den Arbeiten libanesischer Künstler*innen im Beirut der Nachkriegszeit. Insbesondere sei verwiesen auf Sarah Rogers: Out of History. Postwar Art in Beirut. In: *Art Journal* 66,2 (2007), S. 8–20.

3. Uneinholbarkeit der Vergangenheit

Exemplarisch lässt sich diese Uneinholbarkeit an der Episode aufzeigen, in der es bezeichnenderweise um das ‚Reenactment' des Schusses geht, also demjenigen Moment, in dem der Scharfschütze aus seinem Versteck heraus auf Yasser zielt und ihm in den Kopf schießt. Eingeleitet wird diese Szene mit folgenden Worten:

> I don't know why I decided to look for the building where the sniper shot me. I don't know what good this would do to me. Maybe I wanted to see where the sniper was lurking, which hole he was shooting people from. Maybe I wanted to imagine how I fell and was dragged away. Usually it's the murderer who re-enacts his crime. But if the murderer is still free, who re-enacts his crime for him?[79]

Parallel wird das Foto einer Straßenschlucht eingeblendet, und während die eben zitierte Passage Satz für Satz als Untertitel erscheint, vollführt die Kamera eine Art Zoom-In-Effekt. Stück für Stück nähert sie sich dem am Anfang noch aus großer Distanz aufgenommenen Haus am Ende des Straßenzugs, ‚rückt vor', bis sie das entsprechende Fenster genau im Visier hat, woraufhin eben dieses mit einem gelben Filter unterlegt noch einmal gesondert kenntlich gemacht und durch folgende Worte identifiziert wird: „This is the building where the sniper was". Die Zoom-Bewegung setzt sich nun fort, immer näher an das Fenster heran. Plötzlich wechselt die Aufnahme und zeigt das gleiche Haus aus demselben Winkel aufgenommen, jedoch thront an Stelle des Fensters ein riesiges Einschussloch. Offensichtlich handelt es sich hierbei um einen Zeitsprung in die Zeit unmittelbar während des Krieges oder direkt nach dem Krieg. Der Zoom setzt sich unerbittlich fort, immer weiter auf das Loch in der Fassade zu, bis sich das Bild schließlich in grobe Pixel und letztlich in schwarz-graue, verschwommene Flecken auflöst. Nun setzt die umgekehrte Bewegung ein: Eine Aufnahme ist zu sehen, die offensichtlich aus dem entsprechenden Fenster, respektive Einschussloch, heraus getätigt worden ist, denn sie zeigt den zuvor schon gezeigten Straßenzug, jedoch nun aus der anderen Perspektive – derjenigen des Scharfschützen, der sein Visier auf sein Opfer auf eben dieser Straße richtet. Wieder setzt der Zoom ein und nähert sich, aus der Perspektive des Zielenden, Stück für Stück dem anvisierten ‚Objekt' mit zwar verschwommenen, aber kaum zu verkennenden menschlichen Umrissen, das sich schließlich wiederum in grobe Pixel auflöst.

79 Mroué: *Riding on a Cloud*, 00:47:09 min.

Nicht von ungefähr ist eben dieses Zoom-In-Verfahren ein wiederkehrendes Moment in vielen Arbeiten Mroués, aber auch Akram Zaataris[80], verschwimmen darin doch die tödliche militärische Praxis des Zielens mit dem Phantasma eines Habhaftwerden-Könnens des anvisierten Objekts, das just in dem Moment, in dem es vermeintlich nahe genug ist, um greifbar zu werden, zerstört wird oder in seine einzelnen Pixel zerfällt. Während in der beschriebenen Szene in *Riding on a Cloud* gerade die Unmöglichkeit herausgestellt wird, des Täters und des Tathergangs habhaft zu werden, was symbolisch durch das klaffende dunkle Loch in der Wand des zerstörten Hauses untermalt wird, ist in *The Pixelated Revolution* das, wie es Mroué selbst beschreibt, „dialektische Verhältnis"[81] zwischen Scharfschütze und Opfer, zwischen Sichtbarem und Unsichtbarem, bestimmend. In seiner Lecture Performance analysiert Mroué im syrischen Bürgerkrieg entstandene und auf YouTube frei zugängliche Smartphone-Videos, in denen Opfer den Moment ihres eigenen Todes filmen: nämlich jenen, in dem sie von einem Scharfschützen ins Visier genommen und schließlich erschossen werden. Mroué nennt diesen Moment des Augenkontakts zwischen dokumentierendem Handybildschirm und Scharfschützenlinse „Double-Shooting". Mroué interessiert darin, „wie der Körper des Opfers durch den Täter sichtbar wird und wie auch der Mörder durch die Möglichkeit, das Opfer sichtbar zu machen, unsichtbar wird."[82] Der Auftritt des Mörders im Sichtfeld der Kamera ist darin beinahe gleichbedeutend mit dem Tod des/der Zeug*in und dem Ende der Sichtbarkeit für die Zuschauenden.
Was in *The Pixelated Revolution* dann folgt, ist eine detailgenaue Analyse des Videomaterials: Akribisch werden sie in Einzelbilder und Tonspur zerlegt und bis in die Unkenntlichkeit hineingezoomt, bis nur noch grobe Pixel verbleiben. Vordergründig erscheint diese Analyse als Versuch einer Rekonstruktion der Ereignisse, als Suche nach der Identität des Mörders und nach einem Beleg für diesen Moment des „eye-contacts" zwischen Mörder und Opfer. Auf den zweiten Blick ist sie jedoch mehr Dekonstruktion als Rekonstruktion, denn, statt den Tathergang nüchtern zu rekonstruieren, führt Mroué vielmehr das Scheitern dieser Unternehmung vor. Dies geschieht vor allem durch einen dramaturgischen Kniff, nämlich die Bezugnahme auf die aus heutiger Sicht wissenschaftlich wohl eher zweifelhafte Methode der Optografie aus dem 19. Jahrhundert: Mroué berichtet, die Vertreter dieser Wissenschaft hätten daran geglaubt, dass

80 So verwendet Mroué diese Ästhetik sehr prominent beispielsweise in *The Fall of Hair, Part I: The Pixelated Revolution* (2011–2012), Akram Zaatari wiederum in seiner Videoinstallation *Letter to a Refusing Pilot* (2013).

81 Mroué: ‚Kein Bild ist hundertprozentig real', S. 163.

82 Ebd.

sich im Moment des Todes eines Menschen das letzte Bild, also das letzte Gesehene, auf der Retina abspeichere. Vor allem für die Zwecke der Forensik sei dies reizvoll zur Enttarnung von Mördern gewesen: Die Annahme sei, man brauche nur dieses letzte, auf der Netzhaut gespeicherte Bild zu rekonstruieren, um den Mörder identifizieren zu können. Mroué führt diesen dubiosen wissenschaftlichen Ansatz ein, um ihn dann auf das Videomaterial anzuwenden: Ließe sich nicht auch aus den letzten Bildern des Videos vor dem tödlichen Schuss die Identität des Mörders enttarnen? Die implizite und ausgestellte Annahme dahinter ist die, dass es also eigentlich nur die richtigen Tools brauche, um die Bilder richtig analysieren und damit die Information über den Mörder identifizieren zu können.[83] Mroué beginnt, diese Methode durchzuexerzieren, extrahiert die einzelnen Bilder und zoomt so lange auf die unscharfe Figur des Snipers, bis sie sich in unkenntlichen groben Pixeln auflöst. Die Unternehmung, aus den Bildern die entscheidende Information über den Mörder zu extrahieren, scheitert also. Alles, was bleibt, ist Bildrauschen. Unerfassbar bleibt auch der Moment des Todes, der sich der Sichtbarkeit entzieht. Mroué beschreibt dieses Scheitern:

> I play the scene in slow motion, I watch it 10, 20 times. I watch it frame by frame. I print the different images on paper and scrutinize them carefully. There is no image of this vital moment. It seems like the moment of transition from life to death cannot be recorded even if we use highly developed equipment and sophisticated lenses. We cannot grasp this moment with our naked eye.[84]

Interessant ist dieser Bezug auf die Optografie des 19. Jahrhunderts, weil sie in Mroués Darstellung zur phantasmatischen Versinnbildlichung, ja fast Parodie eines forensischen Verlangens nach Eindeutigkeit wird, das auch in den letzten Abgründen zwischen digitalen Pixeln noch Beweise zu finden und eine exakte Rekonstruktion herstellen zu können glaubt.

83 Diese Annahme liest sich mehr als zehn Jahre nach der Premiere von Mroués *The Pixelated Revolution* wie ein ironischer Kommentar der gegenwärtigen counter-forensischen Ästhetik von Forensic Architecture, die durchaus von der Möglichkeit einer lückenlosen Sichtbarmachung von Verdrängtem und Vergessenem ausgehen. Die implizite Annahme dahinter scheint zu sein, es brauche nur die richtigen digitalen Tools, um Daten analysieren und damit Tathergänge exakt rekonstruieren und sichtbar machen zu können. Eyal Weizman geht dabei von „the power of representation" aus, der er das Potenzial zuschreibt, selbst die abstraktesten Dinge „too abstract or too large" wie „wars and empires" anschaulich machen, zur Darstellung bringen zu können. Vgl. Eyal Weizman: *Forensic Architecture. Violence at the Threshold of Detectability*. London: Verso 2017, S. 65.

84 Rabih Mroué: *The Fall of Hair, Part I: The Pixelated Revolution*, 00:17:45 min. Videoaufzeichnung durch den Künstler zur Verfügung gestellt.

In *Riding on a Cloud* hingegen verschiebt sich dieses dialektische Verhältnis von Sichtbarem und Unsichtbarem. Das Schuss-Gegenschuss-Verfahren, das die Perspektive Yassers und der seines Mörders gegeneinandersetzt, wird hier verzerrt, endlos in die Länge gezogen und umkreist letztlich eine Leerstelle: Der Täter ist nicht zu sehen, das Anvisieren verläuft buchstäblich ins Leere. Zurück bleibt lediglich das Loch in der Wand, und auch dieses wird schließlich überschrieben mit der Fotografie des restaurierten, nun keine Anzeichen des Krieges mehr tragenden Fensters. Darüber hinaus wird in der zuvor von mir zitierten Textpassage suggeriert, dass es sich hier um ein „re-enactment" handle. Wenn es heißt, „[u]sually it's the murderer who re-enacts his crime. But if the murderer is still free, who re-enacts his crime for him?"[85], drängt sich jedoch unweigerlich die Frage auf: Ein Reenactment von wem, für wen und vor allem wovon? Wie und warum etwas ‚reenacten', an das die Figur Yasser keinerlei Erinnerung hat? Welche Rolle und Funktion erfüllt das Reenactment in der Inszenierung, scheint es doch offensichtlich in diesem Kontext etwas anderes zu sein als die Rekonstruktion eines Moments?

Aushöhlung des Reenactment-Begriffs

Versteht man Reenactment mit Rebecca Schneider als „[t]he practice of re-playing or re-doing a precedent event, artwork, or act"[86], dann scheint die zunächst sehr simple Grundbedingung des Reenactments zuallererst die Existenz einer schlichten Begebenheit, eines Ereignisses oder Kunstwerks zu sein, das bekannt sein muss, um es rekonstruieren und wiederholen zu können. Eine wesentlich problematischere Definition des Reenactments jedoch findet sich beispielsweise bei Inke Arns, wo es, mit Rückgriff auf Wikipedia, als „historisch korrekte Nachstellung" und „bestmögliche, detailgetreue Wiedergabe einer Begebenheit in ihren Abläufen, historisch oder modern, möglichst am Originalschauplatz und zu denselben Bedingungen" beschrieben wird.[87] Genau hier wird eine grundsätzliche Problematik des Begriffs getroffen, denn um der eben genannten Definition zu entsprechen, müssen genaue Informationen über den Ablauf, Hergang und Kontext dieses Ereignisses vorliegen, um es schließlich „bestmöglich, detailgetreu" wiedergeben zu können. Nun ist es aber eben diese Vorstellung, das Ereignis als solches genau rekonstruieren, in die Gegenwart zurückholen und damit als *living history* ‚vergegenwärtigen' zu können, die dem historistischen

85 Mroué: *Riding on a Cloud*, 00:47:09 min.

86 Schneider: *Performing Remains*, S. 2.

87 Inke Arns: History will repeat itself. In: Dies. (Hrsg.): *History will repeat itself. Strategien des Reenactment in der zeitgenössischen (Medien-) Kunst und Performance*. Frankfurt am Main: Revolver 2007, S. 36–63, hier S. 38.

Phantasma einer als präsentisches Faktum vorausgesetzten Geschichte verfällt und damit „unfreiwillig-unreflektierte[r] Komplize" eines, wie es Günther Heeg formuliert, „Mythos der Präsenz" wird.[88] Gegen diese auf Präsenzfixierung angelegte Definition gilt es stattdessen die besondere Zeitlichkeit des Reenactments zu betonen, die dadurch entsteht, dass der jeweilige zu wiederholende Moment in seiner Spezifik allererst im Moment des Einholungsversuchs konstituiert wird. Er ist also eben nicht als präsentisch zu vergegenwärtigende Entität zu denken, die sich – einem linearen Zeitdenken folgend – aus der Vergangenheit in der Gegenwart reaktualisieren ließe, sondern vielmehr als Produkt eines Rekonstruktionsversuchs.[89] Als ein solches stellt das Reenactment viel eher die Frage nach der Struktur der Gegenwart, in der es ‚zurückgeholt' und nach deren Prämissen und Vorbedingungen es allererst konstituiert wird.

Wenn dies nun auch auf Yassers „reenactment" zutrifft, dürfte in dem Versuch, den Moment des Schusses zu rekonstruieren, nicht das *Was* im Vordergrund stehen, sondern vielmehr das *Wie* der Darstellung. Wie wird hier versucht, einen nicht einholbaren Moment zu rekonstruieren, und was sagt dieser Versuch über die Mittel der Darstellung aus? Schneider formuliert eine ähnliche Frage, wenn sie konstatiert: „I wonder here not only about the 'as if' but also about the 'what if': what if time (re)turns? What does it *drag* along with it?"[90] Besonders der letzte Satz ist in diesem Kontext von Bedeutung, denn Schneider verschiebt den Fokus von der Frage des Als-ob des Rekonstruktionsversuchs von Vergangenheit hin zu derjenigen, inwiefern sich in Reenactments überhaupt die Möglichkeit eines anderen Zeitverständnisses eröffnet: Die Frage einer gewendeten Zeit, die nicht mehr in linearen, für sich stehenden und voneinander unterschiedenen Zeiteinheiten von Vergangenheit, Gegenwart und Zukunft zu unterteilen ist, sondern als „syncopated time"[91] zu verstehen ist. Ich möchte an dieser Stelle kurz bei der Formulierung der synkopierten Zeit in Bezug auf das Reenactment verweilen und diese genauer untersuchen, da sie Hinweise auf das Zeitverständnis in *Riding on a Cloud* und speziell in der eben beschriebenen Szene des vermeintlichen Reenactments geben kann.

88 Heeg: Reenacting history, S. 11.

89 Bezüglich des Zusammenhangs von Reenactment und Historismus vgl. Kerstin Stakemeier: Reenacting: Aneignen und Abweisen. Zu künstlerischen ‚Reenactments' als performtem Historismus. In: *PHASE 2* 32 (2009). https://www.phase-zwei.org/hefte/artikel/reenacting-aneignen-und-abweisen-164 (Zugriff am 08.02.2024).

90 Schneider: *Performing Remains*, S. 2.

91 Ebd.

Wie ich bereits in Kapitel 2 anhand von Hamachers Verwendung des Begriffs der Synkope[92] in Bezug auf die Unzeit aufgezeigt habe, steht erstere einerseits für den Moment des Aussetzens, sowohl im medizinischen Sinne von Ohnmacht als auch in der Bedeutung des Aufbrechens eines bis dato herrschenden zeitlichen Regelwerks, z. B. als rhythmische Verschiebung gegenüber der regulären Taktordnung wie im Jazz. Andererseits impliziert sie die spezifische Verbindung oder das Zusammenführen zweier sonst in der genormten Ordnung nicht in Beziehung tretender Momente. Nancy betont in *Le discours de la syncope* zudem die Doppeldeutigkeit der Synkope einerseits als Moment des Zerstückelns, andererseits als Zusammenführung des zuvor Zerteilten. In diesem Sinne ist die Synkope für Nancy das, was dem metaphysischen Diskurs grundsätzlich zuwider sein muss: mit sich immer uneins bricht sie in das Eigentliche ein, um es seiner Selbstidentität zu berauben, als Moment der Unentscheidbarkeit.[93] Wenn Schneider nun von synkopierter Zeit in Bezug auf Reenactment spricht und dabei fragt „What does it *drag* along with it?"[94], dann spielt sie auf eben diese Unentscheidbarkeit an, die im Versuch der Wiederholung eines vermeintlich mit sich identischen Vergangenheitsmoments aufscheint. Damit kann das Reenactment nicht mehr der Vorgang des sauberen Herauslösens eines präsentischen geschichtlichen Moments aus einer Zeit und das Aktualisieren eben dieses Moments in der Gegenwart sein, eben weil die Frage „What does it *drag* along with it?" auf das verweist, was in diesem Wiederholungsversuch als widerständiges Element unweigerlich mitgezerrt, mitgezogen, mitge- und verschleppt wird. Zudem trägt das Wort *drag* hier die Bedeutung einer queeren Praxis, die durch Wiederholung codierter Geschlechtsmuster eben jene Codierung als solche ausstellt. Ich möchte diese zwei Bedeutungen hier nur insofern hervorheben, als dass damit eine weitaus komplexere Ebene des Reenactments eröffnet wird, die weit über die simple Wiederholung hinaus geht. Denn die Wiederholungsbewegung des Reenactments schleppt Schneider zufolge etwas Widerständiges mit sich, das nicht nur nicht derjenigen Zeit angehört, die wiederholt werden soll, sondern das gerade in dem Reproduktionsversuch die Gesetzlichkeiten des zu Wiederholenden offenlegt und verschiebt, synkopiert, und die vermeintlich präsente, ahistorische Gegenwart selbst als zeitlich bedingte ausstellt. Im Gegensatz zu Hamacher, der die Synkope im Zusammenhang mit der Frage der Unzeit, der Zäsur und des Ereignisses als entsetzenden Moment anführt,

92 Vgl. Kap. 2.2.

93 Jean-Luc Nancy: *Le discours de la syncope. Logodaedalus*. Paris: Aubier-Flammarion 1976, S. 10–11.

94 Schneider: *Performing Remains*, S. 2.

denkt Schneider synkopierte Zeit eher als eine Alteration in der Wiederholung, die durch ihre doppelte Zeitlichkeit des Aufbruchs und der Unentscheidbarkeit nicht nur jeglichen metaphysischen Präsenzglauben unterläuft, sondern auch die im Reenactment angelegte Annahme einer geschichtlichen Linearität aufbricht. Wie Schneider an anderer Stelle aufzeigt, impliziert ihr Modell der synkopierten Zeit nicht nur eine Infragestellung der Struktur von Gegenwart und Vergangenheit im Reenactment, sondern wirft immer auch die Möglichkeit eines gänzlich anderen Zugriffs auf die Zukunft auf.[95]

Nachdem die grundsätzliche Problematik des Reenactment-Begriffs somit skizziert ist, möchte ich wieder auf die entsprechende Szene aus *Riding on a Cloud* zurückkommen: Auf welche Weise lässt sich angesichts dessen in Bezug auf Yasser also noch von einem Reenactment sprechen? Relativ schnell wird klar, dass es sich hier gewissermaßen um ein Reenactment ohne Protagonist*in handelt, das in dem Versuch einer Wiederholung von etwas, das nicht als positives, präsentisches Ereignis fassbar und damit wiederholbar werden könnte, selbst ‚hohl' läuft. Deutlich wird, dass der Versuch, den Moment des Ereignisses zu rekonstruieren, seiner habhaft zu werden, scheitern muss. Wenn hier überhaupt etwas in der zuvor aufgezeigten Bedeutung ‚reenactet' wird, dann ist es der Blick, der Blickwinkel, die vermeintliche Perspektive des Opfers Yasser, der im Moment des Schusses – womöglich – in die Richtung des Schusses geblickt hat, und dem entgegengesetzt diejenige des Täters, des auf sein Opfer zielenden Scharfschützen. Doch auch diese ‚Rekonstruktion' der Blicke entblößt eine Leerstelle, denn weder Opfer noch Täter treten in Erscheinung. Sie bleiben unsichtbar, markieren eine Lücke in den Fotografien, die ebenso die Unmöglichkeit der Erinnerung und Zeugenschaft dieses Moments verdeutlicht wie auch die Willkürlichkeit der Tat selbst, in der sowohl Opfer als auch Täter voreinander anonym bleiben und Yassers Schicksal profan einreihen in das tausend anderer im Krieg auf diese Weise ‚zufällig' Getöteter und Vermisster. Die von Yassers ‚Ich' gestellte Frage „What do you prefer, a bullet from a killer who doesn't know your identity, or a bullet from a killer who knows who you are and means to assassinate you?"[96] unterstreicht eben diese schmerzhafte Zufälligkeit der Tat. Der Begriff

95 Schneider entwirft hier das Modell einer Zeitlichkeit der ‚response-ability', die Vergangenheit als Relation und, den Begriff des ‚hail' bei Louis Althusser borgend und alterierend, als zeitlich unbegrenzte und damit radikal offene Anrufung denkt: „If the past is reiterative, given to reappearance like the reverberation of a hail, it is also always and again open to response. The past is a relation." Als solche eröffnet sie die Möglichkeit anderer Zukünfte „away from linear temporal ideas of futurity" und hin zu „a future 'otherwise'". (Rebecca Schneider: That the Past May Yet Have Another Future. Gesture in the Times of Hands Up. In: *Theatre Journal* 70 (2018), S. 285–306, hier S. 287–288.)

96 Mroué: *Riding on a Cloud*, 00:37:30 min.

des Reenactments wird in diesem Zusammenhang verwendet, wenn Yasser konstatiert: „Usually it's the murderer who re-enacts his crime. But if the murderer is still free, who re-enacts his crime for him?“[97] Ein Reenactment, so wird damit suggeriert, ist nur dann möglich, wenn der Täter als Täter identifiziert ist und damit als Akteur der Wiederholung auftreten kann. Andersherum provoziert Yassers Bemerkung auch die Frage, wer denn schon eine Tat reenacten wolle, deren Täter unbekannt sei?
In diesem Sinne lässt sich von einer regelrechten Aushöhlung des Reenactment-Begriffs sprechen. Keine der dem Begriff zugrunde liegenden Kategorien wird hier erfüllt. Es gibt schlicht kein Ereignis, das sich ‚detailgetreu‘ nachstellen ließe, denn ihm fehlen sowohl die Protagonisten wie auch das Wissen um seinen genauen Ablauf, denn schließlich bleibt Yasser der einzige Zeuge des Schusses, an den er jedoch jede Erinnerung und damit jede Zugriffsmöglichkeit verloren hat. Es handelt sich also um ein Ereignis, das niemand bezeugen kann, da der Täter anonym und der einzige Zeuge die Voraussetzung der Zeugenschaft, die Fähigkeit zur Erinnerung, verloren hat. Denn letztlich bedürfte es für das Wiedereinholen jenes Moments, jenes entsetzenden Ereignisses des Schusses, schlicht Yassers Erinnerung, die er jedoch eben aufgrund der entsetzenden Charakteristik des Ereignisses schlicht nicht haben kann. Die vermeintliche ‚Wiederholung‘ ist also keine, und sie diskreditiert sich selbst als Rekonstruktionsversuch, der nichts weiter als die Leerstelle selbst zeigt. Ich möchte auch aus diesem Grund von einer Aushöhlung des Reenactment-Begriffs sprechen, weil der Anspruch einer Vergegenwärtigung und wahrhaften Rekonstruktion eines geschichtlichen Ereignisses als Phantasma frei gelegt wird: Reenactments, so zeigt *Riding on a Cloud*, setzen eine Geschichtsvorstellung voraus, die keinen Platz für Kontingenz, offene Bedeutungszusammenhänge und Anonymität lässt. Sie implizieren einen Bedeutungszusammenhang, in dem Zuständigkeiten, Identitäten und Rollen klar zugeordnet, Fronten abgesteckt und Protagonist*innen benennbar sind. Die Inszenierung dagegen lässt die Zuschauenden allein mit der Verunsicherung und der Leerstelle, die in *Riding on a Cloud* metaphorisch und visuell aufklafft und die unweigerlich mit der Zeitlichkeit des Traumas verbunden ist. So muss die Frage Schneiders, „What does it *drag* along with it?“[98], im Falle Yassers unweigerlich auch eine nach den traumatischen Resten und Effekten sein, die den Wiederholungsversuch des Ereignisses begleiten und unerwartet zu Tage treten.

97 Ebd., 00:47:09 min.
98 Schneider: *Performing Remains*, S. 2.

Die Nachträglichkeit des Traumas

Wie nun klar geworden ist, geht es in *Riding on a Cloud* weniger um das Ereignis selbst, eine Rekonstruktion oder eine wahrheitsgetreue Nacherzählung der Begebenheit des Mordanschlags auf Yasser, als vielmehr um den Versuch, seine Nachwirkungen auf die Darstellung aufzuzeigen. Dabei handelt es sich nur vordergründig um sichtbare, bestimmbare und klar als Folge des Kopfschusses erkennbare Konsequenzen. Was die Inszenierung auf einer viel komplexeren Ebene in den Blick nimmt und szenisch ver-, be- und durcharbeitet, das sind dagegen jene Nachwirkungen, die in ihrer Zeitlichkeit mit der Problematik des Traumas eng verbunden sind.[99] Auch wenn hier nicht in aller Ausführlichkeit auf die Vielschichtigkeit des Begriffs eingegangen werden kann, so ist doch eine Auseinandersetzung mit dem Trauma und seinen Implikationen für das Verhältnis von Zäsur und Darstellung unerlässlich und soll deswegen in ihren Grundzügen dargelegt werden.

Ein Trauma, so Jean Laplanche und Jean-Bertrand Pontalis, ist zunächst ein

> Ereignis im Leben des Subjekts, das definiert wird durch seine Intensität, die Unfähigkeit des Subjekts, adäquat darauf zu antworten, die Erschütterungen und die dauerhaften pathogenen Wirkungen, die es in der psychischen Organisation hervorruft. Ökonomisch ausgedrückt, ist das Trauma gekennzeichnet durch ein Anfluten von Reizen, die im Vergleich mit der Toleranz des Subjekts und seiner Fähigkeit, diese Reize psychisch zu bemeistern und zu bearbeiten, exzessiv sind.[100]

Wie Judith Kasper[101], aber auch Cathy Caruth[102] in ihren kritischen Betrachtungen zeitgenössischer Traumadiskurse hervorheben, ist Trauma jedoch weder durch das entsprechende Ereignis selbst noch als seine alptraumhafte pathologische Verzerrung zu verstehen. Somit wird nicht das Ereignis an sich zum Trauma, in dem es weiterhin verortbar und zugänglich bleiben würde. Stattdessen geht

99 Nikolaus Müller-Schöll spricht in dieser Hinsicht und spezifisch in Bezug auf die Inszenierung *Riding on a Cloud* auch von „posttraumatische[m] Theater". (Nikolaus Müller-Schöll: Posttraumatisches Theater. Rabih Mroués Theater der Anderen. In: Baumbach / Darian / Heeg / Primavesi et al. (Hrsg.): *Momentaufnahme Theaterwissenschaft*, S. 75–90.

100 Jean Laplanche / Jean-Bertrand Pontalis: Trauma. In: Dies.: *Das Vokabular der Psychoanalyse*, aus d. Franz. v. Emma Moersch. Frankfurt am Main: Suhrkamp 1973, S. 513–518, hier S. 513.

101 Judith Kasper: Im Buch stabt das Trauma. Verschränkungen zwischen Freud und Perec. In: Müller-Schöll: *Ereignis*, S. 253–268.

102 Cathy Caruth: Trauma and Experience. Introduction. In: Dies. (Hrsg.): *Trauma. Explorations in Memory*. Baltimore: Johns Hopkins UP 1996, S. 3–12. Vgl. Elisabeth Bronfen (Hrsg.): *Trauma. Zwischen Psychoanalyse und kulturellem Deutungsmuster*. Köln: Böhlau 1999.

das Trauma einher mit der Uneinholbarkeit des auslösenden Ereignisses und unterscheidet sich aufs Schärfste von Amnesie oder dem bloßen Verlust von Erinnerung. Wie Kasper in ihrer detaillierten Analyse aufzeigt, hängt das Trauma zeitlich weder mit dem konkreten Zeitpunkt des Ereignisses zusammen, noch kann es in der Gegenwart als Erinnerung wiedereingeholt werden. Sie unterstreicht damit nicht nur den Unterschied zwischen Trauma und Erinnerung, sondern vor allem die radikal andere Zeitlichkeit des Traumas. So schreibt sie, „es gehört nicht dieser Zeit an und auch nicht den Erinnerungen"[103]. Trauma bezeichnet also weniger eine konkrete traumatische Begebenheit als die zeitlich unbegrenzt andauernde Nachträglichkeit, die zwar scheinbar direkt auf ein Ereignis verweist, den Zugang zu diesem jedoch verwehrt. Von der Erinnerung unterscheidet sich das Trauma grundlegend, denn es kennt weder den „zeitlich bedingten Verfall" von Erinnerungen noch „das Verblassen des an ihn gebundenen Affektes", sondern bildet stattdessen eine „Zwischenzeit, die die Zeit in Zwei-Zeitigkeit zerreißt, ohne daß man darin einen Anfangs- und einen Endpunkt festlegen könnte".[104] Während für die Erinnerung lediglich eine vorübergehende Unverfügbarkeit und Nachträglichkeit konstitutiv ist, zeichnet das Trauma, so formuliert es Aleida Assmann, eine *dauernd* der Verfügbarkeit des Gedächtnisses entzogene *Insistenz* aus.[105] Die Erinnerung greift im Gegensatz zum Trauma zurück auf etwas, das „entzogen gewesen und an einem Ort deponiert sein [muss], von wo man es wieder-holen kann"[106], und setzt deswegen, so Assmann weiter „weder Dauerpräsenz noch Dauerabsenz voraus, sondern ein Wechselverhältnis von Präsenzen und Absenzen"[107]. Das Trauma unterscheidet sich dagegen an diesem Punkt von jenem Wechselverhältnis der Erinnerung, denn es bewegt sich jenseits der Kategorien von Präsenz und Absenz und ist schlicht unverortbar und damit uneinholbar, wie Judith Kasper ausführt:

> Weil das Trauma nie gegenwärtig war, sondern allemal die Gegenwart durchbrochen hat, kann es weder als „persönliche Erfahrung" verbucht noch als Erinnerung zitiert werden; jede zeitliche, epochale, räumliche Verortung des Traumas scheint obsolet.

103 Kasper: Im Buch stabt das Trauma, S. 254.

104 Ebd., S. 253.

105 Nadine Werner beleuchtet, wie sich Sigmund Freuds Konzept der Nachträglichkeit und das Zeitverständnis in Walter Benjamins geschichtsphilosophischen Überlegungen zueinander verhalten: Nadine Werner: Sigmund Freud. Nachträglichkeit, oder: Wie Benjamin das Kontinuum der Zeit aufsprengt. In: Dies. / Jessica Nitsche (Hrsg.): *Entwendungen. Walter Benjamin und seine Quellen*. Leiden: Brill 2015, S. 77–96.

106 Aleida Assmann: *Erinnerungsräume. Formen und Wandlungen des kulturellen Gedächtnisses*. München: Beck 1999, S. 154; vgl. Kasper: Im Buch stabt das Trauma, S. 254.

107 Assmann: *Erinnerungsräume*, S. 154.

> Das Trauma eignet niemandem, gehört niemandem und läßt sich auch von rhetorisch gesetzten Zeitmarken, Neuanfängen nicht zurückdrängen.[108]

Diese Uneinholbarkeit ist jedoch mit einem Paradoxon verbunden, kann sie doch durchaus mit plötzlich aufkommenden, vermeintlich klaren Erinnerungen an das traumatische Ereignis – in Form von Albträumen oder Flashbacks – einhergehen. Diese scheinbare ‚Rückkehr' der Vergangenheit ist jedoch aufs engste verbunden mit der Unmöglichkeit, auf sie zugreifen zu können. Cathy Caruth spricht in Anlehnung an John Krystal deswegen von einem „temporal paradox" des Traumas:

> The ability to recover the past is thus closely and paradoxically tied up, in trauma, with the inability to have access to it. And this suggests that what returns in the flashback is not simply an overwhelming experience that has been obstructed by a later repression or amnesia, but an event that is itself constituted, in part, by its lack of integration into consciousness.[109]

Damit bewegt sich das Trauma in einer besonderen Spannung zwischen der Zeitlichkeit des plötzlichen Zeitkollapses einerseits, in dem das Trauma der Vergangenheit unvorhergesehen und ereignishaft in die Gegenwart einbricht, und der Nachträglichkeit andererseits, mit der sich Traumata erst lange Zeit später überhaupt bemerkbar machen. Obwohl sich das Trauma also durch einen Mangel und die Unmöglichkeit definiert, sich in das Bewusstsein zu ‚integrieren', ist es dennoch in der Zeit, in der es für letzteres nicht zugänglich ist, nicht passiv oder ‚untätig'. Vielmehr besteht eine Eigenheit des Traumas in einem ‚eigensinnigen Insistieren', dessen Struktur die Nachträglichkeit ist.

Eigensinniges Insistieren

Pontalis und Laplanche definieren die Freud'sche Konzeption der Nachträglichkeit folgendermaßen:

> Nicht das Erlebte allgemein wird nachträglich umgearbeitet, sondern selektiv das, was in dem Augenblick, in dem es erlebt worden ist, nicht vollständig in einem Bedeutungszusammenhang integriert worden konnte. Das Vorbild für ein solches Erlebnis ist das traumatisierende Ereignis.[110]

108 Kasper: Im Buch stabt das Trauma, S. 255.

109 Cathy Caruth: Recapturing the Past. Introduction. In: Dies. (Hrsg.): *Trauma*, S. 151–157, hier S. 152.

110 Jean Laplanche / Jean-Bertrand Pontalis: Nachträglichkeit. In: Dies.: *Das Vokabular der Psychoanalyse*, S. 313–317, hier S. 314.

Wie Yasser letztendlich daran scheitert, das Ereignis des Schusses zu rekonstruieren und zu einer ‚Eigentlichkeit' oder ‚Wahrheit' des Moments vorzudringen, so ist auch in der Traumatheorie Freuds eine wahrheitsgetreue ‚Rekonstruktion' des ursprünglichen Ereignisses nicht möglich, sondern das Erlebte wird von einer Nachträglichkeit bestimmt, die es im Nachhinein einer Umarbeitung unterzieht, es darin neu konstituiert und so die Erinnerungsspuren aufeinanderschichtet, so dass sie damit „einen neuen Sinn" und eine „neue psychische Wahrheit" erhalten.[111] Auch in *Riding on a Cloud* geht es keineswegs um eine irgendwie geartete Wahrheit dessen, was geschehen und wie es geschehen ist, sondern vielmehr um die Zeitlichkeit dieser Nachträglichkeit selbst, die Dokumente und Erinnerungssplitter und Erfahrungsberichte Dritter erfasst und sich für Yasser zu einer eigenen Konstruktion des Ereignisses und damit seiner Vergangenheit formieren.
Im Hinblick darauf, dass Yassers Trauma letztendlich nicht auf ein schreckliches Erlebnis, sondern auf den bloßen Tatbestand, dass sich eine Kugel in seinem Kopf befindet, zurückgeführt wird, erscheint die folgende Bemerkung Sigmund Freuds in den *Studien über Hysterie* interessant, in der sie das nachträgliche Wirken des Traumas mit einer Art sich erst lange nach seinem Eindringen bemerkbar machenden und verselbstständigenden „Fremdkörper" vergleichen:

> Wir müssen vielmehr behaupten, daß das psychologische Trauma, respektive die Erinnerung an dasselbe, nach Art eines Fremdkörpers wirkt, welcher noch lange Zeit nach seinem Eindringen als gegenwärtig wirkendes Agens gelten muß.[112]

In dieser Passage wird dem Trauma sogar eine eigene Materialität und Handlungsmacht zugeschrieben. Es vermag einzudringen und sich selbstbestimmt als „wirkendes Agens" zu bewegen. Vor diesem Hintergrund erscheint es nur schlüssig, eine Verbindung zu demjenigen Fremdkörper zu ziehen, der in Yassers Kopf eindringt und seine Wirkung nachträglich entfaltet – jene Kugel, die ihm durch den Heckenschützen in den Kopf geschossen wird und ihm so nicht nur die Erinnerung nimmt, sondern auch nach ihrer operativen Entfernung immerfort und mit unbekanntem Ende als Aphasie weiter insistiert, in der Sprache, im Körper und in seinem Repräsentationsverständnis. Die Inszenierung schafft so einen Weg, dem Auslöser des Traumas eine konkrete Form und einen Ort zu geben. In der Kugel des Heckenschützen materialisiert und verortet sich das Trauma, das zugleich im weiteren Sinne eines des Krieges ist. Somit nimmt *Riding on*

111 Ebd., S. 313.

112 Sigmund Freud: Studien über Hysterie. In: Ders.: *Gesammelte Werke*, hrsg. v. Anna Freud. Frankfurt am Main: Fischer 1986, Bd. 1, S. 75–312, hier S. 85.

a Cloud die besondere Zeitlichkeit des Traumas in den Blick und fragt weniger nach dem ereignishaften Einbrechen des Traumatischen in die Gegenwart als vielmehr nach seinem latenten Nachwirken in Strukturen der Darstellung, der Sprache, des Körpers. Judith Kasper spricht in dieser Hinsicht von einem „Nachleben des Traumas"[113] und bezeichnet damit das eigenartige Fortwirken des Traumas als unabgeschlossene, offene und alineare Zeitlichkeit als ein „eigensinniges Insistieren" in der Sprache.[114] Als ein solches Insistieren mit ungewissem Ausgang oder Ende verselbstständigt sich das Trauma im Repräsentationsraum der Sprache, ohne dass das jeweilige von ihm betroffene Subjekt seiner habhaft werden könnte.

Die Inszenierung ihrerseits deutet an, wie jenes „eigensinnige Insistieren"[115] des Traumas nicht nur die Sprache betrifft, sondern das Repräsentationssystem als solches, das Vermögen, Vorstellungen zu bilden und Darstellungen zu erkennen, und wirft damit unweigerlich die Frage nach der Darstellungsmöglichkeit des Traumatischen auf, nach der Form seines Ausdrucks. Es scheint, als frage die Inszenierung nach der Art und Weise, wie überhaupt nach dem Traumatischen zu fragen, wie von ihm zu sprechen, ob und wie es darzustellen sei. Insofern gibt sich *Riding on a Cloud* nicht mit einer vermeintlichen ‚Undarstellbarkeit' des Traumas zufrieden, sondern arbeitet seine Erscheinungsformen und Insistenzweisen heraus. Auch Kasper unterstreicht, mit Blick auf Freuds Rede vom Trauma als Fremdkörper und „gegenwärtig wirkendes Agens"[116], es sei irrig, von einer Undarstellbarkeit des Traumas auszugehen:

> Denn wenn das Trauma eigen-sinnig „gegenwärtig wirkendes Agens" ist, verschafft es sich selbst, unabhängig vom Gestaltungswillen des Aussagesubjekts, Ausdruck: Aufgrund seiner Intensität insistiert es im Text, jenseits oder auch diesseits von Beschreibung und Erzählung. Dort ist es nicht unlesbar, sondern gleichsam radikal lesbar.[117]

Eine solche *radikale Lesbarkeit* des Traumas jenseits oder diesseits von Beschreibung und Erzählung zeigt sich in *Riding on a Cloud* auf vielen Ebenen. Da ist zum einen die zyklische Erzählweise, die fortwährend um das nicht einholbare Ereignis kreist, sich wiederholt, abbricht, nur um immer wieder zu ihm zurückzukommen und abermals auf seine Unverfügbarkeit zu treffen. Zum anderen

113 Kasper: Im Buch stabt das Trauma, S. 254.
114 Ebd.
115 Ebd.
116 Freud: Studien über Hysterie, S. 85.
117 Kasper: Im Buch stabt das Trauma, S. 254.

zeigt sich die Lesbarkeit auch als besonderes Insistieren in den von Yasser gezeigten Videos, in den Fotografien, in den Dokumenten, die allesamt zwar in der einen oder anderen Weise Auskunft über das traumatische Ereignis geben, es dokumentieren, wie die Röntgenaufnahmen oder die Fotografien, es aber andererseits stets verfehlen.[118] Von einer *radikalen Lesbarkeit* des Traumas ist in *Riding on a Cloud* also nur insofern zu sprechen, als es sich just im Verfehlen seiner Beschreibung ausdrückt. Am ‚radikalsten' zeigt sich dies an Yassers Aphasie und dem Sprechen „unter der Bedingung konstanter Abweichung"[119], der Verwechslung der Wörter, der falsch zugeordneten Signifikanten.

Yassers Sprechen über das sich entziehende Ereignis ist somit von einem ständigen Verfehlen der Sprache geprägt, die die Singularität eben dieses entsetzenden Moments nicht zu beschreiben, zu definieren, zu bestimmen vermag. In seinen Ausführungen über die „gewisse Unmöglichkeit, vom Ereignis zu sprechen"[120] zeigt Derrida auf, inwiefern diese Unmöglichkeit, der Einzigartigkeit des Ereignisses habhaft zu werden, der Sprache und ihrer Nachträglichkeit konstitutiv ist. Weil das Sprechen über das Ereignis und das Sprechen *als* Sprechen schon aus strukturellen Gründen immer *nach* dem Ereignis komme, verfehle es dieses und seine Singularität. Eben

> weil Sprechen an die Struktur der Sprache gebunden ist, ist es andererseits einer gewissen Allgemeinheit, einer gewissen Iterierbarkeit, einer gewissen Wiederholbarkeit unterworfen und muss schon deswegen die Singularität des Ereignisses verfehlen.[121]

118 Walid Raad spricht in ähnlicher Weise, wenn auch nicht explizit in Bezug auf den Begriff des Traumas, von dem Insistieren des kollektiven Gedächtnisses in Materialien, Dingen und Dokumenten, die er „hysterical documents" nennt, „in the sense that they are not based on any one person's actual memories but on ‚fantasies erected from the material of collective memories'." (Alan Gilbert / Walid Raad: Walid Raad by Alan Gilbert. Interview. In: *BOMB Magazine*, 01.10.2002. https://bombmagazine.org/articles/walid-raad/ (Zugriff am 04.09.2019).) Vgl. auch Gabriel: *Bühnen der Altermundialität*, S. 244; Alan Gilbert: Walid Raads Spectral Archive, Part One: Historiography as Process. In: *e-flux journal* 69 (2016). https://www.e-flux.com/journal/69/60594/walid-raad-s-spectral-archive-part-i-historiography-as-process/ (Zugriff am 08.02.2024). Raad bezieht sich in seinen Arbeiten immer wieder stark auf Jalal Toufic und dessen an Blanchot angelegte Zeitlichkeit des Rückzugs nach einem „unermesslichen Desaster"; vgl. Jalal Toufic: *Vom Rückzug der Tradition nach einem unermesslichen Desaster*, aus d. Engl. v. Christoph Nöthlings. Berlin: August 2011; Maurice Blanchot: *Die Schrift des Desasters*, aus d. Franz. v. Gerhard Poppenberg / Hinrich Weidemann. Paderborn: Fink 2005.

119 Gondek: *Angst, Einbildungskraft, Sprache*, S. 67.

120 Derrida: *Eine gewisse unmögliche Möglichkeit, vom Ereignis zu sprechen*.

121 Ebd., S. 21.

Denn, so fährt er fort, zu der Charakteristik des Ereignisses gehöre ja nicht nur die Unvorhersehbarkeit und die Tatsache, dass es den

> gewöhnlichen Gang der Geschichte unterbricht, sondern auch seine absolute Singularität. Also kann man sagen, dass das Sprechen vom Ereignis, die Singularität des Ereignisses in gewisser Weise a priori und immer schon verfehlt – durch die einfache Tatsache, dass das Sprechen zu spät kommt und die Singularität in der Generalität verliert.[122]

Diese Überlegungen Derridas treffen ebenso auf das traumatische Ereignis und seine Darstellung zu, ist diese doch nicht nur von Nachträglichkeit, sondern ebenfalls von einem apriorischen Verfehlen bestimmt. Dazu kommt die Frage der Singularität des Ereignisses, die sich am Beispiel Yassers auf besondere Weise stellt und letztlich auch die anfangs aufgeworfene Problematik der Äquivalenz traumatischer Ereignisse betrifft.

Latenz und das Problem der Universalisierung

Um auf diesen Problemkomplex näher einzugehen, möchte ich an dieser Stelle noch einmal auf Freud zurückkommen und seine letzte, noch vor seinem Tod 1939 im Londoner Exil erschienene Schrift *Der Mann Moses und die monotheistische Religion*, in der er die Nachträglichkeit des Traumas von der Ebene des individuellen Leidens in den weiteren geschichtlichen Kontext kollektiver Traumata stellt. Freud zieht zunächst das erstaunlich banale Beispiel eines „schreckhaften" Unfalls heran, den ein Mensch scheinbar unbeschädigt übersteht, woraufhin sich erst Wochen später Symptome einer traumatischen Neurose zeigen:

> Es ereignet sich, daß ein Mensch scheinbar unbeschädigt die Stätte verläßt, an der er einen schreckhaften Unfall, z. B. einen Eisenbahnzusammenstoß, erlebt hat. Im Laufe der nächsten Wochen entwickelt er aber eine Reihe schwerer psychischer und motorischer Symptome, die man nur von seinem Schock, jener Erschütterung oder was sonst damals gewirkt hat, ableiten kann. Er hat jetzt eine ‚traumatische Neurose'. Das ist eine ganz unverständliche, also eine neue Tatsache. Man heißt die Zeit, die zwischen dem Unfall und dem ersten Auftreten der Symptome verflossen ist, die ‚Inkubationszeit' in durchsichtiger Anspielung an die Pathologie der Infektionskrankheiten.[123]

122 Derrida: *Eine gewisse unmögliche Möglichkeit, vom Ereignis zu sprechen*, S. 21.
123 Sigmund Freud: Der Mann Moses und die monotheistische Religion. In: Ders.: *Gesammelte Werke*, Bd. 16, S. 103–246, hier S. 171.

Nach der Schilderung dieser Begebenheit führt Freud nicht nur einen neuen Begriff für die besondere zeitliche Verzögerung der Symptome ein – die Latenz –, sondern erklärt diese in einer interessanten Wendung über den Fall des persönlichen Traumas hinaus zu einem wesentlichen Schlüssel zum Verständnis der Entstehung des jüdischen Monotheismus:

> Nachträglich muß es uns auffallen, daß trotz der fundamentalen Verschiedenheit der beiden Fälle zwischen dem Problem der traumatischen Neurose und dem des jüdischen Monotheismus doch in einem Punkt eine Übereinstimmung besteht. Nämlich in dem Charakter, den man die Latenz heißen könnte.[124]

Es ist an dieser Stelle nicht mein Interesse, den komplexen Zusammenhang zwischen Latenz und jüdischem Monotheismus weiterzuverfolgen. Stattdessen möchte ich festhalten, dass Freud hier über den Begriff der Latenz und ihre besondere Zeitlichkeit das Trauma von der individuellen Wirkungsebene auf eine gesellschaftlich-geschichtliche hebt und es damit ausdrücklich auch als kollektives Phänomen verhandelt, was wiederum die von Derrida aufgeworfene Gefahr einer Verfehlung der Singularität im Moment ihrer Erhebung in die Generalität in den Fokus rückt. Hier stellt sich also die Frage, inwiefern spezifische geschichtliche Zusammenhänge, wie für Freud der Aufstieg des jüdischen Monotheismus, als Symptom kollektiver Traumata zu denken sein könnten, die sich aufgrund der Nachträglichkeit der Latenz erst Jahre oder Jahrhunderte später bemerkbar machen.[125] Caruth formuliert dies in Anschluss an Freud so:

> The traumatized, we might say, carry an impossible history within them, or they become themselves the symptom of a history that they cannot entirely possess. Yet what can it mean that history occurs as a symptom?[126]

Eine solche Deutung, die Geschichte selbst gewissermaßen zum Symptom erhebt, läuft allerdings gewiss schnell Gefahr, sich einer Form von Determinismus zu verschreiben. Dennoch wirft sie bezogen auf *Riding on a Cloud* wichtige

124 Ebd.

125 Freud beschreibt den Zusammenhang folgendermaßen: „Nachträglich muß es uns auffallen, daß trotz der fundamentalen Verschiedenheit der beiden Fälle zwischen dem Problem der traumatischen Neurose und dem des jüdischen Monotheismus doch in einem Punkt eine Übereinstimmung besteht. Nämlich in dem Charakter, den man die Latenz heißen könnte. Nach unserer gesicherten Annahme gibt es ja in der jüdischen Religionsgeschichte eine lange Zeit nach dem Abfall von der Mosesreligion, in der von der monotheistischen Idee [...] nichts verspürt wird." (Ebd., S. 171–172.)

126 Caruth: Trauma and Experience, S. 5.

Fragen auf: Inwiefern ließe sich die Figur Yasser in ihrer Gespaltenheit als ein solches Symptom des kollektiven Traumas der Libanesischen Bürgerkriege denken? Auch hier stellt sich unweigerlich das Problem einer „Universalisierung des Traumas“[127], auf das Judith Kasper verweist, müsste man für letztere Deutung doch die Singularität von Yassers persönlichem Trauma verkürzen und zu einem bloßen Symptom eines breiteren und größeren, gesellschaftlich-sozialen Kollektiv-Traumas erklären.

Nun ist jedoch just die Tatsache, dass sich die persönliche Geschichte Yassers und seines Traumas nicht klar dem einen oder anderen Fall zuordnen lässt, Ausdruck der Vielschichtigkeit der Inszenierung, die sich genau in einem Zwischenraum der Äquivalenzen bewegt. Indem sie Yasser nicht als eine mit sich identische Figur darstellt, sondern als eine immer schon in viele Stimmen und Körper gespaltene, ist auch das vermeintlich persönliche Trauma bereits ein in viele Figuren gespaltenes. In diesem Sinne wird Yasser zu einer singulär-pluralen Verflechtung und Schichtung verschiedener Figuren, Stimmen und Körper und es eröffnet sich damit die Möglichkeit, diese sowohl in ihrer Singularität als auch in ihrer Symptomhaftigkeit für das kollektive Trauma des Krieges ernst zu nehmen.

127 Kasper: Im Buch stabt das Trauma, S. 256.

4
Mehr-als-menschliche Verschränkung
Relationale Zeitlichkeiten

Im vorangegangenen Kapitel lag der Fokus auf dem Begriff der Gegenwart, dessen Implikation eines vermeintlich präsentischen, unmittelbaren Jetzt mithilfe des entsetzenden Moments der Zäsur kritisiert und mit der spezifischen Zeitlichkeit des Traumas, der Nachträglichkeit, gedacht wurde. Es ging also darum herauszuarbeiten, dass die Gegenwart auf etwas bezogen ist, das sich ihr fortwährend entzieht. Damit ist sie weniger als ein mit sich Identisches zu denken als vielmehr als Verhältnis, dem eine gewisse Relationalität eigen ist. Dieses Kapitel schließt daran an und widmet sich der Frage von Relationalität im Sinne relationaler Zeitlichkeiten, die einem Denken entgegengesetzt werden, das im Zeichen der Finalität von Zeit steht: Ein Denken vom *Ende der Zeit*, dem ein *apokalyptischer Ton* anhaftet. Hierbei werden Gedanken wieder aufgegriffen, die bereits in Kapitel 2 verhandelt wurden und die das Vorstellungsdenken der (menschlichen) Zeit betreffen.
Mit Giorgio Agamben und Jacques Derrida werde ich zunächst aufzeigen, inwiefern die Beschwörung eines Endes der Zeit in der Tradition eines ‚apokalyptischen Tons' teleologisch-abendländischen Denkens seit Kant steht und warum stattdessen vielmehr von einer *Zeit des Endes* zu sprechen ist. Denn diese propagiert kein ‚Nach' der Zeit, sondern eröffnet als Zeit in der Zeit das Denken potenziell anderer Zeitlichkeiten, die in der als einzig, ausschließlich und linear geglaubten Zeit auftreten. Die Bewegung dieses Kapitels verläuft somit von der mit Agamben und Derrida aufgezeigten Problematik eines ‚apokalyptischen Tons', der sich, in seiner Fixiertheit auf das sicher eintretende Ende (der Zeit), vor der (Denk-)Möglichkeit anderer Zeitlichkeiten verschließt, hin zu Entwürfen, die keine Überwindung des abendländischen Vorstellungsparadigmas von Zeit behaupten, sondern diesem ein relational-plurales *thinking-with* entgegenstellen.

Anhand von kritischen feministischen und relationalen Anthropozän-Diskursen erläutere ich, inwiefern der apokalyptische Ton eines Endes der Zeit gerade in der universalisierenden Rede vom *anthropos* als einer bedrohten und sich selbst zerstörenden Menschheit wieder auftaucht und dabei oftmals Gefahr läuft, den Kontext ihrer kolonialen, extraktivistischen Gewaltgeschichte außer Acht zu lassen. Demgegenüber rückt das Kapitel relationale Diskurse in den Vordergrund, die ein Denken der Verschränkung von menschlichen und mehr-als-menschlichen Prozessen entwerfen. Damit rückt die Frage der Perspektive und der Darstellbarkeit ins Zentrum des Interesses: Wenn das Maß für Zeiterfahrung und -bestimmung nicht mehr das universelle des *anthropos* ist und die Aspekte der Verzweigung, Verbundenheit und Unauflösbarkeit zeitlicher – menschlicher und nichtmenschlicher – Prozesse in den Vordergrund treten, welche Folgen hat dies für die Darstellbarkeit ebendieser Prozesse relationaler Zeitlichkeiten?

Die Diskurse um das Anthropozän werden im Folgenden daraufhin befragt, inwiefern sich hier eine Szene eröffnet, die nicht mehr nur ausschließlich eine rein menschliche ist, sondern nach den Bedingungen einer mehr-als-menschlichen Perspektive auf Zeit fragt und nach anderen, relationalen Darstellungsweisen sucht. Eine ebensolche Szene eröffnet die Inszenierung *Boundaries. Ein Archiv zukünftiger Fundstücke* (2018) des Frankfurter Performancekollektivs andpartnersincrime. Diese verhandelt in ihrem post-apokalyptischen Szenario die in vielen Anthropozändiskursen implizite Annahme einer Außenperspektive, von der aus die Epoche des *anthropos* vermeintlich betrachtet werden kann – eine Perspektive, die also von einem vermeintlichen Standpunkt jenseits des Endes der Zeit des *anthropos* ausgeht, einer post-apokalyptischen Zukunft, aus deren ‚Außen' die vermeintliche Ganzheit des Zeitalters erfassbar wird. Daran anschließend zeige ich auf, inwiefern die Behauptung eines vermeintlichen Paradigmenwechsels des Anthropozäns in vielen theoretischen Metadiskursen immer noch auf rationalistischen Prämissen beruht, die sie eigentlich zu überwinden behauptet, und damit nicht zuletzt gerade jenem ‚apokalyptischen Ton' verfällt, den Derrida kritisiert.

Inwiefern der Versuch, eine relationale, sich von jenem anthropozänen Außen lösende Darstellungsweise von Zeit zu entwerfen, eben jene Schauanordnung des apokalyptischen Außen doch wieder reproduziert, wird anhand von Frédérique Aït-Touatis und Bruno Latours Lecture Performance *Inside* aufgezeigt. Mit Donna Haraway wird darüber hinaus das Denken einer partialen Perspektive entwickelt, das sich als Unterminierung eines objektivierenden, wissenschaftlichen Blicks aus dem als neutral behaupteten Außen versteht und für die Praxis einer Positionierung plädiert.

Während im Fokus der folgenden Abschnitte 4.1 bis 4.3 die problematische Behauptung des Endes der (einen) menschlichen Zeit steht, wird im abschließenden Kapitel 4.4 die Inszenierung *Living Matters* (2019) von Eva Meyer-Keller erörtert, insbesondere wie darin eine bestimmte Form relationaler Zeitlichkeit als *entanglement* gedacht und in Szene gesetzt wird, indem Meyer-Keller mithilfe verschiedenster szenischer Mittel mit der Idee der Verschränkung von Zeitlichkeit und Materie experimentiert. Dabei soll im Rückgriff auf Haraways dekonstruktiv-relationale Denkfigur der Diffraktion aufgezeigt werden, inwiefern in Eva Meyer-Kellers Arbeit Zeitlichkeit, Differenz und Materialität als relationale und diffraktive Verschränkungen gedacht werden, die auch die Frage posthumaner, nicht-menschlicher Zeitlichkeit aufwerfen.

1. Vom Ende der Zeit und der Zeit des Endes

In seinem Kommentar zu den Römerbriefen des Paulus, der den Titel *Die Zeit, die bleibt*[1] trägt, entwickelt Giorgio Agamben ausgehend von Walter Benjamin, Gershom Scholem, Franz Kafka und Carl Schmitt grundlegende Gedanken zur Struktur der messianischen Zeit. Im Zuge dessen arbeitet er den für diese Untersuchung überaus wichtigen Unterschied zwischen einem *Ende der Zeit* und einer *Zeit des Endes* heraus, deren Verwechslung er ein gefährliches Missverständnis nennt und der für ihn die grundsätzliche Differenz zwischen eschatologischem und messianischem Zeitdenken ausmacht. Es ist die Apokalypse, die er im Zentrum dieses Missverständnisses verortet. Während im eschatologischen Denken die Apokalypse als „Vollendung des Endes" verstanden werde und damit einen konkreten Augenblick markiere – den *letzten* Tag, „an dem die Zeit aufhört"[2], sei im messianischen Zeitverständnis des Apostels ausdrücklich nicht der Moment des Endes der Zeit selbst von Bedeutung, sondern vielmehr die „Zeit, die zusammengedrängt ist und zu enden beginnt"[3]. In diesem Sinne ist die messianische Zeit diejenige, die einen gewissen Zeitraum des Endens bezeichnet, „die Zeit, die zwischen der Zeit und ihrem Ende bleibt"[4]. Kurzum: „Das Messianische ist also eben nicht das Ende der Zeit, sondern *die Zeit des Endes.*"[5] Was Agamben anhand von Paulus aufzeigt, ist, dass es sich bei dessen Verständnis

1 Giorgio Agamben: *Die Zeit, die bleibt. Ein Kommentar zum Römerbrief*, aus d. Ital. v. Davide Giuriato. Frankfurt am Main: Suhrkamp 2000, S. 75.

2 Agamben: *Die Zeit, die bleibt*, S. 75.

3 Ebd.

4 Ebd.

5 Ebd. Die Tradition der jüdischen Apokalypse, so betont er, kenne durchaus den Unterschied zwischen diesen beiden Zeiten: Zwischen *„olam hazzeh*, das die Dauer der Welt von der

des Messianischen nicht entweder um die chronologische Zeit oder um das apokalyptische *éschaton* handelt, sondern um einen Rest, nämlich um *die Zeit, die bleibt*: diejenige Zeit, die zwischen diesen beiden Zeiten übrig bleibt, sich weder *éschaton* noch *chronos* fügt, sondern die Potenzialität einer anderen Zeit eröffnet.[6] Es ist diese *Zeit des Endes*, die im Gegensatz zu einem Ende der Zeit steht, wie sie von vielen Anthropozän-Diskursen beschworen wird und die ich in diesem Kapitel verfolgen werde.

Ein weiterer Aspekt in Agambens Text ist für den Kontext dieser Arbeit von Bedeutung, nämlich das grundsätzliche Darstellungsproblem von Zeit und ihrem Ende. Dieses illustriert er an folgendem Beispiel: Zeichne man die Zeit als eine gerade Linie, deren Ende man sich als einen Punkt vorstelle, so erhalte man „etwas vollkommen *Darstellbares*, aber absolut *Undenkbares*“[7]. Umgekehrt sei die reale Zeiterfahrung etwas *Denkbares*, aber *Undarstellbares*. So fragt Agamben schließlich: „[I]st eine andere Darstellung von Zeit möglich, die sich dieser Doppeldeutigkeit entziehen könnte?“[8]. Die Frage nach dem Ende der Zeit oder nach der *Zeit des Endes* wirft somit das Problem der Dar- und Vorstellung einer anderen Form von Zeit auf: Wie lässt sich eine andere Zeit überhaupt vorstellen, die weder chronologisch noch eschatologisch angelegt ist, wenn die Dar- und Vorstellungsmittel, die uns zur Verfügung stehen, noch so sehr den Denkschemata der althergebrachten christlichen Ordnung entsprechen?

Ich möchte dabei eine Denkfigur hervorheben, die Agamben entwickelt und die für die Fragestellung dieses Buchs von Bedeutung ist, nämlich jene einer *Zeit in der Zeit*: Als Rest oder Zwischenzeit ist diese *innerhalb* der eschatologischen heilsgeschichtlichen Konzeption von Zeit angelegt. Damit ist sie weder eine Zeit außerhalb des gewohnten christlichen Zeitverständnisses noch bloße „*Übergangszeit* zwischen zwei Perioden“[9]. Im Folgenden greife ich dieses messianische Denkmodell einer *Zeit in der Zeit* auf, um die darin angelegte Möglichkeit

Schöpfung bis zu ihrem Ende bezeichnet, und das *olam habba*, d. h. die Welt, die kommt, die unzeitliche Ewigkeit, die auf das Ende der Welt folgen wird.“ (Ebd., S. 75–76 (Herv. i. Orig.).)

6 Ebd. Die messianische Zeit fällt damit weder mit der profanen chronologischen Zeit zusammen noch mit dem Ende der Zeit – d. h. weder mit dem *chronos*, der die Zeitspanne zwischen der Schöpfung und dem messianischen Ereignis der Auferstehung bezeichnet, noch mit derjenigen Zeit, die sich an dieses Ereignis anschließend als *Jetztzeit* zusammenzuziehen und zu enden beginne und die bis zur *parousía* dauere, der vollständigen Anwesenheit des Messias. Das Ende der Zeit selbst, bemerkt Agamben, bleibe bei Paulus unbestimmt, obwohl es als kurz bevorstehend beschrieben werde.

7 Ebd., S. 78.

8 Ebd.

9 Die Gefahr bestehe nämlich darin, so Agamben weiter, dass die *Übergangszeit* dazu tendiere, sich ins Unendliche zu erstrecken und so das Ende, das sie eigentlich produzieren wolle, unerreichbar werden ließe. Ebd., S. 83.

anderer Zeiten zu betonen, die im eschatologischen Denken eines Endes der Zeit verschlossen bleiben. In diesem Kapitel geht es also nicht um die Finalität der einen Zeit, sondern um die Potenzialität anderer Zeiten. Um nicht selbst einem Denken der Finalität zu verfallen, wird jedoch zunächst anhand von Derridas Kritik eines ‚neuen apokalyptischen Tons' in der Philosophie herausgearbeitet, worin die Problematik eines solchen End-Diskurses liegt.

Von einem neuerdings erhobenen apokalyptischen Ton

„Nichts ist weniger konservativ als die apokalyptische Gattung"[10], schreibt Derrida, bescheinigt aber gleichzeitig der abendländischen Philosophie in ihren zahlreichen Ausformungen nach Kant einen „apokalyptischen Ton"[11].

> Ich werde nun von der Tatsache ausgehen, daß [...] das Abendland seither von einem einflußreichen Programm beherrscht worden ist, das gleichermaßen ein unüberschreitbarer Vertrag zwischen Diskursen über das Ende war. Die Thematisierungen des Endes der Geschichte und des Todes der Philosophie tauchen darin nur als die einsichtigsten, massivsten und verdichtendsten Formen auf.[12]

Unter dieses „einflußreiche Programm" im Zeichen des Endes fallen für Derrida, trotz der augenfälligen Unterschiede zwischen diesen, sowohl die hegelsche wie auch die marxistische und nietzscheanische Eschatologie, und folglich die Rede vom Ende der Geschichte, des Klassenkampfs, der Philosophie gleichermaßen wie jene vom Ende des Subjekts, des Menschen, der Welt, des Abendlands und, wie er dann wohl selbstkritisch mit Blick auf seine eigenen Schriften formuliert, ebenso jene Rede vom Ende des Phallogozentrismus und vom

10 Jacques Derrida: Von einem neuerdings erhobenen apokalyptischen Ton in der Philosophie. In: Ders.: *Apokalypse*, aus d. Franz. v. Michael Wetzel. Wien: Passagen 2000, S. 11–80, hier S. 67.

11 Eine „Schrift apokalyptischen Typs" ist für Derrida durch ihre „eschatologische Ermahnung" charakterisiert, „das Faktum des Sagens, Vorhersagens und Verkündens des Endes, der letzten Grenze, des nahenden jüngsten Tages". (Ebd., S. 48.) Eine Schrift dieser Art stellt für Derrida Kants *Von einem neuerdings erhobenen vornehmen Ton in der Philosophie* (1796) dar, in der dieser seinen Zeitgenossen vorwirft, „in schwärmerische Vision" zu geraten, die für Kant den „Tod aller Philosophie" darstellt. Derrida zeigt auf, dass Kant den Tod der Philosophie als Drohkulisse heraufbeschwöre und damit selbst eine „andere Welle eschatologischer Diskurse in der Philosophie entfesselt" habe. Denn, so heißt es weiter, Kants „Fortschrittsgeist, sein Glaube an die Zukunft einer bestimmten Philosophie, das heißt einer anderen Metaphysik, widerspricht nicht einer Verkündung der Endziele und des Endes." (Ebd., S. 48–49, 57.) Vgl. Immanuel Kant: Von einem neuerdings erhobenen vornehmen Ton in der Philosophie (1796). In: Ders.: *Werke*, Bd. 6, S. 390–398, hier S. 395–396.

12 Derrida: Von einem neuerdings erhobenen apokalyptischen Ton, S. 49.

Ende der Universität.[13] Der Diskurs über ein drohendes Ende ist damit selbst nicht davor gefeit, eben Teil einer solchen Programmatik des Endes zu werden und damit den apokalyptischen Ton, den er kritisiert, selbst fortzuführen. Dem entkomme selbst die Proklamierung eines Endes des Endes nicht, denn, so fügt Derrida an, „es ist gleichermaßen das Ende der Metasprache über die eschatologische Sprache“[14]. Es ist folglich auch jener apokalyptische Ton, den Derrida als unweigerlichen Teil des Erbes der Aufklärung betrachtet und dem wir uns nicht entziehen „können und dürfen“[15]. Er besteht paradoxerweise in einem „apokalyptische[n] Verlangen“ nach Klarheit und Offenbarung, „um den apokalyptischen Diskurs selbst zu entmystifizieren, oder [...] zu dekonstruieren, und mit ihm alles, was auf die Vision, das bevorstehende Ende, die Theophanie, die Parusie, das jüngste Gericht spekuliert“.[16] Der apokalyptische Ton als Programmatik des Endes schreibt also in dem Versuch einer Entmystifizierung dieses Endes eben dieses fort. Er betreibt damit also zugleich Entmystifizierung und erneute Mystifizierung in einem.

Ein Paradebeispiel für einen neuerdings apokalyptischen Ton, der in seiner Fixierung auf das Ende (der Menschheit, der Erde, der Metaphysik) durchaus eine solche Remystifizierung des Endes betreibt, stellen die komplexe Debatte und der gesamte Gedankenkomplex rund um das sogenannte Anthropozän dar, von dem Dipesh Chakrabarty nicht weniger behauptet, als dass es ein radikaler (Um-)Bruch des herkömmlichen Zeit- und Geschichtsverständnisses *per se* sei.[17] Welche Implikationen würde es mit sich bringen, wenn wir diese erdgeschichtliche Phase des Anthropozäns von einem phantasmatischen Punkt im Außen, also *von ihrem Ende aus* beobachten könnten? Dieses Gedankenexperiment, das zugleich ein Denken ‚vom Ende aus‘ in Frage stellt, führt uns die Performance *Boundaries. Ein Archiv zukünftiger Fundstücke* des Kollektivs andpartnersincrime in der alten Villa des Museums der Weltkulturen in Frankfurt am Main vor Augen.[18]

13 Derrida: Von einem neuerdings erhobenen apokalyptischen Ton, S. 50.

14 Ebd.

15 Ebd., S. 53.

16 Ebd.

17 Chakrabarty: The Climate of History, S. 213.

18 andpartnersincrime: *Boundaries. Ein Archiv zukünftiger Fundstücke* (UA: 28.06.2018, Museum der Weltkulturen Frankfurt am Main). Ich habe die Inszenierung am 01.07.2018 gesehen. Außerdem wurde mir eine Aufzeichnung zur Verfügung gestellt.

2. *Boundaries. Ein Archiv zukünftiger Fundstücke*: Anthropozäne Schauanordnungen

Als ich die alte Gründerzeitvilla des Museums der Weltkulturen in Frankfurt betrete, bekomme ich am Eingang anstelle eines Theatertickets eine Klarsichttüte in die Hand gedrückt, in ihr eine Feder. Ein weißes Etikett weist sie als „Fundstück Nr. 589" aus und erweckt den Eindruck, es handle sich dabei um am Tatort eines Verbrechens sichergestelltes Beweismaterial. Bevor es losgehe, hätte ich noch eine halbe Stunde Zeit, um mir die Ausstellung anzusehen, wird mir noch auf den Weg mitgegeben. Mit dem Fundstück in der Hand bewege ich mich nun durch die großzügigen Räumlichkeiten der Villa und bemerke gleich in einem der drei großen Salons einige sehr akkurat in weiße Hemden gekleidete Performer*innen, die an großen weißen, mit allerlei Materialien, Laptop, Papier, Karteikästen und Schreibutensilien bestückten Bürotischen sitzen und mit weißbehandschuhten Händen vorsichtig Objekte begutachten, sortieren, ordnen, hin und her schieben, während eine von ihnen das Ganze mit einer Kamera begleitet. Die Szene wirkt, als habe hier ein Vorhaben äußerster Wichtigkeit begonnen, dessen Ziel und Zweck mir jedoch verschlossen bleibt. Auch nehmen die Performer*innen keinerlei Notiz von den vorbeistreunenden Zuschauer*innen, als seien sie im Begriff, etwas vorzubereiten, was noch nicht begonnen hat.

Ich setze meinen Rundgang durch dieses Hybrid aus Ausstellung, Archiv und Versuchslabor weiter fort und komme in den größten Raum der Villa. Auf der linken Seite befindet sich ein großer Tisch, an dem bereits einige Zuschauer*innen sitzen und, ausgestattet mit Kopfhörern, Videomaterial auf Tablets sichten. Dabei handelt es sich um Interviews mit Menschen, die auf sehr unterschiedliche Weise über Grenzen sprechen: Über Fluchterfahrung, Abschottungspolitik, Alltagsdiskriminierung, Arbeit mit Geflüchteten. An den Seiten des Raums sind einige Vitrinen aufgestellt, in denen weitere, sauber ausgelegte und gerahmte „Fundstücke" zu sehen sind: Eine alte Ausgabe des *Wörterbuchs der Marxistisch-Leninistischen Philosophie*, ein Stück Drahtzaun, ein kaputter Flipflop, ein Kassettenaufnahmegerät, ein Fläschchen mit Sand, ein Smartphone und ein Stück Ziegelstein. Worin genau die Gemeinsamkeit dieser Fundstücke besteht, wird noch nicht klar, allerdings deutet sich bereits im Untertitel der Performance die zukünftige Vergangenheit dieser Objekte an: *Ein Archiv zukünftiger Fundstücke*. Diese (Alltags-)Gegenstände des 21. Jahrhunderts werden demnach in einer zukünftigen Gegenwart Fossilien einer vergangenen Zeit sein, bzw. sind es bereits geworden. Denn anscheinend befinde ich mich in einem Raum fiktiver Zukünftigkeit, sodass meine alltägliche Gegenwart nicht mit derjenigen dieses Raums identisch zu sein scheint. Was also im Untertitel bereits als Motiv deutlich wird, ist die zeitliche Projektion eines zukünftigen Gewesenen und der

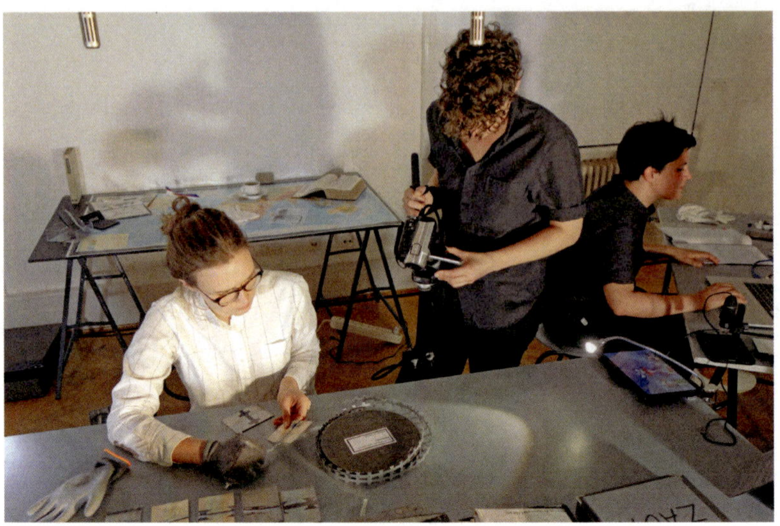

Abb. 6: Die Performer*innen bei der Anordnung der Fundstücke. andpartnersincrime: *Boundaries. Ein Archiv zukünftiger Fundstücke*, 2018.

daraus a posteriori auf unsere jetzige Gegenwart gerichtete, distanzierte anthropologische Blick.

Der dritte Teil der Ausstellung setzt diesem jedoch noch einmal eine gänzlich andere Zeitlichkeit und Blickordnung entgegen. Eine riesige, die gesamte Wand ausfüllende Videoinstallation zeigt eine träge, bläulich-transparent schimmernde Masse in Nahaufnahme, die sich dickflüssig und blubbernd durch das Bild bewegt. Die Materialität ist insofern zu betonen, als sie in klarem Gegensatz zu derjenigen der zuvor ausgestellten Fundstücke steht. Als zähe, sich aber stetig vor sich hinbewegende, quallenartig-transparente Materie steht sie der Einfachheit und Robustheit der Materialien wie Sand, Ziegel und Plastik sowie der Idee eines Archivs diametral gegenüber. Im Gegensatz zur musealen Blickordnung der Vitrinen, deren Inhalt ich mit kritischer Distanz begutachten kann, ist der Ausschnitt hier so gewählt, dass es kein Außen dieser glibberigen Substanz gibt, keinen Orientierungspunkt, der mir als Zuschauerin helfen würde, einzuordnen, worum es sich dabei handelt, so dass sich mein Blick immer wieder in der merkwürdigen Substanz verliert, als umgebe sie mich von allen Seiten. Die amorphe Masse scheint ein Eigenleben zu besitzen, entgleitet jedoch jeder Kategorisierung und Differenzierung ihrer Lebensform und Materialität, was sie sowohl faszinierend wie auch regelrecht unheimlich erscheinen lässt. Sie wirkt ebenso futuristisch wie sie Assoziationen an eine Art primordiale Ursuppe hervorruft, deren Zeitlichkeit weder Ursprung noch Ende kennt. In ihr kündigt sich etwas

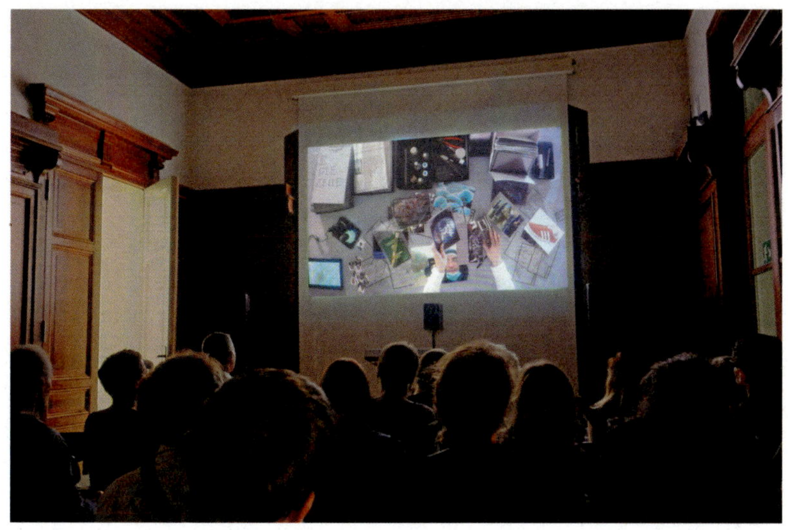

Abb. 7: Das Publikum verfolgt die Projektion.
andpartnersincrime: *Boundaries. Ein Archiv zukünftiger Fundstücke*, 2018.

an, das in seiner Materialität die Vorstellung einer historisch-linearen, menschlichen Zeit, wie sie durch die Ausstellung der Fundstücke exemplarisch hervorgehoben wird, mit einer post- oder prähumanen geologischen Zeit, oder auch „deep time“[19], zu konfrontieren scheint. (Abb. 6 & 7)
Nun jedoch geht die Inszenierung vom installativen Teil in die Performance über: Wir werden in den dritten Salon im hinteren Teil des Gebäudes gebeten, in dem Stuhlreihen und ein Redner*innenpult aufgebaut sind. Hier beginnt jedoch kein Live-Vortrag, wie das Raumarrangement zu versprechen scheint, sondern stattdessen ist auf der großen Leinwand die Videoaufnahme des Vortrags einer jungen Frau zu sehen, die von einem Tablet abgespielt wird. In einer Art *Mise en abyme* sehen wir also im Vortragssaal des Museums der Weltkulturen die digitale Aufnahme eines Vortrags, die wiederum eine digital abgespielte und bereits vorproduzierte Aufzeichnung ist. Das Bild ist dementsprechend schlecht und verpixelt und auch die Stimme, die nun ertönt, klingt entfernt und blechern: „Mein Name ist

19 Der Begriff geht auf den schottischen Geologen James Hutton zurück, der damit erstmals 1788 das Konzept geologischer Zeit beschrieb und sich so gegen das Narrativ der biblischen Schöpfungsgeschichte wandte. Mit dem Konzept der Tiefenzeit wurde der Entstehungszeitraum der Erde auf eine andere Skala erhoben und der Mensch seines Sonderstatus in der Schöpfung beraubt, was späteren Forschungen wie der Evolutionstheorie Charles Darwins mit den Weg ebnete. Vgl. James Hutton: Theory of the Earth; or an Investigation of the Laws Observable in the Composition, Dissolution, and Restoration of Land upon the Globe. In: *Transactions of the Royal Society of Edinburgh* 1 (1788), S. 209–304.

Anya Sukhova. Ich bin von Beruf Anthropologin und beschäftige mich mit dem Planeten Erde und da insbesondere mit Fossilien aus der letzten Phase des Zeitalters des Anthropozäns – dem Homo Terminus."[20] Sofort stellt sich die Frage nach dem Betrachterinnenstandpunkt und der Gegenwart dieser Anthropologin, deren Vortrag wir in dieser digitalen Verschachtelung beiwohnen. Wenn es heißt, sie blicke auf „die letzte Phase des Zeitalters des Anthropozäns", von wo und aus welcher Zeit heraus spricht sie? Offensichtlich aus einer zukünftigen Perspektive, die jedoch auf die Nachträglichkeit des Aufgezeichneten und damit bereits eigentlich in der Vergangenheit liegenden Vortrags trifft. Deutlich wird hier bereits die komplizierte Verzweigung von Zeitebenen und Zukünftigkeiten. Aus welcher Perspektive blickt sie auf jene letzte Phase des Zeitalters des Anthropozäns – den *Homo Terminus* –, der ja offensichtlich wir, das Publikum, noch angehören? Ihre Worte unterstreichen, was sowohl der Titel der Inszenierung als auch das Arrangement zukünftiger Fundstücke des 21. Jahrhunderts im Nebenraum bereits anklingen ließen: Hier wird ein Blick aus der Zukunft zurück auf die Erde in Szene gesetzt, die Stimme der Anthropologin ist das Sprechen aus einer zukünftigen Gegenwart.

Der anthropologische Blick in das fremde Denksystem

Wir befinden uns offensichtlich inmitten eines dystopischen post-apokalyptischen Szenarios und damit in einer Zeit *nach* dem Anthropozän, nach jener erdgeschichtlichen Phase also, in der der Mensch als der dominanteste Einflussfaktor auf biologische, geologische und atmosphärische Prozesse des Planeten gesehen wird. Offensichtlich ist die Erde mittlerweile unbewohnbar, laut der Anthropologin ist ein Teil der Menschheit auf den Mars emigriert und die hier ausgestellten Fundstücke sind alles, was von dieser – unserer – Zivilisation als Fossilien übriggeblieben ist. Im Verlauf der Inszenierung werden wir von der Stimme jener Anthropologin aus der Zukunft gewissermaßen durch den Selbstvernichtungsprozess unserer Spezies (was den Begriff *Homo Terminus* erklärt) geleitet. Wir folgen ihr bei ihren Bemühungen, mithilfe der in den anderen Räumen bereits ausgestellten Fundstücke, die Beweggründe des *Homo Terminus* und die Struktur seines Jahrhunderts zu rekonstruieren und das Ende der Menschheit auf dem Planeten Erde nachzuvollziehen. Die Erde als geologischer, gesellschaftlicher, politischer Zusammenhang wird als *fremdes Denksystem* etabliert, das nicht nur weit entfernt liegt, sondern in Vergessenheit geraten und weitestgehend unbekannt ist: „Erlauben Sie mir, dass ich Ihnen zu dieser Fragestellung einen kurzen Ausschnitt von der Kassette eines Diktiergeräts vorspiele,

20 andpartnersincrime: *Boundaries. Ein Archiv zukünftiger Fundstücke.* Textfassung der Premiere vom 28.06.2018, S. 1.

das bei der letzten Exkursion zum Planeten Erde in einer Region namens Mitteleuropa geborgen wurde“[21], sagt die Wissenschaftlerin, während das verzerrte Vortragsvideo auf dem Tablet endet und die Kamera nun von oben zwei auf einem Schreibtisch ruhende Hände zeigt, die einen Kassettenrekorder bedienen. Bis zum Ende der Performance wird die Kamera diese Perspektive beibehalten, in der wir aus der Vogelperspektive auf den Schreibtisch blicken, an dem die Anthropologin sitzt. Erst viel später wird deutlich, dass es sich hierbei um eine Live-Übertragung aus dem Nebenraum handelt, in dem ich bereits beim Eintreten in die Villa die Performer*innen an ihren großen Bürotischen bemerkt habe. Zu diesem Zeitpunkt jedoch ist die Tür zum Nebenraum noch geschlossen und es wirkt, als sei das Video vorproduziert.
Die Kassette läuft nun an und zu hören ist die metallen klingende Stimme eines Mannes, der über Techniken der Grenzziehung, Flucht, aufflammenden Nationalismus und Krieg um Rohstoffe berichtet – alles Themen und Motive, die bereits in den zu Anfang im installativen Teil auf den Tablets zu sehenden Interviews auftauchen. Im Verlauf der Inszenierung werden immer wieder Passagen dieser Aufnahme eingespielt, die so zum zentralen *Fundstück* und ihr Sprecher zum letzten Vertreter des *Homo Terminus* wird. Darin berichtet er über die Beschaffenheit und Funktion von Zäunen, Mauern, Soldaten und Pfosten:

> Die Menschen vermessen die Erde. Sie unterteilen sie in gleich große Flächen und stapeln diese nach einer bestimmten Ordnung. Sie verwandeln die Oberfläche der Erde in ein zusammenhängendes und begrenztes Gefüge. Sie formen die Erde nach dem Bild der Mauer.[22]

Diese nachdenklichen Aphorismen des Mannes wirken, als seien ihm diese, für das 21. Jahrhundert gängigen Bestandteile kapitalistischer Infrastruktur selbst fremd, was auch die Anthropologin kommentiert:

> Als ich die Kassette das erste Mal anhörte, überkam mich ein komisches Gefühl. Die Stimme hatte etwas, das ich nicht kannte und dem ich in all den Jahren meiner Forschung noch nicht begegnet war. Etwas, das ich zum jetzigen Zeitpunkt nur mit dem Wort „Verbundenheit“ umschreiben kann. Die Stimme erzählte von Verbundenheit und gleichzeitig von einem Zustand völliger Losgelöstheit. Sie sprach von einer Gewissheit des Ungewissen, die wir heute nicht mehr kennen.[23]

21 Ebd., S. 9.
22 Ebd.
23 Ebd., S. 3.

Dieses Fremdheitsgefühl, das die Stimme der Anthropologin wiederum hier äußert, ist ein bestimmender Faktor innerhalb der Inszenierung. Nicht nur wird damit ihr distanzierter wissenschaftlicher Blick betont, sondern ihm wird jener Zustand der Verbundenheit gegenübergestellt, der als wesentliche Charakteristik des 21. Jahrhunderts erscheint.
Immer wieder wird die Kassettenaufnahme unterbrochen, um weiteres Material zu sichten. So greift sie beispielsweise den Begriff ‚Zaun' aus der Erzählung des Mannes heraus und beginnt, in kleinen altmodischen Karteikästchen nach dem entsprechenden Eintrag zu suchen, sichtet verschiedenste Fotografien von Zäunen und liest dann von einem der Einträge ein Zitat von Jean-Jacques Rousseau vor:

> Der erste, der ein Stück Land mit einem Zaun umgab und auf den Gedanken kam zu sagen ‚Dies gehört mir' und der Leute fand, die einfältig genug waren, ihm zu glauben, war der eigentliche Begründer der bürgerlichen Gesellschaft.[24]

In dieser Art verläuft nun auch die weitere Performance: Immer wieder hören wir Bruchstücke von der Kassettenaufnahme, denen die Anthropologin einzelne Begriffe entnimmt und dazu aus ihrem Archiv entsprechendes Material zusammensucht. Dabei bleibt die Kameraeinstellung immerfort die gleiche: Aus der Vogelperspektive ist der Schreibtisch zu sehen, auf dem die in weißen Stoffhandschuhen steckenden Hände – die der Anthropologin – die Karteikästchen nach Stichworten durchsuchen, archivierte Objekte begutachten und sie in unterschiedlichen Konstellationen zusammenbringen: Zeitungsausschnitte über Donald Trump, die Feder einer kanadischen Wildgans, Sandkörner. Die Inszenierung setzt damit auf eine Archivästhetik, die Ähnlichkeit mit den Arbeiten von Akram Zaatari, Walid Raad, aber auch Rabih Mroué aufweist, die verstärkt zur Frage des Dokumentarischen und seiner Fiktionalisierung arbeiten und in denen das Sichten von Archivmaterial eine zentrale Rolle einnimmt – oft, wie beispielsweise in Zaataris *Letter to a Refusing Pilot* (2013) oder Mroués Arbeit *So Little Time* (2016), werden dabei weißbehandschuhte Hände von oben gefilmt, wie sie das auf einer weißen Arbeitsfläche ausgebreitete Material anordnen. Obwohl *Boundaries* in diesem Sinne wie ein Zitat dieser Archivästhetik wirkt, ist doch die dabei inszenierte Zeitlichkeit eine in die Zukunft projizierte. Nicht um Dokumente einer jüngsten Vergangenheit aus existierenden Archiven

24 Vgl. Jean-Jacques Rousseau: *Diskurs über die Ungleichheit*. Kritische Ausgabe des integralen Texts, mit sämtlichen Fragmenten und ergänzenden Materialien nach den Originalausgaben und den Handschriften neu editiert, aus d. Franz. u. komm. v. Heinrich Meier. Paderborn: Schöningh 1993, S. 173.

wie beispielsweise der Arab Image Foundation geht es hier, sondern um Fundstücke einer uns als Zuschauer*innen noch bevorstehenden zukünftigen Vergangenheit und eines dementsprechend zukünftigen Archivs.
Dabei nähert sich die Anthropologin den Fundstücken mit großer Distanziertheit und fast klinisch kleinteiligem Interesse an ihrer Materialität. Es sind wir Zuschauer*innen, die gewissermaßen durch den Blickwinkel der Kamera die Perspektive der Forscherin einnehmen, von der nichts weiter zu sehen ist als ihre Hände, die auf der Arbeitsplatte Materialien begutachten. Eine so gewöhnliche Bausubstanz wie Sand wird mit der Pinzette genau betrachtet und seziert und gibt letztlich Aufschluss über die gewaltigen Globalisierungsbewegungen des 21. Jahrhunderts:

> Das hier ist eine Bodenprobe entnommen in einem Vorstadtgebiet von Singapur. *(Macht das Glas auf. Holt Besteck und Mikroskop heran. Schüttet Sand auf das Mikroskop. Unterteilt den Haufen in 4 Teile.)* In dieser einzelnen Bodenprobe befinden sich vier verschiedene Gesteinsarten, die aus völlig unterschiedlichen Erdschichten und geografischen Regionen zu stammen scheinen. 40% Überschneidungen hat dieses Erdmaterial interessanterweise mit einigen Sandkörnern, die ich in einem Zementsack aus Marokko finden konnte. Wie kam der Sand aus Marokko in eine Vorstadt von Singapur?

Der Distanziertheit des berechnenden und objektifizierenden anthropologischen Blicks, der sich letztlich noch einmal verstärkt findet durch den Umstand, dass dieser darüber hinaus von einem gänzlich anderen Planeten auf die Erde gerichtet ist, wird immer wieder das Motiv der Verbundenheit und der Verzweigung entgegengesetzt. Globalisierungsbedingte Vernetzung, die bis ins kleinste Sandkorn nachzuvollziehen ist, taucht dabei ebenso auf wie Zusammenhänge zwischen dem Phänomen dessen, „was die Menschen damals Identität nannten", dem Ziehen von Zäunen, dem Sichern von Eigentum und der Festigung von Grenzen.
Mit der Figur der Anthropologin, die aus der Zukunft heraus versucht, unsere Gegenwart als Paradigma zu bestimmen, greift die Inszenierung ein Motiv auf, das in vielen zeitgenössischen Theorien genau dann auftaucht, wenn es darum geht, eine *nach-moderne* Sinnsuche zu diskursivieren.[25] So bezieht sich die Performance auch sehr deutlich auf Bruno Latour, der in seinem Buch *Existenzweisen* ein ähnliches Gedankenexperiment vollzieht, wenn er eine

25 Auch Tom McCartys Roman *Satin Island* wäre hier zu nennen, in dem ein Anthropologe von einer dem Unternehmen Google ähnelnden Company dafür bezahlt wird, eine Universaltheorie der Gegenwart zu formulieren. Tom McCarthy: *Satin Island*, aus d. Engl v. Thomas Melle. Berlin: Suhrkamp 2023.

Anthropologin die Existenzweise der ‚Modernen' am Kreuzungspunkt zur Ökologisierung untersuchen lässt:

> Nehmen wir eine Anthropologin, die es sich in den Kopf gesetzt hätte, das Wertesystem der ‚westlichen Gesellschaften' zu rekonstruieren [...] Nehmen wir weiterhin an, daß sie, belehrt durch die Lektüre einiger guter neuerer Autoren, der Versuchung widerstanden hätte, ihre Forschungen bei den Modernen auf jene Aspekte zu beschränken, die oberflächlich den klassischen Gebieten der Anthropologie gleichen – Folklore, Dorffeste, kulturelles Erbe, unterschiedlichste Archaismen. So viel hat sie verstanden: Wenn sie wirklich die Anthropologen der Ferne imitieren will, muß sie ihre Aufmerksamkeit auf das Herz der Institutionen richten – Wissenschaft, Ökonomie, Politik, Recht etc. –, nicht auf die Ränder, nicht auf die Relikte, nicht auf die Überreste.[26]

Obwohl die Anthropologin in *Boundaries* durchaus als exemplarische Anthropologin „der Ferne" gelten könnte, wie es bei Latour heißt, konzentriert sie sich jedoch genau auf jene Ränder, Relikte und Überreste einer vergangenen Zivilisation und wird damit zwangsläufig eher zu einer Archäologin.[27] Ihr Untersuchungsgegenstand lässt sich als das beschreiben, was Jussi Parikka „Future Fossils" nennt und denen er eine besondere Zeitlichkeit zuschreibt:

> [T]he idea of future fossils, as a future temporality turned back to the current moment. The fossil is in this sense a question about the contemporary that expands across multiple times. We are forced to investigate the persistence of the fossil as a material monument that signals a radical challenge to prevailing notions of time.[28]

Parikka sieht in der heutigen Faszination für die Rückprojektion eines zukünftigen Blicks auf die Gegenwart, die oft technische Objekte als solche zukünftigen Fossilien imaginiert, eine Wiederkehr jener Ruinen-Ästhetik, die in der zweiten Hälfte des 19. Jahrhunderts populär wurde und zu deren Beispielen er Joseph Michael Gandys apokalyptisches Gemälde der in Ruinen liegenden und aus der

26 Bruno Latour: *Existenzweisen. Eine Anthropologie der Modernen*, aus d. Franz. v. Gustav Roßler. Berlin: Suhrkamp 2018, S. 66.

27 Der Künstler Grégory Chatonsky entwirft in seinem Projekt *Telofossils* (2013) in Taipei, Taiwan, ein ähnliches Szenario eines „future archeologist", aus dessen zukünftiger Perspektive Fossilien unserer Gegenwart in einem installativen Rahmen ausgestellt werden. Damit entsteht ein Museum der Zukunft, das unsere Gegenwart als bereits vergangene und die Spezies Mensch als ausgelöschte beschreibt. Grégory Chatonsky: Telofossils. In: *Chatonsky*, 02/2013. http://chatonsky.net/telofossils/ (Zugriff am 03.06.2023). Vgl. Jussi Parikka: *A Geology of Media*. Minneapolis / London: U of Minnesota P 2015, S. 120.

28 Ebd., S. 109.

Vogelperspektive gezeigten Bank of America zählt.[29] In *Boundaries* bergen die *zukünftigen Fundstücke* in sich ebenfalls eine komplexe Faltung einer zukünftig-vergangenen Gegenwart, die im Moment der Inszenierung auf die Fiktion einer von Besucher*innen und Performer*innen geteilten Gegenwart invertiert wird. Sie sind Indikator eines in der Zukunft beendeten Zeitalters des Anthropozäns, das damit als eine Grenzzeit gesetzt wird, nämlich als der Beginn des Endes der Menschheit auf der Erde. In ihrem Vortrag folgen wir der Anthropologin bei ihrem schließlich scheiternden Versuch, diese Verbindungen zu entschlüsseln, Kausalzusammenhänge herzustellen und eine große Erzählung des *Homo Terminus* an der Schwelle zu einer neuen nicht-mehr-erdgeschichtlichen Epoche zu stricken. „Was suche ich eigentlich?", fragt die Anthropologin zum Schluss ratlos und lässt ihren Kopf auf die Tischplatte sinken. Von ihrem fiktiven extraterrestrischen Punkt aus verschließen sich die Phänomene des 21. Jahrhunderts vor ihr als ein fremdes Denksystem. So lenkt die Inszenierung die Aufmerksamkeit ganz auf den Zusammenhang zwischen der theatralen Beschaffenheit des Phantasmas eines ganzheitlich erfassenden Blicks auf der einen und einer rationalistischen Epochenbestimmung auf der anderen Seite.

Inszeniert wird ein invertiertes, rückwärts aus der Zukunft auf die Gegenwart projiziertes Befragen des 21. Jahrhunderts als einer Grenzzeit von einem fiktiven Punkt außerhalb der Erde, außerhalb unserer Zeit-, Raum-, Geschichts- und Repräsentationsraster. Genau durch diese Fiktionalisierung eines in die Zukunft projizierten externen Beobachtungspunkts – durch die In-Szene-Setzung einer phantasmatischen anti-immanenten Denkfigur also, befragt die Performance zum einen gerade den imaginären Punkt, von dem aus eine Paradigmenbestimmung des Anthropozäns oder ein Moment der Zäsur des Denksystems zuallererst möglich zu sein scheint. Indem die Performance also von einer post-anthropozänen Epoche ausgeht, problematisiert sie genau jene Überwindungsmetaphorik und Rhetorik der linearen Ablösung, die in neueren Theoretisierungsversuchen des Anthropozäns zu beobachten ist. Zum anderen geraten zunehmend *relationale Zeitlichkeiten* in den Blick, die ein Neu- und Überdenken der Kategorie Zeit einfordern und die Frage nach deren Darstellbarkeit neu aufwerfen.

29 Parikka schreibt: „The mid- and late-nineteenth-century geological imagination was constantly talking about the future. A fascination with archaeology, geology, and ruins was complemented with an imaginary of future ruins. Besides the enthusiasm for the archaeological excavations of antiquity, one was painting future perspectives of the contemporary imagined as a forthcoming excavation site of similar importance: Joseph Michael Gandy was invited to paint the Bank of England with a bird's-eye view of how it would look after hundreds of years of decay, abandoned to the mercy of natural forces. The piece was first exhibited in 1830." (Ebd., S. 117.)

Eine neue Zeit der Zeit: Anthropozän und der neue Universalismus

Wie bereits deutlich geworden ist, bezeichnet der Begriff *Anthropozän* zunächst den Beginn eines neuen geologischen Zeitalters, in dem die Menschheit zum wesentlichen geologischen Akteur geworden ist.[30] Vorgeschlagen hat den Terminus im Bereich der Naturwissenschaften der Chemiker Paul J. Crutzen im Jahr 2000. Er impliziert, dass nicht mehr länger allein vom Holozän gesprochen werden könne – ein seit dem Ende des 19. Jahrhunderts etablierter Begriff, der die gemäßigte Wärmeperiode der letzten 10.-12.000 Jahre bezeichnet[31]:

> Considering [the] major and still growing impacts of human activities on earth and atmosphere, and at all, including global scales, it seems to us more than appropriate to emphasize the central role of mankind in geology and ecology by proposing to use the term 'anthropocene' for the current geological epoch.[32]

Doch nicht nur der Terminus selbst, sondern auch die Datierung des Beginns dieser ‚neuen' Periode in der Welt- und Menschheitsgeschichte bleiben lange umstritten. Erst im Jahr 2008 einigt sich die Geological Society of America darauf, den von Crutzen vorgeschlagenen Begriff als offizielle Bezeichnung einer „new geological epoch" anzuerkennen und seinen Beginn in der Mitte des 18. Jahrhunderts zu verorten.[33] Der Geschichtswissenschaftler Dipesh Chakrabarty betrachtet 2009 in seinem richtungsweisenden Essay „The Climate of History. Four Theses"[34] den bis dato hauptsächlich geologisch-naturwissenschaftlich geprägten Diskurs des Anthropozäns erstmals im Kontext kritischer

30 Neni Panourgiá weist darauf hin, dass etymologisch *anthropos* zunächst geschlechtslos ist und das darin enthaltene ὤψ (ōps) den Vorgang des sich selbst Anblickens impliziert: Neni Panourgiá: Anthrōpos. In: Rosi Braidotti / Maria Hlavajova (Hrsg.): *Posthuman Glossary*. London: Bloomsbury Academic 2018, S. 53–55, hier S. 54.

31 Crutzen erläutert: „For the past three centuries, the effects of humans on the global environment have escalated. Because of these anthropogenic emissions of carbon dioxide, global climate may depart significantly from natural behaviour for many millennia to come. It seems appropriate to assign the term 'Anthropocene' to the present, [...] human-dominated, geological epoch, supplementing the Holocene – the warm period of the past 10–12 millennia. The Anthropocene could be said to have started in the latter part of the eighteenth century, when analyses of air trapped in polar ice showed the beginning of growing global concentrations of carbon dioxide and methane. This date also happens to coincide with James Watt's design of the steam engine in 1784 [...]". (Paul J. Crutzen: Geology of Mankind. In: *Nature* 415 (2002), S. 19–23, hier S. 23.) Vgl. auch Ders. / Eugene F. Stoermer: The Anthropocene. In: *IGBP* [International Geosphere-Biosphere Programme] 41 (2000), S. 17–18.

32 Ebd., S. 17.

33 Jan Zalasiewicz: Are We Now Living in the Anthropocene? In: *GSA Today* 18,2 (2008), S. 4–8, hier S. 7.

34 Chakrabarty: The Climate of History.

Geistes- und Gesellschaftswissenschaften und unterzieht ihn einer grundsätzlichen Kritik. Dabei arbeitet er heraus, wie sehr die These des Paradigmenwechsels hin zum Menschen als wesentliche geologische Wirkungsmacht sowie die Annahme einer geologischen Tiefenzeit (*deep time*) eine radikale Erschütterung des Verständnisses und Verhältnisses von Zeit, Natur und Geschichte sowie für die Geisteswissenschaften generell bedeutet. Insbesondere gilt Chakrabartys Fokus dem Aufkommen eines neuen Universalismus, der sich durch die apokalyptische Anrufung eines vermeintlich homogenen, universalen „geological agent" namens Mensch angesichts der drohenden Klimakatastrophe formiert.[35] Inwiefern Chakrabartys Position in dieser Hinsicht auch durchaus problematisch ist, werde ich im Folgenden erläutern.

Chakrabarty formuliert gleich zu Beginn seines Essays, inwiefern die Annahme des Anthropozäns notwendigerweise das historische Verständnis von Zeit als einer geschichtlichen in eine Krise stürzt, provoziert sie doch unweigerlich das Gedankenexperiment einer Zeitlichkeit jenseits des Menschen. Eine geschichtliche Betrachtung stehe damit vor der Aufgabe, sich eine Zukunft jenseits des Menschen vorzustellen und damit eine Zeit jenseits von Geschichtlichkeit:

> [W]e have to insert ourselves into a future 'without us' in order to be able to visualize it. Thus, our usual historical practices for visualizing times, past and future, times inaccessible to us personally – the exercise of historical understanding – are thrown into a deep contradiction and confusion. [...] Our historical sense of the present, [...] has thus become deeply destructive of our general sense of history.[36]

Chakrabarty benennt in dieser kurzen Passage die tiefe Erschütterung, welche die Vorstellung des Anthropozäns für das geschichtliche Denken und die Historizität der Gegenwart impliziert. Diese wird deutlich in folgender, nahezu paradoxer Wendung: Es ist gerade das geschichtliche Verständnis der Gegenwart als einem historischen Wendepunkt in der Ordnung von Mensch und Umwelt, Technik und Natur, das wiederum das generelle Verständnis von Geschichte, wie wir es bisher kennen, kollabieren lässt. Chakrabartys Gedankenspiel erinnert insofern an dasjenige, das die Inszenierung *Boundaries* in Szene setzt: Die Projektion einer distanzierten Betrachter*innenperspektive in die Zeit nach der Auslöschung menschlichen Lebens auf der Erde, die von dieser jenseitigen Position

35 Chakrabartys Essay hat eine Vielzahl an kritischen Kommentaren hervorgerufen. Der folgende Band sammelt einige der wichtigsten Repliken, inklusive einer Erwiderung Chakrabartys: *RCC Perspectives. Transformations in Environment and Society* 2 (2016): Whose Anthropocene? Revisiting Dipesh Chakrabarty's 'Four Theses', hrsg. v. Robert Emmett / Thomas Lekan.

36 Chakrabarty: The Climate of History, S. 197–198.

aus zurückblickt und versucht, eben diesem Ende der anthropozentrischen Zeit einen historischen Sinn zu verleihen, daran letztlich jedoch scheitert. Damit verleiht die Inszenierung der Unmöglichkeit Ausdruck, sich eine Welt nach dem Untergang der Menschheit vorzustellen, ohne sich dabei selbst als Betrachterin wiederum in diese imaginierte posthumane Zukunft zu versetzen und damit aufs Neue einen anthropozentrischen Blick einzunehmen. Auch in *Boundaries* ist es immer noch ein menschlicher, wenn auch nicht mehr auf der Erde verorteter Blick, mit dem die Anthropologin aus der Zukunft auf die Auslöschung der Menschheit auf dem Planeten blickt.

Entscheidend ist an Chakrabartys Kritik darüber hinaus, dass eben diese Schwierigkeit der Vorstellung einer ‚Zukunft ohne uns' in den Anthropozän-Diskursen insofern weitestgehend umgangen wird, als dass stattdessen gerade aus der destruktiven Kraft der Menschheit die Fähigkeit zu ihrer eigenen Rettung qua Fortschritt und Rationalität abgeleitet und beschworen wird. Er zeigt also auf, inwiefern die Rede einer menschliche Wirkungsmacht in Ökologie, Geologie und Umwelt zutiefst von den rationalistischen Prämissen ausgeht, die Menschen gemachte Klimakatastrophe sei durchaus mit Hilfe von Wissenschaft und Technik wieder aufzuhalten. Eben die in der Vergangenheit eigentlich just für die Zerstörung verantwortliche „major geological force"[37] der Menschheit wird nun zu ihrer eigenen zukünftigen Rettung erkoren, wie sich exemplarisch und besonders deutlich noch einmal bei Crutzen zeigen lässt:

> Mankind will remain a major geological force for many millennia, maybe millions of years, to come. To develop a world-wide accepted strategy leading to sustainability of ecosystems against human-induced stresses will be one of the great future tasks of mankind, requiring intensive research efforts and wise application of knowledge thus acquired. An exciting, but also difficult and daunting task lies ahead of the global research and engineering community to guide mankind towards global, sustainable, environmental management.[38]

In positivistisch-fortschrittsgläubiger Manier wird die autodestruktive Kraft des Menschen zum Zeichen seiner zum Besseren strebenden Überlegenheit. Chakrabarty sieht darin nichts Geringeres als den Kollaps der humanistischen Gegenüberstellung von Natur- und Menschheitsgeschichte, von geologischer und menschlicher Zeit.[39] Stattdessen finde nun eine Verschränkung statt:

37 Crutzen / Stoermer: The Anthropocene, S. 18.

38 Ebd.

39 Chakrabarty: The Climate of History, S. 201.

„The geologic now of the Anthropocene has become entangled with the now of human history"[40]. Diese Verschränkung stellt jedoch nicht nur eine Herausforderung für die Disziplin der Geschichtswissenschaft, sondern auch für diejenige postkolonialer Theorie und für all jene kritischen Ansätze dar, die sich der Dekonstruktion von Naturalismen und Essenzialisierungen von Natur oder eines vermeintlich universalen Menschseins verschrieben haben – ein bedeutender Aspekt, den Chakrabarty gänzlich außen vor lässt, dann aber in seinem späteren Aufsatz „Postcolonial Studies and the Challenge of Climate Change", der die von vielen Seiten geäußerte Kritik an seinem vorherigen Essay aufnimmt, gezielt diskutiert.[41]

Neben der Tendenz einer neuen Fortschrittsgläubigkeit an die sich aus der eigenverursachten Katastrophe zu retten vermögende universale Menschheit bringt die Diskussion um das Anthropozän und die Verschränkung von *human time* mit einer *geologic time* oder *deep time* weitere schwerwiegende Probleme mit sich. Chakrabarty betont in dieser Hinsicht die Gefahr, die sich aus der Rede von „deep history"[42] ergibt – also der Vorstellung, die Menschheitsgeschichte sei lediglich als Teil einer sie über Millionen Jahre überdauernden geologischen Zeit und Geschichte zu begreifen.[43] Die Menschheit wird in diesen Diskursen als Teil dieser *deep history* oder *deep time*[44] erachtet und damit selbst zur spezifischen „species" erklärt, zu einer besonders mächtigen Lebensform, die selbst zu einer geologischen Macht geworden sei:

40 Ebd., S. 212.

41 Dipesh Chakrabarty: Postcolonial Studies and the Challenge of Climate Change. In: *New Literary History* 43 (2012), S. 1–18.

42 Vgl. Daniel Smail: *On Deep History and the Brain*. Berkeley: U of California P 2008.

43 Das Konzept einer Tiefengeschichte des Menschen entwirft nicht nur den Menschen als Spezies innerhalb einer Skala von 2,5 Millionen Jahren, sondern vereinheitlicht damit diese zu einem einheitlichen Narrativ und zu einem universellen Geschichtsmodell, wie prominent vertreten durch David Christian: The Return of Universal History. In: *History and Theory* 49 (2010), S. 6–27. Vgl. Andrew Shryock / Daniel Smail: Introduction. In: Dies. / Timothy K. Earle (Hrsg.): *Deep History. The Architecture of Past and Present.* Berkeley: U of California P 2011, S. 16–49. Populärwissenschaftlich hat Yuval Noah Harari den Begriff bearbeitet und einer breiten Leser*innenschaft zugänglich gemacht. Yuval N. Harari: *Eine kurze Geschichte der Menschheit*, aus d. Engl. v. Jürgen Neubauer. München. München: DVA 2013.

44 Zum Verhältnis von *deep time* aus medienwissenschaftlicher Perspektive vgl. auch Siegfried Zielinski: *Deep Time of the Media. Toward an Archaeology of Hearing and Seeing by Technical Means.* Cambridge, MA: MIT Press 2009; Jussi Parikka: *The Anthrobscene.* Minneapolis: U of Minnesota P 2015.

They argue that because humans constitute a particular kind of species they can, in the process of dominating other species, acquire the status of a geologic force. Humans, in other words, have become a natural condition, at least today.[45]

So erscheinen sämtliche soziokulturelle Veränderungen und Umwälzungen rückführbar auf genetische und geologische Faktoren, was wiederum die Möglichkeit eines gefährlichen Biologismus und Essenzialismus eröffnet. Hieraus wird ersichtlich, inwiefern die Rede vom Anthropozän die Kategorien ‚Zeit' und ‚Geschichte' in größtmöglichem Maße herausfordert, indem sie diese nicht mehr als rein menschliche denkt[46]:

The crisis of climate change requires us to bring together intellectual formations that are somewhat in tension with each other: the planetary and the global; deep and [human] recorded histories; species thinking and critiques of capital.[47]

Zeit als geschichtliche Zeit steht so vor der Frage, inwiefern diese womöglich auch auf andere, vor- und nicht-menschliche Akteurinnen oder Geschichten auszuweiten und so in gänzlich anderen Einheiten zu denken sei, wie es Rebecca Schneider im Anschluss an Chakrabarty formuliert:

However, climate change necessarily changes 'our' relationship to time and places current Anthropocenic struggles in relationship to both bigger and smaller temporal registers.[48]

Bereits in Chakrabartys Kritik wird deutlich, wie die Anthropozän-Diskurse – sowohl jene, die eine Rettung der Menschheit qua eines neuen aufklärerischen Rationalismus und Fortschritts beschwören, als auch jene, welche die Menschheit im Kontext einer *deep history* und damit als eine bloße *species* ansehen – gleichermaßen die gefährliche Essenzialisierung

45 Chakrabarty: The Climate of History, S. 214.

46 Eva Horn zeigt auf, inwiefern die Genealogie des Anthropozänbegriffs auf die Klimatologie um 1800 zurückführt. Eva Horn: Klimatologie um 1800. Zur Genealogie des Anthropozäns. In: *Zeitschrift für Kulturwissenschaften* 10 (2016), S. 87–102; vgl. auch dies.: Klima. In: Benjamin Bühler / Stefan Willer (Hrsg.): *Futurologien. Ordnungen des Zukunftswissens*. Paderborn: Fink 2016, S. 351–362.

47 Chakrabarty: The Climate of History, S. 213.

48 Schneider: That the Past May Yet Have Another Future, S. 301. Vgl. Jussi Parikka: Deep Times and Media Mines. A Descent into the Ecological Materiality of Technology. In: Erich Hörl / James Burton (Hrsg.): *General Ecology. The New Ecological Paradigm*. London: Bloomsbury Academic 2017, S. 169–191.

einer homogenen, universalen Menschheit betreiben. Im Zuge eines apokalyptischen Tons[49] angesichts der akut drohenden Klimakatastrophe wird die Einheit einer gemeinsamen Menschheit und deren Rolle als Retterin des Planeten beschworen und dabei wesentliche Fragen von Ungleichheit und Ausbeutung, d. h. Fragen der Geschichtlichkeit und Gewordenheit ebendieser vermeintlichen universalen Menschheit, systematisch ausgeblendet. Auch Chakrabarty bleibt vor dieser Tendenz nicht gefeit, auf deren Gefahr er selbst verweist. Denn er verhandelt das Anthropozän ausschließlich als Frage (in) der Gegenwart: Indem er die Klimakatastrophe als eine unmittelbare Bedrohung und akute Krise im Hier und Jetzt und nicht als geschichtliche Formation unter dem Aspekt eines Paradigmenwechsels beschreibt, beschwört auch er einen gewissen neuen Universalismus der Menschheit als *species*. Françoise Vergès unterstellt ihm in dieser Hinsicht, einer „presentness" verhaftet zu bleiben:

> By focusing on the immediacy of climate change as a crisis, Chakrabarty framed the Anthropocene as a current transformation. This presentism ignored a deeper history and created the illusion of an organic and undifferentiated universal humanity.[50]

Der problematische Schluss, den Chakrabarty aus dem Problemkomplex des Anthropozäns zieht, liegt in der Forderung, es bedürfe eines *neuen Universalismus* – einer „human collectivity", die angesichts der alle bedrohenden Katastrophe zu einem neuen Universellen wird, einem „universal that arises from a shared sense of a catastrophe".[51] In einer Verdrehung Benjamin'scher Rhetorik schreibt er emphatisch von einer neuen Universalgeschichte, die er im Augenblick der Gefahr durch den Klimawandel aufblitzen sieht: „a new universal history of humans that flashes up in the moment of danger that is climate change"[52]. Der Name, den er für diesen neuen Universalismus wählt, ist der einer „negative universal history"[53]. Dieser negative Universalismus sei zwar kein Universalismus im Hegel'schen Sinne, denn, so betont er, „it cannot subsume particularities", dennoch scheint es Chakrabarty letztlich nicht um das Singuläre, Besondere zu gehen, sondern vielmehr um die Neuerfindung

49 Derrida: Von einem neuerdings erhobenen apokalyptischen Ton.

50 Françoise Vergès: Racial Capitalocene. In: Gaye T. Johnson / Alex Lubin (Hrsg.): *Futures of Black Radicalism*. London / New York: Verso 2017, S. 72–79, hier S. 74.

51 Chakrabarty: The Climate of History, S. 221–222.

52 Ebd.

53 Ebd., S. 222.

der Menschheit als gemeinsamer universaler „species".[54] Auch wenn Chakrabarty in „Postcolonial Studies and the Challenge of Climate Change" betont, es brauche „nicht-ontologische Weisen, den Menschen zu denken",[55] bleibt er doch der Idee dieses neuen problematischen Universalismus der einen Menschheit als bedrohter Spezies verpflichtet.

Es ist u. a. Claire Colebrook, die die Idee einer neuen universalen Menschheit als *species* einer scharfen Kritik unterzieht. Die damit einhergehende Vorstellung der Welt als eines „living system" drohe einer Fetischisierung von „unity, connectedness, attunement, mindfulness and humanity as an intertwined ecology"[56] anheimzufallen, die überdies die deterministische Romantisierung einer kommenden Menschheit als Teil eines „living inter-connected system"[57] zelebriere, einer „better humanity to come"[58], die zwangsläufig aus der Zerstörung folgen müsse. So schleiche sich eine Re-Essenzialisierung dessen ein, was als Menschheit oder *species* gehandelt wird, argumentiert Colebrook: Die Vorstellung des Anthropozäns als eines Paradigmenwechsels, in dem der Mensch sich erstmals zu einer seine Umwelt zerstörenden Lebensform erhebt und damit eine evolutionäre Sonderstellung erhält, impliziere umgekehrt auch die Vorstellung einer prä-anthropozänen Menschheit oder eines „counter-anthropocene", also die Möglichkeit einer Rückkehr zu einem guten, erdverbundenen Menschsein jenseits von Kolonialismus, industrialisierter Landwirtschaft, Atomkraft und Globalisierung: „It is as though only with the impending end of humanity does something like 'the human' become visible".[59] Diese Re-Essenzialisierung einer scheinbar homogenen „humanity", die sowohl geologische Handlungsmacht wie auch sich selbst bedrohende Lebensform ist, führt jedoch zu nichts anderem als der Negierung sozialpolitischer, gesellschaftlicher Faktoren und kolonialer, extraktivistischer Gewaltgeschichte.

54 Chakrabarty: The Climate of History, S. 222.

55 Genauer heißt es hier: „Der nichtmenschliche Existenzmodus des Menschen sagt uns, dass wir nicht länger einfach eine Lebensform sind, die mit einem Sinn für Ontologie ausgestattet ist. Das sind wir nach wie vor; aber indem wir zu einer geophysikalischen Kraft auf dem Planeten werden, haben wir auch eine Form der Existenz entwickelt, die keine ontologische Dimension hat. Unser Denken über uns selbst überdehnt nun unsere Fähigkeit zu historischem Verstehen. Wir brauchen nicht-ontologische Weisen, den Menschen zu denken." (Dipesh Chakrabarty: Verändert der Klimawandel die Geschichtsschreibung? In: *Transit. Europäische Revue* 41 (2011), S. 143–163, hier S. 160.)

56 Claire Colebrook: What is the Anthropo-Political? In: Tom Cohen / Claire Colebrook / J. H. Miller (Hrsg.): *Twilight of the Anthropocene Idols*. London: Open Humanities Press 2016, S. 81–125, hier S. 82.

57 Ebd., S. 83.

58 Ebd., S. 85.

59 Ebd., S. 86.

Kurzum: Die Rede von der bedrohten und sich selbst zerstörenden Menschheit im Anthropozän läuft Gefahr, all jene kritischen, feministischen, dekolonialen, gesellschaftspolitischen und philosophischen Ansätze für nichtig zu erklären, die nicht im Namen *der* Menschheit argumentieren, sondern relationale Abhängigkeitsverhältnisse, Ausgrenzungen, koloniale Verschränkungen und mehr-als-menschliche *entanglements* herausarbeiten und sich der Dekonstruktion von Naturalismen und Essenzialismen verschreiben.[60] Colebrook folgert, „[a]fter years of theory that contested every naturalization of what was ultimately historical and political, 'man' has returned."[61] Damit bringt sie auf den Punkt, was sich bei Chakrabarty nur angedeutet findet: Jene Re-Essenzialisierungstendenzen im Anthropozän-Diskurs stellen die Geistes- und Gesellschaftswissenschaften und darin vor allem auch feministische und dekoloniale Ansätze vor eine ganz neue Herausforderung.[62]

Rebecca Schneider verweist angesichts jener Naturalisierungen und Essenzialisierungen im Anthropozän-Diskurs just auf diejenigen Ansätze, die sich der Vereinheitlichungstendenz einer universalen Menschheit gerade mit dem erneuten Rekurs auf Differenz entgegenstellen. Weit mehr als vom Anthropozän sei deswegen im Anschluss an Donna Haraway und mit Françoise Vergès vom „racial Capitalocene"[63] zu sprechen, womit der Fokus auf das *Ungedachte* des Anthropozän-Diskurses gelegt wird, wozu Aspekte kapitalistischer, kolonialer und rassistisch bedingter Ausbeutung von Menschen in Schwellenländern gehören, die die unverzichtbare, aber ungesehene Bedingung und Voraussetzung der Erlangung jener geologischen Wirkungsmacht ‚des Menschen' im Anthropozän darstellt. Auch Kathryn Yusoff unternimmt in ihrer Studie *A Billion Black Anthropocenes or None*[64] den Versuch, das Anthropozän als eine seine eigene historische Bedingung ausblendende universalistische geologische Kategorie zu problematisieren

60 Dementsprechend wird der Begriff des Anthropozäns etwa in Ansätzen der Critical Race Studies als eine seine eigene historische Bedingung ausblendende, universalistische geologische Kategorie kritisiert. Vgl. Axelle Karera: Blackness and the Pitfalls of Anthropocene Ethics. In: *Critical Philosophy of Race* 7 (2019), S. 32–56. Zum Verhältnis von Queer Theory und der drohenden ‚extinction' vgl. Neel Ahuja: Intimate Atmospheres. Queer Theory in a Time of Extinctions. In: *GLQ. A Journal of Lesbian and Gay Studies* 21 (2015): Queer Inhumanisms, S. 365–385, sowie diese gesamte Ausgabe der GLQ.

61 Colebrook: What is the Anthropo-Political?, S. 90.

62 Zu Feminismus im und nach dem Anthropozän vgl. Grusin (Hrsg.): *Anthropocene Feminism*; Grosz: *Time Travels*; dies.: *The Nick of Time*; Richard A. Grusin (Hrsg.): *After Extinction*. Minneapolis: U of Minnesota P 2018.

63 Vergès: Racial Capitalocene.

64 Yusoff: *A Billion Black Anthropocenes or None*.

und mit Ansätzen der Critical Race Studies zu denken.[65] Die „White Geology of the Anthropocene“[66] beschreibt sie folgendermaßen:

> As the Anthropocene proclaims the language of species-life – Anthropos – through a universalist geologic commons, it neatly erases histories of racism that were incubated through the regulatory structure of geologic relations. The racial categorization of Blackness shares its natality with mining the New World.[67]

Schneider rückt vor diesem Hintergrund wiederum die Frage nach Verteilungsgerechtigkeit in den Vordergrund, denn letztere sei nicht zuletzt ein Problem der Verteilung von Zeit selbst, einer „differential distribution of time“[68]: „On a very basic level the manifestation of such difference [race, gender, sexuality] is understood within the context of how time is applied and to whom“[69]. Kritiken dieser Art, die den Begriff des Anthropozäns als solchen aufgrund seiner universalisierenden Implikationen ablehnen, stellen diesem also eine ganze Reihe Neologismen entgegen, zu denen nicht nur das „Capitalocene“[70] gehört, sondern auch jene des „Anthrobscene“[71], „Plantationocene“[72],

65 Im Anschluss an Vergès und Colebrook bescheinigt Axelle Karera den universalisierenden Anthropozän-Diskursen eine systematische Leugnung kolonial-rassistisch bedingter Ausbeutung. Diese Leugnung zählt sie zu den Fallen der sogenannten „anthropozänen Ethik“. (Axelle Karera: Blackness and the Pitfalls of Anthropocene Ethics. In: *Critical Philosophy of Race* 7 (2019), S. 32–56.)

66 Yusoff: *A Billion Black Anthropocenes or None*, S. 1.

67 Ebd., S. 2.

68 Schneider: That the Past May Yet Have Another Future, S. 295.

69 Damien Sojoyner: Dissonance in Time. (Un)Making and (Re)Mapping of Blackness. In: Johnson / Lubin (Hrsg.): *Futures of Black Radicalism*, S. 59–71, hier S. 61.

70 Vgl. den Eintrag zum „Capitalocene“ von Donna Haraway, in dem sie auch vom „Plantationocene“ spricht: „Unhappy with the false and arrogant humanist universal ism of Anthropocene, I started lecturing about the historical extractionism and extinctionism of the Capitalocene (and of the Plantationocene, that name for processes for making wealth through radical simplification, rooted in global transportations of peoples, plants, animals and microbes and in slavery, colonialism, hetero-normative familialism, racism and other forced systems of production and reproduction, all of which made the great accelerations of the Capitalocene possible).“ (Donna Haraway: Capitalocene and Chthulucene. In: Braidotti / Hlavajova (Hrsg.): *Posthuman Glossary*, S. 79–83, hier S. 79.) Haraway kritisiert schließlich auch den Begriff „Capitalocene“ aufgrund seiner Verortung in marxistischen Fortschrittsnarrativen: „Note that insofar as the Capitalocene is told in the idiom of fundamentalist Marxism, with all its trappings of Modernity, Progress, and History, that term is subject to the same or fiercer criticisms.“ (Haraway: *Staying with the Trouble*, S. 50.)

71 Parikka: *The Anthrobscene*.

72 Donna Haraway: Anthropocene, Capitalocene, Plantationocene, Chthulucene: Making Kin. In: *Environmental Humanities* 6 (2015), S. 159–165.

„(M)Anthropocene“[73], „Negrocene“[74] oder „Plasticene“[75]. Die Mannigfaltigkeit dieser bisweilen inflationären Beschwörung der neuen Epoche als „-cene“, deren Präfix beliebig austauschbar wirkt – ob nun in Affirmation oder kritischer Zurückweisung des Konzepts des Anthropozäns –, zeigt umso mehr, inwiefern in der scheinbar homogenen Bestimmung tatsächlich eine Vielheit an gegenwärtigen Diskursen aufeinandertrifft und einen Aushandlungsraum eröffnet, in dem bis dato vermeintlich grundsätzliche Gewissheiten von Zeit, Geschichte, Anthropozentrismus und Epochendenken radikal in Frage gestellt und einer Neuaushandlung unterzogen werden. In diesem Sinne möchte ich diesen Aushandlungsraum als Szene begreifen, in der und auf welcher in neuer Weise über die Vorstellung dessen nachgedacht wird, was Zeit und Zeitlichkeit angesichts einer neuen Relationalität und Verzweigung sein könnten und wie die bekannten Parameter der Darstellung ebendieser hinterfragt werden müssen.
Im Folgenden werde ich dementsprechend eine spezifische Problematik innerhalb gegenwärtiger kritischer Theoretisierungsversuche des Anthropozäns aufzeigen, nämlich genau dort, wo versucht wird, die Hinwendung zu relationalen Zeitlichkeiten zu bestimmen, aber ohne daraus Konsequenzen für die eigenen Beschreibungs- und Denkweisen zu ziehen. Am Beispiel von Erich Hörls Rede von der „anthropozänen Illusion“[76] arbeite ich heraus, inwiefern der Diskurs genau jenen rationalistischen Vorstellungsweisen verhaftet bleibt, die er in der Anrufung einer post-anthropozentrischen neuen relationalen Epoche für überwunden behauptet. Dies zeigt sich bezeichnenderweise just an der Stelle, an der Hörl eine Theatermetaphorik für sein Denkmodell wählt – nämlich eine Metaphorik von Schein, Illusion, Trugbild und Enttarnung.

Enttarnungsmetaphorik: Die anthropozäne Illusion

Diese Metaphorik der Enttarnung ist besonders deutlich in Hörls Bestimmung eines radikalen rationalitätsgeschichtlichen Umbruchs, den das Anthropozän mit sich bringe und für den er den Begriff der „Technoökologie“[77] wählt. Hörl grenzt sich zunächst grundsätzlich von dem Begriff des Anthropozäns ab und

73 Giovanna Di Chiro: Welcome to the White (M)Anthropocene? In: Sherilyn MacGregor (Hrsg.): *Routledge Handbook of Gender and Environment*. London / New York: Routledge 2017, S. 487–505.

74 Ferdinand: *Decolonial Ecology*, S. 48.

75 Rosi Braidotti / Maria Hlavajova: Introduction. In: Dies. (Hrsg.): *Posthuman Glossary*, S. 1–14, hier S. 7.

76 Erich Hörl: Die Ökologisierung des Denkens. In: *Zeitschrift für Medienwissenschaft* 14 (2016), S. 33–45, hier S. 44.

77 Ebd., S. 45.

greift stattdessen auf denjenigen des „Technozän[s]“[78] zurück, um den Aspekt der Technologie in den Vordergrund zu rücken, der ihm zufolge zur Bedingung alles Menschlichen und Nicht-Menschlichen wird. Er übernimmt den Begriff der „Technosphäre“ von dem Geologen Peter Haff sowie dessen These, die „technosphere“ repräsentiere „a new stage in the geologic evolution of the Earth“.[79] Hörl geht im Anschluss an Haff von „einem entscheidenden geschichtlichen Momentum“[80] der Etablierung des „technologischen Paradigmas“[81] aus und impliziert damit einen radikalen Umbruch des Denksystems, einer „rationalitätsgeschichtlichen Zäsur“[82], die mit einer neuen Relationalität mehr-als-menschlicher Akteure zu tun habe. Für den Kontext dieser Arbeit ist von zentraler Bedeutung, dass Hörls Beschreibung dieses geschichtlichen Momentums geprägt ist von dem, was ich *Enttarnungsmetaphorik* nennen möchte – die Rede von Erscheinungen, entzauberten Illusionen, enttarnten Phantasmen und der Aufdeckung dessen, was sich vermeintlich ‚dahinter‘ verbirgt.

Als „anthropozäne Illusion“[83] benennt Hörl in *Die Ökologisierung des Denkens* das Phantasma des menschlichen Wirkungsmonopols im Anthropozän, also die Annahme der alleinigen Vormachtstellung des Menschen[84] „qua Technik“[85]. Hörl bezeichnet also just das als Illusion, was die zuvor diskutierten Ansätze, wie etwa derjenige Chakrabartys, als neuen Universalismus feiern: Die Illusion

78 Den Begriff entnimmt Hörl folgendem Beitrag: Alf Hornborg: The Political Ecology of the Technocene. Uncovering Ecologically Unequal Exchange in the World-System. In: Clive Hamilton / Christophe Bonneuil / François Gemenne (Hrsg.): *The Anthropocene and the Global Environmental Crisis. Rethinking Modernity in a New Epoch*. London: Routledge 2015, S. 57–69.

79 Peter Haff: Humans and Technology in the Anthropocene. Six Rules. In: *The Anthropocene Review* 1 (2014), S. 126–136, hier S. 127; Erich Hörl / Peter Haff: Technosphere and Technoecology. Gespräch im Rahmen von ‚A matter Theater‘. In: *HKW Berlin*, 18.10.2014. https://www.hkw.de/en/app/mediathek/audio/31768 (Zugriff am 03.06.2023).

80 Hörl: Die Ökologisierung des Denkens, S. 45. Vgl. ders.: Tausend Ökologien. Der Prozess der Kybernetisierung und die allgemeine Ökologie. In: Diedrich Diederichsen / Anselm Franke (Hrsg.): *The whole earth. Kalifornien und das Verschwinden des Außen*. Berlin: Sternberg 2013, S. 121–130; Erich Hörl / Marita Tatari: Die technologische Sinnverschiebung. In: Marita Tatari (Hrsg.): *Orte des Unermesslichen. Theater nach der Geschichtsteleologie*. Zürich: Diaphanes 2014, S. 43–63.

81 Hörl: Die Ökologisierung des Denkens, S. 42.

82 Ebd., S. 38.

83 Ebd., S. 44.

84 Hörl führt hier dennoch unkommentiert die verallgemeinernde Rede von der bedrohten und sich selbst zerstörenden Menschheit im Anthropozän fort, die, wie bereits zuvor von mir beschrieben, Gefahr läuft, all jene postkolonialen, (queer)feministischen Kritiken der letzten Jahrzehnte zu übergehen, die sich mit den Ungleichheitsverhältnissen innerhalb dieser vermeintlich universellen Menschheit auseinandersetzen.

85 Hörl: Die Ökologisierung des Denkens, S. 44.

des Menschen als rationalistisches, handlungsmächtiges Subjekt (und ergänzt werden müsste hier: in seiner Form als *homo oeconomicus*).[86] Vor allem das Aufkommen neuer Relationalität, oder *agencies*, markiert jedoch das geschichtliche Momentum einer *Entzauberung* ebenjener Illusion menschlicher Hybris. Enttarnt wird diese Illusion Hörl zufolge in dem Moment, in dem mehr-als-menschliche Akteur*innen auf den Plan treten:

> Die Explosion von *agencies*, wie sie gerade und nichts so sehr wie die Technosphäre vorführt, *entzaubert* zu guter Letzt die – wie ich sie nenne – *anthropozäne Illusion*, die dem Menschen ein *phantastisches* Wirkmonopol zuerkannt hatte. Der Begriff der *anthropozänen Illusion* benennt das entscheidende geschichtliche Momentum, *das dieses Phantasma aus den Angeln hebt*: In dem Maße, wie sich der Mensch qua Technik als der zentrale Akteur einer neuen naturgeschichtlichen Epoche erweist, die man schließlich Anthropozän taufen wird, in dem Maße kommt es auch zu einer regelrechten Explosion umweltlicher Handlungs- und Wirkmächte, die am Ende genau den Menschen als Akteur in die Schranken verweist und den *illusionären Charakter* dessen zeigt, was *hinter* seiner Technisierungsleistung steht – nämlich *den illusionären Charakter der Primarisierung* seiner und die Monopolisierung von Wirkmacht überhaupt.[87]

Genau dann also, wenn mehr-als-menschlichen Faktoren eine Wirkmacht zugeschrieben wird, entzaubert sich die Illusion des „phantastische[n] Wirkungsmonopol[s]" des Menschen als *geological agent*. Ergebnis dieser Enttarnung ist die Erkenntnis, dass er lediglich Teil einer relationalen Ganzheit ist. Bemerkenswert ist, wie sehr Hörls Beschreibung dieses Paradigmenwechsels von theatralen Begrifflichkeiten wie Erscheinungen, entzauberte Illusionen, enttarnte Phantasmen und der Aufdeckung dessen, was sich vermeintlich „dahinter" verberge, geprägt ist. Die Frage jedoch, die sich aus Hörls Ausführungen ergibt, ist nicht zuletzt, wer oder was die Entzauberung des Phantasmas vorzunehmen vermag und von welchem Ort aus die anthropozäne Illusion als solche enttarnt werden kann. Denn das Problem einer Rhetorik der Enttarnung oder der Enthüllung einer Illusion liegt schließlich in der Vorannahme eines erkennenden Blicks, der das Wesentliche hinter dem Schein zu enthüllen vermag. Wer enttarnt hier also eigentlich?

86 Wie Sylvia Wynter aufzeigt, geht es bei dieser dominanten westlichen Vorstellung des Menschen um einen „mode of being human", der maßgeblich geprägt wurde durch eine westliche, *weiße*, männliche Subjektivität des 19. Jahrhunderts. Sylvia Wynter: Unsettling the Coloniality of Being / Power / Truth / Freedom. Towards the Human, After Man, Its Overrepresentation. An Argument. In: *CR. The New Centennial Review* 3,3 (2003), S. 257–337, hier S. 282.
87 Hörl: Die Ökologisierung des Denkens, S. 44–45 (Herv. J. S.).

Was hier als „rationalitätsgeschichtliche Zäsur“[88] ausgerufen wird, geht nicht nur Hand in Hand mit einem „Neudenken der Relation“[89], sondern scheint die Form einer verheißungsvollen „neue[n] Aufklärung“[90] anzunehmen, die dem Menschen jedoch just seine anthropozentrische Vormachtstellung nehme.[91] Es kommt also den umweltlichen relationalen Wirkmächten die Aufgabe des Aufklärers zu: So scheinen es die mehr-als-menschlichen *agencies* selbst zu sein, die diese neue aufklärerische Enttarnung vornehmen und hinter dem Schleier vermeintlich menschlicher Wirkungsmacht eine originäre, wesenhafte, relationale Verschränkung der Umweltlichkeit enthüllen. Relationen werden damit nicht nur „als *ursprüngliche* Größen“[92] rekonzeptualisiert, ihnen wird auch die Handlungsmacht zur Entschleierung zugeschrieben.[93] Führt Hörl damit nicht wiederum einen rationalen, souveränen und allumfassenden Blick aus dem Außen ein, der zwischen Schein und Sein unterscheiden, Trugbilder erkennen und die Ablösung des einen Paradigmas durch das andere, relationale bestimmen kann? Damit findet sich hier das Festhalten an der Schauanordnung eines distanzierten, außenstehenden Beobachtungspunkts, von dem aus sich das Anthropozän als menschliche Illusion enttarnen und ein neues Paradigma ausmachen lässt. Paradoxerweise sind es in Hörls Argumentation aber eben mehr-als-menschliche Relationen, die diese Perspektive einnehmen. Es scheint, als käme auch eine Theorie, die es sich zur Aufgabe macht, das „anbrechende Zeitalter relationalen

88 Hörl: Die Ökologisierung des Denkens, S. 38.

89 Ebd., S. 39.

90 Hörl: Tausend Ökologien, S. 123. Mit dieser Metaphorik einer neuen Aufklärung, die eine Enttarnung von Illusionen vornimmt, reiht sich Hörl in die Tradition einer aufklärerischen kantischen Kritik von Illusionen ein. Inwiefern der Umstand, dass bei Kant „eine gedankliche Schöpfung aus einer Illusion gewonnen wird“, dem Denken selbst einen unsicheren Standort zuweist, zeigt Monique David-Ménard auf. Monique David-Ménard: Die Begrenzung der Wissensfelder bei Kant, Canguilhem und Foucault. In: Astrid Deuber-Mankowsky / Christoph F. E. Holzhey (Hrsg.): *Situiertes Wissen und regionale Epistemologie. Zur Aktualität Georges Canguilhems und Donna J. Haraways*. Wien: Turia + Kant 2013, S. 161–173, hier S. 162.

91 Hörl scheint sich hier noch eng an der Vorstellung Simondons zu orientieren, der angesichts der Kybernetik von einer „neuen Aufklärung“ in der Mitte des 20. Jahrhunderts spricht: Die Kybernetik mit ihren offenen Maschinen und technischen Ensembles „verleiht dem Menschen eine neue Form der Mündigkeit“ und beende die lang andauernde Herrschaft der Finalität, d. h. die Vorherrschaft der Mittel-Zweck-Relation. Vgl. Gilbert Simondon: *Die Existenzweise technischer Objekte*, aus d. Franz. v. Michael Cuntz. Zürich: Diaphanes 2012, S. 96; ders.: Die technische Einstellung. In: Erich Hörl (Hrsg.): *Die technologische Bedingung. Beiträge zur Beschreibung der technischen Welt*. Berlin: Suhrkamp 2011, S. 73–92.

92 Hörl: Die Ökologisierung des Denkens, S. 39.

93 Es bleibt zu fragen, ob Hörl nicht doch dort einer Heidegger'schen seinsgeschichtlichen Wesenhaftigkeit verhaftet bleibt, wo er von der Enthüllung einer zuvor vermeintlich ignorierten, essenziellen Wesenheit der Menschheit oder eben seiner eigentlichen ursprünglichen Verschränkung mit anderen *agencies* ausgeht.

Denkens"[94] als radikale Perspektivverschiebung und Herausforderung anthropozentrischen Denkens zu beschreiben, nicht umhin, eben diese mithilfe eines Blicks aus dem Außen zu denken.

Der Blick aus dem Außen

Es ist also festzuhalten: Hörl geht von der Ablösung des Paradigmas des Anthropozäns durch ein neues relationales aus. In diese Ablösungsmetaphorik, die verbunden ist mit dem Moment der Enttarnung der anthropozänen Illusion und die sich eigentlich als Aufgabe setzt, die Veränderung durch relationale Denkweisen und Zeitlichkeiten aufzuzeigen, schleicht sich so bei Hörl die Setzung eines Außen der Technologie ein, von dem aus der jeweilige historische Moment der Umwälzung vermeintlich festlegbar wird. Es ist diese darin implizite Vorannahme eines anthropozentrismuskritischen *Blicks aus dem Außen*, die mich nun interessiert.

Bezeichnenderweise ist es für Hörl gerade durch die Konsolidierung der Technosphäre, dass sich die Möglichkeit eines „vollständigen Blickwechsels" eröffnet, und dieser ist für Hörl, Haff folgend, der „unmögliche Blick von außen", der „kalte Blick aus dem Außen der Technologie".[95] Während Haff zunächst nur von einem „own vantage point"[96] spricht, ist dies für Hörl gleichbedeutend mit jenem Blick aus dem Außen, einer Schauordnung, die für ihn zum Merkmal einer „anthropozentrismuskritischen und antiteleologischen Position"[97] schlechthin wird. Dies ist insofern erstaunlich, als für Hörl das technologische Paradigma der Technoökologie und die „Ökologisierung des Denkens" eigentlich eben mit einer neuen Relationalität einher gehen. Ein relationales Denken, so werde ich noch im Verlauf dieses Kapitels[98] mit Haraway aufzeigen, verunmöglicht eigentlich einen universalisierenden Außenblick zugunsten einer partialen Perspektive.[99]

94 Ebd., S. 38.

95 Ebd., S. 44.

96 Peter Haff: Technology as a Geological Phenomenon. Implications for Human Well-Being. In: Colin N. Waters / J. A. Zalasiewicz / M. Williams / M. Ellis / A. M. Snelling (Hrsg.): *A Stratigraphical Basis for the Anthropocene.* London: Geological Society 2014, S. 301–309, hier S. 302.

97 Hörl: Die Ökologisierung des Denkens, S. 44.

98 Vgl. Abschnitt 4.3.

99 Florian Sprenger formuliert implizit diese Problematik der Perspektive, wenn er mit Blick auf Latours Beschreibung eines „Verschwinden[s] des Außen" schreibt, letzterem gehe es um die Frage, „ob es ein *environment* des *environments* geben kann, ob also die Umgebungen auf dem Planeten noch von einem Außen bedingt werden oder nicht vielmehr selbst in ihren Abhängigkeiten voneinander und ohne übergeordnete Instanz gedacht werden müssen." (Florian Sprenger: Das Außen des Innen. Latours Gaia. In: Ders. / Alexander Friedrich / Petra Löffler / Niklas

Geht man von einer relationalen Verschränkung und Verwobenheit von menschlichen und nicht-menschlichen Akteur*innen, Natur und Technik, Mensch und Umwelt aus, dann kann es eigentlich keine äußerliche Position des privilegierten Blicks mehr geben, der eine Erscheinung als Illusion enttarnen könnte.[100] Hörl dagegen spricht zwar von einem vollständigen Blickwechsel in Bezug auf die neue Relationalität, diese führt jedoch in seinem eigenen Denken nicht zu einer Infragestellung der Perspektive aus dem Außen, die es ihm weiterhin erlaubt, den ‚rationalitätsgeschichtlichen Umbruch' zu erfassen. Rationalität und Relationalität stehen dabei in einem komplexen Verhältnis zueinander. Was also genau ist unter der neuen Relationalität zu verstehen?
Die „spezifisch ökologische Rationalität", von der Hörl ausgeht, ist ihm zufolge vor allem durch ihre „radikale Umwertung" von Relationalität bestimmt:[101]

> Das ist genau der rationalitätsgeschichtliche Umbruch, um den es geht: Die Ökologisierung lässt – und das scheint mir der Gipfelpunkt der Transformation zu sein – am Ende ein neues, nunmehr ökologisches Bild des Denkens erscheinen, das der Frage der Relation überhaupt einen prinzipiell anderen Stellenwert zuweist. Aber weit davon entfernt, nur die Frage nach mehr oder nach weniger Relationen zu sein, die in Betracht kämen, wie Latour die Frage letztlich verkürzt, geht es vielmehr darum, Relationalität als solche radikal zu rekonzeptualisieren und umzuwerten, Relationen nicht (wie im lang dauernden scholastischen Erbe) als mindere und abgeleitete, sondern als *ursprüngliche* Größen zu begreifen, die genau darin das Kernmoment eines neuen Sinns darstellen, und dabei eine nicht philosophische Politik der Relation zu begründen. Die allgemeine Ökologie ist ein nicht philosophisches Neudenken der Relation.[102]

Die von ihm angenommene neue Art von *Rationalität*, die er in Anschluss an Gilbert Simondon „neue Aufklärung"[103] nennt, impliziert also zugleich eine neue *Relationalität*. Folglich ist hier nicht nur von einem Neu- und Umdenken von Rationalität, sondern auch von einem „Neudenken der Relation"[104] zu

Schrape (Hrsg.): *Ökologien der Erde. Zur Wissensgeschichte und Aktualität der Gaia-Hypothese.* Lüneburg: Meson 2018, S. 63–94, hier S. 77.)

100 Angesichts von Debatten um situierte relationale Perspektiven muss auch der Kritikbegriff einer Neubefragung unterzogen werden. Vgl. Julia Schade: Wie denkt es sich aus Relationalität heraus? Von anthropozänen Illusionen und kritisch-relationalen Experimenten. In: Charlotte Bolwin / Jasmin Degeling / Gabriel Geffert / Katia Schwerzmann et al. (Hrsg.): *Szenen kritischer Relationalität.* Lüneburg: Meson 2024, S. 27–48.

101 Hörl: Die Ökologisierung des Denkens, S. 38.

102 Ebd., S. 39.

103 Hörl: Tausend Ökologien, S. 123.

104 Hörl: Die Ökologisierung des Denkens, S. 39.

sprechen. Spezifischer geht es um eine dezidiert europäische Rationalität, die Hörl zufolge bisher dem „illusionären Charakter“[105] ihrer eigenen Vormachtstellung erlegen war und nun dank jenes Blicks aus dem Außen der Technologie ihrer eigenen Verblendung gewahr wird. Paradoxerweise verortet Hörl diesen Blick aus dem Außen gerade in einem Diskursfeld, das sich einem relationalen Denken verschrieben hat und zu dem er u. a. Ansätze von Bruno Latour, Isabelle Stengers oder Donna Haraways Denken der *Sympoiesis* zählt. Während Hörl also einerseits ein „anbrechende[s] Zeitalter relationalen Denkens“[106] diagnostiziert, geht er doch andererseits gleichzeitig von einer neuen Rationalität aus, die durch einen Blick aus dem Außen die Enthüllung der „anthropozänen Illusion“[107] vollzieht. Das von ihm proklamierte neue Paradigma relationalen Denkens[108] erweist sich folglich just mit Mitteln gedacht, die umso deutlicher noch in der Tradition einer abendländischen Rationalitätsgeschichte stehen. Denn die Enthüllung von Schein und Illusion impliziert einen neutralen Standpunkt, von dem aus etwas enthüllt werden kann. In diesem Sinne steht diese Vorstellung in der Tradition einer Schauanordnung, in der auch der westliche Kritikbegriff verankert ist. Während sich Relationalität als eine Denkweise des untrennbaren In-Beziehung-Seins mit der Welt, ihren Differenzen und unseren Betrachtungsgegenständen verstehen lässt, beruht der kritische distanzierte Blick auf der Annahme einer klaren räumlichen und affektiven Trennung des betrachtenden Subjekts von seinem Objekt der Kritik. Im Gegensatz zur relationalen Verwobenheit, die zugleich auch ein Affiziert-Sein vom Betrachteten bedeuten kann, setzt dieses Verständnis von Kritik also eine Distanz zu ihrem Gegenstand voraus, denn „[k]ritisch zu bleiben“, das bedeutet „Abstand […] zu halten“.[109] Die

105 Ebd., S. 45.

106 Ebd., S. 38.

107 Ebd., S. 44.

108 Hörl nennt diese relationalen Ansätze auch „alternative Kartografien für eine nichtmoderne Neubeschreibung unserer gegenwärtigen wie der kommenden technischen Welt“ und zählt dazu prinzipiell „all die zunehmenden Neoanimismen der Gegenwart, die an alternativen Konzepten des Kollektivs, von Zugehörigkeiten, Verwandtschaften und Kosmologien arbeiten“, sowie solche aus dem Bereich der Ethnologie und Sozialanthropologie wie von Nurit Bird-David, Philippe Descola, Eduardo Viveiros de Castro, Alf Hornbog und Tim Ingold, die an der Darstellung animistischer Systeme als relationaler Ontologien und Epistemologien interessiert sind. (Hörl: Tausend Ökologien, S. 129.) Vgl. außerdem Hörls Ausführungen zum Animismus der Jahrhundertwende: Ders.: *Die heiligen Kanäle*. Zürich: Diaphanes 2005; sowie Maurizio Lazzarato / Angela Melitopoulos: Maschinischer Animismus. In: Irene Albers / Anselm Franke (Hrsg.): *Animismus. Revisionen der Moderne*. Zürich: Diaphanes 2016, S. 279–287.

109 Judith Butler: Was ist Kritik? Ein Essay über Foucaults Tugend, aus d. amerik. Engl. v. Jürgen Brenner. In: *Transversal Texts* 05 (2001). https://transversal.at/transversal/0806/butler/de (Zugriff am 31.10.2022).

Distanz zum Objekt der Untersuchung ist aus diesem Blickwinkel keineswegs Hindernis, sondern schlicht Bedingung für dessen kritische Erkennbarkeit. Relationalität im Sinne Hörls als neues Paradigma zu erkennen, impliziert also eben eine solche Anordnung. Relationalität als Infragestellung abendländischer anthropozentrischer Denktraditionen und als situierte Verwobenheit mit dem Gegenstand unserer Betrachtung ernst zu nehmen, muss jedoch eigentlich auch bedeuten, diesen unsituierten kritischen Blick zur Disposition zu stellen.
Was anhand der Wiedereinschreibung dieser aufklärerischen Schauanordnung deutlich wird, ist, dass Hörls Kritik der Illusion unbeachtet lässt, *woher* sie selbst kommt, also wie sie selbst lokalisiert und situiert ist. Mit Monique David-Ménard ließe sich die darin enthaltene Problematik folgendermaßen zuspitzen: Hörls Bestimmung einer Ablösung des alten anthropozentrischen Denkens durch ein neues relationales bezieht nicht denjenigen „Boden" mit ein, „von dem es sich durch das [neue] Denken frei zu machen gilt."[110] Demgegenüber betont David-Ménard, dass es bei einer Befragung der Grenzen des (anthropozentrischen) Wissens darum gehen müsse,

> genau zu ermitteln, wie eine Erfindung des Denkens einen ihr vorgängigen Kontext voraussetzt, von dem sich neue Begriffe loslösen. [...] Es handelt sich [...] darum, eine dem Wissen vorausliegende Illusion kritisieren zu können. Das mit dieser Kritik gleichzeitig produzierte Wissen ist also notwendigerweise durch die Verlaufsbahn eben dieser Kritik situiert bzw. lokalisiert.[111]

Es handelt sich hier also vor allem um eine epistemische Frage: Es geht um den Standpunkt, von dem aus die Grenzen des Wissens ausgemacht werden können, und vor allem um die epistemischen Vorannahmen, die bestimmen, was als Wissen gilt und was nicht. Relationalität fordert also eigentlich ein, die privilegierte Position unbeteiligter wissenschaftlicher Beobachtung selbst in Frage zu stellen, sie gewissermaßen zu „verlernen"[112], um so die eigene Implikation als notwendigerweise situiert und lokalisiert in den beschriebenen relationalen Verhältnissen mitzudenken.[113]

110 David-Ménard: Die Begrenzung der Wissensfelder, S. 162.

111 Ebd.

112 Die Forderung nach einem *Verlernen* ist maßgeblich in dekolonialen Diskursen formuliert worden und richtet sich gegen die Wiedereinschreibung hegemonialer und kolonialer Denktraditionen und Machtstrukturen. Vgl. Spivak / Harasym: *The Post-Colonial Critic*, S. 14; Azoulay: *Potential History*; Singh: *Unthinking Mastery*.

113 Ruth Sonderegger schreibt in diesem Zusammenhang von der Notwendigkeit einer „geopolitische[n] Situierung" und einer (selbst-)kritischen Neubestimmung der Kritik als Praxis der

Neben der bereits dargelegten Metaphorik der Illusion und der Enttarnung, spielt bei Hörl darüber hinaus das Erscheinen eine wichtige Rolle, das bei genauerer Betrachtung eigentlich auch der Schauanordnung einer Enttarnung und einem Blick aus dem Außen zuwiderläuft, wie ich nun zum Schluss dieses Abschnitts noch darlegen möchte.

Am Kreuzungspunkt von Kontroll-, Rationalitäts- und Relationalitätsgeschichte implodiert für Hörl das Phantasma des menschlichen Wirkungsmonopols und es tritt etwas ein, das er das „Erscheinen der Technosphäre“[114] nennt. Dieses Erscheinen ist also bedingt durch den Zusammenbruch der anthropozänen Illusion. Obwohl Hörl an dieser Stelle nicht weiter ausführt, wie dieses Erscheinen genau strukturiert ist, ist doch der Verweis auf Nancy offensichtlich. Dieser spricht in dem für Hörls Bestimmung der Technoökologie richtungsweisenden Text „Von der Struktion“[115] von einer Logik des Mit-Erscheinens in der Ökotechnie:

> [A]lles erscheint zusammen und alles erscheint allem. Somit muss man überdies sagen, dass alles durch-scheint [transparaît]. Alles verweist auf alles, und alles zeigt sich also durch alles hindurch. Ohne Ziel und Zweck.[116]

Während sich Hörl einer Metaphorik der Illusion bedient, die von der Möglichkeit einer Enttarnung des trughaften Seins der Erscheinung ausgeht, betont Nancy hingegen die Korrelation des vielfachen Erscheinens, das nicht im Sinne der französischen *apparence* oder *apparition*, also dem „Schein des Anscheins“ oder des Phänomens zu verstehen ist, sondern viel eher als *comparaître*, als konstitutives „Mit-Erscheinen“ – als *comparution*.[117] Es geht in diesem Sinne also weniger um das Subjekt und eine Welt, sondern, wie Nancy betont, um die Weise einer konstitutiven Verschränkung und eine Verweisungsstruktur der „Welt in sich selbst und auf sich selbst“, die eine irgendwie geartete Objektivierung und Übersicht verunmöglicht.[118] Hier bliebe also zu fragen, ob denn jenes Erscheinen, von dem Hörl spricht, vor diesem Hintergrund überhaupt noch der gleichen

„Ent|Übung“ von Denkgewohnheiten. Damit wird insbesondere auch einer Gefahr der Wiedereinschreibung von eigentlich kritisierten Herrschaftsdynamiken Rechnung getragen. (Sonderegger: *Vom Leben der Kritik*, S. 128.)

114 Hörl: Die Ökologisierung des Denkens, S. 45.

115 Jean-Luc Nancy: Von der Struktion, aus d. Franz. v. Esther von der Osten. In: Hörl (Hrsg.): *Die technologische Bedingung*, S. 54–72.

116 Ebd., S. 68.

117 Ebd., S. 66–67.

118 Ebd., S. 67.

Ordnung wie derjenigen der Illusion entsprechen kann – bzw.: Verunmöglicht Nancys Bestimmung des Erscheinens als Mit-Erscheinen und Korrelation nicht genau jenen Enttarnungsvorgang der anthropozänen Illusion, weil sie grundsätzlich von der Verstrickung und Implikation des Beobachters in die beobachtete Wirklichkeit ausgeht? Impliziert Hörls Ansatz nicht gerade die Möglichkeit einer „Nichtimplikation"[119] – einer Objektivität also, die sich doch eigentlich angesichts des von ihm beschriebenen neuen Relationalitätsparadigmas selbst verunmöglicht? Denn wenn im Zuge einer relationalen Verschränkung und Verwobenheit von menschlichen und nicht-menschlichen Akteur*innen, Natur und Technik, Mensch und Umwelt im Anthropozän alles allem erscheint, wie es Nancy andeutet, kann es dann noch eine Position des privilegierten Blicks geben, der eine Erscheinung als Illusion enttarnen könnte?

Gerade weil es um den Anbruch eines neuen Paradigmas der Relationen geht, das doch eigentlich eben nicht mehr auf der Souveränität des einen Betrachter*innensubjekts beruht, sondern stattdessen die unübersichtliche Verschränkung pluraler Systeme von Lebensformen und Wirkungsmächten hervorhebt, müsste auch die Vorstellung von Enttarnung weniger absolut und stattdessen partieller gedacht werden. Statt um den Blick aus dem Außen müsste es nach Nancy viel eher um die Verwobenheit des vermeintlichen Außen in die Objekte seiner Betrachtung gehen. Hörl bedient sich somit eines Denkmodells, das selbst Überbleibsel eines aufklärerischen Theaterbegriffs zu sein scheint. Wenn das Ende des Anthropozäns und die neue technozäne, neu-rationalistische Epoche mit einer Metaphorik von Illusion und Enttarnung eingeläutet wird, dann steht dieses Denkmodell schlussendlich im gleichen Repräsentationsmodus und im gleichen rationalistischen Register wie dasjenige, das es überwunden zu haben glaubt. Das Problem liegt also in der Überwindungsbehauptung selbst. Dagegen müsste ein Denken der Verschränkung viel eher die eigene Verstrickung in rationalistische Prämissen miteinbeziehen, statt ein Denken jenseits dessen zu propagieren. Denn nehmen wir Relationalität nicht als Epochenzäsur, sondern als Infragestellung bisheriger Denk- und Schaugewohnheiten ernst, müsste es dann nicht um den Entwurf einer Theorie und ihrer Darstellung gehen, die sich nicht selbst als universale entkörperte Meta-Perspektive setzt? Notwendig wäre also eine Perspektive, die nicht allein über, sondern vor allem aus ihrem Innen heraus denkt und damit ihre Situiertheit miteinbezieht.

119 Nancy: Von der Struktion, S. 68.

Das Anthropozän als Epoche?

Die besondere Charakteristik von Hörls Ansatz liegt darin, dass dieser implizit eine Schauanordnung voraussetzt, die derjenigen ähnelt, die in der Inszenierung *Boundaries* in Szene gesetzt wird: Der selbst zeit-, geschichts- und körperlose Blick aus dem vermeintlichen Außen, von dem aus eine Epochenbestimmung und das Festlegen ihres Anfangs und Endes als Totalisierung von Geschichte zuallererst möglich wird. Diese Eigenheit ist zunächst etwas, das das Anthropozän als Epoche mit dem grundsätzlichen Problem der Epochenbestimmung gemein hat: Wann beginnt sie, wer bestimmt sie und von welchem Punkt aus? Die Definition der Epoche beinhaltet demzufolge die Anmaßung, den Beginn dieser ‚Epoche' genau bestimmen zu können. Colebrook fragt dementsprechend lakonisch: „At what point did we become Anthropocene humans? With the invention of the steam engine, with nuclear energy, or perhaps earlier, with [...] the ideas behind these technologies?"[120] Das Anthropozän als Selbstbestimmung einer geohistorischen Epoche, aber auch als philosophisches Konzept, stellt Bruno Latour zufolge eine Möglichkeit dar, sich endgültig von der Vorstellung der Moderne zu verabschieden, da es das Epochendenken als solches herausfordert.[121] Dennoch betont Latour, wie sehr das, was Blumenberg in *Aspekte der Epochenschwelle* in Bezug auf den Epochenbegriff der Moderne formuliert, auch bezogen auf das Anthropozän weiterhin zutreffe.[122] Blumenberg konstatiert entgegen der Selbstbeschreibung der Moderne als Epoche: „Es gibt keine Zeugen von Epochenumbrüchen"[123]. Und weiter: „Daß irgendwann von einem Hier und Heute eine ‚neue Epoche' der Weltgeschichte ausgehen und man dabei gewesen sein könnte [...], ist als historischer Sachverhalt nirgendwo sicherzustellen."[124] Die Epochenwende definiert Blumenberg dementsprechend als einen „unmerkliche[n] Limes", der an kein prägnantes Datum oder Ereignis evident gebunden sei und vielmehr als Schwelle zu verstehen sei, die als entweder noch nicht erreichte oder schon überschrittene bestimmt werden könne.[125]

120 Claire Colebrook: We Have Always Been Post-anthropocene. In: Grusin (Hrsg.): *Anthropocene Feminism*, S. 1–20, hier S. 11.

121 Bruno Latour: *Facing Gaia. Eight Lectures on the New Climatic Regime*. Oxford: Polity 2017, S. 116.

122 Bruno Latour betont die Aktualität von Blumenbergs Epochenbestimmung für jene des Anthropozäns, wenn er schreibt „[t]he crucial importance of the Anthropocene is that it attributes practical – that is to say, stratigraphic – truth to the notion of epoch as studied by a historian (but not a geohistorian), Hans Blumenberg" (ebd., S. 112).

123 Hans Blumenberg: *Aspekte der Epochenschwelle. Cusaner und Nolaner*. Frankfurt am Main: Suhrkamp 1982, S. 20.

124 Ebd., S. 7.

125 Ebd., S. 20.

Damit macht er die Unumkehrbarkeit zu einem grundsätzlichen Aspekt der Epochenwende:

> Wer von der Realität einer Epochenwende spricht, belastet sich mit dem Nachweis dafür, daß etwas definitiv entschieden wird. Es muß sich zeigen lassen, daß da etwas ist, was nicht mehr aus der Welt geschafft werden kann, daß eine Unumkehrbarkeit hergestellt ist.[126]

Diese Behauptung einer Unumkehrbarkeit geht einher mit der Vereinheitlichungsprojektion einer heterogenen Vielheit von Zeiten und Ereignissen zu einer einheitlichen Epoche, wie Peter Osborne es beschreibt. Die Bestimmung der Epoche der Moderne beruhe auf der Voraussetzung eines außenstehenden, sich selbst als immer präsente Gegenwart setzenden Standpunkts, eines „standpoint of an ever-vanishing, ever-present present", von dem aus eine „conflicting plurality of projects" zu einer „abstract temporal structure", einer Epoche, vereinheitlicht wird.[127]
Es ist eben diese Annahme eines ahistorischen Standpunkts, von dem aus sich die Unumkehrbarkeit des Anthropozäns feststellen lässt, die sich in den Diskursen rund um die Anthropozänepoche und auch bei Hörl sehr deutlich wiederfindet. Das Kuriosum liegt darin: In der Bestimmung jener Epoche, in der Hörl sowohl die Enttarnung der anthropozänen Illusion wie auch den Paradigmenwechsel zu relationalen Ansätzen verortet, die wiederum die rationalitätsgeschichtliche Vormachtstellung des Menschen als *anthropos* in Frage stellen, zeigt sich umso deutlicher eine Wiederkehr eben jener Schauanordnung, die zutiefst anthropozentrisch ist. Darin findet sich jenes Phantasma des „Geschichtsbetrachter[s]" wieder, den Blumenberg im 18. Jahrhundert verortet und der „am Ruhepunkt haltmacht, um das Vorher und das Nachher zu überblicken."[128]
Nun mag sowohl der Aspekt der Unumkehrbarkeit hinsichtlich der menschlichen Wirkungsmacht sowie die homogenisierende Projektion geschichtlicher Heterogenität zu einer vermeintlichen Totalität auf das Anthropozän als Epoche zutreffen, doch eröffnet dessen Bestimmung eine viel grundsätzlichere Problematik: Die Rede vom Anthropozän als einer Epoche verbirgt einen entscheidenden Aspekt, nämlich den Umstand, dass eben diese Definition den Begriff der Epoche und dessen geschichtliche Bestimmung als solche radikal in Frage stellt. Das Anthropozän markiert ein Denken über die menschliche und damit

126 Blumenberg: *Aspekte der Epochenschwelle*, S. 19.
127 Osborne: *The Politics of Time*, S. 23.
128 Blumenberg: *Aspekte der Epochenschwelle*, S. 10.

geschichtliche Zeit hinaus, aber auch über Geschichtlichkeit überhaupt hinaus und provoziert damit unweigerlich die Frage nach einer ganz anderen Kategorie von Zeit und Epochendenken jenseits des Horizonts des *anthropos* und damit jenseits von ‚Finalität'. Déborah Danowski und Eduardo Viveiros de Castro nennen dies das Ende der „Epochalität", der „épocalité"[129]:

> Das Anthropozän (oder wie auch immer man es nennen will) ist eine ‚Epoche', aber es zeigt das Ende der ‚Epochalität' als solcher an, was unsere Spezies betrifft. Denn es steht fest, dass sie, wenn sie mit uns begonnen hat, wahrscheinlich ohne uns enden wird. Möglicherweise wird das Anthropozän erst lange nach unserem Verschwinden von der Erdoberfläche einer anderen geologischen Epoche Platz machen. Unsere Gegenwart ist das Anthropozän, das ist unsere Zeit.[130]

Das Entscheidende ist dann jedoch, dass das Ende der Epochalität für die beiden Autor*innen mit einem völlig neuen Zeitdenken einher geht – einer ‚neuen *Zeit der Zeit*', „un nouveau temps du temps", einer neuen Erfahrung von Zeitlichkeit:

> Der erste Begriff [Anthropozän] bezeichnet eine neue ‚Zeit' oder vielmehr eine neue *Zeit der Zeit* – ein neues Konzept und eine *neue Erfahrung der Zeitlichkeit* –, in der der Größenunterschied zwischen der Skala der menschlichen Geschichte und der biologischen und geophysikalischen Skala dramatisch abnimmt, wenn nicht sogar umgekehrt wird (die Umwelt verändert sich schneller als die Gesellschaft), und die nahe Zukunft nicht nur immer unberechenbarer, sondern vielleicht auch immer unmöglicher wird.[131]

Als Ende der Epochalität ist das Anthropozän deswegen eine *Zeit der Zeit*, weil sich darin die Begrenztheit des anthropozentrischen Zeitdenkens als eines solchen und damit auch der historischen, geschichtlichen Zeit ausdrückt. Die neue daraus resultierende Erfahrung von Zeitlichkeit ist demnach eine Erfahrung der Finalität menschlicher Zeitvorstellungen. Daraus ziehen Danowski und Viveiros de Castro nun jedoch den Schluss, dass es sich dabei auch um eine Schließung der Zeit vor ihrer Zukunft handele, um einen Verlust von Zukünftigkeit

129 Der Begriff der Epochalität verweist auf die *epoché* bei Husserl, der damit das „An-sich-Halten" des Urteils im Sinne der stoischen Zurückhaltung und schließlich die Methode der phänomenologischen Reduktion bezeichnet. Für Derrida ist *epoché* der „Moment der Aufkündigung, der Suspension", ohne die keine Dekonstruktion möglich ist. (Jacques Derrida: *Gesetzeskraft. Der ‚mystische Grund der Autorität'*, aus d. Franz. v. Alexander García Düttmann. Frankfurt am Main: Suhrkamp 2017, S. 42.)

130 Déborah Danowski / Eduardo Viveiros de Castro: L'arrêt de monde. In: Émilie Hache (Hrsg.): *De l'univers clos au monde infini*. Bellevaux: Dehors 2014, S. 221–339, hier S. 224 (Übers. J. S.).

131 Ebd., S. 291 (Übers. u. Herv. J. S.).

überhaupt und um eine Verunmöglichung von Utopie und Potenzialität. Mit dieser Beschwörung einer Finalität verfallen die Autor*innen wiederum jenem eschatologischen Denken eines Endes der Zeit, das Agamben von der Möglichkeit eröffnenden messianischen Zeit des Endes unterscheidet. Die Rede vom Anthropozän als einem Ende der Epochalität, die eigentlich gerade markieren will, dass es noch andere, weitere Möglichkeiten von Zeitlichkeiten jenseits der menschlichen Zeit geben kann, führt damit letztlich doch nur jenen apokalyptischen Ton fort, den Derrida kritisiert und der sich vor der Möglichkeit anderer Zeitlichkeiten verschließt.

Es ist ebendiese Problematik des Endes der Zeit, die in der Inszenierung *Boundaries* in den Blick genommen wird, jedoch von einem Standpunkt aus, der *jenseits* des Endes der Zeit liegt. Genau damit legt sie einen Schwerpunkt auf die Frage der Perspektive und zeigt auf, inwiefern auch der Versuch eines Denkens jenseits menschlicher Zukünftigkeit erneut in visuelle Darstellungsparameter verfällt, die nichts anderes reproduzieren als jenes Blumenberg'sche Phantasma des „Geschichtsbetrachter[s]", der von einem ahistorischen neutralen Ruhepunkt aus das „Vorher und das Nachher" der menschlichen Epoche des *Homo Terminus* auf der Erde zu überblicken vermag.[132] Das Ende der Zeit bleibt damit nicht zu trennen von der Behauptung einer Außenperspektive.

Der Einsatz der Performance *Boundaries* liegt vor allem darin, gerade die Anmaßung der Annahme jenes äußeren, ahistorischen Beobachtungspunkts aufzuzeigen bzw. dessen Scheitern vorzuführen. Der Blick aus dem Außen, der über die Erzählebene als externer Blick *auf* die Erde vom Mars aus suggeriert wird, wo die Anthropologin ihre Forschung betreibt, findet seine szenische Entsprechung in der Zuschauer*innenposition, aus der wir auf die Leinwand blicken. Jene gängige Perspektive aus dem Weltall auf die ‚Ganzheit' des Planeten Erde herab, die in vielen Darstellungen des Anthropozäns verwendet wird, findet sich in *Boundaries* jedoch in keiner Weise[133], obwohl die Anthropologin selbst durchaus zur

132 Blumenberg: *Aspekte der Epochenschwelle*, S. 10.

133 Stacy Alaimo gibt einen guten Überblick über solche gängigen Darstellungen des Anthropozäns, die stets das gleiche Muster einer ganzheitlichen, aber selbst unbeteiligten Perspektive aus dem Außen, in diesem Fall dem Weltall, bedienen. Stacy Alaimo: Your Shell on Acid. Material Immersion, Anthropocene Dissolves. In: Grusin (Hrsg.): *Anthropocene Feminism*, S. 89–120, hier S. 91. Als Beispiele nennt sie eine ganze Reihe an Veröffentlichungen aus den letzten Jahren, wie die Globaïa Website, auf der Félix Pharand Deschênes „Cartography of the Anthropocene" zu sehen ist – Karten, die Netzwerke infrastruktureller Bewegungen wie Straßen, Datenkabel, Telefonleitungen und Transportrouten auf dem Globus abbilden. Vgl. *Globaïa. Planetary Awareness through Science and Art*, 2019. https://globaia.org/ (Zugriff am 03.06.2023). Eine Ausnahme bildet in dieser Hinsicht das Multimedia-Projekt *Surfacing*, das stattdessen versucht, mithilfe interaktiver Software die Unübersichtlichkeit des menschlichen Einflusses auf die Erde ‚immersiv' erfahrbar werden zu lassen. Nicole Starosielski / Erik Loyer / Shane Brennan:

Vertreterin eines etwas naiven Einheits- und Ganzheitsanspruchs wird, der ausdrücklich auf die Frage der Perspektive bezogen wird:

> Ist es das? Ist es vielleicht alles eine Frage der Perspektive? Was wäre wohl passiert, wenn die Menschen damals sich öfter so gesehen hätten, wie ich die Erde heute sehe … Als eins, also ohne Unterteilungen und Grenzen. Als eine wunderschöne blaue Murmel.

Mit der Erwähnung der Erde als blauer Murmel findet sich ein direkter Verweis auf ebenjene den Eindruck von Einheit und Ganzheit vermittelnden fotografischen Aufnahmen der Erde aus dem Weltall und damit auf eine Schauordnung, die einen „archimedischen Punkt"[134] voraussetzt, der außerhalb der Erde liegt und somit selbst ganz unbeeinflusst von der Verwobenheit, die er zu fassen sucht, von oben auf sie herabblickt. Dabei handelt es sich um eine universalisierende Darstellungsweise, einen „universalkosmischen Standpunkt"[135], der sich in den typischen Aufnahmen der Welt als *Blue Marble* wiederfindet und in Google-Earth-Ansichten fortschreibt.[136] Die Inszenierung setzt die Schauanordnung dieses Blicks immer wieder in Szene, so vor allem durch die Ausstellungsobjekte im installativen Teil der Performance oder durch die Perspektive der Kamera, die die Hände der Wissenschaftlerin stets von oben bei der Arbeit filmt. Doch selbst diese durch die Inszenierung anfangs etablierte Distanziertheit scheint Stück für Stück in sich zusammenzubrechen. Das resignierte „Was suche ich eigentlich?" am Ende, mit dem sie ihren Kopf, den wir nun zum ersten Mal im Bildausschnitt der Kamera sehen, auf den Tisch sinken lässt, zeigt das Scheitern ihres wissenschaftlichen Vorhabens, den Zusammenbruch ihrer vermeintlich kritischen Distanz zu ihren Untersuchungsobjekten und letztlich die unfreiwillige Implikation der Beobachterin in das Beobachtete. Das phantasmatische Außen wird so durch eine immanente Verbundenheit konterkariert. Die Anthropologin findet sich als

Surfacing. Multimedia Project, 2019. http://www.surfacing.in/?image=papenoo-cable-landing (Zugriff am 03.06.2023).

134 Hannah Arendt: *Vita Activa oder Vom tätigen Leben*. München / Zürich: Piper 1996, S. 252.

135 Ebd., S. 260.

136 Zum Verhältnis von distanzierter Betrachter*innenkonstellation und Weltbezug bei Arendt vgl. Gabriel: *Bühnen der Altermundialität*, S. 81. Zur Abbildbarkeit des Planetarischen vgl. Ulrike Bergermann: Das Planetarische. Vom Denken und Abbilden des ganzen Globus. In: Dies. / Isabel Otto / Gabriele Schabacher (Hrsg.): *Das Planetarische. Kultur – Technik – Medien im postglobalen Zeitalter*. Paderborn: Fink 2010, S. 17–42. Die archimedische Perspektive wird mit militärischer Implikation als „Bomb Eye's view" oder „world target" beschrieben. Vgl. Paul Virilio: *Speed and Politics*. Los Angeles: Semiotext(e) 2006; Rey Chow: *Age of the World Target. Self-Referentiality in War, Theory and Comparative Work*. Durham: Duke UP 2006. Wie sich der Blick aus dem Außen beispielsweise in Google Earth und Google Ocean wieder einschreibt, erläutert Melody Jue: *Wild Blue Media. Thinking through Seawater*. Minneapolis: U of Minnesota P 2020, S. 112–141.

wissenschaftliche, externe Beobachterin irgendwann mit ihren eigenen Anwendungstechniken und Untersuchungsobjekten sowie deren Materie, Erscheinung und Zeitlichkeit so sehr verstrickt, dass sie letztendlich daran scheitert, das Sinn- und Ordnungssystem des *Homo Terminus* und seiner Epoche nur ansatzweise nachvollziehen zu können.

Darüber hinaus zeigen zwei weitere ausschlaggebende Momente diesen Zusammenbruch der behaupteten kritischen Distanz auch auf räumlicher Ebene – mehr noch: Die Annahme eben dieser wird selbst als Illusion enttarnt, allerdings auf andere Weise, als Hörl es anhand der „anthropozänen Illusion" beschreibt. Während die Anthropologin noch die zuvor zitierten Worte spricht, in denen sie ihre eigene Perspektive als eine die Ganzheit der Erde umfassende beschreibt, entgleitet ihr eine blaue Murmel, mit der sie die Erde zuvor verglichen und die sie in den Händen hin und her bewegt hat. Die kleine Kugel rollt vom Tisch und damit aus dem Bildausschnitt, den wir Zuschauer*innen auf der Leinwand sehen. Doch genau in diesem Moment kugelt durch die nun leicht geöffnete Tür, die von dem Vortragssaal, in dem wir Zuschauer*innen sitzen, in den Nebenraum führt, eben genau diese – oder doch vielleicht eine weitere – Murmel uns vor die Füße. Durch diesen entscheidenden *coup de théâtre* in der Performance wird zugleich klar – oder suggeriert –, dass das Video, dem wir bisher gefolgt sind, ‚live' im Nebenraum von den Performer*innen produziert wird und trotzdem diese Erkenntnis als Effekt eines Theatermittels offensichtlich wird. Damit eröffnet die Inszenierung plötzlich eine andere Räumlichkeit. Nicht nur erweist sich das, was bis zu diesem Punkt als eine geschlossene Filmvorführung in einem holzgetäfelten Salon in der Villa des Museums der Weltkulturen vor einer Gruppe Publikum erschien, nun als großangelegtes Live-Produktions-Laboratorium. Darüber hinaus fallen außerdem das gesamte Narrativ der Anthropologin sowie die Zeitkonstruktion in sich zusammen. Die Fiktion der sich in ferner Zukunft auf dem Mars befindenden Wissenschaftlerin, die aus dieser Distanz heraus das Ende der Menschheit auf der Erde zu rekonstruieren versucht, und die Vorstellung, wir würden in einer Zeitschleife ihr Videomaterial aus der Zukunft zu Gesicht bekommen, implodiert. Die kritische Distanz, der Blick aus der exterrestrischen Ferne, das Ende des *Homo Terminus* verkürzt sich auf ca. 4 Meter Abstand zwischen Nebenraum und Vortragssalon. Die zuvor beschworene zukünftige Vergangenheit und der suggerierte Blick aus dem Außen und *vom Ende* der Menschheit aus, erweist sich selbst noch als in unsere Gegenwart verwoben und unübersichtlich.

Noch einmal besonders hervorgehoben wird dieser Zusammenbruch der Fiktion einer räumlichen und zeitlichen Distanz ganz zum Schluss, als die Videoübertragung endet und ein Mann den Vortragssaal betritt. Er durchquert den Raum, öffnet das Fenster und beginnt einen Witz zu erzählen. Die Stimme erscheint bekannt, aber erst als er eine merkwürdige Anekdote von einer Gans und einer Flugzeugturbine beendet hat, wird klar, dass es sich um die gleiche Stimme handelt, die zuvor auf den von der Anthropologin als „auf dem Planeten Erde geborgenes Fundstück" beschriebenen Kassetten von Grenzen, Zäunen, Mauern und Migrationsbewegungen berichtet hat. Auch hier überlagern sich plötzlich zukünftige Vergangenheit und Gegenwart, der als a posteriori inszenierte, gewendete Blick vom Ende des Planeten aus zurück in unsere Gegenwart invertiert sich. Alle drei Zeitebenen und Gegenwarten fallen nun zusammen, überlagern sich; diejenige der Anthropologin aus der Zukunft, die des Mannes, der das Ende des Planeten dokumentiert, sowie die Gegenwart des Publikums. Der entkörperte, selbst zeitlose Blick aus dem Außen, von dem aus die Anthropologin das Ende des *Homo Terminus* als Paradigmenwechsel bestimmt hatte, löst sich in der Verwobenheit der Gegenwart auf.

Um noch einmal deutlich die Inszenierung von Erich Hörls Überlegungen abzugrenzen: Wenn ich hier von der Enttarnung der Illusion spreche, so unterscheidet sich diese jedoch grundsätzlich von dem Enttarnungsvorgang, den Hörl als den Fall der „anthropozänen Illusion" beschreibt. Denn erstere geht nicht mit der gleichzeitigen Behauptung eines diese Enttarnung erst ermöglichenden Blicks aus dem Außen einher, sondern stellt vielmehr die Theatralität der so etablierten Schauanordnung selbst aus. Während Metatheorien wie diejenige Hörls gerade in der Beschreibung des neuen Technoökologieparadigmas jene anthropozäne Illusion und damit Schauanordnung einer vom Menschen ausgehenden Beobachtung ungewollt reproduzieren, die sie eigentlich als Grundannahme eines europäischen Rationalismus verwerfen, liegt der kritische Einsatz der Performance darin, die Theaterhaftigkeit dieser Schauanordnung zu reflektieren. In Bezug auf Hörl wird deutlich: Auch nach jener verheißungsvollen rationalitätsgeschichtlichen Zäsur und dem Anbruch einer relationalen Ökologie bleibt diese *im Trennungsgestus* dennoch dem Begriff der Rationalität und damit eben auch einer *Bühne der souveränen Beobachter*in* verhaftet – und dies vielleicht sogar notwendigerweise. Hier möchte ich trotz aller Kritik an Hörl betonen: Auch er erachtet die Romantisierung der Relationen als problematisch, die im Eifer der Beschreibung einer neuen technologischen Ökologie ohne Natur diese ontologisiert. Auch verliert er die Gefahr, die eine Environmentalität relationaler Technologie[137] in sich bergen kann, keineswegs aus den Augen. Trotzdem bleibt zu

137 Unter *Environmentalität* versteht Hörl im Anschluss an Foucault und Brian Massumi den neuen technoökologischen Vereinnahmungsapparat, vor dem selbst die neue Relationalität nicht sicher ist. Hörl betont, inwiefern diese neue Relationalität selbst der *Environmentalität* eingeschrieben ist und von dieser ausgebeutet wird. *Environmentalität* ist dabei von der von

betonen: Entgegen dieser Romantisierung und Ontologisierung gilt es, die Proklamationen von rationalitätsgeschichtlichen Zäsuren mit Vorsicht zu behandeln, vielleicht gerade, wenn diese behaupten, es handele sich um die Geburt einer neuen „ökologischen Rationalität"[138].

3. Hin zu den relationalen Zeitlichkeiten: Eine Frage der (partialen) Perspektive

Die Stärke der Inszenierung *Boundaries* liegt darin, ihre eigene Verstrickung in die technologische Bedingung im Modus der Darstellung zu reflektieren. Mehr noch: Was in dieser Verstrickung deutlich wird, ist ein *Durchscheinen* anderer, abweichender relationaler Zeitlichkeiten, die nicht mehr der gewohnten Alternative von Diachronie und Synchronie oder einem linearen Abfolgemodus folgen.[139] Damit entwirft sie eine Szene der Relationalität, die *nicht allein über*, sondern vor allem *aus* ihren eigenen Rändern heraus denkt, und nach einem Zusammenhang von Existenzweisen fragt, die vielleicht gerade nicht in gewohnter Form in Erscheinung treten können. Sie ähnelt deshalb eher dem, was Donna Haraway als eine *partial perspective* beschreibt.[140] Denn in der Tat eröffnet die Infragestellung der als universal gesetzten Perspektive erst die Möglichkeit relationaler Zeitlichkeiten, die im Fokus des nun folgenden Unterkapitels stehen.

Partialität und Situierung

In ihrem einflussreichen Aufsatz „Situated Knowledges. The Science Question in Feminism and the Privilege of Partial Perspective"[141] entwickelt Haraway das Konzept der „partiellen Perspektive" als Gegenentwurf zum abendländischen Paradigma das Visuellen und zu der darin implizierten Blindheit für die Situiertheit der eigenen Perspektive. Die Behauptung von Objektivität in Wissenschafts- und Technikgeschichte, so Haraway, gehe einher mit der Metaphorik des Optischen und im Besonderen mit der Annahme eines unkörperlichen,

Heideggers *Sein und Zeit* aus gedachten *Unweltlichkeit* zu unterscheiden. Vgl. Erich Hörl: General Ecology. In: Braidotti / Hlavajova (Hrsg.): *Posthuman Glossary*, S. 172–175.

138 Hörl: Die Ökologisierung des Denkens, S. 38.

139 Vgl. das Kap. „Diachronie und Synchronie: Destinerrance" in Gabriel: *Bühnen der Altermundialität*, S. 306–309.

140 Donna Haraway: Situated Knowledges. The Science Question in Feminism and the Privilege of Partial Perspective. In: *Feminist Studies* 14 (1988), S. 575–599.

141 Ebd. Ich zitiere aus der englischen Version, da die deutsche Übersetzung in einigen Fällen ungenau ausfällt. Vgl. Donna Haraway: Situiertes Wissen. Die Wissenschaftsfrage im Feminismus und das Privileg einer partialen Perspektive. In: Carmen Hammer (Hrsg.): *Die Neuerfindung der Natur. Primaten, Cyborgs und Frauen*. Frankfurt am Main: Campus 1995, S. 73–98.

unabhängigen, ortlosen, selbst unmarkierten und einnehmenden Blicks von oben – eines „view from above, from nowhere“[142] oder auch eines „conquering gaze from nowhere [...] that makes the unmarked category claim the power to see and not be seen, to represent while escaping representation“[143]. Der sich selbst als neutral behauptende Blick, der aus sicherer Distanz betrachtet und selbst von diesem Vorgang unberührt bleibt, bildet damit die unreflektierte Voraussetzung des universellen Anspruchs abendländischer Wissenschaft und Philosophie. Kurzum: Der Begriff der Objektivität verbirgt eine sehr spezifische Position und Perspektive, die sich selbst als allumfassende, universelle setzt, obwohl sie Haraway zufolge vor allem eins ist: „This gaze signifies the unmarked positions of Man and White“[144]. Sie folgert: „So, not so perversely, objectivity turns out to be about particular and specific embodiment and definitely not about the false vision promising transcendence of all limits and responsibility“[145].
Haraway schreibt zwar auch von einer „Illusion“, ähnlich wie Hörl, doch anders als bei ihm bezeichnet der Begriff für sie diese „false vision“, die trügerische Vision einer unendlichen allumfassenden Perspektive: „But, of course, that view of infinite vision is an illusion, a god trick“[146]. So bedient sich Haraway in ihrer Kritik an der Vorherrschaft des Visuellen, der „persistence of vision“[147] der abendländischen Wissenschaftstradition, wiederum einer Metaphorik von Optik, Trugbild und Illusion. Astrid Deuber-Mankowsky zeigt auf, inwiefern Haraway visuelle Metaphern methodisch einsetzt, um in einer

> stereoskopischen Verfahrensweise einerseits an das in optischen Metaphern verdichtete wissenschafts- und technikgeschichtliche Erbe zu erinnern und sich von diesem Erbe zugleich zu emanzipieren, indem sie es in eine neue Geschichte vernetzt.[148]

Zu diesen methodisch eingesetzten optischen Metaphern gehört auch der Begriff der „optischen Täuschung“[149], den sie in ihrem „Manifest für Cyborgs“ verwendet. Deuber-Mankowsky zufolge sei dieser Terminus jedoch nicht als Irrtum

142 Haraway: Situated Knowledges, S. 589.

143 Ebd., S. 581.

144 Ebd.

145 Ebd., S. 582–583.

146 Ebd., S. 582.

147 Ebd., S. 581.

148 Astrid Deuber-Mankowsky: Diffraktion statt Reflexion. Zu Donna Haraways Konzept des situierten Wissens. In: *Zeitschrift für Medienwissenschaft* 3 (2011), S. 83–91, hier S. 83.

149 Donna Haraway: Ein Manifest für Cyborgs. In: Hammer (Hrsg.): *Die Neuerfindung der Natur*, S. 33–73, hier S. 34.

oder falsches Urteil zu verstehen, sondern vielmehr als eine „kulturtechnisch generierte perspektivische Ansicht, welche die Grenze zwischen natürlicher und künstlicher Sicht bzw. Ansicht infrage stellt."[150] Eben diese perspektivische Ansicht – die „partial perspective"[151] – ist es, die Haraway dem sich selbst als neutral setzenden Blick, dem „god trick"[152], gegenüber stellt und als feministische Praxis der *Positionierung* begreifen möchte. Erstaunlicherweise versucht sie so nicht, dem Paradigma des Optischen zu entgehen, indem sie ihm einen anderen Sinn, wie das Hören oder Tasten, entgegensetzt, wie es Jean-Luc Nancy beispielsweise tut.[153] Vielmehr begegnet sie der Privilegierung des Sehens mit einer Akzentverschiebung, die sich bereits im Untertitel ihres Aufsatzes zeigt. Es geht ihr nun um die „privilege of partial perspective", also die Privilegierung des partiellen Sehens, das sich in Beziehung setzt zu seiner eigenen Beschränktheit und eben diesen Bezug offenlegt. Diese Positionierung begreift Haraway als wissensbegründende feministische Praxis, die den Blick für Objektivierungsmuster öffnen und die Objektivierung als Prozess selbst offenlegen soll.[154]
In einer interessanten Wendung verabschiedet sie den Begriff der Objektivierung ausdrücklich nicht, sondern eignet ihn sich gewissermaßen unter seiner verschobenen Definition neu an. So heißt es: „[O]nly partial perspective promises objective vision"[155], was im Umkehrschluss wiederum impliziert, dass jene objektive Sicht immer nur eine partielle Perspektive eröffnet – worüber es gälte, sich bewusst zu werden und Objektivität nicht mit einem ganzheitlichen Sehen / Wissen zu verwechseln. In der Folge plädiert sie also weiterhin für Objektivität, jedoch für eine, die sie feministische Objektivität nennt:

> Feminist objectivity is about limited location and situated knowledge, not about transcendence and splitting of subject and object. It allows us to become answerable for what we learn how to see.[156]

Der letzte Satz macht wiederum deutlich, dass die von ihr proklamierte Praxis der Positionierung nicht im Sinne einer Setzung zu verstehen ist, sondern als ein In-Relation-Setzen, das wiederum mit einer Verantwortlichkeit demjenigen

150 Deuber-Mankowsky: Diffraktion statt Reflexion, S. 83.

151 Haraway: Situated Knowledges, S. 583.

152 Ebd., S. 582.

153 Vgl. Jacques Derrida: *Berühren, Jean-Luc Nancy*, aus d. Franz. v. Hans-Dieter Gondek. Berlin: Brinkmann & Bose 2007.

154 Deuber-Mankowsky: Diffraktion statt Reflexion, S. 84.

155 Haraway: Situated Knowledges, S. 583.

156 Ebd.

gegenüber verbunden ist, was durch visuelle Praktiken in den Fokus genommen wird.[157] Insofern dürfe Positionierung als Praxis und Partialität statt Universalität nicht mit Relativismus verwechselt werden: „The alternative to relativism is partial, locatable, critical knowledges. [...] Relativism is a way of being nowhere while claiming to be everywhere equally“[158].
Wichtig ist Haraways Ansatz einer partialen Perspektive im Kontext dieses Kapitels nicht zuletzt, weil sie den Fokus auf den Zusammenhang von Erkenntnisproduktion in Natur- und Technowissenschaften und der Frage der Darstellung legt. Sie zeigt auf, wie stark diese Bereiche immer noch von einem Wissenschaftsverständnis geprägt sind, das durch seine Bemühung von Visualisierungsmetaphoriken und dem Beharren darauf, die Komplexität der Welt in ihrer Kohärenz kommunizierbar zu machen, den „Wert der Wissenschaft selbst zu einer Frage der Darstellbarkeit“ werden lässt.[159] Mit Blick auf jene von mir zuvor erläuterten Diskurse über das Anthropozän ließe sich aus heutiger Sicht, fast 40 Jahre nach Erscheinen von Haraways Artikel, folgern: Im Gegensatz zu Haraway findet sich in Texten wie demjenigen Hörls eine unreflektierte Wiedereinschreibung des in der Metaphorik des kalten Blicks aus dem Außen der Technologie angelegten Rationalitätsparadigmas, dessen Ende und Übergang in das sogenannte Relationalitätsparadigma er doch eigentlich proklamiert. Die Rede von der Enthüllung der anthropozänen Illusion als Teil des rationalitätsgeschichtlichen Umbruchs im Technozän führt also nicht dazu, dass die Frage nach der Darstellbarkeit eines solchen Umbruchs neu oder anders unter dem Aspekt der Relationalität und Implikation – oder, mit Haraway gesprochen, der Positionierung – gestellt würde. Der Metadiskurs, den Hörl betreibt, bleibt offenbar von jenem anthropozentrismuskritischen Umbruch verschont und wird in keiner Weise unter dem Aspekt einer partialen Perspektive in Frage gestellt. Seine Schauanordnung bleibt unangetastet, das Aufkommen einer Vielheit der Zeitlichkeiten, dessen Bestimmung sie eigentlich vornehmen will, subsumiert sie damit wiederum in eine Epoche des Technozäns.

Frédérique Aït-Touati / Bruno Latour: *Inside* (2017)

In ähnlicher Weise lässt sich diese Blindheit gegenüber der eigenen Positionierung innerhalb einer anthropozentrischen Schauanordnung bei Bruno Latour und dessen Lecture Performance *Inside* beobachten, die in der Regie von Frédérique Aït-Touati und als Koproduktion des Théâtre Nanterre-Amandiers

157 Deuber-Mankowsky: Diffraktion statt Reflexion, S. 84.
158 Haraway: Situated Knowledges, S. 584.
159 Deuber-Mankowsky: Diffraktion statt Reflexion, S. 89.

in Paris mit dem Künstlerhaus Mousonturm Frankfurt am Main entstand und die ich hier kurz skizzieren möchte, um meine These zu verdeutlichen.[160] Die Arbeit ist besonders im Vergleich mit *Boundaries* interessant, weil sie eben genau das unreflektiert lässt, was in letzterer zum zentralen Motiv der Performance wird: die theatrale Schauanordnung und die Situierung des Blicks – also das, was Haraway Positionierung nennt.

Die als Lecture Performance angekündigte Arbeit findet im Mousonturm im Rahmen von *Welcome to Caveland!* statt – einem von Philippe Quesne entworfenen Format, in dem über drei Wochen hinweg verschiedenste Projekte und Performances in dem als Höhle inszenierten Theater zu sehen sind.[161] Dies ist nicht unwesentlich, da sich Latour das Motiv der Perspektive aus dem Innern der Höhle heraus zu Nutze macht und damit das platonische Höhlengleichnis umkehrt. Inszeniert wird ein Zurückkehren ‚des Philosophen' in die Höhle, in der die Zuschauer*innen bereits sitzen, wenn Latour die Bühne betritt. Gleich zu Beginn, nachdem Latour einige einleitende Worte an einem sterilen Rednerpult im Zentrum der Bühne gesprochen hat, wird diese Perspektive dadurch hervorgehoben, dass sich hinter Latour der schwere schwarze Theatervorhang einen Spalt öffnet. Zu sehen ist jedoch nicht die Tiefe des Bühnenraums, sondern lediglich eine gleißende leuchtende Fläche, die den Eindruck erweckt, als handele es sich dabei um Tageslicht, das wie durch ein geöffnetes Fenster von außen hereinströmt und die Zuschauer*innen so blendet, dass lediglich Latours schwarze Silhouette zu sehen ist.

Diese anfängliche Spielerei markiert den theatralen Raum als klassische Schauanordnung, in der Latour nun seinen Vortrag über neue Darstellungs- und Visualisierungsweisen des Anthropozäns halten wird. Die Besonderheit dieser Lecture Performance liegt darin, dass immer wieder großflächige animierte Projektionen eingeblendet werden, die Latours Ausführungen illustrieren oder vorwegnehmen. Mal legt sich eine merkwürdige Mondlandschaft, die sich später als Visualisierung mikrobakterieller Prozesse auf der Erdoberfläche herausstellt, wie eine vierte Wand auf und über den Vortragenden, der dahinter langsam verschwindet. Ein anderes Mal erscheint eine riesengroße Weltkugel hinter ihm oder Grafiken über Vorgänge in der Atmosphäre und auf der Erdoberfläche neben ihm. Dabei

160 *Inside*. Lecture Performance (UA: 23.04.2017, Künstlerhaus Mousonturm in Koproduktion mit Théâtre Nanterre-Amandiers, R: Frédérique Aït-Touati).

161 *Inside* ist der erste Teil einer Trilogie von Frédérique Aït-Touati und ihrer Kompagnie Zone Critique in Zusammenarbeit mit Bruno Latour. Die ersten beiden Teile *Inside* und *Moving Earth* wurden zwischen 2006 und 2009 am Théâtre Nanterre-Amandiers entwickelt. Der dritte Teil *Viral* feierte 2021 Premiere. Vgl. Frédérique Aït-Touati / Bruno Latour: *Trilogie Terrestre. Inside. Moving Earths. Viral*. Montreuil: B42 2022.

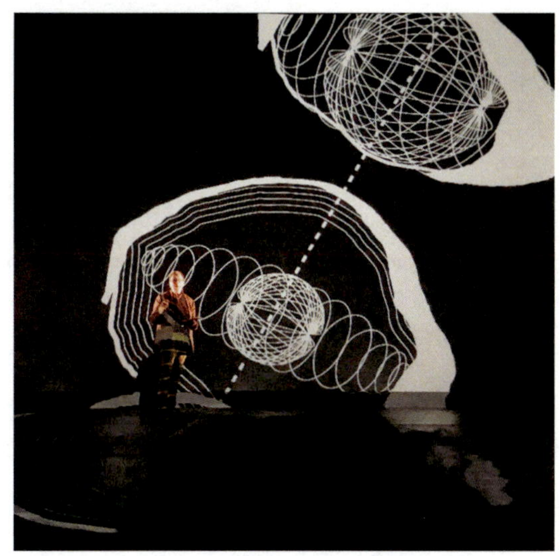

Abb. 8: Bruno Latour auf der Bühne bei der Erläuterung der gaia-grafischen Perspektive. Bruno Latour / Frédérique Aït-Touati: *Inside*, 2017.

handelt es sich um computeranimierte Simulationen von Sonia Levy, die darin Modelle einer neuen „Gaiagraphy" der Architektinnen Alexandra Arènes und Axelle Grégoire visualisiert. Als „Gaia-graphic view"[162] wird der Versuch bezeichnet, andere Visualisierungs- und Bildgebungsverfahren für die sogenannte Critical Zone zu finden – eine Bezeichnung für das Ensemble all jener Prozesse, die an und in der Erdoberfläche stattfinden und damit die Einwirkungszone des Anthropozäns betreffen.[163] (Abb. 8)

Das erklärte Ziel der Lecture Performance wird bereits deutlich: Es geht um ein „change in perspective"[164], um alternative Darstellungsweisen jener komplexen Prozesse, die zur Ausrufung des Anthropozäns geführt haben, und zwar in einer Art und Weise, die sich ausdrücklich von der bisherigen externen, äußerlichen,

162 Alexandra Arènes / Bruno Latour / Jérôme Gaillardet: Giving Depth to the Surface. An Exercise in the Gaia-Graphy of Critical Zones. In: *The Anthropocene Review* 5 (2018), S. 120–135, hier S. 120.

163 Arènes, Latour und Gaillardet definieren die *Critical Zone* genauer als „layers from the top of the canopy to the mother rocks, thus foregrounding the thin, porous and permeable layer where life has modified the cycles of matter by activating or catalyzing physical and chemical reactions. Those complex biogeochemical reactions generates a kind of skin, a varnish, a biofilm whose reactivity and fragility have become the central topics of multidisciplinary research around the disputed concept of the Anthropocene" (ebd., S. 121).

164 Ebd., S. 120.

distanzierten Darstellung des Globus als einer aus dem Weltall aufgenommenen Kugel löst und stattdessen versucht, ein ‚Innen' der Prozesse sichtbar zu machen. Im Programmheft heißt es diesbezüglich:

> Can we change our perception of the Earth? No longer from a great distance, like a blue marble flying through space, but from the inside out, as a cross-section of that critical zone? What does it mean not to live 'on' the Earth but 'in' the Earth?[165]

In der ausführlichen Erläuterung des Projekts definieren Arènes und Latour diese Perspektivverschiebung als „anamorphosis" und bedienen sich damit einer Visualisierungsmetapher der optischen Täuschung, wie es auch Haraway tut:

> [W]e propose what is called in history of drawing an anamorphosis, that is, a distortion of image made through an instrument or a change in perspective. Such anamorphosis allows to shift from a planetary vision of sites located in the geographic grid, to a representation of events located in what we call a Gaia-graphic view [...].[166]

Die *gaia-grafische* Perspektive[167], die hier angestrebt wird, definiert sich also als Versuch, etwas aus dem Inneren der Prozesse heraus darzustellen und dabei auf den allumfassenden Blick aus dem Nirgendwo zu verzichten, denn „he who looks at the Earth as a Globe always sees himself as a God"[168], wie Latour betont. Besonders deutlich zeigt sich dies in der Episode, in der Latour ein „ganz neues" Modell kommentiert, das in *gaia-grafischer* Perspektive die Erde nicht mehr als runden Globus aus weiter Ferne darstellen, sondern die zeitlichen Prozesse und Transformationen der Erdatmosphäre abbilden soll. Latour tritt an die Projektion heran und beginnt, sie zu beschreiben. Der Globus erscheint als flach, sodass sein eigentliches Zentrum an den Seiten, die Atmosphäre der Erde aber in der Mitte des Modells liegt. Mehrere Ringe um dieses Zentrum herum, die Planetenumlaufbahnen ähneln, stellen die Zeitschichten dar – der äußerste Ring mehrere Millionen Jahre, der innerste eine Millisekunde. Entscheidend ist an diesem Modell, dass es zeit- und nicht raumbezogen ist. (Abb. 9)

165 Bruno Latour / Frédérique Aït-Touati: *Inside*. Programmheft. Brüssel: Kaaitheater 2018, o. P.

166 Arènes / Latour / Gaillardet: : *Giving Depth to the Surface*, S. 120.

167 Die Inszenierung ist als Versuch einer In-Szene-Setzung von Latours theoretischem Entwurf einer relationalen Kosmologie zu verstehen, die er in Auseinandersetzung mit James E. Lovelocks und Lynn Margulis' Gaia-Hypothese entwickelt. Zur Einordnung dieser Gaia-Rezeption vgl. Friedrich / Löffler / Schrape / Sprenger (Hrsg.): *Ökologien der Erde*.

168 Latour: *Facing Gaia*, S. 136.

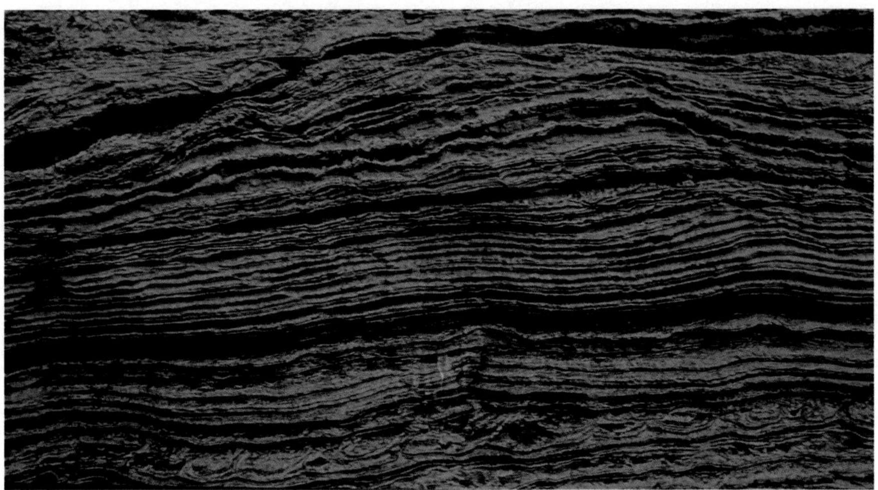

Abb. 9: Bruno Latour verschwindet hinter der Projektion der Critical Zone. Bruno Latour / Frédérique Aït-Touati: *Inside*, 2017.

Es vollzieht keine Lokalisierung, macht also nicht wie übliche Modelle dieser Art eine Angabe über eine Position im Raum im Verhältnis zur Erde, sondern versucht, die Darstellung zeitlicher Prozesse einzufangen, ohne kartografischen Mustern zu folgen. „Where you are in this representation is in between circles that are slow and quick", kommentiert Latour, während er auf die Projektion zeigt und in seiner Vortragshaltung die Ringe mit seinen Armen nachzeichnet.[169] Was hier angestrebt wird, ist die Perspektive aus dem Vortex der Erdatmosphäre und damit eine Situiertheit in ihr: „So instead of having us trying to find our place in space viewed from nowhere, we begin to get a feeling for what it's like to be situated inside what is the vortex."[170] In der Beschreibung dieser Methode heißt es wiederum:

> [T]he viewer is given a strong feeling of being inside […]. [W]e situate ourselves in the map, at the border of the vortex simulating the atmosphere, with the soil, the fractures, the trees and the roots all around us and weighing on us, we may begin to feel that the skin of the Earth has been, so to speak, reversed like a glove and that we are now inside a deep set of envelopes instead of on the surface of a planet.[171]

169 Bruno Latour / Frédérique Aït-Touati: Inside – A Performance Lecture. Videoaufzeichnung der Aufführung am HAU Berlin, 20.09.2017. In: *Bruno Latour*, o. D. http://www.bruno-latour.fr/node/755.html (Zugriff am 03.06.2023), 00:29:15 min.

170 Ebd., 00:30:48 min.

171 Arènes / Latour / Gaillardet: Giving Depth to the Surface, S. 130.

Bezeichnenderweise verzichtet das vorgestellte Diagramm ausdrücklich nicht auf einen Fluchtpunkt, sondern setzt die Sonne als zentralen übergeordneten Punkt über die abgeflachte Erde. Damit ähnelt sie pythagoreischen Darstellungen des Kosmos – obgleich Latour betont, es handele sich um ein Hybrid aus Geozentrismus und Heliozentrismus. Im Versuch einer anderen Darstellung wird erneut das Dargestellte auf einen Fluchtpunkt ausgerichtet, von dem aus die Welt und ihre Oberflächenprozesse repräsentier- und abbildbar werden. Die Sonne ersetzt damit die gottgleiche Perspektive, von der Haraway spricht und die sie als objektivierenden „god trick"[172] kritisiert. Obgleich das erklärte Ziel der kollaborativen Lecture Performance eine radikale Perspektivverschiebung ist, der es spezifisch um die Innensicht auf die Eingebundenheit und Verzweigung von Prozessen und ihren Zeitlichkeiten jenseits von kartografischen und geografischen Schemata geht, ist sie doch blind gegenüber der eigenen Darstellungsweise. Dies bezieht sich vor allem auf die theatrale Schauanordnung, *in der* sich die Lecture Performance situiert, in der sie sich aber *selbst* nicht positioniert.

Die Lecture Performance denkt die Vorannahmen ihrer eigenen theatralen Inszenierung nicht mit und reproduziert – Hörl ähnlich – *jenen kalten Blick aus dem Außen*, den sie eigentlich für überwunden erklärt, in der theatralen Schauanordnung.[173] Die vermeintliche Verzweigung der pluralen Prozesse, die eine Form der Übersicht unmöglich machen, finden sich in der Arbeit wiederum im Dispositiv einer klassischen Theaterform gebrochen, die sich ‚Zauberkasteneffekten' aus der Lichtregie bedient und sie dem entsprechend angeordneten Publikum gegenübersetzt. Insbesondere die Publikumssituation verdeutlicht den Widerspruch zwischen behaupteter Innen-Perspektive und unreflektierter Wiedereinschreibung einer distanzierten Blickordnung. Die Performance ist so ungewollt der rationalistischen Vorstellung verpflichtet, aus der Distanz Erkenntnis vermitteln zu können, und reproduziert das Phantasma eines körperlosen Blicks, welches durch die klassische Bühnenform bedingt wird. Diese ist epistemisch verankert in der neuzeitlichen „Spaltung von Welt und Betrachter"[174]. Sie geht mit der Verschleierung ihrer eigenen medialen Vermittlung einher: Im Anspruch, eine allgemeine Darstellungsweise zu sein, die alles universell sichtbar und abbildbar zu machen vermag, setzt die sich im 17. und 18. Jahrhundert etablierende und institutionalisierende Bühnenform den*die Betrachtende*n als „körperloses Auge" voraus, das „nur schauen und von seinem Körper nichts

172 Haraway: Situated Knowledges, S. 582.

173 Ich danke Leon Gabriel für diesen Hinweis.

174 Gabriel: *Bühnen der Altermundialität*, S. 23.

wissen" darf.[175] Dementsprechend muss dieses Darstellungsmodell auch in seiner weiteren Genese, bis hin zur *Black Box*, das ausschließen, was letztlich eine Grundbedingung für Relationalität bildet, nämlich „Lokalisierung, Positionierung und Situierung"[176]. Anstatt auch den Theaterraum als relational zu verstehen und dementsprechend zu erproben, bedient sich *Inside* unhinterfragt also einer Bühnenform, die epistemisch in der Tradition eines körperlosen Blicks steht. Somit re-etabliert sie auch jene distanzierte Schauanordnung, die selbst von der dargestellten Relationalität unberührt bleibt und Latours theoretischem Entwurf einer relationalen Kosmologie zuwiderläuft. Auch wenn eine der Prozesshaftigkeit nichtmenschlicher Akteure und Transformationen entsprechende Innen-Perspektive angestrebt wird, wie im Falle von *Inside,* verfällt die Darstellung wieder dem Phantasma eines *Außen*. Einerseits weist *Inside* damit rhetorisch und inszenatorisch geschickt auf eine notwendige relationale Verschiebung der Wahrnehmung hin. Andererseits aber unterminiert die Inszenierung diesen Anspruch selbst, indem sie ausschließlich diejenigen Ansichtsweisen, Erfahrungsmodi und letztlich Erkenntnismodelle bedient, die eigentlich kritisiert werden. Indem die Performance die Notwendigkeit neuer Darstellungsweisen für Relationalität formuliert, veranschaulicht sie darüber hinaus die anhand von Hörl bereits aufgezeigte Problematik innerhalb gegenwärtiger kritischer Theoretisierungsversuche des Anthropozäns, nämlich genau dort, wo versucht wird, die Hinwendung zu relationalen Denkweisen zu bestimmen, aber ohne daraus Konsequenzen für die eigenen Beschreibungs- und Denkweisen zu ziehen.

Was Latour in seiner Zusammenarbeit mit Landschaftsarchitekt*innen und Designer*innen anvisiert, ist trotz oder vielleicht gerade wegen dieser Problematik als Versuch dennoch ernst zu nehmen, als Versuch nämlich, nicht nur eine andere Zeitlichkeit der Verschränkung und Prozessualität zu denken, sondern auch nach Möglichkeiten einer anderen Darstellbarkeit zu suchen. Denn *als Konzept* impliziert das Anthropozän für den Kontext dieser Arbeit weitreichende Konsequenzen für das Denken von Zeit: Zum einen wird das Verhältnis von geschichtlicher Zeit und stratografischer, geologischer Zeit oder *deep time* erschüttert und Zeit als anthropozentrische Kategorie einer Neuaushandlung ausgesetzt, die bisweilen hochproblematische Ausmaße annimmt, wie bereits deutlich geworden sein müsste. Zum anderen eröffnet der Diskurs jedoch auch die Auseinandersetzung mit *relationalen Zeitlichkeiten*. Indem die rationalitätsgeschichtliche Bestimmung von Zeit mit anderen Denkweisen pluraler, multipler und verzweigter Zeitlichkeiten konfrontiert wird, wird damit implizit auch

175 Haß: *Das Drama des Sehens*, S. 68.

176 Haraway: Situiertes Wissen, S. 89.

die Frage nach der grundsätzlichen Darstellbarkeit von Zeit aufgeworfen: Denn wenn Zeit nicht mehr unter der Prämisse des Universellen und des *anthropos* gedacht wird, sondern vielmehr als relationale Verschränkung menschlicher und nichtmenschlicher Prozesse, aus welcher Perspektive und von welchem Standpunkt aus kann sie dann noch vorgestellt, gedacht oder dargestellt werden? Somit werden relationale Zeitlichkeiten zur Herausforderung an die Darstellung.

In diesem Sinne lohnt es sich, noch einmal zurückzukommen auf die anfangs beschriebene viskose Masse, die im installativen Teil von *Boundaries* zu sehen ist und eher am Rande der Inszenierung zu stehen scheint. Anhand ihrer lässt sich etwas ausmachen, das im klaren Gegensatz zu jener Schauanordnung aus dem Außen und der damit verbundenen Zeitordnung einer zwar invertierten, aber dennoch in sich immer noch gerichteten und linearen Zukunftsprojektion steht. Damit bezieht sich die Inszenierung implizit auf ein Denken von Viskosität, das vor allem in queer-feministischer Theorie[177], aber auch im Bereich des Posthumanismus und des spekulativen Realismus[178] für ein anderes Denken von Materialität, Identität und vor allem Zeitlichkeit steht. Timothy Morton spricht beispielsweise von „Viskosität" als einem „hyperobject"[179]. Als ein solches bezeichnet Morton durch menschlichen Einfluss entstandene Umstände wie die Erderwärmung oder radioaktives Material, die von so gigantischem Ausmaß sind, dass sie alle raumzeitlichen Gewissheiten sprengen, niemals in ihrer Totalität greifbar sind und sich so radikal entziehen. Tom McCarthy hingegen spricht mit Verweis auf Haraways Denken vom „Glibber" von einer „kritische[n] Masse": „[D]er Glibber überzieht alles, haftet überall an, schwappt zurück … Verfolgt diese Masse ein Ziel? Wird sie von irgendeiner Art Plan gelenkt?"[180] Dieser

177 Z. B. in den Schriften von Octavia E. Butler. Vgl. Aimee Bahng: Plasmodial Improprieties. Octavia E. Butler, Slime Molds, and Imagining a Femi-Queer Commons. In: Cyd Cipolla / Kristina Gupta / David A. Rubin / Angela Willey (Hrsg.): *Queer Feminist Science Studies. A Reader.* Seattle / London: U of Washington P 2017, S. 310–325.

178 Vgl. Quentin Meillassoux: *After Finitude. An Essay on the Necessity of Contingency.* London: Bloomsbury Academic 2008.

179 Genauer heißt es dort: „Nuclear materials like other hyperobjects are so massively distributed in time and space that they end the idea that time is a neutral container that is outside the physical universe. This idea is discovered always already to have depended upon a stable (human) vantage point." (Timothy Morton: Ecology without the Present. In: *Oxford Literary Review* 34 (2012), S. 229–238, hier S. 233.) Viskosität impliziert dabei den Status der Verfangenheit in den Strukturen der *hyperobjects*: „Viscosity here means that the more you know about a hyperobject, the more entangled with it you realize you already are." (Timothy Morton: Viscosity. In: *Arcade. The Humanities in the World*, 25.10.2010. https://arcade.stanford.edu/blogs/viscosity (Zugriff am 03.06.2023).) Vgl. ders.: *Hyperobjects. Philosophy and Ecology after the End of the World.* Minneapolis: U of Minnesota P 2013.

180 Tom McCarthy: *Schreibmaschinen, Bomben, Quallen. Essays*, aus d. Engl. v. Uwe Hebekus. Zürich: Diaphanes 2019, S. 7.

Masse, ob sie nun als Viskosität oder als Glibber bezeichnet wird, scheint eigen zu sein, dass sie weder eine Perspektive oder eine Richtung noch ein Ende kennt. Was sich in dieser Masse bereits andeutet, ist eine gänzlich andere Form von Materialität und Temporalität, nämlich eine, die sich der Kategorisierung in eben diese beiden Register entzieht und zu ihnen viel eher in einem Verhältnis der Relationalität steht.

Wenn also mit *Boundaries* herausgearbeitet werden konnte, dass das Denken vom Ende der Zeit nicht zu lösen ist vom Anspruch einer Außenperspektive, so ist nun deutlich geworden, dass relationales Zeitdenken Vorannahmen kritischen Denkens und der damit einhergehenden impliziten Distanz infrage stellt und stattdessen eine unlösbare Verschränkung und Weise des In-Beziehung-Setzens hervorhebt, die, ganz im Gegensatz zu Frédérique Aït-Touatis und Bruno Latours Lecture Performance, die Unmöglichkeit ihrer Darstellung betont. Wie sich dennoch diese (Un-)Darstellbarkeit von Relationalität szenisch verhandeln lässt, zeige ich nun anhand von Eva Meyer-Kellers Inszenierung *Living Matters* (2019), die Visualisierungsverfahren der Naturwissenschaften mit dem Theaterapparat verwebt. Dabei soll im Rückgriff auf Haraways und Karen Barads *dekonstruktiv-relationale*[181] Denkfigur der Diffraktion aufgezeigt werden, inwiefern in Eva Meyer-Kellers Arbeit Zeitlichkeit, Differenz und Materialität als *entanglements* performt und damit als *diffraktive Dramaturgie der Verschränkung* gedacht werden.

4. Eva Meyer-Keller: *Living Matters*

Die Inszenierung *Living Matters*[182] (2019) von Eva Meyer-Keller bildet den zweiten Teil einer Trilogie, in deren Rahmen sich die Künstlerin mit Verfahrensweisen der Naturwissenschaften beschäftigt. Während sich die Arbeit *Some Significance* (2017) mit physikalischen Visualisierungstechniken und -modellen zur Abbildung von nicht sichtbaren Einheiten und Prozessen auseinandersetzte, steht im Zentrum von *Living Matters* der Beobachtungsapparat der Mikro- und Molekularbiologie. Der Fokus auf die Eigenlogik von Versuchsanordnungen und der darin verwendeten besonderen Materialität ist bereits in früheren Arbeiten zu finden: In *Death Is Certain* (2002) exerziert Meyer-Keller innerhalb einer

181 Donna Haraway: The Promises of Monsters. A Regenerative Politics for Inappropriate/d Others. In: Lawrence Grossberg / Cary Nelson / Paula Treichler (Hrsg.): *Cultural Studies*. New York: Routledge 1992, S. 295–337, hier S. 299.

182 Eva Meyer-Keller: *Living Matters* (UA: 15.11.2019, PACT Zollverein Essen). Ich habe die Performance am 16.11.2019 gesehen. Mir wurde außerdem eine Videoaufzeichnung zur Verfügung gestellt.

in ihrer Ästhetik und Funktionalität zwischen konzentrierter Kochshow und wissenschaftlicher Laborsituation hin und her oszillierenden Versuchsapparatur verschiedenste Tötungsarten an Kirschen durch. In *Pulling Strings* (2014) und *Deus ex Machina* (2014) werden verschiedenste (Alltags-)Gegenstände und Prozesse in einem Kausalitätsgewebe aus unsichtbaren Schnüren bewegt und choreografiert. In *Living Matters* jedoch ist es spezifisch der mikrobiologische Prozess der Mitose, der Zellteilung, an dem sich die Inszenierung choreografisch und konzeptuell orientiert und womit sie in eine szenisch-kritische Auseinandersetzung mit dem Machtgefüge anthropozentrischer Schauanordnungen und ihrer Objektivierungsansprüche führt. In der Performance, in der Trauben unter dem mikroskopischen Blick zu fluoreszenten Tiefseemonstern mutieren und Tampons Zellteilung performen, werden vermeintlich rein deskriptiv operierende naturwissenschaftliche Verfahren rigoros auf ihre normativen Strukturen und Vorannahmen durch szenische Experimente befragt – aber auf eine Weise, die das theatrale Guckkastendispositiv, in dem sie stattfindet, immer mitdenkt und andere Formen der Dramaturgie und Zeitlichkeiten erprobt.

Die Performance auf PACT Zollverein in Essen beginnt mit einem einzigen Wort. „what“ erscheint in kleinen weißen Buchstaben an der Rückwand im schwarzen Nichts der Bühne. Ein wenig verloren wirkt es, als hänge es in der Luft. Weitere Buchstaben kommen dazu: „what counts in life is“, steht nun da. Erst jetzt bemerke ich das kleine leuchtende Apple-Zeichen eines Laptops und die Umrisse einer Performerin, die davor sitzt und jene Wörter offensichtlich gerade tippt, deren semantischem Entstehungsprozess wir qua Videoprojektion live beiwohnen. Durch Tilgen und Abänderung, Hinzufügen und Umschreiben entstehen in den nächsten Minuten eine ganze Reihe von Variationen jenes Satzes und der Begriffe *matter* und *life*. Immer wieder bilden sich neue, andere Wortformationen und -bedeutungen. Aus „what counts in life is“ wird „life is what counts in“, woraus sich „counting life“, dann „accounting for life“ formiert, das sich schließlich in „accident, incident“ verwandelt. Weitere Variationen sind: „what's the matter“, „you are matter to me“, „matter in its self-replicant form is a living being“, „life makes things, life is to make things up, life, lie, leg, lies have short legs, the ability to lie and the ability to act, heat, repeat, pattern, isolate, quantify“. Während wir als Publikum diesen sich immer aufs Neue transformierenden Wortbildungen auf der Projektion folgen, herrscht im Saal absolute Stille, nur das leise Klicken der Tastatur ist zu vernehmen. Dann jedoch löst die Bedeutungsverschiebung von „life“ zu „lies“ und schließlich zu „lies have short legs“ fast erleichtert wirkendes Gelächter aus. In diesem Prozess der textuellen Bedeutungsverschiebung zeigt sich bereits das Motiv der Transformation und der Verschiebung, das im Verlauf der Performance auf mehreren Ebenen eine entscheidende Rolle spielen wird. Eröffnet wird in dieser Anfangssequenz die zentrale Bedeutung des semantischen Felds rund um die Begriffe *matter* und *life*. Insbesondere *matter* wird hier nicht einfach synonym mit Materie verwendet, sondern oszilliert zwischen der Implikation ‚Substanz / Materie' und derjenigen von ‚Bedeutung' im Sinne von ‚von Gewicht / Bedeutung sein', wie in der Verschiebung zwischen „what's the matter" und „you are matter to me" deutlich wird. Die im Raum stehende Frage ist demnach diejenige nach der Bedeutung von Materie, von Materie als Bedeutendes oder selbst Bedeutung stiftende Instanz, sowie jene nach der Verbindung zwischen Leben, Materie und Bedeutung. Die Variationen der Begriffe *Leben* und *Materie* scheinen die Möglichkeit zu eröffnen, diese weniger als ontologische Kategorien als vielmehr als dynamische Prozesse zu begreifen, die nicht als feste Entitäten bestehen bleiben, sondern konstanter Verwandlung, Teilung, Neuordnung und Mutation ausgesetzt sind. Mit ihrem starken Bezug auf Begriffe wie Materie und Leben verortet sich die Performance bereits zu Beginn, wenn auch implizit, im Kontext feministischer neumaterialistischer Diskurse und deren Neuaushandlung des Verhältnisses von Materialisierungsprozessen, Differenz und Geschlecht, wie sie in den letzten Jahren unter anderem durch Haraway, Barad oder Jane Bennett erarbeitet worden ist.[183] Mein Anspruch ist es im Folgenden jedoch dezidiert nicht, Eva Meyer-Kellers künstlerische Arbeit als bloße Illustration oder Umsetzung dieser Theorien zu lesen. Vielmehr geht es mir im Sinne eines *Denkens im Material*[184] darum, durch die szenischen Elemente und Prozesse der Performance hindurch nachzuvollziehen, wie Fragen von Materie, Verschränkung, Differenz und Verantwortlichkeit verhandelt werden.

Theater als Versuchsapparatur

Als das Licht angeht, befindet sich in der Mitte der Bühne eine ausgeleuchtete, auf den ersten Blick unordentliche Ansammlung sehr unterschiedlicher Materialien und Gegenstände. Vor zwei Rollschränken und auf einer grünen Plastikmatte liegen aufeinandergestapelt oder in kleinen Haufen aufgetürmt Scheinwerfer, Kamerastative, etliche Kabel und Steckdosen, zwei Lautsprecher und

183 Jane Bennett: *Vibrant Matters. A Political Ecology of Things*. Durham, NC: Duke UP 2010. Einschlägig für den sogenannten Neuen Materialismus sind nicht nur Positionen aus der feministischen Wissenschaftsforschung wie Donna Haraway und Karen Barad, sondern dazu gehören ebenso Theoretikerinnen wie Rosi Braidotti, Elisabeth Grosz oder Claire Colebrook, die in ihrem Verständnis von Materie auf Gilles Deleuze zurückgreifen. Vgl. Claire Colebrook (Hrsg.): *Deleuze and Feminist Theory*. Edinburgh: Edinburgh UP 2000; Astrida Neimanis: Material Feminisms. In: Braidotti / Hlavajova (Hrsg.): *Posthuman Glossary*, S. 242–244.

184 Vgl. Kap. 1.1.

mehrere Rollen bunter Plastikfolie, ein Mülleimer und ein Laptop. Der Zusammenhang dieser heterogenen Ansammlung, ihre innere Logik oder Ordnung ist zu diesem Zeitpunkt zwar noch undurchsichtig, dennoch weckt sie die Erwartungshaltung, dass all diese Dinge in irgendeiner Form noch von Nutzen sein werden. Statt aber von etwaigen Performerinnen ‚aufgebaut' oder ‚installiert' zu werden, beginnen sich die Materialien plötzlich langsam auseinanderzubewegen. Wie von Geisterhand teilt sich das vermeintlich wahllos aufeinandergehäufte Ensemble von Dingen, Elektrogeräten, Kabeln und Requisiten genau symmetrisch in seiner Mitte: Jeweils ein Rollschrank, eine grüne Matte und ein Lautsprecher gleiten sukzessive aus der Mitte hinweg. Erst jetzt wird sichtbar, dass es kaum wahrnehmbare dünne grüne Schnüre sind, die an den Materialien befestigt sind und mithilfe derer diese in die jeweils rechten und linken unbeleuchteten Bühnenränder gezogen werden, bis sie nicht mehr zu sehen sind. Der ganze Prozess geht mit ungeheurer Langsamkeit vor sich. Fast schon mit Spannung beobachte ich, wie sich der große Rollschrank peu à peu und gefährlich schwankend von der Mitte wegbewegt, wie sich die einzelnen Schlaufen des Kabelhaufens entfalten und die Variation aus Werkzeug und Plastikkisten am vorderen Rand der Bühne vorbeigleitet. Offensichtlich ist bereits an dieser Stelle, dass die Aufmerksamkeit der Performance auf dem Bewegungsgefüge dieser Dinge und ihrer Eingebundenheit in den Gesamtapparat liegt.

Sobald der Teilungsprozess der Requisitenansammlung beendet und alle Gegenstände aus dem Sichtfeld und in die Dunkelheit der Bühnenränder verschwunden sind, beginnen sich jeweils zwei Performerinnen von jeder Seite in Richtung Bühnenmitte zu bewegen. Sie tragen bunte Alltagskleidung in leuchtendem Orange und Lila sowie Turnschuhe, über die Schutzhüllen gestülpt sind, wie man sie aus medizinischen Operationsräumen oder wissenschaftlichen Laboren kennt. Ihre Bewegung geschieht jedoch auf sehr spezifische Weise, nämlich horizontal: Auf ihrem Rücken liegend schieben sie sich mit der Kraft ihrer in den Boden gestemmten Füße rückwärts, mit dem Kopf zuerst, der Mitte entgegen. Ihre angewinkelten Beine bewegen sie dabei fast krebs- oder spinnenartig, während die Arme rechts und links am Körper mitgeschleift werden. Über die nächsten 90 Minuten gleiten die vier Performerinnen ausschließlich auf diese horizontale Art über die Bühne. Dabei können sie ihr Ziel allerdings niemals direkt anvisieren, da der Kopf in dieser Rückenlage immer in die entgegengesetzte Richtung der Füße blickt. Das Resultat ist eine vorsichtig tastende Bewegung. Treffen die Körper unterwegs auf einen Widerstand, weichen sie diesem entweder aus, indem sie ihre Hüften gerade so viel heben, dass sie sich über jenen hinwegschieben können, oder sie ‚docken' an die Hindernisse an, indem sie in dem Moment, in dem sie beispielsweise eine der Gummimatten erreichen und berühren, sich seitlich zu ihr platzieren und dort liegenbleiben. Stoßen sie wiederum auf eine andere Performerin, winden sie sich aneinander vorbei. Deutlich wird die klare Vermeidung von Vertikalität: Während der gesamten Performance wird auf eine aufrechte Körperhaltung verzichtet.

Auf diese Art nehmen die vier Frauen nun den Aufbau der Gegenstände auf der Bühne vor. Zunächst rollen sie bunte Gummimatten aus und transportieren dann auf ihrem Bauch unterschiedlichste Requisiten und Materialien von den Seiten in die Mitte der Bühne, darunter auch viele der zu Anfang als Teil der Konstellation auseinandergezogenen: ein Mikroskop, einen Laptop, allerlei Lebensmittel wie Obst und Saft, Werkzeuge, etwaige Kisten, Haartrockner, Gummihandschuhe, Mülltüten, Petrischalen, eine Rolle Küchenpapier, einen Wasserkocher, einen Monitor. In diesem merkwürdigen Sammelsurium aus banalen Alltagsgegenständen und technischen Gerätschaften hat offensichtlich jedes dieser Dinge eine Gleichwertigkeit gegenüber den anderen, jedes ist auf seine Art und Weise augenscheinlich von Bedeutung und wird eine bestimmte Funktion und Rolle innerhalb der nun installierten Ordnung einnehmen. Aufgebaut wird sie von den auf dem Rücken liegenden Performerinnen, indem diese die Gegenstände über den Kopf heben und ablegen, um sie dann, aus einer Seitenlage heraus, liegend anzuordnen. Erst jetzt schieben sich die Körper aus dieser Seitenlage in eine Sitzposition, aus der heraus sie ihre Arme frei bewegen und ihre Hände im Blickfeld haben können. Aus dieser heraus beginnen sie, die sich dort befindenden Gegenstände zu ordnen und aufzubauen. Zwei Scheinwerfer werden auf der rechten Seite installiert, ein Mikroskop an eine Kamera angeschlossen. Eine der Performerinnen platziert mit großer Konzentration Äpfel, Birnen, eine Brombeere, Kirschen und Weintrauben säuberlich nebeneinander auf einer der grünen Matten, die Petrischalen, kleine Schwämme und Werkzeuge wie Skalpell und Pinzette legt sie daneben. Alles wirkt, als werde hier eine äußerst wichtige Versuchsanordnung bis ins kleinste Detail nach einem dem Publikum unbekannten Schema aufgebaut. Die Performerinnenhaltung ist dabei konzentriert und nimmt vom Publikum keine merkliche Notiz. Sie bewegen sich auf eine Weise, die „als neutral oder funktional bezeichnet werden könnte, auf jeden Fall aber darauf angelegt ist, ihre Aufgabe in keiner Weise zu kommentieren“[185], wie es Tim Etchells in Bezug auf Eva Meyer-Kellers Haltung in *Death Is Certain* beschreibt, was hier aber ebenso zutrifft: Die Performerin

185 Tim Etchells: In einer Hinsicht niemals anders und in anderer Hinsicht niemals gleich. Einige Gedanken zu Eva Meyer-Kellers komischer Tragödie ‚Death is Certain', aus d. Engl. v. Nikolaus Müller-Schöll / Joachim Gerstmeier. In: Gerstmeier / Müller-Schöll (Hrsg.): *Politik der Vorstellung*, S. 160–178, hier S. 163.

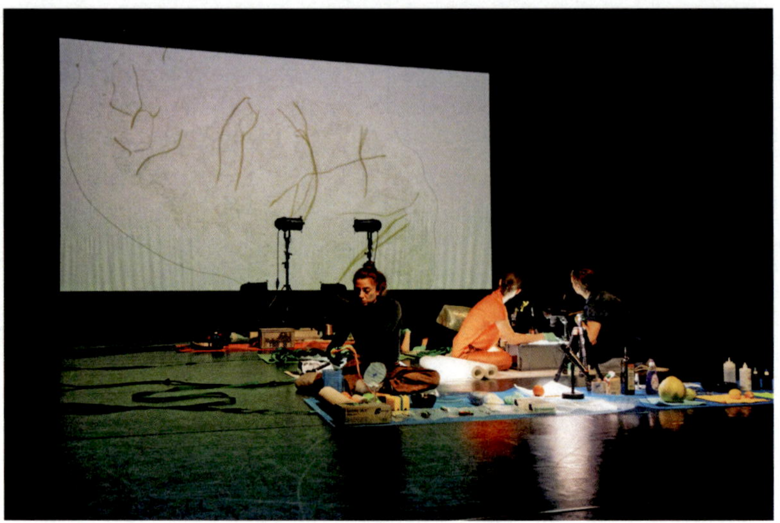

Abb. 10: Die Performerinnen inmitten des Versuchsaufbaus.
Eva Meyer-Keller: *Living Matters*, 2019.

„tut, was zu tun ist, nicht mehr und nicht weniger“[186]. Im Gegensatz zu den zu Beginn projizierten Wortfigurationen, Satzformationen und -verschiebungen ist darüber hinaus die Nebensächlichkeit des sprachlich Geäußerten auffällig. In ihre Aufbauarbeiten vertieft, wechseln die Performerinnen zwar ab und zu ein paar Worte, die wie Anweisungen wirken, jedoch kaum verständlich sind und auch sonst keine besondere Wichtigkeit zu haben scheinen. (Abb. 10 & 11) Wenn Kommunikation stattfindet, Sätze geäußert oder ins Mikrofon gesprochen werden, dann geschieht auch dies in einer in sich gekehrten Haltung, als seien diese Worte nicht ans Publikum gerichtet, sondern intern dafür bestimmt, innerhalb der Versuchsapparatur zu bleiben. Währenddessen zeigt die Projektion auf der hinteren Wand nun das Bühnengeschehen aus der Vogelperspektive. Offensichtlich ist unter der Decke eine Kamera angebracht, die von oben filmt und so einen Überblick über das bunte Ensemble von Objekten sowie das geschäftige Räumen, Aufbauen und Neuordnen dieser auf der Bühne liefert. Der Effekt ist überraschend, denn aus dieser Perspektive erweist sich die aus Sicht der Zuschauer*innen noch chaotisch anmutende Ansammlung auf einmal sortiert. Das vermeintliche Chaos entpuppt sich von oben aus gesehen plötzlich doch als ein wohl komponiertes und nach Farben geordnetes Ensemble – weniger zufällig zusammengeschoben als vielmehr sorgfältig angeordnet. Es ist diese

186 Etchells: In einer Hinsicht niemals anders, S. 163.

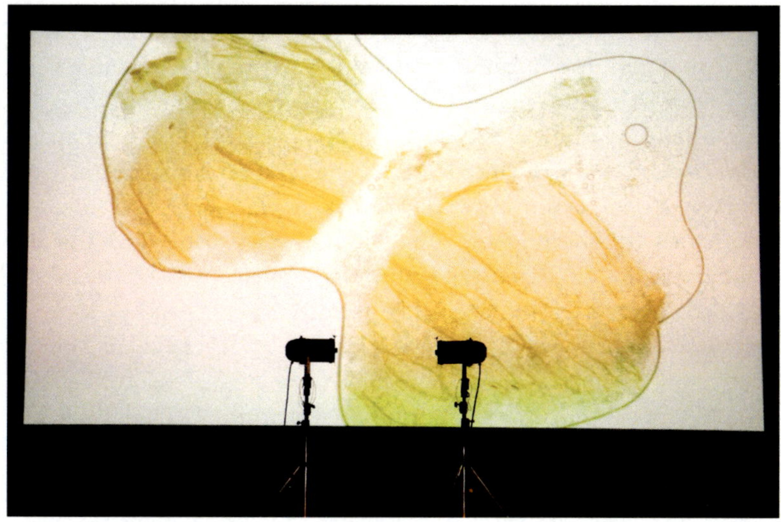

Abb. 11: Merkwürdige Wesen: Der Blick durch die Mikroskopkamera. Eva Meyer-Keller: *Living Matters*, 2019.

Perspektivverschiebung innerhalb des Theater- und Versuchsapparats, die im weiteren Verlauf der Performance entscheidend ist, gerade weil sie immer wieder auf verschiedene Weise ein Irritationsmoment produziert. Zwei dieser Irritationsmomente möchte ich im Folgenden näher beschreiben und anhand ihrer aufzeigen, wie die Performance in ihrem Rückgriff auf skopische Verfahren der Naturwissenschaften einerseits und auf Ansätze aus dem New Materialism andererseits Theater als Versuchsapparatur inszeniert und darin eine besondere Zeitlichkeit der Verschränkung deutlich wird, in der Visualisierungsverfahren und Prozesse miteinander in Beziehung treten.

Blickordnungen: Visualisierungen und Prozesse

Eva Meyer-Keller, die sich blaue Laborhandschuhe übergezogen hat, sitzt vor dem Mikroskop und beginnt, mit einer Pipette eine Flüssigkeit in eine Petrischale zu tropfen. Dieser Vorgang geschieht fast beiläufig, während die anderen drei Performerinnen weiter konzentriert mit ihren Vorbereitungen beschäftig sind, und ist in seiner Kleinteiligkeit aus der Entfernung der Zuschauer*innenränge kaum zu erkennen. Selbst lediglich ein kleines Detail inmitten des Räumens und Anordnens, wird diesem Vorgang dennoch genau in dem Moment eine besondere Aufmerksamkeit zuteil, in dem die Projektion umspringt und auf der hinteren Wand nun eine vibrierende weiß gepunktete Masse erscheint, in der sich undefinierbare kleinste Partikel zuckend fortbewegen. Erst auf den

zweiten Blick wird deutlich, worum es sich dabei handelt. Es ist der Blick durch die digitale Mikroskopkamera auf die sich darunter befindende Petrischale, in die Meyer-Keller gerade eine Flüssigkeit gegeben hat – gewissermaßen also eine Live-Schaltung in die Versuchsanordnung und auf das Untersuchungsobjekt. Der Perspektivwechsel wirkt überraschend: Von der vorherigen eine beruhigende Gewissheit des Überblicks vermittelnden Vogelperspektive zu einer Ästhetik der enormen Vergrößerung, die eben dadurch verunsichert, dass sie das Untersuchungsobjekt – das durch den enormen Zoomeffekt in seine minimalkleinsten Partikel zerlegt wird – unerkennbar werden lässt.
Die sich nun bewegende, zuckende Masse übt dabei eine merkwürdige Faszination aus. Aufmerksam verfolge ich die Bewegungen der weißen Teilchen, die auf der Oberfläche hin und her tänzeln – worum es sich dabei jedoch handelt, bleibt unklar: mikroskopische Aufnahmen von weißen Blutkörperchen oder doch schlicht Styroporteilchen in Wasser? Plötzlich beginnt sich die Flüssigkeit blutrot zu färben. Immer mehr der weißen Teilchen scheinen sich vollzusaugen, quellen auf und verschwinden schließlich in der nun immer mehr Raum einnehmenden roten Substanz. Das Prozedere wiederholt sich in unterschiedlichster Variation immer wieder mit immer anderen Untersuchungsobjekten und -substanzen, die Meyer-Keller unter dem Mikroskop untersucht und deren enorme Vergrößerung wir qua Projektion beobachten können. Immer wieder bilden sich neue Formationen von Teilchen, Zellen und Flüssigkeiten, die sich aus unerfindlichen Gründen in Bewegung setzen, um sich zu einer neuen zusammenzufinden. Mal ist es eine leuchtend gelbe Substanz (eine Orange? eine Khaki?), die unter dem hellen Mikroskoplicht fast transparent wirkt. Ohne zu wissen, worum es sich genau handelt, assoziiere ich Fasern, Zellen und Gewebestruktur. Plötzlich scheint das Gewebe anzuschwellen und sich auszubreiten, die einzelnen Fasern winden sich wie Würmer und streben der Mitte entgegen. Kleinste Partikel lösen sich von der gelben Masse und schwimmen von einer unsichtbaren Kraft angezogen an eine andere Stelle, verbinden sich dort mit anderen winzigen Elementen. Vollkommen abgelenkt vom weiteren Geschehen auf der Bühne verfolge ich gebannt das, was sich als regelrechte Teilchen-Choreografie beschreiben ließe. Die Formation aus Flüssigkeit und gelben Partikeln gerät nun in Aufruhr, bricht auf und wird wie von einem gewaltigen Stoß davongeschwemmt.
Ein anderes Mal beobachte ich, wie eine der neben dem Mikroskop sitzenden Performerinnen eine Brombeere auf eine neue Petrischale legt und offensichtlich von oben auf diese drückt, denn auf der Projektion ist nun in enormer Vergrößerung zu sehen, wie plötzlich das Fruchtfleisch aufreißt, roter Saft daraus quillt und zu einer blutroten Masse anschwillt, innerhalb derer nun einzelne weißliche Zellen in tanzende Bewegung geraten und sich über den gesamten Bildausschnitt

verteilen. Nichts mehr erinnert nun noch an die ursprüngliche Brombeere, sondern ähnelt eher an durch bewusstseinserweiternde Drogen verursachte Farbexplosionen oder gar an Aufnahmen von menschlichem Gewebe.

Living Matters setzt zunächst eine klassische naturwissenschaftliche Versuchsanordnung in Szene, der ich lediglich als externe Beobachterin beizuwohnen scheine und in der die Performerinnen sowohl als die Experimente ausübende als auch sie assistierend begleitende Wissenschaftlerinnen fungieren. Bereits das Programmheft kündigt an, dass die Blickanordnung des Labors mit derjenigen des Theaters zusammengedacht werden soll. Aus meiner räumlich distanzierten Position heraus beobachte ich, wie sich szenografische Formationen herausbilden, wieder auflösen und die Performerinnen in ihrer horizontalen Fortbewegungsart zwischen den verschiedenen Materialien hin und her gleiten. Nachträglich wird immer offensichtlicher, dass die Bewegungen der Performerinnen die Bewegungen der kleinsten Zellteilchen zitieren und selbst immerfort den Vorgang der Mitose, der Zellteilung, vollführen. Dieser wird überdies an einer Stelle unter dem Blick der Kamera mit Tampons nachgestellt, die sich in zwei Reihen gegenüberliegen und schließlich langsam an ihren Fäden auseinandergezogen werden. In diesen szenischen Prozessen bilden sich Formationen nach einer Eigenlogik, indem Körper und Objekte in bestimmter Weise angeordnet werden, um daraufhin zu einem bestimmten Zeitpunkt aufzubrechen und sich zu separieren, nur um sich abermals in einer neuen Konfiguration zusammenzufinden. Weder mikroskopisch vergrößerte Zellteilchen noch Performerinnen scheinen dabei Notiz zu nehmen von der Beobachtungssituation, der sie ausgeliefert sind. Wichtig bleibt auch zu betonen, dass keine der Formationen dabei eine besondere Gewichtung erhält. Vielmehr liegt das Augenmerk auf dem unendlichen Prozess selbst, in den stets alle Bühnenelemente gleichberechtigt eingebunden sind. Darüber hinaus spielt aber auch das Bildhafte der naturwissenschaftlichen Visualisierungsverfahren eine große Rolle.

Auch die enorme Vergrößerungsprojektion des Mikroskops wirkt auf den ersten Blick wie eine einfache technische Hilfeleistung, um mir das Verfolgen der Experimente zu erleichtern, es dient als Apparatur der Beobachtung, in deren festgesetzten Observierungsrahmen immer wieder neue zu untersuchende Substanzen eingeführt werden. Dieser erste Teil von *Living Matters* entwirft so eine Versuchsanordnung, in der alles seinen Platz zu haben scheint. Die Formationen durchlaufen zwar verschiedene Stadien und Teilungen, doch jede einzelne Teilung verläuft geordnet und mit großer Langsamkeit. Die vermeintlich klare Schauanordnung erweist sich bei näherer Betrachtung als komplexe *Mise en abyme* des biologisch-mikroskopischen Blicks, der mit demjenigen der Zuschauer*innen innerhalb des Theaterraums verwoben wird. Der naturwissenschaftliche Beobachtungsapparat verschränkt sie so mit demjenigen des Theaters, spiegelt und unterbricht ihn und stellt ihn auf diese Weise aus. Meyer-Keller begründet ihr Interesse an der Logik und Ästhetik naturwissenschaftlicher Modelle und Visualisierungsverfahren vor allem mit dem Umstand, dass diese zwar dasjenige darzustellen behaupteten, was das menschliche Vorstellungsvermögen überschreite, genau darin aber selbst zu Fiktionen einer Abbildbarkeit würden.[187] Wie bereits in *Some Significance* (2017) geht es ihr auch in *Living Matters* um die diese Fiktion generierende Apparatur und deren Theatralität. Es lohnt sich, hier die verschiedenen Ebenen der Beobachtung und deren Verstrickung genauer zu analysieren. Da ist zunächst der dem Guckkastendispositiv entsprechend frontal auf die Bühne gerichtete Zuschauer*innenblick, mit dem ich den Aufbau der Versuchsapparatur aus der Distanz beobachte. Als eine weitere Ebene tritt dann jedoch die Vogelperspektive qua Videoprojektion hinzu, durch die ich die Bühnenformation, das Anordnen und die Teilungsprozesse von oben betrachten kann und die so den Anschein erweckt, als würde ich selbst die Position einer Forscherin einnehmen, die durch ein Mikroskop auf ein innerhalb eines festgelegten und in sich geschlossenen Versuchsrahmens verlaufendes Experiment blickt. Mit der dritten Ebene verschiebt sich diese Blickanordnung abermals. Es sind nun die Performerinnen, die ich dabei beobachte, wie sie qua Mikroskop die Beschaffenheit verschiedenster Substanzen beobachten. Diese Beobachtung dritter Ordnung wird abermals aufgebrochen und in sich gespiegelt, als die Projektion die Perspektive durch das Mikroskop wiedergibt – und ich das Vorgehen auf der Petrischale nun selbst in enormer Vergrößerung verfolgen kann. Die Szene, die sich nun vor meinen Augen auftut, zitiert die Vogelperspektive zuvor, nur sind es nun nicht mehr menschliche Körper, sondern Zellteilchen, die sich innerhalb dieser Versuchsapparatur in einem fest abgesteckten Rahmen bewegen, formieren und anordnen. Immer wieder wird der langsame Rhythmus der szenischen Prozesse – der unaufgeregt vor sich hinlaufenden und immer wieder erneut einsetzenden Auf- und Umbauarbeiten und des langsamen Hin- und Hergleitens der Performerinnen zwischen den einzelnen Versuchsstationen – durch dieses Umschalten, Umswitchen, Umkippen der Perspektive unterbrochen, das zugleich eine Verschiebung der Erkenntnis- und Wahrnehmungsweise provoziert. Diese vollzieht sich im Modus der Nachträglichkeit: Plötzlich stellt sich das zuvor in bestimmter Art und Weise Wahrgenommene und Erkannte als etwas ganz anderes heraus oder verliert zumindest die Gewissheit, überhaupt als ein solches bestimmbar zu sein – das Chaos erscheint durch den Perspektivwechsel plötzlich als wohlstrukturierte Anordnung, das vermeintlich *wesenhaft*

187 Dies beschreibt sie in einem mit mir geführten Telefongespräch am 17.01.2020.

Bestimmte erweist sich als bloße Mutation, die die Versuchsanordnung bedienenden Performerinnen im nächsten Moment als Teil derselben, die Beobachtenden als Beobachtete.

Besonders deutlich wird dies im zweiten Teil der Performance, der merklich mit der zuvor beschriebenen Dramaturgie des ruhigen Formierens und Teilens bricht und stattdessen eine Verschiebung der Ansichtigkeit vornimmt, die die Ordnung der Repräsentation sowie diejenige der Beobachtung verschiebt. In den Vordergrund tritt nun ein Prozess der Mutation, der Anomalie und des unkontrollierten, abweichenden Wachstums, der auch die Frage einer anderen Zeitlichkeit aufwirft.

„Cells die continuously", spricht eine der Performerinnen ins Mikrofon, während sie sich in der Rückenlage zu den anderen drei in die Mitte der Bühne schiebt. Die folgenden gesprochenen Sätze kreisen um den Themenkomplex Tod, Kontrollverlust und Unkategorisierbarkeit, zu dem die harmonisch vor sich hinplätschernde Hintergrundmusik merkwürdig unpassend wirkt. Die große Projektion auf der hinteren Wand zeigt nun grüne Blasen, die sich auf einer Wasseroberfläche bilden – offensichtlich wird gerade eine ölartige Substanz in die Petrischale getröpfelt. Plötzlich jedoch verändert sich das Bild und es bilden sich fluoreszente Schlieren in einem Neongrün. Das Ergebnis ist eine fast surreale Formation von ungeheurer Farbintensität, die Assoziationen psychedelischer Weltraumbilder hervorruft und keinerlei Ähnlichkeit mehr mit der anfänglichen Flüssigkeit besitzt. Die kleinen Bläschen und wabernden Schlieren innerhalb des Gemischs erscheinen nun wie eine galaktische Milchstraße. „Cells from a different planet", setzt die Performerin währenddessen am Mikrofon ihre Aufzählung immer absurder werdender Zellnamen fort, „unification cells, cannibalistic cells, menstruation cells." Fast schon personifizierend wirken diese Zuschreibungen, als handele es sich bei den zuckenden Teilchen auf der Leinwand tatsächlich um kannibalistische, extraterrestrische Zellen mit eigener Agenda. In einer weiteren Sequenz erscheint ein eiförmiger Gegenstand auf der Projektion, der zunächst einer Weintraube ähnelt, dann aber durch einen Farbeffekt, der das Bild im Negativ zu zeigen scheint, eher einem quallenartigen Tiefseelebewesen in strahlendem Türkis auf blauem Hintergrund gleicht, dessen Körper, von Licht durchflutet, völlig transparent wirkt und seine innere Zell- und Faserstruktur offenlegt. Innerhalb der optischen Apparatur, die die Inszenierung in Szene setzt, entsteht so ein Effekt, der sich nicht mehr in das Modell von Original und Abbild fügt, sondern eine andere Weise der Darstellung eröffnet, die sich einerseits stark auf naturwissenschaftliche Visualisierungstechniken stützt, andererseits ebendiese jedoch genau so einsetzt, dass sie den Raum für Verschiebung und Unkalkulierbares eröffnet.

In *Living Matters* fügt sich so der wissenschaftliche Versuchs- und Beobachtungsapparat in ein klassisches Guckkastendispositiv, arbeitet aber eben durch jene Verschachtelung der Blickordnung die Frage der Positionierung und der Objektivierungsbehauptung der neutralen Beobachtung besonders heraus. Die Frage, wer hier eigentlich wen oder was und in welchem Rahmen beobachtet und welche Prozesse dabei eben nicht erfasst werden können, weil sie sich außerhalb des Observierungsrahmens abspielen, zieht sich durch die gesamte Inszenierung. Die widerständige szenische Strategie liegt u. a. darin, die Privilegierung des neutralen wissenschaftlichen Blicks zu unterminieren, dessen Objektivierungsbehauptung auszustellen und dabei die Verschränkung von Beobachter*in und optischer Apparatur hervorzuheben. Insofern steht dem vermeintlich objektiv-wissenschaftlichen Erfassen auch immer dasjenige gegenüber, was sich außerhalb des von ihm vorgegebenen Experiments und seines Rahmens abspielt. Die Inszenierung arbeitet dabei im Modus der Gleichzeitigkeit der szenischen Prozesse: Während ich völlig fasziniert auf die Projektion des mikroskopischen Bildes blicke, entgehen mir bisweilen all jene Prozesse auf der Bühne, die ebenso zum Bild generierenden Apparatus gehören, darin aber unsichtbar bleiben – das ruhige Anordnen und Präparieren der nächsten Versuche, die spezifische Art und Weise, wie die Brombeere zerteilt und die Flüssigkeit angerührt wird. So wird auf jeder der genannten Beobachtungsebenen immer auch klar, was aus dem jeweiligen gesetzten Rahmen ausgeschlossen und was in der spezifischen Perspektive eben nicht wahrgenommen werden wird.

Body mitosis: mehr-als-menschliches *entanglement*

Der wissenschaftliche Blick, der einer überzeitlichen und überhistorischen gottgleichen Perspektive gleichkommt, wird dabei durch eine besondere Horizontalität des Szenischen verstärkt und ausgestellt. Das gesamte Bühnengeschehen scheint sich der Frontalität der Theatersituation regelrecht zu verweigern und sich stattdessen nach einem fiktiven Blick ‚von oben' auszurichten, als würde die Bühne selbst zur Petrischale, die von einem unbenannten Außen – einem Außen außerhalb des Theaterraums – observiert würde. Mit zu diesem Eindruck trägt zum einen der Umstand bei, dass die Performerinnen in ihrem geschlossenen Versuchsapparat ganz so agieren, als gebe es weder das Publikum noch die frontale Ausrichtung der Bühne. Der Fokus ihrer Aufmerksamkeit scheint viel eher auf den Objekten und Materialien und ihrer Anordnung zu liegen, die ebenfalls auf einen Blick von oben ausgerichtet sind. Diese klare szenische Setzung der Horizontalität kann zum einen als Abkehr von anthropozentrischer Vertikalität verstanden werden, der die Inszenierung nicht-menschliche Formen und Zeitlichkeiten des *entanglement* entgegenstellt, wie ich noch zeigen werde. Zum anderen macht sie den optischen Apparat wissenschaftlicher Beobachtung durch Wiedereinschreibung seiner Objektivierungsstrategien selbst sichtbar. Die bildhaften Visualisierungsverfahren der Laborforschung werden so mit der Apparatur der Theaterbühne zusammengebracht.

Die horizontale Fortbewegungsart der Performerinnen ließe sich vor diesem Hintergrund als Bruch mit jenem teleologischen Blickregime beschreiben, das Samuel Weber „*skopisches*" Anvisieren nennt.[188] Als seitlich-schiebend-tastendes Gleiten folgen die Bewegungen nicht dem gerichteten Blick, sind einem vorherigen Anvisieren des Ziels also nicht nachgeordnet, sondern invertieren gewissermaßen das Verhältnis zwischen beiden, zwischen Vorne und Hinten, Ziel und Ausgangspunkt, denn der Blick ist rückwärts auf dasjenige gerichtet, von dem sich die Körper wegbewegen. Ihrem Ziel – wenn es denn eines gibt – schieben sich die Körper auf diese Weise ‚blind' entgegen, ihr Sichtfeld umfasst ausschließlich das hinter ihnen liegende. Offensichtlich ist ihre Fortbewegung also keineswegs durch das visuelle Anpeilen von Etwas bestimmt, sondern erfolgt nach einem anderen Prinzip. Versteht man im Anschluss an Nancy und Weber *skopos* als das Ziel, „das man in Sicht hat und auf das man zielt", während *telos* „im Gegenteil die Erfüllung einer Handlung oder eines Prozesses, ihre Entwicklung bis zu einem Abschluß" impliziert, so ließe sich im Falle jener seitlich-horizontalen Fortbewegungsart von einer *askopischen* und *ateleologischen* Bewegung sprechen, die in ihrer Invertierung anthropomorpher Vertikalität die Grenze zwischen menschlichen und nicht-menschlichen Bewegungen und Lebensformen durchlässig werden lässt.[189]

So sehr Eva Meyer-Keller einerseits durch die beschriebenen Perspektivwechsel das skopische Prinzip ausstellt, so sehr setzt sie andererseits dieser Privilegierung des Visuellen ein dramaturgisches Verfahren entgegen, das sich durch eine spezifische Orientierung an der Materialität der verwendeten Objekte und Substanzen auszeichnet.[190] Mehr noch möchte ich hier von einer Dramaturgie der Verschränkung sprechen, die ihren Impuls, ihre Dynamik, ihre Zeitlichkeit

188 Samuel Weber: *Gelegenheitsziele. Zur Militarisierung des Denkens*, aus d. Engl. v. Birgit Pungs. Zürich: Diaphanes 2006, S. 20–21.

189 Samuel Weber unterscheidet mit Rückgriff auf Jean-Luc Nancy zwischen *skopos* und *telos* als zwei Begriffen des Endes und des Zwecks (*fin*). *Skopos* ist Nancy zufolge das Ziel, „das man in Sicht hat und auf das man zielt, es ist das einer es bestimmenden Ab-sicht präsentierte und klar dargebotene Ziel", während das *telos* „im Gegenteil die Erfüllung einer Handlung oder eines Prozesses, ihre Entwicklung bis zu einem Abschluß" ist. (Nancy: Dies Irae, S. 41 (Übers. J. S.).) Vgl. Weber: *Gelegenheitsziele*, S. 20–21.

190 Martina Ruhsam untersucht die Rolle nicht-menschlicher Akteure in posthumanistischen Choreografien. Vgl. Martina Ruhsam: *Moving Matter. Nicht-menschliche Körper in zeitgenössischen Choreografien*. Bielefeld: Transcript 2021.

nicht aus den optischen Beobachtungsverfahren *von etwas* zieht, sondern vielmehr *aus* den untersuchten Gegenständen und deren spezifisch materieller Beschaffenheit und Eigenschaften *heraus*. Der Eindruck einer undurchsichtigen Eigenlogik ergibt sich vor allem durch die spezifische Zeitlichkeit, mit der sich die szenischen Prozesse entfalten: Die enorme Langsamkeit der Bewegungsabläufe stellt eine zentrale dramaturgische Setzung dar, die es zuallererst ermöglicht, dass die szenischen Prozesse, die Bewegungen der Körper, der Umgang mit den verschiedenen Materialien nicht nach einem für uns offensichtlich erkennbaren teleologischen Prinzip erfolgen, sondern sich immer jeweils spezifisch aus der Begegnung, der Berührung, dem Zusammenstoß mit ihnen ergeben. Dabei ist zu betonen, wie vorsichtig, konzentriert und verantwortungsvoll diese Begegnungen von menschlichen mit nicht-menschlichen Akteuren, Körpern und Materialitäten verlaufen, als gelte es bei jedem Aufeinandertreffen zunächst die jeweilige Beschaffenheit zu erkunden, um dann eben aus dieser heraus den nächsten Schritt, den nächsten Bewegungsablauf zu entwickeln. Zwar finden sich in dem der Performance zugrundeliegenden Bewegungsscore unter dem Stichwort „Body mitosis" Anweisungen wie „(first A and T to the middle, then E and Ag follow and pull)"[191], welche die Bewegungsrichtung der Performerin A grob festlegen, Eva Meyer-Keller betont aber, dass das *Wie* dieser Bewegungsabläufe, der verschiedenen Teilungs- bzw. Mitosestadien sich in den Proben- und Aufführungsprozessen aus der Situation heraus ergebe und der Moment der Veränderung, der Beginn der Bewegung, der Teilung nie klar gesetzt sei. Auf der Ebene des Szenischen wird dies als Prozesshaftigkeit deutlich, die sich aber trotz oder gerade wegen ihrer enormen Langsamkeit einer klaren Bestimmung verschließt. Für mich als Zuschauerin stellt sich angesichts dieser endlosen, sich immerfort wiederholenden und in sich kaum voneinander trennbaren Transformationsprozesse einerseits ein Eindruck von Zeitlosigkeit ein. Fast meditativ wirken die Bewegungen und die immer wieder neu ansetzenden An- und Umordnungen der szenischen Prozesse, innerhalb deren enormer Langsamkeit die menschlichen Performerinnen mit ihren Gegenständen und Versuchsapparaturen symbiotisch zu verschmelzen scheinen. Der instrumentelle Aspekt tritt hinter der Verschränkung zurück und erzeugt so eine Gleichgewichtigkeit von menschlichen und nicht-menschlichen Prozessen. Im Vordergrund stehen so weniger einzelne Bewegungsabläufe oder der Umgang mit bestimmten Objekten innerhalb des Versuchsapparats als vielmehr das relationale Geflecht der Verschränkung

191 Eva Meyer-Keller: *Living Matters*. Score der Premiere auf Pact Zollverein, November 2019, Version 4 2019, S. 4.

zwischen ihnen. Zwar sind die bildhaften Verfahren des Mikroskops immer noch von Belang, doch stehen nun eher die Prozesse im Vordergrund.
Der Detailreichtum und die Sorgfalt, mit der Gegenstände und Objekte, Substanzen und Performerinnenkörper sich in dieser Verschränkung anordnen, bewegen und sich begegnen, stehen in diametralem Gegensatz zum kalten mikroskopischen Blick, dessen Fiktionalisierung der Ansichtigkeit und Abbildbarkeit darin umso stärker hervorgehoben wird. Zwar wird in der vielfachen Verschachtelung der Blicke die Bühne zur beobachtbaren Petrischale. Doch was sich in dieser skopischen *Mise en abyme* schließlich einstellt, ist der Eindruck, dass trotz der offensichtlichen Dominanz von Verfahren zur Sichtbarmachung die jeweils singuläre Zeitlichkeit der Verschränkung der Bewegungen und Prozesse nicht greifbarer wird. Sie bleibt eben darin so faszinierend, weil sie sich nicht in Parameter der Sichtbarmachung übersetzen lässt. Zum einen stellt die Performance gerade optische Verfahren in den Mittelpunkt, die der Sichtbarmachung von Unsichtbarem dienen, zum anderen wird aber eben darin umso deutlicher, was diesen skopischen Verfahren entgeht oder durch sie verstellt wird: Die untrennbare Verschränkung des skopischen Blicks mit der Apparatur seiner Beobachtung und den Untersuchungsobjekten – und damit eben die Verschränkung der theatralen Blickordnung mit den szenischen Vorgängen. Oder anders formuliert: Die Performance zeigt dadurch zum einen den Anthropozentrismus des skopischen Blicks und dessen Beschränktheit auf, zum anderen lenkt sie eben darin die Aufmerksamkeit auf posthumane, nicht-menschliche Zeitlichkeiten.
Bereits der Rückgriff auf den biologischen Prozess der Mitose verdeutlicht dies, denn diesem liegt eine ‚biologische' Zeit zugrunde, die nicht von einem vorweggenommenen originären Sein der Dinge, Substanzen, Körper und ihrer Materialität ausgehend gedacht wird, sondern vom permanenten Prozess der Mutation. Versteht man Mutation als besondere kontingente Zeitlichkeit, als unvorhergesehene Veränderung, die als Unfall eine Unterbrechung des Kontinuums, eine Diskontinuität herbeiführt und bleibende Auswirkungen auf die ursprüngliche Struktur ausübt, sich also dauerhaft in Ordnung und Struktur des Originals einschreibt, so ließe sich im Falle von *Living Matters* von einer szenischen Strategie sprechen, in der die Mutation als unkalkulierbarer Einbruch nicht einmalig auftritt, sondern zu deren rhythmischer Konstante wird.[192] Zeit ist vor diesem

192 In diesem Sinne betont Jacques Derrida im Hinblick auf Mutationen auch die Unkalkulierbarkeit von deren Rhythmus. Vgl. Jacques Derrida: Autoimmunity. Real and Symbolic Suicides. A Dialogue with Jacques Derrida. In: Giovanna Borradori (Hrsg.): *Philosophy in a Time of Terror. Dialogues with Jürgen Habermas and Jacques Derrida*. Chicago: U of Chicago P 2009, S. 85–136, hier S. 106; sowie ders.: Le puits et la pyramide. In: Ders.: *Marges de la philosophie*. Paris: Minuit 1972, S. 79–128, hier S. 82–83.

Hintergrund nicht mehr im anthropozentrischen Sinne Form des Selbstbezugs,[193] sondern wird als relationaler Verschränkungszusammenhang von menschlichen und nicht-menschlichen Zeitlichkeiten und deren je spezifischen Materialitäten gedacht.

Diffraktion: Gegen die binäre Ordnung der Repräsentation

Diesen Ansatz, ein anderes Verhältnis von Materialität und Zeitlichkeit zu entwickeln, teilt die Performance *Living Matters* mit Denkerinnen des kritischen Posthumanismus und des Neuen Materialismus wie Donna Haraway und Karen Barad, auf die sie sich implizit wie explizit bezieht. Beide Denkerinnen schreiben sich in die Tradition anti-essenzialistischer feministischer Theorie ein, betonen dabei aber die Verschränkung von Diskurs und Materialität und die ethische Verantwortlichkeit, die daraus erwächst.[194] So lassen sie in ihren Arbeiten die disziplinären Grenzen zwischen Natur-, Technik- und Geisteswissenschaften, aber auch zwischen Science Fiction, Philosophie und feministischer Theorie verschwimmen und verweisen immer wieder auf die normativen Strukturen und Vorannahmen, die den vermeintlich rein deskriptiv operierenden naturwissenschaftlichen Verfahren eigen sind. Die Nähe zwischen neumaterialistischen Positionen und Tanz und Performance ist nicht zufällig: Viele Ansätze[195], darunter sowohl Barad als auch Haraway, bedienen sich in ihren Texten bisweilen explizit an einem Vokabular aus dem Bereich Tanz und Performance, um andere Repräsentationsweisen oder das Verhältnis von mehr-als-menschlichen Körpern zu Prozessen der Materialisierung zu beschreiben.[196]

193 Hegel: Vorlesungen über die Ästhetik III, S. 156.

194 Alisa Kronberger bietet in diesem Kontext eine kritisch-detaillierte Analyse neumaterialistischer Theorie und beleuchtet deren Verschränkung mit gegenwärtiger feministischer Medienkunst: Alisa Kronberger: *Diffraktionsereignisse der Gegenwart. Feministische Medienkunst trifft Neuen Materialismus*. Bielefeld: Transcript 2022.

195 Rebecca Schneider bemerkt: „It is also hardly inconsequential that the word 'choreography' occurs very often in the new materialism. Though the word's relationship to dance history is generally and unfortunately unremarked, it carries something of the body with it across its use." (Rebecca Schneider: New Materialisms and Performance Studies. In: *TDR. The Drama Review* 59 (2014), S. 7–17, hier S. 8.) Als Beispiel für diese Beobachtung führt sie die Nutzung des Choreografie-Begriffs bei Diana Coole an. Vgl. Diana Coole: Agentic Capacities and Capacious Historical Materialism. Thinking with New Materialisms in the Political Sciences. In: *Millennium. Journal of International Studies* 41,3 (2013), S. 451–469, hier S. 9–10.

196 Bei Barad heißt es „I then consider a class of alternative approaches to representationalism that can collectively be designated as 'performative.' Performative approaches call into question the basic premises of representationalism and focus inquiry on the practices or performances of representing, as well as on the productive effects of those practices and the conditions for their efficacy." (Karen Barad: *Meeting the Universe Halfway. Quantum Physics and the Entanglement of Matter and Meaning*. Durham: Duke UP 2007, S. 28.)

Bei beiden Denkerinnen findet sich überdies in spezifischer Weise ein Denken des *entanglements*, der Verschränkung, das eine radikale Hinterfragung subjektzentrierten Zeitdenkens und eine Öffnung hin zu nicht-menschlichen, sympoietischen, relationalen Zeitlichkeiten darstellt. Die dekonstruktive Denkfigur, die für Haraway wie Barad vor diesem Hintergrund und vor allem hinsichtlich des Zusammenhangs von *matter* und Zeit von besonderem Interesse ist, ist die *Diffraktion*. Weil sich Meyer-Keller mit ihren Referenzen auf *matter* immer wieder implizit auf Haraway bezieht und deren Denken des diffraktiven *entanglement* offensichtlich einen wichtigen theoretischen Ausgangspunkt der Performance bildet, möchte ich im Folgenden die Denkfigur der Diffraktion genauer untersuchen.

Mit *diffraction*, deutsch Beugung, greifen Haraway und im Anschluss an sie Barad auf einen Begriff aus dem Bereich der Optik und der Physik zurück, um eine Alternative zu dem abendländischen Konzept der Reflexion und der Reflexivität zu entwerfen. Diffraktion bezeichnet zunächst im klassischen physikalischen Verständnis die Beugung von Licht, genauer die Ablenkung von Wellen beim Auftreffen auf ein Hindernis. Dies betrifft Licht allerdings gleichermaßen wie Wasser oder Schall. Exemplarisch veranschaulicht wird Diffraktion meist anhand des sogenannten Doppelspaltexperiments, bei dem kohärente Wellen durch zwei parallele Spalten geschickt werden. Die interferierenden Wellen bilden ein Diffraktions- oder Interferenzmuster, das sich auf dem in einem gewissen Abstand zur Lichtquelle aufgestellten Beobachtungsschirm zeigt.

Das Diffraktionsmuster (*diffraction pattern*) ist das Ergebnis einer Visualisierungstechnik, die es ermöglicht, die sonst nicht mit bloßem Auge zu erfassende Beugung der Wellen sichtbar zu machen – bzw. genauer die Effekte, die diese Beugung hervorgerufen haben. Das sogenannte Doppelspaltexperiment spielt sich in einer in sich geschlossenen Black Box ab und bleibt in seinem Ablauf für die Beobachterin unsichtbar, denn Aufschluss über die Vorgänge gibt nur das sich nachträglich abzeichnende Diffraktionsmuster auf dem Schirm, das lediglich die Effekte der Interferenzen abbildet, nicht aber die Interferenzen selbst. Dieser Aspekt der Nachträglichkeit ist sowohl für Barad wie Haraway zentral. Beide betonen aber darüber hinaus auch, dass diese Diffraktionsmuster Überlagerungen und Interferenzen der Wellen erkennbar machen, also eine Visualisierung von Gleichzeitigkeit darstellen.[197] Bereits hier wird also sehr deutlich, dass Diffraktion für eine besondere Zeitlichkeit der Abbildbarkeit steht und für

197 Als Beispiel nennt Barad hier den Effekt zweier in ein stilles Gewässer geworfener Steine: Beide produzieren kreisförmige Wellen, die sich an einer Stelle überlagern und so in diesem Sinne gleichzeitig an mehreren Orten und zu verschiedenen Zeiten sind. Barad: *Meeting the Universe Halfway*, S. 75.

ein komplexes Gefüge von gleichzeitig-nachträglichen Überschneidungen und Überlagerungen von nicht linearen Bewegungen.
Haraway beruft sich vor diesem Hintergrund deshalb speziell auf den Begriff der Diffraktion, um ihn dem philosophischen Terminus der Reflexion gegenüberzustellen und um aus ihm nichts Geringeres als ein alternatives Denkmodell zu entwickeln. Ein simpler, aber grundlegender physikalischer Begriff wird so in ihrer Lesart *die* Metapher für ein anderes Denken von Zeitlichkeit, Identität und Repräsentation – für Barad steht sie gar für ein „entscheidende[s] Neudenken großer Teile der westlichen Epistemologie und Ontologie“[198]. Ein Denken der Diffraktion steht für Haraway wiederum nicht mehr im Zeichen eines metaphysischen Identitäts- und Vorstellungsdenkens, sondern entzieht sich dieser Vorstellungsordnung. Im Unterschied zum Begriff der Reflexion, der tief verankert ist im abendländischen Vorstellungsdenken, will Haraway Diffraktion als eine Praxis verstanden wissen, die nicht mehr in der Logik von Identität, Einheit und Abbild und nicht mehr im Zeichen einer Metaphorik des Spiegels steht:

> [T]he rays from my optical device diffract rather than reflect. These diffracting rays compose *interference* patterns, not reflecting images. [...] Diffraction does not produce ‘the same’ displaced, as reflection and refraction do. Diffraction is a mapping of interference, not of replication, reflection, or reproduction. A diffraction pattern does not map where differences appear, but rather maps where the *effects* of difference appear.[199]

Diffraktion wird so zu einem Denkexperiment, das sich der binären Ordnung der Repräsentation von Original und Abbild, Identität und Differenz, Präsenz und Absenz entzieht und stattdessen in *diffraction patterns* denkt – in Mustern und Formationen also, die nicht einfache Reflexionen einer ursprünglichen Lichtquelle sind und damit immer noch dem Muster von Ursprung und Abbild folgen würden, sondern bestimmt sind durch eine unhintergehbare Verschränkung, die sich von ihrem Ursprungsbezug löst. Diese Diffraktionsmuster beziehen sich dabei nicht auf eine bestimmte lineare kausale Zeitlichkeit oder auf mit sich identische Einheiten, sondern implizieren einerseits immer schon eine komplizierte Verwobenheit der Gleichzeitigkeit, andererseits sind sie, wie bereits beschrieben, auch von Nachträglichkeit bestimmt. Denn Diffraktion und Diffraktionsmuster sind keine präsentischen Abbilder einer Lichtquelle,

198 Karen Barad: Diffraktionen. Differenzen, Kontingenzen und Verschränkungen von Gewicht. In: Corinna Bath / Hanna Meißner / Stephan Trinkaus / Susanne Völker (Hrsg.): *Geschlechter Interferenzen. Wissensformen. Subjektivierungsweisen. Materialisierungen*. Berlin: Lit 2013, S. 27–66, hier S. 46.

199 Haraway: The Promises of Monsters, S. 300.

sondern lediglich die nachträglich aufgezeichneten *Effekte* ebendieser. Sie sind demnach lediglich Spuren einer bereits vollzogenen Bewegung, die jedoch als solche nicht in ihrer ursprünglichen Form rekonstruiert werden kann. Auf diese besondere diffraktive Zeitlichkeit werde ich gleich zurückkommen und genauer eingehen.

Zunächst jedoch gilt es, auf die augenscheinlichste diffraktive Vorgehensweise in *Living Matters* zu verweisen: auf die Verwendung von Licht. Dieses dient weder als bloßes technisches Hilfsmittel oder als Mittel zur Abbildung noch auf einer abstrakteren Ebene als aufklärerisches Instrumentarium zur ‚Erhellung' und Reflexion wissenschaftlicher rationaler Erkenntnis. Licht erhält in der Performance vielmehr selbst eine szenische Qualität und Bedeutung, in dem es gebeugt und abgelenkt wird und damit völlig unerwartete Effekte erzielt. Licht wird diffraktiv verwendet als ein bisweilen in sein Negativ verkehrtes oder stark verfremdendes Element, das die Ordnung von Original und Abbild durcheinanderbringt und verschiebt. Durch Negativumkehrung der Farben, durch deren enorme Verstärkung oder durch Zugabe von fluoreszenten Mitteln verselbstständigen sich die unter dem Mikroskop liegenden Substanzen und entwickeln ein Eigenleben, das nicht mehr so eindeutig auf ein Original rückführbar ist. Es handelt sich also weniger um das Abbild eines biologischen Vorgangs als um die Entstehung einer eigenständigen surreal-psychedelischen Lichtlandschaft, deren Zersetzungs- oder Verformungsvorgang die Zuschauer*innen beiwohnen. Warum genau sich die Zellteilchen bewegen, was sie antreibt und worauf sie reagieren, kann nicht mehr auf den äußeren Einfluss wie beispielsweise den von Meyer-Keller hineingegebenen Wassertropfen zurückgeführt werden, sondern eröffnet eine eigene Dynamik. Vermeintlich bekannte (Alltags-)Objekte erscheinen so plötzlich als befremdlich wirkende Gebilde, die durchleuchtete Weintraube in der Petrischale verwandelt sich in ein tiefblaues Einzellerwesen, die Brombeere in eine galaktische Milchstraße.

Entscheidend ist, dass hier kein Abbildungsvorgang, sondern der Effekt im Vordergrund steht. Durch das Negativ beobachten wir weniger das Objekt selbst als vielmehr seine Umrisse oder, wie Karen Barad es im Anschluss an Haraway nennt, seine „diffraction fringes"[200]: Durch den Negativeffekt wird der Schatten des durchleuchteten Objekts – kurz, die Diffraktion der Lichtwellen – als dünner, dunkler, fransiger Rand sichtbar. Genau dies gilt Barad als Beispiel für ein „diffraction pattern"[201], ein Diffraktionsmuster. Wie Haraway geht es ihr darum, dass hier nicht Differenz, sondern lediglich deren Effekt als meist

200 Barad: *Meeting the Universe Halfway*, S. 76.
201 Ebd., S. 77.

unscharfer Umriss zur Darstellung kommt und damit ein relationales Gefüge sichtbar wird, das mehr über die Verschränkung als über deren einzelne Teile aussagt. Diffraktionsmuster geben also keinen Rückschluss auf ein bestimmtes originäres Ereignis oder auf dessen vermeintlich objektiv genauen Hergang oder dessen Ort oder Zeit, sondern stellen lediglich einen nachträglichen Versuch der Visualisierung von Überschneidungen, Gleichzeitigkeiten und Überlagerungen dar, die in ihrem genauen Wesen nicht bestimmbar, sondern immer nur als relationales Gefüge begreifbar sind. Aus diesem Grund sind Diffraktionsmuster keine mimetischen Abbilder, sondern allenfalls ihr Original notwendigerweise immer schon verfehlende und damit selbst verschobene Gefüge. Faszinierend wirken die merkwürdigen Lichtlandschaften in *Living Matters* deswegen, weil sich in ihnen eine Bewegung, ein Prozess in Gang setzt, der nicht mehr in ein monokausales Verhältnis mit den Bedingungen des Experiments gesetzt werden kann. Der mikroskopische Übertragungs- und Vergrößerungsvorgang erzeugt kein detaillierteres Wissen des Gegenstands, keine absolute Sichtbarkeit, sondern ein Unvermögen, das Gesehene in bekannte Kategorien einzuteilen und einzuordnen. Nicht nur das Verhältnis von Original und Abbild gerät damit ins Wanken, sondern auch die Annahme eines vermeintlichen Essenzialismus wird dadurch unterminiert. In diesem zweiten Teil der Performance beobachten wir nicht mehr den wohl geordneten Vorgang der Zellteilung und Neuformierung, sondern werden Zeug*innen einer dem beobachtenden Blick entgleitenden unkontrollierten Ausartung, Verformung und letztlich Mutation. Innerhalb der geschlossenen Versuchsanordnung mit ihren präparierten Untersuchungsobjekten und bis ins Detail geplanten und vorbereiteten Abläufen und dem klaren Ziel der Kategorisierung, Einordnung und kontrollierten Beobachtung, wird somit die Möglichkeit eröffnet, sich *vor* jeder etwaigen Spezifizierung oder Kategorisierung des Gesehenen in seinen mutierenden Ausformungen, merkwürdigen Verfärbungen und Verwandlungen zu verlieren und diese kurzen Momente des Entzugs klarer Bedeutungszuschreibung zuzulassen. Der Effekt dieser Verschiebung und Unterbrechung des Bedeutungszusammenhangs ist jedoch paradoxerweise eine besondere Fokussierung von Materialität.

Eine *diffraktive Dramaturgie der Verschränkung*, wie sie sich in Meyer-Kellers Arbeit entfaltet, lässt, wenn auch immer noch innerhalb des abgesteckten Rahmens, Raum für das, was sich klaren Zuordnungen, binären Differenzen und Bestimmungen verweigert und birgt damit in sich die Möglichkeit einer *anderen Erzählung*, einer *anderen Zeitlichkeit*, in der sich die kleinsten Teile einer Brombeere plötzlich zu intergalaktischen psychedelischen Landschaften formieren und Weintrauben zu kannibalistischen Tiefseewesen mutieren. Im Sinne Haraways ließe sich sagen, dass in *Living Matters* Diffraktion zu einem widerständigen Moment wird, das nicht nur durch eine Verschiebung von Kausalitätszusammenhängen entsteht, sondern auch durch Mutation – hier sowohl metaphorisch als auch szenisch verstanden – andere ateleologische, plurale, sich überlagernde Geschichtserzählungen zulässt. Deuber-Mankowsky unterstreicht die besondere Zeitlichkeit, die sich in Haraways Beschreibungen der Diffraktionsmuster findet, und betont die sich daraus ergebende Ermöglichung heterogener Geschichtserzählungen:

> Diffraktionsmuster zeichnen die Geschichte von Interaktionen, Überlagerungen, Verstärkungen und Differenzen auf. Diffraktion handelt, wie Haraway daraus schließt, von einer heterogenen Geschichte. Diffraktion liefert keine Abbilder und folgt nicht dem Modell der Repräsentation. Diffraktion beruht nicht auf der Differenz von Original und Kopie, sondern handelt von Nachträglichkeit und der Verbindlichkeit von Ereignissen, die immer schon vorbei sind und anderswo stattgefunden haben. Eben deswegen eignet sich Diffraktion als optische Metapher für situiertes Wissen.[202]

Deuber-Mankowskys Absage an das „Modell der Repräsentation“ scheint hier von Repräsentation im Sinne von Nachahmung oder Wiedergabe auszugehen. Versteht man darunter aber, wie ich es in dieser Arbeit tue,[203] das Prinzip der Darstellung, kann es diesbezüglich kein Jenseits geben. Vielmehr möchte ich hier also von Diffraktion als einem Vorgang sprechen, der gewisse Verschiebungen im Darstellungsdenken vornimmt, der sich aber auch davon nicht einfach lösen kann. Denn schließlich ist selbst das Diffraktionsmodell im Experimentverlauf immer noch angewiesen auf den Schirm, auf dem sich die Wellenbrechung abzeichnet und so sichtbar, bestimmbar wird.

Deuber-Mankowsky verweist darüber hinaus auf den wichtigen Aspekt, dass Diffraktion für Haraway zur Denkfigur einer heterogenen Geschichte wird. Die Geschichte ist heterogen nicht nur deswegen, weil sie jede vereinheitlichende Erzählung von Linearität verunmöglicht, sondern auch, weil Diffraktionsmuster immer auch schon das Scheitern ihrer eigenen Aufzeichnungsfähigkeit in sich tragen. Das, was auf dem Schirm zu sehen ist, kann also nie eine akkurate ‚Wiedergabe‘ der Wellenbrechungen sein. Ein Diffraktionsmuster ist somit lediglich die ungefähre, nachträgliche Aufzeichnung von Begegnungen und Ereignissen, die deswegen nicht abbildbar sind, weil sie mitunter einer völlig anderen Zeitlichkeit angehören, wie Barad im Anschluss an Haraway und im Rückgriff

202 Deuber-Mankowsky: Diffraktion statt Reflexion, S. 91.

203 Die Schwierigkeit des Repräsentationsbegriffs habe ich bereits in Kap. 2.4 ausführlich dargelegt.

auf quantenphysikalische Zusammenhänge herausarbeitet: Ein einziger Partikel in der Diffraktion kann demnach im Zuge einer quantenphysikalischen „Superposition“ innerhalb multipler Orte und Zeiten gleichzeitig koexistieren. Ein Diffraktionsmuster wiederum steht somit auch immer für all diese anderen, möglichen, potenziellen Orte, Zeiten und Geschichten, die jeweils gleichzeitig in verschiedenen Zeiten existieren.[204]

Im Gegensatz zu Barad, die im Zuge ihrer „diffractive methodology“[205] eine relationale Ontologie entwirft, wie noch zu zeigen sein wird, geht es Haraway in ihrem Denken von Diffraktion allerdings eben nicht um ontologische Bestimmungen, sondern vielmehr um die Eröffnung anderer Darstellungs- und Erzählweisen. Während Barad sich in den detaillierten Beschreibungen optischer Apparaturen verliert, bleibt in Haraways Ausführungen stets deutlich, dass sie sich auf optische Verfahren aus der Physik in erster Linie bezieht, um aus diesen heraus in einer, wie sie es nennt, dekonstruktiv-relationalen[206] Lektüre alternative Denkweisen von Geschichte, Identität und Materialität zu entwerfen. Mit der Diffraktion entwickelt Haraway demnach einen relationalen Ansatz komplexer Zeitlichkeit, der sich nicht nur gegen essenzialistische und binäre Denkstrukturen richtet, sondern darüber hinaus auch gegen anthropozentrische Dichotomien von Menschlichem und Nicht-Menschlichem.

Relationale Denkexperimente: *thinking-with*

Im Zeichen dieser Ermöglichung einer heterogenen Geschichte, die in diesem Sinne keinen Unterschied mehr macht zwischen menschlichen und nicht-menschlichen Geschichten, steht auch jenes Denken der Verantwortlichkeit, das Haraway ein „thinking-with“[207] nennt und das dann von Barad im Anschluss an Haraway als „response-ability“[208] oder als ein „Durch-einander-hindurch-Denken“[209] bezeichnet wird. Dieses Denken ist nicht als ein Denken *von* und *über* mit sich identischen Entitäten zu verstehen, sondern als eines, das in und durch Relationalitäten denkt und somit nicht nur demjenigen, *mit* dem es denkt – ob menschlich oder nicht-menschlich –, eine uneingeschränkte Verantwortlichkeit entgegenbringt, sondern in gleichem Maße dem relationalen Gefüge, den Verbindungen und Verschränkungen, in das es selbst eingebunden

204 Barad: Troubling Time/s and Ecologies of Nothingness, S. 220.

205 Barad: *Meeting the Universe Halfway*, S. 25.

206 Haraway: The Promises of Monsters, S. 299.

207 Haraway: *Staying with the Trouble*, S. 35.

208 Barad: Troubling Time/s and Ecologies of Nothingness, S. 237; Haraway: *Staying with the Trouble*, S. 35.

209 Barad: Diffraktionen, S. 60.

ist. Haraway denkt mit einer ungewöhnlichen Figur: Sie zieht ein sogenanntes Fadenspiel namens *Cat's Cradle* heran – ein zu den ältesten Spielen der Menschheit gehörendes Spiel,[210] in dem mehrere Hände ein Fadengeflecht untereinander aufgespannt halten und das für sie zum Sinnbild eines relationalen Denkens der „response-ability" wird. Diese *string figure* gehört zu dem, was Haraway „SF" nennt, eine experimentelle Schreib- und Denkweise, die sich Hartmans bereits erläuterter *critical fabulation*[211] zuordnen lässt und die Elemente aus Science Fiction, Spekulativem Feminismus und Naturwissenschaft verwendet und miteinander in Beziehung setzt.[212]
In dieser s*tring figure*, dem Fadenspiel, sind alle Beteiligten, zu denen Haraway „Gefährten" aller Spezies zählt, nicht mehr selbstidentische Subjekte, sondern:

> Relays, string figures, passing patterns back and forth, giving and receiving, patterning, holding the unasked-for pattern in one's hands, response-ability [...]. Becoming-with, not becoming, is the name of the game[.][213]

Ihr relationales Denken eines verantwortungsvollen *thinking-with* steht im Zeichen des *entanglements*, das ebenso eng mit der Frage von *matter* verbunden ist:

> It matters what thoughts think thoughts. It matters what knowledges know knowledges. It matters what relations relate relations. It matters what worlds world worlds. It matters what stories tell stories.[214]

Matter ist hier in all seinen vielfältigen Implikationen zu verstehen: Zum einen als Materie, Stoff, Substanz, andererseits auch als Angelegenheit von ‚Belang', ‚Sache', ‚Frage' und nicht zuletzt als Verb im Sinne von ‚von Bedeutung', ‚von Gewicht sein' oder auch ‚zählen'. Der Begriff *matter* wird so in Haraways Denken zum Synonym der Verwobenheit all dieser Implikationen. Damit stellt Haraway nicht nur die Relationalität heraus, sondern betont den verantwortungsvollen

210 Haraway: *Staying with the Trouble*, S. 13.

211 Vgl. Kap. 1.4.

212 Haraway formuliert ihren Ansatz folgendermaßen: „An ubiquitous figure in this book is sf: science fiction, speculative fabulation, string figures, speculative feminism, science fact, so far. This reiterated list whirls and loops throughout the coming pages, in words and in visual pictures, braiding me and my readers into beings and patterns at stake. Science fact and speculative fabulation need each other, and both need speculative feminism." (Haraway: *Staying with the Trouble*, S. 2–3.)

213 Ebd., S. 12.

214 Ebd., S. 35.

Bezug gegenüber dem, was Bedeutung mitkonstituiert: Wissen, das Relationengefüge und vor allem Materialität. Im Anschluss an Bruno Latour spricht sie nicht nur von „matters of fact" und „matters of concern", sondern ergänzt die Reihe durch ihre „matters of care".[215] Eben damit und entgegen radikal konstruktivistischer Ansätze betont Haraway die Verantwortung einfordernde Verschränkung von Diskurs, Wissen und Materialität und eröffnet damit die Möglichkeit, Bedeutung als selbst in Materie verschränkt zu denken.

Ihr Konzept des *thinking-with* steht überdies in einem größeren Zusammenhang mit der Frage des Anthropozäns, das sie als Produkt rationalistischer anthropozentrischer Hybris rigoros ablehnt und stattdessen vom „Chthulucene"[216] spricht – ein Neologismus, den sie in Anlehnung an den Namen einer Spinne in der Sprache der indigenen Goshuten entwirft und damit bereits auf ein *tentakuläres Denken* verweist, auf das ich gleich zu sprechen kommen werde. Das Chthulucene bezeichnet eine besondere Zeitlichkeit, eine „ongoing temporality that resists figuration and dating and demands myriad names"[217], die sich bisherigen Darstellungs- und Zeitlichkeitskategorien entzieht – zumindest solchen, die immer noch im Zeichen des *anthropos* stehen. Was Haraway hier zu entwerfen versucht, ist das Denken von Relationalität, welches das eigene Unvermögen, sich selbst als ein anderes zur Darstellung zu bringen, miteinbezieht. In diesem Sinne will sie, auch wenn es ihr um einen anthropozentrismus-kritischen Ansatz geht, ihre Theorie ausdrücklich nicht mehr im Kontext eines *Posthumanismus* verortet wissen, den sie als problematisch erachtet, gerade weil er die Behauptung einer Überwindung ins Jenseits des Menschen und Menschlichen impliziert.[218] Es ist vielmehr die Vorstellung von einer Sonderstellung des Menschen und von dessen technisch-instrumentellem Verhältnis zu seiner Umwelt im Zeichen eines westlichen Subjektdenkens, die sie als *undenkbar* zurückweist und mit relationalen Verzweigungs- und Verschränkungsfiguren konfrontiert.

215 Haraway bemerkt in einer Fußnote, Latours „matters of concern" stellten zwar auf besondere Weise die Problematik selbstzentrierter Kritik heraus, dabei werde aber eben der Aspekt von „care" im Sinne einer „response-ability" des *thinking-with* übersehen: „Cultivating response-ability requires much more from us. It requires the risk of being for some worlds rather than others and helping to compose those worlds with others." (Ebd., S. 178.) Vgl. Bruno Latour: Why Has Critique Run out of Steam? From Matters of Fact to Matters of Concern. In: *Critical Inquiry* 30 (2004), S. 225–248; Puig de la Bellacasa: *Matters of Care.*

216 Haraway: *Staying with the Trouble*, passim.

217 Ebd., S. 51.

218 Mit dieser Abkehr von der Begrifflichkeit und dem Konzept des Posthumanismus löst sich Haraway von ihrer vorherigen Arbeit, die u. a. mit *A Cyborg Manifesto* maßgeblich unter diesem Label verortet war. Ihren Denkumbruch beschreibt sie so: „All the tentacular stringy ones have made me unhappy with posthumanism, even as I am nourished by much generative work done under that sign." (Ebd., S. 32.)

> What happens when human exceptionalism and bounded individualism, those old saws of Western philosophy and political economics, become unthinkable in the best sciences, whether natural or social? Seriously unthinkable: not available to think with. [...] Homo sapiens — the Human as species, the Anthropos as the human species, Modern Man — was a chief product of these knowledge practices. [...] Surely such a transformative time on Earth must not be named the Anthropocene![219]

Im Rückgriff auf den Bereich der Biologie erklärt sie, das Problem liege in der Annahme einer additiven Logik, die von in sich geschlossenen Entitäten und Akteur*innen ausgehe und deren Kontexte wiederum als bloß externe, lediglich äußerliche Faktoren betrachte. Nicht nur in den Natur-, sondern ebenso in den Sozial- und Geisteswissenschaften sei eine solche Vorstellung nicht mehr zu halten. Es sei erstaunlich, schreibt sie an anderer Stelle, dass die Epochenbezeichnung Anthropozän die Vormachtstellung des Menschen genau zu einem Zeitpunkt zu besiegeln versuche, in der doch Diskurse über Relationalität und die Verschränkung von biologischen, geologischen, menschlichen und nicht-menschlichen Sphären in vielen wissenschaftlichen Bereichen so ausgeprägt seien.[220] ‚Undenkbar' geworden ist für sie, wie in dieser Passage deutlich wird, das westliche Subjektdenken mit seinen universalistischen Repräsentationsstrukturen. Erstaunlich ist hier, dass Haraway ausdrücklich nicht von einer Überwindung oder einem Ausgang aus diesem Denken spricht, sondern dieses schlicht als „seriously unthinkable", also als nicht mehr *denkbar* deklariert und hinzufügt, es sei „not available to think with". Offensichtlich geht es ihr also im Gegensatz zur Überwindungsrhetorik posthumanistischer Ansätze nicht um das Fortschreiben einer linearen Ablösungsstruktur von einem Denkparadigma zum nächsten, sondern um jenes relationale Denken des *thinking-with*. Dieses nimmt nicht von sich in Anspruch, von einem Standpunkt *jenseits* anthropozentrischer Vorstellungen aus zu denken, sondern *mit* diesen, um so eine Öffnung hin zu einem *sympoietischen tentakulären* Denken zu erlauben – zu etwas, das die Theorie einer anthropozänen Epoche schlicht nicht denken kann:

> The sciences of the Anthropocene are too much contained within restrictive systems theories and within evolutionary theories called the Modern Synthesis, which for all their extraordinary importance have proven unable to think well about sympoiesis,

219 Ebd., S. 30–31.
220 Ebd., S. 57.

symbiosis, symbiogenesis, development, webbed ecologies, and microbes. That's a lot of trouble for adequate evolutionary theory.[221]

„Sympoiesis" im Gegensatz zur „Autopoiesis" bezeichnet auf biologischer Ebene nonlineare, in sich und miteinander verschränkte kollektive Systeme, die keine selbstdefinierten räumlichen oder zeitlichen Begrenzungen zueinander aufweisen. Haraway bedient sich hier also einer relationalen Rhetorik aus dem Bereich der Naturwissenschaften, um aufzuzeigen, dass sich die Vorstellung in sich geschlossener autonomer Entitäten nicht mehr halten lasse. Die Behauptung des Anthropozäns beruht auf einer evolutionären additiven Vorstellung, die so sehr im Zeichen linearer Entwicklungsstufen steht, dass sie die Bedeutung relationaler Verschränkung ausblenden muss.
Diesem additiven linearen Denken, stellt sie ein „tentacular thinking"[222] entgegen, ein tentakuläres Denken, das Haraway zufolge nicht in Entitäten, sondern in Prozessen, Relationen und Ko-Existenzen denke. In diesem Sinne macht Haraways Text weniger den Versuch, zu einer genauen Festschreibung und Bestimmung dieses Denkens zu gelangen, als dass sie es in und mithilfe eines Netzes mehrerer Figuren, Kreaturen und Methapern umschreibt, die in einem sympoietisch verzweigten Verhältnis der Verantwortung, der „response-ability" zueinander stehen. Zu diesen „kins", also „Gefährten", zählen verschiedenste Kreaturen wie Quallen, Tintenfische und Spinnen, aber auch die mythische Figur der Gorgo Medusa.[223] Im Gegensatz zu Karen Barads Entwurf einer Ontologie der Materie, auf dessen Problematik ich noch zu sprechen kommen werde, geht es Haraway keineswegs um den großen Entwurf einer neuen Ontologie, sondern explizit um eine Kritik der großen Erzählung des Anthropozäns und den Versuch, andere, multiple Narrative zu eröffnen und Erzählstrategien zu entwerfen, die dem Modus der Verschränkung und einem „multispecies entanglement"[224] gerecht werden. Ihr tentakuläres Denken richtet sich demnach auch gegen einen universalen Geschichtsbegriff:

> Species Man does not make history. (3) Man plus Tool does not make history. That is the story of History human exceptionalists tell. (4) That History must give way to geostories, to Gaia stories, to symchthonic stories; terrans do webbed, braided, and

221 Haraway: *Staying with the Trouble*, S. 49.
222 Ebd., S. 30.
223 Ebd., S. 54.
224 Ebd., S. 35.

tentacular living and dying in sympoietic multispecies string figures; they do not do History.[225]

Erkennbar ist auch hier wieder ihr Eintreten für eine „partial perspective", die ich bereits im vorangegangenen Kapitel 4.3 ausgeführt habe. Wir bräuchten, so Haraway, „partial connections and not universals and particulars".[226] Es ist somit die Verwobenheit ihres tentakulären Denkens, die sie Universalismen und einem Denken des Allgemeinen und Besonderen gegenüber stellt. Das, was sie als tentakuläres Denken beschreibt, ist in diesem Sinne eine Weiterentwicklung ihrer in *Situated Knowledges* entwickelten Theorie der Partialität.

Diffraktive Dramaturgie der Verschränkung

Die Performance *Living Matters* verweist nun mit ihrem Titel auf ebendiese Verwobenheit, wobei der Bezug auf Haraways bereits genannte Formulierung der „matters of concern" dabei mehr als offensichtlich ist. Auch im Gespräch betont Eva Meyer-Keller, dass eben dieses Haraway'sche Denken von *matter* ein entscheidender Impulsgeber für die dramaturgische Setzung war, den Fokus auf die je singuläre Materialität der verwendeten Gegenstände, Dinge und Substanzen zu legen, mit denen gearbeitet wird.[227] Zum anderen ergibt sich für Meyer-Keller daraus eine gewisse Dramaturgie der relationalen Verantwortlichkeit, in der nicht einzelne Akteure oder Gegenstände im Vordergrund stehen, sondern die szenischen Prozesse als *entanglement* gedacht werden – als untrennbare Verschränkung menschlicher und nicht-menschlicher Akteur*innen mit der Versuchs- und Theaterapparatur. Bereits zu Beginn äußert sich dies auch in einer Art Fadenspiel, nämlich in der Episode, in der die Bühnenrequisiten an kaum sichtbaren Fäden auseinandergezogen werden. Jeden noch so alltäglichen, nebensächlichen Gegenstand aus dem Arsenal der angeordneten Objekte – ob Haartrockner oder Pinzette – eint damit der Status des Eingebunden-Seins in das relationale Gefüge der szenischen Apparatur. In diesem Sinne ist auch die Verwobenheit der Performance mit Haraways Theorie als szenische Strategie nicht zu unterschätzen und soll deswegen hervorgehoben werden. Haraways Denken ist somit nicht Theoriegrundlage, für welche die künstlerische Arbeit eine bloße Illustration bilden würde, sondern stellt einen wesentlichen, aber gleichwertigen Teil des Verwebungszusammenhangs der ganzen Inszenierung dar. Sie ist ebenso in diesen *entangled* wie es die Beobachterinnenposition ist, in der ich mich als

225 Ebd., S. 49.

226 Ebd., S. 13.

227 Dies beschreibt sie in einem mit mir geführten Telefongespräch am 17.01.2020.

Zuschauerin befinde, oder die Substanz, die in der mikroskopischen Apparatur zum fluoreszierenden Tiefseewesen mutiert. Diffraktion steht in *Living Matters* somit nicht nur für eine andere Darstellungsweise, sondern wird dezidiert zu einer Arbeitsweise – zur *diffraktiven Methode* und, wie ich es nennen möchte, diffraktiven Dramaturgie der Verschränkung.
Eine solche Dramaturgie unterläuft einerseits ein anthropozentrisches Verständnis eines „Theaters des Menschen"[228], indem sie den Fokus weg von der Vorstellung eines handelnden transzendentalen Subjekts und hin zu den Beziehungsweisen von menschlichen und mehr-als-menschlichen Instanzen verschiebt. Andererseits steht damit auch die Vorstellung eines dramaturgischen Blicks *von außen* zur Disposition, der als vermeintlich objektives und neutrales *outside eye* das szenische Geschehen zu beobachten und kritisch zu beurteilen vermag. In die so verstandene dramaturgische Perspektive schreibt sich, wie sich mit Haraway anschließen lässt, ein unmarkierter und entkörperter Blick ein, der „alles von nirgendwo aus sehen"[229] zu können behauptet. Dieser steht in der Tradition einer transzendentalen Subjekt-Objekt-Spaltung und einer wissenschaftlichen Objektivitätsbehauptung, die die „Bezeichnung einer perversen Fähigkeit" sei, „nämlich die im Interesse ungehinderter Machtausübung stehende Distanzierung des Wissenssubjektes von allem und jedem."[230] André Lepecki beschreibt die Problematik der Annahme eines solchen entkörperten Blicks, dem „external eye", im Tanz folgendermaßen:

> I deeply believe dance dramaturgy implies the reconfiguration of one's whole anatomy, not just the eyes. [...] First of all I think the body of the dramaturge is not that anatomical monstrosity, the 'external eye'. I believe it is crucial to say this. The 'external eye', an expression that so frequently describes the position of the dramaturge in dance [...] reminds me of Descartes before writing his 'Meditations', experimenting with eyes from corpses, and trying to understand perception through these dead eyes. As if perception was a detachable function, independent from the rest of the body, mind, soul and passion. [...] So, to summarize: I enter in the studio as dramaturge by running away from the external eye.[231]

228 Vgl. Müller-Schöll: Über Theater überhaupt und das Theater des Menschen.

229 Haraway: Situiertes Wissen, S. 81.

230 Ebd., S. 80. Vgl. Gabriel: *Bühnen der Altermundialität*, S. 25.

231 Scott deLahunta gibt Lepeckis Worte in seinem Artikel wieder. Vgl. Scott de Lahunta: Dance Dramaturgy. Speculations and Reflections. In: *Dance Theatre Journal* 16,1 (2000), S. 20–25, hier S. 25.

Meyer-Kellers Arbeit steht im Kontext von Ansätzen aus dem zeitgenössischen Tanz, in denen dieser externe Blick kritisiert und eine andere dramaturgische Praxis, wie etwa „embodied dramaturgies"[232], diskutiert wird.[233] Die Performance *Living Matters* setzt dieses „external eye" auf der Bühne in Szene, indem sie es als objektivierten naturwissenschaftlichen Blick in der Versuchsanordnung und seinen Apparaten ausstellt. So ermöglicht ihre diffraktive Dramaturgie der mehr-als-menschlichen Verschränkung eine verstärkte Aufmerksamkeit für Repräsentationsregime und ihre Ausschlüsse, aber eben auch eine feministische Praxis verkörperter Verantwortlichkeit eines „Durch-einander-hindurch-Denkens"[234].

Was Meyer-Keller auf mehreren Ebenen in Szene setzt, ist eine Landschaft von verschiedensten Patterns, also Mustern, Anordnungen der beteiligten Elemente, zu denen Objekte, Performerinnen und Materialien gleichermaßen gehören. Diese immer neu zusammentretenden Konstellationen sind von einer Aufmerksamkeit für die spezifische Beschaffenheit ihrer Teile gezeichnet. Die Materialität jedes Elements, ob Weintraube, Mikroskop oder Performerin, scheint eine ebenso große Rolle zu spielen wie die Bewegungen, die wenigen Sprechpassagen oder das Licht. Dabei steht keines dieser Elemente für sich, sondern erlangt seine Bedeutung nur durch die relationale Verschränkung mit anderen Teilen. Meyer-Keller und ihre Performerinnen werden damit gleichberechtigter Teil der gesamten Apparatur – sie sind nicht die externen distanzierten wissenschaftlichen Beobachterinnen, sondern ebenso mit den Prozessen der Versuchsanordnung verschränkt, wie es alle Materialien und Materialitäten, Gegenstände und deren spezifische Orte sind. Das Mikroskop verliert seinen Status als naturwissenschaftlich-objektive Visualisierungstechnik, die kleinste, sonst für das bloße Auge nicht sichtbare Prozesse abbildet. Dagegen erweist es sich vielmehr selbst als partiale Perspektive im Sinne Haraways: Die Inszenierung stellt den Objektivierungsprozess als Illusion einer von ihrer Beobachter*in vermeintlich gänzlich unabhängigen Sicht aus und hebt die unauflösbare Verbundenheit dieser mit dem Objekt der Betrachtung hervor. Im Fokus steht folglich die Verschränkung

232 Jeroen Peeters stellt eine ganze Reihe von Veröffentlichungen zu „embodied dramaturgies" in seiner Anthologie zusammen: Vgl. Jeroen Peeters (Hrsg.): Anthology Embodied Dramaturgies. In: *Sarma*, Januar 2012. http://old.sarma.be/pages/Anthology_Embodied_Dramaturgies (Zugriff am 27.02.2024).

233 Vgl. dazu die Beiträge in *Performance Research* 14,3 (2009). Bojana Kunst beobachtet etwa, wie dem distanzierten dramaturgischen Blick zunehmend eine Praxis der „proximity" entgegengesetzt wird. (Bojana Kunst: The Economy of Proximity. In: Ebd., S. 81–88.) Vgl. Maximilian Haas: Theoretische Bemerkungen zu einer Dramaturgie des nichtmenschlichen Anderen (nach Haraway). In: Umathum / Deck (Hrsg.): *Postdramaturgien*, S. 194–207.

234 Barad: Diffraktionen, S. 60.

von Materialität, den äußeren Bedingungen des Experiments und den menschlichen und nicht-menschlichen Faktoren. Materie wird in dieser Inszenierung nicht einfach als Objekt der Untersuchung, sondern als eine mit der Apparatur der Versuchsanordnung selbst verschränkte und sie beeinflussende gedacht.
Im Sinne des relationalen Ansatzes eines *thinking-with* ist für Haraway wie für Barad Diffraktion dabei fest mit der Möglichkeit eines queer-feministischen Umdenkens von Differenz und Identität verbunden[235]: „Diffraction queers binaries and calls out for a rethinking of the notions of identity and difference"[236]. Differenz ist folglich nicht als „apartheid type of difference" zu verstehen, wie Barad mit einem Verweis auf Trịnh Thị Minh Hà[237] klar macht, oder als eine klare Grenze, sondern als eine „difference from within", also eine relationale Differenz.[238] Haraway betont immer wieder in ihren Texten zur Diffraktion, dass sie Differenz nicht als das „Andere des einen"[239] denke, also nicht als immer noch in der Ordnung des Identischen Stehendes, sondern vielmehr als „something other than the sacred image of the same, something inappropriate, unfitting, and so, maybe, inappropriated"[240]. Im Anschluss an Minh Hà schreibt sie in dieser Hinsicht von „inappropriate/d others": „to be an 'inappropriate/d other' means to be in critical, deconstructive relationality, in a diffracting rather than reflecting (ratio)nality".[241] Vorgeschlagen wird hier also eine relationale und nichtbinäre Konzeption von Differenz, die weder das Gegenteil des mit sich Identischen noch synonym mit der Distanz zwischen dem Einen und dem Anderen ist.
An die Stelle der abendländischen Privilegierung von Rationalität setzt Haraway die Denkfigur einer dekonstruktiven Relationalität, die Differenz als

235 Diesen queer-feministischen Ansatz entwickelt sie vor allem in Karen Barad: TransMaterialities. Trans*/Matter/Realities and Queer Political Imaginings. In: *GLQ. A Journal of Lesbian and Gay Studies* 21 (2015), S. 387–422; dies.: Nature's Queer Performativity. In: *Qui Parle* 19 (2011), S. 121–158.

236 Karen Barad: Diffracting Diffraction. Cutting Together-Apart. In: *Parallax* 20 (2014), S. 168–187, hier S. 171.

237 Minh Hà bezieht sich zwar nicht dezidiert auf Diffraktion, aber in ihrem Schreiben deutet sich bereits klar die Verschiebung im Differenzbegriff an, die Barad und Haraway dann aufgreifen und weiterführen: Sie grenzt sich in ihrem relationalen Verständnis von Identität und Differenz von einem westlichen philosophischen Denken ab, in dem Differenz als etwas betrachtet wird, das es zu erobern und zu assimilieren gelte, „as a tool of segregation, to exert power on the basis of racial and sexual essences. The apartheid type of difference." (Minh Hà: Not You / Like You, S. 2.)

238 Barad: Troubling Time/s and Ecologies of Nothingness, S. 216.

239 Deuber-Mankowsky: Diffraktion statt Reflexion, S. 89.

240 Haraway: The Promises of Monsters, S. 300.

241 Ebd., S. 299.

Verschränkung von einander untrennbar bedingenden Teilen eines Gefüges versteht. So kann Differenz als *inappropriate/d other* nicht auf einen vermeintlichen Ursprung, eine Einheit, ein Wesen rückgeführt werden, sondern gibt allenfalls Auskunft über die plurale Beschaffenheit des Gefüges, aus dem sie hervorgegangen ist. Diffraktion wird so zu einer dekonstruktiven Denkfigur, die sich als Figuration der Verschränkung dezidiert gegen Essenzialisierung richtet. In ihrem Entwurf eines „diffractive apparatus"[242] eröffnet sich somit die Möglichkeit, technologische Visualisierungsverfahren in ihren ursprünglichen Abbildungsfunktionen so umzuschreiben und zu verschieben, dass sie nun „small but consequential differences"[243] zu erfassen vermögen. Genau damit wird ein anthropozentrismuskritischer Blick für „new collectives of human and unhuman allies and actors"[244] allererst möglich. Diffraktion ist in diesem Sinne nicht nur eine optische Metapher für ein Umdenken der Binaritäten von Technik und Natur, sondern steht auch explizit im Zeichen einer Verwischung der Grenze zwischen Humanem und Nicht-Humanen, bezieht es doch in seiner Betonung von *Relationalität* immer bereits nicht-menschliche Alteritäten mit ein.

Hier sei noch einmal betont: Diffraktion und *entanglement* bilden für Haraway Denkfiguren, die keineswegs eine Überwindung anthropozentrischer Denkweisen von Zeit- und Geschichtlichkeit behaupten, sondern die Möglichkeit anderer, vielleicht nicht mehr subjektzentrierter Erzählweisen und Narrative, ja, eine Pluralität von Bedeutung und Geschichten eröffnen. Ebendiese Strategie der *fabulation* ermöglicht Haraway, nicht-essenzialistische Entwürfe anderer Zeitlichkeiten und Geschichten zur Debatte zu stellen und somit eine Verschiebung innerhalb des abendländischen Repräsentationsparadigmas möglich zu machen, die eine andere Art des Differenzdenkens eröffnet. Eine ontologische Denkweise liegt ihr dabei fern – ganz im Gegenteil zu Barad, deren Vorhaben nichts Geringeres als die Begründung einer neuen relationalen Ontologie darstellt.

„To be entangled is not simply to be intertwined with another, as in the joining of separate entities, but to lack an independent, self-contained existence"[245], schreibt Karen Barad in *Meeting the Universe Halfway*, in dem sie im Anschluss an Haraway eine umfassende Weiterentwicklung des Begriffs der Diffraktion vorlegt. Für erstere ist Diffraktion zunächst, wie für Haraway, eine Alternative zur Reflexion, welche sie als eine in der Logik von Original und Abbild operierende metaphysische Denkbewegung des Zurückkommens zum Selbst beschreibt. *Entanglement*

242 Ebd., S. 303.
243 Ebd., S. 318.
244 Ebd.
245 Barad: *Meeting the Universe Halfway*, S. IX.

nach Barad meint den Vorgang iterativer Verschränkung, der ein „reworking of the traditional notion of causality"[246] impliziert, womit sie den Aspekt einer besonderen Zeitlichkeit der Verschränkung betont. Im Unterschied zu Haraway, die Referenzen auf optische Apparaturen und biologische Prozesse vornehmlich als Denkfiguren verwendet, schreibt Barad aus der Perspektive einer Quantenphysikerin, für die – im Unterschied zur klassischen Physik – *entanglement* und Diffraktion fundamentale Prinzipien ihres Arbeitsbereichs ausmachen.[247] So geht die Quantenphysik nicht mehr von für sich stehenden Größen wie Partikeln oder Feldern aus, sondern von deren iterativer Verschränkung und gegenseitiger Beeinflussung. Dies hat auch entscheidende Konsequenzen für den Beobachtungsapparat, denn die Annahme einer gegenseitigen Beeinflussung gilt auch für das Verhältnis physikalischer Vorgänge und deren Beobachtung im Rahmen von Experimenten. Eben diese wesentliche Grundannahme der Quantenphysik, dass die wissenschaftliche Beobachtung selbst den Vorgang des Experiments so sehr beeinflusst, dass von objektiven Ergebnissen oder Vorgängen nicht ausgegangen werden kann, führt uns wieder zurück zu Eva Meyer-Keller, denn in der Inszenierung geht es eben um eine Verschränkung naturwissenschaftlich-experimenteller Beobachtungsapparaturen und der Schauanordnung der Theaterbühne. Barad und Meyer-Keller gehen also beide von einem *entanglement* des Beobachtungsvorgangs in das Beobachtete aus.

Der Verwebungszusammenhang von Beobachtung und Beobachtetem

Diese Verschränkung von Beobachtung und Beobachtetem impliziert nicht nur, dass keines von beiden mehr unabhängig voneinander zu denken ist, sondern auch, dass der Vorgang des Beobachtens in seiner materiellen Bedingtheit gedacht werden muss. *Entanglement* in diesem Sinne unterscheidet Barad, im Gegensatz zu Haraway, strikt von einer bloßen *Interferenz*:

> This difference [between interference and entanglement, J. S.] is very important. It underlines the fact that knowing is a direct material engagement, a cutting

246 Barad: *Meeting the Universe Halfway*, S. 140.

247 Barad beschreibt den Unterschied zwischen Quantenphysik und klassischer Physik als einen ontologischen: „Quantum field theory differs from classical physics not only in its formalism but in its ontology. Classical physics inherits a Democretean ontology—only particles and the void—with one additional element: fields. Particles, fields, and the void are three separate elements in classical physics, whereas they are intra-related elements in quantum field theory." (Karen Barad: On Touching. The Inhuman That Therefore I Am. In: *differences. A Journal of Feminist Cultural Studies* 25 (2012), S. 206–223, hier S. 210.)

together-apart, where cuts do violence but also open up and rework the agential conditions of possibility. There is not this knowing from a distance.[248]

Ein distanziertes objektives Beobachten und daraus generiertes Wissen kann es für Barad unter dem Vorzeichen des *entanglement* nicht geben. Die binäre Ordnung von distanziertem beobachtendem Subjekt und beobachtetem Objekt verschiebt sich zugunsten eines relationalen Verhältnisses, das die jeweilige Beeinflussung auch auf der Ebene von Materialität denkt. Der wesentliche Unterschied zwischen Haraways Verwendung des Begriffs der Diffraktion und derjenigen Barads liegt also in der Art und Weise, wie beide die Verschränkung von und in Materie verhandeln: Barad geht letztlich von einer ontologischen Verfasstheit von *matter* aus und entwirft schließlich eine durchaus problematische spekulativ-relationale Ontologie, wie nun anhand des „material engagement" von Wissen und Beobachtung zu zeigen sein wird.
Die Bezeichnung, die Barad für die Form der materiellen Bedingtheit wählt, ist „intra-action"[249]. Damit bezeichnet sie einen Zustand untrennbarer Verschränkung a-identischer und voneinander weder zeitlich noch räumlich abgrenzbarer Konfigurationen – jedoch verbunden mit der Besonderheit, dass in diesen Verschränkungen auch eine Form von Agens und Handlungspotenzialität angelegt ist. Aus diesem Grund beschreibt sie ihre Theorie auch als ‚agentiellen Realismus'.[250] Im Gegensatz zum Begriff der Interaktion, der präexistente Entitäten voraussetzt, denkt sie *Intra-aktion* als fundamentale Bedeutungsverschiebung klassischer Vorstellungen von Ontologie und Kausalität, aber auch des Zusammenhangs von Diskursivität und Materialität in Bezug auf Zeit und Raum:

> The notion of intra-action (in contrast to the usual "interaction", which presumes the prior existence of independent entities / relata) marks an important shift, reopening and refiguring foundational notions of classical ontology such as causality, agency, space, time, matter, discourse, responsibility, and accountability.[251]

248 Rick Dolphijn / Iris van der Tuin: Interview with Karen Barad. In: Dies. (Hrsg.): *New Materialism. Interviews & Cartographies*. London: Open Humanities Press 2012, S. 48–70, hier S. 52.

249 Barad: Diffracting Diffraction, S. 168.

250 Barad: *Meeting the Universe Halfway*, S. 132. In der Rede von „agentieller" oder „lebendiger" Materie, wie es Barad oder auch Jane Bennett formulieren, lässt sich bisweilen ein stark vitalistischer Impetus beobachten. Vgl. Bennett: *Vibrant Matters*; Kronberger: *Diffraktionsereignisse der Gegenwart*, S. 11–29.

251 Barad: Nature's Queer Performativity, S. 125.

Auf die Frage, welche genauen Auswirkungen diese Vorstellung einer Intraaktion auf das Zeitdenken impliziert, werde ich gleich zurückkommen. Zunächst ist jedoch wichtig hervorzuheben, dass Barads Theorie eines intraaktiven *entanglement* im Unterschied zu Haraways Ansatz von Diffraktion eine immer schon gegebene Eingebundenheit in die Materialität des zu Denkenden impliziert:

> Diffraction as methodology is a matter of reading insights through rather than against each other in an effort to make evident the always already entanglement of specifics [*sic!*] ideas in their materiality.[252]

Barads Ansatz ist im Hinblick auf Meyer-Kellers Arbeit und deren Umgang mit der Ästhetik des biologischen Experiments vor allem deshalb interessant, weil sich in Barads Beschreibungen ein blinder Fleck auftut, der sich in der diffraktiven Methode der Performance szenisch verhandelt findet. Hier geht es um die Frage, inwiefern die vorgeschlagene Theorie einer relationalen Verschränktheit auch Eingang in die Darstellung findet bzw. inwiefern die Art und Weise der Beschreibung der jeweiligen Experimente, welche die These einer Verschränktheit bestätigen sollen, selbst doch wieder auf das Modell einer unbeteiligten Betrachterin zurückfällt und damit das eigene Argument unterminiert. Gerade weil dieser Aspekt der Verwobenheit und gegenseitigen Beeinflussung von Experiment und Beobachterin einen so wichtigen Bestandteil der quantenphysikalischen Analyse Barads darstellt, ist es umso interessanter, dass sich in *Meeting the Universe Halfway* seitenweise detaillierte Beschreibungen der Versuchsanordnungen finden lassen (wie derjenigen der sogenannten Doppelspaltexperimente zur Aufzeichnung der Beugung von Lichtstrahlen), anhand derer Barad im Rückgriff auf allerlei Darstellungen und Modelle ihre Argumentation entwickelt, ihre eigene Position jedoch dabei nicht mit zu reflektieren scheint. Insofern lässt sie – ähnlich wie Latour – die theatralen Bedingungen ihres eigenen Denkens unhinterfragt. Hier findet sich somit ein klarer Widerspruch zwischen Barads Theorie des *entanglement* auf der einen Seite, die von der unauflösbaren Verschränkung der Beobachterin in die jeweilige Versuchsanordnung ausgeht, und dem blinden Fleck ihrer eigenen Positionierung auf der anderen, und zwar dort, wo die vermeintlich aufgehobene Trennung zwischen Beobachterin und Objekt wieder Einzug erhält. Gerade diejenige Verschränkung, die sie mit dem *entanglement* auf theoretischer Ebene zu denken versucht, bleibt somit in Bezug auf ihre eigene Positionierung und Situierung ungedacht.

252 Barad: Troubling Time/s and Ecologies of Nothingness, S. 216.

Zeitlichkeiten des mehr-als-menschlichen „spacetimematterings“[253]

Von Interesse ist Barads Ansatz dennoch gerade dort, wo ihre Theorie des *entanglement* ein anderes Zeitdenken eröffnet. So beinhaltet die Konfiguration der „intra-action“ beispielsweise für Barad eine iterative Multiplizität raumzeitlich-materieller Prozesse, die sie als „spacetimematterings“[254] beschreibt und die eine unlösbare Verschränkung von Vergangenheit, Gegenwart und Zukunft mit einer gewissen Potenzialität impliziert, die sich als Spur oder Sediment (wieder)einschreibt, also als Spur einer Materialität immer schon vorhanden ist:

> Diffraction is not a set pattern, but rather an iterative (re)configuring of patterns of differentiating-entangling. As such, there is no moving beyond, no leaving the 'old' behind. There is no absolute boundary between here-now and there-then. There is nothing that is new; there is nothing that is not new. Matter itself is diffracted, dispersed, threaded through with materializing and sedimented effects of iterative reconfigurings of spacetimemattering, traces of what might yet (have) happen(ed).[255]

Barad denkt hier die Derrida'sche *différance* als Iterabilität und Nachträglichkeit, die immer auch eine raumzeitlich-materielle Rekonfiguration impliziert. Trotz ihrer ontologischen Herangehensweise legt Barad Zeitlichkeitsentwürfe vor, die gerade darin so experimentell sind, dass sie sich aus dem interdisziplinären Dialog von dekonstruktivem Denken mit quantenphysikalischen Theorien ergeben.[256] Dabei erweitert sie das physikalisch hauptsächlich räumlich

253 Barad: Diffracting Diffraction, S. 168.

254 Ebd.

255 Ebd.

256 Barad wendet sich mit ihrer „diffractive methodology“ zunächst gegen das, was sie „representationalism“ nennt. Damit meint sie auf einer relativ einfachen Ebene Ansätze, die unter den sogenannten Linguistic Turn fallen und als Konstruktivismus von einer Privilegierung des Diskurses gegenüber Fragen der Materialität ausgehen. Ein Beispiel dafür sind für Barad Judith Butlers frühe Arbeiten, wie *Das Unbehagen der Geschlechter* (*Gender Trouble*), bevor sie mit *Körper von Gewicht* (*Bodies That Matter*) die Begrenztheit des rein diskursiven Ansatzes eingesteht und dagegen den Aspekt der Materialität verstärkt in ihr Denken miteinbezieht. Darüber hinaus lässt sich bei Barad eine problematische Verwendung des Begriffs der Performativität aufzeigen. Ihre „performative alternatives“ zum genannten „representationalism“, erweisen sich schließlich als Rehabilitierung metaphysisch-ontologischer Vorannahmen. Fern davon, diesen Umstand zu verschleiern, bezeichnet sie ihre Herangehensweise sogar selbstbewusst als „performative metaphysics“. (Karen Barad: Posthumanist Performativity. Toward an Understanding of How Matter Comes to Matter. In: *Signs* 3 (2003), S. 801–831, hier 802, 811.) Vgl. Judith Butler: *Das Unbehagen der Geschlechter*, aus d. Engl. v. Kathrina Menke. Frankfurt am Main: Suhrkamp 2007; dies.: *Körper von Gewicht. Die diskursiven Grenzen des Geschlechts*, aus d. Engl. v. Karin Wördemann. Frankfurt am Main: Suhrkamp 1997.

verhandelte Phänomen um eine zeitliche Komponente und spricht von „temporal diffraction“[257]. Diffraktion ist nicht nur eine andere Darstellungsweise, sondern eine, die die Ordnung der Zeit verschiebt und den zeitlichen Bezug von Ursprung und Abbild, von Vergangenheit, Gegenwart und Zukunft alteriert. Zeit kann also dieser Logik nach nie die eine, lineare sein, sondern ist als diffraktierte immer schon gebrochen und muss als plurale Heterogenität von verschiedenen Zeitlichkeiten gedacht werden, die jedoch nicht unabhängig voneinander existieren, sondern in Bezug zueinander stehen, nicht ohne einander denkbar sind. Wie das Superpositionsprinzip verdeutlicht, kann ein einziger Partikel innerhalb multipler Orte und Zeiten gleichzeitig sein und steht damit auch immer für andere, potenzielle Orte, Zeiten und Geschichten. In ihrem Denken von „iterative reconfigurings of spacetimemattering“[258] ist zudem aber nicht nur die Verbindung von zeitlichen mit räumlichen Aspekten wichtig, sondern auch die Ebene materieller Spuren. Im Sinne eines feministisch neumaterialistischen Anspruchs ist Zeit demnach kein abstraktes, materieloses, entkörpertes Phänomen, sondern beschreibt unzählige in sich differente, aber relationale Rekonfigurationen von Zeitlichkeiten, die sich als „traces of what might yet (have) happen(ed)“[259] auf Vergangenheit, Zukunft und Gegenwart auswirken.

Diffraktive Zeit, wie ich sie im Anschluss an Haraway und Barad denke, ist somit nie eine bestimmte[260] Zeit und auch nicht nur eine Gleichzeitigkeit multipler Zeitlichkeiten, sondern eine, in der immer auch potenziell andere mehr-als-menschliche Zeitentwürfe mitgedacht sind. Wichtig zu betonen bleibt, dass das Verhältnis dieser Zeitlichkeiten zueinander auch in dem Sinne ein relationales ist, als dass es Differenz als „difference from within“[261] denkt und damit für feministische, queere und dekoloniale Entwürfe eines „inappropriate other“[262] oder „inappropriate/d other“[263] öffnet.

Damit steht dieses Zeitmodell im klaren Gegensatz zu einer Rede vom Ende der Zeit im Sinne einer Überwindung linearer menschlicher Zeitmodelle. Nicht um die Behauptung eines Jenseits der Zeit und seinen Vor- und Darstellungsweisen geht es hier, sondern um ein Umdenken und eine Verschiebung dieser Denkweisen, die *in* der Zeit stattfinden, nicht außerhalb von ihr.

257 Barad: Troubling Time/s and Ecologies of Nothingness, S. 218.

258 Barad: Diffracting Diffraction, S. 168.

259 Ebd.

260 Barad schreibt: „There is no determinate time, only a specific *temporal indeterminacy*“ (ebd., S. 218).

261 Barad: Troubling Time/s and Ecologies of Nothingness, S. 216.

262 Minh Hà: Not You / Like You, S. 5.

263 Haraway: The Promises of Monsters, S. 299.

Sowohl Meyer-Kellers szenische Arbeit als auch Barads und Haraways Denken sind dabei im Feld neumaterialistischer Diskussionen über das Verhältnis von belebter und unbelebter Materie zu verstehen, die auch den menschlichen Horizont von Zeit verschieben. Wie bereits aufgezeigt, verweisen die Wortspiele rund um die Begriffe *Materie* und *Leben* zu Beginn der Performance auf diesen Kontext. Wenn beispielsweise in der Performance oder in neumaterialistischen Diskursen ‚Leben' neu definiert wird als Potenzial von Materie oder als bloße Eigenschaft von Molekülen, sich teilen, kopieren und bewegen zu können, dann steht damit auch die menschliche Skalierung von Zeit und ihrer Dauer auf dem Spiel. Rebecca Schneider bringt dieses Problem mit Blick auf die Performance Studies folgendermaßen auf den Punkt:

> If "living beings" might include stone, and if time might be as vast as geologic time, what are the limits of copresence or of contemporaneity? [...] Life is now simply what molecules exhibit as they divide, copy, or otherwise swerve and bump into each other, making an event by forming relations. And temporal duration? With the expansion of 'life' to beings formerly known as inanimate, the scope of duration reaches well beyond the human register. Now duration can be composed of a digital nanosecond, imperceptible to humans, or move at the pace of geology, also imperceptible to mere mortals.[264]

Wenn die Unterscheidung zwischen Belebtem und Unbelebtem wegfällt, wird auch die Hierarchisierung zwischen menschlicher und nicht-menschlicher Zeit obsolet. Dabei bleibt es wichtig zu betonen, dass diese anderen Zeitlichkeitsentwürfe jenseits herkömmlicher westlicher Kategorisierungen von belebt und unbelebt ausdrücklich keine ‚Entdeckung' neumaterialistischer Wissenschaftler*innen sind.[265] Vielmehr ist im indigenen Zeitlichkeitsdenken die Vorstellung einer kosmologischen Zeitlichkeit voller Ahnen, belebter Dinge, wie lebendigen Steinen und Mineralien, selbstverständlich.[266]

264 Schneider: New Materialisms and Performance Studies, S. 11–12.

265 Die Auseinandersetzung mit diesen lange als „primitiv" verurteilten Animismen verdeutlicht darüber hinaus auch den politischen Aspekt des Verständnisses von „animacy": „animacy is political, shaped by what or who counts as human and what or who does not" (Mel Chen: *Animacies. Biopolitics, Racial Mattering, and Queer Affect*. Durham, NC: Duke UP 2012, S. 30). Vgl. Schneider: New Materialisms and Performance Studies, S. 12.

266 Vgl. Kellie Robertson: Exemplary Rocks. In: Jeffrey Jerome Cohen (Hrsg.): *Animal, Vegetable, Mineral. Ethics and Objects.* Washington: Oliphaunt 2012, S. 91–121. Jordana Rosenberg diskutiert das Problem neuer Primitivismen im Hinblick auf molekulare Ontologien. Vgl. Jordana Rosenberg: The Molecularization of Sexuality. On Some Primitivisms of the Present. In: *Theory & Event* 17,2 (2014). muse.jhu.edu/article/546470 (Zugriff am 27.02.2024). Aus kritischer Perspektive beleuchtet Alejandro Haber das Verhältnis von Wissenschaft, Animismus und indigenen Ansätzen. Vgl. Alejandro F. Haber: Animism, Relatedness, Life. Post-Western

Diffraktive Zeitlichkeiten entsprechen somit nicht einem archäo-teleologischen, auf das Ende ausgerichteten, ausschließlichen Modell von Zeit, wie es Derrida der abendländischen Philosophie diagnostiziert, wenn er von einem „apokalyptischen Ton"[267] spricht. Vielmehr eröffnen sie einen Weg und einen Anschluss für indigene, queere, spekulative und mehr-als-menschliche Zeitentwürfe: Diese stellen nicht eine radikale Neuentdeckung oder -erfindung als Gegenmodell zur *einen* linearen westlichen Zeit dar, sondern sind vielmehr als widerständige Zeitlichkeiten in der Zeit zu verstehen, die in diesem ausschließlichen Paradigma existieren, auch wenn sie unsichtbar bleiben.

Eva Meyer-Kellers Arbeit widmet sich ebensolchen *Zeitlichkeiten in der Zeit* aber ausdrücklich nicht, indem sie versuchen würde, diesen zu einer vermeintlichen ‚Sichtbarkeit' zu verhelfen. Vielmehr habe ich herausgearbeitet, dass relationale Zeitlichkeiten als Herausforderung an die Darstellung verhandelt werden. Indem die Inszenierung die Schauanordnung des Theaterapparats und die Schauanordnung mikroskopischer Visualisierungs- und Bildgebungsverfahren szenisch in- und miteinander denkt, verweist sie auf das, was beiden entgeht, eben weil es sich nicht in Parameter der Sichtbarkeit übersetzen lässt. Ihre diffraktive Arbeitsweise macht es möglich, den relationalen Verschränkungszusammenhang von menschlichen und nicht-menschlichen Zeitlichkeiten und deren je spezifischen Materialitäten als Widerständigkeit *in* der Zeit der Darstellung aufzuzeigen. Meyer-Kellers Performance schafft damit genau das, was Frédérique Aït-Touatis und Bruno Latours Lecture Performance intendiert, aber nicht umsetzt: eine relationale Darstellungsweise, welche die Bedingung der theatralen Schauanordnung, in der sie agiert, mitdenkt und nicht deren Überwindung behauptet.
Wenn die Zeit des Endes (menschlicher Zeit) durch das anvisierte *telos*, auf das sie zuläuft, maßgeblich ‚frontal' angelegt ist – oder wie Werner Hamacher schreibt: „The concepts of time throughout modernity are governed by a veritable obsession with the pre-, the ahead- and the in-front-of-us"[268] –, so setzt Meyer-Keller dieser Frontalität eine Horizontalität entgegen. Diese äußert sich nicht nur in der seitlichen askopischen Fortbewegungsweise der Performerinnen, sondern auch in der Prozessualität, mit der die Inszenierung innerhalb des Theaterapparats der frontalen Sichtbarmachung eine andere Wahrnehmungsweise einfordert. Was in *Living Matters* also von Belang ist, also *matters*, ist das

Perspectives. In: *Cambridge Archaeological Journal* 19,3 (2009), S. 418–430; Tuck / McKenzie: *Place in Research*.

267 Derrida: Von einem neuerdings erhobenen apokalyptischen Ton.

268 Werner Hamacher: Messianic Not. In: Anna Glazova / Paul North (Hrsg.): *Messianic Thought Outside Theology*. New York: Fordham UP 2014, S. 221–280, hier S. 229.

Einlassen auf die langsame Entfaltung von Verschränkungszusammenhängen, die in einer ganz auf Bildhaftigkeit und Sichtbarkeit ausgelegten Darstellungsweise sonst verdeckt blieben.

Der Fokus verschiebt sich somit vom Dargestellten hin zu seinem *Womit* – wenn es bei Haraway heißt, „[i]t matters what thoughts think thoughts" und „[i]t matters what relations relate relations",[269] dann lautet das Credo der Inszenierung ‚it matters what representations represent representations'. Damit geht überdies auch eine politische Dringlichkeit einher. Der Titel *Living Matters* verweist zum einen sehr deutlich auf den Slogan der *Black Lives Matter*-Bewegung und setzt damit die theatrale und naturwissenschaftliche Schauanordnung und ihre Verfahren zur Sichtbarmachung in Bezug zu einer Rassifizierung des Anderen innerhalb des staatlich-polizeilichen Sichtbarkeitsapparats. Auf der anderen Seite begleitet die Inszenierung ein Subtext, der ein bisher aus der gängigen medizinisch-wissenschaftlichen Geschichtsschreibung Ausgeschlossenes betrifft. Die in der Performance zu findenden Verweise auf Mutation und unendliches Zellenwachstum orientieren sich am Modell der sogenannten HeLa-Zellen – der ersten Krebszellen, aus denen jemals eine Zelllinie gezüchtet wurde und die auch heute noch für die Krebsforschung unverzichtbar sind. Wichtig ist für die Performance nun der jahrzehntelang ausgeblendete Umstand, dass diese 1951 der afroamerikanischen Patientin Henrietta Lacks („HeLa") ohne ihr Wissen entnommen wurden und somit die medizinische Erfolgsgeschichte der Krebszellenforschung die Verleugnung dieses Tatbestands verdeckt.[270]

Die Performance entscheidet sich nun aber gerade nicht dafür, diese ‚Lücke' in der Geschichtsschreibung durch fabulative Elemente einer möglichen anderen Geschichte zu füllen und dieser damit zu einer ‚Sichtbarkeit' zu verhelfen. Weil dieses Sichtbarmachen immer Gefahr läuft, die gleichen Darstellungsmuster einer linearen Erzählung oder eines objektifizierenden Visualisierungsapparats zu reproduzieren, die den Ausschluss zuallererst generiert haben, setzt *Living Matters* nicht auf Visualisierung, sondern auf eine Dramaturgie der Verschränkung und Verantwortlichkeit, die durch relationale Bezugnahme auf das, mit dem sie denkt, andere widerständige, plurale und heterogene Zeitlichkeiten und Geschichten innerhalb der einen Zeit und Geschichte möglich macht.

Aus diesem relationalen Ansatz einer diffraktiven Dramaturgie der Verschränkung ergibt sich folglich eine Dringlichkeit, die sich gänzlich von demjenigen apokalyptischen Ton unterscheidet, der sich in Anthropozän-Diskursen als Beschwörung eines neuen Universalismus äußert. Die Inszenierung ruft nicht

269 Haraway: *Staying with the Trouble*, S. 35.

270 Vgl. Rebecca Skloot: *The Immortal Life of Henrietta Lacks*. New York: Broadway 2011.

einen Posthumanismus im Sinne eines ‚Nach' der menschlichen Zeit aus, noch formuliert sie in irgendeiner Weise einen Ausnahmezustand angesichts der drohenden Endzeit. Wenn Haraway im Anschluss an ihre Analyse eines *thinking-with* fragt, „[h]ow can we think in times of urgencies *without* the self-indulgent and self-fulfilling myths of apocalypse [...]?"[271], so liegt die Antwort der Performance darin, menschliche, mehr-als-menschliche Zeitlichkeiten und Materialitäten in ihrer Verschränkung als Denkaufgabe ernst zu nehmen, die die bekannten Darstellungsweisen immer aufs Neue herausfordert, aber nicht behauptet, sie ließen sich einfach überwinden.

271 Haraway: *Staying with the Trouble*, S. 35.

5.
Ausblick

Auf verschiedenste Weise durchzieht diese Arbeit die Frage, ob eine andere Vorstellung von Zeit möglich wäre und was eine solche sein könnte. Wie im Verlauf der einzelnen Kapitel verdeutlicht wurde, zeigen sich erhebliche Schwierigkeiten bei dem Versuch, *überhaupt* eine andere Vorstellung von Zeit zu entwickeln – d. h., außerhalb der bekannten Vorstellungsparameter. Denn auf selbige bleibt ein Denken von Zeit doch immer verwiesen, auch wenn es sich noch so darum bemüht, daraus auszubrechen. Es ging mir dementsprechend nicht darum, eine radikal andere Zeitvorstellung zu behaupten, einen neuen Paradigmenwechsel auszurufen oder das westliche Zeitdenken als Ganzes verwerfen und überwinden zu wollen. Vielmehr war es mein Anspruch darzulegen, wo dieses Denken blinde Flecken und Widersprüchlichkeiten aufweist, in denen etwas aufscheint, das Zeit nicht nur als die *eine, mit sich identische* charakterisiert, sondern als eine *in sich differente* beschreiben lässt und somit immer auch etwas anderes als sie selbst zu denken aufgibt, nämlich (de)koloniale, traumatische, apokalyptische und postanthropozentrische, spekulative und (queer)feministische Zeitlichkeiten.
Ebendiese Momente, in denen die Bedingungen und Vorannahmen der *einen* Zeit deutlich werden und zugleich die Möglichkeit anderer Zeitlichkeiten aufblitzen, wurden in den von mir untersuchten szenischen und installativen Arbeiten als Widerständigkeit in der Zeit beschrieben. Dieses Widerständige richtet sich nicht nur gegen die eine Zeit, in der es sich sträubt, sondern es wird in ihr als Plastizität und Materialität erfahrbar, die auf immer andere potenzielle (Ver-)-Formungen von Zeit verweist. Gezeigt wurde, wie die künstlerischen Arbeiten in der Zeit der Darstellung einen szenischen Verhandlungsraum eröffnen, in dem das, was Zeit vermeintlich ‚ist' und zu sein hat, gerade dadurch ausgestellt und hinterfragt wird, dass sie aufgefächert, ausgesetzt, ausgedehnt,

verzerrt, synkopiert oder mit dem in ihr angelegten Ungedachten verwoben und verschränkt wird.

Diese Arbeit zielt darauf ab, ein Denken des Aporetischen, Inkommensurablen, sich Entziehenden in der Zeit und seiner Darstellung für Fragen der Relationalität zu öffnen und damit für das, was einen anderen Bezug auf potenzielle andere Zeitlichkeiten zulässt und eine Verwobenheit ermöglicht. Eben diesen Möglichkeitsraum eines relationalen Denkens eröffnen die untersuchten Arbeiten als *Szene des Widerständigen*.

Zeit und ‚Care': Sorge um die Darstellung

Das, was schließlich in Kapitel 4.4 bei *Living Matters* und in Anlehnung an Haraway als Dramaturgie der Verantwortlichkeit und des *thinking-with* beschrieben wird, schließt nicht nur an ein relationales Denken an, wie es vielfach in Diskursen des Neuen Materialismus stattfindet. Gezeigt wird insbesondere, dass relationale Bezugnahmen im szenischen Raum nicht als Frage eines *Was* der Darstellung, sondern vielmehr als *Wie* und *Womit* verhandelt werden: Welche Materialitäten, Zeitlichkeiten und Darstellungsweisen wie zueinander in Beziehung treten und wie dieser Bezug sich auf die Darstellbarkeit auswirkt. Damit bietet insbesondere das Schlusskapitel einen Anknüpfungspunkt für jene aktuellen Diskurse, die sich mit dem Verhältnis von Zeit und ‚Care', ‚Sorge', beschäftigen.

„What is the relation between care, time and thinking?"[1], fragt Lisa Baraitser beispielsweise in *Enduring Time* und lenkt damit den Blick auf jene Zeitlichkeiten, die sich dem Denken nicht einfach eröffnen, sondern um die ‚Sorge' getragen werden muss, weil sie sich tendenziell entziehen. Zeit und Sorge in diesem Sinne zusammenzudenken, bedeutet also, so möchte ich anschließend an meine Ausführungen im vorangegangenen Kapitel unterstreichen, sich auch um diejenigen Zeitlichkeiten zu sorgen – und das heißt, sie als Aufgabe für das Denken begreifen – , die in den Diskussionen um eine Krise der Zeit, um ihre Unterbrechung oder Aussetzung unterzugehen drohen: Nämlich die bleibenden, andauernden, zurückkehrenden Zeitlichkeiten, die gerade durch ihr *eigensinniges Insistieren* zu einer Widerständigkeit in der linear verfließenden *einen* Zeit werden. „I want to think ‚care' as a problem for thought [...] thinking needs care [...] and thinking and care need to stay in the wake"[2], schreibt Christina Sharpe und verdeutlicht damit nicht nur den von Baraitser hervorgehobenen Zusammenhang von

1 Lisa Baraitser: *Enduring Time*. London: Bloomsbury 2017, S. 14.

2 Sharpe: *In the Wake*, S. 5.

Zeit und Sorge und dessen Schwierigkeit für das Denken, sondern verweist mit dem Begriff *wake* gerade auf die Notwendigkeit einer Aufmerksamkeit gegenüber Zeitlichkeiten, die nicht mit Parametern des Sichtbaren und Präsenten zu fassen, sondern vielmehr durch eine Nachträglichkeit, ein Nachleben oder ein Insistieren gekennzeichnet sind.[3] Im Verlauf meiner Arbeit habe ich aufgezeigt, wie diese Sorge um widerständige, sich entziehende Zeitlichkeiten immer auch eine Sorge um deren Darstellung sein muss. Vor diesem Hintergrund lässt sich die *Sorge um die Darstellung* ebensolcher insistierender, aber sich im Moment des Darstellens entziehender Zeitlichkeiten als ein alle Kapitel auf unterschiedliche Weise durchziehendes Thema beschreiben.

In Kapitel 1 habe ich herausgearbeitet, wie in Kentridges *The Refusal of Time* ein koloniales *Ungedachtes* der universell gedachten Zeit als eine Widerständigkeit erfahrbar wird und damit stetig auf das verweist, was als gespenstisches Erbe des Kolonialismus nachlebt und andauert, aber kaum greifbar wird. Im Anschluss an Sharpe wurde erörtert, dass eben dieses Nachleben eine Sorge um seine Darstellbarkeit einfordert und sich somit als *wake work* als Aufgabe für das Denken selbst stellt. In Kapitel 2 wurde gezeigt, dass bereits bei Kant das Denken von Zeit mit einem *Acht-Haben* gegenüber dem Prozess der Darstellung verbunden ist, nämlich einer Aufmerksamkeit gegenüber dem *Wie* der figürlichen Vorstellung der Zeit. Auch wenn, wie ich unterstrichen habe, bei Kant das Andere der Zeit nicht denkbar wird, formuliert er dennoch das *Acht-Haben* gegenüber der Vor- und Darstellung als Aufgabe und Teil des Denkens von Zeit. In Kapitel 3 wiederum ist es das eigensinnige Insistieren des Traumas, das sich in die Darstellung einschreibt und die vermeintlich präsentische Gegenwart immer wieder einholt. Im Anschluss daran löse ich den Begriff der Gegenwart von seinen Implikationen der Unmittelbarkeit und begreife ihn vielmehr als Verhältnis, das immer schon in einem relationalen und nicht-linearen Bezug zu dem steht, was in ihm als in sich Differentes und damit als etwas anderes als die Gegenwart selbst angelegt ist.

Absolute Gegenwart und spekulative Zukunftsentwürfe

In diesem Sinne wendet sich diese Arbeit u. a. gegen jene zeitgenössischen Ansätze, die es sich zum Ziel machen, die Gegenwart von einem vermeintlichen

3 Positionen des gegenwärtigen Care-Diskurses wie María Puig de la Bellacasa schließen an Haraway und feministische neumaterialistische Diskussionen um *matter* und Verantwortlichkeit an. Vgl. Puig de la Bellacasa: *Matters of Care*. Vgl. auch Positionen zu *Crip Time*: Kafer: *Feminist, Queer, Crip*; Samuels: Six Ways of Looking at Crip Time; Leah Lakshmi Piepzna-Samarasinha: *Care Work. Dreaming Disability Justice*. Vancouver: Arsenal Pulp 2018.

‚Absolutismus'[4] zu befreien, indem verstärkt auf ‚Gegenwärtigkeit' (*presentness*) und ‚Vergegenwärtigung' gesetzt wird.[5] Andere Publikationen im Bereich des Spekulativen Realismus versuchen wiederum, den Gegenwartsbegriff von einer vermeintlichen Vereinnahmung durch einen „gegenwärtigen Katastrophismus"[6] zu lösen, der die Zukunft als Katastrophe beschwöre.[7] Als populärer Vertreter des Akzelerationismus und Herausgeber einer ganzen Reihe von Schriften zu diesem Thema[8] fordert beispielsweise Armen Avanessian ein Umdenken des Verhältnisses von Zukunft, Gegenwart und Vergangenheit und polemisiert gegen einen vermeintlich linken Modus der Negation, der sich angesichts eines Mangels an positiven Zukunftsentwürfen einem „transzendentalen Miserabilismus"[9] und „lähmende[n] kritische[n] Selbstreflexionsprozesse[n]"[10] hingebe. Stattdessen propagieren die von ihm veröffentlichten Beiträge eine „epistemische Akzeleration", die im Gestus eines neuen prometheischen Rationalismus „vernünftige Zukunftsentwürfe" liefern will – im Sinne einer technophilen, den Kapitalismus überaffirmierenden Beschleunigung.[11] Damit verfallen diese Ansätze, die sich eigentlich gegen eine Inbesitznahme der Gegenwart als bloße Projektionsfläche einer bereits bestimmten Zukunft wenden, erneut einem blinden Fortschrittsdenken, das sich in den Dienst einer zeitlichen Linearität stellt.

Die Gefahr solcher Ansätze besteht u. a. auch darin, in ihrer „Zurückweisung einer Rhetorik der menschlichen Endlichkeit oder Begrenztheit"[12] empfänglich zu werden für problematische Positionen wie etwa derjenigen Nick Lands, der

4 Vgl. Marcus Quent: *Absolute Gegenwart*. Berlin: Merve 2016; Susanne Witzgall / Kerstin Stakemeier: *Die Gegenwart der Zukunft*. Zürich / Berlin: Diaphanes 2016.

5 Eine solche Fokussierung auf Gegenwärtigkeit zeigt sich beispielsweise an der Jahrestagung des DFG-Schwerpunktprogramms „Ästhetische Eigenzeiten" 2018 mit dem Titel „Ästhetische Eigenzeiten heute: Gegenwart, Gegenwärtigkeit, Vergegenwärtigung Ästhetische Eigenzeiten heute". Jahrestagung am ICI Berlin, 13.–15.06.2018. In: *ICI Berlin*, 2018. https://www.ici-berlin.org/events/aesthetische-eigenzeiten-heute/ (Zugriff am 16.06.2023).

6 Armen Avanessian: *#Akzeleration*. Berlin: Merve 2013, S. 15.

7 Vgl. Armen Avanessian / Suhail Malik (Hrsg.): *The Time Complex. Post-contemporary*. Miami: [NAME] Publications 2016. Vgl. auch Eva Horn: *Zukunft als Katastrophe*. Frankfurt am Main: Fischer 2014.

8 Zu der Reihe „Spekulationen" gehören Titel wie Avanessian: *#Akzeleration*; Armen Avanessian / Robin Mackay (Hrsg.): *Akzeleration# 2*. Berlin: Merve 2014; Armen Avanessian / Ronald Voullié (Hrsg.): *Realismus jetzt. Spekulative Philosophie und Metaphysik für das 21. Jahrhundert*. Berlin: Merve 2013; Armen Avanessian: *Metaphysik zur Zeit*. Leipzig: Merve 2018.

9 Nick Land: Critique of Transcendental Miserabilism. In: Ders.: *Fanged Noumena. Collected Writings 1987–2007*. Windsor Quarry: Urbanomic 2018, S. 623–627.

10 Avanessian: *#Akzeleration*, S. 13–14.

11 Armen Avanessian / Robin Mackay: Einleitung. In: Dies. (Hrsg.): *Akzeleration# 2*, S. 7–20, hier S. 19.

12 Ebd., S. 11.

in seinen futuristischen Visionen einer Überwindung des Todes die für rechtes Gedankengut anschlussfähige biotechnologische Erschaffung einer transhumanen Superrasse imaginiert – Visionen also einer Entgrenzung der Technik, die zwar ihre Beeinflussung durch den faschistischen Futurismus eines Filippo Tommaso Marinetti verschweigen, ihre Nähe zu heutigen neurechten Positionen eines ‚Hyper-Rassismus' aber offen zeigen.[13] Diese spekulativen Visionen des Bezwingens der *Endlichkeit* stehen somit im Zeichen der Erhaltung einer rationalistischen menschlichen Handlungsmacht[14] qua Technik und versuchen damit, gerade jenen *anthropos* als universelles Maß für Zeit und Geschichte zu re-etablieren, der in den von mir in Kapitel 4 beschriebenen relationalen Entwürfen grundsätzlich hinterfragt und vielmehr als mit mehr-als-menschlichen Zeitlichkeiten verschränkt gedacht wird.

(Post-)Apokalyptische und posthumanistische Zukünfte

In der Einleitung habe ich darauf hingewiesen, dass ich die einzelnen in dieser Arbeit untersuchten Inszenierungen zwar in ihrer jeweiligen Spezifik und Singularität verhandle, aber dass diese trotzdem Pars pro Toto für einen weiteren Kontext künstlerischer Arbeiten der letzten Jahre stehen. Dies betrifft auch Projekte, die verstärkt die Thematik dystopischer, (post-)apokalyptischer und posthumanistischer Endzeiten in den Fokus nehmen. Damit reagieren sie seismografisch auf das, was ich mit Derrida als einen „neuerdings erhobenen apokalyptischen Ton"[15] beschrieben habe, aber auf eine Art, die weniger das vermeintliche Ende der (menschlichen) Zeit und Geschichte beschwört als vielmehr nach der Darstellungs(un)möglichkeit zukünftiger Zeitlichkeiten fragt.

13 Vgl. Nick Land: Teleoplexie. Anmerkungen zur Akzeleration. In: Avanessian / Mackay (Hrsg.): *Akzeleration# 2*, S. 95–106; ders.: *Fanged Noumena*. Nick Land fungiert als Gründungsfigur der Neoreaction (NRx) Gruppierung, die deutliche Verbindungen zur Alt-Right Bewegung aufweist, wie Ana Teixeira-Pinto detailliert aufzeigt: Ana Teixeira-Pinto: Artwashing. NRX und die sogenannte alternative Rechte. In: *Texte zur Kunst* 106 (2017), S. 163–181.

14 Dabei hängt der Akzelerationismus klar einer kontrollgeschichtlich anmutenden Machtrationalität an und damit der Vorstellung einer noch kontrollierbaren Technosphäre: Auch wenn die menschliche Rationalität schließlich durch künstliche Intelligenz ersetzt werden sollte, so bleibt doch immer noch das Phantasma eines vermögenden ‚technosozialen Körpers', der seine Handlungsmacht vermöge der Technik als Prothese weiter ausbaut. Vgl. dazu Wolf Burkhardt: Das Schiff, eine Peripetie des Regierens. Nautische Hintergründe von Kybernetik und Gouvernementalität. In: *MLN* 123 (2008), S. 444–468.

15 Derrida: Von einem neuerdings erhobenen apokalyptischen Ton.

So setzt beispielsweise Ariel Efraim Ashbel in seiner Inszenierung *no apocalypse not now* (2019) in Dialog mit Jacques Derridas gleichnamigen Text[16] die zeitgenössische Beschwörung eines drohenden Endes in Szene und untersucht Endzeit-Ästhetiken, während sich Larissa Sansours in ihren Videoarbeiten *A Space Exodus* (2009), *Nation Estate* (2012) und *In the Future They Ate from the Finest Porcelain* (2016) an Motiven des Afrofuturismus orientiert und eine Zukunft territorialer Konflikte und Ressourcenkriege im Nahen Osten imaginiert, in der sie verschiedenste historische und zukünftige Zeitschichten miteinander verwebt. In Naeem Mohaiemens Videoinstallation *Tripoli Cancelled* (2017) wird hingegen das Scheitern linker Utopien und Zukunftsentwürfe in einem Szenario verhandelt, in dem ein einzelner Mann durch die einsame Leere eines alten verlassenen Flughafens aus den 1970er Jahren wandert, wo die Zeit stehen geblieben zu sein scheint und aus dem es offensichtlich kein Entkommen gibt. Susanne Kennedy wiederum entwirft in ihren Arbeiten *Women in Trouble* (2018) und *Coming Society* (2019) eine posthumanistische Dystopie, dominiert durch ewige, unerbittliche Wiederholung, während der Performancekünstler Johannes Paul Raether immer wieder optimierbare Versionen seiner selbst (die er als „Avataras", „AlterIdentities" oder „SelfSisters" bezeichnet) erschafft, die als hybride genderfluide Biotech-Maschinenkörper die Vorstellung fester Identitäten und linearer Geschichten mit der einer reprogrammierbaren Zukunft konfrontieren.[17]
Diese hier kurz skizzierten unterschiedlichen künstlerischen Ansätze geben einen kleinen Ausblick, wie gerade im Szenischen eine Auseinandersetzung mit einer endenden Vorstellung von Zeit aussehen könnte, die nicht den radikalen Umbruch predigt, sondern ein Sich-in-Beziehung-Setzen zu anderen Zeitlichkeiten ermöglicht. Gerade in Zeiten, in denen eine zunehmende Krisenrhetorik Zukunftsvorstellungen einbrechen lässt und sich eine unentwegte Verunsicherung über ein ‚Weiter-So' äußert, stellen sich umso leichter reaktive Tendenzen ein. Demgegenüber ist es mein Anliegen, mit dieser Arbeit einen Diskussionsbeitrag zu leisten, der Widerständigkeiten in der Zeit als Chance begreift, in anderen Zeitlichkeiten und Relationen zu denken.

16 Jacques Derrida: No Apocalypse, Not Now (Full Speed Ahead, Seven Missiles, Seven Missives). In: Ders.: *Apokalypse*, S. 81–118.

17 Johannes Paul Raether: SelfSisters. In: Kathrin Busch / Georg Dickmann / Maja Figge / Felix Laubscher (Hrsg.): *Das Ästhetisch-Spekulative*. München: Fink 2020, S. 87–110.

Situierung und Ent|Übung

Mir geht es mit diesem Ausblick auch darum, wie ich es bereits bezüglich des Aspekts der Sorge um die Darstellung formuliert habe, relationales Zeitdenken nicht nur als theoretisches und künstlerisches Konzept oder gar Theoriemode zu verhandeln, sondern spezifisch nach den ethisch-politischen Konsequenzen für wissenschaftliches Schreiben, für mein Schreiben zu fragen. Relationale Zeitlichkeit zu denken, impliziert eben nicht nur die Subjektzentriertheit westlicher Theorie und deren binäre Annahmen zu hinterfragen, sondern das von Haraway eingeforderte „thinking-with"[18] als ein Denken von Beziehungsgefügen zu verstehen, das sich als in gegenseitiger Verstrickung mit seinem zu-Denkenden versteht. Wenn sie in ihrer viel zitierten Passage schreibt, „[n]othing is connected to everything; everything is connected to something"[19], dann geht es hier nicht um eine Romantisierung einer allumfassenden Verbundenheit mit der Welt, sondern um die Spezifik dieser Beziehungsweisen, um die Verantwortlichkeit gegenüber ebendiesen Relationen und die methodische Verunmöglichung einer neutralen, distanzierten Betrachter*innenperspektive. Ähnlich formuliert es Gayatri Spivak mit den Worten „[w]e are implicated in what we study"[20]. Auch sie verweist auf die Notwendigkeit einer Reflexion der eigenen Situiertheit und der Verpflichtung, „response-ability"[21], Anderen gegenüber: Nicht mehr Großtheorien, sondern sympoietische, mehr-als-menschliche oder affektive Gefüge stehen damit im Vordergrund – im Sinne eines In-Beziehung-Seins, das immer auch eine Reflexion der eigenen Situiertheit, seiner Historizität und der Verpflichtung Anderen gegenüber impliziert: Aus welcher Position heraus denke und schreibe ich und welche Machtstrukturen, Denktraditionen und Infrastrukturen haben daran einen maßgeblichen Anteil? Nehmen wir diese Frage ernst, muss dies notwendigerweise sowohl für die geistes- und kulturwissenschaftliche Methoden- und Wissensbildung als auch deren Modi und Politiken der Darstellung Folgen haben. Wenn es Hartman zufolge darum gehen muss, das darzustellen, was wir nicht darstellen können, also das Unmögliche zu schreiben, aber unter der Bedingung, dass man dabei das eigene notwendige Scheitern in Kauf nimmt,[22]

18 Haraway: *Staying with the Trouble*, S. 39.

19 Ebd., S. 31.

20 Gayatri Chakravorty Spivak: From Haverstock Hill Flat to U.S. Classroom, What's Left of Theory? In: Judith Butler / John Guillory / Kendall Thomas (Hrsg.): *What's Left of Theory?* New York: Routledge 2000, S. 1–39, hier S. 6. Vgl. zu Spivaks Ansatz des Verlernens und entsprechend demjenigen von Sonderegger zur Ent|Übung in der Einleitung den Abschnitt „Methode. Durcharbeiten und Verlernen".

21 Barad: Troubling Time/s and Ecologies of Nothingness, S. 237.

22 Hartman: Venus in Two Acts, S. 13.

dann ist auch dieses Buch als Suchbewegung zu verstehen, mich aus meiner Positionalität, nämlich als eine in der spezifischen Verbindung von Dekonstruktion und Kritischer Theorie geschulte und an der Schnittstelle von Theater- und Medienwissenschaft arbeitende *weiße* Wissenschaftlerin, an den Vorannahmen meiner eigenen Theoriesozialisierung abzuarbeiten und mich in der kritischen Praxis der ‚Ent|Übung' meiner Denkgewohnheiten zu versuchen.

Literaturverzeichnis

Adamczak, Bini: *Beziehungsweise Revolution 1917, 1968 und kommende.* Frankfurt am Main: Suhrkamp 2017.

Adorno, Theodor W.: Negative Dialektik. In: Ders.: *Gesammelte Schriften*, hrsg. v. Rolf Tiedemann u. Mitw. v. Gretel Adorno / Susan Buck-Morss / Klaus Schultz. Frankfurt am Main: Suhrkamp 1973, Bd. 6, S. 7–410.

Kulturkritik und Gesellschaft. In: Ebd., Bd. 10.1, S. 11–30.

/ Max Horkheimer: Dialektik der Aufklärung. In: Theodor W. Adorno: *Gesammelte Schriften*, Bd. 3, hrsg. v. Rolf Tiedemann u. Mitw. v. Gretel Adorno / Susan Buck-Morss / Klaus Schultz. Frankfurt am Main: Suhrkamp 1973.

Agamben, Giorgio: *Die Zeit, die bleibt. Ein Kommentar zum Römerbrief*, aus d. Ital. v. Davide Giuriato. Frankfurt am Main: Suhrkamp 2000.

Die Struktur der messianischen Zeit. In: Nikolaus Müller-Schöll / Saskia Reither (Hrsg.): *Aisthesis. Zur Erfahrung von Zeit, Raum, Text und Kunst.* Schliengen: Argus 2005, S. 172–182.

Was ist Zeitgenossenschaft. In: Ders.: *Nacktheit.* Frankfurt am Main: Fischer 2010, S. 21–37.

Europa muss kollabieren. In: *Die Zeit*, 27.08.2015. https://www.zeit.de/2015/35/giorgio-agamben-philosoph-europa-oekonomie-kapitalismus-ausstieg (Zugriff am 08.02.2024).

Aggermann, Lorenz: Die Ordnung der darstellenden Kunst und ihre Materialisierungen. Eine methodische Skizze zum Forschungsprojekt *Theater als Dispositiv.* In: Ders. / Georg Döcker / Gerald Siegmund (Hrsg.): *Theater als Dispositiv. Dysfunktion, Fiktion und Wissen in der Ordnung der Aufführung.* Berlin: Lang 2017, S. 7–32.

/ Ralph Fischer / Eva Holling / Philipp Schulte / Gerald Siegmund (Hrsg.): *„Lernen, mit den Gespenstern zu leben". Das Gespenstische als Figur, Metapher und Wahrnehmungsdispositiv in Theorie und Ästhetik.* Berlin: Neofelis 2015.

Ahmed, Sara: *The Promise of Happiness.* Durham: Duke UP 2010.

Ahuja, Neel: Intimate Atmospheres. Queer Theory in a Time of Extinctions. In: *GLQ. A Journal of Lesbian and Gay Studies* 21 (2015): Queer Inhumanisms, S. 365–385.

Aït-Touati, Frédérique / Bruno Latour: *Trilogie Terrestre. Inside. Moving Earths. Viral.* Montreuil: B42 2022.

Alaimo, Stacy: Feminist Science Studies. Aesthetics and Entanglement in the Deep Sea. In: *Oxford Handbook of Ecocriticism*, hrsg. v. Greg Garrard. Oxford: Oxford UP 2014, S. 188–204.

Your Shell on Acid. Material Immersion, Anthropocene Dissolves. In: Richard Grusin (Hrsg.): *Anthropocene Feminism.* Minneapolis / London: U of Minnesota P 2017, S. 89–120.

Albertz, R. / C. Westermann: rûaḥ. In: Ernst Jenni (Hrsg.): *Theologisches Handwörterbuch zum Alten Testament.* München / Zürich: Kaiser 1976, S. 3726–3753.

Althoff, Jochen: The Role of *pneuma* in *De generatione animalium.* In: Sabine Föllinger (Hrsg.): *Aristotle's Generation of Animals. A Comprehensive Approach.* Berlin / Boston: de Gruyter 2022, S. 343–366.

andpartnersincrime: *Boundaries. Ein Archiv zukünftiger Fundstücke.* Textfassung der Premiere vom 28.06.2018.

Arendt, Hannah: *Vita Activa oder Vom tätigen Leben*. München / Zürich: Piper 1996.

Arènes, Alexandra / Bruno Latour / Jérôme Gaillardet: Giving Depth to the Surface. An Exercise in the Gaia-Graphy of Critical Zones. In: *The Anthropocene Review* 5 (2018), S. 120–135.

Aristoteles: *Physik. Vorlesung über Natur*. Erster Halbband: Bücher I–IV. Griech./Dt., aus d. Altgriech., mit einer Einleitung und Anmerkungen versehen v. Hans Günter Zekl. Hamburg: Meiner 1987.

De partibus animalium I and De generatione animalium I, hrsg. v. David M. Balme / Allan Gotthelf. Oxford: Clarendon 1992.

Über die Seele. Griech./Dt. nach der Übers. v. W. Theiler. Hamburg: Meiner 1995.

Poetik. Griech./Dt., aus d. Altgriech. v. Manfred Fuhrmann. Stuttgart: Reclam 1997.

Arns, Inke: History will repeat itself. In: Dies. (Hrsg.): *History will repeat itself. Strategien des Reenactment in der zeitgenössischen (Medien-) Kunst und Performance*. Frankfurt am Main: Revolver 2007, S. 36–63.

Assmann, Aleida: *Erinnerungsräume. Formen und Wandlungen des kulturellen Gedächtnisses*. München: Beck 1999.

Ästhetische Eigenzeiten heute. Gegenwart, Gegenwärtigkeit, Vergegenwärtigung. Jahrestagung am ICI Berlin, 13.–15.06.2018. In: *ICI Berlin*, 2018. https://www.ici-berlin.org/events/aesthetische-eigenzeiten-heute/ (Zugriff am 16.06.2023).

Athanasiou, Athena: Impossible Breathing. On Courage and Criticality in the Ghostly Historical Present. In: *Redescriptions* 23,2 (2020), S. 92–106. https://journal-redescriptions.org/articles/10.33134/rds.337/ (Zugriff am 03.06.2023).

Auslander, Philip: *Liveness. Performance in a Mediatized Culture*. London: Routledge 1999.

Avanessian, Armen: *#Akzeleration*. Berlin: Merve 2013.

/ Ronald Voullié (Hrsg.): Realismus jetzt. Spekulative Philosophie und Metaphysik für das 21. Jahrhundert. Berlin: Merve 2013.

/ Robin Mackay (Hrsg.): *Akzeleration# 2*. Berlin: Merve 2014.

/ Suhail Malik (Hrsg.): *The Time Complex. Post-contemporary*. Miami: [NAME] Publications 2016.

Metaphysik zur Zeit. Leipzig: Merve 2018.

Azoulay, Ariella Aïsha: *Potential History. Unlearning Imperialism*. London / New York: Verso 2019.

Bahng, Aimee: Plasmodial Improprieties. Octavia E. Butler, Slime Molds, and Imagining a Femi-Queer Commons. In: Cyd Cipolla / Kristina Gupta / David A. Rubin / Angela Willey (Hrsg.): *Queer Feminist Science Studies. A Reader*. Seattle / London: U of Washington P 2017, S. 310–325.

Barad, Karen: Posthumanist Performativity. Toward an Understanding of How Matter Comes to Matter. In: *Signs* 3 (2003), S. 801–831.

Meeting the Universe Halfway. Quantum Physics and the Entanglement of Matter and Meaning. Durham: Duke UP 2007.

Quantum Entanglements and Hauntological Relations of Inheritance. Dis/continuities, SpaceTime Enfoldings, and Justice-to-Come. In: *Derrida Today* 3 (2010), S. 240–268.

Nature's Queer Performativity. In: *Qui Parle* 19 (2011), S. 121–158.

On Touching. The Inhuman That Therefore I Am. In: *differences. A Journal of Feminist Cultural Studies* 25 (2012), S. 206–223.

Diffraktionen. Differenzen, Kontingenzen und Verschränkungen von Gewicht. In: Corinna Bath / Hanna Meißner / Stephan Trinkaus / Susanne Völker (Hrsg.): *Geschlechter Interferenzen. Wissensformen. Subjektivierungsweisen. Materialisierungen*. Berlin: Lit 2013, S. 27–66.

Diffracting Diffraction. Cutting Together-Apart. In: *Parallax* 20 (2014), S. 168–187.

TransMaterialities. Trans*/Matter/Realities and Queer Political Imaginings. In: *GLQ. A Journal of Lesbian and Gay Studies* 21 (2015), S. 387–422.

Troubling Time/s and Ecologies of Nothingness. Re-turning, Re-membering, and Facing the Incalculable. In: Matthias Fritsch (Hrsg.): *Eco-Deconstruction. Derrida and Environmental Philosophy*. New York: Fordham UP 2018, S. 206–248.

Baraitser, Lisa: *Enduring Time*. London: Bloomsbury 2017.

Bashir, Shazad: On Islamic Time. Rethinking Chronology in the Historiography of Muslim Societies. In: *History and Theory* 53 (2014), S. 519–544.

Baucom, Ian: *Specters of the Atlantic. Finance Capital, Slavery, and the Philosophy of History*. Durham: Duke UP 2005.

Baudelaire, Charles: Die Modernität. In: Ders.: *Sämtliche Werke / Briefe*, hrsg. v. Friedhelm Kemp, Bd. 5. München / Wien: Hanser 1989, S. 225–228.

Beaufret, Jean: Kant et la notion de Darstellung. In: Ders.: *Dialogue avec Heidegger*. Paris: Minuit 1973, S. 77–109.

Becker, Andreas / Martin Doll / Serjoscha Wiemer / Anke Zechner (Hrsg.): *Mimikry. Gefährlicher Luxus zwischen Natur und Kultur*. Schliengen: Argus 2008.

Benjamin, Andrew / Beatrice Hanssen: *Walter Benjamin and Romanticism*. New York: Continuum 2002.

Benjamin, Ruha: *Race after Technology: Abolitionist Tools for the New Jim Code*. Cambridge: Polity 2020.

Benjamin, Walter: Ursprung des deutschen Trauerspiels. In: Ders.: *Gesammelte Schriften* (GS), hrsg. v. Rolf Tiedemann / Hermann Schweppenhäuser. Frankfurt am Main: Suhrkamp 2002, Bd. I.1, S. 203–430.

Über den Begriff der Geschichte. In: Ebd., Bd. I.2, S. 691–705.

Zwei Gedichte von Friedrich Hölderlin. Dichtermut – Blödigkeit. In: Ebd., Bd. II.1, S. 105–126.

Erfahrung und Armut. In: Ebd., S. 213–219.

Franz Kafka. Zur zehnten Wiederkehr seines Todestages. In: Ebd., Bd. II.2, S. 409–437.

Aphorismen. In: Ebd., Bd. II.2, S. 601–602.

Walter Benjamin an Gerhard Scholem, 11.11.1916. In: Ders.: *Gesammelte Briefe*, hrsg. v. Christoph Gödde / Henri Lonitz / Theodor W. Adorno, Bd. I: Briefe 1910–1918. Berlin: Suhrkamp 2016, S. 128–130.

Bennett, Jane: *Vibrant Matters. A Political Ecology of Things*. Durham: Duke UP 2010.

Benveniste, Émile: Der Begriff des „Rhythmus" und sein sprachlicher Ausdruck. In: Ders.: *Probleme der allgemeinen Sprachwissenschaft*, aus d. Franz. v. Wilhelm Bolle. Frankfurt am Main: Syndikat 1977, S. 363–374.

Berbig, Roland: *Zeitdiskurse. Reflexionen zum 19. und 20. Jahrhundert als Festschrift für Wulf Wülfing*. Heidelberg: Synchron Wiss. der Autoren 2004.

Bergermann, Ulrike: Das Planetarische. Vom Denken und Abbilden des ganzen Globus. In: Dies. / Isabel Otto / Gabriele Schabacher (Hrsg.): *Das Planetarische. Kultur – Technik – Medien im postglobalen Zeitalter*. Paderborn: Fink 2010, S. 17–42.

Bhabha, Homi K.: *The Location of Culture*. Hoboken: Taylor & Francis 2012.

Biale, David: *Gershom Scholem. Kabbalah and Counter-History*. Cambridge, MA: Harvard UP 1982.

Birth, Kevin K.: *Time Blind. Problems in Perceiving Other Temporalities*. New York: Palgrave Macmillan 2017.

Blanchot, Maurice: *Die Schrift des Desasters*, aus d. Franz. v. Hinrich Weidemann. Paderborn: Fink 2005.

Blazwick, Iwona / Sabine Breitwieser (Hrsg.): *William Kentridge. Thick Time*. München: Hirmer 2016.

Blumenberg, Hans: *Die Genesis der kopernikanischen Welt*. Frankfurt am Main: Suhrkamp 1981.

Aspekte der Epochenschwelle. Cusaner und Nolaner. Frankfurt am Main: Suhrkamp 1982.

Die Legitimität der Neuzeit. Frankfurt am Main: Suhrkamp 1996.

Lebenszeit und Weltzeit. Frankfurt am Main: Suhrkamp 2013.

Arbeit am Mythos. Berlin: Suhrkamp 2014.

Boehm, Gottfried: Bild und Zeit. In: Hannelore Paflik-Huber / Michel Baudson (Hrsg.): *Das Phänomen Zeit in Kunst und Wissenschaft*. Weinheim: VCH 1987, S. 1–24.

Braidotti, Rosi / Maria Hlavajova (Hrsg.): *Posthuman Glossary*. London: Bloomsbury Academic 2018.

Introduction. In: Ebd., S. 1–14.

Brandstetter, Gabriele: Tanz in medialer Perspektive. Loïe Fuller. In: Dies. (Hrsg.): *Bild-Sprung. TanzTheaterBewegung im Wechsel der Medien*. Berlin: Theater der Zeit 2005, S. 16–43.

Tanz-Lektüren. Körperbilder und Raumfiguren der Avantgarde. Freiburg / Berlin / Wien: Rombach 2013.

/ Kai van Eikels / Anne Schuh: Synchronisierung körperlicher Eigenzeiten und choreographische Ästhetik. Bilanz des DFG-Teilprojekts. In: *Ästhetische Eigenzeiten*, o. D. https://www.aesthetische-eigenzeiten.de/projekt/synchronisierung/beschreibung/ (Zugriff am 03.06.2023).

Braun, Lundy: *Breathing Race into the Machine. The Surprising Career of the Spirometer from Plantation to Genetics*. Minneapolis: U of Minnesota P 2014.

/ Hamza Shaban: How Racism Creeps into Medicine. In: *The Atlantic*, 29.08.2014. https://www.theatlantic.com/health/archive/2014/08/how-racism-creeps-into-medicine/378618/ (Zugriff am 03.06.2023).

Brecht, Bertolt: Kleines Organon für das Theater. In: Ders.: *Werke. Große kommentierte Berliner und Frankfurter Ausgabe*, Bd. 23, hrsg. v. Werner Hecht / Günter Glaeser. Frankfurt am Main: Suhrkamp 1998, S. 65–97.

Breidbach, Angela: *Übertragene Körper. Diskurse des Schattens im Werk von Hans-Peter Feldmann, W. G. Sebald und William Kentridge*. Paderborn: Fink 2012.

Bronfen, Elisabeth (Hrsg.): *Trauma. Zwischen Psychoanalyse und kulturellem Deutungsmuster.* Köln: Böhlau 1999.

Browne, Simone: *Dark Matters. On the Surveillance of Blackness.* Durham: Duke UP 2015.

Browne, Victoria: *Feminism, Time, and Nonlinear History.* New York: Palgrave Macmillan 2014.

Brunette, Peter / David Wills (Hrsg.): *Deconstruction and the Visual Arts. Art, Media, Architecture.* Cambridge: Cambridge UP 1994.

Buck-Morss, Susan: Universalgeschichte. In: Dies.: *Hegel und Haiti. Für eine neue Universalgeschichte*, aus d. Engl. v. Laurent Faasch-Ibrahim. Frankfurt am Main: Suhrkamp 2018, S. 109–207.

Bühler, Benjamin / Stefan Willer (Hrsg.): *Futurologien. Ordnungen des Zukunftswissens.* Paderborn: Fink 2016.

Burkhardt, Wolf: Das Schiff, eine Peripetie des Regierens. Nautische Hintergründe von Kybernetik und Gouvernementalität. In: *MLN* 123 (2008), S. 444–468.

Butler, Judith: *Körper von Gewicht. Die diskursiven Grenzen des Geschlechts*, aus d. Engl. v. Karin Wördemann. Frankfurt am Main: Suhrkamp 1997.

Was ist Kritik? Ein Essay über Foucaults Tugend, aus d. amerik. Engl. v. Jürgen Brenner. In: *Transversal Texts* 05 (2001). https://transversal.at/transversal/0806/butler/de (Zugriff am 31.10.2022).

Das Unbehagen der Geschlechter, aus d. Engl. v. Kathrina Menke. Frankfurt am Main: Suhrkamp 2007.

Campe, Rüdiger: Vor Augen stellen. Über den Rahmen rhetorischer Bildgebung. In: Gerhard Neumann (Hrsg.): *Poststrukturalismus. Herausforderung an die Literaturwissenschaft.* Stuttgart: Metzler 1997, S. 208–225.

Capper, Beth / Rebecca Schneider: Performance and Reproduction. Introduction. In: *TDR. The Drama Review* 62 (2018), S. 8–13.

Carlson, Marvin A.: *The Haunted Stage. The Theatre as Memory Machine.* Ann Arbor: U of Michigan P 2003.

Caruth, Cathy: Trauma and Experience. Introduction. In: Dies. (Hrsg.): *Trauma. Explorations in Memory.* Baltimore: Johns Hopkins UP 1996, S. 3–12.

Recapturing the Past. Introduction. In: Dies. (Hrsg.): *Trauma*, S. 151–157.

Cassirer, Ernst: *Zur Einsteinschen Relativitätstheorie. Erkenntnistheoretische Betrachtungen.* Berlin: Cassirer 1921.

Castelvetro, Lodovico: *Poetica d'Aristotele. Vulgarizzata e sposta* [1570; 1576]. Rom / Bari: Laterza 1978/79.

Cervenak, Sarah J.: Black Night Is Falling: The "Airy Poetics" of Some Performance. In: *TDR. The Drama Review* 62 (2018), S. 166–169.

Chakrabarty, Dipesh: The Climate of History. Four Theses. In: *Critical Inquiry* 35,2 (2009), S. 197–222.

Europa als Provinz. Perspektiven postkolonialer Geschichtsschreibung. Frankfurt am Main / New York: Campus 2010.

Verändert der Klimawandel die Geschichtsschreibung? In: *Transit. Europäische Revue* 41 (2011), S. 143–163.

Postcolonial Studies and the Challenge of Climate Change. In: *New Literary History* 43 (2012), S. 1–18.

Chandler, Nahum: Of Exorbitance. The Problem of the Negro as a Problem for Thought. In: *Criticism* 50 (2008), S. 345–410.

Chatonsky, Grégory: Telofossils. In: *Chatonsky*, 02/2013. http://chatonsky.net/telofossils/ (Zugriff am 03.06.2023).

Chen, Mel: *Animacies. Biopolitics, Racial Mattering, and Queer Affect*. Durham, NC: Duke UP 2012.

Chow, Rey: *Age of the World Target. Self-Referentiality in War, Theory and Comparative Work*. Durham: Duke UP 2006.

Christian, David: The Return of Universal History. In: *History and Theory* 49 (2010), S. 6–27.

Christov-Bakargiev, Carolyn / William Kentridge: Carolyn Christov-Bakargiev in Conversation with William Kentridge. In: Rosalind E. Krauss (Hrsg.): *William Kentridge*. Cambridge, MA: MIT Press 2017, S. 1–24.

Chun, Wendy Hui Kyong: Introduction. Race and/as Technology; or, How to Do Things to Race. In: *Camera Obscura: Feminism, Culture, and Media Studies* 24,1 (2009), S. 1–35.

Cipolla, Cyd / Kristina Gupta / David A. Rubin / Angela Willey (Hrsg.): *Queer Feminist Science Studies. A Reader*. Seattle / London: U of Washington P 2017.

Clausberg, Karl: A Microscope for Time. What Benjamin and Klages, Einstein and the Movies Owe to Distant Stars. In: Tyrus Miller (Hrsg.): *Given World and Time. Temporalities in Context*. Budapest: Central European UP 2008, S. 297–359.

/ Felix Eberty: *Zwischen den Sternen. Lichtbildarchive. Was Einstein und Uexküll, Benjamin und das Kino der Astronomie des 19. Jahrhunderts verdanken*. Berlin: Akademie 2006.

Cohen, Tom / Claire Colebrook / J.H. Miller (Hrsg.): *Twilight of the Anthropocene Idols*. London: Open Humanities Press 2016.

Colbert, Soyica D.: *Black Movements. Performance and Cultural Politics*. New Brunswick / Camden / Newark / London: Rutgers UP 2017.

Colebrook, Claire: (Hrsg.): *Deleuze and Feminist Theory*. Edinburgh: Edinburgh UP 2000.

Not Symbiosis, Not Now. Why Anthropogenic Change Is Not Really Human. In: *Oxford Literary Review* 34 (2012), S. 185–209.

What is the Anthropo-Political? In: Tom Cohen / Claire Colebrook / J. H. Miller (Hrsg.): *Twilight of the Anthropocene Idols*. London: Open Humanities Press 2016, S. 81–125.

We Have Always Been Post-anthropocene. In: Richard Grusin (Hrsg.): *Anthropocene Feminism*. Minneapolis / London: U of Minnesota P 2017, S. 1–20.

Contretemps. In: *Französisch-Deutsch, Deutsch-Französisch*, hrsg. v. Erich Weis / Heinrich Mattutat. Stuttgart: Klett 1992, S. 124.

Coole, Diana: Agentic Capacities and Capacious Historical Materialism. Thinking with New Materialisms in the Political Sciences. In: *Millennium. Journal of International Studies* 41,3 (2013), S. 451–469.

Corneille, Pierre: Discours des trois unités. D'action, de jour, et de lieu. In: Ders.: *Œuvres complètes*, Bd. 1: 1606–1684. Paris: Hachette 1862, S. 98–122.

Cotter, Suzanne (Hrsg.): *Public Time. A Symposium*. Oxford / Manchester: Modern Art Oxford 2006.

Crawley, Ashon T.: *Blackpentecostal Breath. The Aesthetics of Possibility*. New York: Fordham UP 2017.

Crutzen, Paul J.: Geology of Mankind. In: *Nature* 415 (2002), S. 19–23, hier S. 23.

/ Eugene F. Stoermer: The Anthropocene. In: *IGBP* [International Geosphere-Biosphere Programme] 41 (2000), S. 17–18.

D'Aguiar, Fred: *Feeding the Ghosts*. London: Granta 2004.

Danowski, Déborah / Eduardo Viveiros de Castro: L'arrêt de monde. In: Émilie Hache (Hrsg.): *De l'univers clos au monde infini*. Bellevaux: Dehors 2014, S. 221–339.

David-Ménard, Monique: Die Begrenzung der Wissensfelder bei Kant, Canguilhem und Foucault. In: Astrid Deuber-Mankowsky / Christoph F. E. Holzhey (Hrsg.): *Situiertes Wissen und regionale Epistemologie. Zur Aktualität Georges Canguilhems und Donna J. Haraways*. Wien: Turia + Kant 2013, S. 161–173.

deLahunta, Scott: Dance Dramaturgy. Speculations and Reflections. In: *Dance Theatre Journal* 16,1 (2000), S. 20–25.

Deleuze, Gilles: *Das Zeit-Bild*, aus d. Franz. v. Klaus Englert. Frankfurt am Main: Suhrkamp 1997.

DeLoughrey, Elizabeth M.: Heavy Waters. Waste and Atlantic Modernity. In: *PMLA* 125,3 (2010), S 703–712.

Derrida, Jacques: Le puits et la pyramide. In: Ders.: *Marges de la philosophie*. Paris: Minuit 1972, S. 79–128.

Sending. On Representation. In: *Social Research* 49 (1982): Current French Philosophy, S. 294–326.

La faculté de juger. Paris: Minuit 1985.

L'aphorisme à contretemps. In: *Roméo et Juliette Papiers*. Paris: Papiers 1986, o. P.

Ousia und gramme. Notiz über eine Fußnote in Sein und Zeit. In: Ders.: *Randgänge der Philosophie*, aus d. Franz. v. Gerhard Ahrens / Henriette Beese / Mathilde Fischer / Karin Karabaczek-Schreiner et al. Wien: Passagen 1988, S. 53–84.

Vom Geist. Heidegger und die Frage, aus d. Franz. v. Alexander García Düttmann. Frankfurt am Main: Suhrkamp 1988.

Falschgeld. Zeit geben 1, aus d. Franz. v. Andreas Knop / Michael Wetzel. München: Fink 1993.

(D')oú vient l'Europe?. In: Denis Guénoun / Jean-Luc Nancy (Hrsg.): *Penser l'Europe à ses frontières*. La-Tour-d'Aigues: L'Aube 1993, S. 19–36.

/ Peter Brunette / David Wills: The Spatial Arts. An Interview with Jacques Derrida. In: Peter Brunette / David Wills (Hrsg.): *Deconstruction and the Visual Arts. Art, Media, Architecture*. Cambridge: Cambridge UP 1994, S. 9–32.

Aufzeichnungen eines Blinden. Das Selbstporträt und andere Ruinen. Erschienen anlässlich der im Musée du Louvre, Hall Napoléon, vom 26. Oktober 1990 bis 21. Januar 1991 gezeigten Ausstellung, aus d. Franz. v. Michael Wetzel. München: Fink 1997.

Apokalypse. Von einem neuerdings erhobenen apokalyptischen Ton in der Philosophie, aus d. Franz. v. Michael Wetzel. Wien: Passagen 2000.

Über den Namen. Drei Essays, aus d. Franz. v. Hans-Dieter Gondek / Markus Sedlaczek. Wien: Passagen 2000.

Der Akt des Opferns, aus d. Franz. v. Ulrike Oudée Dünkelsbühler. In: *Schauspielfrankfurt Zeitung*, 01/2002, S. 3–4, hier S. 4.

Eine gewisse unmögliche Möglichkeit, vom Ereignis zu sprechen, aus d. Franz. v. Susanne Lüdemann. Berlin: Merve 2003.

Leben ist Überleben, aus d. Franz. v. Markus Sedlaczek. Wien: Passagen 2005.

Berühren, Jean-Luc Nancy, aus d. Franz. v. Hans-Dieter Gondek. Berlin: Brinkmann & Bose 2007.

Autoimmunity. Real and Symbolic Suicides. A Dialogue with Jacques Derrida. In: Giovanna Borradori (Hrsg.): *Philosophy in a Time of Terror. Dialogues with Jürgen Habermas and Jacques Derrida*. Chicago: U of Chicago P 2009, S. 85–136.

Der Aphorismus – zur Unzeit. In: Ders.: *Psyche. Erfindungen des Anderen II*, aus d. Franz. v. Markus Sedlaczek. Wien: Passagen 2013, S. 121–140.

Marx' Gespenster. Der Staat der Schuld, die Trauerarbeit und die neue Internationale, aus d. Franz. v. Susanne Lüdemann. Frankfurt am Main: Suhrkamp 2016.

Gesetzeskraft. Der ‚mystische Grund der Autorität', aus d. Franz. v. Alexander García Düttmann. Frankfurt am Main: Suhrkamp 2017.

Die Künste des Raumes. Gespräch mit Peter Brunette und David Wills. Laguna Beach, 1990. In: Ders.: *Denken, nicht zu sehen. Schriften zu den Künsten des Sichtbaren 1979–2004*, hrsg. v. Ginette Michaud / Joana Masó. Berlin: Brinkmann & Bose 2017, S. 7–40.

Denken, nicht zu sehen. In: Ebd., S. 41–61.

Das Opfer. In: Ebd., S. 288–298.

Descartes, René: *Meditationen. Mit sämtlichen Einwänden und Erwiderungen*, aus d. Franz. v. Christian Wohlers. Hamburg: Meiner 2009.

Deuber-Mankowsky, Astrid: Diffraktion statt Reflexion. Zu Donna Haraways Konzept des situierten Wissens. In: *Zeitschrift für Medienwissenschaft* 3 (2011), S. 83–91.

Di Chiro, Giovanna: Welcome to the White (M)Anthropocene? In: Sherilyn MacGregor (Hrsg.): *Routledge Handbook of Gender and Environment*. London / New York: Routledge 2017, S. 487–505.

Dickens, Charles: *Hard Times*. Newburyport: Dover 2012.

Harte Zeiten. Für diese Zeiten, aus d. Engl. v. Paul Heichen. Frankfurt am Main: Insel 1986.

Die Bibel. Einheitsübersetzung der Heiligen Schrift. Altes und Neues Testament. Augsburg: Pattloch 1980.

Didi-Huberman, Georges: *Das Nachleben der Bilder. Kunstgeschichte und Phantomzeit nach Aby Warburg*, aus d. Franz. v. Michael Bischoff. Berlin: Suhrkamp 2010.

Dokic, Jérôme: Représentation. In: Barbara Cassin (Hrsg.): *Dictionary of Untranslatables. A Philosophical Lexicon*. Princeton: Princeton UP 2014, S. 891–894.

Dolphijn, Rick / Iris van der Tuin: Interview with Karen Barad. In: Dies. (Hrsg.): *New Materialism. Interviews & Cartographies*. London: Open Humanities Press 2012, S. 48–70.

Döring, Jörg / Tristan Thielmann (Hrsg.): *Spatial Turn. Das Raumparadigma in den Kultur- und Sozialwissenschaften*. Bielefeld: Transcript 2008.

Dreyer, Matthias: *Theater der Zäsur. Antike Tragödie im Theater seit den 1960er Jahren*. Paderborn: Fink 2014.

Auftritt der Toten im Dokument. Zum Verschwinden (in) der Tragödie bei Rabih Mroué. Vortrag gehalten im Workshop „Tragedy NOW. Die Tragödie als politisches Modell", Universität Hamburg, 15.10.2016.

Dupont, Florence: *Aristoteles oder der Vampir des westlichen Theaters*, aus d. Franz. v. Kerstin Beyerlein. Berlin: Alexander 2018.

Dziuban, Zuzanna (Hrsg.): *Mapping the 'Forensic Turn'. Engagements with Materialities of Mass Death in Holocaust Studies and Beyond*. Wien: New Academic 2017.

Edelman, Lee: *No Future. Queer Theory and the Death Drive*. Durham, NC: Duke UP 2004.

Eggers, Maureen M. / Grada Kilomba (Hrsg.): *Mythen, Masken und Subjekte. Kritische Weißseinsforschung in Deutschland*. Münster: Unrast 2005.

Ehlert, Trude: *Zeitkonzeptionen, Zeiterfahrung, Zeitmessung. Stationen ihres Wandels vom Mittelalter bis zur Moderne*. Paderborn: Schöningh 1997.

Einstein, Albert: Zur Elektrodynamik bewegter Körper. In: *Annalen der Physik* 322 (1905), S. 891–921. Wiederabgedruckt in: John Stachel (Hrsg.): *The Collected Papers of Albert Einstein. The Swiss Years: Writings*, Bd. 2: 1900–1909. Princeton: Princeton UP 1989, S. 275–331.

Elias, Chad: *Posthumous Images. Contemporary Art and Memory Politics in Post-civil War Lebanon*. Durham / London: Duke UP 2018.

Estefan, Kareem: Chad Elias 'Posthumous Images: Contemporary Art and Memory Politics in Post-Civil War Lebanon'. In: *Third Text*, 13.05.2019. http://www.thirdtext.org/estefan-elias (Zugriff am 03.06.2023).

Etchells, Tim: In einer Hinsicht niemals anders und in anderer Hinsicht niemals gleich. Einige Gedanken zu Eva Meyer-Kellers komischer Tragödie ‚Death is Certain', aus d. Engl. v. Nikolaus Müller-Schöll / Joachim Gerstmeier. In: Joachim Gerstmeier / Nikolaus Müller-Schöll (Hrsg.): *Politik der Vorstellung. Theater und Theorie*. Berlin: Theater der Zeit 2011, S. 160–178.

Etzold, Jörn: *Die melancholische Revolution des Guy-Ernest Debord*. Zürich: Diaphanes 2009.

/ Moritz Hannemann (Hrsg.): *Rhythmos. Formen des Unbeständigen nach Hölderlin*. Paderborn: Fink 2016.

Formen des Unbeständigen. Zur Einführung. In: Ebd., S. 13–35.

Milieus, Rhythmen, Licht. Zwischen Appia und Uexküll. In: Ebd., S. 253–280.

Theater und epistemologische Krise (Hölderlin). In: Moritz Hannemann / Ulrike Haß / Judith Schäfer / Milena Cairo (Hrsg.): *Episteme des Theaters. Aktuelle Kontexte von Wissenschaft, Kunst und Öffentlichkeit*. Bielefeld: Transcript 2016, S. 219–231.

Timing. In: Lorenz Aggermann / Eva Holling / Philipp Schulte / Bernhard Siebert et al. (Hrsg.): *Landschaft mit entfernten Verwandten. Festschrift für Heiner Goebbels*. Berlin: Neofelis 2018, S. 211–215.

Eze, Emmanuel (Hrsg.): *Race and the Enlightenment. A Reader*. Malden, MA / London: Blackwell 1997.

Fabian, Johannes: *Time and the Other. How Anthropology Makes Its Object*. New York: Columbia UP 2014.

Fanon, Frantz: *Peau noire masques blancs*. Paris: Seuil 1952.

Aspekte der Algerischen Revolution, aus d. Franz. v. Peter-Anton von Arnim. Frankfurt am Main: Suhrkamp 1969.

Sociologie d'une révolution (L'an V de la révolution algérienne) [1959]. Paris: Maspero 1972.

Schwarze Haut, weiße Masken, aus d. Franz. v. Eva Moldenhauer. Frankfurt am Main: Suhrkamp 1985.

Federici, Silvia: *Enduring Western Civilization. The Construction of the Concept of Western Civilization and Its "Others"*. Westport, CT: Praeger 1995.

Caliban und die Hexe. Frauen, der Körper und die ursprüngliche Akkumulation, aus d. Engl. v. Max Henninger. Wien: Mandelbaum 2015.

Re-Enchanting the World. Feminism and the Politics of the Commons. Oakland, CA: PM 2019.

Feldman, Hannah / Akram Zaatari: Missing War. Fragments from a Conversation Already Passed. In: *Art Journal* 66 (2007), S. 48–67.

Fenves, Peter: *The Messianic Reduction. Walter Benjamin and the Shape of Time*. Stanford, CA: Stanford UP 2011.

Ferdinand, Malcolm: *Decolonial Ecology. Thinking from the Caribbean World*. Cambridge: Polity 2021.

Fischer-Lichte, Erika: *Ästhetik des Performativen*. Frankfurt am Main: Suhrkamp 2014.

Foucault, Michel: *Was ist Kritik?* [1978], aus d. Franz. v. Walter Seitter. Berlin: Merve 1992.

Was ist Aufklärung? [1984], aus d. Franz. v. Michael Bischoff / Ulrike Bokelmann / Horst Brühmann / Hans-Dieter Gondek et al. In: Ders.: *Dits et Ecrits. Schriften in vier Bänden*, Bd. 4, hrsg. v. Daniel Defert / François Ewald. Frankfurt am Main: Suhrkamp 2005, S. 687–707.

Freeman, Elizabeth: *Time Binds. Queer Temporalities, Queer Histories*. Durham, NC: Duke UP 2010.

Freud, Sigmund: *Zur Auffassung der Aphasien. Eine kritische Studie*. Leipzig / Wien: Deuticke 1891.

Studien über Hysterie. In: Ders.: *Gesammelte Werke*, hrsg. v. Anna Freud. Frankfurt am Main: Fischer 1986, Bd. 1, S. 75–312.

Der Mann Moses und die monotheistische Religion. In: Ebd., Bd. 16, S. 103–246.

Freudenthal, Gad: *Aristotle's Theory of Material Substance. Heat and Pneuma, Form and Soul*. Oxford: Clarendon 1999.

Friedrich, Alexander / Petra Löffler / Niklas Schrape / Florian Sprenger (Hrsg.): *Ökologien der Erde. Zur Wissensgeschichte und Aktualität der Gaia-Hypothese*. Lüneburg: Meson 2018.

Frieze, James: *Theatrical Performance and the Forensic Turn*. London: Routledge 2019.

Frisk, Hjalmar: pneũma (πνεῦμα). In: Ders. (Hrsg.): *Griechisches etymologisches Wörterbuch*. Heidelberg: Winter 1961, S. 566–567.

Gabriel, Leon: *Bühnen der Altermundialität. Vom Bild der Welt zur räumlichen Theaterpraxis*. Berlin: Neofelis 2021.

/ Nikolaus Müller-Schöll (Hrsg.): *Das Denken der Bühne. Szenen zwischen Theater und Philosophie*. Bielefeld: Transcript 2018.

Galison, Peter: *Einsteins Uhren, Poincarés Karten. Die Arbeit an der Ordnung der Zeit*. Frankfurt am Main: Fischer 2003.

Gamper, Michael / Helmut Hühn: Einleitung. In: Dies. (Hrsg.): *Zeit der Darstellung. Ästhetische Eigenzeiten in Kunst, Literatur und Wissenschaft*. Hannover: Wehrhahn 2014, S. 7–26.

Gasché, Rodolphe: *The Idea of Form. Rethinking Kant's Aesthetics*. Stanford, CA: Stanford UP 2003.

Europe, or the Infinite Task. A Study of a Philosophical Concept. Stanford, CA: Stanford UP 2009.

Gehrkens, Karl Wilson: *Music Notation and Terminology*. New York / Chicago: Barnes 1921.

Gelhard, Andreas / Ulf Schmidt / Tanja Schultz (Hrsg.): *Stillstellen. Medien – Aufzeichnung – Zeit*. Schliengen: Argus 2004.

Gilbert, Alan: Walid Raads Spectral Archive, Part One: Historiography as Process. In: *e-flux journal* 69 (2016). https://www.e-flux.com/journal/69/60594/walid-raad-s-spectral-archive-part-i-historiography-as-process/ (Zugriff am 08.02.2024).

/ Walid Raad: Walid Raad by Alan Gilbert. Interview. In: *BOMB Magazine*, 01.10.2002. https://bombmagazine.org/articles/walid-raad/ (Zugriff am 04.09.2019).

Gilroy, Paul: *The Black Atlantic. Modernity and Double Consciousness*. Cambridge, MA: Harvard UP 1993.

Glissant, Édouard: *Poetics of Relation*. Ann Arbor: U of Michigan P 1997.

Globaïa. Planetary Awareness through Science and Art, 2019. https://globaia.org/ (Zugriff am 03.06.2023).

Gondek, Hans-Dieter: *Angst, Einbildungskraft, Sprache. Ein verbindender Aufriß zwischen Freud – Kant – Lacan*. München: Boer 1990.

Graeber, David / David Wengrow: *Anfänge. Eine neue Geschichte der Menschheit*, aus d. Engl. v. Henning Dedekind / Helmut Dierlamm / Andreas Thomsen. Stuttgart: Klett-Cotta 2024.

Grossman, Evelyne: Artaud, oui ... Entretien avec Jacques Derrida. In: *Revue de littérature Europe*, 01–02/2002, S. 23–38.

Grosz, Elizabeth: *Space, Time, and Perversion. Essays on the Politics of Bodies*. New York: Routledge 1995.

(Hrsg.): *Becomings. Explorations in Time, Memory, and Futures*. Ithaca: Cornell UP 1999.

The Nick of Time. Politics, Evolution, and the Untimely. Durham / London: Duke UP 2004.

Time Travels. Feminism, Nature, Power. Durham, NC: Duke UP 2005.

Grusin, Richard (Hrsg.): *Anthropocene Feminism*. Minneapolis / London: U of Minnesota P 2017.

(Hrsg.): *After Extinction*. Minneapolis: U of Minnesota P 2018.

Guénoun, Denis: *About Europe. Philosophical Hypotheses*. Stanford, CA: Stanford UP 2013.

Haas, Maximilian: Theoretische Bemerkungen zu einer Dramaturgie des nichtmenschlichen Anderen (nach Haraway). In: Sandra Umathum / Jan Deck (Hrsg.): *Postdramaturgien*. Berlin: Neofelis 2020, S. 194–207.

Haber, Alejandro F.: Animism, Relatedness, Life: Post-Western Perspectives. In: *Cambridge Archaeological Journal* 19,3 (2009), S. 418–430.

Hadjthomas, Joana / Khalil Joreige: I am Salah el Dine. In: Maria Hlavajova / Jill Winder (Hrsg.): *Rabih Mroué. A BAK Critical Reader in Artist's Practice*. Utrecht / Rotterdam: BAK Basis voor Actuele Kunst, post editions 2012, S. 80–93.

Haff, Peter: Humans and Technology in the Anthropocene. Six Rules. In: *The Anthropocene Review* 1 (2014), S. 126–136.

Technology as a Geological Phenomenon. Implications for Human Well-Being. In: Colin N. Waers / J. A. Zalasiewicz / M. Williams / M. Ellis / A. M. Snelling (Hrsg.): *A Stratigraphical Basis for the Anthropocene*. London: Geological Society 2014, S. 301–309.

Halberstam, Jack: *In a Queer Time and Place. Transgender Bodies, Subcultural Lives*. New York: New York UP 2005.

Hamacher, Werner: pleroma. zu Genesis und Struktur einer dialektischen Hermeneutik bei Hegel. In: Georg W. F. Hegel.: *Der Geist des Christentums. Schriften 1796–1800. Mit bislang unveröffentlichten Texten*, hrsg. v. Werner Hamacher. Frankfurt am Main: Ullstein 1978, S. 7–336.

DES CONTRÉES DES TEMPS. In: Georg C. Tholen / Michael O. Scholl: *Zeit-Zeichen. Aufschübe und Interferenzen zwischen Endzeit und Echtzeit*. Weinheim: Acta Humaniora 1990, S. 17–36.

Arbeiten Durcharbeiten. In: Dirk Baecker (Hrsg.): *Archäologie der Arbeit*. Berlin: Kadmos 2002, S. 155–200.

JETZT. Benjamin zur historischen Zeit. In: Helga Geyer-Ryan / P. L. Koopman / Klaas Yntema (Hrsg.): *Benjamin Studien. Benjamin Studies*. Amsterdam / New York: Rodopi 2002, S. 147–183.

Ex Tempore. Zeit als Vorstellung bei Kant. In: Joachim Gerstmeier / Nikolaus Müller-Schöll (Hrsg.): *Politik der Vorstellung. Theater und Theorie*. Berlin: Theater der Zeit 2011, S. 68–94.

Heteroautonomien. In: *Zeitschrift für interkulturelle Germanistik* 2,1 (2011), S. 117–138.

Messianic Not. In: Anna Glazova / Paul North (Hrsg.): *Messianic Thought Outside Theology*. New York: Fordham UP 2014, S. 221–280.

N'essance. In: *Oxford Literary Review* 36 (2014), S. 212–215.

N'essance, aus d. Franz. v. Peter Szendy. In: *Rue Descartes* 3 (2014), S. 68–71.

En-Counterings of Time. In: *Philosophy Today* 60 (2016), S. 839–849.

Das eine Kriterium für das, was geschieht. Aristoteles: Poetik. Brecht: ‚Kleines Organon'. In: Olivia Ebert / Eva Holling / Nikolaus Müller-Schöll / Philipp Schulte et al. (Hrsg.): *Theater als Kritik. Theorie, Geschichte und Praktiken der Ent-Unterwerfung*. Bielefeld: Transcript 2018, S. 19–35.

Harari, Yuval N.: *Eine kurze Geschichte der Menschheit*, aus d. Engl. v. Jürgen Neubauer. München: DVA 2013.

Haraway, Donna: Situated Knowledges. The Science Question in Feminism and the Privilege of Partial Perspective. In: *Feminist Studies* 14 (1988), S. 575–599.

The Promises of Monsters. A Regenerative Politics for Inappropriate/d Others. In: Lawrence Grossberg / Cary Nelson / Paula Treichler (Hrsg.): *Cultural Studies*. New York: Routledge 1992, S. 295–337.

Ein Manifest für Cyborgs. In: Carmen Hammer (Hrsg.): *Die Neuerfindung der Natur. Primaten, Cyborgs und Frauen*, aus d. Engl. v. Dagmar Fink / Carmen Hammer / Helga Kelle / Anne Scheidhauer et al. Frankfurt am Main: Campus 1995, S. 33–73.

Situiertes Wissen. Die Wissenschaftsfrage im Feminismus und das Privileg einer partialen Perspektive. In: Ebd., S. 73–98.

Anthropocene, Capitalocene, Plantationocene, Chthulucene: Making Kin. In: *Environmental Humanities* 6 (2015), S. 159–165.

Staying with the Trouble. Making Kin in the Chthulucene. Durham: Duke UP 2016.

Unruhig bleiben. Die Verwandtschaft der Arten im Chthuluzän, aus d. Engl. v. Karin Harrasser. Frankfurt am Main, New York: Campus 2018.

Capitalocene and Chthulucene. In: Rosi Braidotti / Maria Hlavajova (Hrsg.): *Posthuman Glossary*. London: Bloomsbury Academic 2018, S. 79–83.

Hartman, Saidiya: *Scenes of Subjection. Terror, Slavery, and Self-Making in Nineteenth-Century America*. New York: Oxford UP 1997.

The Time of Slavery. In: *The South Atlantic Quarterly* 101 (2002), S. 757–777.

/ Frank B. Wilderson III: The Position of the Unthought. An Interview with Saidiya Hartman Conducted by Frank B. Wilderson III. In: *Qui Parle* 13 (2003), S. 183–201.

Lose Your Mother. A Journey along the Atlantic Slave Route. New York: Farrar, Straus, Giroux 2007.

Venus in Two Acts. In: *small axe* 12,2 (2008), S. 1–14.

The Belly of the World. A Note on Black Women's Labors. In: *Souls* 18,1 (2016), S. 166–173.

Wayward Lives, Beautiful Experiments. Intimate Histories of Riotous Black Girls, Troublesome Women, and Queer Radicals. New York: Norton 2020.

Haß, Ulrike: *Das Drama des Sehens*. München: Fink 2005.

Gegenwartsdiagnostik und die Zeit des Theaters. In: Gerda Baumbach / Veronika Darian / Günther Heeg / Patrick Primavesi et al. (Hrsg.): *Momentaufnahme Theaterwissenschaft. Leipziger Vorlesungen*. Berlin: Theater der Zeit 2014, S. 91–101.

Fremde Welt. In: Nikolaus Müller-Schöll / Leonie Otto (Hrsg.): *Unterm Blick des Fremden. Theaterarbeit nach Laurent Chétouane*. Bielefeld: Transcript 2015, S. 53–72.

Was einem Dispositiv notwendig entgeht, zum Beispiel Kleist. In: Lorenz Aggermann / Georg Döcker / Gerald Siegmund (Hrsg.): *Theater als Dispositiv. Dysfunktion, Fiktion und Wissen in der Ordnung der Aufführung*. Berlin: Lang 2017, S. 89–104.

Hausdorff, Felix (P. M.): Das Chaos in kosmischer Auslese. In: Ders.: *Philosophisches Werk*, hrsg. v. Werner Stegmaier / Egbert Brieskorn. Berlin: Springer 2004, S. 587–815.

Heathfield, Adrian / Amelia Jones: *Perform, Repeat, Record. Live Art in History*. Bristol: Intellect Books 2014.

Heeg, Günther / Micha Braun / Lars Krüger / Helmut Schäfer (Hrsg.): *Reenacting history. Theater & Geschichte*. Berlin: Theater der Zeit 2014.

Reenacting history. Das Theater der Wiederholung. In: Ebd., S. 10–39.

Hegel, Georg W. F.: *Enzyklopädie der philosophischen Wissenschaften im Grundrisse 1830. Zweiter Teil. Die Naturphilosophie. Mit den mündlichen Zusätzen. Werke*, hrsg. v. Karl M. Michel / Eva Moldenhauer. Frankfurt am Main: Suhrkamp 1986, Bd. 9.

Vorlesungen über die Philosophie der Geschichte. Werke, Bd. 12.

Vorlesungen über die Ästhetik III. Werke, Bd. 15.

Heidegger, Martin: Der Zeitbegriff in der Geschichtswissenschaft (1916). In: *Gesamtausgabe* (GS), hrsg. v. Friedrich-Wilhelm Herrmann. Frankfurt am Main: Klostermann 2018, Bd. 1, S. 415–434.

Sein und Zeit. Text der Einzelausgabe von 1927. Ebd., Bd. 2.

Die Zeit des Weltbildes. In: Ebd., Bd. 5, S. 75–113.

Was heißt Denken? (1951–1952). Text der durchgesehenen Einzelausgabe mit Randbemerkungen des Autors aus seinem Handexemplar. Ebd., Bd. 8.

Der Weg zur Sprache (1959). In: Ebd., Bd. 12, S. 227–257.

Der Begriff der Zeit (1924). In: Ebd., Bd. 64, S. 1–85.

Beiträge zur Philosophie. Vom Ereignis. In: Ebd., Bd. 65, S. 379–388.

Helfer, Martha B.: *The Retreat of Representation. The Concept of Darstellung in German Critical Discourse*. Albany: State U of New York P 1996.

Helgesson, Stefan: Radicalizing Temporal Difference. Anthropology, Postcolonial Theory, and Literary Time. In: *History and Theory* 53 (2014), S. 545–562.

Helmer, Judith / Florian Malzacher (Hrsg.): *‚Not even a game anymore'. The Theatre of Forced Entertainment*. Berlin: Alexander 2004.

Herder, Johann Gottfried: Metakritik zur Kritik der reinen Vernunft [1799]. In: Ders.: *Werke in zehn Bänden*, Bd. 8, hrsg. v. Dietrich Hans Irmscher. Frankfurt am Main: Suhrkamp 1998, S. 303–491.

Hlavajova, Maria / Jill Winder (Hrsg.): *Rabih Mroué. A BAK Critical Reader in Artist's Practice*. Utrecht / Rotterdam: BAK Basis voor Actuele Kunst 2012.

Hokowhitu, Brendan / Aileen Moreton-Robinson / Linda Tuhiwai Smith / Chris Andersen et al. (Hrsg.): *Routledge Handbook of Critical Indigenous Studies*. London / New York: Routledge 2021.

Hölderlin, Friedrich: Anmerkungen zum Oedipus. In: Ders.: *Sämtliche Werke. Historisch-kritische Ausgabe*, hrsg. v. Dietrich E. Sattler. Frankfurt am Main: Stroemfeld 1975–2008, Bd. 16, S. 247–258.

Anmerkungen zur Antigonä. In: Ebd., S. 409–421.

Blödigkeit. In: Ders.: *Sämtliche Werke. Historisch-kritische Ausgabe*, hrsg. v. D. E. Sattler, Bd. 5,2. Frankfurt am Main: Stroemfeld 1984, S. 699–700.

Holy Spirit. In: Isidore Singer (Hrsg.): *The Jewish Encyclopedia. A Descriptive Record of the History, Religion, Literature, and Customs of the Jewish People from the Earliest Time to the Present Day*, Bd. 6. New York: Funk & Wagnalls 1906, S. 447–450.

Hörl, Erich: *Die heiligen Kanäle*. Zürich: Diaphanes 2005.

Tausend Ökologien. Der Prozess der Kybernetisierung und die allgemeine Ökologie. In: Diedrich Diederichsen / Anselm Franke (Hrsg.): *The whole earth. Kalifornien und das Verschwinden des Außen*. Berlin: Sternberg 2013, S. 121–130.

/ Marita Tatari: Die technologische Sinnverschiebung. In: Marita Tatari (Hrsg.): *Orte des Unermesslichen. Theater nach der Geschichtsteleologie*. Zürich: Diaphanes 2014, S. 43–63.

/ Peter Haff: Technosphere and Technoecology. Gespräch im Rahmen von ‚A matter Theater'. In: *HKW Berlin*, 18.10.2014. https://www.hkw.de/en/app/mediathek/audio/31768 (Zugriff am 03.06.2023).

Die Ökologisierung des Denkens. In: *Zeitschrift für Medienwissenschaft* 14 (2016), S. 33–45.

/ James Burton (Hrsg.): *General Ecology. The New Ecological Paradigm*. London: Bloomsbury Academic 2017.

General Ecology. In: Rosi Braidotti / Maria Hlavajova (Hrsg.): *Posthuman Glossary*. London: Bloomsbury Academic 2018, S. 172–175.

Horn, Eva: *Zukunft als Katastrophe*. Frankfurt am Main: Fischer 2014.

Klimatologie um 1800. Zur Genealogie des Anthropozäns. In: *Zeitschrift für Kulturwissenschaften* 10 (2016), S. 87–102.

Klima. In: Benjamin Bühler / Stefan Willer (Hrsg.): *Futurologien. Ordnungen des Zukunftswissens*. Paderborn: Fink 2016, S. 351–362.

Hornborg, Alf: The Political Ecology of the Technocene. Uncovering Ecologically Unequal Exchange in the World-System. In: Clive Hamilton / Christophe Bonneuil / François Gemenne (Hrsg.): *The Anthropocene and the Global Environmental Crisis. Rethinking Modernity in a New Epoch*. London: Routledge 2015, S. 57–69.

Husserl, Edmund: Die Krisis des europäischen Menschentums und die Philosophie. In: Ders.: *Die Krisis der europäischen Wissenschaften und die transzendentale Phänomenologie. Eine Einleitung in die phänomenologische Philosophie*, hrsg. v. Walter Biemel. Den Haag: Nijhoff 1976, S. 314–348.

Hutton, James: Theory of the Earth; or an Investigation of the Laws Observable in the Composition, Dissolution, and Restoration of Land upon the Globe. In: *Transactions of the Royal Society of Edinburgh* 1 (1788), S. 209–304.

Ibrahim, Habiba: *Black Age. Oceanic Lifespans and the Time of Black Life*. New York: New York UP 2021.

Jefferson, Thomas: Notes on the State of Virginia. In: Emmanuel Eze (Hrsg.): *Race and the Enlightenment. A Reader*. Malden, MA / London: Blackwell 1997, S. 95–104.

Johnson, Gaye T. / Alex Lubin (Hrsg.): *Futures of Black Radicalism*. London / New York: Verso 2017.

Jucan, Ioana B. / Jussi Parikka (Hrsg.): *Remain*. Minneapolis: U of Minnesota P 2018.

Jue, Melody: *Wild Blue Media. Thinking through Seawater*. Minneapolis: U of Minnesota P 2020, S. 112–141.

Kafer, Alison: *Feminist, Queer, Crip*. Bloomington: Indiana UP 2016.

Kant, Immanuel: *Idee zu einer allgemeinen Geschichte in weltbürgerlicher Absicht*. Leipzig: Meiner 1913.

Briefwechsel 1789–1794. Berlin: de Gruyter 1968.

Kritik der reinen Vernunft. Werkausgabe in zwölf Bänden, hrsg. v. Wilhelm Weischedel. Frankfurt am Main: Suhrkamp 1974, Bd. 3.

Von einem neuerdings erhobenen vornehmen Ton in der Philosophie (1796). In: Ebd., Bd. 6, S. 390–398.

Karera, Axelle: Blackness and the Pitfalls of Anthropocene Ethics. In: *Critical Philosophy of Race* 7 (2019), S. 32–56.

Kasper, Judith: *Sprachen des Vergessens. Proust, Perec und Barthes zwischen Verlust und Eingedenken*. München: Fink 2003.

Im Buch stabt das Trauma. Verschränkungen zwischen Freud und Perec. In: Nikolaus Müller-Schöll (Hrsg.): *Ereignis. Eine fundamentale Kategorie der Zeiterfahrung. Anspruch und Aporien*. Bielefeld: Transcript 2003, S. 253–268.

Keeling, Kara: *The Witch's Flight. The Cinematic, the Black Femme, and the Image of Common Sense*. Durham: Duke UP 2007.

LOOKING FOR M—. Queer Temporality, Black Political Possibility, and Poetry from the Future. In: *GLQ* 15,4 (2009), S. 565–582.

Queer Times, Black Futures. New York: New York UP 2019.

Kentridge, William: FELIX IN EXILE: GEOGRAPHY OF MEMORY (1994). In: Carolyn Christov-Bakargiev (Hrsg.): *William Kentridge*. Bruxelles: Société des expositions du palais des beaux-arts 1998, S. 93–97.

/ Peter L. Galison: *Die Ablehnung der Zeit* (100 Notes-100 Thoughts, Documenta 13). Berlin: Hatje Cantz 2011.

/ Rosalind C. Morris: *That Which Is Not Drawn. Conversations*. Calcutta: Seagull 2014.

No, It Is. Köln: Walther König 2016.

Sechs Zeichenstunden. Köln: König 2016.

O sentimental machine. Handbuch, hrsg. v. Vinzenz Brinkmann / Kristin Schrader. Bielefeld / Berlin: Kerber 2018.

In Verteidigung der weniger guten Idee. Sigmund Freud Vorlesung 2017, aus d. Engl. v. Sergej Seitz / Anna Wieder, hrsg. v. Sigmund Freud Museum Wien. Wien: Turia + Kant 2018.

Wenn der weniger gute Arzt ... In Verteidigung der weniger guten Idee. In: Ebd., S. 19–80.

Khbeiz, Bilal / Fadi Abdallah / Walid Sadek: Public Time. In: Suzanne Cotter (Hrsg.): *Public Time. A Symposium*. Oxford / Manchester: Modern Art Oxford 2006, S. 1–10.

Khoury, Elias: *The Novel, the Novelist, and the Lebanese Civil War*. Fourth Farhat J. Ziadeh Distinguished Lecture in Arab and Islamic Studies, Department of Near Eastern Languages and Civilization, University of Washington, Seattle, 2006.

Kimmerer, Robin Wall: *Braiding Seagrass. Indigenous Wisdom, Scientific Knowledge and the Teachings of Plants*. Minneapolis: Milkweed 2015.

King, Tiffany Lethabo: Off Littorality (Shoal 1.0). Black Study off the Shores of 'the Black Body'. In: *Propter Nos* 3 (2019), S. 40–50.

Kirkkopelto, Esa: *Expansions. Notes on Hölderlin's Geo-Poetics*. Manuskript eines Vortrags, gehalten im Rahmen der Friedrich Hölderlin Gastvorträge in Allgemeiner und Vergleichender Theaterwissenschaft, Frankfurt am Main, 27.10.2015.

Koerner, Margaret K.: Death, Time, Soup: A Conversation with William Kentridge and Peter Galison. In: *New York Review of Books*, 30.06.2012. http://www.nybooks.com/daily/2012/06/30/kentridge-galison-refusal-of-time/ (Zugriff am 03.06.2023).

(Hrsg.): *William Kentridge. Smoke, Ashes, Fable*. New Haven: Yale UP 2017.

Koselleck, Reinhart: *Vergangene Zukunft. Zur Semantik geschichtlicher Zeiten*. Frankfurt am Main: Suhrkamp 1992.

Koyré, Alexandre: *Von der geschlossenen Welt zum unendlichen Universum*. Frankfurt am Main: Suhrkamp 2008.

Krauss, Rosalind E. (Hrsg.): *William Kentridge*. Cambridge, MA: MIT Press 2017.

Kreuder, Friedemann: *Formen des Erinnerns im Theater Klaus Michael Grübers*. Berlin: Alexander 2002.

Kronberger, Alisa: *Diffraktionsereignisse der Gegenwart. Feministische Medienkunst trifft Neuen Materialismus*. Bielefeld: Transcript 2022.

Kundera, Milan: *Die Unsterblichkeit*, aus d. Tschech. v. Susanna Roth. München: Hanser 1990.

Kunst, Bojana: The Economy of Proximity. In: *Performance Research* 14,3 (2009), S. 81–88.

On Potentiality and the Future of Performance. In: *TkH* 19 (2010), S. 60–65.

The Project Horizon. On the Temporality of Making. In: *N.O.W. New Open Working Process for the Performing Arts*, 08/2012. https://nowperformingarts.eu/index.php/2016/11/25/the-project-horizon-on-the-temporality-of-making/ (Zugriff am 05.02.2024).

Artist at Work, Proximity of Art and Capitalism. Winchester / Washington: Zero 2015.

The Institutionalisation, Precarity and the Rhythm of Work. Vortrag gehalten auf dem Symposium TheFantasticInstitution, kunstencentrum BUDA, Kortrijk, 16.02.2017. In: *Kunstenpunt*, 16.04.2020. https://www.kunsten.be/dossiers/perspectief-kunstenaar/perspective-institution/4450-the-institutionalisation-precarity-and-the-rhythm-of-work (Zugriff am 03.06.2023).

Lacoue-Labarthe, Philippe: Die Zäsur des Spekulativen, aus d. Franz. v. Thomas Schestag. In: *Hölderlin-Jahrbuch* 22 (1980–1981) , S. 203–231.

Métaphrasis suivi de Le Théatre de Hölderlin. Paris: PUF 1998.

/ Jean-Luc Nancy: Dialog über den Dialog, aus d. Franz. v. Ulrich Müller-Schöll. In: Joachim Gerstmeier / Nikolaus Müller-Schöll (Hrsg.): *Politik der Vorstellung. Theater und Theorie*. Berlin: Theater der Zeit 2011, S. 20–42.

/ Jean-Luc Nancy: Scène. In: Dies.: *Scène. Suivi de Dialogue sur le dialogue*. Paris: Bourgois 2013, S. 9–25.

Land, Nick: Teleoplexie. Anmerkungen zur Akzeleration. In: Armen Avanessian / Robin Mackay (Hrsg.): *Akzeleration# 2*. Berlin: Merve 2014, S. 95–106.

Critique of Transcendental Miserabilism. In: Ders.: *Fanged Noumena. Collected Writings 1987–2007*. Windsor Quarry: Urbanomic 2018, S. 623–627.

Laplanche, Jean / Jean-Bertrand Pontalis: Nachträglichkeit. In: Dies.: *Das Vokabular der Psychoanalyse*, aus d. Franz. v. Emma Moersch. Frankfurt am Main: Suhrkamp 1973, S. 313–317.

Trauma. In: Ebd., S. 513–518.

Latour, Bruno: Why Has Critique Run out of Steam? From Matters of Fact to Matters of Concern. In: *Critical Inquiry* 30 (2004), S. 225–248.

Facing Gaia. Eight Lectures on the New Climatic Regime. Oxford: Polity 2017.

/ Frédérique Aït-Touati: Inside – A Performance Lecture, 20.09.2017. In: *Bruno Latour*, o. D. http://www.bruno-latour.fr/node/755.html (Zugriff am 03.06.2023).

Existenzweisen. Eine Anthropologie der Modernen, aus d. Franz. v. Gustav Roßler. Berlin: Suhrkamp 2018.

/ Frédérique Aït-Touati: *Inside*. Programmheft. Brüssel: Kaaitheater 2018.

Critical Distance or Critical Proximity? Dialogue Prepared for a Volume in Honor of Donna Haraway. In: *Bruno Latour*, o. D. http://www.bruno-latour.fr/sites/default/files/P-113-HARAWAY.pdf (Zugriff am 03.06.2023).

Lazzarato, Maurizio / Angela Melitopoulos: Maschinischer Animismus. In: Irene Albers / Anselm Franke (Hrsg.): *Animismus. Revisionen der Moderne*. Zürich: Diaphanes 2016, S. 279–287.

Lehmann, Hans-Thies: Robert Wilson, Szenograph. In: *Merkur* 437 (1985), S. 554–563.

Theater und Mythos. Die Konstitution des Subjekts im Diskurs der antiken Tragödie. Stuttgart: Metzler 1991.

Tragödie und dramatisches Theater. Berlin: Alexander 2013.

Postdramatisches Theater. Frankfurt am Main: Verlag der Autoren 2015.

Lessing, Gotthold Ephraim: Hamburgische Dramaturgie. In: Ders.: *Werke*, hrsg. v. Kurt Wölfel, Bd. 2: Schriften 1. Frankfurt am Main: Insel 1982, S. 121–533.

Lévinas, Emmanuel: *Die Zeit und der Andere*, aus d. Franz. v. Ludwig Wenzler. Hamburg: Meiner 2003.

Die Spur des Anderen. Untersuchungen zur Phänomenologie und Sozialphilosophie, aus d. Franz. v. Wolfgang Nikolaus Krewani. Freiburg: Alber 2012.

Lothian, Alexis: *Old Futures. Speculative Fiction and Queer Possibility*. New York: Oxford UP 2018.

Löw, Christine / Katharina Volk / Imke Leicht / Nadja Meisterhans (Hrsg.): *Material Turn. Feministische Perspektiven auf Materialität und Materialismus*. Opladen: Budrich 2017.

Lukács, Georg: *Die Theorie des Romans. Ein geschichtsphilosophischer Versuch über die Formen der großen Epik*. Darmstadt / Neuwied: Luchterhand 1986.

Lund, Christian: William Kentridge on 'The Refusal of Time'. Interview in the Installation of 'The Refusal of Time' at the Louisiana Museum of Modern Art, in February 2017. In: *Vimeo*, 12.04.2017. https://vimeo.com/212907506 (Zugriff am 18.10.2018).

Malabou, Catherine: *The Future of Hegel. Plasticity, Temporality and Dialectic*. Abingdon: Routledge 2009.

Plasticity. In: Barbara Cassin (Hrsg.): *Dictionary of Untranslatables. A Philosophical Lexicon*. Princeton: Princeton UP 2014, S. 786–788.

Marriott, David: *On Black Men*. New York: Columbia UP 2000.

Marx, Karl: Ökonomisch-philosophische Manuskripte [1844]. In: Ders. / Friedrich Engels: *Marx-Engels-Werke* (MEW). Berlin: Dietz 1990, Bd. 40 [MEW-Ergänzungsband, 1. Teil], S. 465–588.

Das Kapital I. MEW, Bd. 23.

Marx, Peter W.: *Theater und kulturelle Erinnerung. Kultursemiotische Untersuchungen zu George Tabori, Tadeusz Kantor und Rina Yerushalmi*. Tübingen / Basel: Francke 2003.

Mbembe, Achille: *On the Postcolony*. Berkeley: U of California P 2001.

On the Postcolony. A Brief Response to Critics. In: *African Identities* 4 (2006), S. 143–178.

Kritik der schwarzen Vernunft, aus d. Franz. v. Michael Bischoff. Berlin: Suhrkamp 2014.

Afrika in the New Century. In: *The Massachusetts Review* 57,1 (2016), S. 91–104.

The Universal Right to Breathe. In: *Critical Inquiry* 47,S2 (Winter 2021). https://www.journals.uchicago.edu/doi/full/10.1086/711437 (Zugriff am 07.02.2024).

McCarthy, Tom: *Satin Island*, aus d. Engl. v. Thomas Melle. Berlin: Suhrkamp 2023.

Schreibmaschinen, Bomben, Quallen. Essays, aus d. Engl. v. Uwe Hebekus. Zürich: Diaphanes 2019.

Meillassoux, Quentin: *After Finitude. An Essay on the Necessity of Contingency*. London: Bloomsbury Academic 2008.

Melchinger, Siegfried: *Das Theater der Tragödie. Aischylos, Sophokles, Euripides auf der Bühne ihrer Zeit*. München: Beck 1974.

Menke, Bettine / Juliane Vogel: Das Theater als transitorischer Schauraum. Einleitende Bemerkungen zum Verhältnis von Flucht und Szene. In: Dies. (Hrsg.): *Flucht und Szene. Perspektiven und Formen eines Theaters der Fliehenden*. Berlin: Theater der Zeit 2017, S. 7–23.

Mesch, Walter: *Reflektierte Gegenwart. Eine Studie über Zeit und Ewigkeit bei Platon, Aristoteles, Plotin und Augustinus*. Frankfurt am Main: Klostermann 2016.

Meyer-Keller, Eva: *Living Matters*. Score der Premiere auf Pact Zollverein, November 2019, Version 4 2019.

Mignolo, Walter D.: *Epistemischer Ungehorsam. Rhetorik der Moderne, Logik der Kolonialität und Grammatik der Dekolonialität*, aus d. Span. v. Jens Kastner / Tom Waibel. Wien: Turia + Kant 2019.

Minh Hà, Trịnh Thị: Not You / Like You. Post-Colonial Women and the Interlocking Question of Identity and Difference. In: *Inscriptions* 3–4 (1988), S. 3–4.

Morrison, Toni: *Beloved* [1987]. New York: Vintage 2004.

Morton, Timothy: Viscosity. In: *Arcade. The Humanities in the World*, 25.10.2010. https://arcade.stanford.edu/blogs/viscosity (Zugriff am 03.06.2023).

Ecology without the Present. In: *Oxford Literary Review* 34 (2012), S. 229–238.

Hyperobjects. Philosophy and Ecology after the End of the World. Minneapolis: U of Minnesota P 2013.

Mosès, Stéphane: *Der Engel der Geschichte. Franz Rosenzweig, Walter Benjamin, Gershom Scholem*. Frankfurt am Main: Jüdischer Verlag 1994.

Moten, Fred: *In the Break. The Aesthetics of the Black Radical Tradition*. Minneapolis / London: U of Minnesota P 2003.

Stolen Life. Durham / London: Duke UP 2018.

Notes on Passage. In: Ebd., S. 191–212.

The Universal Machine. Durham / London: Duke UP 2018.

Mroué, Rabih: ‚Kein Bild ist hundertprozentig real'. Rabih Mroué im Gespräch mit Johannes Odenthal. In: Johannes Ebert (Hrsg.): *Zeitgenössische Künstler. Arabische Welt*. Göttingen: Steidl 2013, S. 159–171.

‚How come this is not me, even though I am playing myself?'. Interview von Hassan Maroon mit Rabih Mroué. In: Boris Nikitin / Carena Schlewitt / Tobias Brenk (Hrsg.): *Dokument, Fälschung, Wirklichkeit. Materialband zum zeitgenössischen dokumentarischen Theater*. Berlin: Theater der Zeit 2014, S. 76–83.

Interviews, hrsg. v. John Holten / Nadim Samman. Berlin: Hatje Cantz 2022.

Mülder-Bach, Inka: *Im Zeichen Pygmalions. Das Modell der Statue und die Entdeckung der „Darstellung" im 18. Jahrhundert*. München: Fink 1998.

Müller, Heiner: Bildbeschreibung. In: Ders.: *Material. Texte und Kommentare*, hrsg. v. Frank Hörnigk. Leipzig: Reclam 1990, S. 8–14.

Theater in der Krise. Arbeitsgespräch vom 16. Oktober 1995. In: Frank Hörnigk / Martin Linzer / Frank M. Raddatz / Wolfgang Storch et al. (Hrsg.): *Ich Wer ist das Im Regen aus Vogelkot Im KALKFELL für Heiner Müller*. Arbeitsbuch. Berlin: Theater der Zeit 1996, S. 136–143.

Müller-Schöll, Nikolaus (Hrsg.): *Ereignis. Eine fundamentale Kategorie der Zeiterfahrung. Anspruch und Aporien*. Bielefeld: Transcript 2003.

Vorwort. In: Ebd., S. 9–17.

Gestensammlung und Panoptikum. Zur Messianizität in Heiner Müllers Bildbeschreibung. In: Ulrike Haß (Hrsg.): *Ende der Vorstellung. Heiner Müller. Bildbeschreibung*. Berlin: Theater der Zeit 2005, S. 144–157.

/ Saskia Reither (Hrsg.): *Aisthesis. Zur Erfahrung von Zeit, Raum, Text und Kunst*. Schliengen: Argus 2005.

/ Saskia Reither: Vorbemerkung. In: Ebd., S. 7–9.

Sehschlitze in der Zeit. In: Ebd., S. 83–96.

Posttraumatisches Theater. Rabih Mroués Theater der Anderen. In: Gerda Baumbach / Veronika Darian / Günther Heeg / Patrick Primavesi (Hrsg.): *Momentaufnahme Theaterwissenschaft. Leipziger Vorlesungen*. Berlin: Theater der Zeit 2014, S. 75–90.

/ Leonie Otto (Hrsg.): *Unterm Blick des Fremden. Theaterarbeit nach Laurent Chétouane*. Bielefeld: Transcript 2015.

Zeiterfahrung im Theater überhaupt und im Theater des Menschen. Vortragsmanuskript, 22.08.2015.

Das Dispositiv und das Unregierbare. Vom Anfang und Fluchtpunkt jeder Politik. In: Lorenz Aggermann / Georg Döcker / Gerald Siegmund (Hrsg.): *Theater als Dispositiv. Dysfunktion, Fiktion und Wissen in der Ordnung der Aufführung*. Berlin: Lang 2017, S. 67–87.

Über Theater überhaupt und das Theater des Menschen. Benjamin, Brecht, Derrida, Le Roy. In: Ders. / Leon Gabriel (Hrsg.): *Das Denken der Bühne. Szenen zwischen Theater und Philosophie*. Bielefeld: Transcript 2018, S. 59–80.

Muñoz, José E.: *Cruising Utopia. The Then and There of Queer Futurity*. New York: New York UP 2009.

Nägele, Rainer: Benjamin's Ground. In: *Studies in Twentieth Century Literature* 11 (1986), S. 5–24.

Nancy, Jean-Luc: *Le discours de la syncope. Logodaedalus*. Paris: Aubier-Flammarion 1976.

Dies Irae. In: Jacques Derrida / Vincent Descombes / Garbis Kortian / Philippe Lacoue-Labarthe (Hrsg.): *La faculté de juger*. Paris: Minuit 1985, S. 9–45.

Raum gegen Zeit. In: Ders.: *Das Gewicht eines Denkens*, aus d. Franz. v. Cordula Unewisse. Düsseldorf / Bonn: Parerga 1995, S. 103–106.

Un souffle. In: *Rue Descartes* 15,13–16 (1997), S. 13–16.

Theatereignis, aus d. Franz. v. Ulrike Oudée Dünkelsbühler. In: *Schauspielfrankfurt Zeitung*, 03/2001, S. 1–2.

Ereignis der Liebe, aus d. Franz. v. Ulrike Oudée Dünkelsbühler. In: Nikolaus Müller-Schöll (Hrsg.): *Ereignis. Eine fundamentale Kategorie der Zeiterfahrung. Anspruch und Aporien*. Bielefeld: Transcript 2003, S. 21–36.

Theatereignis, aus d. Franz. v. Ulrike Oudée Dünkelsbühler. In: Ebd., S. 323–330.

Corpus, aus d. Franz. v. Nils Hodyas / Timo Obergöker. Berlin: Diaphanes 2003.

Die Erschaffung der Welt oder die Globalisierung, aus d. Franz. v. Anette Hoffmann. Zürich. Berlin: Diaphanes 2003.

Bild und Gewalt. In: Ders.: *Am Grund der Bilder*, aus d. Franz. v. Emmanuel Alloa. Zürich: Diaphanes 2006, S. 31–50.

Das Darstellungsverbot. In: Ders.: *Am Grund der Bilder*, aus d. Franz. v. Emmanuel Alloa. Zürich: Diaphanes 2006, S. 51–90.

Dekonstruktion des Christentums, aus d. Franz. v. Esther von der Osten. Zürich. Berlin: Diaphanes 2008.

The Discourse of the Syncope. Logodaedalus, aus d. Franz. v. Saul Anton. Stanford, CA: Stanford UP 2008.

Von der Struktion, aus d. Franz. v. Esther von der Osten. In: Erich Hörl (Hrsg.): *Die technologische Bedingung. Beiträge zur Beschreibung der technischen Welt*. Berlin: Suhrkamp 2011, S. 54–72.

Die Lust an der Zeichnung, aus d. Franz. v. Paul Maercker. Wien: Passagen 2011.

Die Anbetung. Dekonstruktion des Christentums 2, aus d. Franz. v. Esther von der Osten. Zürich: Diaphanes 2012.

L'équivalence des catastrophes (Après Fukushima). Paris: Galilée 2012.

Theaterkörper, aus d. Franz. v. Ulrich Müller-Schöll. In: Nikolaus Müller-Schöll / André Schallenberg / Mayte Zimmermann (Hrsg.): *Performing Politics. Politisch Kunst machen nach dem 20. Jahrhundert*. Berlin: Theater der Zeit 2012, S. 158–171.

Äquivalenz der Katastrophen. (Nach Fukushima), aus d. Franz. v. Thomas Laugstien. Zürich: Diaphanes 2013.

Theater als Kunst des Bezugs, 1. In: Marita Tatari (Hrsg.): *Orte des Unermesslichen. Theater nach der Geschichtsteleologie*. Zürich: Diaphanes 2014, S. 91–100.

Negarestani, Reza: *Cyclonopedia. Complicity with Anonymous Materials*. Melbourne: re.press 2008.

Neimanis, Astrida: Speculative Reproduction. Biotechnologies and Ecologies in Thick Time. In: *philoSOPHIA* 4,1 (2014), S. 108–128.

Material Feminisms. In: Rosi Braidotti / Maria Hlavajova (Hrsg.): *Posthuman Glossary*. London: Bloomsbury Academic 2018, S. 242–244.

Newton, Isaac: *Mathematische Prinzipien der Naturlehre*, aus d. Engl. v. J. Ph. Wolfers. Darmstadt: WBG 1963.

Nietzsche, Friedrich: Unzeitgemäße Betrachtungen. Zweites Stück: Vom Nutzen und Nachtheil der Historie für das Leben. In: Ders.: *Die Geburt der Tragödie. Unzeitgemäße Betrachtungen I–IV. Nachgelassene Schriften 1870–1873. Kritische Studienausgabe*, Bd. 1, hrsg. v. Giorgio Colli / Mazzino Montinari. München: dtv 1988, S. 243–334.

Ecce Homo. In: Ebd., Bd. 6.

Nikitin, Boris / Carena Schlewitt / Tobias Brenk (Hrsg.): *Dokument, Fälschung, Wirklichkeit. Materialband zum zeitgenössischen dokumentarischen Theater*. Berlin: Theater der Zeit 2014.

Nixon, Rob: *Slow Violence and the Environmentalism of the Poor*. Cambridge: Harvard UP 2013.

Nixey, Catherine: *The Darkening Age: The Christian Destruction of the Classical World*. London: Macmillan 2017.

Nyong'o, Tavia: *Afro-Fabulations. The Queer Drama of Black Life*. New York: New York UP 2018.

Osborne, Peter: *The Politics of Time. Modernity and Avant-Garde*. London / New York: Verso 1995.

Anywhere or Not at All. Philosophy of Contemporary Art. London / New York: Verso 2013.

The Postconceptual Condition. Critical Essays. La Vergne: Verso 2018.

Panourgiá, Neni: Anthrōpos. In: Rosi Braidotti / Maria Hlavajova (Hrsg.): *Posthuman Glossary*. London: Bloomsbury Academic 2018, S. 53–55.

Parikka, Jussi: *A Geology of Media*. Minneapolis / London: U of Minnesota P 2015.

The Anthrobscene. Minneapolis: U of Minnesota P 2015.

Deep Times and Media Mines. A Descent into the Ecological Materiality of Technology. In: Erich Hörl / James Burton (Hrsg.): *General Ecology. The New Ecological Paradigm*. London: Bloomsbury Academic 2017, S. 169–191.

Peeters, Benoît: *Jacques Derrida. Eine Biographie*, aus d. Franz. v. Horst Brühmann. Berlin: Suhrkamp 2013.

Peeters, Jeroen (Hrsg.): *Anthology Embodied Dramaturgies*. In: *Sarma*, Januar 2012. http://old.sarma.be/pages/Anthology_Embodied_Dramaturgies (Zugriff am 27.02.2024).

Phelan, Peggy: *Unmarked. The Politics of Performance*. London / New York: Routledge 1993.

Philip, M. NourbeSe: *Zong!* Hartford: UP of New England 2008.

Piepzna-Samarasinha, Leah Lakshmi: *Care Work. Dreaming Disability Justice*. Vancouver: Arsenal Pulp 2018.

Plato: *Timaios*, hrsg. u. aus d. Altgriech. v. Manfred Kuhn. Hamburg: Meiner 2017.

Pneuma. In: Friedrich Kirchner / Johannes Hoffmeister / Arnim Regenbogen (Hrsg.): *Wörterbuch der philosophischen Begriffe*. Hamburg: Meiner 2013, S. 504.

Porath, Erik: Geschichte, Erinnerung und produktive Assoziation. Zu William Kentridges künstlerischer Arbeitsweise. In: William Kentridge: *In Verteidigung der weniger guten Idee. Sigmund Freud Vorlesung 2017*, hrsg. v. Sigmund Freud Museum Wien. Wien: Turia + Kant 2018, S. 11–18.

Présentation. In: André Lalande (Hrsg.): *Vocabulaire technique et critique de la philosophie. Texte revu par les membres et correspondants de la Société française de philosophie et publié avec leurs corrections et observations*. Avant-propos de René Poirier. Paris: PUF 1999, S. 820–821.

Primavesi, Patrick / Simone Mahrenholz (Hrsg.): *Geteilte Zeit. Zur Kritik des Rhythmus in den Künsten*. Schliengen: Argus 2005.

Puig de la Bellacasa, María: *Matters of Care. Speculative Ethics in More than Human Worlds*. Minneapolis / London: U of Minnesota P 2017.

Quent, Marcus: *Absolute Gegenwart*. Berlin: Merve 2016.

Quijano, Aníbal: Coloniality and Modernity / Rationality. In: *Cultural Studies* 21 (2007), S. 168–178.

Raether, Johannes Paul: SelfSisters. In: Kathrin Busch / Georg Dickmann / Maja Figge / Felix Laubscher (Hrsg.): *Das Ästhetisch-Spekulative*. München: Fink 2020, S. 87–110.

RCC Perspectives. Transformations in Environment and Society 2 (2016): Whose Anthropocene? Revisiting Dipesh Chakrabarty's 'Four Thesis', hrsg. v. Robert Emmett / Thomas Lekan.

R. L.: Wanderings of the Slave. Black Life and Social Death. In: *metamute*, 05.06.2013. https://www.metamute.org/editorial/articles/wanderings-slave-black-life-and-social-death (Zugriff am 06.01.2024).

Richter, Gerhard: *Ästhetik des Ereignisses. Sprache – Geschichte – Medium*. München: Fink 2005.

Robertson, Kellie: Exemplary Rocks. In: Jeffrey Jerome Cohen (Hrsg.): *Animal, Vegetable, Mineral. Ethics and Objects.* Washington, DC: Oliphaunt 2012, S. 91–121.

Rogers, Sarah: Out of History. Postwar Art in Beirut. In: *Art Journal* 66,2 (2007), S. 8–20.

Rokem, Freddie: *Geschichte aufführen. Darstellungen der Vergangenheit im Gegenwartstheater*, aus d. Engl. v. Matthias Naumann. Berlin: Neofelis 2012.

Rosa, Hartmut: *Beschleunigung und Entfremdung. Entwurf einer kritischen Theorie spätmoderner Zeitlichkeit.* Berlin: Suhrkamp 2013.

Rosenberg, Jordana: The Molecularization of Sexuality: On Some Primitivisms of the Present. In: *Theory & Event* 17,2 (2014). muse.jhu.edu/article/546470 (Zugriff am 27.02.2024).

Rosenthal, Mark / Michael Auping (Hrsg.): *William Kentridge. Fünf Themen*. Ostfildern: Hatje Cantz 2010.

Rothauge, Caroline: Es ist (an der) Zeit. Zum „temporal turn" in der Geschichtswissenschaft. In: *Historische Zeitschrift* 305,3 (2017), S. 729–746.

Rousseau, Jean-Jacques: *Diskurs über die Ungleichheit*, Kritische Ausgabe des integralen Texts, mit sämtlichen Fragmenten und ergänzenden Materialien nach den Originalausgaben und den Handschriften neu editiert, aus d. Franz. u. komm. v. Heinrich Meier. Paderborn: Schöningh 1993.

Ruhsam, Martina: *Moving Matter. Nicht-menschliche Körper in zeitgenössischen Choreografien*. Bielefeld: Transcript 2021.

Sadek, Walid: *The Ruin to Come. Essays from a Protracted War.* Genf: Motto 2016.

Samuels, Ellen: Six Ways of Looking at Crip Time. In: *Disability Studies Quarterly* 37,3 (2017). https://dsq-sds.org/index.php/dsq/article/view/5824/4684 (Zugriff am 05.02.2024).

Sarr, Felwine: *Afrotopia*, aus d. Franz. v. Max Henninger. Berlin: Matthes & Seitz 2019.

/ Bénédicte Savoy: Rapport sur la restitution du patrimoine culturel africain. Vers une nouvelle éthique relationnelle. In: *Rapports*, 30.11.2018. https://www.culture.gouv.fr/Espace-documentation/Rapports/La-restitution-du-patrimoine-culturel-africain-vers-une-nouvelle-ethique-relationnelle (Zugriff am 07.01.2024).

/ Bénédicte Savoy: *Zurückgeben. Über die Restitution afrikanischer Kulturgüter.* Berlin: Matthes & Seitz 2019.

Saunders, Patricia J. / Saidiya Hartman: Fugitive Dreams of Diaspora. Conversations with Saidiya Hartman. In: *Anthurium. A Caribbean Studies Journal* 6,1 (2008), S. 1–16.

Savoy, Bénédicte: *Die Provenienz der Kultur. Von der Trauer des Verlusts zum universalen Menschheitserbe.* Berlin: Matthes & Seitz 2018.

Afrikas Kampf um seine Kunst. Geschichte einer postkolonialen Niederlage. München: Beck 2021.

Schade, Julia: „Hold your breath against time". Zum Denken einer Widerständigkeit der Zeit bei William Kentridge. In: Leon Gabriel / Nikolaus Müller-Schöll (Hrsg.): *Das Denken der Bühne. Szenen zwischen Theater und Philosophie.* Bielefeld: Transcript 2018, S. 201–214.

Society for Sick Societies. The Breathing Machine. In: *Social Text*, 18.12.2020. https://socialtextjournal.org/periscope_article/society-for-sick-societies-the-breathing-machine/ (Zugriff am 03.06.2023).

Wie denkt es sich aus Relationalität heraus? Von anthropozänen Illusionen und kritisch-relationalen Experimenten. In: Charlotte Bolwin / Jasmin Degeling / Gabriel Geffert / Katia Schwerzmann et al. (Hrsg.): *Szenen kritischer Relationalität.* Lüneburg: Meson 2024, S. 27–48.

/ Ruth Schmidt: Kritisches Fabulieren. In: Elsa Büsing / Nikolaus Müller-Schöll / Philipp Schulte (Hrsg.): *Jubiläumsband der Gesellschaft für Theaterwissenschaft*, im Erscheinen.

Schlenstedt, Dieter: Darstellung. In: Ders. / Karlheinz Barck / Martin Fontius / Friedrich Wolfzettel (Hrsg.): *Ästhetische Grundbegriffe. Historisches Wörterbuch in sieben Bänden*, Bd. 1. Stuttgart: Metzler 2016, S. 831–875.

Schmeisser, Iris: Von der Geschichte zur Erinnerung. In: *Liebieghaus Frankfurt*, o. D. http://www.liebieghaus.de/de/einblicke/von-der-geschichte-zur-erinnerung (Zugriff am 03.06.2023).

Schmitt, Arbogast: Kommentar zu Kapitel 9. In: Aristoteles: *Poetik*, aus d. Altgriech u. erläutert v. Arbogast Schmitt. Berlin: Akademie 2008, S. 372–426.

Schmitz, Rudolf: Gegen den Lauf der Zeit. Documenta 13: Der südafrikanische Künstler William Kentridge. In: *Deutschlandfunk Kultur*, 30.07.2012. https://www.deutschlandfunkkultur.de/gegen-den-lauf-der-zeit.1153.de.html?dram:article_id=216402 (Zugriff am 03.06.2023).

Schneider, Rebecca: *Performing Remains. Art and War in Times of Theatrical Reenactment*. London / New York: Routledge 2011.

New Materialisms and Performance Studies. In: *TDR. The Drama Review* 59 (2014), S. 7–17.

Slough Media. In: Ioana B. Jucan / Jussi Parikka (Hrsg.): *Remain*. Minneapolis: U of Minnesota P 2018, S. 49–103.

That the Past May Yet Have Another Future. Gesture in the Times of Hands Up. In: *Theatre Journal* 70 (2018), S. 285–306.

Scholem, Gershom: Tagebucheintrag, 24.08.1916. In: Ders.: *Tagebücher. Nebst Aufsätzen und Entwürfen bis 1923*, hrsg. v. Herbert Kopp-Oberstebrink / Karlfried Gründer / Friedrich Niewöhner. Frankfurt am Main: Jüdischer Verlag 2000, S. 388–395.

Walter Benjamin. Die Geschichte einer Freundschaft. Berlin: Suhrkamp 2016.

Schüttpelz, Erhard: Everything Must Go. Looting the Museum as Compensation for Looting the World. Raubkunstforschung als angewandte Wissenschaft. In: *Boasblog*, 28.11.2018. https://boasblogs.org/de/dcntr/everything-must-go-looting-the-museum-as-compensation-for-looting-the-world/ (Zugriff am 09.01.2024).

Scott, David: The Re-Enchantment of Humanism. An Interview with Sylvia Wynter. In: *small axe* 8 (2000), S. 119–207.

Seifert, Arno: Verzeitlichung. Zur Kritik einer neueren Frühneuzeitkategorie. In: *Zeitschrift für Historische Forschung* 10,4 (1983), S. 447–477.

Shakespeare, William: Hamlet, Prinz von Dänemark. In: Ders: *Shakespeares dramatische Werke*, Bd. 6, aus d. Engl. v. August Wilhelm Schlegel / Ludwig Tieck. Berlin / Boston: de Gruyter 2018.

Sharpe, Christina: *In the Wake. On Blackness and Being*. Durham: Duke UP 2016.

Shryock, Andrew / Daniel Smail: *Deep History. The Architecture of Past and Present.* Berkeley: U of California P 2011.

Introduction. In: Ebd., S. 16–49.

Siegel, Harmon: Feasts of Prestidigitation. In: Margaret K. Koerner (Hrsg.): *William Kentridge. Smoke, Ashes, Fable*. New Haven: Yale UP 2017, S. 142–170.

Siegmund, Gerald: *Theater als Gedächtnis. Semiotische und psychoanalytische Untersuchungen zur Funktion des Dramas*. Tübingen: Narr 1996.

Abwesenheit. Eine performative Ästhetik des Tanzes. William Forsythe, Jérôme Bel, Xavier Le Roy, Meg Stuart. Bielefeld: Transcript 2006.

Simmel, Georg: *Das Problem der historischen Zeit*. Berlin: Reuther & Reichard 1916.

Simondon, Gilbert: Die technische Einstellung. In: Erich Hörl (Hrsg.): *Die technologische Bedingung. Beiträge zur Beschreibung der technischen Welt*. Berlin: Suhrkamp 2011, S. 73–92.

Die Existenzweise technischer Objekte, aus d. Franz. v. Michael Cuntz. Zürich: Diaphanes 2012, S. 96.

Singh, Julietta: *Unthinking Mastery. Dehumanism and Decolonial Entanglements*. Durham: Duke UP 2018.

Skloot, Rebecca: *The Immortal Life of Henrietta Lacks*. New York: Broadway 2011.

Slave Voyages, o. D. https://slavevoyages.org/ (Zugriff am 07.01.2024).

Smail, Daniel: *On Deep History and the Brain*. Berkeley: U of California P 2008.

Smith, Linda Tuhiwai: *Decolonizing Methodologies. Research and Indigenous Peoples*. London / New York / Oxford: Bloomsbury Academic 2022.

Soja, Edward W.: *Postmodern Geographies. The Reassertion of Space in Critical Social Theory*. London: Verso 1989.

Thirdspace. Journeys to Los Angeles and Other Real and Imagined Places. Cambridge: Blackwell 1996.

Sojoyner, Damien: Dissonance in Time. (Un)Making and (Re)Mapping of Blackness. In: Gaye T. Johnson / Alex Lubin (Hrsg.): *Futures of Black Radicalism*. London / New York: Verso 2017, S. 59–71.

Sonderegger, Ruth: *Vom Leben der Kritik. Kritische Praktiken – und die Notwendigkeit ihrer geopolitischen Situierung*. Wien: Zaglossus 2019.

South Atlantic Quarterly 121,1 (2022): Black Temporalities in Times of Crises, hrsg. v. Badia Ahad / Habiba Ibrahim.

Spillers, Hortense J.: Mama's Baby, Papa's Maybe. An American Grammar Book. In: Frank B. Wilderson III (Hrsg.): *Afro-Pessimism. An Introduction*. Minneapolis: racked & dispatched 2017, S. 91–122.

Spivak, Gayatri Chakravorty: *A Critique of Postcolonial Reason. Toward a History of the Vanishing Present*. Cambridge, MA: Harvard UP 1999.

/ Sarah Harasym: *The Post-Colonial Critic. Interviews, Strategies, Dialogues*. New York / London: Routledge 1990.

From Haverstock Hill Flat to U.S. Classroom, What's Left of Theory? In: Judith Butler / John Guillory / Kendall Thomas (Hrsg.): *What's Left of Theory?* New York: Routledge 2000, S. 1–39.

An Aesthetic Education in the Era of Globalization. Cambridge / London: Harvard UP 2013.

Sprenger, Florian: Das Außen des Innen. Latours Gaia. In: Ders. / Alexander Friedrich / Petra Löffler / Niklas Schrape (Hrsg.): *Ökologien der Erde. Zur Wissensgeschichte und Aktualität der Gaia-Hypothese*. Lüneburg: Meson 2018, S. 63–94.

Stakemeier, Kerstin: Reenacting: Aneignen und Abweisen. Zu künstlerischen ‚Reenactments' als performtem Historismus. In: *PHASE 2* 32 (2009). https://www.phase-zwei.org/hefte/artikel/reenacting-aneignen-und-abweisen-164 (Zugriff am 08.02.2024).

Starosielski, Nicole / Erik Loyer / Shane Brennan: *Surfacing. Multimedia Project*, 2019. http://www.surfacing.in/?image=papenoo-cable-landing (Zugriff am 03.06.2023).

Stengers, Isabelle: Reclaiming Animism. In: *e-flux* 36 (Juli 2012). https://www.e-flux.com/journal/36/61245/reclaiming-animism/ (Zugriff am 08.02.2024).

Hito Steyerl: White Cube und Black Box. Die Farbmetaphysik des Kunstbegriffs. In: Maureen M. Eggers / Grada Kilomba (Hrsg.): *Mythen, Masken und Subjekte. Kritische Weißseinsforschung in Deutschland*. Münster: Unrast 2005, S. 135–143.

White Cube und Black Box. Kunst und Kino. In: Dies.: *Die Farbe der Wahrheit. Dokumentarismen im Kunstfeld*. Wien: Turia + Kant 2010, S. 101–112.

syncopē. In: *Ausführliches lateinisch-deutsches Handwörterbuch*, hrsg. v. Karl Ernst Georges, Bd. 2. Hannover: Hahnsche Buchhandlung 1918, Sp. 2993–2994.

Synkope. In: *Etymologisches Wörterbuch der deutschen Sprache*, hrsg. v. Friedrich Kluge. Berlin / New York: de Gruyter 1989, S. 717.

Szendy, Peter: *Kant in the Land of Extraterrestrials. Cosmopolitical Philosofictions*. New York: Oxford UP 2013.

Tatari, Marita: Zur Einführung. Theater nach der Geschichtsteleologie. In: Dies. (Hrsg.): *Orte des Unermesslichen. Theater nach der Geschichtsteleologie*. Zürich: Diaphanes 2014, S. 7–22.

Teixeira-Pinto, Ana: Artwashing. NRX und die sogenannte alternative Rechte. In: *Texte zur Kunst* 106 (2017), S. 163–181.

Thewis, Onlinezeitschrift der Gesellschaft für Theaterwissenschaft 10 (2008): Darstellen ‚nach Auschwitz', hrsg. v. Nikolaus Müller-Schöll. http://www.theater-wissenschaft.de/category/thewis/ausgabe-2010-darstellen-nach-auschwitz/ (Zugriff am 03.06.2023).

Tholen, Georg C. / Michael O. Scholl: *Zeit-Zeichen. Aufschübe und Interferenzen zwischen Endzeit und Echtzeit*. Weinheim: Acta Humaniora 1990.

Toufic, Jalal: *Vom Rückzug der Tradition nach einem unermesslichen Desaster*, aus d. Engl. v. Christoph Nöthlings. Berlin: August 2011.

Tsing, Anna Lowenhaupt: *The Mushroom at the End of the World. On the Possibility of Life in Capitalist Ruins*. Princeton / Oxford: Princeton UP 2015.

Tuck, Eve / Marcia McKenzie: *Place in Research. Theory, Methodology, and Methods*. London: Routledge 2014.

Valdinoci, Serge: *La traversée de l'immanence. L'europanalyse ou la méthode de la phénoménologie*. Paris: Kimé 1996.

Verbeke, G.: Doctrine du pneuma et entéléchisme chez Aristotle. In: G. E. R. Lloyd / Gwilym Owen (Hrsg.): *Aristotle on Mind and the Senses. Proceedings of the Seventh Symposium Aristotelicum*. Cambridge: Cambridge UP 2007, S. 191–214.

Françoise Vergès: Racial Capitalocene. In: *Verso Books*, 30.08.2017. https://www.versobooks.com/blogs/3376-racial-capitalocene (Zugriff am 17.06.2022).

Virilio, Paul: Der Augenblick der beschleunigten Zeit. In: Dietmar Kamper (Hrsg.): *Die sterbende Zeit. 20 Diagnosen*. Darmstadt: Luchterhand 1987, S. 249–259.

Speed and Politics. Los Angeles: Semiotext(e) 2006.

Vujanović, Ana: Zusammen mäandern. Neue Tendenzen in der Landschaftsdramaturgie. In: Jan Deck / Sandra Umathum (Hrsg.): *Postdramaturgien*. Berlin: Neofelis 2020, S. 27–45.

Walcott, Derek: The Sea Is History. In: Ders.: *Collected Poems, 1948–1984*. New York: Farrar, Straus, Giroux 1987, S. 137–139.

Weber, Max: *Wirtschaft und Gesellschaft. Die Wirtschaft und die gesellschaftlichen Ordnungen und Mächte*. Nachlass, hrsg. v. Knut Borchardt / Edith Hanke / Wolfgang Schluchter. Tübingen: Mohr 2014.

Weber, Samuel: *Gelegenheitsziele. Zur Militarisierung des Denkens*, aus d. Engl. v. Birgit Pungs. Zürich: Diaphanes 2006.

Benjamin's -abilities. Cambridge, MA / London: Harvard UP 2010.

Zäsur als Unterbindung. Einige vorläufige Bemerkungen zu Hölderlins „Anmerkungen". In: Jörn Etzold / Moritz Hannemann (Hrsg.): *Rhythmos. Formen des Unbeständigen nach Hölderlin*. Paderborn: Fink 2016, S. 39–62.

Weheliye, Alexander G.: Black Life / Schwarz-Sein: Inhabitations of the Flesh. In: Joseph Drexler-Dreis / Kristien Justaert (Hrsg.): *Beyond the Doctrine of Man. Decolonial Visions of the Human*. New York: Fordham UP 2019, S. 237–262.

Weigel, Sigrid: Zum ‚topographical turn'. Kartographie, Topographie und Raumkonzepte in den Kulturwissenschaften. In: *KulturPoetik* 2,2 (2002), S. 151–165.

Weizman, Eyal: *Forensic Architecture. Violence at the Threshold of Detectability*. London: Verso 2017.

Wellbery, David E.: Benjamin's Theory of the Lyric. In: *Studies in Twentieth Century Literature* 11 (1986), S. 25–47.

Werner, Nadine: Sigmund Freud. Nachträglichkeit, oder: Wie Benjamin das Kontinuum der Zeit aufsprengt. In: Dies. / Jessica Nitsche (Hrsg.): *Entwendungen. Walter Benjamin und seine Quellen*. Leiden: Brill 2015, S. 77–96.

Wilderson III, Frank B.: *Red, White & Black. Cinema and the Structure of U.S. Antagonisms*. Durham: Duke UP 2010.

Afro-Pessimism and the End of Redemption. In: *Humanities Futures*, 20.10.2015. https://humanitiesfutures.org/papers/afro-pessimism-end-redemption/ (Zugriff am 03.06.2023).

(Hrsg.): *Afro-Pessimism. An Introduction*. Minneapolis: racked&dispatched 2017.

Witzgall, Susanne / Kerstin Stakemeier: *Die Gegenwart der Zukunft*. Zürich / Berlin: Diaphanes 2016.

Wright, Michelle M.: *Physics of Blackness. Beyond the Middle Passage Epistemology*. Minneapolis: U of Minnesota P 2015.

Wynter, Sylvia: Beyond the Word of Man. Glissant and the New Discourse of the Antilles. In: *World Literature Today* 63 (1989), S. 637–648.

Unsettling the Coloniality of Being / Power / Truth / Freedom. Towards the Human, After Man, Its Overrepresentation. An Argument. In: *CR. The New Centennial Review* 3,3 (2003), S. 257–337.

Yusoff, Kathryn: *A Billion Black Anthropocenes or None*. Minneapolis: Minnesota UP 2018.

Zalasiewicz, Jan: Are We Now Living in the Anthropocene? In: *GSA Today* 18,2 (2008), S. 4–8.

Zelle, Carsten: *Zeitkonzepte. Zur Pluralisierung des Zeitdiskurses im langen 18. Jahrhundert.* Göttingen: Wallstein 2006.

Zielinski, Siegfried: *Deep Time of the Media. Toward an Archaeology of Hearing and Seeing by Technical Means.* Cambridge, MA: MIT Press 2009.

Zimmermann, Mayte: *Von der Darstellbarkeit des Anderen. Szenen eines Theaters der Spur.* Bielefeld: Transcript 2017.

Žižek, Slavoj: *Living in the End Times.* London / New York: Verso 2011.

Zykloide. In: *Lexikon der Physik*, 1998. https://www.spektrum.de/lexikon/physik/zykloide/15978 (Zugriff am 07.02.2024).

Zykloide. In: *Lexikon der Mathematik*, 2017. https://www.spektrum.de/lexikon/mathematik/zykloide/11974 (Zugriff am 07.02.2024).

Untersuchte künstlerische Arbeiten

(In der Reihenfolge der Untersuchung)

The Refusal of Time: produziert für die *Documenta (13)* 2012, Konzept: William Kentridge in Zusammenarbeit mit Philip Miller, Catherine Meyburgh, Dada Masilo, Peter Galison, Material / Technik: 5-Kanal-Videoprojektion, 8-Kanal-Klangkomposition mit Ton und Zeichnung, Skulptur, schwarz-weiß und in Farbe, Lauflänge: 30 Minuten, Stahl-Megafone und Atemmaschine („Elephant"), Komposition: Philip Miller, in Zusammenarbeit mit Peter Galison.

Felix in Exile: Südafrika 1994, R: William Kentridge, 35 mm, 8:43 Minuten, Teil der Serie *Drawings for Projection*.

The Head and the Load: UA: 09.08.2018, Ruhrtriennale, Kraftzentrale Duisburg, Konzept / Regie: William Kentridge, Komposition: Philip Miller, Musikalische Leitung / Ko-Komposition: Thuthuka Sibisi, Choreografie: Gregory Maqoma, in Zusammenarbeit mit The Knights, Auftragswerk der Park Avenue Armory und 14-18 NOW.

Riding on a Cloud: UA: 05.03.2013, Schouwburg Rotterdam, Konzept / Regie: Rabih Mroué mit Yasser Mroué, in Zusammenarbeit mit Sarmad Louis, Regieassistenz: Sarmad Louis, englische Übersetzung: Ziad Nawfal, Koproduktion: Fonds Podiumkunsten, Prins Claus Fonds, Hivos & Stichting DOEN – The Netherlands.

Boundaries. Ein Archiv zukünftiger Fundstücke: UA: 28.06.2018, Museum der Weltkulturen Frankfurt am Main, Konzept: andpartnersincrime, Künstlerische Leitung: Eleonora Herder, Dramaturgie: Tim Schuster, Videodesign: Julia Novacek, Gestaltung / Raum: Anya Sukhova, Sounddesign: Marc Behrens, Live-Sounds / Klangregie: Jan Bam, Performance: Jan Bam, Eleonora Herder, Julia Novacek, Tim Schuster, Saeed Sedaghat, Anya Sukhova. Sprecherstimmen: Eleonora Herder, Saeed Sedaghat.

Inside: UA: 23.04.2017, Künstlerhaus Mousonturm in Koproduktion mit Théâtre Nanterre-Amandiers, Regie: Frédérique Aït-Touati, mit: Bruno Latour, Gestaltung und Animation: Alexandra Arènes, Sonial Lévy, Axelle Grégoire, Musik: Eric Broitmann, Videodesign: Patrick Laffont-DeLojo, Licht: Rémi Godfroy Production, Produktion: compagnie AccenT, Koproduktion Théâtre Nanterre-Amandiers, Künstlerhaus Mousonturm.

Living Matters: UA 15.11.2019, PACT Zollverein Essen, Konzept & Performance: Eva Meyer-Keller, Ko-Kreation & Performance: Tamara Saphir, Annegret Schalke, Agata Siniarska, Musik: Rico Lee, Dramaturgische Zusammenarbeit: Constanze Schellow, Assistenz: Emilia Schlosser, Recherchepartnerin: Ilya Noé, Kostüm / Requisite: Sara Wendt, Wissenschaftliche Forschung: Simone Reber und Forschungsteam, Licht: Annegret Schalke, Technische Leitung: Björn Stegmann, Produktion: Ann-Christin Görtz, Koproduktion: PACT Zollverein, Sophiensæle Berlin.

Aufzeichnungsverzeichnis

Eva Meyer-Keller: *Living Matters*. Videoaufzeichnung der Aufführung auf PACT Zollverein, Essen, 15.11.2019. Bereitstellung durch die Künstlerin.

Bruno Latour / Frédérique Aït-Touati: *Inside – A Performance Lecture*. Videoaufzeichnung der Aufführung am HAU Berlin, 20.09.2017. In: *Bruno Latour*, o. D. http://www.bruno-latour.fr/node/755.html (Zugriff am 03.06.2023), Video: Patrick Laffont-Delojo, 51:32 Minuten.

Rabih Mroué: *Riding on a Cloud*. Aufzeichnung der Performance im Rahmen von Home Works 6, Beirut, 25.05.2013. Bereitstellung durch den Künstler.

Rabih Mroué: *The Fall of Hair, Part I: The Pixelated Revolution*, 17:45 Minuten. Bereitstellung durch den Künstler.

Abbildungsverzeichnis

Außerdem im Neofelis Verlag erschienen

Zeitreisen durch die Gegenwart
Theatertexte aus der Ukraine

– Weiterschreiben im Angesicht des Krieges: Acht Theaterstücke geben Einblick in eine vielfältige, lebendige ukrainische Dramatik –

übers. u. hrsg. von Lydia Nagel
Drama Panorama, Bd. 8
ISBN: 978-3-95808-437-7
mit 9 Farbabbildungen
408 S., 24 €

Künste des Anhaltens
Ästhetische Verfahren des Stillstellens

– Die Unterbrechung, Stillstellung und Pause als kritisch-utopische Suchmomente eines anderen Umgangs mit Zeit in den Künsten–

hrsg. von Barbara Gronau
ISBN: 978-3-95808-046-1
mit 24 Farb- u. 31 S/W-Abbildungen
190 S., 18 €

TheaterDenken
Begegnungen und Konstellationen zwischen Philosophen und Theatermachern

– Über wechselseitige Beziehungen auf den Bühnen des Denkens –

von Freddie Rokem
aus dem Englischen von Mayte Zimmermann
und mit einem Vorwort von Nikolaus Müller-Schöll
ISBN: 978-3-95808-048-5
mit 1 Farb- u. 4 S/W-Abbildungen
290 S., 26 €

RE/VERSIONEN
Künstlerische und wissenschaftliche Verfahren der Un/Eindeutigkeit

– Praktiken der Ambiguität und Un/Gewissheit: Eine Sammlung alternativer Sicht- und Handlungsweisen –

hrsg. von Jamila Arenz / Veronika Darian / Jessica Hölzl
ISBN: 978-3-95808-446-9
mit 28 Farb- u. 21 S/W-Abbildungen
264 S., 24 €

farsi comune
Topographien prekärer Theaterorte im Europa der Gegenwart

– Theater als Vielörtlichkeit und Möglichkeit zur Entfaltung einer widerständigen Zeit des Kommunen –

von Laura Strack
ISBN: 978-3-95808-417-9
mit 66 Farb- u. 3 S/W-Abbildungen
436 S., 26 €

Enter the Ghosts of Europe
Heimsuchungen Europas im Theater der Gegenwart

– Über das subversive Potenzial der ‚Heimsuchung': Theater als Ort des gezielten Erscheinen-Lassens von aus dem gegenwärtigen Europa Ausgeschlossenen –

von Elisabeth Tropper
ISBN: 978-3-95808-330-1
mit 11 Farb- u. 3 S/W-Abbildungen
380 S., 29 €

Zugleich Dissertation an der Goethe-Universität Frankfurt am Main, Sigelziffer D.30

Für die diesem Buch zugrundeliegende Dissertation erhielt Julia Schade
den WISAG-Dissertationspreis der Goethe-Universität 2021.

Gedruckt mit freundlicher Unterstützung der Wilhelm Hahn und Erben-Stiftung in
Bad Homburg und dem WISAG-Dissertationspreis der Goethe-Universität 2021
(Freunde und Förderer der Goethe-Universität Frankfurt).

Die Open-Access-Publikation dieses Buches wurde durch den
Open-Access-Publikationsfonds der Goethe-Universität Frankfurt am Main unterstützt.

Klimaneutral gedruckt auf FSC-zertifiziertem Papier.

Bibliografische Information der Deutschen Nationalbibliothek
Die Deutsche Nationalbibliothek verzeichnet diese
Publikation in der Deutschen Nationalbibliografie;
detaillierte bibliografische Daten sind im Internet
über http://dnb.d-nb.de abrufbar.

Umschlaggestaltung: Marija Skara
unter Verwendung eines Fotos von Michael Wettern.
Lektorat & Satz: Neofelis Verlag (mn)
Druck: PRESSEL Digitaler Produktionsdruck, Remshalden
ISBN (Print): 978-3-95808-448-3
ISBN (PDF): 978-3-95808-499-5